中华人民共和国
新法规汇编

2022

第3辑

司 法 部 编

中国法制出版社

编辑说明

一、《中华人民共和国新法规汇编》是国家出版的法律、行政法规汇编正式版本，是刊登报国务院备案并予以登记的部门规章的指定出版物。

二、本汇编收集的内容包括：上一个月内由全国人民代表大会及其常务委员会通过的法律和有关法律问题的决定，国务院公布的行政法规和国务院文件，报国务院备案并予以登记的部门规章，最高人民法院和最高人民检察院公布的司法解释。另外，还收入了上一个月内报国务院备案并予以登记的地方性法规和地方政府规章目录。

三、本汇编所收的内容，按下列分类顺序编排：法律，行政法规，国务院文件，国务院部门规章，司法解释。每类中按公布的时间顺序排列。报国务院备案并予以登记的地方性法规和地方政府规章目录按 1987 年国务院批准的行政区划顺序排列；同一行政区域报备两件以上者，按公布时间顺序排列。

四、本汇编每年出版 12 辑，每月出版 1 辑。本辑为 2022 年度第 3 辑，收入 2022 年 2 月份内公布的有关法律问题的决定 2 件、国务院文件 2 件、报国务院备案并经审查予以登记编号的部门规章 14 件、司法解释 5 件，共计 23 件。

五、本汇编在编辑出版过程中，得到了国务院有关部门和有关方面以及广大读者的大力支持和协助，在此谨致谢意。

司法部

2022 年 3 月

目　录

有关法律问题的决定

国务院文件

国务院部门规章

司法解释

附：

有关法律问题的决定

全国人民代表大会常务委员会
关于设立成渝金融法院的决定

（2022年2月28日第十三届全国人民代表大会常务委员会第三十三次会议通过）

为了加大金融司法保护力度，营造良好金融法治环境，维护金融安全，根据宪法和人民法院组织法，现作如下决定：

一、设立成渝金融法院。

成渝金融法院审判庭的设置，由最高人民法院根据金融案件的类型和数量决定。

二、成渝金融法院专门管辖以下案件：

（一）重庆市以及四川省属于成渝地区双城经济圈范围内的应由中级人民法院管辖的第一审金融民商事案件；

（二）重庆市以及四川省属于成渝地区双城经济圈范围内的应由中级人民法院管辖的以金融监管机构为被告的第一审涉金融行政案件；

（三）以住所地在重庆市以及四川省属于成渝地区双城经济圈范围内的金融基础设施机构为被告或者第三人，与其履行职责相关的第一审金融民商事案件和涉金融行政案件；

（四）重庆市以及四川省属于成渝地区双城经济圈范围内的基层人民法院第一审金融民商事案件和涉金融行政案件判决、裁定的上诉、抗诉案件以及再审案件；

（五）依照法律规定应由其执行的案件；

（六）最高人民法院确定由其管辖的其他金融案件。

成渝金融法院第一审判决、裁定的上诉案件，由重庆市高级人民法院审理。

三、成渝金融法院对重庆市人民代表大会常务委员会负责并报告工作。

成渝金融法院审判工作受最高人民法院和重庆市高级人民法院监督。成渝金融法院依法接受人民检察院法律监督。

四、成渝金融法院院长由重庆市人民代表大会常务委员会主任会议提请重庆市人民代表大会常务委员会任免。

成渝金融法院副院长、审判委员会委员、庭长、副庭长、审判员由成渝金融法院院长提请重庆市人民代表大会常务委员会任免。

五、本决定自 2022 年 3 月 1 日起施行。

全国人民代表大会常务委员会关于中国人民解放军现役士兵衔级制度的决定

（2022 年 2 月 28 日第十三届全国人民代表大会常务委员会第三十三次会议通过　2022 年 2 月 28 日中华人民共和国主席令第 108 号公布　自 2022 年 3 月 31 日起施行）

为了深化国防和军队改革，加强军队的指挥和管理，推进国防和军队现代化，根据宪法，现就中国人民解放军现役士兵衔级制度作如下决定：

一、士兵军衔是表明士兵身份、区分士兵等级的称号和标志，是党和国家给予士兵的地位和荣誉。

士兵军衔分为军士军衔、义务兵军衔。

二、军士军衔设三等七衔：

（一）高级军士：一级军士长、二级军士长、三级军士长；

（二）中级军士：一级上士、二级上士；

（三）初级军士：中士、下士。

军士军衔中，一级军士长为最高军衔，下士为最低军衔。

三、义务兵军衔由高至低分为上等兵、列兵。

四、士兵军衔按照军种划分种类，在军衔前冠以军种名称。

五、军衔高的士兵与军衔低的士兵，军衔高的为上级。军衔高的士兵在职务上隶属于军衔低的士兵的，职务高的为上级。

六、士兵军衔的授予、晋升，以本人任职岗位、德才表现和服役贡献为依据。

七、士兵军衔的标志式样和佩带办法，由中央军事委员会规定。

士兵必须按照规定佩带与其军衔相符的军衔标志。

八、士兵服现役的衔级年限和军衔授予、晋升、降级、剥夺以及培训、考核、任用等管理制度，由中央军事委员会规定。

九、中国人民武装警察部队现役警士、义务兵的衔级制度，适用本决定。

十、本决定自 2022 年 3 月 31 日起施行。

国务院文件

国务院关于印发“十四五”推进农业农村现代化规划的通知

（2021 年 11 月 12 日　国发〔2021〕25 号）

现将《“十四五”推进农业农村现代化规划》印发给你们，请认真贯彻执行。

“十四五”推进农业农村现代化规划

“三农”工作是全面建设社会主义现代化国家的重中之重。为贯彻落实《中华人民共和国国民经济和社会发展第十四个五年规划和 2035 年远景目标纲要》，坚持农业农村优先发展，全面推进乡村振兴，加快农业农村现代化，编制本规划。

第一章　开启农业农村现代化新征程

“十四五”时期是我国全面建成小康社会、实现第一个百年奋斗目标之后，乘势而上开启全面建设社会主义现代化国家新征程、向第二个百年奋斗目标进军的第一个五年，“三农”工作重心历史性转向全面推进乡村振兴，加快中国特色农业农村现代化进程。

第一节　发 展 环 境

“十三五”时期，以习近平同志为核心的党中央坚持把解决好“三农”问题作为全党工作的重中之重，把脱贫攻坚作为全面建成小康社会的标志性工程，启动实施乡村振兴战略，加快推进现代农业建设，乡村振兴实现良好开局。决战脱贫攻坚取得全面胜利。现行标准下农村贫困人口全部脱贫，832 个贫困县全部摘帽,12.8万个贫困村全部出列,完成了消除绝对贫困和区域性整体贫困的艰巨任务,创造了人类减贫史上的奇迹。农业综合生产能力稳步提升。粮食连年丰收,产量连续保持在1.3万亿斤以上,肉蛋奶、水产品、果菜茶品种丰富、供应充裕。农业科技进步贡献率达到60%,农作物耕种收综合机械化率达到71%,农业绿色发展迈出新步伐。农民收入水平大幅提高。农村居民人均可支配收入达到17131元,较2010年翻一番多。城乡居民收入差距缩小到2.56∶1。农村基础设施建设得到加强。卫生厕所普及率达到68%,具备条件的乡镇和建制村通硬化路、通客车实现全覆盖,供水供电、通信网络等基础设施明显改善,乡村面貌焕然一新。农村改革纵深推进。农村基本经营制度进一步巩固完善,农村土地、集体产权、经营体制等改革取得突破性进展,乡村治理体系基本建立,农村社会保持和谐稳定。这些成就标志着农业农村发展实现新的跨越,站到新的历史起点上,为"十四五"时期加快推进农业农村现代化奠定了坚实基础。

当前和今后一个时期,国内外环境发生深刻复杂变化,我国农业农村发展仍面临不少矛盾和挑战。农业基础依然薄弱。耕地质量退化面积较大,育种科技创新能力不足,抗风险能力较弱。资源环境刚性约束趋紧,农业面源污染仍然突出。转变农业发展方式任务繁重,农村一二三产业融合发展水平不高,农业质量效益和竞争力不强。农村发展存在短板弱项。制约城乡要素双向流动和平等交换的障碍依然存在,人才服务乡村振兴保障机制仍不健全,防汛抗旱等防灾减灾体系还不完善,基础设施仍有明显薄弱环节,民生保障还存在不少弱项。促进农民持续增收面临较大压力。城乡居民收入差距仍然较大。种养业特别是粮食种植效益偏低,农民就业制约因素较多,农村人口老龄化加快,农村精神文化缺乏,支撑农民增收的传统动能逐渐减弱、新动能亟待培育。巩固拓展脱贫攻坚成果任务比较艰巨。脱贫地区产业发展基础仍然不强,内生动力和自我发展能力亟待提升。部分脱贫户脱贫基础还比较脆弱,防止返贫任务较重。

"十四五"时期,我国开启全面建设社会主义现代化国家新征程,为加快农业农村现代化带来难得机遇。政策导向更加鲜明。全面实施乡村振兴战略,农业支持保护持续加力,多元投入格局加快形成,更多资源要素向乡村集聚,将为推进农业农村现代化提供有力保障。市场驱动更加强劲。构建新发展格局,把扩大内需作为战略基点,国内超大规模市场优势不断显现,农村消费潜力不断激发,农业多种功能、乡村多元价值开发带动新消费需求,将为推进农业农村现代化拓展广阔空间。科技支撑更加有力。新一轮科技革命和产业变革深入发展,生物技术、信息技术等加快向农业农村各领域渗透,乡村产业加快转型升级，数字乡村建设不断深入，将为推进农业农村现代化提供动力支撑。城乡融合更加深入。以工补农、以城带乡进一步强化，工农互促、城乡互补、协调发展、共同繁荣的新型工农城乡关系加快形成，城乡要素双向流动和平等交换机制逐步健全，将为推进农业农村现代化注入新的活力。

综合判断，"十四五"时期是加快农业农村现代化的重要战略机遇期，必须加强前瞻性思考、全局性谋划、战略性布局、整体性推进，以更高的站位、更大的力度、更实的举措，书写好中华民族伟大复兴的"三农"新篇章。

第二节 发展特征

推进农业农村现代化，必须立足国情农情特点。我国实行农村土地农民集体所有、家庭承包经营的农村基本经营制度，从根本上保证广大农民平等享有基本生产资料，为实现共同富裕奠定了坚实基础。超大规模人口、超大规模农产品需求的现实，决定了不能依靠别人，必须立足国内解决 14 亿人吃饭问题。农民数量众多且流动性强，保持农村长期稳定、保障广大农民在城乡间可进可退，是我们应对经济社会发展风险挑战的回旋余地和特殊优势。人均水土资源匮乏且匹配性差，实现稳产丰产，必须加快科技进步，用现代物质技术装备弥补水土资源禀赋的先天不足。

推进农业农村现代化，必须立足农业产业特性。农业生产过程受自然力影响大，既要顺应天时，又要遵循生物生长规律，不误农时高效稳定组织生产。农业生产地域特色鲜明，不同地区资源禀赋差异大，需要因地因时制宜发展特色优势产业。农业生产面临双重风险，既有自然风险，也有市场风险，需要加强农业支持保护，强化防灾减灾能力建设，健全完善市场调控体系。农业家庭经营占主导地位，大国小农基本国情农情将长期存在，需要加快发展社会化服务，将现代生产要素导入小农户，提升科技水平和生产效率。农业科技成果运用具有很强外部性，小农户缺乏采用新技术、新品种的能力，实现科技进步需要更多依靠农业企业和社会化服务组织的引领带动。我国农业产业链和价值链仍处于低端，需要加快提升现代化水平，打造全产业链，拓展农业增值增效空间。

推进农业农村现代化，必须立足乡村地域特征。村庄集生产生活功能于一体，需要统筹考虑产业发展、人口布局、公共服务、土地利用、生态保护等，科学合理规划农村生产生活的空间布局和设施建设。村庄风貌各具特色，不能简单照搬城市做法，要保留民族特点、地域特征、乡土特色。村庄与自然生态融为一体，保留大量优秀传统乡土文化，需要发掘乡村多元价值，推动乡村自然资源增值，赓续传承农耕文明，促进传统农耕文化与现代文明融合发展，让乡村文明展现出独特魅力和时代风采。乡村建设是个长期过程,必须保持历史耐心,规划先行,注重质量,从容推进。

第三节　战略导向

实现农业农村现代化是全面建设社会主义现代化国家的重大任务,要将先进技术、现代装备、管理理念等引入农业,将基础设施和基本公共服务向农村延伸覆盖,提高农业生产效率、改善乡村面貌、提升农民生活品质,促进农业全面升级、农村全面进步、农民全面发展。

立足国内基本解决我国人民吃饭问题。把保障粮食等重要农产品供给安全作为头等大事,既保数量,又保多样、保质量,以国内稳产保供的确定性来应对外部环境的不确定性,牢牢守住国家粮食安全底线。

巩固和完善农村基本经营制度。坚持农村土地农民集体所有、家庭承包经营基础性地位不动摇,保持农村土地承包关系稳定并长久不变,处理好农民和土地的关系,尊重农民意愿,维护农民权益。

引导小农户进入现代农业发展轨道。发挥新型农业经营主体对小农户的带动作用,健全农业专业化社会化服务体系,构建支持和服务小农户发展的政策体系,实现小农户和现代农业发展有机衔接。

强化农业科技和装备支撑。更加重视依靠农业科技进步,坚持农业科技自立自强,推进关键核心技术攻关,夯实农业设施装备条件,创制运用新型农机装备,健全农业防灾减灾体系,促进农业提质增效。

推进农业全产业链开发。顺应产业发展规律,开发农业多种功能和乡村多元价值,推动农业从种养环节向农产品加工流通等二三产业延伸,健全产业链、打造供应链、提升价值链,提高农业综合效益。

有序推进乡村建设。坚持为农民而建,遵循乡村发展建设规律,注重保护乡村特色风貌,促进农村基础设施和基本公共服务向村覆盖、往户延伸,切实做到数量服从质量、进度服从实效。

加强和创新乡村治理。坚持物质文明和精神文明一起抓,创新基层管理体制机制,完善农村法治服务,加强农村思想道德建设,推动形成文明乡风、良好家风、淳朴民风,推进乡村治理体系和治理能力现代化,不断增强农民群众获得感幸福感安全感。

推动城乡融合发展。将县域作为城乡融合发展的重要切入点,以保障和改善农村民生为优先方向,强化以工补农、以城带乡,加快建立健全城乡融合发展体制机制,推动公共资源县域统筹,促进城乡协调发展、共同繁荣。

促进农业农村可持续发展。牢固树立绿水青山就是金山银山理念,遵循农业生产规律,注重地域特色,推进农业绿色发展,加强农村生态文明建设,加快形成绿色低碳生产生活方式,走资源节约、环境友好的可持续发展道路。

促进农民农村共同富裕。促进共同富裕,最艰巨最繁重的任务依然在农村。要巩固拓展脱贫攻坚成果,全面推进乡村振兴,使更多农村居民勤劳致富,进城农民工稳定就业增收,全体人民共同富裕迈出坚实步伐。

第四节　总 体 要 求

指导思想:以习近平新时代中国特色社会主义思想为指导,深入贯彻党的十九大和十九届二中、三中、四中、五中、六中全会精神,统筹推进"五位一体"总体布局,协调推进"四个全面"战略布局,认真落实党中央、国务院决策部署,坚持稳中求进工作总基调,立足新发展阶段,完整、准确、全面贯彻新发展理念,构建新发展格局,坚持农业农村优先发展,坚持农业现代化与农村现代化一体设计、一并推进,以推动高质量发展为主题,以保供固安全、振兴畅循环为工作定位,深化农业供给侧结构性改革,把乡村建设摆在社会主义现代化建设的重要位置,实现巩固拓展脱贫攻坚成果同乡村振兴有效衔接,全面推进乡村产业、人才、文化、生态、组织振兴,加快形成工农互促、城乡互补、协调发展、共同繁荣的新型工农城乡关系,促进农业高质高效、乡村宜居宜业、农民富裕富足,为全面建设社会主义现代化国家提供有力支撑。

工作原则:

——坚持加强党对"三农"工作的全面领导。始终把解决好"三农"问题作为全党工作的重中之重,坚持五级书记抓乡村振兴,健全党领导农村工作的组织体系、制度体系和工作机制,确保农业农村现代化沿着正确方向前进。

——坚持服务和融入新发展格局。把新发展理念完整、准确、全面贯穿于农业农村现代化全过程和各领域,主动服务和积极融入以国内大循环为主体、国内国际双循环相互促进的新发展格局。

——坚持农业农村优先发展。强化政策供给,在资金投入、要素配置、基本公共服务、人才配备等方面优先保障农业农村发展,加快补上农业农村短板。

——坚持农民主体地位。树立人民至上理念,在经济上维护农民利益,在政治上保障农民权利,激发农民积极性、主动性、创造性,不断满足农民对美好生活的向往。

——坚持统筹发展和安全。坚持总体国家安全观,树立底线思维,充分发挥农业农村"压舱石"作用,防范和化解影响农业农村现代化进程的各种风险。

——坚持改革创新。加快推进农业农村重点领域和关键环节改革,破除制约城乡融合发展的体制机制障碍，推动农业科技成果转化为现实生产力，增强农业农村发展后劲。

——坚持系统观念。统筹国内国际两个大局，整体谋划农村经济建设、政治建设、文化建设、社会建设、生态文明建设和党的建设，全面协调推进农业农村现代化。

——坚持因地制宜和分类推进。科学把握农业农村发展的差异性，保持历史耐心，分类指导、分区施策，稳扎稳打、久久为功，推进不同地区、不同发展阶段的乡村实现现代化。

第五节 主要目标

到2025年，农业基础更加稳固，乡村振兴战略全面推进，农业农村现代化取得重要进展。梯次推进有条件的地区率先基本实现农业农村现代化，脱贫地区实现巩固拓展脱贫攻坚成果同乡村振兴有效衔接。

——粮食等重要农产品供给有效保障。粮食综合生产能力稳步提升，产量保持在1.3万亿斤以上，确保谷物基本自给、口粮绝对安全。生猪产能巩固提升，棉花、油料、糖料和水产品稳定发展，其他重要农产品保持合理自给水平。

——农业质量效益和竞争力稳步提高。农业生产结构和区域布局明显优化，物质技术装备条件持续改善，规模化、集约化、标准化、数字化水平进一步提高，绿色优质农产品供给能力明显增强。产业链供应链优化升级，现代乡村产业体系基本形成。

——农村基础设施建设取得新进展。乡村建设行动取得积极成效，村庄布局进一步优化，农村生活设施不断改善，城乡基本公共服务均等化水平稳步提升。

——农村生态环境明显改善。农村人居环境整体提升，农业面源污染得到有效遏制，化肥、农药使用量持续减少，资源利用效率稳步提高，农村生产生活方式绿色低碳转型取得积极进展。

——乡村治理能力进一步增强。党组织领导的农村基层组织建设明显加强，乡村治理体系更加健全，乡风文明程度有较大提升，农民精神文化生活不断丰富，农村发展安全保障更加有力。

——农村居民收入稳步增长。农民增收渠道不断拓宽，农村居民人均可支配收入增长与国内生产总值增长基本同步，城乡居民收入差距持续缩小。农民科技文化素质和就业技能进一步提高，高素质农民队伍日益壮大。

——脱贫攻坚成果巩固拓展。脱贫攻坚政策体系和工作机制同乡村振兴有效衔接,脱贫人口“两不愁三保障”成果有效巩固,防止返贫动态监测和帮扶机制健全完善并有效运转,确保不发生规模性返贫。

展望2035年,乡村全面振兴取得决定性进展,农业农村现代化基本实现。

专栏1 “十四五”推进农业农村现代化主要指标

序号	指　　标	2020年基期值	2025年目标值	年均增速〔累计〕	指标属性
1	粮食综合生产能力(亿吨)	—	>6.5	—	约束性
2	肉类总产量(万吨)	7748	8900	2.8%	预期性
3	农业科技进步贡献率(%)	60	64	〔4〕	预期性
4	高标准农田面积(亿亩)	8	10.75	〔2.75〕	约束性
5	农作物耕种收综合机械化率(%)	71	75	〔4〕	预期性
6	畜禽粪污综合利用率(%)	75	>80	〔>5〕	约束性
7	农产品质量安全例行监测合格率(%)	97.8	98	〔0.2〕	预期性
8	农产品加工业与农业总产值比	2.4	2.8	〔0.4〕	预期性
9	较大人口规模自然村(组)通硬化路比例(%)	—	>85	—	预期性
10	农村自来水普及率(%)	83	88	〔5〕	预期性
11	乡村义务教育学校专任教师本科以上学历比例(%)	60.4	62	〔1.6〕	预期性
12	乡村医生中执业(助理)医师比例(%)	38.5	45	〔6.5〕	预期性
13	乡镇(街道)范围具备综合功能的养老服务机构覆盖率(%)	54	60	〔6〕	预期性
14	农村居民人均可支配收入增速(%)	3.8	—	与GDP增长基本同步	预期性
15	集体收益5万元以上的村占比(%)	54.4	60	〔5.6〕	预期性
16	县级及以上文明村占比(%)	53.2	60	〔6.8〕	预期性
17	农村居民教育文化娱乐消费支出占比(%)	9.5	11.5	〔2〕	预期性

注:〔〕内为5年累计数。

第二章　夯实农业生产基础　提升粮食等重要农产品供给保障水平

深入实施国家粮食安全战略和重要农产品保障战略,落实藏粮于地、藏粮于技,健全辅之以利、辅之以义的保障机制,强化生产、储备、流通产业链供应链建设,构建科学合理、安全高效的重要农产品供给保障体系,夯实农业农村现代化的物质基础。

第一节　稳定粮食播种面积

压实粮食安全政治责任。落实粮食安全党政同责,健全完善粮食安全责任制,细化粮食主产区、产销平衡区、主销区考核指标。实施重要农产品区域布局和分品种生产供给方案。加强粮食生产能力建设,守住谷物基本自给、口粮绝对安全底线。

完善粮食生产扶持政策。稳定种粮农民补贴,完善稻谷、小麦最低收购价政策和玉米、大豆生产者补贴政策。完善粮食主产区利益补偿机制,健全产粮大县支持政策体系。鼓励粮食主产区主销区之间开展多种形式的产销合作,引导主销区与主产区合作建设生产基地。扩大稻谷、小麦、玉米三大粮食作物完全成本保险和种植收入保险实施范围,支持有条件的省份降低产粮大县三大粮食作物农业保险保费县级补贴比例。

优化粮食品种结构。稳定发展优质粳稻,巩固提升南方双季稻生产能力。大力发展强筋、弱筋优质专用小麦,适当恢复春小麦播种面积。适当扩大优势区玉米种植面积,鼓励发展青贮玉米等优质饲草饲料。实施大豆振兴计划,增加高油高蛋白大豆供给。稳定马铃薯种植面积,因地制宜发展杂粮杂豆。

第二节　加强耕地保护与质量建设

坚守18亿亩耕地红线。落实最严格的耕地保护制度,加强耕地用途管制,实行永久基本农田特殊保护。严禁违规占用耕地和违背自然规律绿化造林、挖湖造景,严格控制非农建设占用耕地,建立健全耕地数量、种粮情况监测预警及评价通报机制,坚决遏制耕地"非农化"、严格管控"非粮化"。改善撂荒地耕种条件,有序推进撂荒地利用。明确耕地利用优先序,永久基本农田重点用于发展粮食生产,特别是保障稻谷、小麦、玉米等谷物种植。强化土地流转用途监管。

推进高标准农田建设。实施新一轮高标准农田建设规划。高标准农田全部上图入库并衔接国土空间规划“一张图”。加大农业水利设施建设力度，因地制宜推进高效节水灌溉建设，支持已建高标准农田改造提升。实施大中型灌区续建配套和现代化改造，在水土资源适宜地区有序新建一批大型灌区。

提升耕地质量水平。实施国家黑土地保护工程，因地制宜推广保护性耕作，提高黑土地耕层厚度和有机质含量。推进耕地保护与质量提升行动，加强南方酸化耕地降酸改良治理和北方盐碱耕地压盐改良治理。加强和改进耕地占补平衡管理，严格新增耕地核实认定和监管，严禁占优补劣、占水田补旱地。健全耕地质量监测监管机制。

第三节　保障其他重要农产品有效供给

发展现代畜牧业。健全生猪产业平稳有序发展长效机制，推进标准化规模养殖，将猪肉产能稳定在5500万吨左右，防止生产大起大落。实施牛羊发展五年行动计划，大力发展草食畜牧业。加强奶源基地建设，优化乳制品产品结构。稳步发展家禽业。建设现代化饲草产业体系，推进饲草料专业化生产。

加快渔业转型升级。完善重要养殖水域滩涂保护制度，严格落实养殖水域滩涂规划和水域滩涂养殖证核发制度，保持可养水域面积总体稳定，到2025年水产品年产量达到6900万吨。推进水产绿色健康养殖，稳步发展稻渔综合种养、大水面生态渔业和盐碱水养殖。优化近海绿色养殖布局，支持深远海养殖业发展，加快远洋渔业基地建设。加强渔港建设和管理，建设渔港经济区。

促进果菜茶多样化发展。发展设施农业，因地制宜发展林果业、中药材、食用菌等特色产业。强化“菜篮子”市长负责制，以南菜北运基地和黄淮海地区设施蔬菜生产为重点加强冬春蔬菜生产基地建设，以高山、高原、高海拔等冷凉地区蔬菜生产为重点加强夏秋蔬菜生产基地建设，构建品种互补、档期合理、区域协调的供应格局。统筹茶文化、茶产业、茶科技，提升茶业发展质量。

第四节　优化农业生产布局

加强粮食生产功能区建设。以东北平原、长江流域、东南沿海地区为重点，建设水稻生产功能区。以黄淮海地区、长江中下游、西北及西南地区为重点，建设小麦生产功能区。以东北平原、黄淮海地区以及汾河和渭河流域为重点，建设玉米生产功能区。加大粮食生产功能区政策支持力度，相关农业资金向粮食生产功能区倾斜，优先支持粮食生产功能区内目标作物种植。以产粮大县集中、基础条件良好的区域为重点，打造生产基础稳固、产业链条完善、集聚集群融合、绿色优质高效的国家粮食安全产业带。

加强重要农产品生产保护区建设。以东北地区为重点、黄淮海地区为补充，提升大豆生产保护区综合生产能力。以新疆为重点、长江和黄河流域的沿海沿江环湖地区为补充，建设棉花生产保护区。以长江流域为重点，扩大油菜生产保护区种植面积。积极发展黄淮海地区花生生产，稳定提升长江中下游地区油茶生产，推进西北地区油葵、芝麻、胡麻等油料作物发展。巩固提升广西、云南糖料蔗生产保护区产能。加强海南、云南、广东天然橡胶生产保护区胶园建设。

加强特色农产品优势区建设。发掘特色资源优势，建设特色农产品优势区，完善特色农产品优势区体系。强化科技支撑、质量控制、品牌建设和产品营销，建设一批特色农产品标准化生产、加工和仓储物流基地，培育一批特色粮经作物、园艺产品、畜产品、水产品、林特产品产业带。

第五节　协同推进区域农业发展

服务国家重大战略。推进西部地区农牧业全产业链价值链转型升级，大力发展高效旱作农业、节水型设施农业、戈壁农业、寒旱农业。加快发展西南地区丘陵山地特色农业，积极发展高原绿色生态农业。推进东北地区加快发展现代化大农业，建设稳固的国家粮食战略基地。巩固提升中部地区重要粮食生产基地地位，加强农业资源节约集约利用。发挥东部地区创新要素集聚优势，大力发展高效农业，率先基本实现农业现代化。统筹利用海岸带和近海、深海海域，发展现代海洋渔业。

推进重点区域农业发展。深入推进京津冀现代农业协同发展，支持雄安新区建设绿色生态农业。深化粤港澳大湾区农业合作，建设与国际一流湾区和世界级城市群相配套的绿色农产品生产供应基地。推进长江三角洲区域农业一体化发展，先行开展农产品冷链物流、环境联防联治等统一标准试点，发展特色乡村经济。发挥海南自由贸易港优势，扩大农业对外开放，建设全球热带农业中心和动植物种质资源引进中转基地。全域推进成渝地区双城经济圈城乡统筹发展，建设现代高效特色农业带。

第六节　提升农业抗风险能力

增强农业防灾减灾能力。加强防洪控制性枢纽工程建设，推动大江大河防洪达标提升，加快中小河流治理，调整和建设蓄滞洪区，完成现有病险水库除险加固。加强农业气象综合监测网络建设，强化农业气象服务。健全动物防疫和农作物病虫害防治体系，加强监测预警网络建设。发挥农业保险灾后减损作用。

提升重要农产品市场调控能力。深化农产品收储制度改革，改革完善中央储备粮管理体制，加快培育多元市场购销主体，提升重要农产品收储调控能力。健全粮食储备体系，保持合理储备规模，合理布局区域性农产品应急保供基地。加强粮食等重要农产品监测预警，建立健全多部门联合分析机制和信息发布平台。开展粮食节约行动，有效降低粮食损耗。实施新一轮中国食物与营养发展纲要。

稳定国际农产品供应链。实施农产品进口多元化战略，健全农产品进口管理机制，稳定大豆、食糖、棉花、天然橡胶、油料油脂、肉类、乳制品等农产品国际供应链。

保障农业生产安全。健全农业安全生产制度体系，推动农业企业建立完善全过程安全生产管理制度。实施农业安全生产专项整治三年行动。构建渔业安全治理体系，提升渔船装备、渔民技能、渔港避风和风险保障能力。强化农机安全生产，组织平安农机示范创建。加强农药安全使用技术培训与指导。加强农村沼气报废设施安全处置。

专栏2　粮食等重要农产品安全保障工程

1. 高标准农田建设。以永久基本农田、粮食生产功能区和重要农产品生产保护区为重点，新建高标准农田2.75亿亩，其中新增高效节水灌溉面积0.6亿亩，并改造提升现有高标准农田1.05亿亩。

2. 黑土地保护。以土壤侵蚀治理、农田基础设施建设、肥沃耕层构建、盐碱渍涝治理为重点，加强黑土地综合治理。实施东北黑土地保护性耕作行动计划，保护性耕作实施面积达到1.4亿亩。

3. 国家粮食安全产业带建设。立足水稻、小麦、玉米、大豆等生产供给，统筹布局生产、加工、储备、流通等能力建设，打造东北平原、黄淮海地区、长江中下游地区等粮食安全产业带。

4. 优质粮食工程。推进粮食优产、优购、优储、优加、优销“五优联动”，统筹开展粮食绿色仓储、品种品质品牌、质量追溯、机械装备、应急保障能力、节约减损健康消费“六大提升行动”，加快建设现代化粮食产业体系。

5. 棉油糖胶生产能力建设。改善棉田基础设施条件，加大采棉机械推广力度。加快坡改梯和中低产蔗田改造，建设一批规模化机械化、高产高效的优质糖料生产基地。推进油茶等木本油料低产低效林改造。加快老残胶园更新改造。

6. 绿色高质高效行动。选择一批粮油作物生产基础好、产业集中度高的县（市、区），集成推广区域性、标准化高产高效技术，示范带动大面积均衡增产增效、提质增效。

7. 动物防疫和农作物病虫害防治。提升动物疫病国家参考实验室和病原学监测区域中心设施条件，改善牧区动物防疫专用设施和基层动物疫苗冷藏设施，建设动物防疫指定通道和病死动物无害化处理场。建设水生动物疫病监控监测中心和实验室。分级建设农作物病虫害监测、应急防治和农药风险监控等中心。

续表

8. 生猪标准化养殖。启动实施新一轮生猪标准化规模养殖提升行动,推动一批生猪标准化养殖场改造养殖饲喂、动物防疫及粪污处理等设施装备,继续开展生猪调出大县奖励,加大规模养猪场信贷支持。 9. 草食畜牧业提升。实施基础母畜扩群提质和南方草食畜牧业增量提质行动,引导一批肉牛肉羊规模养殖场实施畜禽圈舍标准化、集约化、智能化改造。 10. 奶业振兴工程。改造升级一批适度规模奶牛养殖场,推动重点奶牛养殖大县整县推进生产数字化管理,建设一批重点区域生鲜乳质量检测中心,建设一批优质饲草料基地。 11. 水产养殖转型升级。实施水产健康养殖提升行动,创建一批国家级水产健康养殖和生态养殖示范区。发展深远海大型智能化养殖渔场。 12. 渔船更新改造和渔港建设。推动渔船及装备更新改造和减船转产,建造新材料、新能源渔船。加强沿海现代渔港建设,提高渔港避风能力。

第三章　推进创新驱动发展　提升农业质量效益和竞争力

深入推进农业科技创新,健全完善经营机制,推动品种培优、品质提升、品牌打造和标准化生产,不断提高农牧渔业发展水平。

第一节　强化现代农业科技支撑

开展农业关键核心技术攻关。完善农业科技领域基础研究稳定支持机制,加强农业基础理论、科研基础设施、定位观测体系、资源生态监测系统建设。聚焦基础前沿重点领域,加快突破一批重大理论和工具方法。聚焦生物育种、耕地质量、智慧农业、农业机械设备、农业绿色投入品等关键领域,加快研发与创新一批关键核心技术及产品。加快动物疫病和农作物病虫害气象环境成因、传播机理、致病机制研究,提升农业重大风险防控和产业安全保障能力。

加强农业战略科技力量建设。加强国家现代农业产业技术体系建设。深化农业科技体制改革,推动重点领域项目、基地、人才、资金一体化配置。强化高水平农业科研院校建设,培育壮大一批农业领军企业,优化地方农业科研机构和创新团队建设。实施国家农业科研杰出人才培养计划。打造国家热带农业科学中心。

促进科技与产业深度融合。加强国家农业科技创新联盟建设,支持农业企业牵头建设农业科技创新联合体或新型研发机构，加快建设国家现代农业产业科技创新中心。开展乡村振兴科技支撑行动，加强农业科技社会化服务体系建设，完善农业科技推广服务云平台，推行科技特派员制度，强化公益性农技推广机构建设。

第二节　推进种业振兴

加强种质资源保护。全面完成农作物种质资源、畜禽遗传资源和水产养殖种质资源普查，摸清资源家底，抢救性收集珍稀、濒危、特有资源与特色地方品种。启动农业种质资源精准鉴定评价，推进优异种质资源创制与应用，构建种质资源 DNA 分子指纹图谱库、特征库和农业种质资源数据库。加强国家农作物、林草、畜禽、海洋和淡水渔业、微生物种质资源库建设。

开展育种创新攻关。围绕重点农作物和畜禽，启动实施农业种源关键核心技术攻关。加快实施农业生物育种重大科技项目，有序推进生物育种产业化应用。开展种业联合攻关，实施新一轮畜禽遗传改良计划和现代种业提升工程。

加强种业基地建设。推进国家级和省级育制种基地建设，加快建设南繁硅谷。在北方农牧交错区布局建设大型牧草良种繁育基地。加快建设种业基地高标准农田。继续实施制种大县奖励政策。建设一批国家级核心育种场，完善良种繁育和生物安全防护设施条件。推进国家级水产供种繁育基地建设。

强化种业市场监管。严格品种管理，提高主要农作物品种审定标准，建立品种"身份证"制度。强化育种领域知识产权保护，强化行政与司法协同保护机制，严厉打击假冒伪劣、套牌侵权等违法犯罪行为。健全种畜禽、水产苗种监管制度和技术标准，加强畜禽遗传物质监管。

第三节　提高农机装备研发应用能力

加强农机装备薄弱环节研发。加强大中型、智能化、复合型农业机械研发应用，打造农机装备一流企业和知名品牌。推进粮食作物和战略性经济作物育、耕、种、管、收、运、贮等薄弱环节先进农机装备研制。加快研发制造适合丘陵山区农业生产的高效专用农机。攻关突破制约整机综合性能提升的关键核心技术、关键材料和重要零部件。加强绿色智能畜牧水产养殖装备研发。

推进农业机械化全程全面发展。健全农作物全程机械化生产体系，加快推进品种、栽培、装备集成配套。加大对智能、高端、安全农机装备的支持力度，突出优机优补、奖优罚劣，支持探索研发制造应用一体化，提升我国农机装备水平和国际竞争力。推进机械装备与养殖工艺融合,提升畜牧水产养殖主要品种、重点环节、规模养殖场以及设施农业的机械化水平。推动绿色环保农机应用。加强机耕道、场库棚、烘干机塔等配套设施建设,发展“全程机械化+综合农事”等农机服务新模式。

第四节　健全现代农业经营体系

培育壮大新型农业经营主体。实施家庭农场培育计划,把农业规模经营户培育成有活力的家庭农场。完善家庭农场名录制度。实施农民合作社规范提升行动,支持农民合作社联合社加快发展。完善新型农业经营主体金融保险、用地保障等政策。建立科研院所、农业高校等社会力量对接服务新型农业经营主体的长效机制。推动新型农业经营主体与小农户建立利益联结机制,推行保底分红、股份合作、利润返还等方式。

健全专业化社会化服务体系。发展壮大农业专业化社会化服务组织,培育服务联合体和服务联盟,将先进适用的品种、投入品、技术、装备导入小农户。开展农业社会化服务创新试点示范,鼓励市场主体建设区域性农业全产业链综合服务中心。加快发展农业生产托管服务。推进农业社会化服务标准体系建设,建立服务组织名录库,加强服务价格监测。

专栏 3　农业质量效益和竞争力提升工程

1. 农业科技创新能力建设。围绕生物育种、生物安全、资源环境、智能农机、农产品深加工、绿色投入品创制等领域,新建一批农业重大科技设施装备、重点实验室和农业科学观测实验站。

2. 基层农技推广体系建设。实施基层农技推广体系改革与建设项目,壮大科技特派员和特聘农技员队伍,建设 200 个国家现代农业科技示范展示基地、5000 个区域农业科技示范基地,培育一批农业科技服务公司。

3. 现代种业。建设国家农作物种质资源长期库、种质资源中期库圃,提升海南、甘肃、四川等国家级育制种基地水平,建设黑龙江大豆等区域性育制种基地。新建、改扩建国家畜禽和水产品种质资源库、保种场(区)、基因库,推进国家级畜禽核心育种场建设。改扩建 2 个分子育种创新服务平台。

4. 农业机械化。稳定实施农机购置补贴政策,创建 300 个农作物生产全程机械化示范县,建设 300 个设施农业和规模养殖全程机械化示范县,推进农机深松整地和丘陵山区农田宜机化改造。加强农业机械抢种抢收抢烘服务能力建设。

5. 新型农业经营主体培育提升行动。创建 300 个左右家庭农场示范县和 1500 个左右示范家庭农场。开展国家、省、市、县级农民合作社示范社四级联创,扩大农民合作社质量提升整县推进试点范围。

续表

6. 农业生产"三品一标"提升行动。培育一批有自主知识产权的核心种源和节水节肥节药新品种，建设800个绿色标准化农产品生产基地、500个畜禽养殖标准化示范场，打造300个以上国家级农产品区域公用品牌、500个以上企业品牌、1000个以上农产品品牌。

第四章　构建现代乡村产业体系　提升产业链供应链现代化水平

坚持立农为农，把带动农民就业增收作为乡村产业发展的基本导向，加快农村一二三产业融合发展，把产业链主体留在县域，把就业机会和产业链增值收益留给农民。

第一节　优化乡村产业布局

健全乡村产业体系。以农业农村资源为依托，以农民为主体，培育壮大现代种养业、乡村特色产业、农产品加工流通业、乡村休闲旅游业、乡村新型服务业、乡村信息产业等，形成特色鲜明、类型丰富、协同发展的乡村产业体系。以拓展二三产业为重点，纵向延伸产业链条，横向拓展产业功能，多向提升乡村价值。

推进县镇村联动发展。强化县域统筹，推动形成县城、中心镇（乡）、中心村功能衔接的乡村产业结构布局。推进县域、镇域产业集聚，支持农产品加工业向县域布局，引导农产品加工流通企业在有条件镇（乡）所在地建设加工园区和物流节点。促进镇村联动发展，实现加工在乡镇、基地在村、增收在户。

第二节　推进乡村产业园区化融合化发展

建设现代农业产业园区和农业现代化示范区。支持有条件的县（市、区）建设现代农业产业园，推动科技研发、加工物流、营销服务等市场主体向园区集中，资本、科技、人才等要素向园区集聚。加快"一村一品"示范村镇、农业产业强镇和优势特色产业集群建设。以县（市、区）为单位创建一批农业现代化示范区，围绕提高农业产业体系、生产体系、经营体系现代化水平，建立指标体系，加强资源整合和政策集成，示范引领农业现代化发展，探索建立农业现代化发展模式、政策体系、工作机制，形成梯次推进农业现代化的格局。

提升农村产业融合发展水平。依托乡村特色优势资源，打造农业全产业链。鼓励发展农业产业化龙头企业牵头、家庭农场和农民合作社跟进、广大小农户参与的农业产业化联合体。鼓励农业产业化龙头企业建立大型农业企业集团,开展农产品精深加工,在主产区和大中城市郊区布局中央厨房、主食加工、休闲食品、方便食品、净菜加工等业态,满足消费者多样化个性化需求。加快建设产地贮藏、预冷保鲜、分级包装、冷链物流、城市配送等设施,构建仓储保鲜冷链物流网络。稳步推进反映全产业链价值的农业及相关产业统计核算。

第三节　发展乡村新产业新业态

优化乡村休闲旅游业。依托田园风光、绿水青山、村落建筑、乡土文化、民俗风情等资源优势,建设一批休闲农业重点县、休闲农业精品园区和乡村旅游重点村镇。推动农业与旅游、教育、康养等产业融合,发展田园养生、研学科普、农耕体验、休闲垂钓、民宿康养等休闲农业新业态。

发展乡村新型服务业。积极发展生产性服务业,引导仓储物流、设施租赁、市场营销、信息咨询等领域市场主体将服务网点延伸到乡村。拓展生活性服务业,改造提升餐饮住宿、商超零售、电器维修、再生资源回收和养老护幼、卫生保洁、文化演出等乡村生活服务业。

加快农村电子商务发展。扩大电子商务进农村覆盖面,加快培育农村电子商务主体,引导电商、物流、商贸、金融、供销、邮政、快递等市场主体到乡村布局。深入推进"互联网+"农产品出村进城工程。优化农村电子商务公共服务中心功能,规范引导网络直播带货发展。实施"数商兴农",推动农村电商基础设施数字化改造、智能化升级,打造农产品网络品牌。

第四节　推进农村创业创新

支持农民工、大中专毕业生、退役军人、科技人员和工商业主等返乡入乡创业,鼓励能工巧匠和"田秀才"、"土专家"等乡村能人在乡创业。推动城市各类人才投身乡村产业发展。依托各类园区、企业、知名村镇等,建设一批农村创业创新园区(孵化实训基地)、农民工返乡创业园,打造一批众创空间、星创天地等创业创新孵化载体。依托现有资源建立农村创业创新导师队伍,为农村创业人员提供精准指导服务。依托普通高等院校、职业院校和相关培训机构,让有意愿的创业创新人员参加创业创新培训,对符合条件的人员按规定给予培训补贴。制定分区域、差异化创业创新扶持政策,推动落实创业补贴政策,加大创业贷款等支持力度。支持有条件的县乡政务大厅设立创业创新服务窗口,提供"一站式"服务。

专栏4　乡村产业链供应链提升工程

1. 农业现代化示范区建设。加强资源整合、政策集成，改善物质装备技术条件，创建500个左右农业现代化示范区，探索差异化、特色化的农业现代化发展模式。

2. 农村产业融合发展。创建一批国家现代农业产业园，培育一批农业产业强镇、全国"一村一品"示范村镇和产值超100亿元的优势特色产业集群，建设一批科技示范园区、现代林业产业示范区。继续创建认定一批国家农村产业融合发展示范园，完善相关配套设施，鼓励各地创建省级示范园。新认定一批农业产业化国家重点龙头企业，培育3000个农业产业化联合体。

3. 农产品加工业提升。建设一批集成度高、系统化强、能应用、可复制的农产品加工技术集成科研基地，在农牧渔业大县(市)建设一批农产品加工园，打造一批国际农产品加工园，创建一批农产品加工示范企业。

4. 农产品冷链物流设施。以鲜活农产品主产区和特色农产品优势区为重点，支持5万个新型农业经营主体建设农产品产地冷藏保鲜设施，建设一批产地冷链集配中心。建设30个全国性和70个区域性农产品骨干冷链物流基地。改造畜禽定点屠宰加工厂冷链储藏和运输设施。

5. 休闲农业和乡村旅游精品工程。建设300个休闲农业重点县、1500个美丽休闲乡村，推介1000条乡村休闲旅游精品景点线路。

6. 农村创业创新带头人培育行动。打造1500个农村创业创新园区和孵化实训基地，培育10万名农村创业创新导师和100万名带头人，带动1500万名返乡入乡人员创业。

第五章　实施乡村建设行动　建设宜居宜业乡村

把乡村建设摆在社会主义现代化建设的重要位置，大力开展乡村建设行动，聚焦交通便捷、生活便利、服务提质、环境美好，建设宜居宜业的农民新家园。

第一节　科学推进乡村规划

完善县镇村规划布局。强化县域国土空间规划管控，统筹划定落实永久基本农田、生态保护红线、城镇开发边界。统筹县城、乡镇、村庄规划建设，明确村庄分类布局。推进县域产业发展、基础设施、公共服务、生态环境保护等一体规划，加快形成县乡村功能衔接互补的建管格局，推动公共资源在县域内实现优化配置。

加快推进村庄规划。按照集聚提升类、城郊融合类、特色保护类和搬迁撤并类等村庄分类，分类推进村庄规划。优化布局乡村生活空间，严格保护农业生产空间和乡村生态空间，科学划定养殖业适养、限养、禁养区域。坚持先规划后建设，加强分类指导，保持历史耐心，遵循乡村发展规律，注重传统特色和乡村风貌保护，不搞一刀切。严禁随意撤并村庄搞大社区、违背农民意愿大拆大建。

第二节 加强乡村基础设施建设

完善农村交通运输体系。推进农村公路建设项目更多向进村入户倾斜，统筹规划和建设农村公路穿村路段，兼顾村内主干道功能。推进人口密集村庄消防通道建设。深化农村公路管理养护体制改革，落实管养主体责任。完善交通安全防护设施，提升公路安全防控水平，强化农村公路交通安全监管。推动城乡客运一体化发展，优化农忙等重点时段农村客运服务供给，完善农村客运长效发展机制。

提升农村供水保障水平。合理确定水源和供水工程设施布局，加强水源工程建设和水源保护。实施规模化供水工程建设和小型供水工程标准化改造，提高农村自来水普及率。鼓励有条件的地区将城市供水管网向周边村镇延伸。建立合理水价形成机制和水费收缴机制，健全农村供水工程建设运行和管护长效机制。加强农村消防用水配套设施建设。完善农村防汛抗旱设施，加强农村洪涝灾害预警和防控。

加强乡村清洁能源建设。提高电能在农村能源消费中的比重。因地制宜推动农村地区光伏、风电发展，推进农村生物质能源多元化利用，加快构建以可再生能源为基础的农村清洁能源利用体系。强化清洁供暖设施建设，加大生物质锅炉(炉具)、太阳能集热器等推广应用力度，推动北方冬季清洁取暖。

建设农村物流体系。完善县乡村三级物流配送体系，构建农村物流骨干网络，补齐物流基地、分拨中心、配送站点和冷链仓储等基础设施短板，加大对公用型、共配型场站设施的政策支持力度。改造提升农村寄递物流基础设施，推进乡镇运输服务站建设，改造提升农贸市场等传统流通网点。打造农村物流服务品牌，创新农村物流运营服务模式，探索推进乡村智慧物流发展。

第三节 整治提升农村人居环境

因地制宜推进农村厕所革命。加强中西部地区农村户用厕所改造，引导新改户用厕所入院入室。合理规划布局农村公共厕所，加快建设乡村景区旅游厕所。加快干旱、寒冷地区卫生厕所适用技术和产品研发。推进农村厕所革命与生活污水治理有机衔接，鼓励联户、联村、村镇一体处理。鼓励各地探索推行政府定标准、农户自愿按标准改厕、政府验收合格后按规定补助到户的奖补模式。完善农村厕所建设管理制度,严格落实工程质量责任制。

梯次推进农村生活污水治理。以县域为基本单元,以乡镇政府驻地和中心村为重点梯次推进农村生活污水治理,基本消除较大面积的农村黑臭水体。采用符合农村实际的污水处理模式和工艺,优先推广运行费用低、管护简便的治理技术,积极探索资源化利用方式。有条件的地区统筹城乡生活污水处理设施建设和管护。

健全农村生活垃圾处理长效机制。推进农村生活垃圾源头分类减量,探索农村生活垃圾就地就近处理和资源化利用的有效路径,稳步解决"垃圾围村"问题。完善农村生活垃圾收运处置体系,健全农村再生资源回收利用网络。

整体提升村容村貌。深入开展村庄清洁和绿化行动,实现村庄公共空间及庭院房屋、村庄周边干净整洁。提高农房设计水平和建设质量。建立健全农村人居环境建设和管护长效机制,全面建立村庄保洁制度,有条件的地区推广城乡环卫一体化第三方治理。

第四节　加快数字乡村建设

加强乡村信息基础设施建设。实施数字乡村建设工程。加快农村光纤宽带、移动互联网、数字电视网和下一代互联网发展,支持农村及偏远地区信息通信基础设施建设。加快推动遥感卫星数据在农业农村领域中的应用。推动农业生产加工和农村地区水利、公路、电力、物流、环保等基础设施数字化、智能化升级。开发适应"三农"特点的信息终端、技术产品、移动互联网应用软件,构建面向农业农村的综合信息服务体系。

发展智慧农业。建立和推广应用农业农村大数据体系,推动物联网、大数据、人工智能、区块链等新一代信息技术与农业生产经营深度融合。建设数字田园、数字灌区和智慧农(牧、渔)场。

推进乡村管理服务数字化。构建线上线下相结合的乡村数字惠民便民服务体系。推进"互联网+"政务服务向农村基层延伸。深化乡村智慧社区建设,推广村级基础台账电子化,建立集党务村务、监督管理、便民服务于一体的智慧综合管理服务平台。加强乡村教育、医疗、文化数字化建设,推进城乡公共服务资源开放共享,不断缩小城乡"数字鸿沟"。持续推进农民手机应用技能培训,加强农村网络治理。

专栏5　乡村公共基础设施建设工程

1. 农村道路畅通。因地制宜推进乡镇通三级及以上公路、自然村通硬化路,加强村组连通和村内道路建设。推进老旧公路改造和窄路基路面加宽改造,强化农村公路与国省干线公路、城市道路、村内道路衔接。

2. 农村供水保障。推进农村水源保护和供水保障工程建设,更新改造一批老旧供水工程和管网,提高规模化供水工程覆盖农村人口比例。

3. 乡村清洁能源建设。实施农村电网巩固提升工程,因地制宜发展农村地区电供暖、生物质能源清洁供暖,加强煤炭清洁化利用,推进散煤替代。

4. 农村物流体系建设。加强县乡村物流基础设施建设,鼓励地方建设县镇物流基地、农村电子商务配送站点,选择部分地区建设面向农村的共同配送中心。

5. 农村人居环境整治提升。有序推进经济欠发达地区以及高海拔、寒冷、缺水地区的农村改厕。因地制宜建设一批厕所粪污、农村生活污水处理设施和农村有机废弃物综合处置利用设施。支持600个县整县推进农村人居环境整治。创建一批美丽宜居村庄。

6. 乡村信息基础设施建设。推动农村千兆光网、5G、移动物联网与城市同步规划建设,提升农村宽带网络水平。全面推进互联网协议第六版(IPv6)技术在农村信息基础设施、信息终端、技术产品、应用软件中的广泛应用。推广大田作物精准播种、精准施肥施药、精准收获,推动设施园艺、畜禽水产养殖和渔船渔港智能化应用。实施农业农村大数据应用行动。

第五节　提升农村基本公共服务水平

提高农村教育质量。多渠道增加农村普惠性学前教育供给,完善普惠性学前教育保障机制。继续改善乡镇寄宿制学校办学条件,保留并办好必要的乡村小规模学校,在县城和中心镇新建改扩建一批普通高中和中等职业学校。把耕读教育和科学素质教育纳入教育培训体系。加大涉农高校、涉农职业院校、涉农学科专业建设力度。支持县城职业中学等学校根据当地产业发展需要试办社区学院。加强乡村教师队伍建设,推进县域内义务教育学校校长教师交流轮岗,支持建设城乡学校共同体。加快发展面向乡村的网络教育。

全面推进健康乡村建设。加强乡村基层医疗卫生体系建设,提升村卫生室标准化建设和健康管理水平,提升乡镇卫生院医疗服务能力。加强县级医院和妇幼保健机构建设,持续提升县级疾控机构应对重大疫情及突发公共卫生事件能力。加强乡村医疗卫生和疾控人才队伍建设,加大农村基层本地全科人才培养力度,推动乡村医生向执业(助理)医师转变,落实乡村医生待遇。加快县域紧密型医共体建设,实行医保总额预算管理,强化基本医保、大病保险、医疗救助三重制度保障功能。加强出生缺陷防治知识普及和健康教育。

加快完善乡村公共体育场地设施。

完善农村养老服务体系。健全县乡村衔接的三级养老服务网络，推进村级幸福院、日间照料中心等建设，推动乡镇敬老院升级改造。发展农村普惠型养老服务和互助性养老，加大居家养老支持力度。落实城乡居民基本养老保险待遇确定和正常调整机制，适时提高基础养老金标准。

提升村级综合服务能力。加强村级综合服务设施建设，完善便民服务设施。制定村级公共服务目录和代办政务服务指导目录，提供就业社保、社会救助、卫生健康、法律咨询等公共服务。发展农村普惠性托幼服务，健全农村留守儿童、妇女、老年人、残疾人以及困境儿童关爱服务体系。加快推动乡镇社会工作服务站建设，吸引社会工作人才提供专业服务。加强农村公益性殡葬设施建设。

第六节　扩大农村消费

多措并举畅通增收渠道。支持发展各具特色的现代乡村富民产业，完善利益联结机制，通过“资源变资产、资金变股金、农民变股东”，让农民更多分享产业增值收益。建设城乡统一的人力资源市场，完善农民工就业支持政策，落实农民工与城镇职工平等就业、同工同酬制度。深入实施新生代农民工职业技能提升计划。赋予农民更多财产权利，提高农民土地增值收益分享比例。

实施农村消费促进行动。鼓励有条件的地区开展农村家电更新行动、实施家具家装下乡补贴和新一轮汽车下乡，促进农村居民耐用消费品更新换代。完善县城和中心镇充换电基础设施建设。支持网络购物、移动支付等消费新业态、新模式向农村拓展，提升农村居民消费意愿。

优化农村消费环境。加强农村市场建设，完善农村商贸服务网络，优化县域批发市场、集散中心、商业网点布局。实施农村消费环境净化专项行动，聚焦食品药品安全、农资供应等领域，依法打击假冒伪劣、虚假宣传、价格欺诈等违法行为，规范农村市场秩序。加强市场监管和行政执法，在农村地区开展放心消费创建活动。

专栏6　农村基本公共服务提升工程

1. 农村教育质量提升行动。改善乡镇寄宿制学校和乡村小规模学校办学条件，加强县域普通高中学校建设，支持20万人口以上的县特殊教育学校建设。每年安排建设一批普惠性幼儿园。改善农村中小学信息化基础设施，加强国家中小学网络云平台资源应用。继续实施“特岗计划”。

2. 乡村健康服务提升行动。加强村卫生室标准化建设，依托现有资源，选建一批中心卫生院，建设一批农村县域医疗卫生次中心。加快县域紧密型医共体建设，提高

续表

县级医院医疗服务水平。推动县(市、区)妇幼保健机构提高服务能力。 3. 农村养老服务体系建设行动。提升县级特困供养服务机构失能照护和集中供养能力,每个县(市、区)至少建有1所县级供养服务机构。拓展乡镇敬老院区域养老服务中心功能,完善村级互助养老服务设施,解决农村老年人生活照料、就餐就医等问题。 4. 村级综合服务设施提升。改扩建行政村综合性公共服务用房,建设一站式服务大厅、多功能活动室、图书阅览室等。

第六章　加强农村生态文明建设　建设绿色美丽乡村

以绿色发展引领乡村振兴,推进农村生产生活方式绿色低碳转型,实现资源利用更加高效、产地环境更加清洁、生态系统更加稳定,促进人与自然和谐共生。

第一节　推进质量兴农绿色兴农

提升农业标准化水平。建立健全农业高质量发展标准体系,制修订粮食安全、种业发展、耕地保护、产地环境、农业投入品、农药兽药残留等标准,强化农产品营养品质评价和分等分级。开展农业标准化示范创建,加快现代农业全产业链标准化。加强绿色食品、有机农产品、地理标志农产品认证和管理,建立健全农业品牌监管机制。

强化农产品质量安全监管。实施农产品质量安全保障工程,完善农产品质量安全全程监管体系,扩大农产品质量安全风险监测范围,强化基层监管和检验检测队伍建设,推行网格化监管和智慧监管。实施“治违禁　控药残　促提升”行动,基本解决禁限用农药兽药残留超标和非法添加等问题。加强农业投入品规范化管理,严格食用农产品种养殖、加工储运环节投入品监管。试行食用农产品达标合格证制度,健全追溯体系。

提升绿色发展支撑能力。加强国家农业绿色发展先行区建设,探索不同生态类型、不同主导品种的农业绿色发展典型模式。开展农业绿色发展长期固定观测。

第二节　加强农业面源污染防治

持续推进化肥农药减量增效。深入开展测土配方施肥,持续优化肥料投入品结构,增加有机肥使用,推广肥料高效施用技术。积极稳妥推进高毒高风险农药淘汰，加快推广低毒低残留农药和高效大中型植保机械，因地制宜集成应用病虫害绿色防控技术。推进兽用抗菌药使用减量化，规范饲料和饲料添加剂生产使用。到2025年，主要农作物化肥、农药利用率均达到43%以上。

循环利用农业废弃物。支持发展种养有机结合的绿色循环农业，持续开展畜禽粪污资源化利用，加强规模养殖场粪污治理设施建设，推进粪肥还田利用。全面实施秸秆综合利用行动，健全秸秆收储运体系，提升秸秆能源化、饲料化利用能力。加快普及标准地膜，加强可降解农膜研发推广，推进废旧农膜机械化捡拾和专业化回收。开展农药肥料包装废弃物回收利用。

加强污染耕地治理。开展农用地土壤污染状况调查，实施耕地土壤环境质量分类管理。对轻中度污染耕地加大安全利用技术推广力度；对重度污染耕地实行严格管控，开展种植结构调整或在国家批准的规模和范围内实施退耕还林还草。深入实施耕地重金属污染防治联合攻关，加强修复治理和安全利用示范。巩固提升受污染耕地安全利用水平。

第三节　保护修复农村生态系统

强化农业资源保护。深入推进农业水价综合改革，健全节水激励机制，建立量水而行、以水定产的农业用水制度。发展节水农业和旱作农业，推进南水北调工程沿线农业深度节水。实施地下水超采综合治理。健全耕地轮作休耕制度。落实海洋渔业资源总量管理制度，完善捕捞限额管理和休渔禁渔制度，持续开展海洋捕捞渔民减船转产。严格保护管理珍贵濒危水生野生动物及其栖息地，严厉打击非法捕捞行为，持续开展渔业增殖放流，高标准建设海洋牧场。强化外来入侵物种防控。

健全草原森林河流湖泊休养生息制度。完善草原生态保护补助奖励政策，全面推进草原禁牧休牧轮牧，强化草原生物灾害防治，稳步恢复草原生态环境。实行林长制，制定绿化造林等生态建设目标，巩固退耕还林还草、退田还湖还湿成果，推进荒漠化、石漠化、水土流失综合治理。建设田园生态系统，完善农田生态廊道，营造复合型、生态型农田林网。强化河湖长制，加强大江大河和重要湖泊湿地生态保护治理。以县域为单元，推进水系连通和农村水系综合整治，建设一批水美乡村。

推动农业农村减排固碳。加强绿色低碳、节能环保的新技术新产品研发和产业化应用。以耕地质量提升、渔业生态养殖等为重点，巩固提升农业生态系统碳汇能力。推动农业产业园区和产业集群循环化改造，开展农业农村可再生能源替代示范。建立健全农业农村减排固碳监测网络和标准体系。

推进重点区域生态环境保护。全面实施长江流域重点水域十年禁渔，推进以长江为重点的渔政执法能力建设，做好退捕渔民安置保障工作。推进长江水生生物资源和水域生态保护修复，实施中华鲟、长江江豚、长江鲟拯救行动计划。开展长江、黄河流域农业面源污染治理，实施深度节水控水行动。建立生态产品价值实现机制，在长江流域等开展试点。

专栏7　农村生态文明建设工程

1. 农业标准化提升。加快构建农业高质量生产的标准体系，制修订3000项农业领域国家和行业标准，建设300个现代农业全产业链标准集成应用基地，支持1000个地理标志农产品发展。建设一批生态农场。

2. 农产品质量安全保障。强化基层监管手段条件建设，建设农产品质量安全指挥调度中心、基层监管服务站和监管实训基地，建设500个国家农产品质量安全县、1000个智慧监管试点。

3. 农业面源污染治理。深入实施农药化肥减量行动，以东北地区为重点整县推进秸秆综合利用，在重点用膜区整县推进农膜回收，在畜禽养殖主产区持续推进粪污资源化利用，在水产养殖主产区推进养殖尾水治理。在长江经济带、黄河流域环境敏感区建设200个农业面源污染综合治理示范县。

4. 耕地土壤污染防治。以耕地土壤污染防治重点县为重点，加强污染耕地土壤治理，对轻中度污染耕地落实农艺调控措施，严格管控重度污染耕地。

5. 耕地轮作休耕制度试点。在东北冷凉区、北方农牧交错区、西北地区、黄淮海地区实施粮油、粮豆等轮作；在长江流域推行稻油、稻稻油轮作模式；在河北、黑龙江、新疆的地下水超采区实施休耕试点，集成推广一批不同地区用地养地结合技术模式。

6. 水生生物资源养护行动。增殖放流各类水产苗种及珍贵濒危物种超过1000亿单位，实施水生生物物种保护行动计划，保护修复关键栖息地，科学开展迁地保护。建立长江水生生物资源及栖息地监测网络，实施长江生物完整性指数评价。建设一批国家级海洋牧场示范区。

7. 长江禁捕等渔政执法能力建设。强化长江禁捕水域渔政执法监管能力，建设统一的渔政执法远程监控指挥调度系统，加强视频监控、雷达监控、渔政执法船艇（趸船）、无人机设施设备建设。持续开展中国渔政亮剑专项执法行动。

8. 外来入侵物种防控。启动实施外来入侵物种全面调查，推动建设一批天敌繁育基地和综合防控示范区，因地制宜探索推广绿色防控技术模式。

第七章　加强和改进乡村治理　建设文明和谐乡村

以保障和改善农村民生为优先方向，突出组织引领、社会服务和民主参与，加快构建党组织领导的自治法治德治相结合的乡村治理体系，建设充满活力、和谐有序的善治乡村。

第一节 完善乡村治理体系

加强农村基层组织建设。建立健全以基层党组织为领导、村民自治组织和村务监督组织为基础、集体经济组织和农民合作组织为纽带、其他经济社会组织为补充的村级组织体系。选优配强乡镇、村领导班子,持续向重点乡村选派驻村第一书记和工作队,发展农村年轻党员。完善村民(代表)会议制度和村级民主协商、议事决策机制,拓展村民参与村级公共事务平台。加强村务监督委员会建设,强化基层纪检监察组织与村务监督委员会的沟通协作、有效衔接,推行村级小微权力清单制度。推动乡村服务性、公益性、互助性社会组织健康发展。加强村级组织运转经费保障。

提升乡村治理效能。严格依法设定县级对乡镇赋权赋能范围,整合乡镇和县级部门派驻乡镇机构承担的职能相近、职责交叉工作事项,健全乡镇和县级部门联动机制,压实乡镇政府综合治理、安全生产等方面的责任。规范村级组织工作事务,减轻村级组织负担。健全乡村治理工作协同运行机制,深入开展乡村治理体系建设试点示范和乡村治理示范村镇创建,推广运用"积分制"、"清单制"等形式。建设法治乡村,创建民主法治示范村,培育农村学法用法示范户。

深入推进平安乡村建设。坚持和发展新时代"枫桥经验",加强群防群治力量建设,巩固充实乡村人民调解组织队伍,创新完善乡村矛盾纠纷多元化、一站式解决机制。深化农村网格化管理服务,推进农村基层管理服务精细化。充分依托已有设施,提升农村社会治安防控体系信息化智能化水平。加强县乡村应急管理、交通消防安全体系建设,加强农村自然灾害、公共卫生、安全隐患等重大事件事故的风险评估、监测预警和应急处置。健全农村扫黑除恶常态化机制。

第二节 提升农民科技文化素质

健全农民教育培训体系。建立短期培训、职业培训和学历教育衔接贯通的农民教育培训制度,促进农民终身学习。充分发挥农业广播电视学校、农业科研院所、涉农院校、农业龙头企业等作用,引导优质教育资源下沉乡村,推进教育培训资源共建共享、优势互补。

培育高素质农民队伍。以家庭农场主和农民合作社带头人为重点,加强高素质农民培育。加大农村实用人才培养力度,设立专门面向农民的技能大赛,选树一批乡村能工巧匠。实施农民企业家、农村创业人才培育工程。深化农业职业教育改革,扩大中高等农业职业教育招收农民学员规模。健全完善农业高等院校人才培养评价体系，定向培养一批农村高层次人才。

第三节 加强新时代农村精神文明建设

加强农村思想道德建设。以农民群众喜闻乐见的方式，深入开展习近平新时代中国特色社会主义思想学习教育，开展党史、新中国史、改革开放史、社会主义发展史宣传教育，加强爱国主义、集体主义、社会主义教育，弘扬和践行社会主义核心价值观，建设基层思想政治工作示范点，培养新时代农民。实施公民道德建设工程，拓展新时代文明实践中心建设，深化群众性精神文明创建活动，让精神引领和道德力量深度融入乡村治理。加强农村青少年思想道德教育。面向农村开展送理论、送文明、送服务、送人才活动。

繁荣发展乡村优秀文化。深入实施农耕文化传承保护工程，加强农业文化遗产发掘认定和转化创新。加强历史文化名村名镇、传统村落、少数民族特色村寨、传统民居、农村文物、地名文化遗产和古树名木保护。继承发扬优秀传统乡土文化，建设乡村非物质文化遗产传习所（点）。振兴传统农业节庆，办好中国农民丰收节。创新实施文化惠民工程，加强乡镇综合文化站、村综合文化中心、文体广场等基层文化体育设施建设。实施智慧广电固边工程和乡村工程，在民族地区推广普及有线高清交互数字电视机顶盒，完善基层应急广播体系。发展乡村特色文化产业，健全支持开展群众性文化活动机制，满足农民群众多样化、多层次、多方面的精神文化需求。

持续推进农村移风易俗。开展专项文明行动，革除高价彩礼、人情攀比、厚葬薄养、铺张浪费等陈规陋习。加强农村家庭、家教、家风建设，倡导敬老孝亲、健康卫生、勤俭节约等文明风尚。深化文明村镇、星级文明户、文明家庭创建。建立健全农村信用体系，完善守信激励和失信惩戒机制。加快在农村普及科学知识，反对迷信活动。依法管理农村宗教事务，加大对农村非法宗教活动和境外渗透活动的打击力度，依法制止利用宗教干预农村公共事务。

专栏 8　现代乡村治理体系建设工程

1. 农村基层党组织负责人培养培训计划。加大从本村致富能手、外出务工经商返乡人员、本乡本土大学毕业生、退役军人中培养选拔村党组织带头人力度，通过多种方式为每个村储备村级后备力量。鼓励有条件的地方探索村干部专业化管理。开展农村基层干部乡村振兴主题培训。加大在青年农民、外出务工经商人员、妇女中发展党员的力度。

2. 村级事务阳光工程。完善党务、村务、财务“三公开”制度，梳理村级事务公开清单，及时公开组织建设、公共服务、工程项目等重大事项，健全村务档案管理制度，推广村级事务“阳光公开”监管平台。规范村级会计委托代理制，加强农村集体经济

续表

组织审计监督,开展村干部任期和离任经济责任审计。 3. 乡村治理试点示范行动。探索共建共治共享治理体制、乡村治理与经济社会协同发展机制、乡村治理组织体系、党组织领导的自治法治德治相结合路径,完善基层治理方式和村级权力监管机制,创新村民议事协商形式。 4. 平安乡村建设行动。推进农村社会治安防控体系建设,加强农村警务工作,推行“一村一辅警”机制,扎实开展智慧农村警务室建设。深入推进乡村“雪亮工程”建设。依法加大对农村非法宗教活动、邪教活动的打击力度,整治乱建宗教活动场所。 5. 高素质农民培育工程。实施高素质农民培育计划和百万乡村振兴带头人学历提升行动,推介 100 所涉农人才培养优质院校,培育 300 万名高素质农民,每年培训 2 万名农村实用人才带头人。

第八章　实现巩固拓展脱贫攻坚成果同乡村振兴有效衔接

大力弘扬脱贫攻坚精神,做好巩固拓展脱贫攻坚成果同乡村振兴有效衔接,增强脱贫地区内生发展能力,让脱贫群众过上更加美好的生活,逐步走上共同富裕道路。

第一节　巩固提升脱贫攻坚成果

过渡期内保持主要帮扶政策总体稳定。严格落实“摘帽不摘责任、不摘政策、不摘帮扶、不摘监管”要求。保持兜底救助类政策稳定,落实教育、医疗、住房等民生保障普惠性政策,优化产业就业等发展类政策。适时组织开展巩固脱贫成果后评估工作,将巩固拓展脱贫攻坚成果纳入市县党政领导班子和领导干部推进乡村振兴战略实绩考核范围,坚决守住不发生规模性返贫的底线。

健全防止返贫动态监测和精准帮扶机制。对脱贫不稳定户、边缘易致贫户,以及因病因灾因意外事故等导致基本生活出现严重困难户,开展常态化监测预警,建立健全快速发现和响应机制,分层分类及时纳入帮扶政策范围,开展定期核查,实行动态清零。

巩固“两不愁三保障”成果。巩固教育扶贫成果,健全控辍保学工作机制。巩固健康扶贫、医保扶贫成果,有效防范因病返贫致贫风险。稳步扩大乡村医疗卫生服务覆盖范围。落实分类资助参保政策,做好脱贫人口参保动员工作。建立农村脱贫人口住房安全动态监测机制,保障低收入人口基本住房安全。巩固维护好已建农村供水工程成果,不断提升农村供水保障水平。

强化易地扶贫搬迁后续扶持。聚焦原深度贫困地区、大中型集中安置区，从就业需要、产业发展和后续配套设施提升等方面，完善后续扶持政策体系，持续巩固易地搬迁脱贫成果。多措并举提高搬迁群众务工就业和自主创业能力，确保有劳动力的搬迁家庭至少有一人实现就业。完善安置区配套基础设施和公共服务设施，提升社区管理服务水平。

加强扶贫项目资产管理。对脱贫攻坚期内形成的扶贫项目资产进行全面摸底，按照经营性资产、公益性资产、到户类资产等分类建立管理台账。明确扶贫项目资产产权主体管护责任，引导受益主体参与管护，探索多样化的资产运营和管理模式。规范收益分配，确保扶贫项目资产在巩固拓展脱贫攻坚成果、接续推进乡村振兴中持续发挥效益。

第二节 提升脱贫地区整体发展水平

推动脱贫地区特色产业可持续发展。实施脱贫地区特色种养业提升行动，完善全产业链支持措施，加强产业发展设施条件建设。建立产业技术顾问制度，组建专家队伍长期跟踪帮扶。拓展脱贫地区农产品销售渠道，完善线上线下销售渠道体系，支持销售企业、电商、批发市场与脱贫地区精准对接。深化拓展消费帮扶。

促进脱贫人口稳定就业。稳定扩大脱贫地区农村劳动力转移就业，大规模开展职业技能培训，加大有组织劳务输出力度。统筹用好乡村公益岗位，延续扶贫车间支持政策。支持农村中小型公益性基础设施建设，扩大以工代赈实施范围和建设领域。建立农民在乡务工就业监测制度，跟踪掌握农民就业状况。

改善脱贫地区发展条件。扩大脱贫地区基础设施建设覆盖面，促进县域内整体提升。在脱贫地区重点谋划建设一批高速公路、客货共线铁路、水利、电力、机场、通信网络等区域性和跨区域重大基础设施建设工程。持续支持脱贫地区人居环境整治提升和农村道路、中小型水利工程、县乡村三级物流体系、农村电网等基础设施建设，推进农村客运发展。进一步提升脱贫地区义务教育、医疗卫生等公共服务水平，普遍增加公费师范生培养供给，实施订单定向免费医学生培养，加大中央倾斜支持脱贫地区医疗卫生机构基础设施建设和设备配备力度。

第三节 健全农村低收入人口和欠发达地区帮扶机制

健全低收入人口常态化帮扶机制。开展农村低收入人口动态监测，完善分类帮扶机制。对有劳动能力的农村低收入人口，坚持开发式帮扶，帮助其通过发展产业、参与就业，依靠双手勤劳致富。对脱贫人口中完全丧失劳动能力或部分丧失劳动能力且无法通过产业就业获得稳定收入的人口,按规定纳入农村低保或特困人员救助供养范围。健全最低生活保障制度,完善农村特困人员救助供养制度和残疾儿童康复救助制度,夯实医疗救助托底保障。

集中支持乡村振兴重点帮扶县。统筹整合各方资源,强化投入保障,对西部地区160个国家乡村振兴重点帮扶县给予集中支持,尽快补齐区域发展短板。支持各地自主选择部分脱贫县作为乡村振兴重点帮扶县。建立跟踪监测机制,对乡村振兴重点帮扶县进行定期监测评估。

支持欠发达地区巩固脱贫攻坚成果和乡村振兴。加大对欠发达地区财政转移支付力度,持续改善欠发达地区农村基础设施条件和公共服务水平。支持革命老区、民族地区、边疆地区巩固脱贫攻坚成果和乡村振兴,改善边疆地区农村生产生活条件,加快抵边村镇和边境农场建设。多措并举解决高海拔地区农牧民生产生活困难。

深入推进东西部协作和社会力量帮扶。坚持和完善东西部协作机制,加强产业合作、资源互补、劳务协作、人才交流,推进产业梯度转移,鼓励东西部共建产业园区。健全中央党政机关和国有企事业单位等定点帮扶机制,对东西部协作和定点帮扶成效进行考核评价。加大社会力量参与力度,扎实推进"万企兴万村"行动。

专栏9　巩固拓展脱贫攻坚成果工程

1. 特色种养业提升行动。组织脱贫县编制特色种养业发展规划,加快农产品仓储保鲜、冷链物流设施建设,持续推进特色农产品品牌创建和产销精准对接。

2. 以工代赈工程。因地制宜在脱贫地区实施一批投资规模小、技术门槛低、前期工作简单、务工技能要求不高的农业农村基础设施建设项目,优先吸纳已脱贫户特别是脱贫不稳定户、边缘易致贫户和其他农村低收入人口参与工程建设。

3. 乡村振兴重点帮扶县集中支持。从财政、金融、土地、人才、基础设施建设、公共服务等方面,加大对西部地区160个国家乡村振兴重点帮扶县的支持力度,增强其区域发展能力。

4. 东西部协作。加大帮扶资金投入,加强产业合作,共建产业园区,推动产业梯度转移。建立健全劳务输出精准对接机制,有序转移西部地区劳动力到东部地区就业。东部地区继续选派干部、教师、医生、农技人员等到西部地区帮扶。

5. 定点帮扶。发挥中央单位人才、信息、资源等优势,创新帮扶举措,帮助定点帮扶县特别是国家乡村振兴重点帮扶县发展特色主导产业,拓展农产品销售渠道,继续选派挂职干部,强化当地人才培养。

6. "万企兴万村"行动。聚焦乡村产业和乡村建设,引导民营企业引领做大做强脱贫地区优势特色产业,积极参与农村基础设施建设和公共服务提升,带动更多资源和要素投向乡村。

第九章　深化农业农村改革　健全城乡融合发展体制机制

聚焦激活农村资源要素，尊重基层和群众创造，加快推进农村重点领域和关键环节改革，促进城乡要素平等交换、双向流动，促进要素更多向乡村集聚，增强农业农村发展活力。

第一节　畅通城乡要素循环

推进县域内城乡融合发展。统筹谋划县域产业、教育、医疗、养老、环保等政策体系，加快推进县乡村公共基础设施建设运营管护一体化。赋予县级更多资源整合使用权，强化县城综合服务能力，增强县城集聚人口功能，推进以县城为重要载体的城镇化建设，促进农民在县域内就近就业、就地城镇化。积极推进扩权强镇，规划建设一批重点镇，把乡镇建设成为服务农民的区域中心。

促进城乡人力资源双向流动。建立健全乡村人才振兴体制机制，完善人才引进、培养、使用、评价和激励机制。建立健全城乡人才合作交流机制，推进城市教科文卫体等工作人员定期服务乡村。允许入乡就业创业人员在原籍地或就业创业地落户并享受相关权益，建立科研人员入乡兼职兼薪和离岗创业制度。健全农业转移人口市民化配套政策体系，完善财政转移支付与农业转移人口市民化挂钩相关政策，建立城镇建设用地年度指标分配同吸纳农村转移人口落户数量和提供保障性住房规模挂钩机制，促进农业转移人口有序有效融入城市。依法保障进城落户农民农村土地承包权、宅基地使用权、集体收益分配权，建立农村产权流转市场体系，健全农户“三权”市场化退出机制和配套政策。

优化城乡土地资源配置。建立健全城乡统一的建设用地市场，规范交易规则，完善有偿使用制度，构建统一的自然资源资产交易平台，纳入公共资源交易平台体系。规范开展城乡建设用地增减挂钩，完善审批实施程序、节余指标调剂及收益分配机制。完善盘活农村存量建设用地政策，实行负面清单管理，优先保障乡村产业发展、乡村建设用地。依据国土空间规划，以乡镇或村为单位开展全域土地综合整治。鼓励对依法登记的宅基地等农村建设用地进行复合利用，发展休闲农业、乡村民宿、农产品初加工、农村电商等。建立土地征收公共利益认定机制，缩小土地征收范围，规范征地程序。保障和规范农村一二三产业融合发展用地，鼓励各地根据地方实际和农村产业业态特点探索供地新方式。探索建立补充耕地指标跨区域交易机制。

引导社会资本投向农业农村。深化“放管服”改革，持续改善乡村营商环境，引导和鼓励工商资本投入现代农业、乡村产业、生态治理、基础设施和公共服务建设。建立社会资本投资农业农村指引目录制度，发挥政府投入引领作用，支持以市场化方式设立乡村振兴基金，撬动金融资本、社会力量参与，重点支持乡村产业发展。在不新增地方政府隐性债务前提下，引导银行业金融机构把农村基础设施建设作为投资重点，拓展乡村建设资金来源渠道，加大对农村基础设施建设的信贷支持力度。引导大中型银行进一步下沉服务重心，优化县域网点设置。

第二节　深化农村产权制度改革

稳步推进农村承包地“三权分置”改革。有序开展第二轮土地承包到期后再延长30年试点，保持农村土地承包关系稳定并长久不变。丰富集体所有权、农户承包权、土地经营权的有效实现形式，发展多种形式适度规模经营。加强农村土地承包合同管理，完善农村土地承包信息数据库和应用平台，建立健全农村土地承包经营权登记与承包合同管理的信息共享机制。探索建立土地经营权流转合同网签制度，健全土地经营权流转服务体系。

稳慎推进农村宅基地制度改革。深化农村宅基地制度改革试点，加快建立依法取得、节约利用、权属清晰、权能完整、流转有序、管理规范的农村宅基地制度。探索宅基地所有权、资格权、使用权分置有效实现形式。保障农村集体经济组织成员家庭作为宅基地资格权人依法享有的权益，防止以各种形式非法剥夺和限制宅基地农户资格权。尊重农民意愿，积极稳妥盘活利用农村闲置宅基地和闲置住宅。规范开展房地一体的宅基地确权登记颁证，加强登记成果共享应用。完善农村宅基地统计调查制度，建立全国统一的农村宅基地数据库和管理信息平台。

稳妥有序推进农村集体经营性建设用地入市。在符合国土空间规划、用途管制和依法取得的前提下，积极探索实施农村集体经营性建设用地入市制度，明确农村集体经营性建设用地入市范围、主体和权能。严格管控集体经营性建设用地入市用途。允许农村集体在农民自愿前提下，依法把有偿收回的闲置宅基地、废弃的集体公益性建设用地转变为集体经营性建设用地入市。健全集体经济组织内部的增值收益分配制度，保障进城落户农民土地合法权益。

第三节　完善农业支持保护制度

优化农业补贴政策。强化高质量发展和绿色生态导向，构建新型农业补贴政策体系。调整优化“绿箱”、“黄箱”和“蓝箱”支持政策,提高农业补贴政策精准性、稳定性和时效性。加强农产品成本调查,深化调查数据在农业保险、农业补贴、市场调控等领域的应用。

健全政府投入保障机制。推动建立“三农”财政投入稳定增长机制,继续把农业农村作为一般公共预算优先保障领域,加大中央财政转移支付支持农业农村力度。制定落实提高土地出让收入用于农业农村比例考核办法,确保按规定提高用于农业农村的比例。督促推进各地区各部门进一步完善涉农资金统筹整合长效机制。加大地方政府债券支持农业农村力度,用于符合条件的农业农村领域建设项目。

健全农村金融服务体系。完善金融支农激励机制,鼓励银行业金融机构建立服务乡村振兴的内设机构。支持涉农信用信息数据库建设,基本建成新型农业经营主体信用体系。扩大农村资产抵押担保融资范围,提高农业信贷担保规模,引导金融机构将新增可贷资金优先支持县域发展。加快完善中小银行和农村信用社治理结构,保持农村中小金融机构县域法人地位和数量总体稳定。实施优势特色农产品保险奖补政策,鼓励各地因地制宜发展优势特色农产品保险。稳妥有序推进农产品收入保险,健全农业再保险制度。发挥“保险+期货”在服务乡村产业发展中的作用。

第四节 协同推进农村各项改革

深化农村集体产权制度改革,完善产权权能,将经营性资产量化到集体经济组织成员,有效盘活集体资产资源,发展壮大新型农村集体经济。开展集体经营性资产股份自愿有偿退出试点。深化供销合作社综合改革。深入推进农垦垦区集团化、农场企业化改革,加强农垦国有农用地保护、管理和合理利用。继续深化集体林权、国有林区林场、草原承包经营制度改革。扎实推进农村综合改革。推动农村改革试验区集成创新,拓展试验内容,发挥好先行先试、示范引领作用。

第五节 扩大农业对外开放

发挥共建“一带一路”在扩大农业对外开放合作中的重要作用,深化多双边农业合作。加强境外农业合作园区和农业对外开放合作试验区建设。围绕粮食安全、气候变化、绿色发展、水产等领域,积极参与全球农业科技合作,建设上海合作组织农业技术交流培训示范基地。建设农业国际贸易高质量发展基地、农产品国家外贸转型升级基地、农业特色服务出口基地,推进农业服务贸易发展。深度参与世界贸易组织涉农谈判和全球粮农治理。如期完成全球人道主义应急仓库和枢纽建设任务。

专栏 10　新一轮农村改革推进工程
1. 县乡村基本公共服务一体化试点示范。在东、中、西部和东北地区选择一批县(市、区),开展县乡村基本公共服务一体化试点示范,赋予县级更多资源整合使用权,推动县乡村基本公共服务功能衔接互补。 2. 农村宅基地改革试点。在全国 104 个县(市、区)以及 3 个地级市开展新一轮农村宅基地制度改革试点,探索落实宅基地所有权、保障宅基地农户资格权和农民房屋财产权、适度放活宅基地和农民房屋使用权的具体路径和办法。 3. 农村改革试验区集成创新。开展农村改革试验区建设行动,集中力量建设一批农村集成改革示范区、农业农村高质量发展改革示范区和乡村善治改革示范区。开展农村改革试点成果转化行动,推介 100 个农村改革创新案例。 4. 乡村招才引智行动。建立城市人才定期服务乡村制度,每年引导 10 万名左右优秀教师、医生、科技人员、社会工作者等服务脱贫地区、边疆民族地区和革命老区。 5. 乡村振兴金融服务行动。推动金融机构在县域布设一批网点,不断优化扩大县域网点覆盖面,开发一批适合农业农村特点的金融产品和服务,推进农业保险提标扩面。

第十章　健全规划落实机制　保障规划顺利实施

坚持和加强党对"三农"工作的全面领导,健全中央统筹、省负总责、市县乡抓落实的农村工作领导体制,调动各方面资源要素,凝聚全社会力量,扎实有序推进中国特色农业农村现代化。

第一节　加强组织领导

建立农业农村部、国家发展改革委牵头的农业农村现代化规划实施推进机制,制定年度任务清单和工作台账,明确任务分工,统筹研究解决规划实施过程中的重要问题,推进重大建设项目,跟踪督促规划各项任务落实,重要情况及时向国务院报告。各省(自治区、直辖市)依照本规划,结合实际制定本地区农业农村现代化推进规划或方案,明确目标任务,细化政策措施。各部门要根据规划任务分工,强化政策配套,协同推进规划实施。

第二节　强化规划衔接

发挥本规划对农业农村发展的战略导向作用,聚焦本规划确定的农业农村现代化目标任务,在种植业、畜牧业、渔业和农业绿色发展、农业农村科技、农产品冷链物流设施、数字农业农村等重点领域，制定实施一批农业农村专项规划，推动项目跟着规划走、资金和要素跟着项目走。加强农业农村发展规划管理，建立农业农村规划目录清单制度。建立健全规划衔接协调机制，农业农村领域各专项规划须与本规划衔接。

第三节　动员社会参与

搭建社会参与平台，构建政府、市场、社会协同推进农业农村现代化的工作格局。调动基层干部和农民群众的积极性、主动性、创造性，发挥工会、共青团、妇联、科协等群团组织和各民主党派、工商联、无党派人士积极作用，凝聚推进农业农村现代化的强大合力。建设农业农村发展新型智库，健全专家决策咨询制度。宣传一批作出杰出贡献的农民、科技工作者、企业家、基层干部等，营造良好社会氛围。

第四节　健全法治保障

建立健全农业农村法律规范体系，推动涉农重点法律法规制修订工作。深化农业综合行政执法改革，健全农业综合行政执法体系。实施农业综合行政执法能力提升行动，加大执法人员培训力度，改善执法装备条件，加强执法信息化建设。强化农业农村普法宣传，推动法律法规进农村，切实维护农民群众合法权益，营造办事依法、遇事找法、解决问题用法、化解矛盾靠法的法治环境。

第五节　加强考核评估

完善规划实施监测评估机制，加强年度监测分析、中期评估和总结评估全过程管理。建立健全跟踪考核机制，把规划实施情况纳入实施乡村振兴战略实绩考核，压实规划实施责任。健全规划、财政、金融等政策协调和工作协同机制，强化各类政策对规划实施的保障支撑。开展农业农村现代化监测，评价各地农业农村现代化进程和规划实施情况。

国务院关于印发“十四五”国家应急体系规划的通知

（2021 年 12 月 30 日　国发〔2021〕36 号）

现将《“十四五”国家应急体系规划》印发给你们，请认真贯彻执行。

“十四五”国家应急体系规划

为全面贯彻落实习近平总书记关于应急管理工作的一系列重要指示和党中央、国务院决策部署，扎实做好安全生产、防灾减灾救灾等工作，积极推进应急管理体系和能力现代化，根据《中华人民共和国国民经济和社会发展第十四个五年规划和2035年远景目标纲要》，制定本规划。

一、规划背景

（一）“十三五”时期取得的工作进展。

“十三五”时期，各地区、各有关部门以习近平新时代中国特色社会主义思想为指导，认真贯彻落实党中央、国务院决策部署，推动应急管理事业改革发展取得重大进展，防范化解重大安全风险能力明显提升，各项目标任务如期实现。

应急管理体系不断健全。改革完善应急管理体制，组建应急管理部，强化了应急工作的综合管理、全过程管理和力量资源的优化管理，增强了应急管理工作的系统性、整体性、协同性，初步形成统一指挥、专常兼备、反应灵敏、上下联动的中国特色应急管理体制。深化应急管理综合行政执法改革，组建国家矿山安全监察局，加强危险化学品安全监管力量。建立完善风险联合会商研判机制、防范救援救灾一体化机制、救援队伍预置机制、扁平化指挥机制等，推动制修订一批应急管理法律法规和应急预案，全灾种、大应急工作格局基本形成。

应急救援效能显著提升。稳步推进公安消防部队、武警森林部队转制，组建国家综合性消防救援队伍，支持各类救援队伍发展，加快构建以国家综合性消防救援队伍为主力、专业救援队伍为协同、军队应急力量为突击、社会力量为辅助的中国特色应急救援力量体系。对标全灾种、大应急任务需要，加大先进、特种、专用救援装备配备力度，基本建成中央、省、市、县、乡五级救灾物资储备体系，完善全国统一报灾系统，加强监测预警、应急通信、紧急运输等保障能力建设，灾害事故综合应急能力大幅提高，成功应对了多次重特大事故灾害，经受住了一系列严峻考验。

安全生产水平稳步提高。不断强化党政同责、一岗双责、齐抓共管、失职追责的安全生产责任制，严格省级人民政府安全生产和消防工作考核，开展国务院安全生产委员会成员单位年度安全生产工作考核，完善激励约束机制。持续开展以危险化学品、矿山、消防、交通运输、城市建设、工业园区、危险废物等为重点的安全生产专项整治。逐步建立安全风险分级管控和隐患排查治理双重预防工作机制，科技强安专项行动初见成效。按可比口径计算，2020 年全国各类事故、较大事故和重特大事故起数比 2015 年分别下降 43.3%、36.1%和 57.9%，死亡人数分别下降 38.8%、37.3%和 65.9%。

防灾减灾能力明显增强。建立自然灾害防治工作部际联席会议制度，实施自然灾害防治九项重点工程，启动第一次全国自然灾害综合风险普查，推进大江大河和中小河流治理，实施全国地质灾害防治、山洪灾害防治、重点火险区综合治理、平安公路建设、农村危房改造、地震易发区房屋加固等一批重点工程，城乡灾害设防水平和综合防灾减灾能力明显提升。与"十二五"时期相比，"十三五"期间全国自然灾害因灾死亡失踪人数、倒塌房屋数量和直接经济损失占国内生产总值比重分别下降 37.6%、70.8%和 38.9%。

(二)面临的形势。

"十四五"时期，我国发展仍然处于重要战略机遇期。以习近平同志为核心的党中央着眼党和国家事业发展全局，坚持以人民为中心的发展思想，统筹发展和安全两件大事，把安全摆到了前所未有的高度，对全面提高公共安全保障能力、提高安全生产水平、完善国家应急管理体系等作出全面部署，为解决长期以来应急管理工作存在的突出问题、推进应急管理体系和能力现代化提供了重大机遇。但同时也要看到，我国是世界上自然灾害最为严重的国家之一，灾害种类多、分布地域广、发生频率高、造成损失重，安全生产仍处于爬坡过坎期，各类安全风险隐患交织叠加，生产安全事故仍然易发多发。

风险隐患仍然突出。我国安全生产基础薄弱的现状短期内难以根本改变，危险化学品、矿山、交通运输、建筑施工等传统高危行业和消防领域安全风险隐患仍然突出，各种公共服务设施、超大规模城市综合体、人员密集场所、高层建筑、地下空间、地下管网等大量建设，导致城市内涝、火灾、燃气泄漏爆炸、拥挤踩踏等安全风险隐患日益凸显，重特大事故在地区和行业间呈现波动反弹态势。随着全球气候变暖，我国自然灾害风险进一步加剧，极端天气趋强趋重趋频，台风登陆更加频繁、强度更大，降水分布不均衡、气温异常变化等因素导致发生洪涝、干旱、高温热浪、低温雨雪冰冻、森林草原火灾的可能性增大，重特大地震灾害风险形势严峻复杂，灾害的突发性和异常性愈发明显。

防控难度不断加大。随着工业化、城镇化持续推进，我国中心城市、城市群迅猛发展，人口、生产要素更加集聚，产业链、供应链、价值链日趋复杂，生产生活空间高度关联，各类承灾体暴露度、集中度、脆弱性大幅增加。新能源、新工艺、新材料广泛应用，新产业、新业态、新模式大量涌现，引发新问题，形成新隐患，一些"想不到、管得少"的领域风险逐渐凸显。同时，灾害事故发生的隐蔽性、复杂性、耦合性进一步增加，重特大灾害事故往往引发一系列次生、衍生灾害事故和生态环境破坏，形成复杂多样的灾害链、事故链，进一步增加风险防控和应急处置的复杂性及难度。全球化、信息化、网络化的快速发展，也使灾害事故影响的广度和深度持续增加。

应急管理基础薄弱。应急管理体制改革还处于深化过程中，一些地方改革还处于磨合期，亟待构建优化协同高效的格局。防汛抗旱、抗震救灾、森林草原防灭火、综合减灾等工作机制还需进一步完善，安全生产综合监管和行业监管职责需要进一步理顺。应急救援力量不足特别是国家综合性消防救援队伍力量短缺问题突出，应急管理专业人才培养滞后，专业队伍、社会力量建设有待加强。科技信息化水平总体较低，风险隐患早期感知、早期识别、早期预警、早期发布能力欠缺，应急物资、应急通信、指挥平台、装备配备、紧急运输、远程投送等保障尚不完善。基层应急能力薄弱，公众风险防范意识、自救互救能力不足等问题比较突出，应急管理体系和能力与国家治理体系和治理能力现代化的要求存在很大差距。

二、总体要求

（一）指导思想。

以习近平新时代中国特色社会主义思想为指导，全面贯彻落实党的十九大和十九届历次全会精神，增强“四个意识”、坚定“四个自信”、做到“两个维护”，坚持系统观念，统筹推进“五位一体”总体布局，协调推进“四个全面”战略布局，坚定不移贯彻新发展理念，坚持稳中求进工作总基调，坚持人民至上、生命至上，坚持总体国家安全观，更好统筹发展和安全，以推动高质量发展为主题，以防范化解重大安全风险为主线，深入推进应急管理体系和能力现代化，坚决遏制重特大事故，最大限度降低灾害事故损失，全力保护人民群众生命财产安全和维护社会稳定，为建设更高水平的平安中国和全面建设社会主义现代化强国提供坚实安全保障。

（二）基本原则。

坚持党的领导。加强党对应急管理工作的集中统一领导，全面贯彻党的基本理论、基本路线、基本方略，把党的政治优势、组织优势、密切联系群众优势和社会主义集中力量办大事的制度优势转化为应急管理事业发展的强大动力和坚强保障。

坚持以人为本。坚持以人民为中心的发展思想，始终做到发展为了人民、发展依靠人民、发展成果由人民共享，始终把保护人民群众生命财产安全和身体健康放在第一位，全面提升国民安全素质和应急意识，促进人与自然和谐共生。

坚持预防为主。健全风险防范化解机制，做到关口前移、重心下移，加强源头管控，夯实安全基础，强化灾害事故风险评估、隐患排查、监测预警，综合运用人防物防技防等手段，真正把问题解决在萌芽之时、成灾之前。

坚持依法治理。运用法治思维和法治方式，加快构建适应应急管理体制的法律法规和标准体系，坚持权责法定、依法应急，增强全社会法治意识，实现应急管理的制度化、法治化、规范化。

坚持精准治理。科学认识和系统把握灾害事故致灾规律，统筹事前、事中、事后各环节，差异化管理、精细化施策，做到预警发布精准、抢险救援精准、恢复重建精准、监管执法精准。

坚持社会共治。把群众观点和群众路线贯穿工作始终，加强和创新社会治理，发挥市场机制作用，强化联防联控、群防群治，普及安全知识，培育安全文化，不断提高全社会安全意识，筑牢防灾减灾救灾的人民防线。

（三）主要目标。

总体目标：到2025年，应急管理体系和能力现代化建设取得重大进展，形成统一指挥、专常兼备、反应灵敏、上下联动的中国特色应急管理体制，建成统一领导、权责一致、权威高效的国家应急能力体系，防范化解重大安全风险体制机制不断健全，应急救援力量建设全面加强，应急管理法治水平、科技信息化水平和综合保障能力大幅提升，安全生产、综合防灾减灾形势趋稳向好，自然灾害防御水平明显提升，全社会防范和应对处置灾害事故能力显著增强。到2035年，建立与基本实现现代化相适应的中国特色大国应急体系，全面实现依法应急、科学应急、智慧应急，形成共建共治共享的应急管理新格局。

专栏1 “十四五”时期主要指标

序号	指　　标	预期值	属性
1	生产安全事故死亡人数	下降15%	约束性
2	重特大生产安全事故起数	下降20%	约束性
3	单位国内生产总值生产安全事故死亡率	下降33%	约束性
4	工矿商贸就业人员十万人生产安全事故死亡率	下降20%	约束性
5	年均每百万人口因自然灾害死亡率	<1	预期性
6	年均每十万人受灾人次	<15000	预期性
7	年均因自然灾害直接经济损失占国内生产总值比例	<1%	预期性

应急管理体制机制更加完善。领导体制、指挥体制、职能配置、机构设置、

协同机制更趋合理，应急管理队伍建设、能力建设、作风建设取得重大进展，应急管理机构基础设施、装备条件大幅改善，工作效率、履职能力全面提升。县级以上应急管理部门行政执法装备配备达标率达到80%。

灾害事故风险防控更加高效。安全风险分级管控与隐患排查治理机制进一步完善，多灾种和灾害链综合监测、风险早期感知识别和预报预警能力显著增强，城乡基础设施防灾能力、重点行业领域安全生产水平大幅提升，危险化学品、矿山、交通运输、建筑施工、火灾等重特大安全事故得到有效遏制，严防生产安全事故应急处置引发次生环境事件。灾害事故信息上报及时准确，灾害预警信息发布公众覆盖率达到90%。

大灾巨灾应对准备更加充分。综合救援、专业救援、航空救援力量布局更加合理，应急救援效能显著提升，应急预案、应急通信、应急装备、应急物资、应急广播、紧急运输等保障能力全面加强。航空应急力量基本实现2小时内到达灾害事故易发多发地域，灾害事故发生后受灾人员基本生活得到有效救助时间缩短至10小时以内。

应急要素资源配置更加优化。科技资源、人才资源、信息资源、产业资源配置更趋合理高效，应急管理基础理论研究、关键技术研究、重大装备研发取得重大突破，规模合理、素质优良的创新型人才队伍初步形成，应急管理科技信息化水平明显提高，"一带一路"自然灾害防治和应急管理国际合作机制逐步完善。县级以上应急管理部门专业人才占比达到60%。

共建共治共享体系更加健全。全社会安全文明程度明显提升，社会公众应急意识和自救互救能力显著提高，社会治理的精准化水平持续提升，规范有序、充满活力的社会应急力量发展环境进一步优化，共建共治共享的应急管理格局基本形成。重点行业规模以上企业新增从业人员安全技能培训率达到100%。

三、深化体制机制改革，构建优化协同高效的治理模式

（一）健全领导指挥体制。

按照常态应急与非常态应急相结合，建立国家应急指挥总部指挥机制，省、市、县建设本级应急指挥部，形成上下联动的应急指挥部体系。按照综合协调、分类管理、分级负责、属地为主的原则，健全中央与地方分级响应机制，明确各级各类灾害事故响应程序，进一步理顺防汛抗旱、抗震救灾、森林草原防灭火等指挥机制。将消防救援队伍和森林消防队伍整合为一支正规化、专业化、职业化的国家综合性消防救援队伍，实行严肃的纪律、严密的组织，按照准现役、准军事化标准建设管理，完善统一领导、分级指挥的领导体制，组建统一的领导指挥机关，建立中央地方分级指挥和队伍专业指挥相结合的指挥机制，加快建设现代化指挥体系，建立与经济社会发展相适应的队伍编制员额同步优化机制。完善应急管理部门管理体制，全面实行准军事化管理。

（二）完善监管监察体制。

推进应急管理综合行政执法改革，整合监管执法职责，组建综合行政执法队伍，健全监管执法体系。推动执法力量向基层和一线倾斜，重点加强动态巡查、办案等一线执法工作力量。制定应急管理综合行政执法事项指导目录，建立完善消防执法跨部门协作机制，构建消防安全新型监管模式。制定实施安全生产监管监察能力建设规划，负有安全生产监管监察职责的部门要加强力量建设，确保切实有效履行职责。加强各级矿山安全监察机构力量建设，完善国家监察、地方监管、企业负责的矿山安全监管监察体制。推进地方矿山安全监管机构能力建设，通过政府购买服务方式为监管工作提供技术支撑。

（三）优化应急协同机制。

强化部门协同。充分发挥相关议事协调机构的统筹作用，发挥好应急管理部门的综合优势和各相关部门的专业优势，明确各部门在事故预防、灾害防治、信息发布、抢险救援、环境监测、物资保障、恢复重建、维护稳定等方面的工作职责。健全重大安全风险防范化解协同机制和灾害事故应对处置现场指挥协调机制。

强化区域协同。健全自然灾害高风险地区，以及京津冀、长三角、粤港澳大湾区、成渝城市群及长江、黄河流域等区域协调联动机制，统一应急管理工作流程和业务标准，加强重大风险联防联控，联合开展跨区域、跨流域风险隐患普查，编制联合应急预案，建立健全联合指挥、灾情通报、资源共享、跨域救援等机制。组织综合应急演练，强化互助调配衔接。

（四）压实应急管理责任。

强化地方属地责任。建立党政同责、一岗双责、齐抓共管、失职追责的应急管理责任制。将应急管理体系和能力建设纳入地方各级党政领导干部综合考核评价内容。推动落实地方党政领导干部安全生产责任制，制定安全生产职责清单和年度工作清单，将安全生产纳入高质量发展评价体系。健全地方政府预防与应急准备、灾害事故风险隐患调查及监测预警、应急处置与救援救灾等工作责任制，推动地方应急体系和能力建设。

明确部门监管责任。严格落实管行业必须管安全、管业务必须管安全、管生产经营必须管安全要求，依法依规进一步夯实有关部门在危险化学品、新型燃料、人员密集场所等相关行业领域的安全监管职责，加强对机关、团体、企业、事业单位的安全管理，健全责任链条，加强工作衔接，形成监管合力，严格把关重大风险隐患，着力防范重点行业领域系统性安全风险，坚决遏制重特大事故。

落实生产经营单位主体责任。健全生产经营单位负责、职工参与、政府监管、行业自律、社会监督的安全生产治理机制。将生产经营单位的主要负责人列为本单位安全生产第一责任人。以完善现代企业法人治理体系为基础,建立企业全员安全生产责任制度。健全生产经营单位重大事故隐患排查治理情况向负有安全生产监督管理职责的部门和职工大会(职代会)"双报告"制度。推动重点行业领域规模以上企业组建安全生产管理和技术团队,提高企业履行主体责任的专业能力。实施工伤预防行动计划,按规定合理确定工伤保险基金中工伤预防费的比例。

严格责任追究。健全灾害事故直报制度,严厉追究瞒报、谎报、漏报、迟报责任。建立完善重大灾害调查评估和事故调查机制,坚持事故查处"四不放过"原则,推动事故调查重点延伸到政策制定、法规修订、制度管理、标准技术等方面。加强对未遂事故和人员受伤事故的调查分析,严防小隐患酿成大事故。完善应急管理责任考评指标体系和奖惩机制,定期开展重特大事故调查处理情况"回头看"。综合运用巡查、督查等手段,强化对安全生产责任落实情况的监督考核。

四、夯实应急法治基础,培育良法善治的全新生态

(一)推进完善法律法规架构。

加快完善安全生产法配套法规规章,推进制修订应急管理、自然灾害防治、应急救援组织、国家消防救援人员、矿山安全、危险化学品安全等方面法律法规,推动构建具有中国特色的应急管理法律法规体系。支持各地因地制宜开展应急管理地方性法规规章制修订工作。持续推进精细化立法,健全应急管理立法立项、起草、论证、协调、审议机制和立法后实施情况评估机制。完善应急管理规章、规范性文件制定制度和监督管理制度,定期开展规范性文件集中清理和专项审查。完善公众参与政府立法机制,畅通公众参与渠道。开展丰富多样的普法活动,加大典型案例普法宣传。

(二)严格安全生产执法。

加大危险化学品、矿山、工贸、交通运输、建筑施工等重点行业领域安全生产执法力度,持续推进"互联网+执法"。综合运用"四不两直"、异地交叉执法、"双随机、一公开"等方式,加大重点抽查、突击检查力度,建立健全安全生产典型执法案例报告制度,严厉打击非法生产经营行为。全面推行行政执法公示、执法全过程记录、重大执法决定法制审核三项制度,以及公众聚集场所投入使用、营业前消防安全检查告知承诺制。健全安全生产行政处罚自由裁量标准,细化行政处罚等级。严格事故前严重违法行为责任追究,严格执行移送标准和程序,规范实施行政执法与刑事司法衔接机制。加强执法监督,完善内外部监督机制。

(三)推动依法行政决策。

将应急管理行政决策全过程纳入法治化轨道,对一般和重大行政决策实行分类管理。完善公众参与、专家论证、风险评估、合法性审查、集体讨论决定等法定程序和配套制度,健全并实施应急管理重大行政决策责任倒查和追究机制。定期制定和更新决策事项目录和标准,依法向社会公布。建立依法应急决策制度,规范启动条件、实施方式、尽职免予问责等内容。深化应急管理"放管服"改革,加强事前事中事后监管和地方承接能力建设,积极营造公平有序竞争的市场环境。

(四)推进应急标准建设。

实施应急管理标准提升行动计划,建立结构完整、层次清晰、分类科学的应急管理标准体系。构建完善应急管理、矿山安全等相关专业标准化技术组织。针对灾害事故暴露出的标准短板,加快制修订一批支撑法律有效实施的国家标准和行业标准,研究制定应急管理领域大数据、物联网、人工智能等新技术应用标准,鼓励社会团体制定应急产品及服务类团体标准。加快安全生产、消防救援领域强制性标准制修订,尽快制定港区消防能力建设标准,开展应急管理相关国家标准实施效果评估。推动企业标准化与企业安全生产治理体系深度融合,开展国家级应急管理标准试点示范。鼓励先进企业创建应急管理相关国际标准,推动标准和规则互认。加大应急管理标准外文版供给。

五、防范化解重大风险,织密灾害事故的防控网络

(一)注重风险源头防范管控。

加强风险评估。以第一次全国自然灾害综合风险普查为基准,编制自然灾害风险和防治区划图。加强地震构造环境精细探测和重点地区与城市活动断层探察。推进城镇周边火灾风险调查。健全安全风险评估管理制度,推动重点行业领域企业建立安全风险管理体系,全面开展城市安全风险评估,定期开展重点区域、重大工程和大型油气储存设施等安全风险评估,制定落实风险管控措施。开展全国工业园区应急资源和能力全面调查,指导推动各地建设工业园区应急资源数据库。

科学规划布局。探索建立自然灾害红线约束机制。强化自然灾害风险区划与各级各类规划融合,完善规划安全风险评估会商机制。加强超大特大城市治理中的风险防控,统筹县域城镇和村庄规划建设,严格控制区域风险等级及风险容量,推进实施地质灾害避险搬迁工程,加快形成有效防控重大安全风险的空间格局和生产生活方式布局。将城市防灾减灾救灾基础设施用地需求纳入当地土地利用年度计划并予以优先保障。完善应急避难场所规划布局，健全避难场所建设标准和后评价机制，严禁随意变更应急避难场所和应急基础设施的使用性质。

（二）强化风险监测预警预报。

充分利用物联网、工业互联网、遥感、视频识别、第五代移动通信（5G）等技术提高灾害事故监测感知能力，优化自然灾害监测站网布局，完善应急卫星观测星座，构建空、天、地、海一体化全域覆盖的灾害事故监测预警网络。广泛部署智能化、网络化、集成化、微型化感知终端，高危行业安全监测监控实行全国联网或省（自治区、直辖市）范围内区域联网。完善综合风险预警制度，增强风险早期识别能力，发展精细化气象灾害预警预报体系，优化地震长中短临和震后趋势预测业务，提高安全风险预警公共服务水平。建立突发事件预警信息发布标准体系，优化发布方式，拓展发布渠道和发布语种，提升发布覆盖率、精准度和时效性，强化针对特定区域、特定人群、特定时间的精准发布能力。建立重大活动风险提示告知制度和重大灾害性天气停工停课停业制度，明确风险等级和安全措施要求。推进跨部门、跨地域的灾害事故预警信息共享。

（三）深化安全生产治本攻坚。

严格安全准入。加强工业园区等重点区域安全管理，制定危险化学品、烟花爆竹、矿山、工贸等“禁限控”目录，完善危险化学品登记管理数据库和动态统计分析功能，推动建立高危行业领域建设项目安全联合审批制度，强化特别管控危险化学品全生命周期管理。建立更加严格规范的安全准入体系，加强矿用、消防等设备材料安全管理，优化交通运输和渔业船舶等安全技术和安全配置。严格建设项目安全设施同时设计、同时施工、同时投入生产和使用制度，健全重大项目决策安全风险评估与论证机制。推动实施全球化学品统一分类和标签制度。

加强隐患治理。完善安全生产隐患分级分类排查治理标准，制定隐患排查治理清单，实现隐患自查自改自报闭环管理。建立危险化学品废弃报告制度。实行重大事故隐患治理逐级挂牌督办、及时整改销号和整改效果评价。推动将企业安全生产信息纳入政府监管部门信息平台，构建政府与企业多级多方联动的风险隐患动态数据库，综合分析研判各类风险、跟踪隐患整改清零。研究将安全风险分级管控和隐患排查治理列入企业安全生产费用支出范围。

深化专项整治。深入推进危险化学品、矿山、消防、交通运输、建筑施工、民爆、特种设备、大型商业综合体等重点行业领域安全整治，解决影响制约安全生产的薄弱环节和突出问题，督促企业严格安全管理、加大安全投入、落实风险管控措施。结合深化供给侧结构性改革，推动安全基础薄弱、安全保障能力低下且整改后仍不达标的企业退出市场。统筹考虑危险化学品企业搬迁和项目建设审批，优先保障符合条件企业的搬迁用地。持续推进企业安全生产标准化建设，实现安全管理、操作行为、设施设备和作业环境规范化。推动淘汰落后技术、工艺、材料和设备，加大重点设施设备、仪器仪表检验检测力度。推动各类金融机构出台优惠贷款等金融类产品，大力推广新技术、新工艺、新材料和新装备，实施智能化矿山、智能化工厂、数字化车间改造，开展智能化作业和危险岗位机器人替代示范。强化危险废物全过程监管，动态修订《国家危险废物名录》，修订危险废物鉴别、贮存以及水泥窑协同处置污染控制等标准，制定完善危险废物重点监管单位清单。建立废弃危险化学品等危险废物监管协作和联合执法工作机制，加强危险废物监管能力与应急处置技术支持能力建设。

专栏 2　安全生产治本攻坚重点

1. 危险化学品。化工园区本质安全整治提升、企业分类治理整顿、非法违法“小化工”整治、重大危险源管控、硝酸铵等高危化学品和精细化工等高危工艺安全风险管控、自动化控制、特殊作业安全管理、城区内化学品输送管线、油气站等易燃易爆剧毒设施；化学品运输、使用和废弃处置等环节。

2. 烟花爆竹。生产、储存、运输等设施；生产、经营、进出口、运输、燃放、销毁、处置等环节。

3. 矿山。煤与瓦斯突出、冲击地压、水文地质类型复杂或极复杂等灾害严重煤矿，30 万吨/年以下煤矿，开采深度超过 1200 米的大中型及以上煤矿；入井人数超过 30 人、井深超过 800 米的金属非金属地下矿山，边坡高度超过 200 米的金属非金属露天矿山，尾矿库“头顶库”、无生产经营主体尾矿库、长期停用尾矿库。

4. 工贸。冶金企业高温熔融金属、煤气工艺环节，涉粉作业人数 30 人以上的金属粉尘、木粉尘企业，铝加工（深井铸造）企业、农贸市场重大事故隐患整治。

5. 消防。超高层建筑、大型商业综合体、城市地下轨道交通、石油化工企业等高风险场所；人员密集场所、“三合一”场所、群租房、生产加工作坊等火灾易发场所；博物馆、文物古建筑、古城古村寨等文物、文化遗产保护场所和易地扶贫搬迁安置场所；电动汽车、电动自行车、电化学储能设施和冷链仓库、冰雪运动娱乐等新产业新业态；船舶、船闸、水上加油站等水上设施。

6. 道路运输。急弯陡坡、临水临崖、长下坡、危桥、危隧、穿村过镇路口、农村马路市场等路段及部位；非法违规营运客车、校车，“大吨小标”、超限超载、非法改装货车等运输车辆；变型拖拉机；常压液体危险货物罐车。

7. 其他交通运输（民航、铁路、邮政、水上和城市轨道交通）和渔业船舶。民航运输：可控飞行撞地、空中相撞、危险品运输，跑道安全、机场净空安全、鸟击、通用航空安全；铁路运输：沿线环境安全、危险货物运输、公铁水并行交汇地段、路外伤害安全；

续表

邮政快递:末端车辆安全、作业场所安全;水上运输:商渔船碰撞、内河船舶非法从事海上运输、港口客运和危险货物运输;城市轨道交通:运营保护区巡查,违规施工作业、私搭乱建、堆放易燃易爆危险品等;渔业船舶:船舶脱检脱管、不适航、配员不足、脱编作业、超员超载、超风级超航区冒险航行作业,船员不适任、疏忽瞭望值守。 8. 城市建设。利用原有建筑物改建改用为酒店、饭店、学校、体育馆等人员聚集场所;高层建筑工程、地下工程、改造加固工程、拆除工程、桥梁隧道工程;违法违规转包分包;城镇燃气及燃气设施安全管理。 9. 工业园区等功能区。化工园区安全风险评估分级;仓储物流园区安全管理;港口码头等功能区安全管理。 10. 危险废物。危险废物贮存、利用、处置环节;违规堆存、随意倾倒、私自填埋危险废物。

(四)加强自然灾害综合治理。

改善城乡防灾基础条件。开展城市重要建筑、基础设施系统及社区抗震韧性评价及加固改造,提升学校、医院等公共服务设施和居民住宅容灾备灾水平。加强城市防洪排涝与调蓄设施建设,优化和拓展城市调蓄空间。增强公共设施应对风暴和地质灾害的能力,完善公共设施和建筑应急避难功能。统筹规划建设公共消防设施,加密消防救援站点。实施农村危房改造和地震高烈度设防地区农房抗震改造,逐步建立农村低收入人口住房安全保障长效机制。完善农村道路安全设施。推进自然灾害高风险地区居民搬迁避让,有序引导灾害风险等级高、基础设施条件较差、防灾减灾能力较弱的乡村人口适度向灾害风险较低的地区迁移。

提高重大设施设防水平。提升地震灾害、地质灾害、气象灾害、水旱灾害、海洋灾害、森林和草原火灾等自然灾害防御工程标准和重点基础设施设防标准。加强城市内涝治理,实施管网和泵站建设与改造、排涝通道建设、雨水源头减排工程。科学布局防火应急道路和火灾阻隔网络。完善网络型基础设施空间布局,积极推进智能化防控技术应用,增强可替代性,提升极端条件下抗损毁和快速恢复能力。加快推进城市群、重要口岸、主要产业及能源基地、自然灾害多发地区的多通道、多方式、多路径交通建设,提升交通网络系统韧性。推进重大地质灾害隐患工程治理,开展已建治理工程维护加固。开展重点岸段风暴潮漫滩漫堤联合预警,推进沿海地区海堤达标和避风锚地建设,构建沿海防潮防台减灾体系。加强国家供水应急救援基地建设。防范海上溢油、危险化学品泄漏等重大环境风险,提升应对海洋自然灾害和突发环境事件能力。加快京津冀平原沉降综合防治和地质灾害安全管理。

六、加强应急力量建设，提高急难险重任务的处置能力

（一）建强应急救援主力军国家队。

坚持党对国家综合性消防救援队伍的绝对领导，践行“对党忠诚、纪律严明、赴汤蹈火、竭诚为民”重要训词精神，对标应急救援主力军和国家队定位，严格教育、严格训练、严格管理、严格要求，全面提升队伍的正规化、专业化、职业化水平。积极适应“全灾种、大应急”综合救援需要，优化力量布局和队伍编成，填补救援力量空白，加快补齐国家综合性消防救援队伍能力建设短板，加大中西部地区国家综合性消防救援队伍建设支持力度。加强高层建筑、大型商业综合体、城市地下轨道交通、石油化工企业火灾扑救和地震、水域、山岳、核生化等专业救援力量建设，建设一批机动和拳头力量。发挥机动力量优势，明确调动权限和程序、与属地关系及保障渠道。加大先进适用装备配备力度，强化多灾种专业化训练，提高队伍极端条件下综合救援能力，增强防范重大事故应急救援中次生突发环境事件的能力。发展政府专职消防员和志愿消防员，加强城市消防站和乡镇消防队建设。加强跨国（境）救援队伍能力建设，积极参与国际重大灾害应急救援、紧急人道主义援助。适应准现役、准军事化标准建设需要和职业风险高、牺牲奉献大的特点，完善国家综合性消防救援队伍专门保障机制，提高职业荣誉感和社会尊崇度。

（二）提升行业救援力量专业水平。

强化有关部门、地方政府和企业所属各行业领域专业救援力量建设，组建一定规模的专业应急救援队伍、大型工程抢险队伍和跨区域机动救援队伍。完善救援力量规模、布局、装备配备和基础设施等建设标准，健全指挥管理、战备训练、遂行任务等制度，加强指挥人员、技术人员、救援人员实操实训，提高队伍正规化管理和技战术水平。加强各类救援力量的资源共享、信息互通和共训共练。健全政府购买应急服务机制，建立政府、行业企业和社会各方多元化资金投入机制，加快建立应急救援队伍多渠道保障模式。加强重点国际铁路、跨国能源通道、深海油气开发等重大工程安全应急保障能力建设。

（三）加快建设航空应急救援力量。

用好现有资源，统筹长远发展，加快构建应急反应灵敏、功能结构合理、力量规模适度、各方积极参与的航空应急救援力量体系。引导和鼓励大型民航企业、航空货运企业建设一定规模的专业航空应急队伍，购置大型、重型航空飞行器，提高快速运输、综合救援、高原救援等航空应急能力。采取直接投资、购买服务等多种方式，完善航空应急场站布局，加强常态化航空力量部署，增加森林航空消防飞机（直升机）机源和数量，实现森林草原防灭火重点区域基本覆盖。完善航空应急救援空域保障机制和航空器跨区域救援协调机制。支

持航空应急救援配套专业建设，加强航空应急救援专业人才培养。

（四）引导社会应急力量有序发展。

制定出台加强社会应急力量建设的意见，对队伍建设、登记管理、参与方式、保障手段、激励机制、征用补偿等作出制度性安排，对社会应急力量参与应急救援行动进行规范引导。开展社会应急力量应急理论和救援技能培训，加强与国家综合性消防救援队伍等联合演练，定期举办全国性和区域性社会应急力量技能竞赛，组织实施分级分类测评。鼓励社会应急力量深入基层社区排查风险隐患、普及应急知识、就近就便参与应急处置等。推动将社会应急力量参与防灾减灾救灾、应急处置等纳入政府购买服务和保险范围，在道路通行、后勤保障等方面提供必要支持。

七、强化灾害应对准备，凝聚同舟共济的保障合力

（一）强化应急预案准备。

完善预案管理机制。修订突发事件应急预案管理办法，完善突发事件分类与分级标准，规范预警等级和应急响应分级。加强应急预案的统一规划、衔接协调和分级分类管理，完善应急预案定期评估和动态修订机制。强化预案的刚性约束，根据突发事件类别和级别明确各方职责任务，强化上下级、同级别、军队与地方、政府与企业、相邻地区等相关预案之间的有效衔接。建设应急预案数字化管理平台，加强预案配套支撑性文件的编制和管理。

加快预案制修订。制定突发事件应急预案编制指南，加强预案制修订过程中的风险评估、情景构建和应急资源调查。修订国家突发事件总体应急预案，组织指导专项、部门、地方应急预案修订，做好重要目标、重大危险源、重大活动、重大基础设施安全保障应急预案编制工作。有针对性地编制巨灾应对预案，开展应急能力评估。

加强预案演练评估。制定突发事件应急预案评估管理办法和应急演练管理办法，完善应急预案及演练的评估程序和标准。对照预案加强队伍力量、装备物资、保障措施等检查评估，确保应急响应启动后预案规定任务措施能够迅速执行到位。加强应急预案宣传培训，制定落实应急演练计划，组织开展实战化的应急演练，鼓励形式多样、节约高效的常态化应急演练，重点加强针对重大灾害事故的应急演练，根据演练情况及时修订完善应急预案。

（二）强化应急物资准备。

优化应急物资管理。按照中央层面满足应对特别重大灾害事故的应急物资保障峰值需求、地方层面满足启动本行政区域Ⅱ级应急响应的应急物资保障需求，健全完善应急物资保障体系，建立中央和地方、政府和社会、实物和产能相结合的应急物资储备模式，加强应急物资资产管理，建立健全使用和管理情况的报告制度。建立跨部门应急物资保障联动机制，健全跨区域应急物资协同保障机制。依法完善应急处置期间政府紧急采购制度，优化流程、简化手续。完善各类应急物资政府采购需求标准，细化技术规格和参数，加强应急物资分类编码及信息化管理。完善应急物资分类、生产、储备、装卸、运输、回收、报废、补充等相关管理规范。完善应急捐赠物资管理分配机制，规范进口捐赠物资审批流程。

加强物资实物储备。完善中央、省、市、县、乡五级物资储备布局，建立健全包括重要民生商品在内的应急物资储备目录清单，合理确定储备品类、规模和结构并动态调整。建立完善应急物资更新轮换机制。扩大人口密集区域、灾害事故高风险区域和交通不便区域的应急物资储备规模，丰富储备物资品种、完善储备仓库布局，重点满足流域大洪水、超强台风以及特别重大山洪灾害应急的物资需要。支持政企共建或委托企业代建应急物资储备库。

提升物资产能保障。制定应急物资产能储备目录清单，加强生产能力动态监控，掌握重要物资企业供应链分布。实施应急产品生产能力储备工程，建设区域性应急物资生产保障基地。选择符合条件的企业纳入产能储备企业范围，建立动态更新调整机制。完善鼓励、引导重点应急物资产能储备企业扩能政策，持续完善应急物资产业链。加强对重大灾害事故物资需求的预判研判，完善应急物资储备和集中生产调度机制。

专栏3　应急物资储备布局建设重点

1. 中央生活类救灾物资：改扩建现有20个中央生活类救灾物资储备库和35个综合仓库，在交通枢纽城市、人口密集区域、易发生重特大自然灾害区域建设7个综合性国家储备基地。

2. 综合性消防救援应急物资：在北京、沈阳等地建设8个中央级库，依托消防救援总队训练与战勤保障支队建设31个省级库，在三类以上消防救援支队所在地市建设227个地市级库。

3. 森林消防应急物资：在成都、海拉尔等地建设7个中央级库，依托森林消防总队建设5个省级库，在森林消防支队所在地建设36个地市级库。

4. 地方应急物资：改扩建现有应急物资储备库，推进县级应急物资储备库建设，重点支持中西部和经济欠发达高风险地区储备库建设。

（三）强化紧急运输准备。

加强区域统筹调配，建立健全多部门联动、多方式协同、多主体参与的综合交通应急运输管理协调机制。制定运输资源调运、征用、灾后补偿等配套政策，完善调运经费结算方式。深化应急交通联动机制，落实铁路、公路、航空应急交通保障措施。依托大型骨干物流企业，统筹建立涵盖铁路、公路、水运、民航等各种运输方式的紧急运输储备力量，发挥高铁优势构建力量快速输送系统，保障重特大灾害事故应急资源快速高效投送。健全社会紧急运输力量动员机制。加快建立储备充足、反应迅速、抗冲击能力强的应急物流体系。优化紧急运输设施空间布局，加快专业设施改造与功能嵌入，健全应急物流基地和配送中心建设标准。发挥不同运输方式规模、速度、覆盖优势，构建快速通达、衔接有力、功能适配、安全可靠的综合交通应急运输网络。加强交通应急抢通能力建设，进一步提高紧急运输能力。加强紧急运输绿色通道建设，完善应急物资及人员运输车辆优先通行机制。建设政企联通的紧急运输调度指挥平台，提高供需匹配效率，减少物资转运环节，提高救灾物资运输、配送、分发和使用的调度管控水平。推广运用智能机器人、无人机等高技术配送装备，推动应急物资储运设备集装单元化发展，提升应急运输调度效率。

(四)强化救助恢复准备。

健全灾害救助机制。完善自然灾害救助标准动态调整机制。加强灾后救助与其他专项救助相衔接，完善救灾资源动员机制，推广政府与社会组织、企业合作模式，支持红十字会、慈善组织等依法参与灾害救援救助工作。健全受灾群众过渡安置和救助机制，加强临时住所、水、电、道路、通信、广播电视等基础设施建设，保障受灾群众基本生活。针对儿童特点采取优先救助和康复措施，加强对孕产妇等重点群体的关爱保护。对受灾害影响造成监护缺失的未成年人实施救助保护。引导心理援助与社会工作服务参与灾害应对处置和善后工作，对受灾群众予以心理援助。

规范灾后恢复重建。健全中央统筹指导、地方作为主体、灾区群众广泛参与的重特大自然灾害灾后恢复重建机制。科学开展灾害损失评估、次生衍生灾害隐患排查及危险性评估、住房及建筑物受损鉴定和资源环境承载能力评价，完善评估标准和评估流程，科学制定灾后恢复重建规划。优先重建供电、通信、给排水、道路、桥梁、水库等基础设施，以及学校、医院、广播电视等公益性服务设施。完善灾后恢复重建的财税、金融、保险、土地、社会保障、产业扶持、蓄滞洪区补助政策，强化恢复重建政策实施监督评估。加强灾后恢复重建资金管理，引导国内外贷款、对口支援资金、社会捐赠资金等参与灾后恢复重建，积极推广以工代赈方式。

八、优化要素资源配置，增进创新驱动的发展动能

(一)破解重大瓶颈难题。

深化应用基础研究。聚焦灾害事故防控基础问题，强化多学科交叉理论研究。开展重大自然灾害科学考察与调查。整合利用中央和地方政府、企业以及其他优势科技资源，加强自主创新和“卡脖子”技术攻关。实施重大灾害事故防治、重大基础设施防灾风险评估等国家科技计划项目,制定国家重大应急关键技术攻关指南,加快主动预防型安全技术研究。

研制先进适用装备。加快研制适用于高海拔、特殊地形、原始林区等极端恶劣环境的智能化、实用化、轻量化专用救援装备。鼓励和支持先进安全技术装备在应急各专业领域的推广应用,完善《推广先进与淘汰落后安全技术装备目录》动态调整机制。着力推动一批关键技术装备的统型统配、认证认可、成果转化和示范应用。加快航天、航空、船舶、兵器等军工技术装备向应急领域转移转化。

搭建科技创新平台。以国家级实验室建设为引领,加快健全主动保障型安全技术支撑体系,完善应急管理科技配套支撑链条。整合优化应急领域相关共性技术平台,推动科技创新资源开放共享,统筹布局应急科技支撑平台,新增具备中试以上条件的灾害事故科技支撑基地 10 个以上。完善应急管理领域科技成果使用、处置收益制度,健全知识、技术、管理、数据等创新要素参与利益分配的激励机制,推行科技成果处置收益和股权期权激励制度。

增进国际交流合作。加强与联合国减少灾害风险办公室等国际组织的合作,推动构建国际区域减轻灾害风险网络。有序推动"一带一路"自然灾害防治和应急管理国际合作机制建设,创办国际合作部长论坛。推进中国—东盟应急管理合作。积极参与国际大科学装置、科研基地(中心)建设。

专栏 4　关键技术与装备研发重点

1. 基础理论:重大复合灾害事故动力学演化与防控;重大自然灾害及灾害链成因、预报预测与风险防控;极地气象灾害形成机理和演化规划;重要地震带孕震机理;高强度火灾及其衍生灾害演化;安全生产风险监测预警与事故防控;矿山深部开采与复杂耦合重大灾害防治;火灾防治与消防基础理论研究。

2. 应急准备:重大灾害事故过程数值模拟技术;多灾种耦合模拟仿真、预测分析与评估研判技术;重大灾害事故风险智能感知与超前识别技术;重大灾害事故定量风险评估技术;重大基础设施危险源识别共性技术;城市基础设施灾害事件链分析技术;智能无人化安全作业技术。

3. 监测预警:大地震孕育发生过程监测与预测预报关键技术与装备;突发性特大海啸监测预警关键技术与装备;重大气象灾害及极端天气气候事件智能化精细化监测预警技术与装备;雷击火监测预警技术;城市消防安全风险监测与预测预警技术;浓雾、路面低温结冰等其他高影响天气实时监测报警和临近预警技术;矿山瓦斯、冲击地压、水害、火灾、冒顶、片帮、边坡坍塌、尾矿库溃坝等重大灾害事故智能感知与预警预报技术与装备;油气开采平台重特大事故监测和早期溢流智能预警技术;海上溢油漂移预测技术、海上溢油量评估技术。

4. 处置救援:复杂环境下应急通信保障、紧急运输等技术与装备;复杂环境下破

续表

拆、智能搜救和无人救援技术与装备；极端或特殊环境下人体防护、机能增强装备；重大灾害事故现场应急医学救援关键技术与装备；易燃易爆品储运设施设备阻隔防爆新技术与装备；重大复合链生灾害应急抢险及处置救援技术与装备；火爆毒多灾耦合事故应急洗消与火灾扑救先进技术与装备；高效灭火装备与特种消防车辆；森林草原灭火专用装备、隔离带开设装备、火场个人防护装备；溃堤、溃坝、堰塞湖等重大险情应急处置技术与装备；巡坝查险、堵口抢险装备；水上大规模人命救助、大深度扫测搜寻打捞、大吨位沉船打捞、饱和潜水、浅滩打捞、大规模溢油回收清除技术与装备；危险化学品事故快速处置技术与装备；油气长输管道救援技术与装备；隧道事故快速救援技术与装备；海上油气事故救援技术与装备；矿山重大事故应急救援技术与装备；严重核事故应急救援技术与装备；应急交通运输先进技术与装备。 5. 评估恢复：灾害事故精准调查评估技术；灾后快速评估与恢复重建技术；强台风及龙卷风灾损评估与恢复技术；火爆毒、垮塌及交通等事故追溯、快速评估与恢复技术；深远海井喷失控事故快速评估、处置及生产恢复技术。

（二）构建人才集聚高地。

加强专业人才培养。建立应急管理专业人才目录清单，拓展急需紧缺人才培育供给渠道，完善人才评价体系。实施应急管理科技领军人才和技术带头人培养工程。加强应急管理智库建设，探索建立应急管理专家咨询委员会和重特大突发事件首席专家制度。将应急管理纳入各类职业培训内容，强化现场实操实训。加强注册安全工程师、注册消防工程师等职业资格管理，探索工程教育专业认证与国家职业资格证书衔接机制。依托应急管理系统所属院校，按程序和标准筹建应急管理类大学，建强中国消防救援学院。鼓励各地依托现有资源建设一批应急管理专业院校和应急管理职业学院。加强应急管理学科专业体系建设，鼓励高校开设应急管理相关专业。加强综合型、复合型、创新型、应用型、技能型应急管理人才培养。实施高危行业领域从业人员安全技能提升行动，严格执行安全技能培训合格后上岗、特种作业人员持证上岗制度，积极培养企业安全生产复合型人才和岗位能手。提升应急救援人员的多言多语能力，依托高校、科研院所、医疗机构、志愿服务组织等力量建设专业化应急语言服务队伍。

加强干部队伍建设。坚持党管干部原则，坚持好干部标准，贯彻落实新时代党的组织路线，建立健全具有应急管理职业特点的“选、育、管、用”干部管理制度，树立讲担当重担当、重实干重实绩的用人导向，选优配强各级应急管理领导班子。将应急管理纳入地方党政领导干部必修内容，开发面向各级领导干部的应急管理能力培训课程。完善应急管理干部素质培养体系，建立定期培训和继续教育制度，提升应急管理系统干部政治素养和业务能力。加大专业人才招录和培养力度，提高应急管理干部队伍专业人才比例。推进应急管理系统、国家综合性消防救援队伍干部交流，加强优秀年轻干部发现培养和选拔使用。建立健全符合应急管理职业特点的待遇保障机制，完善职业荣誉激励、表彰奖励和疗休养制度。

（三）壮大安全应急产业。

优化产业结构。以市场为导向、企业为主体，深化应急管理科教产教双融合，推动安全应急产业向中高端发展。采用推荐目录、鼓励清单等形式，引导社会资源投向先进、适用、可靠的安全应急产品和服务。加快发展安全应急服务业，发展智能预警、应急救援救护等社区惠民服务，鼓励企业提供安全应急一体化综合解决方案和服务产品。

推动产业集聚。鼓励有条件的地区发展各具特色的安全应急产业集聚区，加强国家安全应急产业示范基地建设，形成区域性创新中心和成果转化中心。充分发挥国家安全应急产业示范基地作用，提升重大突发事件处置的综合保障能力，形成区域性安全应急产业链，引领国家安全应急技术装备研发、安全应急产品生产制造和安全应急服务发展。

支持企业发展。引导企业加大应急能力建设投入，支持安全应急领域有实力的企业做强做优，培育一批在国际、国内市场具有较强竞争力的安全应急产业大型企业集团，鼓励特色明显、创新能力强的中小微企业利用现有资金渠道加速发展。

专栏5　安全应急产品和服务发展重点

1. 高精度监测预警产品：灾害事故动态风险评估与监测预警产品、危险化学品侦检产品等。

2. 高可靠风险防控与安全防护产品：救援人员防护产品、重要设施防护系统、工程与建筑施工安全防护设备、防护材料等。

3. 新型应急指挥通信和信息感知产品：应急管理与指挥调度平台、应急通信产品、应急广播系统、灾害现场信息获取产品等。

4. 特种交通应急保障产品：全地形救援车辆、大跨度舟桥、大型隧道抢通产品、除冰雪产品、海上救援产品、铁路事故应急处置产品等。

5. 重大消防救援产品：轨道交通消防产品、机场消防产品、高层建筑消防产品、地下工程消防产品、化工灭火产品、森林草原防灭火产品、消防侦检产品、消防员职业健康产品、消防员训练产品、高性能绿色阻燃材料、环境友好灭火剂等。

6. 灾害事故抢险救援关键装备：人员搜索与物体定位产品、溢油和危险化学品事故救援产品、矿难事故救援产品、矿山安全避险及防护产品、特种设备应急产品、电力应急保障产品、高机动全地形应急救援装备、大流量排涝排水装备、多功能应急电源产品、便携机动救援装备、密闭空间排烟装备、生命探测装备、事故灾难医学救护关键装备等。

续表

专栏 5　安全应急产品和服务发展重点
7. 智能无人应急救援装备：长航时大载荷无人机、大型固定翼航空器、无人船艇、单兵助力机器人、危险气体巡检机器人、矿井救援机器人、井下抢险作业机器人、灾后搜救水陆两栖机器人等。 8. 应急管理支撑服务：风险评估服务、隐患排查服务、检验检测认证服务等。 9. 应急专业技术服务：自然灾害防治技术服务、消防技术服务、安全生产技术服务、应急测绘技术服务、安保技术服务、应急医学服务等。 10. 社会化应急救援服务：航空救援服务、应急物流服务、道路救援服务、海上溢油应急处置服务、海上财产救助服务、安全教育培训服务、应急演练服务、巨灾保险等。

（四）强化信息支撑保障。

广泛吸引各方力量共同参与应急管理信息化建设，集约建设信息基础设施和信息系统。推动跨部门、跨层级、跨区域的互联互通、信息共享和业务协同。强化数字技术在灾害事故应对中的运用，全面提升监测预警和应急处置能力。加强空、天、地、海一体化应急通信网络建设，提高极端条件下应急通信保障能力。建设绿色节能型高密度数据中心，推进应急管理云计算平台建设，完善多数据中心统一调度和重要业务应急保障功能。系统推进“智慧应急”建设，建立符合大数据发展规律的应急数据治理体系，完善监督管理、监测预警、指挥救援、灾情管理、统计分析、信息发布、灾后评估和社会动员等功能。升级气象核心业务支撑高性能计算机资源池，搭建气象数据平台和大数据智能应用处理系统。推进自主可控核心技术在关键软硬件和技术装备中的规模应用，对信息系统安全防护和数据实施分级分类管理，建设新一代智能运维体系和具备纵深防御能力的信息网络安全体系。

九、推动共建共治共享，筑牢防灾减灾救灾的人民防线

（一）提升基层治理能力。

以网格化管理为切入点，完善基层应急管理组织体系，加强人员力量配备，厘清基层应急管理权责事项，落实基层政府及相关部门责任。加强和规范基层综合性应急救援队伍、微型消防站建设，推动设立社区、村应急服务站，培养发展基层应急管理信息员和安全生产社会监督员，建立完善“第一响应人”制度。指导基层组织和单位修订完善应急预案。引导乡镇（街道）、村（社区）防灾减灾基础设施建设有序发展，增强城乡社区综合服务设施应急功能。统筹防灾减灾救灾和巩固拓展脱贫攻坚成果，防止因灾致贫返贫。推动国家安全发展示范城市、全国综合减灾示范县（市、区、旗）和全国综合减灾示范社区创建工作，新增全国综合减灾示范社区3000个以上，充分发挥示范引领作用。指导生产经营单位加强应急管理组织建设，推动监管和服务向小微企业延伸。

（二）加强安全文化建设。

深化理论研究，系统阐述新时代应急管理的丰富内涵、核心理念和重大任务，编发应急管理理论释义读本。选树、宣传英雄模范，发挥精神引领、典型示范作用。推动将安全素质教育纳入国民教育体系，把普及应急常识和自救逃生演练作为重要内容。繁荣发展安全文化事业和安全文化产业，扩大优质产品供给，拓展社会资源参与安全文化建设的渠道。推动建立公众安全科普宣教媒体绿色通道，加强基于互联网的科普宣教培训，增强科普宣教的知识性、趣味性、交互性。推动安全宣传进企业、进农村、进社区、进学校、进家庭，推进消防救援站向社会公众开放，结合防灾减灾日、安全生产月、全国消防日等节点，开展形式多样的科普宣教活动。建设面向公众的应急救护培训体系，加强“红十字博爱家园”建设，推动建立完善村（社区）、居民家庭的自救互救和邻里相助机制。推动学校、商场、地铁、火车站等人员密集场所配备急救箱和体外除颤仪。做好应急状态下的新闻宣传和舆论引导，主动回应社会关切。

（三）健全社会服务体系。

实行企业安全生产信用风险分类管理制度，建立企业安全生产信用修复机制，依法依规公布安全生产领域严重失信主体名单并实施失信联合惩戒。支持行业协会制定行约行规、自律规范和职业道德准则，建立健全职业规范和奖惩机制。鼓励行业协会、专业技术服务机构和保险机构参与风险评估、隐患排查、管理咨询、检验检测、预案编制、应急演练、教育培训等活动。推进检验检测认证机构市场化改革，支持第三方检测认证服务发展，培育新型服务市场。强化保险等市场机制在风险防范、损失补偿、恢复重建等方面的积极作用，探索建立多渠道多层次的风险分担机制，大力发展巨灾保险。鼓励企业投保安全生产责任保险，丰富应急救援人员人身安全保险品种。

十、实施重大工程项目，夯实高质量发展的安全基础

（一）管理创新能力提升工程。

1. 应急救援指挥中心建设。

建成国家应急指挥总部，完善调度指挥、会商研判、模拟推演、业务保障等设施设备及系统。按照就近调配、快速行动、有序救援的原则推进区域应急救援中心工程建设，健全完善指挥场所、综合救援、物资储备、培训演练、装备储备、航空保障场所及配套设施。建设综合应急实训演练基地，完善室内理论教学、室外实操实训、仿真模拟救援等设施设备。完善国家应急医学研究中心工作条件。推进国家、省、市、县四级综合指挥调度平台和地方应急指挥平台示范建设，实现各级政府与行业部门、重点救援队伍互联互通、协调联动。建设重点城市群、都市圈应急救援协同调度平台。

2. 安全监管监察能力建设。

制定执法装备配备标准，配齐配强各级各行业领域安全监管监察执法队伍装备，持续改善执法工作保障条件。提升安全监管监察执法大数据应用水平。建成危险化学品、矿山、城市安全、金属冶炼、油气等重大事故防控技术支撑基地。升级优化危险化学品登记管理系统。建成矿用新装备新材料安全准入分析验证实验室和火灾事故调查分析实验室，完善设备全生命周期认证溯源管理系统。充分利用现有设施，完善监管监察执法装备测试、验证、维护、校验平台和智能化矿山安全监管监察辅助决策支撑平台，加强省级安全生产技术支撑中心实验室和分区域安全生产综合技术支撑中心实验室建设。

（二）风险防控能力提升工程。

3. 灾害事故风险区划图编制。

开展全国地震活动断层探察，编制第六代全国地震区划图。开展全国地质灾害风险普查，编制全国地质灾害风险区划图和防治区划图。开展台风、暴雨、暴雪等气象灾害和风暴潮、海啸等海洋灾害风险调查，编制不同尺度的危险性分布和风险评估分布图。开展安全生产重点行业领域专项调查。研发区域综合风险评估、自然灾害与事故灾难耦合风险评估等关键技术，编制城市公共安全风险评估、重大风险评估和情景构建等相关技术标准。建设灾害事故风险调查、典型风险与隐患排查数据库，建设全国灾害评估与区划系统。

4. 风险监测预警网络建设。

实施自然灾害监测预警信息化工程，建设国家风险监测感知与预警平台，完善地震、地质、气象、森林草原火灾、海洋、农业等自然灾害监测站网，增加重点区域自然灾害监测核心基础站点和常规观测站点密度，完善灾害风险隐患信息报送系统。建设沙尘暴灾害应急处置信息管理平台，在主要沙尘源区试点布设沙尘暴自动监测站。升级覆盖危险化学品、矿山、烟花爆竹、尾矿库、工贸及油气管道等重点企业的监测预警网络。推进城市电力、燃气、供水、排水管网和桥梁等城市生命线及地质灾害隐患点、重大危险源的城乡安全监测预警网络建设。加快完善城乡安全风险监测预警公共信息平台，整合安全生产、自然灾害、公共卫生等行业领域监测系统，汇聚物联网感知数据、业务数据以及视频监控数据，实现城乡安全风险监测预警“一网统管”。建设基于云架构的新一代国家突发事件预警信息发布系统。稳步推进卫星遥感网建设，开发应急减灾卫星综合应用系统和自主运行管理平台，推动空基卫星遥感网在防灾减灾救灾、应急救援管理中的应用。

5. 城乡防灾基础设施建设。

实施地震易发地区学校、医院、体育馆、图书馆、养老院、儿童福利机构、未成年人救助保护机构、精神卫生福利机构、救助管理机构等公共设施和农村房屋抗震加固。推动基于城市信息模型的防洪排涝智能化管理平台建设。在重点城市群、都市圈和自然灾害多发地市及重点县区,依托现有设施建设集应急指挥、应急演练、物资储备、人员安置等功能于一体的综合性应急避难场所。加强城乡公共消防设施和城镇周边森林草原防火设施建设,开展政府专职消防队伍、地方森林草原消防队伍、企业专职消防队伍达标创建。加强农田、渔港基础设施建设和农村公路、隧道、乡镇渡口渡船隐患整治,实施公路安全生命防护工程、高速公路护栏提质改造和农村公路危桥改造。深入推进农村公路平交路口"一灯一带"示范工程。开展行业单位消防安全示范建设,实施高层建筑、大型商业综合体、城市地下轨道交通、石油化工企业、老旧居民小区等重点场所和易地扶贫搬迁安置场所消防系统改造,打通消防车通道、楼内疏散通道等"生命通道"。

6. 安全生产预防工程建设。

实施化工园区安全提质和危险化学品企业安全改造工程,以危险工艺本质安全提升与自动化改造、安全防护距离达标改造、危险源监测预警系统建设为重点,推进化工园区示范创建,建设化工园区风险评估与分级管控平台。推进城镇人口密集区危险化学品生产企业搬迁改造。开展煤矿瓦斯综合治理和水害、火灾、冲击地压等重大灾害治理。基本完成尾矿库"头顶库"安全治理及无生产经营主体尾矿库、长期停用尾矿库闭库治理。实施"工业互联网+安全生产"融合应用工程,建设行业分中心和数据支撑平台,建立安全生产数据目录。

(三)巨灾应对能力提升工程。

7. 国家综合性消防救援队伍建设。

依托国家综合性消防救援队伍,建设一批国家级特种灾害救援队、区域性机动救援队、搜救犬专业救援队,在重点化工园区、危险化学品储存量大的港区所在地建设石油化工、煤化工等专业应急救援队。实施综合性消防救援装备现代化工程,补齐常规救援装备,升级单兵防护装备,加强适用于极端条件和特种类型灾害事故的单兵实时监测、远程供水、举高喷射、破拆排烟、清障挖掘等先进专业装备配备。支持区域中心城市、中西部地区和东北三省消防救援战勤装备物资建设,支持"三区三州"消防救援站配备高原抢险救援车等专用车辆装备。建设国家级综合消防救援训练基地,以及地震救援、水域救援、化工救援、森林草原防灭火、航空灭火救援、抗洪抢险等国家级专业训练基地和一批区域性驻训备勤保障基地。

8. 国家级专业应急救援队伍建设。

依托应急管理部自然灾害工程抢险机构,以及水利水电建设、建筑施工领域大型企业,在洪涝、地质灾害发生频率高的地区建设区域性应急救援工程抢险队伍。依托森工企业、地方政府森林消防骨干队伍,加强黑龙江大兴安岭、内蒙古大兴安岭、吉林长白山、云南昆明、四川西昌等重点林区区域性机械化森林消防力量建设。大力提升四川、云南、西藏、新疆等地震易发高发区区域地质地震灾害救援能力。依托中央企业、地方国有骨干企业,加强矿山排水、重点地区危险化学品、重大油气储备基地及储备库、长江中上游水上、重点铁路隧道、海上油气开采应急救援队伍建设。补充更新国家级安全生产应急救援队伍关键救援装备。加强灾害事故应急救援现场技术支撑保障力量建设。完善中国救援队和中国国际救援队基础训练、航空救援、水上搜寻、应急医学救援等训练设施,配备专业救援车辆及装备。

9. 地方综合性应急救援队伍建设。

结合区域性应急救援力量建设,依托现有安全生产、防灾减灾应急救援队伍和政府专职消防队伍,重点调整优化省级和地市级综合性应急救援力量,完善应急救援装备储运设施和体能、专业技战术、装备实操、特殊灾害环境适应性等训练设施,补充配备通用应急救援、应急通信、应急勘测、个体防护等装备,拓展地震搜救、抗洪抢险、火灾扑救等救援功能。

10. 航空应急救援队伍建设。

提升航空综合救援能力,建设具备高原救援、重载吊装、远程侦察等能力的航空应急救援和航油航材应急保障力量。完善应急救援航空调度信息系统。建设航空应急科研基地。完善一批运输、通用机场,配备航空消防、气象保障、航油储备、夜间助航、检修维修等保障设施设备。新建应急救援飞行器维修维护基地,以及集航空应急救援训练、培训、演练、保障、服务等功能于一体的综合航空应急服务基地。完善森林航空护林场站布局,改造现有航空护林场站,新建一批全功能航站和护林机场;在森林火灾重点区域,合理布设野外停机坪和直升机临时起降场、灭火取水点和野外加油站。

11. 应急物资装备保障建设。

充分利用仓储资源,依托现有中央和地方物资储备库,建设综合应急物资储备库。在交通枢纽城市、人口密集区域、易发生重特大自然灾害区域建设一批综合性国家储备基地。建设完善国家综合性消防救援队伍应急物资储备库及战勤保障站。在关键物流枢纽建设应急物资调运平台和区域配送中心,依托大型快递物流企业建设一批综合应急物资物流基地。完善国家应急资源管理平台和应急物资保障数据库,汇聚应急物资信息。

(四)综合支撑能力提升工程。

12. 科技创新驱动工程建设。

建设重大自然灾害风险综合防范、重特大生产安全事故防控、复合链生灾害事故防治、城市安全与应急、矿山重大灾害治理、防汛抗旱应急技术、应急医学救援等国家级实验室和部级实验室。建设地震科学实验场和地震动力学国家重点实验室。实施大灾巨灾情景构建工程。建设火灾防治、消防救援装备、防汛抗旱和气象灾害防治、应急救援机器人检测、无人机实战验证、应急通信和应急装备物联网、大型石油储罐火灾抢险救援、城市跨类灾害事故防控、煤矿深部开采与冲击地压防治、高瓦斯及突出煤矿灾害防治等研究基地。依托现有机构完善危险化学品安全研究支撑平台。优化自然灾害领域国家野外科学观测研究站布局。建设应急管理领域国家科技资源共享服务平台和重点灾害地区综合防灾减灾技术支撑平台。完善区域地球表层、巨灾孕育发生机理等模拟系统和国际灾害信息管理平台。

13. 应急通信和应急管理信息化建设。

构建基于天通、北斗、卫星互联网等技术的卫星通信管理系统,实现应急通信卫星资源的统一调度和综合应用。提高公众通信网整体可靠性,增强应急短波网覆盖和组网能力。实施智慧应急大数据工程,建设北京主数据中心和贵阳备份数据中心,升级应急管理云计算平台,强化应急管理应用系统开发和智能化改造,构建“智慧应急大脑”。采用5G和短波广域分集等技术,完善应急管理指挥宽带无线专用通信网。推动应急管理专用网、电子政务外网和外部互联网融合试点。建设高通量卫星应急管理专用系统,扩容扩建卫星应急管理专用综合服务系统。开展北斗系统应急管理能力示范创建。

14. 应急管理教育实训工程建设。

完善应急管理大学(筹)、中国消防救援学院和应急管理干部培训学院等院校的教学、培训、科研等设施。升级改造国家安全监管监察执法综合实训华北基地,补充油气输送管道、城市地下燃气管道、地下空间等专业领域及工贸、建筑施工等行业安全生产监管实训设施设备。改善安全监管执法人员资格考试场地条件。建设国家综合性消防救援队伍康复休整基地,完善训练伤防治、康复医疗、心理疏导、轮训休整等设备及设施。

15. 安全应急装备推广应用示范。

实施安全应急装备应用试点示范和高风险行业事故预防装备推广工程,引导高危行业重点领域企业提升安全装备水平。在危险化学品、矿山、油气输送管道、烟花爆竹、工贸等重点行业领域开展危险岗位机器人替代示范工程建设，建成一批无人少人智能化示范矿井。通过先进装备和信息化融合应用，实施智慧矿山风险防控、智慧化工园区风险防控、智慧消防、地震安全风险监测等示范工程。针对地震、滑坡、泥石流、堰塞湖、溃堤溃坝、森林火灾等重大险情，加强太阳能长航时和高原型大载荷无人机、机器人以及轻量化、智能化、高机动性装备研发及使用，加大5G、高通量卫星、船载和机载通信、无人机通信等先进技术应急通信装备的配备和应用力度。

（五）社会应急能力提升工程。

16.基层应急管理能力建设。

实施基层应急能力提升计划，开展基层应急管理能力标准化建设，为基层应急管理工作人员配备常用应急救援装备和个体防护装备，选取条件较好的区域建设基层移动指挥中心、基层综合应急救援服务站。编制完善应急管理培训大纲、考核标准和相关教材，开展各级应急管理工作人员专业知识培训。推进应急广播系统建设，开展农村应急广播使用人员培训和信息发布演练。在交通不便或灾害事故风险等级高的乡镇开展应急物资储备点（库）建设。

17.应急科普宣教工程建设。

实施应急科普精品工程，利用传统媒体、网站和新媒体平台等载体，面向不同社会群体开发推广应急科普教材、读物、动漫、游戏、影视剧、短视频等系列产品。建设数字防灾减灾教育资源公共服务平台、标准化应急知识科普库、公众科普宣教平台和应急虚拟体验馆。利用废弃矿山、搬迁化工企业旧址和遗留设施等，建设安全生产主题公园、体验基地；依托科技馆、城市森林公园、灾害遗址公园等设施，建设一批集灾害事故科普教育、法规政策宣传、应急体验、自救互救模拟等功能于一体的安全文化教育基地；分级建设一批应急消防科普教育基地。

十一、组织实施

（一）加强组织领导。

各地区、各有关部门要根据职责分工，结合实际制定规划涉及本地区、本部门的主要目标任务实施方案，细化措施，落实责任，加强规划实施与年度计划的衔接，明确规划各项任务的推进计划、时间节点和阶段目标。健全跨地区、跨部门规划实施协同配合机制，密切工作联系、强化统筹协调，确保规划实施有序推进，确保重大举措有效落地，确保各项目标如期实现。

（二）加强投入保障。

充分发挥重点工程项目的引导带动作用，按照事权与支出责任相适应的原则，加强资源统筹，在充分利用现有资源的基础上，完善财政和金融政策。各级财政结合财政收支情况，对规划实施予以合理保障。统筹资金使用，整合优化资源,形成政策合力。发挥政策导向作用,努力消除地区和城乡差异,引导多元化资金投入。

(三)加强监督评估。

加强规划实施监测评估,将规划任务落实情况作为对地方和有关部门工作督查考核评价的重要内容。地方政府要加强对本地区规划实施情况的监督检查。应急管理部要组织开展规划实施年度监测、中期评估和总结评估,跟踪进展情况,分析存在的问题,提出改进建议,加强督促落实,重要情况及时向国务院报告。

国务院部门规章

机动车驾驶证申领和使用规定

（2021 年 12 月 17 日公安部令第 162 号公布　自 2022 年 4 月 1 日起施行　国司备字[2022005927]）

目　　录

第一章　总　　则

第一条　为了规范机动车驾驶证申领和使用，保障道路交通安全，保护公民、法人和其他组织的合法权益，根据《中华人民共和国道路交通安全法》及其实施条例、《中华人民共和国行政许可法》，制定本规定。

第二条 本规定由公安机关交通管理部门负责实施。

省级公安机关交通管理部门负责本省(自治区、直辖市)机动车驾驶证业务工作的指导、检查和监督。直辖市公安机关交通管理部门车辆管理所、设区的市或者相当于同级的公安机关交通管理部门车辆管理所负责办理本行政区域内机动车驾驶证业务。

县级公安机关交通管理部门车辆管理所可以办理本行政区域内除大型客车、重型牵引挂车、城市公交车、中型客车、大型货车场地驾驶技能、道路驾驶技能考试以外的其他机动车驾驶证业务。具体业务范围和办理条件由省级公安机关交通管理部门确定。

第三条 车辆管理所办理机动车驾驶证业务,应当遵循依法、公开、公正、便民的原则。

车辆管理所办理机动车驾驶证业务,应当依法受理申请人的申请,审查申请人提交的材料。对符合条件的,按照规定的标准、程序和期限办理机动车驾驶证。对申请材料不齐全或者不符合法定形式的,应当一次书面或者电子告知申请人需要补正的全部内容。对不符合条件的,应当书面或者电子告知理由。

车辆管理所应当将法律、行政法规和本规定的有关办理机动车驾驶证的事项、条件、依据、程序、期限以及收费标准、需要提交的全部材料的目录和申请表示范文本等在办公场所公示。

省级、设区的市或者相当于同级的公安机关交通管理部门应当在互联网上发布信息,便于群众查阅办理机动车驾驶证的有关规定,查询驾驶证使用状态、交通违法及记分等情况,下载、使用有关表格。

第四条 车辆管理所办理机动车驾驶证业务时,应当按照减环节、减材料、减时限的要求,积极推行一次办结、限时办结等制度,为申请人提供规范、便利、高效的服务。

公安机关交通管理部门应当积极推进与有关部门信息互联互通,对实现信息共享、网上核查的,申请人免予提交相关证明凭证。

公安机关交通管理部门应当按照就近办理、便捷办理的原则,推进在驾驶人考场、政务服务大厅等地设置服务站点,方便申请人办理机动车驾驶证业务,并在办公场所和互联网公示辖区内的业务办理网点、地址、联系电话、办公时间和业务范围。

第五条 车辆管理所应当使用全国统一的计算机管理系统办理机动车驾驶证业务、核发机动车驾驶证。

计算机管理系统的数据库标准和软件全国统一,能够完整、准确地记录和存储机动车驾驶证业务办理、驾驶人考试等全过程和经办人员信息，并能够实时将有关信息传送到全国公安交通管理信息系统。

第六条 车辆管理所应当使用互联网交通安全综合服务管理平台受理申请人网上提交的申请，验证申请人身份，按规定办理机动车驾驶证业务。

互联网交通安全综合服务管理平台信息管理系统数据库标准和软件全国统一。

第七条 申请办理机动车驾驶证业务的，应当如实向车辆管理所提交规定的材料，如实申告规定的事项，并对其申请材料实质内容的真实性负责。

第八条 公安机关交通管理部门应当建立机动车驾驶证业务监督制度，加强对驾驶人考试、驾驶证核发和使用的监督管理。

第九条 车辆管理所办理机动车驾驶证业务时可以依据相关法律法规认可、使用电子签名、电子印章、电子证照。

第二章　机动车驾驶证申请

第一节　机动车驾驶证

第十条 驾驶机动车，应当依法取得机动车驾驶证。

第十一条 机动车驾驶人准予驾驶的车型顺序依次分为：大型客车、重型牵引挂车、城市公交车、中型客车、大型货车、小型汽车、小型自动挡汽车、低速载货汽车、三轮汽车、残疾人专用小型自动挡载客汽车、轻型牵引挂车、普通三轮摩托车、普通二轮摩托车、轻便摩托车、轮式专用机械车、无轨电车和有轨电车（附件1）。

第十二条 机动车驾驶证记载和签注以下内容：

（一）机动车驾驶人信息：姓名、性别、出生日期、国籍、住址、身份证明号码（机动车驾驶证号码）、照片；

（二）车辆管理所签注内容：初次领证日期、准驾车型代号、有效期限、核发机关印章、档案编号、准予驾驶机动车听力辅助条件。

第十三条 机动车驾驶证有效期分为六年、十年和长期。

第二节　申　　请

第十四条 申请机动车驾驶证的人，应当符合下列规定：

（一）年龄条件：

1. 申请小型汽车、小型自动挡汽车、残疾人专用小型自动挡载客汽车、轻

便摩托车准驾车型的,在18周岁以上;

2. 申请低速载货汽车、三轮汽车、普通三轮摩托车、普通二轮摩托车或者轮式专用机械车准驾车型的,在18周岁以上,60周岁以下;

3. 申请城市公交车、中型客车、大型货车、轻型牵引挂车、无轨电车或者有轨电车准驾车型的,在20周岁以上,60周岁以下;

4. 申请大型客车、重型牵引挂车准驾车型的,在22周岁以上,60周岁以下;

5. 接受全日制驾驶职业教育的学生,申请大型客车、重型牵引挂车准驾车型的,在19周岁以上,60周岁以下。

(二)身体条件:

1. 身高:申请大型客车、重型牵引挂车、城市公交车、大型货车、无轨电车准驾车型的,身高为155厘米以上。申请中型客车准驾车型的,身高为150厘米以上;

2. 视力:申请大型客车、重型牵引挂车、城市公交车、中型客车、大型货车、无轨电车或者有轨电车准驾车型的,两眼裸视力或者矫正视力达到对数视力表5.0以上。申请其他准驾车型的,两眼裸视力或者矫正视力达到对数视力表4.9以上。单眼视力障碍,优眼裸视力或者矫正视力达到对数视力表5.0以上,且水平视野达到150度的,可以申请小型汽车、小型自动挡汽车、低速载货汽车、三轮汽车、残疾人专用小型自动挡载客汽车准驾车型的机动车驾驶证;

3. 辨色力:无红绿色盲;

4. 听力:两耳分别距音叉50厘米能辨别声源方向。有听力障碍但佩戴助听设备能够达到以上条件的,可以申请小型汽车、小型自动挡汽车准驾车型的机动车驾驶证;

5. 上肢:双手拇指健全,每只手其他手指必须有三指健全,肢体和手指运动功能正常。但手指末节残缺或者左手有三指健全,且双手手掌完整的,可以申请小型汽车、小型自动挡汽车、低速载货汽车、三轮汽车准驾车型的机动车驾驶证;

6. 下肢:双下肢健全且运动功能正常,不等长度不得大于5厘米。单独左下肢缺失或者丧失运动功能,但右下肢正常的,可以申请小型自动挡汽车准驾车型的机动车驾驶证;

7. 躯干、颈部:无运动功能障碍;

8. 右下肢、双下肢缺失或者丧失运动功能但能够自主坐立,且上肢符合本项第5目规定的,可以申请残疾人专用小型自动挡载客汽车准驾车型的机动车驾驶证。一只手掌缺失，另一只手拇指健全，其他手指有两指健全，上肢和手指运动功能正常，且下肢符合本项第 6 目规定的，可以申请残疾人专用小型自动挡载客汽车准驾车型的机动车驾驶证；

9. 年龄在 70 周岁以上能够通过记忆力、判断力、反应力等能力测试的，可以申请小型汽车、小型自动挡汽车、残疾人专用小型自动挡载客汽车、轻便摩托车准驾车型的机动车驾驶证。

第十五条 有下列情形之一的，不得申请机动车驾驶证：

（一）有器质性心脏病、癫痫病、美尼尔氏症、眩晕症、癔病、震颤麻痹、精神病、痴呆以及影响肢体活动的神经系统疾病等妨碍安全驾驶疾病的；

（二）三年内有吸食、注射毒品行为或者解除强制隔离戒毒措施未满三年，以及长期服用依赖性精神药品成瘾尚未戒除的；

（三）造成交通事故后逃逸构成犯罪的；

（四）饮酒后或者醉酒驾驶机动车发生重大交通事故构成犯罪的；

（五）醉酒驾驶机动车或者饮酒后驾驶营运机动车依法被吊销机动车驾驶证未满五年的；

（六）醉酒驾驶营运机动车依法被吊销机动车驾驶证未满十年的；

（七）驾驶机动车追逐竞驶、超员、超速、违反危险化学品安全管理规定运输危险化学品构成犯罪依法被吊销机动车驾驶证未满五年的；

（八）因本款第四项以外的其他违反交通管理法律法规的行为发生重大交通事故构成犯罪依法被吊销机动车驾驶证未满十年的；

（九）因其他情形依法被吊销机动车驾驶证未满二年的；

（十）驾驶许可依法被撤销未满三年的；

（十一）未取得机动车驾驶证驾驶机动车，发生负同等以上责任交通事故造成人员重伤或者死亡未满十年的；

（十二）三年内有代替他人参加机动车驾驶人考试行为的；

（十三）法律、行政法规规定的其他情形。

未取得机动车驾驶证驾驶机动车，有第一款第五项至第八项行为之一的，在规定期限内不得申请机动车驾驶证。

第十六条 初次申领机动车驾驶证的，可以申请准驾车型为城市公交车、大型货车、小型汽车、小型自动挡汽车、低速载货汽车、三轮汽车、残疾人专用小型自动挡载客汽车、普通三轮摩托车、普通二轮摩托车、轻便摩托车、轮式专用机械车、无轨电车、有轨电车的机动车驾驶证。

已持有机动车驾驶证，申请增加准驾车型的，可以申请增加的准驾车型为大型客车、重型牵引挂车、城市公交车、中型客车、大型货车、小型汽车、小型自动挡汽车、低速载货汽车、三轮汽车、轻型牵引挂车、普通三轮摩托车、普通二轮摩托车、轻便摩托车、轮式专用机械车、无轨电车、有轨电车。

第十七条 已持有机动车驾驶证,申请增加准驾车型的,应当在本记分周期和申请前最近一个记分周期内没有记满12分记录。申请增加轻型牵引挂车、中型客车、重型牵引挂车、大型客车准驾车型的,还应当符合下列规定:

(一)申请增加轻型牵引挂车准驾车型的,已取得驾驶小型汽车、小型自动挡汽车准驾车型资格一年以上;

(二)申请增加中型客车准驾车型的,已取得驾驶城市公交车、大型货车、小型汽车、小型自动挡汽车、低速载货汽车或者三轮汽车准驾车型资格二年以上,并在申请前最近连续二个记分周期内没有记满12分记录;

(三)申请增加重型牵引挂车准驾车型的,已取得驾驶中型客车或者大型货车准驾车型资格二年以上,或者取得驾驶大型客车准驾车型资格一年以上,并在申请前最近连续二个记分周期内没有记满12分记录;

(四)申请增加大型客车准驾车型的,已取得驾驶城市公交车、中型客车准驾车型资格二年以上、已取得驾驶大型货车准驾车型资格三年以上,或者取得驾驶重型牵引挂车准驾车型资格一年以上,并在申请前最近连续三个记分周期内没有记满12分记录。

正在接受全日制驾驶职业教育的学生,已在校取得驾驶小型汽车准驾车型资格,并在本记分周期和申请前最近一个记分周期内没有记满12分记录的,可以申请增加大型客车、重型牵引挂车准驾车型。

第十八条 有下列情形之一的,不得申请大型客车、重型牵引挂车、城市公交车、中型客车、大型货车准驾车型:

(一)发生交通事故造成人员死亡,承担同等以上责任的;

(二)醉酒后驾驶机动车的;

(三)再次饮酒后驾驶机动车的;

(四)有吸食、注射毒品后驾驶机动车行为的,或者有执行社区戒毒、强制隔离戒毒、社区康复措施记录的;

(五)驾驶机动车追逐竞驶、超员、超速、违反危险化学品安全管理规定运输危险化学品构成犯罪的;

(六)被吊销或者撤销机动车驾驶证未满十年的;

(七)未取得机动车驾驶证驾驶机动车,发生负同等以上责任交通事故造成人员重伤或者死亡的。

第十九条 持有军队、武装警察部队机动车驾驶证,符合本规定的申请条件,可以申请对应准驾车型的机动车驾驶证。

第二十条 持有境外机动车驾驶证，符合本规定的申请条件，且取得该驾驶证时在核发国家或者地区一年内累计居留九十日以上的，可以申请对应准驾车型的机动车驾驶证。属于申请准驾车型为大型客车、重型牵引挂车、中型客车机动车驾驶证的，还应当取得境外相应准驾车型机动车驾驶证二年以上。

第二十一条 持有境外机动车驾驶证，需要临时驾驶机动车的，应当按规定向车辆管理所申领临时机动车驾驶许可。

对入境短期停留的，可以申领有效期为三个月的临时机动车驾驶许可；停居留时间超过三个月的，有效期可以延长至一年。

临时入境机动车驾驶人的临时机动车驾驶许可在一个记分周期内累积记分达到12分，未按规定参加道路交通安全法律、法规和相关知识学习、考试的，不得申请机动车驾驶证或者再次申请临时机动车驾驶许可。

第二十二条 申领机动车驾驶证的人，按照下列规定向车辆管理所提出申请：

（一）在户籍所在地居住的，应当在户籍所在地提出申请；

（二）在户籍所在地以外居住的，可以在居住地提出申请；

（三）现役军人（含武警），应当在部队驻地提出申请；

（四）境外人员，应当在居留地或者居住地提出申请；

（五）申请增加准驾车型的，应当在所持机动车驾驶证核发地提出申请；

（六）接受全日制驾驶职业教育，申请增加大型客车、重型牵引挂车准驾车型的，应当在接受教育地提出申请。

第二十三条 申请机动车驾驶证，应当确认申请信息，并提交以下证明：

（一）申请人的身份证明；

（二）医疗机构出具的有关身体条件的证明。

第二十四条 持军队、武装警察部队机动车驾驶证的人申请机动车驾驶证，应当确认申请信息，并提交以下证明、凭证：

（一）申请人的身份证明。属于复员、转业、退伍的人员，还应当提交军队、武装警察部队核发的复员、转业、退伍证明；

（二）医疗机构出具的有关身体条件的证明；

（三）军队、武装警察部队机动车驾驶证。

第二十五条 持境外机动车驾驶证的人申请机动车驾驶证，应当确认申请信息，并提交以下证明、凭证：

（一）申请人的身份证明；

（二）医疗机构出具的有关身体条件的证明；

（三）所持机动车驾驶证。属于非中文表述的，还应当提供翻译机构出具或者公证机构公证的中文翻译文本。

属于外国驻华使馆、领馆人员及国际组织驻华代表机构人员申请的,按照外交对等原则执行。

属于内地居民申请的,还应当提交申请人的护照或者往来港澳通行证、往来台湾通行证。

第二十六条 实行小型汽车、小型自动挡汽车驾驶证自学直考的地方,申请人可以使用加装安全辅助装置的自备机动车,在具备安全驾驶经历等条件的人员随车指导下,按照公安机关交通管理部门指定的路线、时间学习驾驶技能,按照第二十三条的规定申请相应准驾车型的驾驶证。

小型汽车、小型自动挡汽车驾驶证自学直考管理制度由公安部另行规定。

第二十七条 申请机动车驾驶证的人,符合本规定要求的驾驶许可条件,有下列情形之一的,可以按照第十六条第一款和第二十三条的规定直接申请相应准驾车型的机动车驾驶证考试:

(一)原机动车驾驶证因超过有效期未换证被注销的;

(二)原机动车驾驶证因未提交身体条件证明被注销的;

(三)原机动车驾驶证由本人申请注销的;

(四)原机动车驾驶证因身体条件暂时不符合规定被注销的;

(五)原机动车驾驶证或者准驾车型资格因其他原因被注销的,但机动车驾驶证被吊销或者被撤销的除外;

(六)持有的军队、武装警察部队机动车驾驶证超过有效期的;

(七)持有境外机动车驾驶证或者境外机动车驾驶证超过有效期的。

有前款第六项、第七项规定情形之一的,还应当提交机动车驾驶证。

第二十八条 申请人提交的证明、凭证齐全、符合法定形式的,车辆管理所应当受理,并按规定审查申请人的机动车驾驶证申请条件。属于第二十五条规定情形的,还应当核查申请人的出入境记录;属于第二十七条第一款第一项至第五项规定情形之一的,还应当核查申请人的驾驶经历;属于正在接受全日制驾驶职业教育的学生,申请增加大型客车、重型牵引挂车准驾车型的,还应当核查申请人的学籍。

公安机关交通管理部门已经实现与医疗机构等单位联网核查的,申请人免予提交身体条件证明等证明、凭证。

对于符合申请条件的,车辆管理所应当按规定安排预约考试;不需要考试的,一日内核发机动车驾驶证。申请人属于复员、转业、退伍人员持军队、武装警察部队机动车驾驶证申请机动车驾驶证的,应当收回军队、武装警察部队机动车驾驶证。

第二十九条 车辆管理所对申请人的申请条件及提交的材料、申告的事项有疑义的,可以对实质内容进行调查核实。

调查时,应当询问申请人并制作询问笔录,向证明、凭证的核发机关核查。

经调查,申请人不符合申请条件的,不予办理;有违法行为的,依法予以处理。

第三章 机动车驾驶人考试

第一节 考试内容和合格标准

第三十条 机动车驾驶人考试内容分为道路交通安全法律、法规和相关知识考试科目(以下简称“科目一”)、场地驾驶技能考试科目(以下简称“科目二”)、道路驾驶技能和安全文明驾驶常识考试科目(以下简称“科目三”)。

已持有小型自动挡汽车准驾车型驾驶证申请增加小型汽车准驾车型的,应当考试科目二和科目三。

已持有大型客车、城市公交车、中型客车、大型货车、小型汽车、小型自动挡汽车准驾车型驾驶证申请增加轻型牵引挂车准驾车型的,应当考试科目二和科目三安全文明驾驶常识。

已持有轻便摩托车准驾车型驾驶证申请增加普通三轮摩托车、普通二轮摩托车准驾车型的,或者持有普通二轮摩托车驾驶证申请增加普通三轮摩托车准驾车型的,应当考试科目二和科目三。

已持有大型客车、重型牵引挂车、城市公交车、中型客车、大型货车、小型汽车、小型自动挡汽车准驾车型驾驶证的机动车驾驶人身体条件发生变化,不符合所持机动车驾驶证准驾车型的条件,但符合残疾人专用小型自动挡载客汽车准驾车型条件,申请变更的,应当考试科目二和科目三。

第三十一条 考试内容和合格标准全国统一,根据不同准驾车型规定相应的考试项目。

第三十二条 科目一考试内容包括:道路通行、交通信号、道路交通安全违法行为和交通事故处理、机动车驾驶证申领和使用、机动车登记等规定以及其他道路交通安全法律、法规和规章。

第三十三条 科目二考试内容包括:

(一)大型客车、重型牵引挂车、城市公交车、中型客车、大型货车考试桩考、坡道定点停车和起步、侧方停车、通过单边桥、曲线行驶、直角转弯、通过限宽门、窄路掉头,以及模拟高速公路、连续急弯山区路、隧道、雨(雾)天、湿滑路、紧急情况处置；

（二）小型汽车、低速载货汽车考试倒车入库、坡道定点停车和起步、侧方停车、曲线行驶、直角转弯；

（三）小型自动挡汽车、残疾人专用小型自动挡载客汽车考试倒车入库、侧方停车、曲线行驶、直角转弯；

（四）轻型牵引挂车考试桩考、曲线行驶、直角转弯；

（五）三轮汽车、普通三轮摩托车、普通二轮摩托车和轻便摩托车考试桩考、坡道定点停车和起步、通过单边桥；

（六）轮式专用机械车、无轨电车、有轨电车的考试内容由省级公安机关交通管理部门确定。

对第一款第一项至第三项规定的准驾车型，省级公安机关交通管理部门可以根据实际增加考试内容。

第三十四条 科目三道路驾驶技能考试内容包括：大型客车、重型牵引挂车、城市公交车、中型客车、大型货车、小型汽车、小型自动挡汽车、低速载货汽车和残疾人专用小型自动挡载客汽车考试上车准备、起步、直线行驶、加减挡位操作、变更车道、靠边停车、直行通过路口、路口左转弯、路口右转弯、通过人行横道线、通过学校区域、通过公共汽车站、会车、超车、掉头、夜间行驶；其他准驾车型的考试内容，由省级公安机关交通管理部门确定。

大型客车、重型牵引挂车、城市公交车、中型客车、大型货车考试里程不少于 10 公里，其中初次申领城市公交车、大型货车准驾车型的，白天考试里程不少于 5 公里，夜间考试里程不少于 3 公里。小型汽车、小型自动挡汽车、低速载货汽车、残疾人专用小型自动挡载客汽车考试里程不少于 3 公里。不进行夜间考试的，应当进行模拟夜间灯光考试。

对大型客车、重型牵引挂车、城市公交车、中型客车、大型货车准驾车型，省级公安机关交通管理部门应当根据实际增加山区、隧道、陡坡等复杂道路驾驶考试内容。对其他汽车准驾车型，省级公安机关交通管理部门可以根据实际增加考试内容。

第三十五条 科目三安全文明驾驶常识考试内容包括：安全文明驾驶操作要求、恶劣气象和复杂道路条件下的安全驾驶知识、爆胎等紧急情况下的临危处置方法、防范次生事故处置知识、伤员急救知识等。

第三十六条 持军队、武装警察部队机动车驾驶证的人申请大型客车、重型牵引挂车、城市公交车、中型客车、大型货车准驾车型机动车驾驶证的，应当考试科目一和科目三；申请其他准驾车型机动车驾驶证的，免予考试核发机动车驾驶证。

第三十七条 持境外机动车驾驶证申请机动车驾驶证的，应当考试科目一。申请准驾车型为大型客车、重型牵引挂车、城市公交车、中型客车、大型货车机动车驾驶证的，应当考试科目一、科目二和科目三。

属于外国驻华使馆、领馆人员及国际组织驻华代表机构人员申请的，应当按照外交对等原则执行。

第三十八条 各科目考试的合格标准为：

（一）科目一考试满分为100分，成绩达到90分的为合格；

（二）科目二考试满分为100分，考试大型客车、重型牵引挂车、城市公交车、中型客车、大型货车、轻型牵引挂车准驾车型的，成绩达到90分的为合格，其他准驾车型的成绩达到80分的为合格；

（三）科目三道路驾驶技能和安全文明驾驶常识考试满分分别为100分，成绩分别达到90分的为合格。

第二节 考试要求

第三十九条 车辆管理所应当按照预约的考场和时间安排考试。申请人科目一考试合格后，可以预约科目二或者科目三道路驾驶技能考试。有条件的地方，申请人可以同时预约科目二、科目三道路驾驶技能考试，预约成功后可以连续进行考试。科目二、科目三道路驾驶技能考试均合格后，申请人可以当日参加科目三安全文明驾驶常识考试。

申请人申请大型客车、重型牵引挂车、城市公交车、中型客车、大型货车、轻型牵引挂车驾驶证，因当地尚未设立科目二考场的，可以选择省（自治区）内其他考场参加考试。

申请人申领小型汽车、小型自动挡汽车、低速载货汽车、三轮汽车、残疾人专用小型自动挡载客汽车、轻型牵引挂车驾驶证期间，已通过部分科目考试后，居住地发生变更的，可以申请变更考试地，在现居住地预约其他科目考试。申请变更考试地不得超过三次。

车辆管理所应当使用全国统一的考试预约系统，采用互联网、电话、服务窗口等方式供申请人预约考试。

第四十条 初次申请机动车驾驶证或者申请增加准驾车型的，科目一考试合格后，车辆管理所应当在一日内核发学习驾驶证明。

属于第三十条第二款至第四款规定申请增加准驾车型以及第五款规定申请变更准驾车型的，受理后直接核发学习驾驶证明。

属于自学直考的，车辆管理所还应当按规定发放学车专用标识（附件2）。

第四十一条 申请人在场地和道路上学习驾驶，应当按规定取得学习驾驶证明。学习驾驶证明的有效期为三年,但有效期截止日期不得超过申请年龄条件上限。申请人应当在有效期内完成科目二和科目三考试。未在有效期内完成考试的,已考试合格的科目成绩作废。

学习驾驶证明可以采用纸质或者电子形式,纸质学习驾驶证明和电子学习驾驶证明具有同等效力。申请人可以通过互联网交通安全综合服务管理平台打印或者下载学习驾驶证明。

第四十二条 申请人在道路上学习驾驶,应当随身携带学习驾驶证明,使用教练车或者学车专用标识签注的自学用车,在教练员或者学车专用标识签注的指导人员随车指导下,按照公安机关交通管理部门指定的路线、时间进行。

申请人为自学直考人员的,在道路上学习驾驶时,应当在自学用车上按规定放置、粘贴学车专用标识,自学用车不得搭载随车指导人员以外的其他人员。

第四十三条 初次申请机动车驾驶证或者申请增加准驾车型的,申请人预约考试科目二,应当符合下列规定:

(一)报考小型汽车、小型自动挡汽车、低速载货汽车、三轮汽车、残疾人专用小型自动挡载客汽车、轮式专用机械车、无轨电车、有轨电车准驾车型的,在取得学习驾驶证明满十日后预约考试;

(二)报考大型客车、重型牵引挂车、城市公交车、中型客车、大型货车、轻型牵引挂车准驾车型的,在取得学习驾驶证明满二十日后预约考试。

第四十四条 初次申请机动车驾驶证或者申请增加准驾车型的,申请人预约考试科目三,应当符合下列规定:

(一)报考小型自动挡汽车、残疾人专用小型自动挡载客汽车、低速载货汽车、三轮汽车准驾车型的,在取得学习驾驶证明满二十日后预约考试;

(二)报考小型汽车、轮式专用机械车、无轨电车、有轨电车准驾车型的,在取得学习驾驶证明满三十日后预约考试;

(三)报考大型客车、重型牵引挂车、城市公交车、中型客车、大型货车准驾车型的,在取得学习驾驶证明满四十日后预约考试。属于已经持有汽车类驾驶证,申请增加准驾车型的,在取得学习驾驶证明满三十日后预约考试。

第四十五条 持军队、武装警察部队或者境外机动车驾驶证申请机动车驾驶证的,应当自车辆管理所受理之日起三年内完成科目考试。

第四十六条 申请人因故不能按照预约时间参加考试的,应当提前一日申请取消预约。对申请人未按照预约考试时间参加考试的,判定该次考试不合格。

第四十七条 每个科目考试一次，考试不合格的，可以补考一次。不参加补考或者补考仍不合格的，本次考试终止，申请人应当重新预约考试，但科目二、科目三考试应当在十日后预约。科目三安全文明驾驶常识考试不合格的，已通过的道路驾驶技能考试成绩有效。

在学习驾驶证明有效期内，科目二和科目三道路驾驶技能考试预约考试的次数分别不得超过五次。第五次考试仍不合格的，已考试合格的其他科目成绩作废。

第四十八条 车辆管理所组织考试前应当使用全国统一的计算机管理系统当日随机选配考试员，随机安排考生分组，随机选取考试路线。

第四十九条 从事考试工作的人员，应当持有公安机关交通管理部门颁发的资格证书。公安机关交通管理部门应当在公安民警、警务辅助人员中选拔足够数量的考试员，从事考试工作。可以聘用运输企业驾驶人、警风警纪监督员等人员承担考试辅助工作和监督职责。

考试员应当认真履行考试职责，严格按照规定考试，接受社会监督。在考试前应当自我介绍，讲解考试要求，核实申请人身份；考试中应当严格执行考试程序，按照考试项目和考试标准评定考试成绩；考试后应当当场公布考试成绩，讲评考试不合格原因。

每个科目的考试成绩单应当有申请人和考试员的签名。未签名的不得核发机动车驾驶证。

第五十条 考试员、考试辅助人员及考场工作人员应当严格遵守考试工作纪律，不得为不符合机动车驾驶许可条件、未经考试、考试不合格人员签注合格考试成绩，不得减少考试项目、降低评判标准或者参与、协助、纵容考试作弊，不得参与或者变相参与驾驶培训机构、社会考场经营活动，不得收取驾驶培训机构、社会考场、教练员、申请人的财物。

第五十一条 直辖市、设区的市或者相当于同级的公安机关交通管理部门应当根据本地考试需求建设考场，配备足够数量的考试车辆。对考场布局、数量不能满足本地考试需求的，应当采取政府购买服务等方式使用社会考场，并按照公平竞争、择优选定的原则，依法通过公开招标等程序确定。对考试供给能力能够满足考试需求的，应当及时向社会公告，不再购买社会考场服务。

考试场地建设、路段设置、车辆配备、设施设备配置以及考试项目、评判要求应当符合相关标准。考试场地、考试设备和考试系统应当经省级公安机关交通管理部门验收合格后方可使用。公安机关交通管理部门应当加强对辖区考场的监督管理，定期开展考试场地、考试车辆、考试设备和考场管理情况的监督检查。

第三节　考试监督管理

第五十二条　车辆管理所应当在办事大厅、候考场所和互联网公开各考场的考试能力、预约计划、预约人数和约考结果等情况，公布考场布局、考试路线和流程。考试预约计划应当至少在考试前十日在互联网上公开。

车辆管理所应当在候考场所、办事大厅向群众直播考试视频，考生可以在考试结束后三日内查询自己的考试视频资料。

第五十三条　车辆管理所应当严格比对、核验考生身份，对考试过程进行全程录音、录像，并实时监控考试过程，没有使用录音、录像设备的，不得组织考试。严肃考试纪律，规范考场秩序，对考场秩序混乱的，应当中止考试。考试过程中，考试员应当使用执法记录仪记录监考过程。

车辆管理所应当建立音视频信息档案，存储录音、录像设备和执法记录仪记录的音像资料。建立考试质量抽查制度，每日抽查音视频信息档案，发现存在违反考试纪律、考场秩序混乱以及音视频信息缺失或者不完整的，应当进行调查处理。

省级公安机关交通管理部门应当定期抽查音视频信息档案，及时通报、纠正、查处发现的问题。

第五十四条　车辆管理所应当根据考试场地、考试设备、考试车辆、考试员数量等实际情况，核定每个考场、每个考试员每日最大考试量。

车辆管理所应当根据驾驶培训主管部门提供的信息对驾驶培训机构教练员、教练车、训练场地等情况进行备案。

第五十五条　公安机关交通管理部门应当建立业务监督管理中心，通过远程监控、数据分析、日常检查、档案抽查、业务回访等方式，对机动车驾驶人考试和机动车驾驶证业务办理情况进行监督管理。

直辖市、设区的市或者相当于同级的公安机关交通管理部门应当通过监管系统每周对机动车驾驶人考试情况进行监控、分析，及时查处整改发现的问题。省级公安机关交通管理部门应当通过监管系统每月对机动车驾驶人考试情况进行监控、分析，及时查处、通报发现的问题。

车辆管理所存在为未经考试或者考试不合格人员核发机动车驾驶证等严重违规办理机动车驾驶证业务情形的，上级公安机关交通管理部门可以暂停该车辆管理所办理相关业务或者指派其他车辆管理所人员接管业务。

第五十六条　县级公安机关交通管理部门办理机动车驾驶证业务的，办公场所、设施设备、人员资质和信息系统等应当满足业务办理需求，并符合相关规定和标准要求。

直辖市、设区的市公安机关交通管理部门应当加强对县级公安机关交通管理部门办理机动车驾驶证相关业务的指导、培训和监督管理。

第五十七条 公安机关交通管理部门应当对社会考场的场地设施、考试系统、考试工作等进行统一管理。

社会考场的考试系统应当接入机动车驾驶人考试管理系统,实时上传考试过程录音录像、考试成绩等信息。

第五十八条 直辖市、设区的市或者相当于同级的公安机关交通管理部门应当每月向社会公布车辆管理所考试员考试质量情况、三年内驾龄驾驶人交通违法率和交通肇事率等信息。

直辖市、设区的市或者相当于同级的公安机关交通管理部门应当每月向社会公布辖区内驾驶培训机构的考试合格率、三年内驾龄驾驶人交通违法率和交通肇事率等信息,按照考试合格率、三年内驾龄驾驶人交通违法率和交通肇事率对驾驶培训机构培训质量公开排名,并通报培训主管部门。

第五十九条 对三年内驾龄驾驶人发生一次死亡3人以上交通事故且负主要以上责任的,省级公安机关交通管理部门应当倒查车辆管理所考试、发证情况,向社会公布倒查结果。对三年内驾龄驾驶人发生一次死亡1至2人的交通事故且负主要以上责任的,直辖市、设区的市或者相当于同级的公安机关交通管理部门应当组织责任倒查。

直辖市、设区的市或者相当于同级的公安机关交通管理部门发现驾驶培训机构及其教练员存在缩短培训学时、减少培训项目以及贿赂考试员、以承诺考试合格等名义向学员索取财物、参与违规办理驾驶证或者考试舞弊行为的,应当通报培训主管部门,并向社会公布。

公安机关交通管理部门发现考场、考试设备生产销售企业及其工作人员存在组织或者参与考试舞弊、伪造或者篡改考试系统数据的,不得继续使用该考场或者采购该企业考试设备;构成犯罪的,依法追究刑事责任。

第四章 发证、换证、补证

第六十条 申请人考试合格后,应当接受不少于半小时的交通安全文明驾驶常识和交通事故案例警示教育,并参加领证宣誓仪式。

车辆管理所应当在申请人参加领证宣誓仪式的当日核发机动车驾驶证。

第六十一条 公安机关交通管理部门应当实行机动车驾驶证电子化,机动车驾驶人可以通过互联网交通安全综合服务管理平台申请机动车驾驶证电子版。

机动车驾驶证电子版与纸质版具有同等效力。

第六十二条 机动车驾驶人在机动车驾驶证的六年有效期内,每个记分周期均未记满12分的,换发十年有效期的机动车驾驶证;在机动车驾驶证的十年有效期内,每个记分周期均未记满12分的,换发长期有效的机动车驾驶证。

第六十三条 机动车驾驶人应当于机动车驾驶证有效期满前九十日内,向机动车驾驶证核发地或者核发地以外的车辆管理所申请换证。申请时应当确认申请信息,并提交以下证明、凭证:

(一)机动车驾驶人的身份证明;

(二)医疗机构出具的有关身体条件的证明。

第六十四条 机动车驾驶人户籍迁出原车辆管理所管辖区的,应当向迁入地车辆管理所申请换证。机动车驾驶人在核发地车辆管理所管辖区以外居住的,可以向居住地车辆管理所申请换证。申请时应当确认申请信息,提交机动车驾驶人的身份证明和机动车驾驶证,并申报身体条件情况。

第六十五条 年龄在60周岁以上的,不得驾驶大型客车、重型牵引挂车、城市公交车、中型客车、大型货车、轮式专用机械车、无轨电车和有轨电车。持有大型客车、重型牵引挂车、城市公交车、中型客车、大型货车驾驶证的,应当到机动车驾驶证核发地或者核发地以外的车辆管理所换领准驾车型为小型汽车或者小型自动挡汽车的机动车驾驶证,其中属于持有重型牵引挂车驾驶证的,还可以保留轻型牵引挂车准驾车型。

年龄在70周岁以上的,不得驾驶低速载货汽车、三轮汽车、轻型牵引挂车、普通三轮摩托车、普通二轮摩托车。持有普通三轮摩托车、普通二轮摩托车驾驶证的,应当到机动车驾驶证核发地或者核发地以外的车辆管理所换领准驾车型为轻便摩托车的机动车驾驶证;持有驾驶证包含轻型牵引挂车准驾车型的,应当到机动车驾驶证核发地或者核发地以外的车辆管理所换领准驾车型为小型汽车或者小型自动挡汽车的机动车驾驶证。

有前两款规定情形之一的,车辆管理所应当通知机动车驾驶人在三十日内办理换证业务。机动车驾驶人逾期未办理的,车辆管理所应当公告准驾车型驾驶资格作废。

申请时应当确认申请信息,并提交第六十三条规定的证明、凭证。

机动车驾驶人自愿降低准驾车型的,应当确认申请信息,并提交机动车驾驶人的身份证明和机动车驾驶证。

第六十六条 有下列情形之一的,机动车驾驶人应当在三十日内到机动车驾驶证核发地或者核发地以外的车辆管理所申请换证:

（一）在车辆管理所管辖区域内，机动车驾驶证记载的机动车驾驶人信息发生变化的；

（二）机动车驾驶证损毁无法辨认的。

申请时应当确认申请信息，并提交机动车驾驶人的身份证明；属于第一款第一项的，还应当提交机动车驾驶证；属于身份证明号码变更的，还应当提交相关变更证明。

第六十七条 机动车驾驶人身体条件发生变化，不符合所持机动车驾驶证准驾车型的条件，但符合准予驾驶的其他准驾车型条件的，应当在三十日内到机动车驾驶证核发地或者核发地以外的车辆管理所申请降低准驾车型。申请时应当确认申请信息，并提交机动车驾驶人的身份证明、医疗机构出具的有关身体条件的证明。

机动车驾驶人身体条件发生变化，不符合第十四条第二项规定或者具有第十五条规定情形之一，不适合驾驶机动车的，应当在三十日内到机动车驾驶证核发地车辆管理所申请注销。申请时应当确认申请信息，并提交机动车驾驶人的身份证明和机动车驾驶证。

机动车驾驶人身体条件不适合驾驶机动车的，不得驾驶机动车。

第六十八条 车辆管理所对符合第六十三条至第六十六条、第六十七条第一款规定的，应当在一日内换发机动车驾驶证。对符合第六十七条第二款规定的，应当在一日内注销机动车驾驶证。其中，对符合第六十四条、第六十五条、第六十六条第一款第一项、第六十七条规定的，还应当收回原机动车驾驶证。

第六十九条 机动车驾驶证遗失的，机动车驾驶人应当向机动车驾驶证核发地或者核发地以外的车辆管理所申请补发。申请时应当确认申请信息，并提交机动车驾驶人的身份证明。符合规定的，车辆管理所应当在一日内补发机动车驾驶证。

机动车驾驶人补领机动车驾驶证后，原机动车驾驶证作废，不得继续使用。

机动车驾驶证被依法扣押、扣留或者暂扣期间，机动车驾驶人不得申请补发。

第七十条 机动车驾驶人向核发地以外的车辆管理所申请办理第六十三条、第六十五条、第六十六条、第六十七条第一款、第六十九条规定的换证、补证业务时，应当同时按照第六十四条规定办理。

第五章 机动车驾驶人管理

第一节 审 验

第七十一条 公安机关交通管理部门对机动车驾驶人的道路交通安全违法行为,除依法给予行政处罚外,实行道路交通安全违法行为累积记分制度,记分周期为 12 个月,满分为 12 分。

机动车驾驶人在一个记分周期内记分达到 12 分的,应当按规定参加学习、考试。

第七十二条 机动车驾驶人应当按照法律、行政法规的规定,定期到公安机关交通管理部门接受审验。

机动车驾驶人按照本规定第六十三条、第六十四条换领机动车驾驶证时,应当接受公安机关交通管理部门的审验。

持有大型客车、重型牵引挂车、城市公交车、中型客车、大型货车驾驶证的驾驶人,应当在每个记分周期结束后三十日内到公安机关交通管理部门接受审验。但在一个记分周期内没有记分记录的,免予本记分周期审验。

持有第三款规定以外准驾车型驾驶证的驾驶人,发生交通事故造成人员死亡承担同等以上责任未被吊销机动车驾驶证的,应当在本记分周期结束后三十日内到公安机关交通管理部门接受审验。

年龄在 70 周岁以上的机动车驾驶人发生责任交通事故造成人员重伤或者死亡的,应当在本记分周期结束后三十日内到公安机关交通管理部门接受审验。

机动车驾驶人可以在机动车驾驶证核发地或者核发地以外的地方参加审验、提交身体条件证明。

第七十三条 机动车驾驶证审验内容包括:

(一)道路交通安全违法行为、交通事故处理情况;

(二)身体条件情况;

(三)道路交通安全违法行为记分及记满 12 分后参加学习和考试情况。

持有大型客车、重型牵引挂车、城市公交车、中型客车、大型货车驾驶证一个记分周期内有记分的,以及持有其他准驾车型驾驶证发生交通事故造成人员死亡承担同等以上责任未被吊销机动车驾驶证的驾驶人,审验时应当参加不少于三小时的道路交通安全法律法规、交通安全文明驾驶、应急处置等知识学习,并接受交通事故案例警示教育。

年龄在70周岁以上的机动车驾驶人审验时还应当按照规定进行记忆力、判断力、反应力等能力测试。

对道路交通安全违法行为或者交通事故未处理完毕的、身体条件不符合驾驶许可条件的、未按照规定参加学习、教育和考试的,不予通过审验。

第七十四条 年龄在70周岁以上的机动车驾驶人,应当每年进行一次身体检查,在记分周期结束后三十日内,提交医疗机构出具的有关身体条件的证明。

持有残疾人专用小型自动挡载客汽车驾驶证的机动车驾驶人,应当每三年进行一次身体检查,在记分周期结束后三十日内,提交医疗机构出具的有关身体条件的证明。

机动车驾驶人按照本规定第七十二条第三款、第四款规定参加审验时,应当申报身体条件情况。

第七十五条 机动车驾驶人因服兵役、出国(境)等原因,无法在规定时间内办理驾驶证期满换证、审验、提交身体条件证明的,可以在驾驶证有效期内或者有效期届满一年内向机动车驾驶证核发地车辆管理所申请延期办理。申请时应当确认申请信息,并提交机动车驾驶人的身份证明。

延期期限最长不超过三年。延期期间机动车驾驶人不得驾驶机动车。

第二节 监督管理

第七十六条 机动车驾驶人初次取得汽车类准驾车型或者初次取得摩托车类准驾车型后的12个月为实习期。

在实习期内驾驶机动车的,应当在车身后部粘贴或者悬挂统一式样的实习标志(附件3)。

第七十七条 机动车驾驶人在实习期内不得驾驶公共汽车、营运客车或者执行任务的警车、消防车、救护车、工程救险车以及载有爆炸物品、易燃易爆化学物品、剧毒或者放射性等危险物品的机动车;驾驶的机动车不得牵引挂车。

驾驶人在实习期内驾驶机动车上高速公路行驶,应当由持相应或者包含其准驾车型驾驶证三年以上的驾驶人陪同。其中,驾驶残疾人专用小型自动挡载客汽车的,可以由持有小型自动挡载客汽车以上准驾车型驾驶证的驾驶人陪同。

在增加准驾车型后的实习期内,驾驶原准驾车型的机动车时不受上述限制。

第七十八条 持有准驾车型为残疾人专用小型自动挡载客汽车的机动车

驾驶人驾驶机动车时,应当按规定在车身设置残疾人机动车专用标志(附件4)。

有听力障碍的机动车驾驶人驾驶机动车时,应当佩戴助听设备。有视力矫正的机动车驾驶人驾驶机动车时,应当佩戴眼镜。

第七十九条 机动车驾驶人有下列情形之一的,车辆管理所应当注销其机动车驾驶证:

(一)死亡的;

(二)提出注销申请的;

(三)丧失民事行为能力,监护人提出注销申请的;

(四)身体条件不适合驾驶机动车的;

(五)有器质性心脏病、癫痫病、美尼尔氏症、眩晕症、癔病、震颤麻痹、精神病、痴呆以及影响肢体活动的神经系统疾病等妨碍安全驾驶疾病的;

(六)被查获有吸食、注射毒品后驾驶机动车行为,依法被责令社区戒毒、社区康复或者决定强制隔离戒毒,或者长期服用依赖性精神药品成瘾尚未戒除的;

(七)代替他人参加机动车驾驶人考试的;

(八)超过机动车驾驶证有效期一年以上未换证的;

(九)年龄在70周岁以上,在一个记分周期结束后一年内未提交身体条件证明的;或者持有残疾人专用小型自动挡载客汽车准驾车型,在三个记分周期结束后一年内未提交身体条件证明的;

(十)年龄在60周岁以上,所持机动车驾驶证只具有轮式专用机械车、无轨电车或者有轨电车准驾车型,或者年龄在70周岁以上,所持机动车驾驶证只具有低速载货汽车、三轮汽车准驾车型的;

(十一)机动车驾驶证依法被吊销或者驾驶许可依法被撤销的。

有第一款第二项至第十一项情形之一,未收回机动车驾驶证的,应当公告机动车驾驶证作废。

有第一款第八项情形被注销机动车驾驶证未超过二年的,机动车驾驶人参加道路交通安全法律、法规和相关知识考试合格后,可以恢复驾驶资格。申请人可以向机动车驾驶证核发地或者核发地以外的车辆管理所申请。

有第一款第九项情形被注销机动车驾驶证,机动车驾驶证在有效期内或者超过有效期不满一年的,机动车驾驶人提交身体条件证明后,可以恢复驾驶资格。申请人可以向机动车驾驶证核发地或者核发地以外的车辆管理所申请。

有第一款第二项至第九项情形之一,按照第二十七条规定申请机动车驾驶证,有道路交通安全违法行为或者交通事故未处理记录的,应当将道路交通安全违法行为、交通事故处理完毕。

第八十条 机动车驾驶人在实习期内发生的道路交通安全违法行为被记满12分的,注销其实习的准驾车型驾驶资格。

第八十一条 机动车驾驶人联系电话、联系地址等信息发生变化的,应当在信息变更后三十日内,向驾驶证核发地车辆管理所备案。

持有大型客车、重型牵引挂车、城市公交车、中型客车、大型货车驾驶证的驾驶人从业单位等信息发生变化的,应当在信息变更后三十日内,向从业单位所在地车辆管理所备案。

第八十二条 道路运输企业应当定期将聘用的机动车驾驶人向所在地公安机关交通管理部门备案,督促及时处理道路交通安全违法行为、交通事故和参加机动车驾驶证审验。

公安机关交通管理部门应当每月向辖区内交通运输主管部门、运输企业通报机动车驾驶人的道路交通安全违法行为、记分和交通事故等情况。

第八十三条 车辆管理所在办理驾驶证核发及相关业务过程中发现存在以下情形的,应当及时开展调查:

(一)涉嫌提交虚假申请材料的;

(二)涉嫌在考试过程中有贿赂、舞弊行为的;

(三)涉嫌以欺骗、贿赂等不正当手段取得机动车驾驶证的;

(四)涉嫌使用伪造、变造的机动车驾驶证的;

(五)存在短期内频繁补换领、转出转入驾驶证等异常情形的;

(六)存在其他违法违规情形的。

车辆管理所发现申请人通过互联网办理驾驶证补证、换证等业务存在前款规定嫌疑情形的,应当转为现场办理,当场审查申请材料,及时开展调查。

第八十四条 车辆管理所开展调查时,可以通知申请人协助调查,询问嫌疑情况,记录调查内容,并可以采取实地检查、调取档案、调取考试视频监控等方式进行核查。

对经调查发现涉及行政案件或者刑事案件的,应当依法采取必要的强制措施或者其他处置措施,移交有管辖权的公安机关按照《公安机关办理行政案件程序规定》《公安机关办理刑事案件程序规定》等规定办理。

第八十五条 办理残疾人专用小型自动挡载客汽车驾驶证业务时,提交的身体条件证明应当由经省级卫生健康行政部门认定的专门医疗机构出具。办理其他机动车驾驶证业务时,提交的身体条件证明应当由县级、部队团级以上医疗机构,或者经地市级以上卫生健康行政部门认定的具有健康体检资质的二级以上医院、乡镇卫生院、社区卫生服务中心、健康体检中心等医疗机构出具。

身体条件证明自出具之日起六个月内有效。

公安机关交通管理部门应当会同卫生健康行政部门在办公场所和互联网公示辖区内可以出具有关身体条件证明的医疗机构名称、地址及联系方式。

第八十六条 医疗机构出具虚假身体条件证明的,公安机关交通管理部门应当停止认可该医疗机构出具的证明,并通报卫生健康行政部门。

第三节 校车驾驶人管理

第八十七条 校车驾驶人应当依法取得校车驾驶资格。

取得校车驾驶资格应当符合下列条件:

(一)取得相应准驾车型驾驶证并具有三年以上驾驶经历,年龄在25周岁以上、不超过60周岁;

(二)最近连续三个记分周期内没有被记满12分记录;

(三)无致人死亡或者重伤的交通事故责任记录;

(四)无酒后驾驶或者醉酒驾驶机动车记录,最近一年内无驾驶客运车辆超员、超速等严重道路交通安全违法行为记录;

(五)无犯罪记录;

(六)身心健康,无传染性疾病,无癫痫病、精神病等可能危及行车安全的疾病病史,无酗酒、吸毒行为记录。

第八十八条 机动车驾驶人申请取得校车驾驶资格,应当向县级或者设区的市级公安机关交通管理部门提出申请,确认申请信息,并提交以下证明、凭证:

(一)申请人的身份证明;

(二)机动车驾驶证;

(三)医疗机构出具的有关身体条件的证明。

第八十九条 公安机关交通管理部门自受理申请之日起五日内审查提交的证明、凭证,并向所在地县级公安机关核查,确认申请人无犯罪、吸毒行为记录。对符合条件的,在机动车驾驶证上签注准许驾驶校车及相应车型,并通报教育行政部门;不符合条件的,应当书面说明理由。

第九十条 校车驾驶人应当在每个记分周期结束后三十日内到公安机关交通管理部门接受审验。审验时,应当提交医疗机构出具的有关身体条件的证明,参加不少于三小时的道路交通安全法律法规、交通安全文明驾驶、应急处置等知识学习,并接受交通事故案例警示教育。

第九十一条 公安机关交通管理部门应当与教育行政部门和学校建立校车驾驶人的信息交换机制，每月通报校车驾驶人的交通违法、交通事故和审验等情况。

第九十二条 校车驾驶人有下列情形之一的，公安机关交通管理部门应当注销其校车驾驶资格，通知机动车驾驶人换领机动车驾驶证，并通报教育行政部门和学校：

（一）提出注销申请的；

（二）年龄超过60周岁的；

（三）在致人死亡或者重伤的交通事故负有责任的；

（四）有酒后驾驶或者醉酒驾驶机动车，以及驾驶客运车辆超员、超速等严重道路交通安全违法行为的；

（五）有记满12分或者犯罪记录的；

（六）有传染性疾病，癫痫病、精神病等可能危及行车安全的疾病，有酗酒、吸毒行为记录的。

未收回签注校车驾驶许可的机动车驾驶证的，应当公告其校车驾驶资格作废。

第六章 法律责任

第九十三条 申请人隐瞒有关情况或者提供虚假材料申领机动车驾驶证的，公安机关交通管理部门不予受理或者不予办理，处五百元以下罚款；申请人在一年内不得再次申领机动车驾驶证。

申请人在考试过程中有贿赂、舞弊行为的，取消考试资格，已经通过考试的其他科目成绩无效，公安机关交通管理部门处二千元以下罚款；申请人在一年内不得再次申领机动车驾驶证。

申请人以欺骗、贿赂等不正当手段取得机动车驾驶证的，公安机关交通管理部门收缴机动车驾驶证，撤销机动车驾驶许可，处二千元以下罚款；申请人在三年内不得再次申领机动车驾驶证。

组织、参与实施前三款行为之一牟取经济利益的，由公安机关交通管理部门处违法所得三倍以上五倍以下罚款，但最高不超过十万元。

申请人隐瞒有关情况或者提供虚假材料申请校车驾驶资格的，公安机关交通管理部门不予受理或者不予办理，处五百元以下罚款；申请人在一年内不得再次申请校车驾驶资格。申请人以欺骗、贿赂等不正当手段取得校车驾驶资格的，公安机关交通管理部门撤销校车驾驶资格，处二千元以下罚款；申请人在三年内不得再次申请校车驾驶资格。

第九十四条 申请人在教练员或者学车专用标识签注的指导人员随车指导下，使用符合规定的机动车学习驾驶中有道路交通安全违法行为或者发生交通事故的，按照《道路交通安全法实施条例》第二十条规定，由教练员或者随车指导人员承担责任。

第九十五条 申请人在道路上学习驾驶时，有下列情形之一的，由公安机关交通管理部门对教练员或者随车指导人员处二十元以上二百元以下罚款：

（一）未按照公安机关交通管理部门指定的路线、时间进行的；

（二）未按照本规定第四十二条规定放置、粘贴学车专用标识的。

第九十六条 申请人在道路上学习驾驶时，有下列情形之一的，由公安机关交通管理部门对教练员或者随车指导人员处二百元以上五百元以下罚款：

（一）未使用符合规定的机动车的；

（二）自学用车搭载随车指导人员以外的其他人员的。

第九十七条 申请人在道路上学习驾驶时，有下列情形之一的，由公安机关交通管理部门按照《道路交通安全法》第九十九条第一款第一项规定予以处罚：

（一）未取得学习驾驶证明的；

（二）没有教练员或者随车指导人员的；

（三）由不符合规定的人员随车指导的。

将机动车交由有前款规定情形之一的申请人驾驶的，由公安机关交通管理部门按照《道路交通安全法》第九十九条第一款第二项规定予以处罚。

第九十八条 机动车驾驶人有下列行为之一的，由公安机关交通管理部门处二十元以上二百元以下罚款：

（一）机动车驾驶人补换领机动车驾驶证后，继续使用原机动车驾驶证的；

（二）在实习期内驾驶机动车不符合第七十七条规定的；

（三）持有大型客车、重型牵引挂车、城市公交车、中型客车、大型货车驾驶证的驾驶人，未按照第八十一条规定申报变更信息的。

有第一款第一项规定情形的，由公安机关交通管理部门收回原机动车驾驶证。

第九十九条 机动车驾驶人有下列行为之一的，由公安机关交通管理部门处二百元以上五百元以下罚款：

（一）机动车驾驶证被依法扣押、扣留或者暂扣期间，采用隐瞒、欺骗手段补领机动车驾驶证的；

（二）机动车驾驶人身体条件发生变化不适合驾驶机动车，仍驾驶机动车的；

（三）逾期不参加审验仍驾驶机动车的。

有第一款第一项、第二项规定情形之一的，由公安机关交通管理部门收回机动车驾驶证。

第一百条 机动车驾驶人参加审验教育时在签注学习记录、学习过程中弄虚作假的，相应学习记录无效，重新参加审验学习，由公安机关交通管理部门处一千元以下罚款。

代替实际机动车驾驶人参加审验教育的，由公安机关交通管理部门处二千元以下罚款。

组织他人实施前两款行为之一，有违法所得的，由公安机关交通管理部门处违法所得三倍以下罚款，但最高不超过二万元；没有违法所得的，由公安机关交通管理部门处二万元以下罚款。

第一百零一条 省、自治区、直辖市公安厅、局可以根据本地区的实际情况，在本规定的处罚幅度范围内，制定具体的执行标准。

对本规定的道路交通安全违法行为的处理程序按照《道路交通安全违法行为处理程序规定》执行。

第一百零二条 公安机关交通管理部门及其交通警察、警务辅助人员办理机动车驾驶证业务、开展机动车驾驶人考试工作，应当接受监察机关、公安机关督察审计部门等依法实施的监督。

公安机关交通管理部门及其交通警察、警务辅助人员办理机动车驾驶证业务、开展机动车驾驶人考试工作，应当自觉接受社会和公民的监督。

第一百零三条 交通警察有下列情形之一的，按照有关规定给予处分；聘用人员有下列情形之一的予以解聘。构成犯罪的，依法追究刑事责任：

（一）为不符合机动车驾驶许可条件、未经考试、考试不合格人员签注合格考试成绩或者核发机动车驾驶证的；

（二）减少考试项目、降低评判标准或者参与、协助、纵容考试作弊的；

（三）为不符合规定的申请人发放学习驾驶证明、学车专用标识的；

（四）与非法中介串通牟取经济利益的；

（五）违反规定侵入机动车驾驶证管理系统，泄漏、篡改、买卖系统数据，或者泄漏系统密码的；

（六）违反规定向他人出售或者提供机动车驾驶证信息的；

（七）参与或者变相参与驾驶培训机构、社会考场、考试设备生产销售企业经营活动的；

（八）利用职务上的便利索取、收受他人财物或者牟取其他利益的。

交通警察未按照第五十三条第一款规定使用执法记录仪的，根据情节轻重，按照有关规定给予处分。

公安机关交通管理部门有第一款所列行为之一的，按照有关规定对直接负责的主管人员和其他直接责任人员给予相应的处分。

第七章　附　　则

第一百零四条　国家之间对机动车驾驶证有互相认可协议的，按照协议办理。

国家之间签订有关协定涉及机动车驾驶证的，按照协定执行。

第一百零五条　机动车驾驶人可以委托代理人代理换证、补证、提交身体条件证明、提交审验材料、延期办理和注销业务。代理人申请机动车驾驶证业务时，应当提交代理人的身份证明和机动车驾驶人的委托书。

第一百零六条　公安机关交通管理部门应当实行驾驶人考试、驾驶证管理档案电子化。机动车驾驶证电子档案与纸质档案具有同等效力。

第一百零七条　机动车驾驶证、临时机动车驾驶许可和学习驾驶证明的式样由公安部统一制定并监制。

机动车驾驶证、临时机动车驾驶许可和学习驾驶证明的制作应当按照中华人民共和国公共安全行业标准《中华人民共和国机动车驾驶证件》执行。

第一百零八条　拖拉机驾驶证的申领和使用另行规定。拖拉机驾驶证式样、规格应当符合中华人民共和国公共安全行业标准《中华人民共和国机动车驾驶证件》的规定。

第一百零九条　本规定下列用语的含义：

（一）身份证明是指：

1. 居民的身份证明，是居民身份证或者临时居民身份证；

2. 现役军人（含武警）的身份证明，是居民身份证或者临时居民身份证。在未办理居民身份证前，是军队有关部门核发的军官证、文职干部证、士兵证、离休证、退休证等有效军人身份证件，以及其所在的团级以上单位出具的部队驻地住址证明；

3. 香港、澳门特别行政区居民的身份证明，是港澳居民居住证；或者是其所持有的港澳居民来往内地通行证或者外交部核发的中华人民共和国旅行证，以及公安机关出具的住宿登记证明；

4. 台湾地区居民的身份证明，是台湾居民居住证；或者是其所持有的公安机关核发的五年有效的台湾居民来往大陆通行证或者外交部核发的中华人民共和国旅行证，以及公安机关出具的住宿登记证明；

5. 定居国外的中国公民的身份证明，是中华人民共和国护照和公安机关出具的住宿登记证明；

6. 外国人的身份证明，是其所持有的有效护照或者其他国际旅行证件，停居留期三个月以上的有效签证或者停留、居留许可，以及公安机关出具的住宿登记证明；或者是外国人永久居留身份证；

7. 外国驻华使馆、领馆人员、国际组织驻华代表机构人员的身份证明，是外交部核发的有效身份证件。

（二）住址是指：

1. 居民的住址，是居民身份证或者临时居民身份证记载的住址；

2. 现役军人（含武警）的住址，是居民身份证或者临时居民身份证记载的住址。在未办理居民身份证前，是其所在的团级以上单位出具的部队驻地住址；

3. 境外人员的住址，是公安机关出具的住宿登记证明记载的地址；

4. 外国驻华使馆、领馆人员及国际组织驻华代表机构人员的住址，是外交部核发的有效身份证件记载的地址。

（三）境外机动车驾驶证是指外国、香港、澳门特别行政区、台湾地区核发的具有单独驾驶资格的正式机动车驾驶证，不包括学习驾驶证、临时驾驶证、实习驾驶证。

（四）汽车类驾驶证是指大型客车、重型牵引挂车、城市公交车、中型客车、大型货车、小型汽车、小型自动挡汽车、低速载货汽车、三轮汽车、残疾人专用小型自动挡汽车、轻型牵引挂车、轮式专用机械车、无轨电车、有轨电车准驾车型驾驶证。摩托车类驾驶证是指普通三轮摩托车、普通二轮摩托车、轻便摩托车准驾车型驾驶证。

第一百一十条 本规定所称"一日"、"三日"、"五日"，是指工作日，不包括节假日。

本规定所称"以上"、"以下"，包括本数。

第一百一十一条 本规定自2022年4月1日起施行。2012年9月12日发布的《机动车驾驶证申领和使用规定》（公安部令第123号）和2016年1月29日发布的《公安部关于修改〈机动车驾驶证申领和使用规定〉的决定》（公安部令第139号）同时废止。本规定生效后，公安部以前制定的规定与本规定不一致的，以本规定为准。

附件 1

准驾车型及代号

准驾车型	代号	准驾的车辆	准予驾驶的其他准驾车型
大型客车	A1	大型载客汽车	A3、B1、B2、C1、C2、C3、C4、M
重型牵引挂车	A2	总质量大于 4500kg 的汽车列车	B1、B2、C1、C2、C3、C4、C6、M
城市公交车	A3	核载 10 人以上的城市公共汽车	C1、C2、C3、C4
中型客车	B1	中型载客汽车(含核载 10 人以上、19 人以下的城市公共汽车)	C1、C2、C3、C4、M
大型货车	B2	重型、中型载货汽车;重型、中型专项作业车	
小型汽车	C1	小型、微型载客汽车以及轻型、微型载货汽车;轻型、微型专项作业车	C2、C3、C4
小型自动挡汽车	C2	小型、微型自动挡载客汽车以及轻型、微型自动挡载货汽车;轻型、微型自动挡专项作业车;上肢残疾人专用小型自动挡载客汽车	
低速载货汽车	C3	低速载货汽车	C4
三轮汽车	C4	三轮汽车	
残疾人专用小型自动挡载客汽车	C5	残疾人专用小型、微型自动挡载客汽车(允许上肢、右下肢或者双下肢残疾人驾驶)	
轻型牵引挂车	C6	总质量小于(不包含等于)4500kg 的汽车列车	
普通三轮摩托车	D	发动机排量大于 50ml 或者最大设计车速大于 50km/h 的三轮摩托车	E、F
普通二轮摩托车	E	发动机排量大于 50ml 或者最大设计车速大于 50km/h 的二轮摩托车	F
轻便摩托车	F	发动机排量小于等于 50ml,最大设计车速小于等于 50km/h 的摩托车	
轮式专用机械车	M	轮式专用机械车	
无轨电车	N	无轨电车	
有轨电车	P	有轨电车	

附件 2

学车专用标识式样

（正面）

注：1、学车专用标识的主色为大红色 M100Y100，配色为黄色 Y100；

2、“学”字用大小为400磅的粗楷体，描边12磅；

3、学车专用标识共2张，分别放置在车内前挡风玻璃右下角、粘贴在车辆尾部。

学车专用标识式样

（背面）

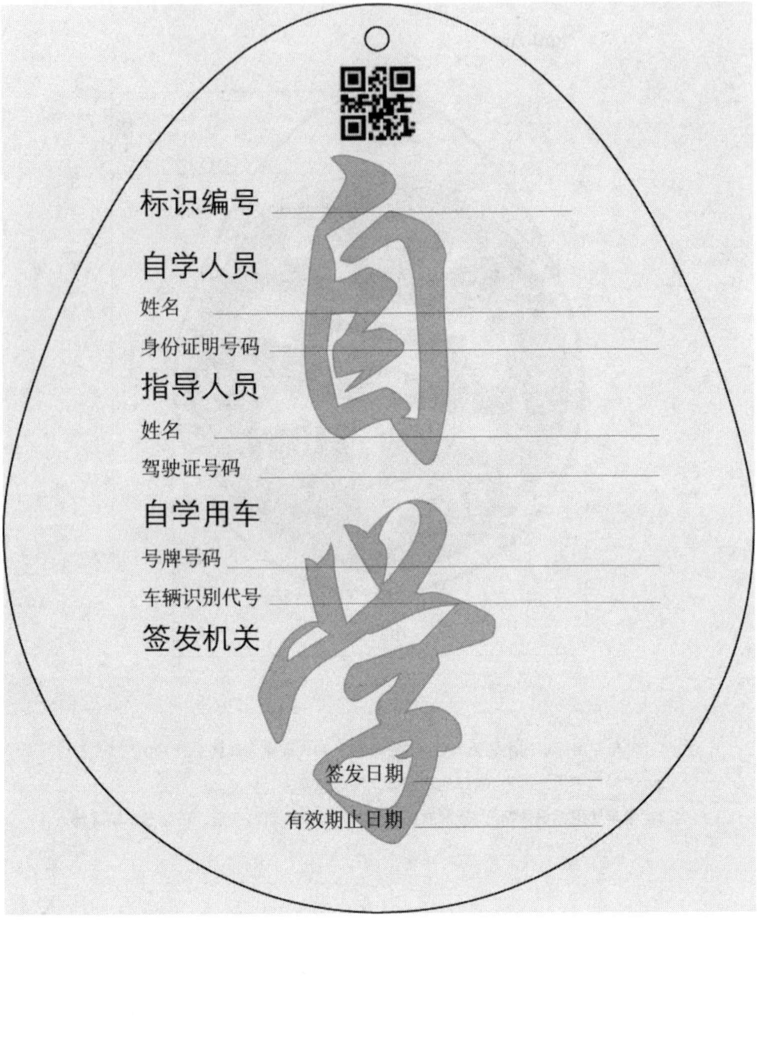
标识编号
自学人员
姓名
身份证明号码
指导人员
姓名
驾驶证号码
自学用车
号牌号码
车辆识别代号
签发机关
签发日期
有效期止日期
自学

附件 3

实习标志式样

一、汽车实习标志式样

注：1. 实习标志的主色为黄色 Y100，配色为桔红色 M80Y100

2. “实习”两字用大小为250磅的粗楷体

3. 在实习期内驾驶机动车的，应当在车身后部粘贴或悬挂实习标志

二、摩托车实习标志式样

注：1. 实习标志的主色为黄色 Y100，配色为桔红色 M80Y100
2. “实习”两字用大小为130磅的粗楷体
3. 在实习期内驾驶机动车的，应当在车身后部粘贴或悬挂实习标志

附件 4

残疾人机动车专用标志

式样

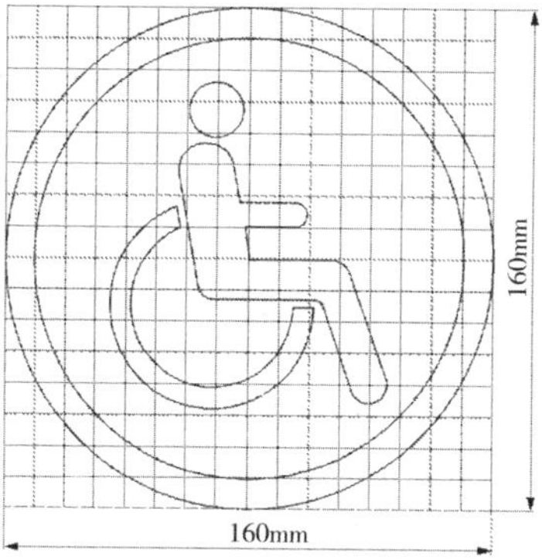

方格尺寸图

颜色值：

C = 100, M = 80, Y = 5, K = 0

使用规定：

1、残疾人驾驶机动车时，应当在车身前部和后部分别设置专用标志。

2、专用标志应当设置在车身距离地面 0.4m 以上 1.2m 以下的位置。

外商投资准入特别管理措施（负面清单）（2021年版）

（2021年12月27日国家发展和改革委员会、商务部令第47号公布　自2022年1月1日起施行　国司备字［2022005991］）

说　明

一、《外商投资准入特别管理措施（负面清单）》（以下简称《外商投资准入负面清单》）统一列出股权要求、高管要求等外商投资准入方面的特别管理措施。《外商投资准入负面清单》之外的领域，按照内外资一致原则实施管理。境内外投资者统一适用《市场准入负面清单》的有关规定。

二、境外投资者不得作为个体工商户、个人独资企业投资人、农民专业合作社成员，从事投资经营活动。

三、外商投资企业在中国境内投资，应符合《外商投资准入负面清单》的有关规定。

四、有关主管部门在依法履行职责过程中，对境外投资者拟投资《外商投资准入负面清单》内领域，但不符合《外商投资准入负面清单》规定的，不予办理许可、企业登记注册等相关事项；涉及固定资产投资项目核准的，不予办理相关核准事项。投资有股权要求的领域，不得设立外商投资合伙企业。

五、经国务院有关主管部门审核并报国务院批准，特定外商投资可以不适用《外商投资准入负面清单》中相关领域的规定。

六、从事《外商投资准入负面清单》禁止投资领域业务的境内企业到境外发行股份并上市交易的，应当经国家有关主管部门审核同意，境外投资者不得参与企业经营管理，其持股比例参照境外投资者境内证券投资管理有关规定执行。

七、境内公司、企业或自然人以其在境外合法设立或控制的公司并购与其有关联关系的境内公司，按照外商投资、境外投资、外汇管理等有关规定办理。

八、《外商投资准入负面清单》中未列出的文化、金融等领域与行政审批、资质条件、国家安全等相关措施，按照现行规定执行。

九、《内地与香港关于建立更紧密经贸关系的安排》及其后续协议、《内地与澳门关于建立更紧密经贸关系的安排》及其后续协议、《海峡两岸经济合作框架协议》及其后续协议、我国缔结或者参加的国际条约、协定对境外投资者准入待遇有更优惠规定的,可以按照相关规定执行。在自由贸易试验区等特殊经济区域对符合条件的投资者实施更优惠开放措施的,按照相关规定执行。

十、《外商投资准入负面清单》由国家发展改革委、商务部会同有关部门负责解释。

十一、2020 年 6 月 23 日国家发展改革委、商务部发布的 2020 年版《外商投资准入负面清单》自 2022 年 1 月 1 日起废止。

外商投资准入特别管理措施(负面清单)(2021 年版)

序号	特别管理措施
一、农、林、牧、渔业	
1	小麦新品种选育和种子生产的中方股比不低于 34%、玉米新品种选育和种子生产须由中方控股。
2	禁止投资中国稀有和特有的珍贵优良品种的研发、养殖、种植以及相关繁殖材料的生产(包括种植业、畜牧业、水产业的优良基因)。
3	禁止投资农作物、种畜禽、水产苗种转基因品种选育及其转基因种子(苗)生产。
4	禁止投资中国管辖海域及内陆水域水产品捕捞。
二、采矿业	
5	禁止投资稀土、放射性矿产、钨勘查、开采及选矿。
三、制造业	
6	出版物印刷须由中方控股。
7	禁止投资中药饮片的蒸、炒、炙、煅等炮制技术的应用及中成药保密处方产品的生产。
四、电力、热力、燃气及水生产和供应业	
8	核电站的建设、经营须由中方控股。
五、批发和零售业	
9	禁止投资烟叶、卷烟、复烤烟叶及其他烟草制品的批发、零售。
六、交通运输、仓储和邮政业	
10	国内水上运输公司须由中方控股。

续表

序号	特别管理措施
11	公共航空运输公司须由中方控股，且一家外商及其关联企业投资比例不得超过25%，法定代表人须由中国籍公民担任。通用航空公司的法定代表人须由中国籍公民担任，其中农、林、渔业通用航空公司限于合资，其他通用航空公司限于中方控股。
12	民用机场的建设、经营须由中方相对控股。外方不得参与建设、运营机场塔台。
13	禁止投资邮政公司、信件的国内快递业务。
七、信息传输、软件和信息技术服务业	
14	电信公司：限于中国入世承诺开放的电信业务，增值电信业务的外资股比不超过50%（电子商务、国内多方通信、存储转发类、呼叫中心除外），基础电信业务须由中方控股。
15	禁止投资互联网新闻信息服务、网络出版服务、网络视听节目服务、互联网文化经营（音乐除外）、互联网公众发布信息服务（上述服务中，中国入世承诺中已开放的内容除外）。
八、租赁和商务服务业	
16	禁止投资中国法律事务（提供有关中国法律环境影响的信息除外），不得成为国内律师事务所合伙人。
17	市场调查限于合资，其中广播电视收听、收视调查须由中方控股。
18	禁止投资社会调查。
九、科学研究和技术服务业	
19	禁止投资人体干细胞、基因诊断与治疗技术开发和应用。
20	禁止投资人文社会科学研究机构。
21	禁止投资大地测量、海洋测绘、测绘航空摄影、地面移动测量、行政区域界线测绘，地形图、世界政区地图、全国政区地图、省级及以下政区地图、全国性教学地图、地方性教学地图、真三维地图和导航电子地图编制，区域性的地质填图、矿产地质、地球物理、地球化学、水文地质、环境地质、地质灾害、遥感地质等调查（矿业权人在其矿业权范围内开展工作不受此特别管理措施限制）。
十、教育	
22	学前、普通高中和高等教育机构限于中外合作办学，须由中方主导（校长或者主要行政负责人应当具有中国国籍，理事会、董事会或者联合管理委员会的中方组成人员不得少于1/2）。

续表

序号	特别管理措施
23	禁止投资义务教育机构、宗教教育机构。
十一、卫生和社会工作	
24	医疗机构限于合资。
十二、文化、体育和娱乐业	
25	禁止投资新闻机构(包括但不限于通讯社)。
26	禁止投资图书、报纸、期刊、音像制品和电子出版物的编辑、出版、制作业务。
27	禁止投资各级广播电台(站)、电视台(站)、广播电视频道(率)、广播电视传输覆盖网(发射台、转播台、广播电视卫星、卫星上行站、卫星收转站、微波站、监测台及有线广播电视传输覆盖网等),禁止从事广播电视视频点播业务和卫星电视广播地面接收设施安装服务。
28	禁止投资广播电视节目制作经营(含引进业务)公司。
29	禁止投资电影制作公司、发行公司、院线公司以及电影引进业务。
30	禁止投资文物拍卖的拍卖公司、文物商店和国有文物博物馆。
31	禁止投资文艺表演团体。

一般运行和飞行规则

(2021年1月4日交通运输部令2022年第3号公布　自2022年7月1日起施行　国司备字[2022005889])

A章　总　　则

第91.1条　目的和依据

为了规范民用航空器的运行,保证飞行的正常与安全,根据《中华人民共和国民用航空法》,制定本规则。

第91.3条　适用范围及术语解释

(a)在中华人民共和国境内实施运行的所有民用航空器(不包括系留气球、风筝、无人火箭、无人自由气球和民用无人驾驶航空器)应当遵守本规则中相应的飞行和运行规定。对于公共航空运输运行,除应当遵守本规则适用的飞行和运行规定外,还应当遵守公共航空运输运行规章中的规定。

(b)超轻型飞行器在中华人民共和国境内实施的飞行应当遵守本规则I章的规定,无需遵守其他章的规定。

(c)乘坐按本规则运行的民用航空器的人员,应当遵守本规则相应条款的规定。

(d)本规则中所用术语的含义在本规则附件《术语解释》中规定。

第91.5条　民用航空器飞行手册、标记和标牌要求

(a)在中华人民共和国进行国籍登记的民用航空器应当满足《民用航空器国籍登记规定》规定的国籍标志、登记标志和标识要求方可运行。

(b)在中华人民共和国进行国籍登记的航空器应当具有按照《民用航空产品和零部件合格审定规定》(以下称为CCAR-21部)型号审定要求批准或者认可的与其型号或者构型对应的飞行手册,或者《大型飞机公共航空运输承运人运行合格审定规则》(以下称为CCAR-121部)相关条款中规定的手册。这些手册应当使用机组能够正确理解的语言文字。

(c)在中华人民共和国进行国籍登记的飞机或者直升机都应当按照本条(b)款批准或者认可的飞行手册配备标记和标牌。

(d)运行民用航空器的人员不得违反按照本条(b)款批准或者认可的航空器飞行手册、标记和标牌中规定的使用限制,或者登记国审定当局规定的使用限制。

第91.7条　禁止妨碍和干扰机组成员

在航空器运行期间,任何人不得殴打、威胁、恐吓或者妨碍在航空器上执行任务的机组成员。

第91.9条　麻醉药品、大麻、抑制或者兴奋药剂或者物质的载运

(a)除本条(b)款规定的情况外,任何人不得在已知航空器上载有有关法律、法规中规定的麻醉药品、大麻、抑制或者兴奋药剂或者物质的情况下,在中华人民共和国境内运行该民用航空器。

(b)本条(a)款不适用于法律、法规许可或者经政府机构批准而载运麻醉药品、大麻、抑制或者兴奋药剂或者物质的情况。

第91.11条　便携式电子设备

(a)除本条(b)款规定外,在中华人民共和国进行国籍登记的下列民用航空器上,所有乘员不得开启和使用,该航空器的运行人或者机长也不得允许其开启和使用便携式电子设备:

(1)正在实施公共航空运输运行的航空器;

(2)正在按照仪表飞行规则运行的航空器。

(b)在民用航空器上可以使用下列便携式电子设备：

(1)便携式录音机；

(2)助听器；

(3)心脏起搏器；

(4)电动剃须刀；

(5)由该航空器的运行人确定，认为不会干扰航空器航行或者通信系统的其他便携式电子设备。

(c)按照公共航空运输运行规章实施运行的航空器应当满足相应的规定。本条(b)款(5)项所要求的决定必须由航空器的运行人作出；对于其他航空器，该决定也可以由航空器的机长作出。

第 91.13 条　租赁合同、融资租赁合同及所有权保留买卖合同中使用控制的责任

(a)除本条(b)款中规定的情况外，在中华人民共和国进行国籍登记的运输类和涡轮动力多发飞机或者直升机在租赁、融资租赁或者所有权保留买卖时，当事双方必须以书面形式明确包括关于以下内容的交易真实性的承诺：

(1)合同签署生效前 12 个月内，对该航空器进行的维修、检查所依据的涉及民航管理的规章，以及该航空器的现状符合本规则对此类航空器在维修和检查方面要求的证明；

(2)对该航空器实施使用控制的人员的姓名、地址及其签名，以及该人员的法律责任；

(3)符合本规则以及其他相关法规、规章的有关使用控制的权利义务方面的条款。

(b)本条(a)款的要求不适用于下列情况：

(1)当事人之一是外国航空承运人或者是按照 CCAR-121 部和《小型商业运输和空中游览运营人运行合格审定规则》(以下称为 CCAR-135 部)规章实施运行的运营人；

(2)涉及的航空器在该合同签订前尚未进行国籍登记。

(c)运行本条(a)款中规定情况的在中华人民共和国进行国籍登记的运输类和涡轮动力多发飞机或者直升机，应当满足下列要求：

(1)该航空器应当携带符合本条(a)款要求的租约或者合同的副本，以便在局方要求审阅时提供；

(2)如果承租人或者所有权保留买卖的买受人不是中华人民共和国公民，承租人或者所有权保留买卖的买受人应当通知该次飞行始发机场所在地民航地区管理局飞行标准职能部门。除非民航地区管理局飞行标准职能部门另有批准,在该航空器依照租约或者合同作首次飞行时,至少应当该在起飞前48小时通知飞行始发机场所在地民航地区管理局飞行标准职能部门,并报告如下内容:

(i)起飞机场的位置;

(ii)起飞时间;

(iii)航空器国籍登记号。

(d)局方对按照本条(c)款提供给局方的租约或者合同副本负有保密义务,除非法律、法规另有规定,局方不予披露。

(e)在本条中,租约指为取得报酬或者租金将航空器提供给他人占有、使用的任何协议,无论是否附带飞行机组成员,而不是指航空器的销售协议和所有权保留买卖合同。航空器的提供方称为出租人,航空器的接受方称为承租人。

B章 飞行机组

第91.101条 航空器的驾驶员

(a)航空器的驾驶员应当根据其所驾驶的航空器等级、在航空器上担任的职位以及运行的性质分类,符合《民用航空器驾驶员合格审定规则》(以下称为CCAR-61部)中规定的关于其执照和等级、训练、考试、检查、航空经历等方面的相应要求,并符合本规则和相应运行规章的要求。

(b)除CCAR-61部第61.120条规定的情形外,航空器的驾驶员应当满足:

(1)在以取酬为目的的商业飞行中担任航空器驾驶员的人员,应当至少取得商用驾驶员执照和相应的航空器等级和运行许可;

(2)为他人提供民用航空器驾驶服务,并以此种服务获取报酬的驾驶员,应当至少取得商用驾驶员执照和相应的航空器等级和运行许可。

第91.103条 民用航空器机长的职责和权限

(a)民用航空器的机长对民用航空器的运行直接负责,并具有最终决定权。

(1)飞机上的机长:机长在舱门关闭后必须对机上所有机组成员、旅客和货物的安全负责。机长还必须在从飞机为起飞目的准备移动时起到飞行结束最终停止移动和作为主要推进部件的发动机停车时止的时间内,对飞机的运行和安全负责,并具有最终决定权。

(2)直升机上的机长:从发动机起动时起,直至直升机结束飞行最终停止移动并且发动机关闭，旋翼叶片停止转动时为止，机长必须对直升机的运行和安全及机上所有机组成员、乘客和货物的安全负责。

(b)机长必须保证使乘客熟悉下列各项设备的位置及其使用方法：

(1)安全带；

(2)紧急出口；

(3)救生衣(如规定携带救生衣)；

(4)供氧设备(如果预计使用氧气)；

(5)供个人使用的其他应急设备，包括乘客应急简介卡；

(6)机上携带的供集体使用的主要应急设备的位置和一般使用方法。

(c)机长必须保证在起飞、着陆以及由于颠簸或者飞行中发生任何紧急情况而需要加以预防时，机上全体乘客都要在各自座位上系好安全带或者肩带。

(d)在飞行中遇有紧急情况时：

(1)机长必须保证在飞行中遇有紧急情况时，指示所有机上人员采取适合当时情况的应急措施；

(2)在飞行中遇到需要立即处置的紧急情况时，机长可以在保证航空器和人员安全所需要的范围内偏离本规则的任何规定。

(e)依据本条(d)款做出偏离行为的机长，在局方要求时，应当向局方递交书面报告。

(f)如果在危及航空器或者人员安全的紧急情况下必须采取违反当地规章或者程序的措施，机长必须立即通知有关地方当局。如果违章事件发生地所在国提出要求，机长必须向该国有关当局提交关于违章情况的报告；同时，机长也必须向航空器登记国提交这一报告的副本。此类报告必须尽早提交，通常应当在 10 天以内。

(g)机长必须负责以可用的最迅速的方法将导致人员严重受伤或者死亡、航空器或者财产的重大损坏的任何航空器事故通知最近的有关当局。

(h)本条(b)款和(c)款不适用于按 CCAR-121 部和 CCAR-135 部规章实施运行的运营人。

第 91.105 条　飞行机组的一般规定

(a)任何人不得运行未处于适航状态的民用航空器。

(b)航空器的机长负责确认航空器是否处于可实施安全飞行的状态。当航空器的机械、电子或者结构出现不适航状态时，机长应当中断该次飞行。

(c)飞行机组的组成和人数不得少于航空器飞行手册或者其他与适航证有关的文件所规定的标准。

(d)机长必须保证每个飞行机组成员持有登记国颁发或者认可的、具有适当等级并且现行有效的执照,并且机长必须对飞行机组成员保持其胜任能力表示满意。

(e)机长必须负责确保:

(1)如果飞行机组任何成员因受伤、患病、疲劳、酒精或者药物的影响而无法履行其职责时,不得开始飞行;

(2)当飞行机组成员由于疲劳、患病、缺氧等原因造成的功能性损害导致执行任务的能力显著降低时,不得越过最近的合适机场继续飞行。

第 91.107 条　禁止粗心或者鲁莽的操作

任何人员在操作航空器时不得粗心大意和盲目蛮干,以免危及他人的生命或者财产安全。

第 91.109 条　空投物体

民用航空器的机长不得允许从飞行中的航空器上投放任何可能对人员或者财产造成危害的物体。但是如果已经采取了合理的预防措施,能够避免对人员或者财产造成危害,本条不禁止此种投放。

第 91.111 条　摄入酒精和药物的限制

(a)处于下列身体状况的人员不得担任或者试图担任民用航空器的机组成员:

(1)饮用含酒精饮料之后 8 小时以内;

(2)处于酒精作用之下;

(3)使用了影响人体官能的药物,可能对安全产生危害;

(4)其呼出气体或者血液中酒精含量等于或者大于 0.04。酒精含量是指每 210 升呼出气体中含有的酒精克数或者每 100 毫升血液中含有的酒精克数。

(b)除紧急情况外,民用航空器的驾驶员不得允许在航空器上载运呈现醉态或者由其举止或者身体状态可判明处于药物控制之下的人员(受到看护的病人除外)。

(c)机组人员应当在局方要求时,接受局方人员或者局方委托的人员检查其血液中酒精含量百分比的测试。当局方认为某人有可能违反本条(a)款(1)项、(a)款(2)项或者(a)款(4)项的规定时,此人应当根据局方的要求,将其担任或者试图担任机组成员之后 4 小时内所做的血液酒精含量百分比测试结果提供给局方。

(d)如果局方认为某人有可能违反本条(a)款(3)项的规定,此人应当根据局方的要求,将其担任或者试图担任机组成员之后 4 小时内所做的每次体内药物测试的结果提供给局方。

(e)局方根据本条(c)款或者(d)款所取得的测试结果可以用来判定该人

员是否合格于持有飞行人员执照,或者是否有违反中华人民共和国民用航空法规的行为。

C 章 航空器及仪表和设备要求

第 91.201 条 航空器要求

(a)任何航空器及所固定安装的仪表和设备都应当获得局方的适航审定批准或者认可,并且应当在运行时携带如下现行有效的证件:

(1)国籍登记证;

(2)适航证件;

(3)无线电台执照(如装有无线电通信设备)。

(b)如使用陆上航空器实施跨水运行,包括在起飞或者着陆过程中不可避免飞越水面,应当符合如下性能要求:

(1)当发动机失效时,航空器能从运行的高度到达陆上;

(2)对于多发航空器,其运行重量允许该航空器在临界发动机不工作的情况下,能在离地(水面)高度 300 米(1000 英尺)上以至少 0.25 米/秒(50 英尺/分钟)的速率爬升;

(c)如使用陆上飞机实施延伸跨水运行,应当通过适航审定表明水上迫降的符合性,或者该水上迫降能够达到等效安全。

(d)除下列情况外,任何航空器在运行时应当处于适航状态:

(1)符合航空器飞行手册中规定的《外形缺损清单》或者符合按照 CCAR-21 部运行符合性评审要求批准或者认可的《主最低设备清单》及其限制;

(2)根据特许飞行证飞行并允许带有不工作仪表和设备运行;

(3)为获得型号合格证开展试验飞行的试飞航空器。

(e)当对航空器及其部件实施设计更改时,应当按照 CCAR-21 部的规定获得局方的批准或者认可。

第 91.203 条 基本飞行仪表和设备

(a)按照目视飞行规则运行的航空器应当获得适航审定批准为可按目视飞行规则飞行的航空器,并符合航空器飞行手册对目视飞行规则飞行的最低设备要求。

(b)按照仪表飞行规则运行的航空器应当获得适航审定批准为可按仪表飞行规则飞行的航空器,并符合航空器飞行手册对仪表飞行规则飞行的最低设备要求。

(c)计划实施云上或者夜间飞行的航空器应当获得适航审定批准为允许

夜间飞行的航空器,并符合航空器飞行手册对夜间飞行的最低设备要求。

(d)计划实施结冰条件下运行的航空器应当获得适航审定批准为允许结冰条件下飞行的航空器,并符合航空器飞行手册对结冰条件下飞行的最低设备要求。

(e)除经局方批准外,在中华人民共和国境内管制空域运行的所有航空器应当装备有以米为单位显示的高度表或者采取等效措施确保飞行员的使用。

第91.205条　应急和救生设备

(a)任何航空器在载客运行时都应当按照如下要求配备座位和安全带:

(1)每一个2周岁以上乘员有一个座位或者卧位;

(2)每个座椅或者卧铺配有一条安全带;

(3)飞行机组或者与其平行的座位还应当配有一副肩带;

(4)每一靠近地板高度的出口处的客舱机组成员应当配备带有安全带的座位,如反向座椅,还需配备肩带。

(b)任何航空器都应当至少按照如下要求配备手提式灭火器:

(1)在驾驶舱或者驾驶舱附近便于飞行机组取用的位置配备一个;

(2)最大审定旅客座位数9座以上、30座以下的航空器应当在客舱配备一个,并方便取用;

(3)最大审定旅客座位数30座及以上的航空器应当在客舱配备二个,均匀分布并方便客舱机组取用;

(4)如果航空器设有厨房隔舱,应当在厨房区域配备一个,并方便客舱机组取用;

(5)如果航空器设有E类货舱,应当在货舱区域配备一个,并方便灭火时取用。

(c)非增压航空器在飞行高度3000米(10000英尺)以上运行时,应当按照如下要求配备氧气设备和氧气:

(1)在3000米(10000英尺)至4000米(13000英尺)之间超过30分钟时,在该运行时间内向机组成员和至少10%的乘客供氧;

(2)高于4000米(13000英尺)的全部运行时间向所有机组成员和乘客供氧。

(d)增压飞机应当按照如下要求配备氧气设备和氧气:

(1)对驾驶舱内执勤的每一飞行机组成员提供的氧气量不得少于2小时;

(2)在高度高于7600米(25000英尺)的高度飞行或者在高度低于7600米(25000英尺)的飞行高度飞行但不能在4分钟内安全下降到4000米(13000英尺)或者以下的飞行高度时,必须能为客舱中的乘员提供不少于10分钟的氧气；

(3)在10500米(35000英尺)以上的高度飞行，应当为每名机组成员配备一个密封的快戴型氧气面罩，每位驾驶员都可以在5秒钟内即能用单手从待用位置戴上面部供氧并正确固定，能一直供氧或者当飞机座舱气压高度超过修正海平面气压高度4000米(13000英尺)时自动供氧。

(e)最大审定旅客座位数19座以上的航空器应当至少配备一把应急斧，并放置在机组易于取用但在正常运行中旅客难以接近的位置。

(f)最大审定旅客座位数60座及以上的航空器，应当按照如下要求配备便携式扩音器：

(1)60座及以上、100座以下的航空器配备一个，并放置在客舱机组正常座位上易于取用的位置；

(2)100座及以上的航空器在客舱前端和最后部位各放置一个，并放置在客舱机组正常座位上易于取用的位置。

(g)任何航空器在搜寻和救援困难的陆地区域上空运行时，应当配备至少一个烟火信号装置，并根据机上乘员数量配备足够的救生包。

(h)任何航空器实施跨水运行时都应当至少按照如下要求配备救生衣或者等效漂浮装置：

(1)对于陆上飞机，应当为每个乘员配备一件带有救生定位灯的救生衣或者等效漂浮装置，并存放在使用该装置者的座椅或者卧铺处等易于取用的位置；

(2)对于水上飞机，应当为每个乘员配备一件带有救生定位灯的救生衣或者等效漂浮装置，并存放在使用该装置者的座椅或者卧铺处等易于取用的位置；

(3)对于直升机，应当为每个乘员配备一件救生衣或者等效漂浮装置，并存放在使用该装置者的座椅或者卧铺处等易于取用的位置。

(i)除按CCAR-121部规章实施运行的运营人外，任何陆上飞机实施延伸跨水运行时，还应当配备下列应急救生设备：

(1)可供机上人员乘坐的足够数量的符合规定要求的救生筏，存放在紧急时便于取用的地方；

(2)配备有与实施的飞行相适合的救生设备(包括根据机上乘员数量所配备的维持生命的设备)；

(3)至少装有一个烟火信号装置。

(j)除本条(m)款和(n)款规定的情况外，任何航空器应当按照下列要求配备应急定位发射机，并且其工作频率应当能同时工作在121.5兆赫和406兆赫：

(1)任何航空器应当至少装备一台自动应急定位发射机；

(2)最大审定旅客座位数 19 座以上的航空器至少装备两台,其中一台须为自动的；

(3)对于实施延伸跨水运行的飞机,至少装备两台,其中一台为救生型应急定位发射机(可放置在救生筏内)；

(4)对于无人烟地区上空的飞行或者运行的航空器,至少装备两台,其中一台为救生型应急定位发射机。

(k)在下列情况下,应当对本条(j)款要求的应急定位发射机中所用的电池予以更换(或者充电,如果该电池可以充电),并将电池新的更换(或者充电)到期日期清晰可见地标记在发射机的外表：

(1)当发射机的累计使用时间已超过 1 小时；

(2)除在贮存期内基本不受影响的电池(如水激活电池)以外,当发射机电池已达到制造商规定的使用寿命的 50%时(或者对于可充电电池,则为其充满电后的有效使用时间的 50%时)。

(l)本条(j)款要求的应急定位发射机应当在上一次检查后的 12 个日历月内对下列内容进行再次检查：

(1)安装情况；

(2)电池的腐蚀情况；

(3)控制和碰撞传感器的操作；

(4)天线是否有足够发射信号的能力。

(m)不符合本条(j)款的飞机,可以进行下列运行,但调机飞行的飞机上不得载运除必需的机组成员以外的任何人：

(1)将新获得的飞机从接收地点调机飞行到安装应急定位发射机的地点；

(2)将带有不工作的应急定位发射机的飞机从不能进行修理或者更换的地点调机飞行到能进行修理或者更换的地点。

(n)本条(j)款不适用于：

(1)在机场 93 千米(50 海里)半径内进行训练的航空器；

(2)从事与设计和试验有关飞行的航空器；

(3)从事与制造和交付有关飞行的新航空器；

(4)从事空中喷洒农用化学品和其他物质飞行作业的航空器；

(5)经局方审定的用于研究和发展目的的航空器；

(6)用于证明符合规章、机组训练、展览、航空竞赛或者市场调查的航空器；

(7)运载不超过一人的航空器；

(8)符合局方规定的其他特殊情况。

(o)当航空器设置单独的舱室或者容器安放应急、救生设备时，在该舱室或者容器上易于观察的地方至少用中文标明其所安放物品及上次检验的日期(如适用)。

(p)如果航空器有适于救援人员在紧急情况时要破开的机身部位，这些部位必须予以标出。标志的颜色应当为红色或者黄色，必要时用白色勾画出轮廓，以便与底色形成反差。如果角的标志相距超过2米，则其间必须另加一条9×3厘米的线，使任何两个相邻标志的距离不超过2米。

第91.207条　通信、导航和监视设备

(a)任何涉及在管制空域飞行的航空器，应当至少安装两套独立的无线电通信设备，能够在飞行中任何时间与地面双向通信，并且能在121.5兆赫应急频率工作。

(b)任何按照仪表飞行规则运行或者在非地标领航的航路上按照目视飞行规则运行的航空器，应当至少安装两套独立的无线电导航系统，并能够引导航空器按照飞行计划和空中交通管制的要求进行飞行。

(c)任何涉及在管制空域飞行的航空器，应当至少安装一套能够对空中交通管制的询问进行编码回答和自动发送气压高度信息的空中交通管制(ATC)应答机，并且在涉及下列区域运行的航空器，还应当能够对其他航空器进行对点编码回答和自动发送气压高度信息：

(1)在特殊繁忙运输机场空域运行；

(2)穿越或者占用局方公布的中、高空航路。

(d)任何涡轮喷气动力飞机应当安装符合下列要求的高度保持和警告系统：

(1)向飞行机组指示所飞的高度；

(2)自动保持所选择的高度；

(3)当接近预选高度时，能至少发出音频或者视频信号提示飞行机组；

(4)当飞机偏离预选高度时，能向飞行机组至少发出音频或者视频警告。

(e)任何涉及在仪表气象条件下，预计在沿航路上存在可探测到的雷雨或者其他潜在危险天气的区域运行的航空器，应当安装气象雷达或者其他雷暴探测设备。

(f)运输类或者最大审定旅客座位数9座以上的涡轮喷气动力飞机，应当安装地形提示和警告系统(TWAS)。

(g)运输类或者最大审定旅客座位数19座以上的涡轮喷气动力飞机，应当安装机载防撞系统(ACAS Ⅱ或者 TCAS Ⅱ 7.1 版本)。

(h)任何涡轮喷气动力飞机应当装备有机载风切变警告与飞行指引系统。

第 91.209 条　记录设备

(a)任何运输类飞机或者运输类直升机应当至少安装符合下列要求的记录设备:

(1)一个符合局方规定的记录参数要求的飞行数据记录器,并且对飞机飞行的记录时间不少于 25 小时,对直升机飞行的记录时间不少于 10 小时;

(2)一个驾驶舱话音记录器,并且除本条(a)款(3)项的情况外记录时间不少于 2 小时;

(3)2022 年 1 月 1 日以后,对于首次颁发适航证且最大审定起飞重量超过 27000 千克的飞机,驾驶舱话音记录器的记录时间应当不少于 25 小时。

(b)在符合所有记录要求的情况下,可以采用安装两套组合式飞行记录器(飞行数据记录器/驾驶舱话音记录器)的方式,来分别替代独立的飞行数据记录器和独立的驾驶舱话音记录器。

(c)对于任何使用数据链通信的航空器,其飞行记录器上应当记录与驾驶舱话音记录持续时间相同的所有发送和接收的数据链通信信息,并且应当与所记录的驾驶舱语音相互关联。

第 91.211 条　其他设备

对于审定为水上飞机、水陆两用飞机或者在水面上起降的直升机,还应当满足下列要求:

(a)装有《国际海上防撞规则》所规定的声音信号设备(如适用);

(b)配备一具锚(如需协助操纵时还应当配备一副海锚或者浮锚);

(c)配备有符合局方规定的水面停泊灯;

(d)对于在水面上起降的直升机,装有浮筒装置。

D 章　飞行规则

第 91.301 条　适用范围

本章规定的飞行规则适用于在中华人民共和国境内运行的所有民用航空器。

第 91.303 条　运行中的性能使用限制

飞机或者直升机在运行中的性能使用限制必须符合:

(a)适航证或者经批准的等效文件中规定的条款;

(b)在登记国民航当局批准或者认可的飞行手册规定的使用限制内;

(c)在《航空器型号和适航合格审定噪声规定》(以下称为 CCAR-36 部)中相应的噪声审定标准所规定的重量限制内。

第 91.305 条　飞行前准备

在开始飞行之前,机长应当确认航空器的配载和乘载符合安全飞行要求,熟悉本次飞行的所有有关资料。这些资料应当包括:

(a)对于仪表飞行规则飞行或者机场区域以外的飞行,起飞机场和目的地机场天气报告和预报,燃油要求,不能按预订计划完成飞行时的可用备降机场,以及可用的航行通告资料和空中交通管制部门的有关空中交通延误的通知。

(b)对于所有飞行,所用机场的跑道长度以及下列有关起飞与着陆距离的资料:

(1)要求携带按照 CCAR-21 部批准或者认可的飞机或者直升机飞行手册的航空器,飞行手册中包括的起飞和着陆距离资料;

(2)对于本条(b)款(1)项规定以外的民用航空器,其他适用于该航空器的根据所用机场的标高、跑道坡度、航空器全重、风和温度条件可得出有关航空器性能的可靠资料。

第 91.307 条　滑行的一般规定

航空器不得在机场的活动区滑行,除非操作人员:

(a)已由航空器所有人,或者如果航空器是租用的则由承租人或者指定机构正式授权;

(b)对滑行航空器完全胜任;

(c)如需要无线电通讯时,有资格使用无线电通话设备;

(d)曾接受过合格人员关于机场布局以及根据适当情况,有关路线、符号、标志、灯光、空中交通管制(ATC)信号与指令、术语及程序等情况的培训,并能够遵守机场航空器安全活动所需的运行标准。

第 91.309 条　在值勤岗位上的飞行机组成员

(a)从起飞至着陆的整个飞行过程中,每个飞行机组成员应当遵守下列要求:

(1)坚守各自飞行岗位,除非为了履行与该航空器运行有关的职责或者出于生理需要必须离开岗位;

(2)在岗位上时应当系紧安全带。

(b)对于在中华人民共和国进行国籍登记的民用航空器,在起飞至着陆期间,每个飞行机组成员在其岗位上必须系紧肩带。本款不适用于下列情况:

(1)机组成员座位没有安装肩带;

(2)该机组成员在系紧肩带时无法完成其职责。

第 91.311 条　安全带、肩带和儿童限制装置的使用

(a)除经局方批准外,在飞行过程中应当遵守下列要求:

(1)在机长确认航空器上的每位乘员得到如何系紧、松开其安全带和肩带(如安装)的简介之前,任何在中华人民共和国进行国籍登记的民用航空器(带吊篮或者吊舱的自由气球除外)不得起飞。

(2)在机长确认航空器上的每位乘员已经得到系紧其安全带和肩带(如安装)的通知之前,任何在中华人民共和国进行国籍登记的民用航空器(带吊篮或者吊舱的自由气球除外)不得在地面或者水面移动、起飞或者着陆。

(3)在中华人民共和国进行国籍登记的民用航空器(带吊篮或者吊舱的自由气球除外)在滑行、起飞和着陆期间,航空器上的每位乘员必须占有一个经批准的带有安全带和肩带(如安装)的座椅或者卧铺。水上飞机和有漂浮装置的直升机在水面移动期间,推动其离开或者驶入停泊处系留的人可以不受以上的座位和安全带要求的限制。但是,下列人员不受本条要求的限制:

(i)由占有座椅或者卧铺的成年人怀抱的不满二周岁的儿童;

(ii)将航空器的地板作为座位的参加跳伞运动的人员;

(iii)使用符合局方规定的儿童限制装置的儿童,该儿童由父母、监护人或者被指定的乘务员在整个飞行过程中照顾其安全。儿童限制装置应当带有适当的标志,表明可以在航空器上使用。儿童限制装置应当可靠地固定在面朝前的座椅或者卧铺上,使用该装置的儿童应当安全地束缚在该装置中,其重量不得超过该装置的限制。

(b)本条不适用于按 CCAR-121 部和 CCAR-135 部规章实施运行的运营人。本条(a)款(3)项不适用于在工作岗位上值勤的飞行机组成员。

第 91.313 条　航空器灯光的使用要求

航空器在夜间运行或者局方规定的其他期间,应当按规定开启或者显示灯光。

第 91.315 条　飞行教学、模拟仪表飞行和某些飞行考试

(a)用于飞行教学的民用航空器(载人自由气球除外)应当具有功能齐备的双套操纵装置。但是,装有单套可转移驾驶盘来代替控制升降舵和副翼的固定双套操纵装置的单发飞机,在满足下列条件时可以用于进行仪表飞行教学:

(1)飞行教员确认可以安全实施飞行;

(2)控制操纵装置的驾驶员至少持有带合适类别和级别等级的私用驾驶员执照。

(b)在驾驶民用航空器进行模拟仪表飞行时,应当满足下列要求:

(1)在另一操纵座位上应当有一名安全监视驾驶员,该驾驶员至少持有带合适类别和级别等级的私用驾驶员执照;

(2)安全监视驾驶员具有足够的航空器前方和两侧的视野,否则应当增加一名能胜任观察员职责的人员弥补安全监视驾驶员的视野;

(3)除轻于空气航空器以外,该航空器装备功能齐备的双操纵装置。但是,对装有单套可转移驾驶盘来代替控制升降舵和副翼的固定双操纵装置的单发飞机,在满足下列条件时,可以进行模拟仪表飞行:

(i)安全监视驾驶员确认可以安全实施飞行;

(ii)控制操纵装置的驾驶员至少持有带合适类别和级别等级的私用驾驶员执照。

(c)民用航空器在用于下列飞行考试时,除接受考试的驾驶员外,在另一驾驶员座位上的驾驶员应当完全合格于在该航空器上担任机长:

(1)航线运输驾驶员执照飞行考试;

(2)在航线运输驾驶员执照上增加级别或者型别等级的飞行考试。

第 91.317 条　在其他航空器附近的运行

(a)任何人不得驾驶航空器靠近另一架航空器达到产生碰撞危险的程度。

(b)任何人不得驾驶航空器进行编队飞行,除非编队中每架航空器的机长同意。

(c)任何人不得驾驶载客的航空器进行编队飞行。

第 91.319 条　除水面运行外的航行优先权规则

(a)本条规定不适用于航空器在水面上的运行。

(b)当气象条件许可时,无论是按仪表飞行规则还是按目视飞行规则飞行,航空器驾驶员必须注意观察,以便发现并避开其他航空器。在本条规则赋予另一架航空器航行优先权时,驾驶员必须为该航空器让出航路,并不得以危及安全的间隔在其上方、下方或者前方通过。

(c)遇险的航空器享有优先于所有其他航空器的航行优先权。

(d)在同一高度上对头相遇,应当各自向右避让,并保持 500 米以上的间隔。

(e)在同一高度上交叉相遇,驾驶员从座舱左侧看到另一架航空器时,应当下降高度;从座舱右侧看到另一架航空器时,应当上升高度。但下列情况除外:

(1)有动力装置重于空气的航空器必须给飞艇、滑翔机和气球让出航路;

(2)飞艇应当给滑翔机及气球让出航路;

(3)滑翔机应当给气球让出航路;

(4)有动力装置的航空器应当给拖曳其他航空器或者物件的航空器让出

航路。

(f)从一架航空器的后方,在与该航空器对称面小于70度夹角的航线上向其接近或者超越该航空器时,被超越的航空器具有航行优先权。而超越航空器不论是在上升、下降或者平飞时,均应当向右改变航向给对方让出航路。此后二者相对位置的改变并不解除超越航空器的责任,直至完全飞越对方并有足够间隔时为止。

(g)当两架或者两架以上航空器为着陆向同一机场进近,高度较高的航空器应当为高度较低的航空器让路,但后者不能利用本规则切入另一正在进入着陆最后阶段的航空器的前方或者超越该航空器。已经进入最后进近或者正在着陆的航空器优先于飞行中或者在地面运行的航空器航行。但是,不得利用本规定强制另一架已经着陆并将脱离跑道的航空器为其让路。

(h)一架航空器得知另一架航空器紧急着陆时,应当为其让出航路。

(i)在机场机动区滑行的航空器应当给正在起飞或者即将起飞的航空器让路。

第91.321条　水面航行优先权规则

(a)驾驶水上航空器的驾驶员在水面上运行过程中应当遵守相关航行规则,必须与水面上的所有航空器或者船舶保持一个安全距离,并为具有航行优先权的任何船舶或者其他航空器让出航路。

(b)当航空器与航空器或者船舶在交叉的航道上运行时,在对方右侧的航空器或者船舶具有航行优先权。

(c)当航空器与航空器或者船舶相对接近或者接近于相对运行时,必须各自向右改变其航道以便保持足够的距离。

(d)当超越前方航空器或者船舶时,被超越的航空器或者船舶具有航行优先权,正在超越的一方在超越过程中必须保持足够的安全距离。

(e)在特殊情况下,当航空器与航空器或者船舶接近将产生碰撞危险时,双方必须仔细观察各自的位置,根据实际情况(包括航空器或者船舶自身的操纵限制)进行避让。

第91.323条　航空器速度

(a)除经局方批准并得到空中交通管制的同意外,航空器驾驶员不得在修正海平面气压高度3000米(10000英尺)以下以大于470千米/小时(250海里/小时)的指示空速运行航空器。

(b)除经空中交通管制批准外,在距机场基准点7500米(4海里)范围内,离地高度750米(2500英尺)以下不得以大于370千米/小时(200海里/小时)的指示空速运行航空器。

(c)如果航空器的最小安全空速大于本条规定的最大速度，该航空器可以按最小安全空速运行。

第91.325条　最低安全高度

除航空器起飞或者着陆需要外，任何人不得在低于以下高度上运行航空器；但是农林喷洒作业按照《特殊商业运营人运行合格审定规则》(CCAR-136部)运行：

(a)在任何地方应当保持一个合适的高度，在这个高度上，当航空器动力装置失效应急着陆时，不会对地面人员或者财产造成危害。

(b)在人口稠密区、集镇或者居住区的上空或者任何露天公众集会上空，航空器的高度不得低于在其600米(2000英尺)水平半径范围内的最高障碍物以上300米(1000英尺)。

(c)在人口稠密区以外地区的上空，航空器不得低于离地高度150米(500英尺)。但是，在开阔水面或者人口稀少区的上空不受上述限制，在这些情况下，航空器不得接近任何人员、船舶、车辆或者建筑物至150米(500英尺)以内。

(d)在对地面人员或者财产不造成危险的情况下，直升机可以在低于本条(b)款或者(c)款规定的高度上运行。此外，直升机还应当遵守局方为直升机专门规定的航线或者高度。

第91.327条　高度表拨正程序

(a)规定过渡高度和过渡高度层的机场。航空器起飞前，应当将机场修正海平面气压(QNH)的数值对正航空器上气压高度表的固定指标；航空器起飞后，上升到过渡高度时，应当将航空器上气压高度表的气压刻度1013.2百帕对正固定指标；航空器着陆前，下降到过渡高度层时，应当将机场修正海平面气压(QNH)的数值对正航空器上气压高度表的固定指标。

(b)规定过渡高和过渡高度层的机场。航空器起飞前，应当将机场场面气压的数值对正航空器上气压高度表的固定指标；航空器起飞后，上升到过渡高时，应当将航空器上气压高度表的气压刻度1013.2百帕对正固定指标；航空器降落前，下降到过渡高度层时，应当将机场场面气压的数值对正航空器上气压高度表的固定指标。

(c)没有规定过渡高度、过渡高和过渡高度层的机场。航空器起飞前，应当将机场场面气压的数值对正航空器上气压高度表的固定指标；航空器起飞后，上升到600米高时，应当将航空器上气压高度表的气压刻度1013.2百帕对正固定指标。航空器降落前，进入机场区域边界或者根据机场空中交通管制员的指示，将机场场面气压的数值对正航空器上气压高度表的固定指标。

(d)高原机场。航空器起飞前，当航空器上气压高度表的气压刻度不能调整到机场场面气压的数值时,应当将气压高度表的气压刻度 1013.2 百帕对正固定指标(此时高度表所指的高度为假定零点高度)。航空器降落前,如果航空器上气压高度表的气压刻度不能调整到机场场面气压的数值时,应当按照着陆机场空中交通管制通知的假定零点高度(航空器接地时高度表所指示的高度)进行着陆。

第 91.329 条　空中交通管制许可和指令的遵守

(a)当航空器驾驶员已得到空中交通管制许可时,除在紧急情况下或者为了对机载防撞系统的警告做出反应外,不得偏离该许可。如果驾驶员没有听清空中交通管制许可,应当立即要求空中交通管制员予以澄清。

(b)除紧急情况外,任何人不得在实施空中交通管制的区域内违反空中交通管制的指令驾驶航空器。

(c)每个机长在紧急情况下或者为了对机载防撞系统的警告做出反应而偏离空中管制许可或者指令时,必须尽快将偏离情况和采取的行动通知空中交通管制部门。

(d)被空中交通管制部门给予紧急情况优先权的机长,在局方要求时,必须在 48 小时内提交一份该次紧急情况运行的详细报告。

(e)除空中交通管制另有许可外,航空器驾驶员不得按照管制员向另一架航空器驾驶员发出的许可和指令驾驶航空器。

第 91.331 条　空中交通管制灯光信号

机场管制塔台发给航空器的灯光或者信号弹信号如下表所示:

指向航空器的灯光信号的颜色和型式	对于地面上航空器的含义	对于飞行中航空器的含义
绿色定光	可以起飞	允许着陆
一连串绿色闪光	可以滑行	返航着陆(注)
红色定光	停止	给其他航空器让出航路并继续盘旋飞行
一连串红色闪光	滑离所用着陆区	机场不安全,不要着陆
一连串白色闪光	滑回机场的起始点	在此机场着陆并滑到停机坪(注)
红色信号弹		不管以前有无指示暂时不要着陆
注:着陆和滑行许可信号,在适当时发给		

第 91.333 条　在通用机场空域内的运行

(a)除局方要求或者经局方批准外,航空器在通用机场空域内运行必须遵守本条规定。

(b)除非机场另有规定或者指令,航空器驾驶员应当采取左转弯加入机场起落航线,并避开前方航空器的尾流。

(c)除经空中交通管制同意外,航空器在设有管制塔台的机场起飞、着陆或者飞越时,应当与机场管制塔台建立双向无线电通信联系。在通信失效的情况下,只要气象条件符合基本目视飞行规则的最低天气标准,机长应当驾驶航空器尽快着陆。在仪表飞行规则条件下运行时,航空器必须遵守本规则第 91.377 条的规定。

第 91.335 条　在一般国内运输机场空域内的运行

(a)除经空中交通管制同意外,在一般国内运输机场空域内运行的航空器驾驶员必须遵守本条及本规则第 91.333 条的规定。

(b)运行人可以根据空中交通管制批准,在一次或者一组飞行中偏离本条规定。

(c)航空器必须满足下列双向无线电通信的要求:

(1)航空器在进入该机场空域前,必须与提供空中交通服务的空中交通管制建立双向无线电通信,并在该机场空域飞行过程中一直保持通信联系;

(2)航空器离场过程中,必须与管制塔台建立并保持双向无线电通信联系,并按照空中交通管制的指令在该机场空域内运行。

(d)在该空域内飞行,驾驶员必须与空中交通管制保持不间断的双向无线电通信联系:

(1)在仪表飞行规则下,航空器的无线电失效,驾驶员必须遵守本规则第 91.377 条的规定。

(2)在目视飞行规则下,航空器的无线电失效,如符合下列条件,驾驶员可以操纵航空器着陆:

(i)天气条件符合或者高于目视飞行规则的最低天气标准;

(ii)能够保持目视塔台的标志指示;

(iii)得到塔台的着陆许可。

(e)在一般国内运输机场空域内时:

(1)除离云距离限制并经塔台同意外,运输类或者涡轮发动机的飞机在进入机场起落航线时,不得低于机场标高以上 450 米(1500 英尺),直至为安全着陆需要下降到更低高度。

(2)使用仪表着陆系统进近着陆的运输类或者涡轮发动机飞机在外指点

标(或者飞行程序中规定的下滑道截获点)和中指点标之间,不得低于下滑道飞行。

(3)使用目视进近坡度指示仪进近着陆的飞机,应当保持在下滑道或者以上的高度,直至为安全着陆需要下降到更低高度。

本条(e)款(2)项和(e)款(3)项不禁止为保持在下滑道上而进行的瞬时低于或者高于下滑道的正常修正飞行。

(f)离场航空器应当遵守局方批准的离场程序飞行。运输类或者涡轮发动机的飞机起飞后应当尽快爬升到离地450米(1500英尺)高度以上。

(g)在一般国内运输机场空域中运行的航空器必须按本规则第91.207条规定,安装并正确使用空中交通管制应答机和高度报告设备,且工作正常。

(h)运输类或者涡轮发动机飞机驾驶员必须遵守局方批准的机场跑道噪音限制程序,使用空中交通管制指定噪音限制跑道。但是,根据本规则第91.103条(a)款中机长在安全运行上具有最终决定权的规定,为保证飞机安全运行,空中交通管制可以根据机长的申请同意其使用其他跑道。

(i)航空器驾驶员在开始滑行、进入滑行道和跑道、穿越滑行道和跑道以及起飞和着陆都必须得到空中交通管制相应的许可。

第91.337条　在一般国际运输机场空域内的运行

(a)除经空中交通管制同意外,在一般国际运输机场空域内运行的航空器,必须遵守本条和本规则第91.335条的规定。

(b)航空器在一般国际运输机场空域内起飞后爬升或者着陆前下降时,必须按照空中交通管制的指令进行。航空器离场加入航路、航线和脱离航路、航线飞向机场,应当按照该机场使用细则或者进离场飞行程序规定的航线和高度上升或者下降。

(c)相邻机场的穿云上升航线或者下降航线互有交叉,飞行发生冲突时,航空器驾驶员应当按照空中交通管制指令飞行。

(d)航空器在此类机场空域飞行时,应当按照规定的航线(航向)、高度、次序进入或者脱离空域,并且保持在规定的空域和高度范围内飞行。

第91.339条　在特殊繁忙运输机场空域内的运行

(a)除经空中交通管制同意外,在特殊繁忙运输机场空域内运行的航空器,应当遵守本规则第91.335条和本条规定。

(b)在特殊繁忙运输机场空域进行训练飞行的航空器,必须遵守空中交通管制规定的方法和程序。

(c)在特殊繁忙运输机场起飞、着陆和飞越的航空器的机长必须至少持有私用驾驶员执照。

(d)在特殊繁忙运输机场空域运行的航空器必须满足本规则第91.207条关于应答机和自动高度报告设备的相关要求。

第91.341条　空中危险区、空中限制区和空中禁区

(a)空中危险区、空中限制区和空中禁区是指根据需要,经批准划设的空域。飞行中航空器驾驶员应当使用机载设备和地面导航设备,准确掌握航空器的位置,防止误入空中危险区、空中限制区和空中禁区。

(b)经特别批准在限制区域内飞行或者穿越该区域的航空器,必须遵守空中限制区内的飞行规定。

第91.343条　在高空空域内的运行

高空空域是指标准海平面气压6000米(不含)以上的空域。除经空中交通管制批准按本条(d)款偏离外,驾驶员在该空域内按仪表飞行规则运行航空器时,应当遵守下列规定:

(a)只有预先得到空中交通管制的许可,方可进入该空域。

(b)除经空中交通管制同意外,进入高空空域内运行的航空器必须安装必要的通信设备,该设备能在空中交通管制指定的频率上与空中交通管制建立双向无线电通信联系。航空器驾驶员在该空域中必须与空中交通管制保持双向无线电通信联系。

(c)除经空中交通管制同意外,进入高空空域运行的航空器必须按照本规则第91.207条的规定安装应答机。

(d)经空中交通管制批准,运行人可以在一次或者一组飞行中偏离本条款。航空器在飞行中如果应答机不工作,经空中交通管制同意,可以在高空空域内继续飞行至目的地的机场或者可以进行维修的机场。

第91.345条　临时的飞行限制

(a)根据安全需要,局方将发布航行通告(NOTAM)对一个特定区域实施临时的飞行限制,并说明该区域的危险和限制的条件。实施临时飞行限制通常出于下列原因:

(1)为保护地面或者空中的人员和财产不受与地面事故相关的危害;

(2)为抢险救灾的航空器提供安全的运行环境;

(3)在发生可能造成公众关注的事故或者事件的地点上空,防止前来观看的或者出于其他目的的航空器飞入。

(b)在按本条(a)款发布航行通告后,凡进入该临时限制区域的航空器必须经空中交通管制特殊批准,并按空中交通管制的指令飞行。

第91.347条　目视飞行规则条件下飞行的燃油要求

(a)飞机驾驶员在目视飞行规则条件下开始飞行前,必须考虑风和预报的气象条件,在飞机上装载足够的燃油,这些燃油能够保证飞机飞到第一个预定着陆点着陆,并且此后按正常的巡航速度还能够至少飞行 30 分钟(昼间)或者 45 分钟(夜间)。

(b)直升机驾驶员在目视飞行规则条件开始飞行前,必须考虑风和预报的气象条件,在直升机装载足够的燃油,这些燃油能够保证直升机飞到第一个预定着陆点着陆,并且此后按正常巡航速度还能够至少飞行 20 分钟。

(c)在计算本条中所需的燃油和滑油量时,至少必须考虑下列因素:

(1)预报的气象条件;

(2)预期的空中交通管制航路和交通延误;

(3)释压程序(如适用),或者在航路上一台动力装置失效时的程序;

(4)可能延误直升机着陆或者增加燃油、滑油消耗的任何其他情况。

第 91.349 条　目视飞行规则飞行计划

(a)目视飞行规则

如本场空域符合目视气象条件,可以在本场按目视飞行规则飞行;如当前气象报告或者当前气象报告和气象预报的组合表明本场、航路和目的地的天气符合目视气象条件,可以按照目视飞行规则进行航路飞行。

(b)目视飞行规则飞行计划的要求

航空器驾驶员提交的按目视飞行规则飞行计划必须包括以下内容:

(1)该航空器国籍登记号和无线电呼号(如需要);

(2)该航空器的型号,或者如编队飞行,每架航空器的型号及编队的航空器数量;

(3)机长的姓名和地址,或者如编队飞行,编队指挥员的姓名和地址;

(4)起飞地点和预计起飞时间;

(5)计划的航线、巡航高度(或者飞行高度层)以及在该高度的航空器真空速;

(6)第一个预定着陆地点和预计飞抵该点上空的时间;

(7)装载的燃油量(以时间计);

(8)机组和搭载航空器的人数;

(9)局方和空中交通管制要求的其他任何资料。

(c)当批准的飞行计划生效后,航空器机长拟取消该飞行时,必须向空中交通管制机构报告。

第 91.351 条　基本目视飞行规则的最低天气标准

(a)除经空中交通管制按本规则第 91.353 条特殊批准的目视飞行规则最低标准外,只允许在中低空空域内实施。

(b)除本规则第91.353条规定外，只有气象条件不低于下列标准时，航空器驾驶员方可按目视飞行规则飞行：

(1)除本条(b)款(2)项、(3)项规定外，在修正海平面气压高度3000米(含)以上，能见度不小于8000米；修正海平面气压高度3000米以下，能见度不小于5000米；离云的水平距离不小于1500米，垂直距离不小于300米。

(2)除运输机场空域外，在修正海平面气压高度900米(含)以下或者离地高度300米(含)以下(以高者为准)，如果在云体之外，能目视地面，允许航空器驾驶员在飞行能见度不小于1600米的条件下按目视飞行规则飞行。但是必须符合下列条件之一：

(i)航空器速度较小，在该能见度条件下，有足够的时间观察和避开其他航空器和障碍物，以避免相撞；

(ii)在空中活动稀少，发生相撞可能性很小的区域。

(3)在符合本条(b)款(2)项的条件下，允许直升机在飞行能见度小于1600米的条件下按目视飞行规则飞行。

第91.353条　特殊目视飞行规则的最低天气标准

(a)在运输机场空域修正海平面气压高度3000米以下，允许按本条天气最低标准和条件实施特殊目视飞行规则飞行，无须满足本规则第91.351条的规定。

(b)特殊目视飞行规则天气标准和条件如下：

(1)得到空中交通管制的许可；

(2)云下能见；

(3)能见度至少1600米(直升机可以用更低标准)；

(4)除直升机外，驾驶员满足CCAR-61部仪表飞行资格要求，航空器安装了本规则第91.203条(c)款要求的设备，否则只能昼间飞行。

(c)除直升机外，只有地面能见度(如无地面能见度报告，可以使用飞行能见度)至少为1600米，航空器方可按特殊目视飞行规则起飞或者着陆。

第91.355条　目视飞行规则的巡航高度和飞行高度层

除经空中交通管制批准外，驾驶航空器按目视飞行规则在离地900米以上做水平巡航飞行时，应当按照本规则第91.369条规定的飞行高度层飞行。

第91.357条　仪表飞行规则条件下飞行的燃油要求

(a)航空器驾驶员在仪表飞行规则条件下开始飞行前，必须充分考虑风和预报的气象条件，在航空器上装载足够的燃油，这些燃油能够：

(1)飞到目的地机场着陆；

(2)然后从目的地机场飞到备降机场着陆，本条(b)款和(c)款规定除外；

(3)在完成上述飞行之后，对于飞机，还能以正常巡航速度飞行45分钟；对于直升机，备降起降点上空450米（1500英尺）高度以正常巡航速度飞行30分钟，并且加上附加燃油量，以便在发生意外情况时足以应付油耗的增加；

(4)按本条（c）款（2）项的要求，对于直升机，当没有适合的备降机场时，飞至这次飞行所计划的起降点然后以正常巡航速度飞行两小时。

（b）对于飞机，在符合下列条件时，可以不选用备降机场，本条（a）款（2）项不适用：

(1)预计着陆的目的地机场具有局方公布的标准仪表进近程序；

(2)天气实况报告、预报或者两者组合表明，在飞机预计到达目的地机场时刻前后至少1小时的时间段内，云高高于机场标高600米，能见度至少5000米。

（c）对于直升机，在符合下列条件时，可以不选用备降机场，本条（a）款（2）项不适用：

(1)云高高于机场标高300米或者高于适用的进近最低标准之上120米（以高者为准），能见度3000米或者高于程序规定的最低标准1500米（以高者为准），或者

(2)(i)预定着陆起降点地处孤立，无适当的目的地备降起降点；

(ii)该孤立的预定着陆起降点规定有仪表进近程序；

(iii)当目的地为近海起降点时，确定了一个不能返航点。

（d）在下列条件下，可以为直升机指定适当的近海备降起降点：

(1)仅在飞过不能返航点之后使用近海备降起降点，不能返航点之前必须使用岸上备降起降点；

(2)在确定备降起降点适用性时，必须考虑关键操纵系统和关键部件的机械可靠性；

(3)在到达备降起降点之前，保证单台发动机失效时的性能水平；

(4)必须保证直升机起降平台可用；

(5)天气资料必须准确可靠。

（e）当直升机携带的燃油足以飞往岸上的某个备降起降点时，不应使用近海备降起降点。这种情况应视为例外，而且不应包括恶劣天气条件下业载增加的情况。

（f）直升机在计算本条中所需的燃油和滑油量时，至少必须考虑下列因素：

(1)预报的气象条件；

(2)预期的空中交通管制航路和交通延误；

(3)仪表飞行时,在目的地起降点进行一次仪表进近,包括一次复飞;

(4)释压程序(如适用),或者在航路上一台动力装置失效时的程序;

(5)可能延误直升机着陆或者增加燃油、滑油消耗的任何其他情况。

第91.359条　仪表飞行规则飞行计划

(a)除经空中交通管制同意外,仪表飞行规则飞行计划应当包括下列内容:

(1)本规则第91.349条(b)款中要求的内容;

(2)备降机场,除本条(b)款规定外。

(b)如果符合本规则第91.357条(b)款的条件,可以不选用备降机场,本条(a)款(2)项不适用。

(c)除经局方批准外,对于列入仪表飞行规则飞行计划中的备降机场,应当有相应的天气实况报告、预报或者两者组合表明,当航空器到达该机场时,该机场的天气条件等于或者高于下列最低天气标准:

(1)对于具有局方公布的仪表进近程序的机场,使用下列标准:

(i)对于直升机以外的航空器,在有一套进近设施与程序的机场,云高在最低下降高度/高(MDA/MDH)或者决断高度/高(DA/DH)上增加120米,能见度增加1600米;在有两套(含)以上精密或者非精密进近设施与程序并且能提供不同跑道进近的机场,云高在最低下降高或者决断高上增加60米,能见度增加800米,在两条较低标准的跑道中选取较高值。

(ii)对于直升机,云高在所用机场进近程序最低下降高或者决断高上增加60米,能见度至少1600米,但是不小于所用进近程序最低能见度标准。

(2)对于没有公布仪表进近程序的机场,云高和能见度应当保证航空器可以按照基本目视飞行规则完成从最低航路高度(MEA)开始下降、进近和着陆。

(d)当航空器机长决定取消或者完成该已生效的飞行计划时,必须通知空中交通管制机构。

第91.361条　按仪表飞行规则运行对甚高频全向信标设备的检查

(a)航空器在仪表飞行规则运行中使用的甚高频全向信标(VOR)设备应当在前30天之内完成了使用检查,证实其指示方位在本条(b)款或者(c)款中列出的允许的误差范围之内。

(b)除了本条(c)款规定之外,按照本条(a)款(2)项对甚高频全向信标(VOR)进行使用检查的人员必须使用下列方法之一进行测试:

(1)在起飞机场,使用经认可的测试信号进行测试,最大允许的方位指示误差不超过±4°;

(2)在起飞机场,使用局方指定的或者在国外有关民航当局指定的机场地

面上一点,作为甚高频全向信标(VOR)系统校验点进行测试,最大允许的方位指示误差不超过±4°;

(3)如果机场既无测试信号又无指定的地面校验点可用,可以使用局方指定的或者在国外有关民航当局指定的空中校验点进行测试,最大允许方位指示误差不超过±6°;

(4)如果无可用的测试信号或者校验点,可以用下列方法在飞行中测试:

(i)选取一个处在公布的甚高频全向信标(VOR)航路中心线上的甚高频全向信标(VOR)径向线;

(ii)沿选定的径向线选择一个明显的地面点,最好离甚高频全向信标(VOR)地面设施37千米以外,在适当低的高度上操纵航空器在适当低的高度上准确通过该点上空;

(iii)在飞越该点时,注意接收机指示的甚高频全向信标(VOR)方位,公布的径向线和指示方位之间的差值不超过±6°。

(c)如果航空器上装有双套甚高频全向信标(VOR)(除了天线以外,装置互相独立),检查设备的人员可以用一套对另一套进行检查,以代替本条(b)款的检查程序。检查人员应当将两套设备调谐到同一个甚高频全向信标(VOR)台,并记下对该台的指示方位,两个指示方位间的差值不超过±4°。

(d)按本条(b)款或者(c)款规定对甚高频全向信标(VOR)工作进行检查的人员,必须在航空器飞行记录本或者其他记录本上记载检查日期、地点、方位误差并签名。

第91.363条　空中交通管制许可和飞行计划

按仪表飞行规则运行的航空器,应当按空中交通管制的要求提交飞行计划的申请,并获得相应的空中交通管制许可。

第91.365条　按仪表飞行规则的起飞和着陆

(a)除经局方批准外,在需要仪表进近着陆时,民用航空器驾驶员必须使用为该机场制定的标准仪表离场和进近程序。

(b)对于本条,在所用进近程序中规定了决断高度/高(DA/DH)或者最低下降高度/高(MDA/MDH)时,经批准的决断高度/高(DA/DH)或者最低下降高度/高(MDA/MDH)是指下列各项中的最高值:

(1)进近程序中规定的决断高度/高(DA/DH)或者最低下降高度/高(MDA/MDH);

(2)为机长规定的决断高度/高(DA/DH)或者最低下降高度/高(MDA/MDH);

(3)根据该航空器的设备,为其规定的决断高度/高(DA/DH)或者最低下降高度/高(MDA/MDH)。

(c)除经局方批准外,只有符合下列条件,航空器驾驶员方可驾驶航空器继续进近到低于决断高度/高(DA/DH)或者最低下降高度/高(MDA/MDH):

(1)该航空器持续处在正常位置,从该位置能使用正常机动动作以正常下降率下降到计划着陆的跑道上着陆,并且,对于按照 CCAR-121 部或者 CCAR-135 部规章的运行,该下降率能够使航空器在预定着陆的跑道接地区接地;

(2)飞行能见度不低于所使用的标准仪表进近程序规定的能见度;

(3)除Ⅱ类和Ⅲ类进近(在这些进近中必需的目视参考由局方另行规定)外,航空器驾驶员至少能清楚地看到和辨认计划着陆的跑道的下列目视参考之一:

(i)进近灯光系统,但是如果驾驶员使用进近灯光作为参照,除非能同时清楚地看到红色终端横排灯或者红色侧排灯,否则不得下降到接地区标高之上 30 米(100 英尺)以下;

(ii)跑道入口;

(iii)跑道入口标志;

(iv)跑道入口灯;

(v)跑道端识别灯;

(vi)目视进近下滑坡度指示器;

(vii)接地区或者接地区标志;

(viii)接地区灯;

(ix)跑道或者跑道标志;

(x)跑道灯。

(d)当飞行能见度低于标准仪表进近程序中的规定时,航空器驾驶员不得驾驶航空器着陆。

(e)下列任一情况存在时,航空器驾驶员必须马上执行复飞程序:

(1)在下列任一时刻,不能获得本条(c)款要求的目视参考:

(i)航空器到达决断高(DH)、最低下降高度(MDA)或者复飞点;

(ii)在决断高(DH)或者最低下降高度(MDA)以下失去目视参考。

(2)航空器在最低下降高度(MDA)或者以上进行盘旋机动飞行时,不能清晰辨认该机场特征部分的参照物。

(f)航空器驾驶员在民用机场按仪表飞行规则起飞时,气象条件必须等于或者高于公布的该机场仪表飞行规则起飞最低天气标准。在未公布起飞最低天气标准的机场,应当使用下列最低天气标准:

(1)对于单台或者两台发动机的航空器(直升机除外),机场跑道能见度至少 1600 米；

（2）对于两台以上发动机的航空器（直升机除外），机场跑道能见度至少 800 米；

（3）对于直升机，机场跑道能见度至少 800 米。

（g）除经局方批准外，航空器驾驶员在按仪表飞行规则驾驶航空器进入或者离开军用机场时，必须遵守该机场有管辖权的军事当局规定的仪表进行程序和起飞、着陆最低天气标准。

（h）跑道视程（RVR）和地面能见度的比较值：

（1）除Ⅱ类或者Ⅲ类运行外，如果在仪表起飞离场和进近程序中规定了起飞或者着陆的最低跑道视程，但在该跑道运行时没有跑道视程的报告，则需按本条（h）款（2）项将跑道视程转换成地面能见度，并使用最低能见度标准实施起飞或者着陆。

（2）跑道视程（RVR）和地面能见度对照表

跑道视程	能　见　度
500 米（1600 英尺）	400 米（1/4 英里）
750 米（2400 英尺）	800 米（1/2 英里）
1000 米（3200 英尺）	1000 米（5/8 英里）
1200 米（4000 英尺）	1200 米（3/4 英里）
1400 米（4500 英尺）	1400 米（7/8 英里）
1600 米（5000 英尺）	1600 米（1.0 英里）
2000 米（6000 英尺）	2000 米（11/4 英里）

（i）当航空器在未公布的航路上飞行或者正在被雷达引导，接到空中交通管制进近许可的驾驶员除要遵守本规则第 91.367 条规定外，必须保持空中交通管制最后指定的高度，直至航空器到达公布的航路或者进入仪表进近程序。此后，除非空中交通管制另有通知，航空器驾驶员应当按照航路内或者程序中公布的高度下降。航空器一旦达到最后进近阶段或者定位点，驾驶员可以根据局方对该设施批准的程序完成其仪表进近，或者继续接受监视或者在精密进近雷达引导下进近直到着陆。

（j）当航空器被雷达引导到最后进近航道或者最后进近定位点，或者从等待点定时进近，或者程序规定“禁止程序转弯（NOPT）”时，驾驶员不得进行程序转弯。如果在这些情况下需要进行程序转弯，必须得到空中交通管制许可。

(k)仪表着陆系统的基本地面设施应当包括航向台、下滑台、外指点标、中指点标,对于Ⅱ类或者Ⅲ类仪表进近程序还应当安装内指点标。无方向性信标(NDB)或者精密进近雷达可以用来代替外指点标或者中指点标。标准仪表进近程序中批准使用的测距仪(DME)、甚高频全向信标(VOR)、无方向性信标(NDB)定位点或者监视雷达可以用来代替外指点标。对于Ⅱ类或者Ⅲ类进近中内指点标的适用性和替代方法,由符合局方要求的进近程序、相应运行的运行规范或者符合局方要求的文件确定。

第 91.367 条　按仪表飞行规则运行的最低高度

航空器按仪表飞行规则(IFR)运行时,除起飞和着陆需要外,必须遵守下列最低飞行高度的规定:

(a)在进入机场区域内飞行时,不得低于仪表进近图中规定的最低扇区高度;在按照进离场程序飞行时,不得低于仪表进离场程序中规定的高度;在没有公布仪表进离场程序或者最低扇区高度的机场,在机场区域范围内,航空器距离障碍物的最高点的高度,平原地区不得小于 300 米,高原、山区不得小于 600 米。

(b)按仪表飞行规则飞行时,在距预定航路中心、航线两侧各 25000 米水平距离范围内,在平原地区不得在距最高障碍物 400 米的高度以下,在高原和山区不得在距最高障碍物 600 米的高度以下飞行。

第 91.369 条　仪表飞行规则的巡航高度和飞行高度层

(a)航空器驾驶员在按仪表飞行规则巡航平飞时,必须保持空中交通管制指定的高度或者飞行高度层。

(b)飞行高度层按照以下标准划分:

(1)真航线角在 0 度至 179 度范围内,飞行高度由 900 米至 8100 米,每隔 600 米为一个高度层;飞行高度由 8900 至 12500 米,每隔 600 米为一个高度层;飞行高度 12500 米以上每隔 1200 米为一个高度层。

(2)真航线角在 180 度至 359 度范围内,飞行高度由 600 米至 8400 米,每隔 600 米为一个高度层;飞行高度 9200 米至 12200 米,每隔 600 米为一个高度层;飞行高度 13100 米以上,每隔 1200 米为一个高度层。

(3)飞行高度层根据标准大气压条件下假定海平面计算。真航线角从航线起点和转弯点量取。

第 91.371 条　在缩小垂直间隔标准空域内的运行

除非满足下列条件,任何人不得在缩小垂直间隔(RVSM)空域内运行:

(a)航空器及其机载系统(含空中交通警戒与防撞系统)应当获得适航审定的批准;

(b)具备相应的运行程序;

(c)飞行机组人员接受了有关的航空理论知识和飞行训练等培训;

(d)向空中交通管制提交的飞行计划中说明了缩小垂直间隔(RVSM)运行能力和航空器的状况;

(e)本条(a)款至(d)款不适用于根据CCAR-121部规章颁发的运行合格证持有人所实施的运行。按本章运行的任何民用航空器驾驶员不得做根据CCAR-121部规章颁发的合格证持有人所实施在缩小垂直间隔(RVSM)空域内运行,除非该运行是按照该合格证持有人的运行规范进行的。

第91.373条　飞行航道

按仪表飞行规则飞行的航空器,应当遵守下列规定:

(a)在公布的航路上,沿该航路的中心线飞行。

(b)在任何其他航线上,沿该航线的导航设施或者定位点之间的连线飞行。但是,本条并不禁止为避开其他航空器或者为改变飞行高度需要偏离航线的机动飞行。

第91.375条　仪表飞行规则的无线电通信

按仪表飞行规则飞行的航空器驾驶员必须在指定的频率上保持守听,并且及时向空中交通管制部门报告以下事项:

(a)通过指定报告点或者空中交通管制规定的报告点的时间和高度,但是,航空器处于雷达管制下时,仅需在通过空中交通管制部门特别要求的那些报告点时报告。

(b)遇到没有得到预报的气象条件。

(c)与飞行安全有关的任何其他信息。

第91.377条　双向无线电通信失效

(a)除空中交通管制批准外,在飞行过程中,当双向无线电通信失效时航空器驾驶员必须遵守本条的规则。

(b)如果无线电通信失效发生在目视飞行规则条件下,或者在失效后遇到目视飞行条件,航空器驾驶员应当按目视飞行规则继续飞行,并尽快着陆。

(c)如果无线电失效发生在仪表飞行规则条件下,并且不能按照本条(b)款实施目视飞行规则飞行,航空器驾驶员应当根据以下规定继续飞行:

(1)按照下列规定确定飞行航线:

(i)按照最后接到的空中交通管制许可所指定的航线继续飞行;

(ii)如果航空器正在被雷达引导,从无线电失效点直接飞向雷达引导指令所指定的定位点、航线或者航路;

(iii)在没有指定航线时,按照空中交通管制曾告知在后续指令中可能同意的航线飞行；

（iv）如果不能按照本条（c）款（1）项（iii）目所述航线飞行时，则按照飞行计划所申请的航线飞行。

（2）按照下列高度或者高度层中最高者飞行：

（i）无线电失效前最后一次空中交通管制许可中所指定的高度或者飞行高度层；

（ii）仪表飞行规则运行的最低高度或者高度层；

（iii）空中交通管制曾告知在后续指令中可能同意的高度或者高度层。

（3）离开空中交通管制许可界限：

（i）当空中交通管制许可界限是起始进近定位点的情况下，航空器驾驶员如果已收到空中交通管制给出的发布下一许可的时刻，应当在接近此时刻时开始下降或者下降和进近；如果未曾收到发布下一许可的时刻，则尽可能按照提交的飞行计划所计算出的预计到达时刻或者（与空中交通管制一起）修正的航路预计到达时刻下降或者下降和进近；

（ii）在许可界限不是起始进近定位点的情况下，航空器驾驶员如果已收到过空中交通管制给出的预计发布下一许可的时刻，应当在此时刻离开许可界限；如果未曾收到预计发布下一许可的时刻，应当在到达该许可界限上空时继续飞向起始进近定位点，并尽可能按照提交的飞行计划所计算出的预计到达时刻或者（与空中交通管制一起）修正的航路预计到达时刻开始下降或者下降和进近。

第 91.379 条　按仪表飞行规则运行时的故障报告

（a）按仪表飞行规则运行的航空器发生导航、进近或者通信设备故障时，机长应当尽快向空中交通管制报告。

（b）按本条（a）款要求提交的报告中应当包括下列内容：

（1）航空器识别标志；

（2）故障的设备；

（3）驾驶员按仪表飞行规则驾驶航空器能力受到削弱的程度；

（4）需要得到空中交通管制帮助的内容和范围。

第 91.381 条　类和Ⅲ类运行的规则

（a）驾驶民用航空器实施Ⅱ类或者Ⅲ类运行必须符合下列条件：

（1）飞行机组必须由一名机长和一名副驾驶组成，这些驾驶员必须持有相应航空器类别的仪表等级或者航线运输驾驶员执照，并熟练掌握Ⅱ类或者Ⅲ类运行相关的知识和程序；

（2）飞行机组成员应当对所用航空器与程序具有足够的知识和熟练的

技术；

(3)操纵驾驶员前方仪表板上具有所用飞行控制引导系统的相应仪表。

(b)实施Ⅱ类或者Ⅲ类运行时，所需的每一地面设备和相关的机载设备必须工作正常。

(c)在本条中，当所用的进近程序规定并要求使用决断高度/高(DA/DH)时，批准的决断高是指下列高度中的最高值：

(1)进近程序规定的决断高度/高(DA/DH)；

(2)给机长规定的决断高度/高(DA/DH)；

(3)根据航空器设备所规定的决断高度/高(DA/DH)。

(d)航空器驾驶员在规定使用的决断高度/高(DA/DH)的Ⅱ类或者Ⅲ类进近中，必须具备下列条件，方可在批准的决断高度/高(DA/DH)以下继续进近：

(1)该航空器处于能够以正常下降率的机动飞行位置上，可以将飞机正常着陆在预定着陆的跑道接地区内。

(2)至少建立了下列一种着陆跑道目视参照物，并清晰可见：

(i)进近灯光系统。除非红色跑道末端灯或者红色跑道边灯是清晰可见和可辨认的，否则不得下降到离接地区标高之上30米(100英尺)以下；

(ii)跑道入口；

(iii)跑道入口标志；

(iv)跑道入口灯；

(v)接地区域或者接地区域标志；

(vi)接地区域灯。

(e)航空器驾驶员在接地前如果不能建立本条(d)款要求的目视参考，必须立即执行相应的复飞程序。

(f)本条(a)款至(e)款不适用于根据CCAR-121部规章颁发的运行合格证持有人所实施的运行。按本章运行的任何民用航空器驾驶员不得做根据CCAR-121部规章颁发的合格证的持有人所实施的Ⅱ类或者Ⅲ类运行，除非该运行是按照该合格证持有人的运行规范进行的。

第91.383条　特定Ⅱ类运行简化要求

当运行人使用在跑道入口时的指示速度(V_{at})小于169千米/小时(91海里/小时)的飞机，确认能够安全实施Ⅱ类运行时，可以偏离本规则第91.381条和第91.207条(b)款的规定实施Ⅱ类运行。航空器实施此种运行时，不允许为取酬而载运旅客或者财产。

第 91.385 条　基于性能的导航运行(PBN)

除非满足下列条件,任何人不得在基于性能的导航空域、航路或者终端区中实施运行:

(a)航空器机载区域导航系统满足适航条件和限制。

(b)飞行机组人员接收了拟实施基于性能的导航运行(PBN)的航空理论知识和飞行训练等培训,其中包括非正常情况下的脱离程序等。

(c)电子导航数据库按适航要求适时更新。

(d)向空中交通管制提交的飞行计划中说明了飞机具备基于性能的导航运行(PBN)能力。

(e)本条(a)款至(d)款不适用于根据 CCAR-121 部规章颁发的运行合格证持有人所实施的运行。按本章运行的任何民用航空器驾驶员不得做根据 CCAR-121 部规章颁发的合格证的持有人所实施的基于性能的导航运行,除非该运行是按照该合格证持有人的运行规范进行的。

第 91.387 条　低能见运行的相关机载设备的使用

除非满足下列条件,任何人不得在运行时使用自动着陆系统、平视显示仪(HUD)或者等效显示仪、增强目视系统(EVS)、合成目视系统(SVS)或者组合目视系统(CVS)等低能见运行相关设备:

(a)系统设备符合相关的适航性合格审定要求。

(b)飞行机组成员应当对所用系统与程序具有足够的知识和熟练的技术。

(c)本条(a)款和(b)款不适用于根据 CCAR-121 部规章颁发的运行合格证持有人所实施的运行。按本章运行的任何民用航空器驾驶员不得做根据 CCAR-121 部规章颁发的合格证持有人所实施以上系统运行,除非该运行是按照该合格证持有人的运行规范进行的。

第 91.389 条　电子飞行包(EFB)

除非满足下列条件,任何人不得在运行时使用电子飞行包:

(a)电子飞行包符合适航审定要求(如适用)。

(b)评估电子飞行包的运行适用性。

(c)评估与每个电子飞行包功能相关的安全风险。

(d)制定关于该设备和每个电子飞行包功能的使用程序和培训要求。

(e)确保在电子飞行包发生故障的情况下,能够随时向飞行机组提供充分信息。

(f)本条(a)款和(e)款不适用于根据 CCAR-121 部规章颁发的运行合格证持有人所实施的运行。按本章运行的任何民用航空器驾驶员不得做根据 CCAR-121 部规章颁发的合格证的持有人所实施的电子飞行包运行,除非该运行是按照该合格证持有人的运行规范进行的。

第 91.391 条　航空器燃油加注的一般规定

(a)飞机不应在乘客登机、离机或者在机上时加油,除非机长或者具备相关能力的人员在场,并随时能以可行的最实用和快捷的方法引导乘客撤离飞机。

(b)不得在乘客登机、离机和在机上时或者旋翼正在旋转时为直升机加油,除非机长或者具备相关能力的人员在场,随时可以启动和组织人员以最实用和快捷的方法撤离直升机。

(c)如果在乘客登机、离机或者在机上时加油,则应当使用飞机(直升机)的内话系统或者其他适当的方法,保持监督加油的地面机组人员与机长或者本条(a)款所要求的其他合格人员之间的双向通信。

E 章　特殊的飞行运行

第 91.401 条　特技飞行

(a)除经局方批准外,任何人不得在下列情况下驾驶航空器进行特技飞行:

(1)在任何城市、集镇或者居住地的人口稠密区上空;

(2)在露天的人员集会地点上空;

(3)在任何局方指定的区域内;

(4)在任何航路中心线两侧 10 千米范围之内;

(5)距地面 450 米以下;

(6)飞行能见度低于 5 千米时。

(b)在本条中,特技飞行是指驾驶员有意做出的正常飞行所不需要的机动动作,这些动作中包含有航空器姿态的急剧变化,非正常的姿态或者非正常的加速度。

第 91.403 条　飞行试验区域

航空器试验飞行应当在空中交通不繁忙的开阔水面或者人口稀少区域上空实施。

第 91.405 条　降落伞和跳伞

(a)在民用航空器上携带的在紧急情况下使用的降落伞,必须是经批准的型号,并且符合下列条件:

(1)当降落伞的伞衣、伞绳和背带全部是由尼龙、人造纤维或者其他类似合成纤维,或者由抗霉损与抗腐蚀材料制成的,则在前 180 天内由专业人员包伞；

(2)当降落伞是由丝织绸、柞丝绸或者其他天然纤维以及本条(a)款(1)项规定之外的材料制成的，则在前60天内由专业人员包伞。

(b)除紧急情况外，任何人不得从中华人民共和国境内飞行的航空器中跳伞，但是按照本规则J章规定实施的跳伞活动除外。

(c)当民用航空器上载有机组成员以外的人员时，只有机上每个乘员背上经批准的降落伞，驾驶员方可做超出以下范围的机动动作：

(1)相对于地平线的60°坡度；

(2)相对于地平线的30°上仰或者下俯姿态。

(d)本条(c)款不适用于：

(1)驾驶员执照或者等级的飞行考试；

(2)由合格的飞行教员按照颁发执照或者等级的规章要求所做的螺旋和其他机动飞行动作。

(e)在本条中，经批准的降落伞是指按型号鉴定试验合格或者按技术标准规定生产出来的降落伞，或者军方批准生产的降落伞。

第91.407条　牵引滑翔机

(a)使用民用航空器牵引滑翔机必须符合下列要求：

(1)牵引滑翔机的航空器的机长满足CCAR-61部相关条款要求。

(2)牵引滑翔机的航空器装备有牵引连接装置并按符合局方规定的方式安装。

(3)所用牵引绳的断裂强度不小于该滑翔机经审定的最大使用重量的80%，且不大于这一重量的两倍。但是，在满足下列条件时，所用牵引绳的断裂强度可以大于该滑翔机经审定的最大使用重量的两倍：

(i)牵引绳与滑翔机的连接点处有安全接头，其断裂强度不低于该滑翔机经审定的最大使用重量的80%，且不大于该使用重量的两倍；

(ii)牵引绳与牵引滑翔机的航空器的连接点装有安全接头，其断裂强度比牵引绳在滑翔机一端的安全接头的断裂强度大，但是不超过25%，并且不超过该滑翔机经审定的最大使用重量的两倍。

(4)在机场空域内进行任何牵引操作之前，机长应当通知管制塔台。

(5)在飞行前，牵引滑翔机的航空器和滑翔机的驾驶员应当做好协调，协调工作包括起飞和释放信号、空速和每个驾驶员的应急程序。

(b)除紧急情况外，滑翔机在空中脱离牵引，必须经牵引滑翔机的航空器驾驶员同意。航空器驾驶员在滑翔机脱钩后释放牵引绳时，不得危及他人生命或者财产的安全。

第 91.409 条　牵引滑翔机以外的物体

除经局方批准外，民用航空器的驾驶员不得使用航空器牵引滑翔机（按本规则第 91.407 条规定）以外的任何其他物体。

第 91.411 条　持有特许飞行证的民用航空器的使用限制

持有特许飞行证的民用航空器不得进行超出规定的飞行。

(a)除已获取特许飞行证，任何人不得运行有可能危及飞行安全的民用航空器。

(b)未经有关国家民航当局的批准，任何人不得在中华人民共和国以外运行持特许飞行证的民用航空器。

(c)凡运行特许飞行证的民用航空器者，必须在航空器飞行手册或者其他有关文件中列出的飞行限制范围内运行。但是，当开展直接与型号合格审定或者补充型号合格审定有关的飞行时，必须依照本规则试验航空器限制来飞行，而且在飞行试验时，应当依照本规则第 91.403 条的要求飞行。

(d)凡作特许飞行的民用航空器必须由持有局方所颁发的或者认可的相应驾驶员执照的飞行机组人员驾驶。

(e)凡作特许飞行的民用航空器不得载运与该次飞行无关的人员。该航空器的飞行机组成员和有关人员必须确知，该次飞行的情况和有关的要求和措施。

(f)一切特许飞行应当按照相应的飞行规则，并应当避开空中交通繁忙的区域或者可能对公众安全发生危害的地区。

(g)局方可以规定必要的附加限制或者程序，包括对航空器可以运载的人数限制。

第 91.413 条　适航审定为初级类航空器的运行限制

任何人不得驾驶初级类航空器为取得报酬而进行商业性载客飞行。

F 章　运输类飞机和涡轮动力多发飞机运行附加要求

第 91.501 条　适用范围

(a)在中华人民共和国进行国籍登记的运输类或者涡轮动力多发飞机的运行除应当遵守本规则其他章适用的条款外，还应当遵守本章的规定。本章的运行规则不适用于按照 CCAR-121 部和 CCAR-135 部规章实施的运行。

(b)在不涉及公共航空运输时，按照 CCAR-121 部和 CCAR-135 部规章实施运行的运营人可以按照本章规则实施下列运行：

(1)调机或者训练飞行；

(2)航空作业飞行,如航空摄影、航空测量或者管道巡逻等,但不包括农林喷洒作业飞行;

(3)除本条(d)款规定的费用外,向客户进行不收费的飞机演示飞行;

(4)运行人为其个人或者客人实施的不收取任何费用和报酬的运输飞行;

(5)由于业务需要,载运本公司或者其母公司、子公司的人员、客人和财物的飞行,运载的收费不超过该飞机的运行成本。当载运的客人与该公司业务无关时,不对客人收取任何费用;

(6)在按本条(c)款所定义的时间分享协议、交换协议或者共同所有权协议下运营的飞机上载运公司人员和客人;

(7)在飞机上载运运动队、体育团体、合唱团或者具有共同目的的类似团体,该项载运不收取任何费用和报酬。

(c)在本条中使用下列定义:

(1)"时间分享协议"是指一个人将其飞机连同飞行机组租给另一个人的一种协议,此协议下进行的飞行不收取本条(d)款规定之外的费用;

(2)"交换协议"是指一个人将其飞机租给另一个人,换取相等地使用另一个人的飞机的时间的一种协议,并且除收取不超过运行这两架飞机的成本差额的费用外,不另收费;

(3)"共同所有权协议"是指飞机的共同所有者之一雇用和提供该飞机的飞行机组,并且每一个共同所有者按协议交付规定份额费用的一种协议。

(d)对于本条(b)款(3)项和(c)款(1)项准许的运输,可以收取该次飞行的下列费用:

(1)燃油、滑油和其他辅助添加剂;

(2)机组成员的旅行费用,包括食宿和地面运输;

(3)在飞机运行基地以外的机库和停留费用;

(4)该次飞行的保险费用;

(5)航路费、起降费、机场费以及类似的费用;

(6)海关费、外国的准入费以及与该次飞行直接有关的类似费用;

(7)飞行中的食物和饮料费用;

(8)乘客的地面运输费用;

(9)制定飞行计划和气象合同服务费用;

(10)等于本条(d)款(1)项中所列花费的100%的附加费用。

第91.503条　飞行设备和运行资料

(a)飞机的机长应当确保下列设备和航行图表及资料放置在飞行机组成员在其值勤位置上易于取用的位置上:

(1)工作良好的手电筒或者等效的照明设备；

(2)包含本条(b)款要求程序的驾驶舱检查单；

(3)相关的航行图表；

(4)对于仪表飞行规则、云上目视飞行规则或者夜间的运行，有关航路、终端区和进近的图表；

(5)多发动机飞机一台发动机停车时的爬升性能数据。

(b)飞行机组成员在操作飞机时应当使用驾驶舱检查单，该检查单应当包括下列程序：

(1)发动机起动前；

(2)起飞前；

(3)巡航；

(4)着陆前；

(5)着陆后；

(6)发动机关车；

(7)各种紧急情况。

(c)本条(b)款(7)项要求的驾驶舱应急检查单应当根据适用情况包括下列程序：

(1)燃油、液压、电气和机械系统的应急操作；

(2)仪表和操纵装置的应急操作；

(3)发动机失效后的程序；

(4)安全所需的任何其他程序。

(d)机长和飞行机组其他成员应当正确使用本条规定的设备、图表和资料。

第91.505条　熟悉操作限制和应急设备

(a)机长在飞行前应当熟悉该飞机的飞行手册(如果该飞机要求具备)、标牌、清单、仪表标志所包含的局方为该飞机规定的每个操作限制。

(b)每个机组必需成员在飞行前应当按照其担负的职责，熟悉飞机上相应的应急设备和在紧急情况下使用该设备的程序。

第91.507条　飞行高度规则

(a)尽管本规则第91.325条已有规定，但是除本条(b)款规定外，按本章运行的飞机在实施目视飞行规则运行时还应当遵守下列规定：

(1)对于昼间运行，不得低于离地面高度300米(1000英尺)，或者距任何山地、丘陵或者其他障碍物距离小于300米(1000英尺)；

(2)对于夜间运行，不得低于本规则第91.367条规定的高度。

(b)本条不适用于下列情况：

(1)飞机处于起飞或者着陆阶段；

(2)按照本规则J章的规定，被批准偏离本条要求而使用更低的高度；

(3)按照本规则第91.353条的规定，使用特殊目视飞行规则天气最低标准，并获得空中交通管制的许可。

第91.509条　乘客信息

(a)除本条(b)款规定外，载运乘客的飞机应当装备乘客和客舱乘务员清晰可见的禁止吸烟和系紧安全带的信号灯。信号灯的设计应当便于飞行机组成员接通和关断。飞机在地面移动期间、每次起飞、每次着陆以及机长认为必要时，应当接通信号灯。

(b)对于根据其他规章的适用要求可以不安装本条(a)款规定的信号灯的飞机，机长应当确保乘客在每次需要系紧安全带或者禁止吸烟时，得到口头通知。

(c)如果安装有信号灯，则任何乘客或者机组人员不得在"禁止吸烟"信号灯亮时吸烟。任何人不得在厕所内吸烟。

(d)按照本规则第91.311条(a)款(3)项要求占有座椅或者卧铺的每位乘客，在"系紧安全带"信号灯亮时，应当系紧安全带。

(e)每位乘客应当服从机组成员依据本条(b)款、(c)款和(d)款要求而给予的指令。

第91.511条　对乘客的安全简介

(a)每次起飞前，载运乘客飞机的机长应当确保所有乘客已经得到下列方面的口头简介：

(1)何时、何地和在何种情况下禁止吸烟。该简介应当包含如下申明：涉及民航管理的规章要求乘客遵守信号灯和标牌给出的禁止吸烟信号，禁止在厕所内吸烟，并听从机组成员的相关指令；

(2)何时、何地和在何种情况下应当系紧安全带和肩带(如配备)。该简介应当包括如下申明：涉及民航管理的规章要求乘客遵守信号灯给出的系紧安全带的信号，并听从机组成员的相关指令；

(3)乘客登机门和应急出口的位置和打开的方法；

(4)救生设备的位置；

(5)本规则对跨水飞行要求的漂浮装置的使用和迫降程序；

(6)飞机上氧气设备的正常和应急使用方法。

(b)本条(a)款所要求的口头简介应当由机长或者其他机组成员进行，但如机长确定乘客熟悉简介内容，则可以不做简介。可以用印制的卡片供乘客

使用,以补充口头简介。卡片内容包括:

(1)应急出口的图示和使用方法;

(2)使用应急设备的其他必要说明。

(c)本条(b)款要求的卡片应当放置在乘客方便使用的位置,并且只能包括使用该卡片的飞机型号的有关资料。

第 91.513 条　手提行李

对于旅客座位数 19 座以上的飞机,乘客的行李只能放置在下列位置:

(a)合适的行李舱或者货舱内,或者按照本规则第 91.515 条规定存放;

(b)乘客的座位下方,但应当保证飞机受到碰撞时,在《运输类飞机适航标准》(以下称为 CCAR-25 部)相关条款规定的极限惯性力或者侧向力作用下,所放行李不会向前滑动或者横向移动。

第 91.515 条　装载货物

(a)机长应当确保在飞机上的每件货物以下列方式之一装载:

(1)装载在飞机内经批准的货架、货箱或者货舱内;

(2)以符合局方规定的方式固定在飞机内;

(3)以满足下列全部要求的方式装载在客舱内:

(i)用安全带或者其他有足够强度的系留装置予以固定,在正常可预见的飞行与地面条件下不会产生移动;

(ii)对货物进行包装或者遮盖,以避免伤害乘客;

(iii)货物重量不超过座位或者地板结构的载荷限制;

(iv)货物不能放在妨碍通达或者使用应急出口和正常出口的位置,或者妨碍使用驾驶舱和客舱之间过道的位置;

(v)货物不能放置在就座乘客的正上方。

(b)如果装载货物的货舱在设计上要求飞行机组成员在飞行中发生火灾时进入货舱灭火,则货物的装载应当保证机组成员能够使用手提式灭火器将灭火剂喷射到货舱所有部位。

第 91.517 条　结冰条件下的运行

(a)在下列情况下,驾驶员不得驾驶飞机起飞:

(1)霜、雪或者冰粘附在螺旋桨、风档或者动力装置上,或者粘附在空速、高度、升降率或者飞行姿态仪表系统的机外部件上;

(2)霜、雪或者冰粘附在机翼、安定面或者操纵面上。

(b)除了具有符合运输类飞机型号合格审定要求或者其他有关规定的防冰装置的飞机外,任何驾驶员不得:

(1)按照仪表飞行规则飞入已知或者预报的中度结冰区域;

(2)按照目视飞行规则飞入已知的轻度或者中度结冰区域,除非该飞机具有工作良好的除冰或者防冰设备,能够保护螺旋桨、风档、机翼、安定面或者操纵面以及空速、高度、升降率或者飞行姿态仪表系统的机外部件。

(c)除了具有符合运输类飞机型号合格审定要求或者其他有关规定的防冰装置的飞机外,任何驾驶员不得驾驶飞机进入已知或者预报的严重结冰区域。

(d)如果机长所依靠的现行天气报告和简介资料表明,预报禁止飞行的结冰条件因天气条件的变化在飞行期间将不存在,则本条(b)款和(c)款基于预报条件的限制不再适用。

第 91.519 条　飞行机械员的要求

(a)对于型号合格审定要求配备飞行机械员的飞机,如果飞机上没有持有现行有效的飞行机械员执照的飞行机组成员,则不能运行该飞机。

(b)飞机上担任飞行机械员的人员应当在前 6 个日历月内,在该型别飞机上至少担任飞行机械员飞行了 50 小时,或者前 12 个日历月内在该型别飞机上通过了《民用航空器飞行机械员合格审定规则》(CCAR-63 部)相关条款要求的技术检查并在飞行机械员执照记录栏中获得签注。

第 91.521 条　对副驾驶的要求

(a)除本条(b)款规定外,下列飞机实施运行时应当配备副驾驶:

(1)型号合格审定要求两名驾驶员的所有飞机;

(2)所有运输类飞机,但是,如果飞机型号合格审定要求一名驾驶员,并且拟驾驶该飞机的驾驶员熟练掌握飞行手册规定的单驾驶员操作程序和安全措施,则可以不配备副驾驶运行该飞机;

(3)所有通勤类飞机,但是,如果飞机的旅客座位数 9 座及以下,且型号合格审定要求一名驾驶员,则可以不配备副驾驶员运行该飞机。

(b)如果飞机设计成只有一个驾驶员位置并且取得了型号合格证,可以不配备副驾驶员运行该飞机。

(c)担任本条要求的副驾驶的人员应当具备 CCAR-61 部中规定的副驾驶资格。

第 91.523 条　对乘务员的要求

(a)按本章规则运行的飞机应当按照下列要求配备乘务员:

(1)对于机上乘客数量为 20 至 50 名的飞机,配备一名乘务员;

(2)对于机上乘客数量为 51 至 100 名的飞机,配备两名乘务员;

(3)对于机上乘客数量超过 100 名的飞机,在配备两名乘务员的基础上按每增加 50 名乘客数量增加一名乘务员的方法配备,不足 50 的余数部分按 50

计算。

(b)担任本条(a)款要求的乘务员,应当向机长演示其熟悉在紧急情况下或者应急撤离时需要履行的职责,并且能够使用机上应急设备。

第 91.525 条　飞机地面移动、起飞、着陆期间食品、饮料及旅客服务设施的固定

(a)当处于下列情形之一时,驾驶员不得使飞机在地面移动、起飞和着陆:

(1)乘客座位上放有飞机运行人提供的食品、饮料或者餐具时;

(2)在每个乘客的食品和饮料盘及每个椅背餐桌均被固定在其收藏位置之前;

(3)在每个乘客服务车被固定在其收藏位置之前;

(4)在每个可伸展至过道的电影屏幕被收上之前。

(b)每个乘客均应当遵守乘务员按本条规定提出的要求。

第 91.527 条　装载舱单的要求

(a)在飞机起飞前,运行人应当制定装载舱单,并对其准确性负责。机长在收到并核实装载舱单后方可起飞。舱单应当包括下列内容:

(1)乘客人数;

(2)装载后飞机的总重;

(3)该次飞行的最大允许起飞重量;

(4)重心限制;

(5)装载后的飞机重心,但如果飞机根据装载表或者其他符合局方规定的方法进行装载,能够确保装载后的飞机重心不会超出批准的限制,则不需要计算真正的重心。在该种情况下,需在舱单上注明,根据装载表或者其他符合局方规定的方法,该飞机的重心在限制之内;

(6)飞机的登记号;

(7)本次飞行的始发地和目的地。

(b)飞机的机长应当将一份按本条(a)款制定的完整舱单随飞机携带至目的地。飞机运行人应当在合适的地点保留舱单至少 30 个日历日。

第 91.529 条　取酬驾驶员的资格要求和飞行时间限制

(a)为运输类涡轮动力多发飞机运行人服务、从运行人处获取报酬的驾驶员必须满足下列资格要求:

(1)至少持有按照 CCAR-61 部颁发的商用驾驶员执照;

(2)根据其所参加的运行的性质,满足本规则其他章和 CCAR-61 部中规定的其他相应要求。

(b)为运输类涡轮动力多发飞机运行人服务、从运行人处获取报酬的驾驶员必须满足下列飞行时间限制要求：

(1)任何 7 个连续日历日内不得超过 40 小时；

(2)每个日历月内的飞行时间不超过 120 小时；

(3)每个日历年内的飞行时间不超过 1400 小时。

第 91.531 条　运输类涡轮动力多发飞机的着陆限制

(a)在运输类涡轮动力多发飞机起飞前，机长应当在考虑到至目的地机场或者备降机场的飞行中正常的燃油和滑油消耗后，使飞机到达时的重量不超过该飞机飞行手册中针对该目的地机场或者备降机场的标高以及着陆时预计的环境温度所确定的着陆重量。

(b)除本条(c)款规定外，运输类涡轮动力多发飞机起飞前，应当在考虑到飞行中正常的燃油和滑油消耗后，使该飞机到达目的地时的重量，根据飞机飞行手册中针对该目的地机场的标高和预计着陆时刻当地风的情况所规定的着陆距离，允许其在预定的目的地机场的着陆跑道上，由超障面与该跑道交点上方 15 米(50 英尺)处算起，在跑道有效长度的 85%以内作全停着陆。为确定在目的地机场的允许着陆重量，作以下假定：

(1)飞机在静止大气中在最理想的跑道上以最理想的方向着陆；

(2)考虑到可能的风速、风向和该飞机的地面操纵特性，以及考虑到诸如着陆助航设备和地形等其他条件，飞机在最适宜的跑道上着陆。

(c)机长可以按照本条(b)款规定的跑道余度确定的起飞重量起飞，但这样的运行必须在按照飞机飞行手册的相关要求进行计算评估，安全可行，并选取一个符合本条(d)款要求的备降机场。

(d)对于为运输类涡轮多发飞机选择的备降机场，飞机在该机场的着陆跑道着陆时，按照本条(b)款的假设，由超障面与跑道交点上方 15 米(50 英尺)处算起，应当能够在跑道有效长度的 85%以内作全停着陆。

(e)在有关的气象报告和预报表明目的地机场跑道在预计着陆时刻可能处于湿滑状态时，该目的地机场的有效跑道长度应当至少为本条(b)款所要求的跑道长度的 115%，否则该飞机不得起飞。如果在湿滑跑道上的实际着陆技术证明，对特定型号的飞机，已经批准了某一较短但决不小于本条(b)款要求的着陆距离，并且已经载入飞机飞行手册，则可以按照手册的要求执行。

第 91.533 条　仪表飞行规则的起飞、进近和着陆最低标准

(a)在运输类涡轮多发飞机上实施飞行的驾驶员必须确认符合下列条件，方可在所飞机场实施仪表进近程序：

(1)该机场具有由符合局方规定的气象服务机构管理的气象报告设施，或者由符合局方规定的其他气象信息源；

(2)由前款所述的气象报告设施发布的最新天气报告中，包括了目的地机场当前的当地高度表设定值。如果不能提供当地高度表设定值，驾驶员可以使用进近图上标明的可替代使用的高度表设定值。

(b)制作飞行计划时，如果目的地机场没有本条(a)款(1)项所述的气象报告设施，驾驶员必须指定一个设有符合本条(a)款(1)项要求的气象报告设施的机场作为备降机场。

(c)对于涡轮动力的飞机，如果航空器的机长在该型别航空器上担任机长的飞行经历时间不足100小时，则其最低下降高度(MDA)或者决断高(DH)和能见度最低标准应当是在局方公布的最低标准之上增加30米和800米。但对于用作备降机场的机场，该标准不低于该机场规定的云底高度和能见度最低标准即可。

(d)如果机场天气条件达到或者高于起飞最低标准但低于仪表飞行规则着陆最低标准，则必须在离该机场一小时飞行时间(正常巡航速度和静风条件下)的距离范围内选择起飞备降机场，否则不得从该机场起飞。

(e)进行仪表飞行规则起飞、进近和着陆的驾驶员必须遵守所飞机场的仪表进近程序和最低天气标准。

第91.535条　运输类飞机重量限制

(a)非涡轮动力运输类飞机起飞时，应当符合下列要求：

(1)起飞重量不超过批准的在该起飞机场标高上的最大起飞重量；

(2)起飞机场的标高是在确定最大起飞重量的高度范围之内；

(3)在飞往计划着陆机场的飞行中，按正常的燃油和滑油消耗量，使到达的重量不超过批准的在该机场标高上的最大着陆重量；

(4)计划着陆机场和所有选定的备降机场的标高，都在确定最大着陆重量的高度范围之内。

(b)涡轮动力运输类飞机运行时不得违反飞机飞行手册，起飞时应当符合下列要求：

(1)起飞重量不超过该飞机飞行手册中在机场标高和起飞时环境温度下所规定的起飞重量；

(2)在飞往计划着陆机场和备降机场的飞行中，按正常的燃油和滑油消耗量，使到达的重量不超过飞机飞行手册中批准的在所涉及的每个机场标高和预计着陆时环境温度下所规定的着陆重量；

(3)起飞重量不超过飞机飞行手册中所示的重量，以符合考虑到以下因素所需的起飞最小距离：机场标高，使用跑道，跑道有效坡度和起飞时的环境温度与风的分量。

(c)涡轮动力运输类飞机起飞时,应当符合本条(b)款及下列要求:

(1)加速至停止距离不大于跑道长度加上安全道长度(如有时);

(2)起飞距离不大于跑道长度加上净空道长度(如有时);

(3)起飞滑跑距离不大于跑道长度。

第91.537条　一台发动机不工作时,调机飞行的批准

(a)当四发飞机或者涡轮驱动的三发飞机有一台发动机不工作时,在符合下列条件时,按公共航空运输运行的合格证持有人和按照本规则运行的运行人可以调机飞到修理该发动机的基地:

(1)该型号飞机已经试飞并且符合本条(b)款或者(c)款的要求。

(2)经批准的飞机飞行手册中含有下列性能数据,并且按照这些数据飞行:

(i)最大重量;

(ii)重心极限;

(iii)不工作的螺旋桨的形态(如适用时);

(iv)起飞跑道长度(包括温度影响);

(v)高度范围;

(vi)型号审定的限制;

(vii)运行限制范围;

(viii)性能资料;

(ix)运行程序。

(3)运行人具有符合局方规定的飞机安全运行程序,包括下列要求:

(i)对于调机飞行,运行重量限制在该次飞行所必需的最低限度,加上所需要的备份油量的重量;

(ii)必须在干跑道上起飞。但是,如果在湿跑道上实际进行了起飞技术的演示,并已批准该型号飞机在湿跑道上进行可正常操纵的起飞,且包含在飞机飞行手册中;

(iii)所使用机场的跑道可能在起飞和进近过程中需要飞越居民区的运行;

(iv)确定可使用的发动机运行情况的检查程序。

(4)在下列情况下不得按照本条起飞飞机:

(i)起始爬升阶段要求飞越密集的居民区;

(ii)起飞或者目的地机场的气象条件低于最低目视飞行规则气象条件。

(5)在飞行中不得载运不是飞行机组所需的人员。

(6)飞行机组成员按本条飞行时,应当完全熟悉运行人手册中的一台发动机不工作时的调机飞行程序和飞机飞行手册中的限制和性能资料。

(b)活塞式发动机驱动的多发飞机，一台发动机不工作时，其飞机性能应当经试飞确定如下：

(1)必须选择速度不低于1.3VS1，在该速度下，在爬升中临界发动机不工作(其螺旋桨被拆下或者置于运行人所希望的状态)，其他所有发动机使用本条(b)款(3)项确定的最大功率，可以正常地操纵该飞机。

(2)加速到本条(b)款(1)项所列速度并爬升到15米(50英尺)所需的距离，应当按下列条件确定：

(i)起落架放下；

(ii)临界发动机不工作且其螺旋桨被拆下或者置于运行人所希望的状态；

(iii)其他发动机以不大于按照本条(b)款(3)项所规定的最大功率运行。

(3)应当制定起飞、飞行和着陆程序，例如配平设定、功率调定方法、最大功率与速度。

(4)应当在航路飞行形态下，保证爬升率至少每分钟120米(400英尺)的重量条件下确定性能。

(5)应当根据温度对起飞场地长度的影响确定性能。

(c)涡轮发动机驱动的多发飞机，一台发动机不工作时，其飞机性能应当按下列要求，经过至少3次起飞试飞来确定：

(1)应当选择起飞速度VR和V2(不低于根据CCAR-25部对飞机型号合格审定所对应的速度)，在该速度下，临界发动机不工作(其螺旋桨被拆下或者置于运行人所希望的状态，如适用时)，其他所有发动机置于不大于CCAR-25部相关条款中阐明的最大功率时，可以正常地操纵该飞机。

(2)最小起飞场地长度应当是加速并爬升到离地11米(35英尺)达到V2速度(包含在试飞中增加的速度增量)所需水平距离，再乘以115%，确定这一长度时，要符合下列条件：

(i)起落架放下；

(ii)临界发动机不工作，并且其螺旋桨被拆下或者置于运行人所希望的状态(如适用时)；

(iii)其他发动机以不大于CCAR-25部相关条款要求的功率来运行。

(3)必须制定起飞、飞行和着陆程序，例如配平调定值、功率设定方法、最大功率与速度。按照这些程序运行，在全部起飞滑跑过程中，飞机应当具备正常的操纵性。

(4)应当按照最大重量不大于CCAR-25部相关条款要求的重量来确定性能，但是：

(i)当两台临界发动机不工作时,最后起飞爬升要求的实际稳定爬升梯度,不小于在起飞航迹末端的1.2%;

(ii)爬升速度不小于根据本条(c)款(4)项(i)目规定的双发不工作时最后起飞爬升的实际稳定梯度的配平速度。

(5)在两台临界发动机不工作爬升时,飞机必须具备正常的操纵性。爬升性能可以根据试飞结果予以计算,其精确度与试飞结果相同。

(6)按照CCAR-25部相关条款用来计算起飞距离和最后爬升的温度来确定飞机性能。

(d)本条(c)款(4)项与(5)项中的“两台临界发动机”,是指四发飞机在飞机一侧的两台相邻的发动机;三发飞机是指中间发动机和一台侧发动机。

G章　航空器维修

第91.601条　适用范围

本章适用于除下列航空器之外的任何具有中华人民共和国国籍登记的航空器:

(a)按照CCAR-121部、CCAR-135部实施运行的航空器;

(b)获得型号合格证前实施飞行试验的航空器。

第91.603条　总则

(a)航空器的运行人对保持航空器的适航性状态负责,并按照下列要求指定实施航空器维修的责任人或者单位:

(1)运动类航空器可以由持有按照CCAR-61部颁发的民用航空器驾驶员执照的运行人自己实施维修或者由持有按照《民用航空器维修人员执照管理规则》(以下称为CCAR-66部)颁发对应类别航空器维修人员执照的人员实施维修。实施维修的人员应当按照航空器制造厂家的建议通过必要的机型维修培训。

(2)非复杂航空器可以由持有按照CCAR-66部颁发对应类别航空器维修人员执照的人员实施维修。实施维修的人员应当按照航空器制造厂家的建议通过必要的机型维修培训。

(3)复杂航空器应当由持有按照CCAR-66部颁发航空器维修人员执照并具有有效对应机型签署的人员实施维修,或者由具有对应机型维修能力的按照《民用航空器维修单位合格审定规定》(以下称为CCAR-145部)获得批准的维修单位实施维修。

(b)上述指定的航空器维修责任人均可以由具有对应机型维修能力的按

照 CCAR-145 部获得批准的维修单位代替。

(c)航空器的运行人应当将指定实施航空器维修的责任人或者单位报局方备案,并在发生变更时重新报局方备案。

(d)当航空器飞行到异地需要临时维修时,可以由指定的航空器维修责任人或者单位之外的人员或者单位负责实施维修,但应当符合本条(a)款规定的资质要求。

(e)对于航空器飞行手册中的维修任务,除非明确必须由维修人员实施,可以由持有按照 CCAR-61 部颁发的民用航空器驾驶员执照的人员按照航空器飞行手册实施。

(f)航空器部件的维修除以恢复安装为目的的简单检查和零件更换外,应当由具有对应部件维修能力的按照 CCAR-145 部获得批准的维修单位实施维修。

第 91.605 条　维修要求

(a)航空器的维修要求包括下列适用持续适航文件中规定的维修任务:

(1)局方发布的适航指令中要求的维修任务;

(2)航空器制造厂家发布并按照 CCAR-21 部型号审定要求批准或者认可的适航性限制中要求的维修任务;

(3)航空器制造厂家发布并按照 CCAR-21 部运行评审要求批准或者认可的计划维修文件中要求的维修任务;

(4)航空器、发动机、螺旋桨、部件制造厂家发布的维修手册中建议的计划或者非计划维修任务;

(5)航空器、发动机、螺旋桨、部件制造厂家发布的服务文件中建议的计划或者非计划维修任务。

(b)航空器维修责任人或者单位可以直接使用上述持续适航文件计划维修工作,或者基于上述持续适航文件制定所负责维修航空器单独的维修方案来计划维修工作,并符合下列要求:

(1)除非获得适航审定部门的批准,不得更改或者超出适航指令或者适航性限制中要求的维修任务;

(2)初始建立的维修方案不得低于上述持续适航文件中要求或者建议的维修任务。

(c)在建立维修可靠性管理体系并基于可靠性分析的基础上,航空器维修责任人或者单位可以调整上述持续适航文件中要求或者建议的维修任务,但不得更改或者超出适航指令或者适航性限制中要求的维修任务,包括任务间隔和内容。

(d)当局方发布基于事故、事件或者报告调查提出其他维修要求时，航空器维修责任人或者单位应当严格按照要求执行。

第 91.607 条　维修实施

(a)航空器维修责任人或者单位应当按照下列要求实施计划维修工作：

(1)建立有效的维修计划控制，确保计划维修任务在规定的间隔前完成；

(2)在实施计划维修任务前，确认航空器、发动机、螺旋桨、部件制造厂家发布的持续适航文件齐全有效，并根据持续适航文件的要求准备合适的计划维修任务工作单卡；

(3)提前准备需要的工具设备和器材，并妥善保管；

(4)按照本章第 91.609 条的维修工作准则完成维修工作，并对发现的故障或者缺陷进行修复。

(b)当航空器报告或者发现故障或者缺陷时，应当在下一次飞行前完成修复。当因不具备条件而无法及时完成修复工作时，可以在确认故障或者缺陷符合下列条件下推迟修复，并在具备条件时及时完成修复：

(1)故障造成的设备或者功能不工作符合航空器适用并经批准的《主最低设备清单》的规定；

(2)缺陷造成的外形缺损符合航空器飞行手册的规定。

(c)当航空器、发动机、螺旋桨、部件制造厂家发布的持续适航文件为英文版本时，应当按照下列要求实施维修工作：

(1)按照 CCAR-66 部规定的维修技术英语等级为 3 级或者以上的维修人员可以直接使用英文版本文件；

(2)按照 CCAR-66 部规定的维修技术英语等级为 2 级的维修人员应当在 3 级或者以上维修人员指导下使用英文版本文件；

(3)按照 CCAR-66 部规定的维修技术英语等级为 1 级的维修人员应当使用中文翻译版文件。

(d)对于上述维修工作中涉及需由具有对应部件维修能力的按照 CCAR-145 部获得批准的维修单位实施的部件维修，应当由航空器运行人直接送修，或者委托航空器维修责任人或者单位送修。

(e)除本章第 91.603 条(e)款明确的可以由飞行人员完成的维修工作外，任何维修工作完成后应当对所做的维修工作签署维修放行。

第 91.609 条　维修工作准则

(a)对航空器或者航空器部件实施任何维修工作时，都应当遵守下列工作准则：

(1)按照准备的工作单卡并依据航空器、发动机、螺旋桨或者部件制造厂家发布的现行有效的持续适航文件中规定的方法、程序和标准实施；

(2)正确使用上述持续适航文件中规定的工具设备，并确保工具设备的可用状态；

(3)使用上述持续适航文件中规定器材，并确保器材合格状态；

(4)工作环境应当满足确保维修工作质量的要求，当因气温、湿度、雨、雪、冰、雹、风、光和灰尘等因素影响而不能保证维修工作质量时，应当在工作环境恢复正常后开始工作；

(5)保持维修工作现场整洁有序，临时拆下的航空器部件应当合适保护以防止意外损伤。恢复安装应当检查防止外来物进入航空器或者航空器部件；

(6)维修人员应当采取合适的安全防护措施，并严格遵守安全注意事项。

(b)当使用航空器、发动机、螺旋桨或者部件制造厂家发布的现行有效的持续适航文件规定之外的方法、程序、标准、工具设备或者器材时，应当获得符合局方规定的要求。

第 91.611 条　维修记录和放行证明

(a)维修工作记录应当符合下列要求：

(1)计划维修工作应当采用签署工作单卡的方式记录具体完成的维修工作和依据的持续适航文件；

(2)故障或者缺陷的修复应当采用在飞行记录本直接填写的方式记录完成的维修工作和依据的持续适航文件；

(3)准确记录每项维修工作完成的人员和日期。

(b)按照 CCAR-145 部获得批准的维修单位实施的维修工作应当按照 CCAR-145 部的要求签署维修放行证明；按照 CCAR-66 部颁发航空器维修人员执照的人员实施的维修工作应当由本人在飞行记录本上签署维修放行证明。

(c)维修记录和维修放行证明应当由航空器运行人妥善保存，一般维修记录应当至少保存二年，但记录的保存应当符合下列要求：

(1)涉及适航指令中要求的维修任务的记录和放行证明应当在航空器全寿命周期一直保存；

(2)对航空器重量、平衡、结构强度、性能、动力装置工作、飞行特性有显著影响的重要修理或者改装的记录和维修放行证明应当在航空器全寿命周期一直保存；

(3)航空器部件维修记录应当至少保存至安装后再次拆下。

第 91.613 条　航空器技术状态记录

(a)航空器运行人应当为拥有的每一架航空器建立航空器技术状态记录，

连续记录航空器的技术状态信息，并至少包括下列内容：

(1)航空器的型号、制造厂家、出厂日期、购买日期；

(2)国籍登记证、适航证件号及有效期；

(3)购买前航空器所有权人以及累计使用时间；

(4)购买后累计使用时间，包括日历时间、飞行小时和起落次数；

(5)购买后完成的计划维修工作的日期、累计使用时间、项目、实施人员或者单位、批准恢复使用人员(包括姓名、签名和执照编号)；

(6)适航指令执行记录，包括自出厂以来完成的所有适航指令；

(7)重要修理和改装记录，包括自出厂以来完成的所有重要修理和改装；

(8)局方要求的其他技术信息。

(b)航空器运行人应当妥善保存航空器技术档案，并且建立有效的备份措施，以保证记录丢失或者损毁后的可恢复性。

第91.615条　适航状态年度评估

(a)航空器运行人指定的航空器维修责任人或者单位应当对每架航空器在每连续12个月之内开展一次适航状态评估。涉及指定的航空器维修责任人或者单位更换时，应当由当前指定的航空器维修责任人或者单位开展评估。

(b)适航状态评估应当基于航空器技术状态记录、维修记录和维修放行证明开展，确认航空器当前状态和是否完成了维修要求。

(c)完成适航状态评估后，航空器维修责任人或者单位应当及时向航空器运行人、局方如实报告下列信息：

(1)年度累计飞行时间和起落次数；

(2)当前状态，如运行中、停场待修、油封、拆解储存等；

(3)是否完成了维修要求，如有未完成的计划维修任务、长期未修复的故障或者缺陷，应当具体说明；

(4)是否完成适航指令，如有未完成的，应当具体说明；

(5)是否有重要修理和改装，如有，应当具体说明。

(d)对于适航状态评估报告反馈存在未完成的计划维修任务、长期未修复的故障或者缺陷、未完成适航指令的情况，航空器运行人应当及时安排纠正，并应当在纠正前停止运行该航空器。

第91.617条　报告和自愿报告

(a)航空器维修责任人或者单位在航空器实施维修的过程中发现影响航空器安全飞行的故障、失效或者缺陷时，应当及时报告航空器运行人，并自愿报告局方。

(b)当认为是设计或者制造缺陷时，航空器运行人应当将本条(a)款规定的情况及时向航空器制造厂家报告。

第 91.619 条　飞行记录本

(a)航空器运行人应当对于每一航空器建立飞行记录本,记录与飞行安全有关的信息、飞行机组和维修人员需要了解的有关数据和信息,包括发现的缺陷和工作不正常情况、所进行的维修工作和推迟维修项目、维修放行签署。

(b)飞行记录本的格式应当满足记录本条(a)款所要求的内容。如使用纸质记录,各项内容应当使用墨水或者不可以更改的书写工具及时填写,并且有足够的复页以保证满足使用和保存要求。

(c)除电子飞行记录本外,航空器运行人应当在驾驶舱或者其他飞行机组成员易于取用的地方放置一份航空器飞行记录本原件,其中至少记录包括每次飞行前三次飞行期间填写内容的连续记录,并且每次起飞前在地面保存一份记录上一次飞行和本次飞行前填写内容的航空器飞行记录本的复页。

H 章　外国民用航空器在中国境内运行和中华人民共和国国籍登记的民用航空器在境外运行

第 91.701 条　适用范围

本章适用于中华人民共和国国籍登记的民用航空器在中华人民共和国境外的运行,以及外国民用航空器在中华人民共和国境内的运行。

第 91.703 条　机上乘员

下列航空器内的每一位乘员必须遵守本规则第 91.7 条的规定:

(a)在中华人民共和国进行国籍登记而在中华人民共和国境外运行的航空器;

(b)任何在境外运行但其下一降落地点是在中华人民共和国境内的外国民用航空器。

第 91.705 条　中华人民共和国国籍登记的民用航空器在境外的运行

在中华人民共和国境外运行中华人民共和国国籍登记的民用航空器的人员应当遵守下列规定:

(a)在公海上空,遵守国际民用航空公约附件二《空中规则》的规定。

(b)在其他国家境内,遵守所在国有关航空器飞行的有效法规。

(c)除本规则第 91.323 条、第 91.405 条(b)款和第 91.407 条外,当本规则规定与航空器运行所在国相应法规或者国际民用航空公约的附件二规定不抵触时,应当遵守本规则规定。

(d)在最低导航性能规范(MNPS)空域内运行时,遵守本规则第 91.707 条的规定。

(e)在缩小垂直间隔标准(RVSM)空域内运行时,遵守本规则第91.709条的规定。

第91.707条　在最低导航性能规范空域内的运行

(a)除本条(b)款规定外,中华人民共和国国籍登记的民用航空器在最低导航性能规范(MNPS)空域内运行应当满足下列要求:

(1)航空器具有符合局方要求的导航性能;

(2)局方已批准该运行人进行上述运行。

(b)申报飞行计划时,如果空中交通管制能够确认可以为该航空器配备适当的间隔,而使该次飞行不会干扰其他符合本条要求的航空器运行或者增加它们的负担时,空中交通管制可以允许航空器运行人对于该次特定的飞行偏离本条的要求。

第91.709条　在缩小垂直间隔标准空域内的运行

除经局方批准外,任何中华人民共和国国籍登记的民用航空器在缩小垂直间隔标准(RVSM)空域内运行,应当满足下列条件:

(a)航空器及其机载系统(含空中交通警戒与防撞系统)应当获得适航审定的批准。

(b)具备相应的运行程序。

(c)飞行机组人员接受了有关的航空理论知识和飞行训练等培训。

(d)向空中交通管制提交的飞行计划中说明了缩小垂直间隔标准(RVSM)运行能力和航空器的状况。

(e)本条(a)款至(d)款不适用于根据CCAR-121部规章颁发的运行合格证持有人所实施的运行。按本章运行的任何民用航空器驾驶员不得做根据CCAR-121部规章颁发的合格证的持有人所实施的缩小垂直间隔标准(RVSM)运行,除非该运行是按照该合格证持有人的运行规范进行的。

第91.711条　外国民用航空器的特殊规定

(a)除遵守本规则其他适用的条款外,在中华人民共和国境内运行外国民用航空器的任何人应当遵守本条规定。

(b)按照本规则规定实施需要双向无线电通信的目视飞行规则运行时,航空器上应当至少有一名在值勤的飞行机组成员能够用汉语或者英语进行双向无线电通信。

(c)按照仪表飞行规则运行的外国民用航空器应当满足下列要求:

(1)该航空器装备下列设备:

(i)可以与空中交通管制进行双向无线电通信的设备;

(ii)与所使用的地面导航设施相对应的无线电导航设备。

(2)航空器的驾驶员应当满足下列要求：

(i)持有有效的中华人民共和国颁发的仪表等级，或者在其外国驾驶员执照中具有仪表飞行规则飞行的批准；

(ii)熟悉中华人民共和国的航路、等待和进离场程序。

(3)当该航空器接近中华人民共和国领空、在中华人民共和国领空内飞行或者飞离中华人民共和国领空时，航空器上至少有一名在值勤的机组成员能够用汉语或者英语进行双向无线电通信。

(d)在按照本条(c)款(1)项(ii)目需要甚高频全向信标(VOR)导航设备时，在中华人民共和国境内运行的外国民用航空器上应当装备能够接收并指示距离信息的测距仪(DME)设备。当测距仪(DME)发生故障时，该航空器的机长应当立即通知空中交通管制，并可以继续飞行直至能够进行该项设备的修理或者更换的下一计划着陆机场。本款不适用于实施下列运行的未装测距仪(DME)设备的外国民用航空器，但在每次起飞前应当通知空中交通管制：

(1)飞往或者飞离中华人民共和国境内修理或者改装地点的调机飞行。

(2)飞往新国籍登记国的调机飞行。

(3)中华人民共和国制造的新航空器实施的下列飞行：

(i)航空器的试飞；

(ii)外国飞行机组成员操作该航空器的训练；

(iii)出口交货到中华人民共和国境外的调机飞行。

(4)为了演示或者试验整机或者部件而运送到中华人民共和国的航空器的调机、演示和试验飞行。

第 91.713 条　对外国民用航空器的特殊飞行批准

(a)如果按照本条要求获得了特殊飞行批准，外国民用航空器可以不具备本规则第 91.201 条所需的适航证而运行。特殊飞行批准的申请应当提交给中国民用航空局。

(b)局方可以在颁发外国民用航空器特殊飞行批准中规定安全飞行所必要的任何条件和限制。

I 章　超轻型飞行器

第 91.801 条　适用范围

本章规定了超轻型飞行器在中华人民共和国境内运行的规则。在本章中，超轻型飞行器是指由单人驾驶、仅用于娱乐或者体育活动、不需要任何适

航证的空中飞行器具,并且符合下列条件之一:

(a)如无动力驱动,空机重量小于 71 千克(155 磅)。

(b)如有动力驱动,应当满足下列限制:

(1)空机重量小于 116 千克(254 磅),不包括在遇险时使用的飘浮和安全器械;

(2)燃油容量不超过 20 升(5 美制加仑);

(3)全马力平飞中,校正空速小于 100 千米/小时(55 海里/小时);

(4)发动机停车后的失速速度不超过校正空速 45 千米/小时(24 海里/小时)。

第 91.803 条　检查的要求

(a)在局方要求时,按照本章运行超轻型飞行器的任何人应当允许局方检查其飞行器是否适用于本章的规定。

(b)在局方要求时,超轻型飞行器的驾驶员或者运行人应当提供表明该飞行器遵守本章规定的可靠证据。

第 91.805 条　偏离

需要偏离本章要求实施运行的任何人应当持有局方颁发的书面偏离批准文件。

第 91.807 条　合格证和登记

(a)超轻型飞行器及其部件和设备不要求按航空器适航审定标准进行审定,也不要求具有适航证。

(b)局方对驾驶超轻型飞行器的人员没有航空知识、年龄及经历的具体要求,也不要求其具有航空人员执照及体检合格证。

(c)超轻型飞行器不要求国籍登记或者喷涂任何标志。

第 91.809 条　有危害的运行

(a)任何人不得以可能对他人人身或者财产产生危害的方式运行超轻型飞行器。

(b)任何人不得允许从超轻型飞行器上以对他人人身或者财产产生危害的方式投放物体。

第 91.811 条　昼间运行

(a)超轻型飞行器只允许在日出至日落之间运行。

(b)如果超轻型飞行器装有工作良好的防撞灯,且至少在 5 公里可见,可以在公布的日出时间前 30 分钟和公布的日落时间后 30 分钟的黎明和黄昏运行该飞行器。

第 91.813 条　在航空器附近运行的规则

(a)运行超轻型飞行器的人员应当保持警觉,观察并避开其他航空器,并且将航行优先权让给所有航空器。

(b)任何人不得以可能对其他航空器产生碰撞危险的方式运行超轻型飞行器。

(c)有动力的超轻型飞行器应当将航行优先权让给无动力的超轻型飞行器。

第 91.815 条　在人口稠密区上空运行

任何人不得在城市、集镇、居民区的人口稠密区或者任何露天人群集会上空运行超轻型飞行器。

第 91.817 条　在特定空域里的运行

未经空中交通管制事先批准,任何人不得在管制空域内运行超轻型飞行器。

第 91.819 条　在空中危险区、空中禁区或者空中限制区的运行

未经使用或者控制空中危险区、空中禁区或者空中限制区机构的批准,任何人不得在空中危险区、空中禁区或者空中限制区内运行超轻型飞行器。

第 91.821 条　地面目视参考

在不能看清地面目视参考的情况下,任何人不得运行超轻型飞行器。

第 91.823 条　飞行能见度和离云距离的要求

任何人不得在飞行能见度或者离云距离小于本规则第 91.351 条要求的基本目视飞行规则最低天气标准时运行超轻型飞行器。

J 章　跳　　伞

第 91.901 条　适用范围

本章适用于在中华人民共和国境内,使用民用航空器实施除因飞行紧急情况必需跳伞外的跳伞活动。

第 91.903 条　总则

在可能对空中交通安全,或者地面的人员和财产安全造成危害的情况下,任何人不得从航空器上跳伞,航空器的机长也不得允许其跳伞。

第 91.905 条　跳伞计划的申请与批准

(a)跳伞活动实施前 1 天应当向空中交通管制部门提交跳伞计划,获得批准后方可实施。

(b)跳伞计划中应当包括下列信息:

(1)跳伞开始的日期和时间；

(2)以距离跳伞目标的半径(千米)表示的跳伞区域的大小；

(3)以下列方式表示的跳伞区域中心的位置：

(i)当最近的甚高频全向信标(VOR)台距跳伞目标的距离小于55千米时，相对于该甚高频全向信标(VOR)台的径向方位和距离；

(ii)当最近的甚高频全向信标(VOR)台距跳伞目标的距离大于55千米时，相对于最近的机场、城镇或者城市的方位和距离；

(4)跳伞开始的修正海平面气压高度；

(5)预计跳伞持续的时间；

(6)申请人的姓名、地址和电话号码；

(7)所用航空器的标识。

(c)申请人在需要取消或者推迟所申请的跳伞活动时，应当及时通知空中交通管制部门。

第91.907条　无线电通信要求

(a)除经空中交通管制批准外，实施跳伞的航空器机长应当按照下列要求与空中交通管制建立无线电通信联系：

(1)在跳伞活动开始前至少5分钟，与最近的空中交通管制建立无线电通信，以便接收跳伞活动区域附近的空中交通信息；

(2)机长和跳伞员收到本条(a)款(1)项要求的信息并经空中交通管制同意后，方可实施跳伞；

(3)机长应当在空中交通管制指定频率上保持守听，直到最后一个跳伞者抵达地面，并通知空中交通管制该次跳伞活动结束。

(b)如果飞行中无线电通信系统失效，应当放弃跳伞活动。但是，如果在飞行中通信系统是在收到空中交通管制批准跳伞指令后才失效的，跳伞活动仍可继续进行。

第91.909条　在人口稠密区或者露天人群集会区上空的跳伞

(a)在城市、集镇、居民区的人口稠密区或者露天的人群集会区上空实施跳伞活动应当获得局方批准。但是，如果跳伞员具有足够的高度，在伞全部打开并正常工作时能飘过人口稠密区或者露天人群集会区上空，不会对地面上的人员和财产造成危害，则可不必获得局方批准。

(b)为获得本条(a)款要求的局方批准，申请人应当按局方规定的格式和方法在跳伞之日前至少1天向局方提出申请。

第91.911条　在空中危险区、空中限制区或者空中禁区的跳伞

在空中危险区、空中限制区或者空中禁区实施跳伞活动应当获得有关区域的控制机关的批准。

第 91.913 条　飞行能见度和离云距离的要求

在下列情况下，任何人不得从航空器上开始跳伞，机长也不得允许其跳伞：

(a)可能进入或者穿过云。

(b)飞行能见度或者离云距离低于下表规定值。其中，飞行能见度是指在飞行中驾驶员从驾驶舱前方看到或者辨认出的目标物平均水平距离。昼间飞行时，目标物为固定非发光物体；夜间飞行时，目标物为固定发光物体。

高　度	飞行能见度	离云距离
离地面高度 350 米或者以下，不考虑修正海平面气压高度	5 千米	云下 150 米 云上 300 米 水平距离 600 米
高于地面 350 米，但低于修正海平面气压 3 千米	5 千米	云下 150 米 云上 300 米 水平距离 600 米
高于地面 350 米，并且高于修正海平面气压 3 千米	8 千米	云下 300 米 云上 300 米 水平距离 2 千米

第 91.915 条　日落至日出之间的跳伞

(a)在日落至日出之间进行跳伞活动的跳伞员应当装备在 5 千米外可见的发光装置。

(b)在日落至日出之间跳伞应当在跳离航空器直至抵达地面前一直打开本条(a)款要求的发光装置。

第 91.917 条　酒精和药物

在下列情况下，任何人不得从航空器上实施跳伞，航空器的机长也不得允许其跳伞：

(a)该员正处于酒精作用下。

(b)该员使用了影响人体官能并可能影响安全的药物。

第 91.919 条　检查

局方可以检查本章适用范围内的任何跳伞活动(包括检查跳伞场地)，以确定其是否遵守本章的规定。

第 91.921 条　跳伞装置和叠伞要求

(a)从航空器上实施跳伞的人员应当配挂跳伞用的背带系统及两具伞，即

一具主伞和一具可靠的备份伞,伞的包装应当符合下列要求:

(1)主伞应当由专业包伞人员或者跳伞者本人包伞,包装好的伞应当在180日内使用。

(2)备份伞应当由专业包伞人员包伞,包装好的伞的有效期视材料而定:

(i)由尼龙、人造丝或者其他类似合成纤维,或者由抗霉损与抗腐蚀材料制成的伞衣、伞绳和背带而组成的降落伞系统的包装有效期为180日,并由专业包伞人员包伞;

(ii)由丝织绸、柞丝绸或者其他天然纤维以及本条(a)(2)(i)项规定之外的材料制成的降落伞系统,其包装有效期为60日,并由专业包伞人员包伞。

(b)当用开伞拉绳进行强制开伞时,连接方法为:开伞拉绳由挂钩的一端与飞机相连,另一端与降落伞相连,且应当使用拉断绳。拉断绳是用来帮助拉出伞包里的引导伞,从而使引导伞充气拉出主伞。如果不使用引导伞帮助开伞,可将拉断绳直接连在主伞顶部,以帮助拉出主伞衣,使主伞充气:

(1)拉断绳应当有足够的长度,以确保开伞拉绳打开主伞包后,拉断绳再受力工作。

(2)拉断绳的静载荷强度要求如下:

(i)对于使用引导伞来帮助拉出主伞的,拉断绳的静载荷强度应当不小于13千克(28磅),但不得大于73千克(160磅);

(ii)对于直接用拉断绳拉出主伞的,拉断绳的静载荷强度应当不小于25千克(56磅),但不得大于145千克(320磅)。

(3)拉断绳的一端应当系在开伞拉绳上有封包插销的一端;如果开伞拉绳上无封包插销,则拉断绳应当系在开伞拉绳与主伞包锁锥连接处。拉断绳的另一端系在引导伞顶部限位带或者限位环上;如果没有使用引导伞,则应当直接系在主伞衣顶部。

(c)本条(b)款要求的拉断绳应当由跳伞者本人或者专业人员连接。

(d)如果使用自动开伞器,应当按照该自动开伞器生产厂家的使用说明进行维护。

(e)本章中的降落伞是指按型号鉴定试验合格或者按技术标准规定生产出来的降落伞,或者军方批准生产的降落伞。

K章 偏 离

第91.1001条 政策和程序

(a)局方可以在保证安全的前提下为运行航空器的人员签发偏离证书,批准其按照偏离证书中所列的条件偏离本规则第91.1003条中所列的任一条款的规定。

(b)申请偏离的人员应当按照局方规定的格式和方法向局方提交偏离申请书。

(c)局方可以在偏离证书中规定偏离的生效条件和时间。

第91.1003条　可进行偏离申请的条款

对于下列条款,局方可以接受偏离申请:

条款号	条　款　标　题
91.13	租赁合同、融资租赁合同及所有权保留买卖合同中使用控制的责任
91.203	基本飞行仪表和设备
91.205	应急和救生设备
91.311	安全带、肩带和儿童限制装置的使用
91.317	在其他航空器附近的运行
91.319	除水面运行外的航行优先权规则
91.321	水面航行优先权规则
91.323	航空器速度
91.325	最低安全高度
91.327	高度表拨正程序
91.329	空中交通管制许可和指令的遵守
91.331	空中交通管制灯光信号
91.333	在通用机场空域内的运行
91.335	在一般国内运输机场空域内的运行
91.337	在一般国际运输机场空域内的运行
91.339	在特殊繁忙运输机场空域内的运行
91.341	空中危险区、限制区和禁区
91.343	在高空空域内的运行
91.345	临时的飞行限制
91.351	基本目视飞行规则的最低天气标准
91.353	特殊目视飞行规则的最低天气标准

续表

条款号	条　款　标　题
91.355	目视飞行规则的巡航高度和飞行高度层
91.359	仪表飞行规则的飞行计划
91.363	空中交通管制许可和飞行计划
91.365	按仪表飞行规则的起飞和着陆
91.367	按仪表飞行规则运行的最低高度
91.369	仪表飞行规则的巡航高度和飞行高度层
91.373	飞行航道
91.375	仪表飞行规则的无线电通信
91.377	双向无线电通信失效
91.379	按仪表飞行规则运行时的故障报告
91.401	特技飞行
91.403	飞行试验区域
91.407	牵引滑翔机
91.409	牵引滑翔机以外的物体
91.507	飞行高度规则
91.605	维修要求
91.609	维修工作准则
91.707	在最低导航性能规范空域内的运行
91.709	在缩小垂直间隔标准空域内的运行

L章　法律责任

第91.1101条　一般规定

违反本规则规定，《中华人民共和国民用航空法》《中华人民共和国安全生产法》《中华人民共和国飞行基本规则》等有关法律、行政法规对其处罚有明确规定的，从其规定。

第 91.1103 条　涉及载运麻醉药品、大麻、抑制或者兴奋药剂或者物质行为的处罚

违反本规则第 91.9 条(a)款规定,机组成员在已知航空器上载有有关法规中规定的麻醉药品、大麻、抑制或者兴奋药剂或者物质的情况下,在中华人民共和国境内运行该民用航空器,局方可以给予警告或者 1000 元以下的罚款。

第 91.1105 条　涉及酒精或者药物的违禁行为的处罚

有下列行为之一的,局方可以给予警告或者 1000 元以下的罚款:

(a)违反本规则第 91.111 条(a)款规定,担任或试图担任民用航空器的机组成员。

(b)违反本规则第 91.111 条(c)款规定,拒绝接受酒精测试或者拒绝将测试结果提供给局方。

第 91.1107 条　涉及违反相关规定的处罚

违反本规则 C 章(航空器及仪表和设备要求)、D 章(飞行规则)、E 章(特殊的飞行运行)、F 章(运输类飞机和涡轮动力多发飞机运行附加要求)、G 章(航空器维修)、I 章(超轻型飞行器)或者 J 章(跳伞)中有关规定的,局方应当责令立即停止违法行为,并可以给予下列处罚;但是第 91.1103 条、第 91.1105 条规定的除外:

(a)对航空人员执照持有人,给予其警告或者 1000 元以下的罚款。

(b)对运行人,给予其警告或者 3 万元以下的罚款。

M 章　附　　则

第 91.1201 条　施行

本规则自 2022 年 7 月 1 日起施行。

第 91.1203 条　废止的规章

自本规则施行之日起,原民航总局于 2007 年 9 月 10 日以民航总局令第 188 号公布、交通运输部于 2018 年 11 月 16 日以交通运输部令 2018 年第 40 号修改的《一般运行和飞行规则》,原民航总局于 2006 年 1 月 16 日以民航总局令第 159 号公布、交通运输部于 2018 年 11 月 16 日以交通运输部令 2018 年第 34 号修改的《维修和改装一般规则》同时废止。

附件

术语解释

局方:是指中国民用航空局(简称民航局)和中国民用航空地区管理局(简称民航地区管理局)。

运行人:是指实际控制使用民用航空器实施飞行活动的单位或者个人。一般为航空器的所有权人,但当航空器所有权人将使用控制权委托给代管人时,该航空器的运行人为航空器代管人。

运营人:是指在中华人民共和国登记并按照涉及民航管理的规章审定获得批准,从事以营利为目的的民用航空飞行活动的公共航空运输企业和通用航空企业。

机组成员:是指飞行期间在航空器上执行任务的航空人员,包括飞行机组成员和客舱乘务员。

飞行机组成员:是指飞行期间在航空器驾驶舱内执行任务并对航空器运行负有必不可少的职责的驾驶员和飞行机械员。

机长:是指由运行人指定,在飞行时间内对航空器的运行和安全拥有最终权利和负有最终责任的驾驶员。

使用控制:是指航空器所有权人或者运行人对某次飞行的起始、持续、改航或者终止行使控制权,并承担相应的职责。

航空器:是指由空气的反作用而不是由空气对地面发生的反作用在大气中取得支撑的任何机器。

复杂航空器:是指以下类别航空器:

(1)运输类航空器(含飞机及旋翼机);

(2)同时具有可收放起落架、襟翼和可变桨距螺旋桨的非运输类飞机;

(3)同时具有可收放起落架、襟翼和涡轮发动机的非运输类飞机;

(4)具有涡轮发动机且审定驾驶员数量超过1人的非运输类旋翼机。

非复杂航空器:是指复杂航空器以外的航空器。

运动类航空器:是指初级飞机、自转旋翼机、滑翔机、自由气球、小型飞艇。

飞机:是指动力驱动的重于空气的一种航空器,其飞行升力主要由给定飞行条件下保持不变的翼面上的空气动力反作用取得。

运输类飞机:是指按照 CCAR-25 部审定为运输类飞机的航空器。

运输类直升机:是指按照《运输类旋翼航空器适航规定》(CCAR-29 部)审定为运输类旋翼机的航空器。

指示速度(V_{at}):是指最大审定着陆重量着陆构型下失速速度 V_{S0} 的 1.3

倍或者是 V_{S1g} 的 1.23 倍。如果 V_{S0} 和 V_{S1g} 都可获得，V_{at} 选取计算结果的较大值。

飞行时间：是指航空器为准备起飞而借助自身动力开始移动时起，到飞行结束停止移动时止的总时间。对于直升机，是指从直升机的旋翼开始转动时起，到直升机飞行结束停止移动及旋翼停止转动为止的总时间。对于滑翔机，是指从滑翔机为了起飞而开始移动时（不论拖曳与否）起，到飞行结束停止移动时为止的总时间。

飞行经历时间：是指机组必需成员在其值勤岗位上执行任务的飞行时间，即在座飞行时间。

日历日：是指按照世界协调时间或者当地时间划分的时间段，从当日 00：00 至 23：59 的 24 小时。

日历月：是指按照世界协调时间或者当地时间划分，从本月 1 日零点到下个月 1 日零点之间的时间段。

飞行能见度：是指飞行员在空中从飞机驾驶舱能够在昼间看到或者识别前方显著无发光目标物，或者在夜间看到或者识别前方显著发光目标物的平均水平距离。

夜间：是指日落到日出之间的时间段。

目视气象条件：是指用能见度、离云的距离和云高表示，等于或者高于规定最低标准的气象条件。

仪表气象条件：是指用能见度、离云的距离和云高表示，低于为目视气象条件所规定的最低标准的气象条件。

超障面：是指以与水平面成 1：20 的斜率从跑道向上倾斜，并与跑道周围规定区域内的所有障碍物相切或者越过其上的平面。

航空作业：是指使用航空器进行专业服务的航空器运行，如农业、建筑、摄影、测量、观察与巡逻、搜寻与援救、空中广告等。

农林喷洒作业飞行：是指航空器进行下述飞行：

（1）喷洒农药；

（2）喷洒用于作物养料、土壤处理、作物生命繁殖或者虫害控制的任何其他物质；

（3）从事直接影响农业、园艺或者森林保护的喷洒任务，但不包括播撒活的昆虫。

1 级性能运行：是指具有以下性能的运行，即在临界发动机失效的情况下，具有使直升机继续安全飞行到合适着陆区的性能，除非上述发动机失效情况发生在达到起飞决断点（TDP）之前或者通过着陆决断点（LDP）之后，在这两种情况下,直升机必须能够在中断起飞或者着陆区内着陆。

2 级性能运行:是指具有以下性能的运行,即在临界发动机失效的情况下,具有使直升机继续安全飞行到合适着陆区的性能,除非上述发动机失效情况早在起飞阶段或者迟至着陆阶段发生,在这两种情况下,可能有必要实施迫降。

3 级性能运行:是指具有以下性能的运行,即在飞行中任何时候发生发动机失效的情况下,都有必要实施迫降。

跨水运行:是指航空器实施的下列运行:

(a)对于飞机应当满足下列条件:

(1)飞行距最近水域或者海域岸基线的水平距离不超过 93 公里(50 海里);

(2)飞行距最近水域或者海域岸基线的水平距离超过其滑翔距离;

(3)自机场起飞或者着陆时,起飞或者进近航迹处于水面上空,在发生不正常情况时有可能实施水上迫降。

(b)对于直升机应当满足下列条件:

(1)1 级或者 2 级性能直升机在水面上空飞行时离水域或者海域岸基线的距离不超过正常巡航速度 10 分钟;

(2)3 级性能直升机在非恶劣环境条件下,水面上空飞行时超过自转或者安全迫降着陆距离。

延伸跨水运行:是指航空器实施的下列运行:

(a)对于飞机,飞行距最近水域或者海域岸基线的水平距离超过 93 公里(50 海里)时的跨水运行。

(b)对于直升机应当满足下列条件:

(1)1 级或者 2 级性能直升机在水面上空飞行时离水域或者海域岸基线的距离超过正常巡航速度 10 分钟;

(2)3 级性能直升机在恶劣环境条件下,水面上空飞行时超过自转或者安全迫降着陆距离。

岸基:是指与水面相连并高出水面的陆地部分,不包括间歇性处于水面以下的陆地部分。

编队飞行:是指两架及两架以上航空器,按一定队形编组或者排列飞行。

适航性:是指航空器、发动机、螺旋桨或者零部件符合经局方批准的设计,并处于满足安全运行的状态。

维修工作:是指对航空器或者航空器部件所进行的任何检查、测试、修理、排故或者翻修工作。对于已经获得适航审定部门批准的设计更改的实施,也视为维修工作。

重要修理:是指对航空器重量、平衡、结构强度、性能、动力装置工作、飞行特性有显著影响的修理工作,包括按照 CCAR-21 部归类为设计大改的特殊修理。

重要改装:是指按照 CCAR-21 部定义为设计大改的改装。

临界发动机:是指失效时会对飞机的性能或者操纵造成最严重影响的发动机。

航空器飞行手册:是指由制造厂家编制,用于明确航空器的运行限制、程序、性能及装载信息的手册。该手册需经型号合格审定部门批准,并作为颁发型号合格证的必要条件。航空器飞行手册按照航空器的类别通常分为飞机飞行手册和直升机飞行手册。

航空器操作手册:是指符合局方要求的手册,它包含正常、非正常与应急程序、检查单、限制、性能资料、航空器系统详细内容以及与航空器运行有关的其他材料。航空器操作手册是运行手册的一部分。

一般国内运输机场:是指为从事旅客、货物运输等公共航空运输活动的民用航空器提供起飞、降落等服务的机场。

一般国际运输机场:是指除局方指定的特殊繁忙运输机场之外的国际机场。

特殊繁忙运输机场:是指年旅客吞吐量超过 1000 万人次的交通流量较大的国际机场。

搜寻和救援困难的陆地区域:是指国家搜救指挥协调部门地面网络没有覆盖的陆地区域。

偏离:对于规章中明确允许偏离的条款,合格证持有人在提出恰当理由和证明能够达到同等安全水平的情况下,经局方批准,可以不遵守相应条款的规定或者遵守替代的规定、条件或者限制。

小型商业运输和空中游览运营人运行合格审定规则

（2022 年 1 月 4 日交通运输部令 2022 年第 4 号公布　自 2022 年 7 月 1 日起施行　国司备字[2022005890]）

A 章　总　　则

第 135.1 条　目的和依据

为了对小型商业运输和空中游览运营人进行运行合格审定和持续监督管理，根据《中华人民共和国民用航空法》《中华人民共和国行政许可法》《国务院对确需保留的行政审批项目设定行政许可的决定》等法律、行政法规，制定本规则。

第 135.3 条　适用范围

(a)本规则适用于在中华人民共和国境内依法登记的运营人所实施的以取酬为目的的下列商业飞行活动：

(1)使用下列小型航空器实施的定期、不定期载客或者载货飞行，以及长途空中游览飞行：

(i)正常类、实用类、特技类和通勤类飞机。

(ii)正常类直升机。

(2)使用下列运输类飞机实施的载货或者不定期载客飞行：

(i)旅客座位数(不包括机组座位)30 座及以下。

(ii)最大商载 3400 千克及以下。

(3)使用运输类直升机实施的定期、不定期载客或者载货飞行。

(4)下列短途空中游览飞行：

(i)除自由气球外，航空器的起飞和着陆满足下列条件之一的空中游览飞行：

(A)在同一起降点完成，并且航空器在飞行时距起降点的直线距离不超过 40 千米。

(B)在两个直线距离不超过 40 千米的起降点间实施。

(ii)使用自由气球在运营人的运行规范中经批准的飞行区域内实施，并且每次飞行的起飞和着陆地点应当包含在该区域之内的空中游览飞行。

(b)本规则所称小型商业运输和空中游览运营人,是指从事本条(a)款规定商业飞行活动的运营人。

(c)小型商业运输和空中游览运营人在运行中所使用的人员以及小型商业运输和空中游览运营人所载运的人员,应当遵守本规则中的适用要求。

(d)本规则不适用于无人驾驶航空器。

第 135.5 条　职责划分

(a)中国民用航空局(以下简称民航局)负责小型商业运输和空中游览运营人运行合格审定的统一监督管理,组织指导小型商业运输和空中游览运营人的运行合格审定和持续监督检查工作,制定工作程序,统一规定运行合格证、运行规范及其申请书的格式。

(b)中国民用航空地区管理局(以下简称民航地区管理局)负责辖区内小型商业运输和空中游览运营人的运行合格审定和持续监督检查工作,颁发运行合格证和运行规范,并及时向民航局备案。

(c)在本规则中,民航局、民航地区管理局统称为局方。

第 135.7 条　小型商业运输和空中游览运营人的基本要求

(a)小型商业运输和空中游览运营人应当经局方按照本规则审定合格,获得局方颁发的小型商业运输和空中游览运营人运行合格证(以下简称运行合格证)和小型商业运输和空中游览运营人运行规范(以下简称运行规范)后,方可按照运行规范的要求实施本规则规定的运行。

(b)小型商业运输和空中游览运营人取得运行合格证和运行规范后,即成为本规则规定的运行合格证持有人(以下简称合格证持有人)。

(c)合格证持有人不得违反运行合格证和运行规范的要求实施运行。

第 135.9 条　遵守的法律、规章和程序

(a)合格证持有人应当保证其雇员知悉在境外运行时应当遵守运行所在国家或者地区的法律、规章和程序。

(b)合格证持有人应当保证所有驾驶员熟悉与其履行的职责相关的,为所飞地区、所用机场以及有关空中航行设施而制定的法律、规章和程序。还应当保证飞行机组的其他成员熟悉在航空器运行中与履行各自职责有关的法律、规章和程序。

(c)合格证持有人应当对运行控制负责,并且在运行手册中应当包括实施运行控制有关的人员与其职责的说明。

(d)在合格证持有人的运行控制程序中,应当确定机长对航空器的放行所负有的责任。

(e)如果在危及航空器或者人员安全的紧急情况下,应当采取违反规章或者程序的措施时,机长应当立即通知局方。对于境外运行,如事件发生地所在国或者地区提出要求,机长应当向该国或者地区的有关当局提交关于违章情况的报告,并在事件发生后的10日内向局方提交报告的副本。

(f)合格证持有人应当保证机长在航空器上可以获得飞经地区有关搜寻与救援服务的重要资料。

(g)合格证持有人应当保证飞行机组成员符合《民用航空器驾驶员合格审定规则》(以下称为CCAR-61部)所规定的无线电通信所使用语言的沟通和理解能力要求。

(h)合格证持有人在完成应当由持有执照的航空人员实施的工作时,所使用的航空人员应当满足下列条件:

(1)持有适合的现行有效的航空人员执照。

(2)满足涉及民航管理的规章中适用的资格要求,并能够胜任所从事的工作。

第135.11条　按照军方要求实施运行的偏离批准

(a)局方可以批准合格证持有人偏离本规则的适用规定,以便于其实施军方要求的特殊运行。

(b)在按照本条批准一项偏离时,局方将对合格证持有人的运行规范颁发相应的修改项。

(c)局方可以在任何时候终止按照本条颁发的偏离批准。

第135.13条　实施应急运行的偏离批准

(a)在紧急情况下并满足下列条件时,局方可以批准合格证持有人偏离本规则的适用规定:

(1)在该紧急情况下为了保护人员生命和财产安全应当采取运送人员或者财产的行动。

(2)局方认为,为了立即实施上述运行,应当偏离有关规定。

(b)在紧急情况下,局方可以使用下列方法之一批准偏离:

(1)局方对合格证持有人的运行规范颁发相应的修改项。

(2)如果情况紧急不允许及时修改运行规范,则局方可以用口头或者其他方式批准该偏离,但是合格证持有人应当在开始这种运行后24小时之内,向局方提交说明这种紧急情况性质的报告。

第135.15条　需要立即决断和处置的紧急情况

(a)在涉及人员和财产安全的紧急情况下,合格证持有人可以在该紧急情况所需的限度内,偏离本规则中与航空器、设备和最低天气标准相关的规定。

(b)在涉及人员和财产安全的紧急情况下，机长可以决定在该紧急情况所需的限度内偏离本规则的规定。

(c)按照本条规定偏离本规则的任何人员，应当在作出偏离行为之后的10日内，向负责该合格证持有人的民航地区管理局飞行标准职能部门递交一份关于所涉及航空器运行的完整报告，包括对所作偏离和作出偏离的原因的描述。

第135.17条　航空器的湿租

(a)除经民航局批准外，合格证持有人不得湿租境内外非商业载客、载货运营人的航空器用于本规则的运行(短途空中游览飞行除外)。

(b)合格证持有人在进行涉及湿租的运行前，应当向局方提交一份与境内外其他商业载客、载货运营人签订的航空器湿租租赁合同和有关批准文件的副本，局方收到租赁合同副本后，将确定合同中航空器的运行控制方，并根据需要，给合同一方或者双方分别颁发运行规范的修改项，否则合格证持有人不得进行湿租运行。

(c)合格证持有人应当提供下列需要列入运行规范的信息：

(1)合同双方的名称和合同的有效期限。

(2)合同所涉及的每架航空器的国籍标志和登记标志。

(3)运行种类。

(4)运行的机场或者区域。

(5)具体说明计划由哪一方控制运行和实施这种运行控制的时间、机场或者区域。

(d)在对本条(b)款事项作出决定时，局方将考虑下列因素：

(1)机组成员资格。

(2)航空器适航性和维修工作。

(3)运行控制。

(4)航空器的地面保障服务。

(5)航班计划。

(6)局方认为与安全有关的其他因素。

(e)经局方批准，合格证持有人在因特殊原因取消其航空器的飞行时，可以湿租按照本规则运行的其他商业载客、载货运营人的航空器，载运其旅客进行替代飞行，但是应当遵守本规则相应于所实施的运行种类的规定。

第135.19条　安全管理体系

在中华人民共和国境外实施商业载客或者载货飞行活动的合格证持有人应当建立安全管理体系，并且能够按照本规则的规定实施安全管理，该体系应当：

(a)至少具备以下功能：

(1)及时识别影响安全的危险源。

(2)保证采取必要的纠正措施以保持可接受的安全水平。

(3)持续监督和定期评估安全水平。

(4)持续改进整体安全水平。

(b)明确地界定整个组织内部的安全责任界限，包括高层管理者应当对安全直接承担的责任。

(c)如运行最大起飞重量超过27000千克的飞机，制定并持续实施非惩罚性的飞行数据分析计划，该计划应当包含保护数据来源的妥当防护措施。

(d)制定供运行人员使用的飞行安全文件系统。

第135.21条　监督和检查的实施

(a)合格证持有人应当接受局方对其进行的监督检查，以确定其是否符合涉及民航管理的规章规定以及是否符合其运行合格证和运行规范的规定。

(b)合格证持有人应当能在其主运行基地向局方提供下列资料：

(1)合格证持有人的运行合格证和运行规范。

(2)按照涉及民航管理的规章规定应当保存的每种记录、文件、报告的现行清单。

(c)负责保存合格证持有人记录、文件、报告的所有人员，应当能向局方提供相关资料。

(d)局方可以根据本条(a)款检查的结果或者相关材料，确定合格证持有人是否符合继续持有运行合格证和运行规范的相关要求。

B章　运行合格审定

第135.23条　运行种类

申请人可以申请下列一项或者多项运行种类的运行：

(1)本规则第135.3条(a)款(1)项规定的使用小型航空器实施的定期、不定期载客或者载货飞行(包括1至9座航空器定期、不定期载客或者载货飞行，以及10至19座航空器定期、不定期载客或者载货飞行)。

(2)本规则第135.3条(a)款(1)项规定的长途空中游览飞行。

(3)本规则第135.3条(a)款(2)项规定的使用运输类飞机实施的载货或者不定期载客飞行。

(4)本规则第135.3条(a)款(3)项规定的使用运输类直升机实施的定

期、不定期载客或者载货飞行。

(5)本规则第135.3条(a)款(4)项规定的短途空中游览飞行。

第135.25条　颁发条件

申请运行合格证和运行规范,应当具备下列条件:

(1)除申请仅实施本规则第135.3条(a)款(4)项规定的短途空中游览飞行外,满足本规则第135.19条和第135.27条要求。

(2)满足本规则第135.29条要求。

(3)根据申请运行的种类,满足本规则所有适用于该运行种类的条款的要求,具体如下:

(i)对于本规则第135.3条(a)款(1)项规定的定期、不定期载客或者载货飞行(小型航空器)以及长途空中游览飞行,应当遵守本规则C章关于航空器及仪表设备、飞行机组成员、飞行运行、性能使用限制、维修、记录和报告的规定。

(ii)对于本规则第135.3条(a)款(2)项规定的载货或者不定期载客飞行(运输类飞机),应当遵守本规则D章关于航空器及仪表设备、机组成员、飞行运行、性能使用限制、维修、记录和报告的规定。

(iii)对于本规则第135.3条(a)款(3)项规定的定期、不定期载客或者载货飞行(运输类直升机),应当遵守本规则E章关于航空器及仪表设备、飞行机组成员、飞行运行、性能使用限制、维修、记录和报告的规定。

(iv)对于仅实施本规则第135.3条(a)款(4)项规定的短途空中游览飞行,应当遵守其他有关的涉及民航管理的规章,无需符合本规则C章、D章和E章的要求。

(4)民航行业信用信息记录中没有与飞行运行相关的严重失信行为记录。

第135.27条　按照本规则实施运行所必需的管理机构和人员

(a)合格证持有人应当拥有能够有效控制和监督其整个运行的管理机构,并拥有足够的合格管理人员和技术人员,以保证在其运行中保持最高的安全水平。合格证持有人应当在下列职位上安排合格的专职人员:

(1)运行主管,负责合格证持有人飞行运行的组织实施,确保符合本规则的要求。

(2)维修主管,负责合格证持有人的航空器维修工作,确保符合本规则的要求。

(3)对于按照本规则第135.3条(a)款(2)项和本规则第135.3条(a)款(3)项规定的运行种类实施运行的,应当安排总飞行师,负责合格证持有人的飞行人员训练和技术管理,确保符合本规则的要求。

(b)对于某项具体运行,如果合格证持有人能够证明,由于所涉及的运行种类、所使用的航空器数量与型号和运行的区域等因素,使用较少的管理人员或者不同的管理人员配置能够完成本条(a)款规定职位的全部职责并能以同等安全水平完成运行,局方可以认可其管理人员的配备。

(c)本条(a)款要求的或者按照本条(b)款认可的职位名称和管理人员数量,应当明确填入合格证持有人的运行规范。

(d)担任本条(a)款或者(b)款要求或者认可的职位的人员,以及按照运行合格证实施运行的各级负责人,应当符合下列要求:

(1)在训练、经验、专业知识上保持合格水平。

(2)在其职责范围内,熟悉下列资料中与合格证持有人各种运行有关的内容:

(i)有关的涉及民航管理的规章。

(ii)合格证持有人的运行规范。

(iii)航空安全标准和安全运行常规。

(iv)合格证持有人的手册。

(3)严格履行其职责,以符合适用的规章要求,并保证安全运行。

(e)合格证持有人应当在其手册内的一般政策规定中,写明本条(a)款规定的人员的任务、职责和权力,并写明担任这些职务人员的姓名和业务地址。合格证持有人应当在上述所列职位上的人员变换或者空缺后10日内通知局方。

(f)担任本条(a)款中运行主管的人员应当符合下列条件:

(1)该管理人员应当至少持有商用驾驶员执照。如果在该合格证持有人的某些运行中担任机长的驾驶员需要持有仪表等级,则该管理人员也应当持有仪表等级。如果在该合格证持有人的某些运行中担任机长的驾驶员需要持有航线运输驾驶员执照,则该管理人员也应当持有航线运输驾驶员执照。

(2)符合下列条件之一且最近6年内未发生个人责任原因导致的征候及以上不安全事件:

(i)在最近3年内,在按照本规则或者《大型飞机公共航空运输承运人运行合格审定规则》(以下称为CCAR-121部)实施的运行中,有1年在运行主管或者类似职位上进行运行管理的经历。

(ii)在最近6年内,在按照本规则或者CCAR-121部实施的运行中,至少具有担任机长3年的经历。

(iii)在最近6年内,在按照《特殊商业运营人运行合格审定规则》(以下称为CCAR-136部)或者《民用航空器驾驶员学校合格审定规则》(以下称为

CCAR-141 部)实施的运行中,有 2 年在作业负责人、总飞行师或者主任飞行教员职位上进行运行管理的经历。

(iv)在按照 CCAR-136 部或者 CCAR-141 部实施的运行中,至少具有担任机长或者飞行教员 6 年的经历。

(g)担任本条(a)款中维修主管的人员应当符合下列条件:

(1)持有航空器维修人员执照,并且其类别至少对应合格证持有人所使用的一种类别航空器。如果合格证持有人所使用某类航空器的维修需要机型签署,则该管理人员也应当具备相应类别航空器的机型签署经历。

(2)在最近 6 年内具有至少 3 年从事合格证持有人运行的至少一种类别航空器的维修或者维修管理经历。

(h)担任本条(a)款中总飞行师的人员应当符合下列条件:

(1)该管理人员应当至少持有商用驾驶员执照。如果在该合格证持有人的某些运行中担任机长的驾驶员需要持有仪表等级,则该管理人员也应当持有仪表等级。如果在该合格证持有人的某些运行中担任机长的驾驶员需要持有航线运输驾驶员执照,则该管理人员也应当持有航线运输驾驶员执照。

(2)具有在该合格证持有人的至少一种机型上担任机长的有效资格。

(3)符合下列条件之一且最近 3 年内未发生个人责任原因导致的征候及以上不安全事件:

(i)在按照本规则或者 CCAR-121 部实施的运行中,有 1 年在总飞行师或者类似职位上进行运行管理的经历。

(ii)在最近 6 年内,在按照本规则或者 CCAR-121 部实施的运行中,至少具有担任机长 3 年的经历。

(iii)在最近 6 年内,在按照 CCAR-136 部或者 CCAR-141 部实施的运行中,有 2 年在作业负责人、总飞行师或者主任飞行教员职位上进行运行管理的经历。

(iv)在按照 CCAR-136 部或者 CCAR-141 部实施的运行中,至少具有担任机长或者飞行教员 6 年的经历。

(i)局方可以批准合格证持有人使用不符合本条(f)、(g)、(h)款规定的经历要求的人员,只要局方认为该人员胜任此项工作。

第 135.29 条　主运行基地、飞行基地和维修基地

(a)合格证持有人应当保持一个主运行基地。合格证持有人还可以按照运行需要建立飞行基地和维修基地,飞行基地和维修基地可以与主运行基地在同一地点,也可以在不同地点。

(b)在计划变更主运行基地,建立或者变更飞行基地或者维修基地之前至少 30 日,合格证持有人应当以书面形式告知局方。

第 135.31 条　申请材料

申请运行合格证和运行规范,申请人应当按照局方规定的格式和方法提交申请书及下列材料,并对材料的真实性负责:

(1)审定活动日程表。

(2)符合本规则第 135.121 条、第 135.323 或者第 135.513 条所要求内容的手册。

(3)训练大纲及课程。

(4)本规则要求的管理人员资历(如适用)。

(5)航空器、运行设备设施的购买合同、租赁合同或者协议文件的副本。

(6)申请人符合本规则所有适用条款的符合性声明。

(7)说明计划运行的性质和范围的文件。

第 135.33 条　局方审查

(a)民航地区管理局应当在收到申请书之后的 5 日内,以书面形式通知申请人是否受理申请。申请人未能提交齐全的材料或者申请书格式不符合要求,需要申请人补充申请材料的,民航地区管理局应当在该 5 日内一次性告知申请人需要补正的全部内容。

(b)民航地区管理局受理申请后,将对申请人的申请材料是否符合本规则的要求进行审查,对申请人能否按照本规则安全运行进行验证检查。对于申请材料的内容与本规则要求不符或者申请人不能按照本规则安全运行的,应当以书面形式通知申请人对申请材料的相关内容作出修订或者对运行缺陷进行纠正。

(c)民航地区管理局应当自受理申请之日起 20 日内作出是否颁发运行合格证和运行规范的决定。20 日内不能作出决定的,经本行政机关负责人批准,可以延长 10 日,并应当将延长期限的理由告知申请人。

第 135.35 条　证件颁发

(a)民航地区管理局作出颁发运行合格证和运行规范决定后,应当自作出决定之日起 10 日内向申请人颁发、送达运行合格证和运行规范。

(b)民航地区管理局审查决定不予颁发运行合格证和运行规范的,应当以书面形式通知申请人,说明理由并告知申请人依法享有申请行政复议或者提起行政诉讼的权利。

(c)运行规范是运行合格证的附件,内容包括合格证持有人应当遵守的与行使合格证权利相关的批准、条件和限制等规范。

第 135.37 条　证件内容

(a)运行合格证包含下列内容:

(1)合格证持有人的名称。

(2)合格证持有人的地址。

(3)合格证持有人主运行基地的地址。

(4)合格证的编号。

(5)合格证的颁发日期和更新日期(如适用)。

(6)发证机关及负责人签章。

(7)获得批准的运行种类。

(8)说明经审定,该合格证持有人符合本规则的相应要求,批准其按照所颁发的运行规范实施运行。

(b)运行规范包含下列内容:

(1)主运行基地、飞行基地和维修基地的具体地址。

(2)主要管理人员(如适用)。

(3)所批准运行种类的运行范围,包括批准运行的区域及限制。

(4)批准使用的每架航空器型号、系列编号、国籍标志和登记标志、类型和特殊运行能力。

(5)获得批准的特殊运行。

(6)局方按照规定批准的豁免或者批准的偏离。

(7)运行管理体系,包括机构及实施运行管理的手册体系。

(8)维修管理体系,包括机构及实施维修管理的手册体系。

(9)技术管理规范,包括机组训练、计划维修、偏差放行、载重平衡和地面结冰条件下运行。

(10)局方认为必需的其他项目。

第 135.39 条　有效期限及运行间断

(a)除法律、法规、规章另有规定外,运行合格证和运行规范一经颁发,长期有效。

(b)如果合格证持有人连续间断其运行规范中批准实施的定期载客运行达 30 天,连续间断定期载客运行之外的运行(空中游览飞行除外)达 90 天或者连续间断空中游览飞行运行超过 1 年,只有符合下列条件,方可继续实施该种运行:

(1)在实施该种运行之前,至少提前 7 天通知局方。

(2)如果局方决定重新进行全面检查,以确定其能否实施安全运行,运营人应当在前述 7 天期间处于能随时接受检查的状态。

第 135.41 条　撤销和注销

(a)合格证持有人不再具备安全生产条件的,局方撤销其运行合格证和运行规范。

(b)有下列情况之一的,局方依法办理运行合格证和运行规范的注销手续:

(1)运行合格证和运行规范被吊销或者撤销的。

(2)合格证持有人依法终止的。

(3)法律、法规规定的应当注销行政许可的其他情形。

第 135.43 条　保存和使用

(a)合格证持有人应当在其主运行基地保存运行合格证和完整有效的运行规范,接受局方检查。

(b)合格证持有人应当保证每个参与运行的人员熟知运行规范中适用于该人员工作职责的有关规定并遵照执行。

(c)合格证持有人应当将其运行规范中的有关内容或者信息,写进其运行手册中,并且应当清楚地写明这些内容是其运行规范的一部分,还应当说明运行规范的要求具有强制性;或者将完整的运行规范与运行手册放在一起,按照本规则第 135.121 条、第 135.323 条或者第 135.513 条对手册的要求进行分发、携带、存放和更新。

第 135.45 条　运行合格证的修改

(a)在下列情形下,局方可以修改运行合格证:

(1)局方认为为了安全和公众利益需要修改。

(2)合格证持有人申请修改,且局方认为安全和公众利益允许进行此种修改。

(b)合格证持有人申请修改其运行合格证时,应当遵守下列程序:

(1)合格证持有人应当在计划的修改生效日期前 90 日向颁发合格证的民航地区管理局提交修改其运行合格证的申请书。

(2)申请书应当按局方规定的格式和方法提交,申请人对申请材料的真实性负责。

(c)当局方拒绝修改申请或者合格证持有人对局方作出的修改决定有不同意见的,合格证持有人应当在收到局方通知后 30 日内提出重新考虑的请求。

第 135.47 条　运行规范的修改

(a)在下列情形下,局方可以修改运行规范:

(1)局方认为为了安全和公众利益需要修改。

(2)运营人申请修改,且局方认为安全和公众利益允许此种修改。

(b)除本条(e)款规定的情形外,局方主动修改运营人的运行规范应当遵守下列程序:

(1)局方以书面形式提出修改内容,通知运营人。

(2)局方确定7日以上的合理期限,运营人可以在此期限内对修改内容提交有关书面资料和意见。

(3)局方审查运营人提交的全部材料后,作出下列决定之一并通知运营人:

(i)采用全部修改意见。

(ii)采用部分修改意见。

(iii)拒绝所提出的修改意见。

(4)运营人收到局方颁发的修改运行规范的通知30日后,修改事项生效,但下列情况除外:

(i)根据本条(e)款,需要立即生效的。

(ii)运营人根据本条(d)款,请求对修改的决定重新考虑的。

(c)运营人申请修改运行规范应当遵守下列程序:

(1)运营人应当按下列规定提交修改运行规范的申请书:

(i)有下列任一情形的,应当至少在计划的运行规范修改生效日期前30日提出申请:

(A)兼并其他运营人或者增设按照本规则运行的分支机构的;

(B)增加运行的资产,需要重新证明其能够安全运行的;

(C)本规则第135.23条中确定的运行种类改变的;

(D)由于破产行为而暂停运行后需要恢复运行的;

(E)初次引进以前未经小型商业运输和空中游览运营人或者大型飞机公共航空运输承运人运行的航空器的。

(ii)除上述事项外,应当至少在计划的运行规范修改生效日期前15日提交修改其运行规范的申请书。

(2)按照局方规定的格式和方法向颁发运行规范的民航地区管理局提交申请书。

(3)局方审查运营人提交的材料后,作出下列决定之一并通知运营人:

(i)接受所申请的全部修改。

(ii)接受所申请的部分修改。

(iii)拒绝所申请的修改。

(4)运营人可以按本条(d)款规定申请局方对拒绝修改的决定进行重新

考虑。

(5)局方批准修改的,经与运营人协调,修改事项在局方批准的日期生效。

(d)运营人申请局方重新考虑修改事项的,应当遵守下列程序:

(1)运营人应当在收到局方拒绝修改的通知后,或者在收到局方提出修改运行规范的通知后30日内,向局方提出重新考虑的申请。

(2)符合本款(1)项规定的期限要求的,修改事项暂不生效,除非根据本条(e)款需要立即生效。

(3)不符合本款(1)项规定的期限要求的,按照本条(c)款程序执行。

(e)局方认为存在危及安全或者公众利益,需要立即修改运行规范的情况,可以采取下列措施:

(1)局方主动修改运行规范,并规定运营人收到修改通知时立即生效。

(2)局方应当向运营人发出通知说明原因,指出存在危及安全或者公众利益,需要立即修改运行规范的紧急情况。

C章　小型航空器运行

第一节　航空器及仪表、设备要求

第135.51条　航空器要求

(a)合格证持有人应当具有对按照本章运行的航空器的使用权,并在运行时携带现行有效的下列证件:

(1)国籍登记证。

(2)标准适航证。

(3)无线电台执照。

(b)如使用陆上飞机实施延伸跨水运行,应当通过适航审定表明水上迫降的符合性或者达到等效安全水平。

(c)除下列情况外,按照本章运行的航空器应当处于适航状态,并保持所安装的仪表和设备正常工作:

(1)符合航空器飞行手册中规定的《外形缺损清单》。

(2)符合合格证持有人根据航空器型号适用的《主最低设备清单》制定并获得局方按照《民用航空产品和零部件合格审定规定》(以下称为CCAR-21部)运行符合性评审要求批准或者认可的《最低设备清单》。

(d)当对航空器及其部件实施设计更改时,该设计更改应当按照CCAR-21部的规定获得批准。

第 135.53 条　基本飞行仪表和设备

(a)按照目视飞行规则(VFR)运行的航空器,应当获得适航审定批准为可按目视飞行规则(VFR)飞行的航空器,并符合航空器飞行手册对目视飞行规则(VFR)飞行的最低设备要求。

(b)按照仪表飞行规则(IFR)运行的航空器应当获得适航审定批准为可按仪表飞行规则(IFR)飞行的航空器,并符合航空器飞行手册对仪表飞行规则(IFR)飞行的最低设备要求。

(c)计划实施云上或者夜间飞行的航空器应当获得适航审定批准为允许夜间飞行的航空器,并符合航空器飞行手册对夜间飞行的最低设备要求。

(d)计划实施结冰条件下运行的航空器应当获得适航审定批准为允许结冰条件下飞行的航空器,并符合航空器飞行手册对结冰条件下飞行的最低设备要求。

第 135.55 条　应急和救生设备

(a)任何航空器在载客运行时都应当按照合格证持有人要求配备座椅和安全带:

(1)每一个 2 周岁以上乘员有一个座椅或者卧铺。

(2)每个座椅或者卧铺配有一条安全带。

(3)在驾驶舱内的飞行机组或者与其平行的座位还应当配有一副肩带。

(4)每一靠近地板高度的出口处的客舱机组成员应当配备带有安全带和肩带的座椅。

(b)任何航空器都应当至少按照合格证持有人要求配备手提式灭火瓶:

(1)在驾驶舱或者驾驶舱附近便于飞行机组取用的位置配备一个。

(2)最大审定旅客座位数 9 座以上的航空器应当在客舱配备一个,并方便取用。

(3)如果航空器设有 E 类货舱,应当在货舱区域配备一个,并方便灭火时取用。

(c)任何航空器都应当按照局方批准或者认可的飞行手册配备指示、告示标志或者标牌。

(d)非增压航空器在飞行高度 3000 米(10000 英尺)以上运行时,应当按照合格证持有人要求配备氧气设备和氧气:

(1)对驾驶舱内执勤的每一飞行机组成员按照本规则第 135.173 条配备足够的氧气量。

(2)在 3000 米(10000 英尺)至 4000 米(13000 英尺)之间超过 30 分钟时,在该运行时间内向至少 10%的乘客供氧。

(3)高于4000米(13000英尺)的全部运行时间向所有乘客供氧。

(e)增压航空器应当按照合格证持有人要求配备氧气设备和氧气：

(1)对驾驶舱内执勤的每一飞行机组成员提供的氧气量不得少于2小时。

(2)在高度高于7600米(25000英尺)的高度飞行或者在高度低于7600米(25000英尺)的飞行高度飞行但不能在4分钟内安全下降到4000米(13000英尺)或者以下的飞行高度时,为客舱中的乘员提供不少于10分钟的氧气。

(3)在10500米(35000英尺)以上的高度飞行,应当为每名机组成员提供一个密封的快戴型氧气面罩,每位驾驶员都有在5秒钟内即能用单手从待用位置戴上面部供氧和正确固定,能一直供氧或者当飞机座舱气压高度超过修正海平面气压高度4000米(13000英尺)时自动供氧。

(f)任何航空器在搜寻和救援困难的陆地区域上空运行时,应当配备至少一个烟火信号装置,并根据机上乘员数量配备足够的救生包。

(g)实施跨水运行时,按照合格证持有人要求：

(1)对于飞机,应当为每个乘员配备一件带有救生定位灯的救生衣或者等效漂浮装置,并存放在使用该装置者的座椅或者卧铺处等易于取用的位置。

(2)对于直升机,应当为每个乘员配备一件救生衣或者等效漂浮装置,并存放在使用该装置者的座位或者铺位处等易于取用的位置。

(h)实施延伸跨水运行时,还应当配备下列应急救生设备：

(1)可供机上人员乘坐的足够数量的符合局方要求的救生筏,并存放在紧急时便于取用的地方。

(2)配备适合的救生设备(包括根据机上乘员数量所配备的维持生命的设备)。

(3)至少装有一个烟火信号装置。

(i)按照合格证持有人要求配备应急定位发射机,并且其工作频率应当能同时工作在121.5MHz和406MHz：

(1)至少装备一台自动应急定位发射机。

(2)对于实施无人烟地区上空飞行或者延伸跨水运行时,至少装备两台,其中一台为救生型应急定位发射机(可放置在救生筏内)。

(j)当设置单独的舱室或者容器安放应急、救生设备时,在该舱室或者容器上易于观察的地方至少用中文标明其所安放物品及上次检验的日期(如适用)。

(k)如果有适于救援人员在紧急情况时要破开的机身部位,这些部位应当予以标出。标志的颜色应当为红色或者黄色,必要时用白色勾画出轮廓,以便与底色形成反差。如果角的标志相距超过2米,则其间应当另加一条9×3厘米的线，使任何两个相邻标志的距离不超过2米。

第135.57条　通信、导航和监视设备

按照本章运行的航空器，应当安装或者配备符合下列要求的通信、导航和监视设备：

(a)按照仪表飞行规则(IFR)运行或者在非地标领航的航路上按照目视飞行规则(VFR)运行时，应当至少安装两套独立的无线电导航系统，并能够引导航空器按照飞行计划和空中交通服务要求进行飞行。

(b)在管制空域飞行时，应当至少安装下列设备：

(1)两套独立的无线电通信设备，与地面建立双向通信，并且能在121.5MHz应急频率工作。

(2)一套能够对空中交通服务的询问进行编码回答和自动发送气压高度信息的应答机，并且在涉及下列区域运行的还应当能够对其他航空器进行对点编码回答和自动发送气压高度信息：

(i)在运输机场空域运行。

(ii)穿越或者占用局方公布的中、高空航路。

(c)对于涡轮喷气动力飞机，应当安装符合下列要求的高度保持和警告系统：

(1)向飞行机组指示所飞的高度。

(2)自动保持所选择的高度。

(3)当接近预选高度时，能向飞行机组至少发出音频或者视频提示信息。

(4)当飞机偏离预选高度时，能向飞行机组至少发出音频或者视频警告信息。

(d)在仪表气象条件下，预计在可探测到的雷雨或者其他潜在危险天气的航路或者区域运行时，应当安装气象雷达或者其他雷暴探测设备。

(e)最大审定旅客座位数9座以上的涡轮喷气动力飞机，应当安装地形提示和警告系统(TAWS)。

(f)对于涡轮喷气动力飞机，应当装备有机载风切变警告与飞行指引系统。

第135.59条　记录设备

(a)自2022年1月1日起，所有按照本章新投入运行的航空器应当至少安装一套符合下列要求的飞行记录器：

(1)一个符合局方规定的记录参数要求的飞行数据记录器，对飞机，记录时间不少于25小时。对于直升机，记录时间不少于10小时。

(2)一个驾驶舱话音记录器，并且记录时间不少于2小时。

（b）在符合所有记录要求的情况下，可以采用安装一套组合式飞行记录器（飞行数据记录器/驾驶舱话音记录器）的方式，来分别替代独立的飞行数据记录器和独立的驾驶舱话音记录器。

（c）对于使用数据链通信的航空器，其飞行记录器上应当记录与驾驶舱话音记录持续时间相同的所有发送和接收的数据链通信信息，并且与所记录的驾驶舱语音相互关联。

第 135.61 条　其他设备

（a）对于审定为水上飞机、水陆两用飞机或者水上使用的直升机，应当满足下列要求：

（1）装有《国际海上防撞规则》所规定的声音信号设备（如适用）。

（2）具有一副锚（当必须用来协助操纵时，还应当具有一副海锚或者浮锚）。

（3）配备符合局方要求的水面停泊灯。

（4）对于水上使用的直升机，装有浮筒装置。

（b）在 15000 米（49000 英尺）高度以上运行的涡轮喷气动力飞机，应当在飞行机组成员易于看到的位置安装能连续检测和显示所接受到宇宙辐射的辐射率和累积剂量的指示设备。

第二节　飞行机组成员

第 135.63 条　飞行机组成员的组成

在合格证持有人运行的航空器上所配备的飞行机组成员，应当符合航空器操作限制或者航空器飞行手册中的机组配备规定，以及本章对所实施运行类型的机组配备规定。

第 135.65 条　机长或者副驾驶的指派要求

（a）合格证持有人在按照本章运行时，应当满足下列要求：

（1）为每次飞行指派一名机长。

（2）为每次需要两名驾驶员的飞行，指派一名副驾驶。

（3）合格证持有人实施Ⅱ类或者Ⅲ类等低能见度运行时，还应当指派一名副驾驶。

（b）机长应当按照合格证持有人的指派，在该次飞行的所有时间内承担机长职责。

第 135.67 条　仪表飞行规则运行中要求配备的副驾驶

（a）除本条（b）款规定的情况外，在根据仪表飞行规则（IFR）实施载客运行时，应当配备一名副驾驶。

(b)除按照本规则第135.63条和第135.65条(a)款(3)项的规定配备副驾驶的情况外,当装备有经批准的自动驾驶仪系统,并且相应的运行规范中也已批准使用该系统时,可以偏离本条(a)款的要求,无需配备副驾驶。在此种情况下担任机长的驾驶员,应当在该厂家和型号的航空器上具有至少100小时的机长经历时间。合格证持有人申请使用自动驾驶仪系统代替副驾驶,应当向局方申请颁发相应的运行规范条款。

(c)如果满足下列条件,局方可以批准其使用自动驾驶仪代替副驾驶:

(1)该自动驾驶仪能够操纵航空器来保持飞行和进行绕三轴旋转的机动飞行。

(2)合格证持有人经演示证明,机长能够在合理的工作负荷下完成所有职责,使用自动驾驶仪的运行能够安全实施,符合本规则所有的运行要求。

(3)相应的运行规范条款中,包含了局方认为出于安全考虑所需规定的使用自动驾驶仪的条件和限制。

第135.69条　紧急情况和应急撤离职责

(a)对于每一型号的航空器,合格证持有人应当为每一机组必需成员指派其在紧急情况下或者需要应急撤离的情况下应当履行的职责。合格证持有人应当保证完成这些任务是现实可行的,并且考虑可预见的紧急情况的处理,包括个别机组成员可能丧失工作能力,或者在客货混装的航空器上,由于货物的移动机组成员不能到达客舱类似的紧急情况。

(b)合格证持有人应当在本规则第135.121条所要求的手册中规定本条(a)款要求的每类机组必需成员的职责。

第135.71条　酒精和药物的使用限制

(a)处于下列身体状况的人员,不得担任按照本章运行的机组成员:

(1)饮用含酒精饮料之后8小时以内。

(2)处于酒精作用之下。

(3)其呼出气体或者血液中酒精含量等于或者大于0.04克。酒精含量是指每210升呼出气体中含有的酒精克数或者每100毫升血液中含有的酒精克数。

(4)使用了大麻、可卡因、鸦片、天使粉或者安非他明等禁用药物或者影响人体官能的药品。

(b)除紧急情况外,驾驶员不得载运呈现醉态或者由其举止、身体状态可以判明处于药物控制之下的人员(受到看护的病人除外)。

(c)机组成员应当在局方要求时,接受局方人员或者局方委托的人员检查其血液中酒精含量的测试。当局方认为某人有可能违反本条(a)款(1)项或者

(3)项的规定时,此人应当根据局方的要求,将其担任或者试图担任机组成员之后4小时内所做的血液酒精含量测试结果提供给局方。

(d)如果局方认为某人有可能违反本条(a)款(4)项的规定,此人应当根据局方的要求,将其担任或者试图担任机组成员之后4小时内所做的每次体内药物测试的结果提供给局方。

(e)局方根据本条(c)款或者(d)款所取得的测试结果,可以用来判定该人员是否具备担任机组成员执行该次飞行任务的资格,或者是否有违反中国民用航空法规的行为。

第135.73条　机长的资格要求

(a)按照目视飞行规则(VFR)运行时,担任机长的驾驶员应当满足下列要求:

(1)至少持有相应类别、级别和型别(如适用)等级的商用驾驶员执照。

(2)对于飞机,至少具有500小时驾驶员飞行经历时间,包括至少100小时的转场飞行时间,其中至少25小时在夜间完成。对于按照目视飞行规则(VFR)实施云上运行的直升机,至少具有500小时驾驶员飞行经历时间,包括至少50小时的转场飞行时间,其中至少10小时在夜间完成。

(3)对于飞机和按照目视飞行规则(VFR)实施云上运行的直升机,持有相应仪表等级或者航线运输驾驶员执照。

(b)满足下列条件时,担任飞机机长的驾驶员可以偏离本条(a)款(3)项要求,无需持有仪表等级:

(1)航空器为活塞式发动机驱动的单发飞机。

(2)经局方批准,在无线电导航不可靠而主要使用地标导航的区域内飞行。

(3)按照昼间目视飞行规则(VFR),符合《一般运行和飞行规则》(以下称为CCAR-91部)第91.351条的基本目视飞行规则(VFR)最低天气标准,在飞行中能持续保持地面目视参考,且能见度不小于5公里。

(4)距合格证持有人飞行基地距离不超过400公里的飞行。

(5)飞行区域在合格证持有人的运行规范中得到批准。

(c)按照仪表飞行规则(IFR)运行时,担任机长的驾驶员应当满足下列要求:

(1)至少持有相应类别、级别和型别(如适用)等级的商用驾驶员执照。

(2)至少具有1000小时飞行经历时间,包括500小时的转场飞行时间、100小时的夜间飞行时间以及75小时的实际或者模拟仪表飞行时间(其中至少50小时为实际仪表飞行时间)。

(3)持有相应仪表等级或者航线运输驾驶员执照。

第135.75条　副驾驶资格要求

(a)在型号合格审定为两名驾驶员的运行中,或者按照本规则第135.67条要求配备副驾驶的运行中,担任副驾驶的驾驶员应当至少持有相应类别、级别和型别(如适用)等级的商用驾驶员执照或者多人制机组驾驶员执照。

(b)按照仪表飞行规则(IFR)运行时,担任副驾驶的驾驶员应当持有相应的仪表等级,并满足CCAR-61部中的近期仪表经历要求。

(c)按照目视飞行规则(VFR)实施直升机云上飞行,担任副驾驶的驾驶员应当持有直升机仪表等级,并满足CCAR-61部中的近期仪表经历要求。

(d)对于本章未作要求而合格证持有人出于自身运行需要配备的副驾驶,应当至少持有相应类别和级别等级的商用驾驶员执照,并且在本章要求机长持有仪表等级时,该驾驶员也应当持有相应的仪表等级并满足CCAR-61部中的近期仪表经历要求。

第135.77条　运行经历

(a)仅当驾驶员在指派为机长前已经在该型号的航空器上和该机组成员职位上取得了下列运行经历,合格证持有人方可使用该驾驶员在按照本章运行的载客航空器上担任机长,该驾驶员方可接受合格证持有人的安排担任机长:

(1)单发航空器为10小时。

(2)活塞式发动机驱动的多发航空器为15小时。

(3)涡轮发动机驱动的多发航空器为20小时。

(b)在获取上述运行经历时应当符合下列要求:

(1)该经历应当在圆满完成针对该航空器和机组职位的相应地面和飞行训练后获取。在合格证持有人的训练大纲中应当包括关于获取运行经历的规定。

(2)该经历应当在按照本规则实施的载客运行的飞行中获取。如果该航空器先前没有在合格证持有人按照本规则实施的运行中使用过,可以使用在参加验证飞行或者调机飞行的航空器上获取的运行经历来满足这一要求。

(3)驾驶员在获取运行经历时,应当在有资格的飞行教员或者飞行检查员的监视下履行机长职责。

(4)在非载客运行中完成的一次起飞和着陆,或者载客运行中飞行时间不足1小时的飞行中完成的一次起飞和着陆,可以算作一个飞行小时数,用于满足本条(a)款要求的运行经历小时数,但以该种方法计算的飞行小时数不得超过本条(a)款要求的小时数的50%。

第 135.79 条　近期经历

在按照本章实施的载客运行中担任机长的驾驶员，应当在参加每次运行前 90 天内满足下列近期经历要求：

(a)在所服务的相应类别、级别和型别(如适用)等级的航空器上，作为飞行控制装置的唯一操纵者完成 3 次起飞和 3 次着陆。

(b)对于夜间运行，本条(a)款所要求的 3 次起飞和 3 次着陆应当在夜间完成。满足本款要求的驾驶员即认为其满足昼间运行的近期经历要求。

(c)对于后三点飞机的运行，本条(a)款所要求的 3 次起飞和 3 次着陆应当在后三点飞机上完成，并且每次着陆均为全停着陆。满足该款要求的驾驶员即认为其满足相应类别和级别等级且不需要型别等级的其他飞机的近期经历要求。

第 135.81 条　用于满足近期飞行经历的航空器和设施

合格证持有人应当提供航空器和设施，用于满足驾驶员近期飞行经历要求，并持续保持其技术熟练水平，胜任所有被批准的运行。

第 135.83 条　熟练检查要求

(a)仅当驾驶员在参加该次服务之前 6 个日历月内，通过了由局方人员或者符合局方要求的飞行检查员实施的，在其所飞每个类别、级别和型别(如适用)航空器上，按照 CCAR-61 部第 61.59 条所要求的熟练检查，合格证持有人方可使用该驾驶员、该人员方可为其担任驾驶员。对于本规则不要求驾驶员持有仪表等级的目视飞行规则(VFR)运行，只需在前 12 个日历月内通过其所飞每个类别、级别和型别(如适用)航空器的熟练检查。

(b)对于在 CCAR-61 部要求驾驶员具有型别等级的航空器上服务的驾驶员，其熟练检查应当在所服务的该型别航空器上完成。对于不要求驾驶员具有型别等级的航空器，熟练检查应当交替在所服务的该级别航空器上完成，但是对于多发飞机或者直升机，应当交替在所服务的该厂家和型号的飞机或者直升机上完成。

(c)经局方批准，熟练检查中的某些部分可以在航空器模拟机或者其他相应的训练设备上完成。

(d)熟练检查不得在按照本规则实施的运行中进行。

第 135.85 条　机长航线检查

(a)仅当驾驶员在该次服务之前 12 个日历月内，在其所飞的一种级别或者型别(如适用)航空器上通过了航线检查，合格证持有人方可使用该驾驶员担任机长，该驾驶员方可担任这一职位。该检查应当符合下列条件：

(1)由局方人员或者符合局方要求的飞行检查员实施。

(2)包括了至少一次一个航段的飞行。对于按照仪表飞行规则(IFR)运行的驾驶员,该检查应当按照仪表飞行规则(IFR)实施。

(3)包括在一个或者多个合格证持有人运行的机场实施的起飞和着陆。

(b)实施该次检查的人员应当确定接受检查的驾驶员是否合格于在本章运行中担任机长,并在该驾驶员的训练记录中予以确认。

第135.87条　考试和检查的附加规定

(a)按照本章接受考试或者飞行检查的机组成员,在所要求的那个日历月之前或者之后一个日历月内完成相应考试或者飞行检查,则认为该机组成员是在所要求的那个日历月内完成了考试或者检查。

(b)如果被检查的驾驶员未圆满完成规定的动作,实施检查的人员可以在实施检查的飞行过程中对该驾驶员进行附加训练。除了需要重复先前未通过的动作外,检查人员可以要求该驾驶员重复其他判断该驾驶员的熟练性所必需的动作。如果接受检查的驾驶员不能向实施检查的人员演示令人满意的能力,则合格证持有人不得允许该驾驶员参加运行,该驾驶员也不得作为飞行机组成员参加运行,直至其圆满完成该检查。

第135.89条　训练的管理政策

(a)本章训练规定适用于为每个雇佣或者使用的机组成员、飞行教员、飞行检查员或者其他运行人员建立并保持经批准的训练大纲的合格证持有人。

(b)对于运行无型别等级要求的航空器驾驶员,为获取航线运输驾驶员执照,或者增加类别、级别等级和仪表等级的训练,应当在按照CCAR-141部经批准的训练机构中,完成该训练机构相应经批准课程的训练并获得相应的等级,不适用于本章的要求。

(c)对于运行有型别等级要求的航空器驾驶员,合格证持有人可以根据运行需要按照本规则D章或者E章的相关要求对其进行初始增加型别等级训练或者转机型训练,其训练大纲、训练设备、飞行教员、飞行检查员应当满足D章或者E章的相应要求。

(d)本规则D章和E章所要求的人员近期经历、训练要求、飞行检查或者资格要求,经过评估后可以替代C章的相应要求。

(e)按照本规则第135.91条被要求具备训练大纲的合格证持有人应当:

(1)制定训练大纲并获得批准,提供满足本章要求的训练,确保每个机组成员、飞行教员和飞行检查员能得到充分的训练以履行被指派的职责。

(2)对本章所要求的训练,提供足够的地面和飞行训练设施。

(3)提供足够的飞行教员、飞行检查员和合格的地面教员,以实施本章要求的训练和飞行检查。

(f)负责按照本章实施的某一特定地面训练课目和飞行检查的每个教员、主管人员或者飞行检查员,在完成这些训练或者检查后,应当对被训练或者检查合格的机组成员、飞行教员或者飞行检查员的技术熟练程度和知识水平作出合格证明。这种合格证明应当作为该人员个人记录的一部分。

(g)适用于一种以上航空器或者机组成员职位的训练科目,如果作为该合格证持有人的雇员在先前的训练中已经在另一航空器或者另一机组成员职位上完成了该训练科目,则这些科目在以后的训练中,除定期地面训练外,不需要重复训练。

(h)对于履行危险物品处理或者载运职责的人员(含地面人员)应当按照《中国民用航空危险品运输管理规定》(以下称为 CCAR-276 部)规定进行训练并保存训练记录。

第 135.91 条　驾驶员的训练要求

(a)除本规则第 135.87 条款规定的情况外,仅当驾驶员在参加该次运行前 12 个日历月内,完成了与其所服务的运行类型相适应的训练大纲中的定期复训课程,并通过相应的考试,合格证持有人方可在按照本章运行中使用该驾驶员担任、该驾驶员方可担任机组成员。

(b)除定期复训外,合格证持有人还应当提供必要的地面和飞行训练内容、教学和实践,以确保每一机组成员达到下列要求:

(1)对于所服务的每架航空器、机组成员工作位置及运行类型,持续保持充分的训练和近期熟练水平。

(2)对新的设备、设施、程序和技术,包括对航空器的改装,具有合格水平。

(3)先前训练过并获得资格的机组成员,由于在要求的期限内没有满足下列要求而失去资格后应当进行重新获得资格训练:

(i)本规则第 135.83 条的熟练检查要求。

(ii)本规则第 135.85 条的航线检查要求。

(4)在某一级别等级的航空器上审定合格并服务过的机组成员,在其到该级别等级航空器一个不同型号的相同职位上服务之前,当局方认为需要时应当进行差异训练。

第 135.93 条　驾驶员训练大纲

(a)除在运行中仅使用一名驾驶员的合格证持有人外,合格证持有人应当建立并保持一份经批准的驾驶员训练大纲。大纲应当与每个驾驶员被指派参加的运行(包括本规则附件 F 规定的适用的特殊运行)相适应,并满足本规则第 135.97 条中的定期复训要求。如果局方认为由于运行的规模和范围的限制,偏离这些要求可以保证安全,局方可以批准其对本条要求的偏离。

(b)每一按照本条(a)款要求具有训练大纲的合格证持有人,应当在其训练大纲中包含关于下列训练的地面和飞行训练课程:

(1)差异训练。

(2)定期复训。

(3)重新获得资格训练。

(4)应急生存训练。

(5)特殊运行训练(如适用)。

第 135.95 条　训练大纲制定、修订及批准

(a)为了获得训练大纲以及一份经批准的训练大纲的修订项的初始批准和最终批准,每个合格证持有人应当向局方提交:

(1)建议的或者修订后的课程纲要和可以为建议的训练大纲或者修订项提供初步评审的足够资料。

(2)局方要求的相关附加资料。

(b)对于符合本章要求的训练大纲或者其修订项,局方发出初始批准,合格证持有人即可以依照该大纲实施训练。局方在训练过程中对该训练大纲的训练效果作出评估,并向合格证持有人指出应当予以纠正的缺陷。

(c)如果局方确认合格证持有人按照本条(b)款得到初始批准后的大纲实施的训练能保证每个受训人员获得充分的训练以履行其指派的职责,局方可以为其颁发该训练大纲或者其修订的最终批准。

(d)当局方认为应当对最终批准的训练大纲作出某些修订,以保持良好训练效果时,合格证持有人在收到局方通知后应当对大纲进行相应的修改。合格证持有人在收到通知之日起 30 日内,可以向局方提出重新考虑的请求。在对请求未作出决定的期间,上述局方通知暂停生效。如果局方认为出于安全考虑应当使修订立即生效,局方可以在向合格证持有人说明原因后,要求其立即对训练大纲作出修改。

第 135.97 条　定期复训

合格证持有人应当根据机组成员的职位,在其训练大纲中包含本条(a)款的地面训练,以确保每位机组成员以每 12 个日历月为一周期得到定期复训,并将定期复训的要求、实施程序和质量控制等相关内容列入本规则第 135.93 条要求的驾驶员训练大纲中,以确保对相应航空器型别和飞行机组成员岗位得到充分理论训练。

(a)机组成员的定期复训应当至少包括下列内容:

(1)一次确定机组成员对于相关航空器和机组成员岗位所具备的知识的问答或者其他形式的复习。

(2)对于基础教育地面训练,至少包括下列内容:

(i)通用科目,包括下列内容:

(A)机组成员的相应职责;

(B)本章的相应规定;

(C)合格证持有人的运行手册中的相应部分。

(ii)对于驾驶员,还应当完成包括下列内容的训练:

(A)合格证持有人的运行合格证和运行规范中的内容;

(B)确定重量和平衡的原则和方法,以及对起飞和着陆的跑道限制;

(C)足够的气象学知识,以保证具有对天气现象的实践知识,包括锋面系统、结冰、雾、雷暴、风切变以及适用时的高空天气条件的原理;

(D)空中交通服务系统、程序和术语;

(E)导航和导航设备的使用,包括仪表进近程序;

(G)下降到决断高度/高(DA/DH)或者最低下降高度/高(MDA/MDH)以下之前和下降到低于决断高度/高(DA/DH)或者最低下降高度/高(MDA/MDH)过程中的目视参考;

(H)其他保证驾驶员能力所需的教学。

(iii)在地面结冰条件(如霜、冰或者雪)下运行,包括:

(A)使用除冰和防冰液时对保持时间的限制;

(B)航空器除冰和防冰程序,包括检查程序及责任;

(C)通信;

(D)航空器表面污染物(如霜、冰或者雪的附着)和关键区域的辨别,以及污染物如何对航空器性能和飞行特性带来不利影响的知识;

(E)合格证持有人使用的除冰和防冰液的类型和特性;

(F)寒冷天气下的飞行前检查程序;

(G)识别航空器上污染物的方法。

(3)本规则第135.99条规定的应急生存训练。

(4)本规则第135.93条规定的特殊运行知识和技能训练(如适用)。

(b)完成定期复训后,驾驶员应当通过由合格证持有人指定的训练质量控制人员实施的对下列知识的笔试或者口试:

(1)CCAR-61部、CCAR-91部和本规则的相应条款内容,以及合格证持有人的运行规范和手册。

(2)针对该驾驶员所飞的每一型号航空器的动力装置、主要部件和系统、主要设备、性能和使用限制、标准和应急操作程序,以及经批准的航空器飞行手册或者等效资料中的适用内容。

(3)针对该驾驶员所飞的每一型号航空器，确定其符合起飞、着陆和航路运行的重量和平衡限制的方法。

(4)导航和适用的导航设备的使用，包括适用的仪表进近设施和程序。

(5)空中交通服务程序，包括适用的仪表飞行规则(IFR)程序。

(6)一般气象学知识，包括锋面系统、结冰、雾、雷暴和风切变的原理，以及适用于合格证持有人运行的高空天气。

(7)下列程序：

(i)识别和避开恶劣天气条件。

(ii)从恶劣天气条件中脱离，对于直升机，不要求作脱离低空风切变的考试。

(iii)进入或者靠近雷暴(包括最佳穿越高度)、颠簸(包括晴空颠簸)、结冰、冰雹和其他危险天气环境。

(8)新的设备、程序和技术(如适用)。

(c)对于按照本章要求进行定期复训的机组成员，在要求进行本条(b)款考试的那个日历月之前或者之后一个日历月中完成训练的，被视为在所要求的那个日历月中完成了训练。

第 135.99 条　机组成员应急生存训练

(a)每一机组成员应当完成训练大纲规定的应急生存训练。该训练大纲应当针对每一航空器型别(如适用)、型号和布局，以及与每位机组成员和合格证持有人相适应的每种运行类型制定。

(b)应急生存训练应当包括下列内容：

(1)应急工作的任务分派和程序，包括机组成员之间的协调配合。

(2)下列应急设备的所在位置、功能和使用方法：

(i)用于水上迫降和撤离的设备(如适用)。

(ii)急救设备及其正常使用。

(iii)手提灭火瓶，重点是适用不同类型失火的灭火瓶型号。

(3)紧急情况的处理，包括下列内容：

(i)空中或者地面的失火和烟雾控制程序，重点是找到客舱区域内的电气设备和相关的跳开关。

(ii)水上迫降和撤离(如适用)。

(iii)乘客或者机组成员生病、受伤等非正常情况的处置。

(iv)劫机和其他偶然事件。

(4)回顾和讨论该合格证持有人以前与实际紧急情况有关的飞行事故和事件。

第 135.101 条　飞行教员的资格审定

(a)在本条和本规则第 135.103 条中：

(1)飞行教员履行本规则第 135.89 条(a)款和(e)款(3)项以及(f)款相应职能。

(2)实施为获取执照和等级的飞行训练的飞行教员应当符合 CCAR-61 部相关资质要求。

(b)仅当驾驶员对于相应的航空器类别、级别和型别(如适用)等级符合下列要求,合格证持有人方可使用该驾驶员、该驾驶员方可在按照本章制定的训练大纲中担任飞行教员：

(1)持有在按照本规则实施的相应运行中担任机长所需的航空人员执照和等级。

(2)圆满完成在按照本规则运行中担任机长所需的在该航空器上的训练,包括定期复训。

(3)圆满完成在按照本规则运行中担任机长所需的熟练检查和航线检查。

(4)满足本规则第 135.103 条、135.309 条或者 135.505 条规定的适用的训练要求。

(5)持有 I 级体检合格证。

(6)满足本规则第 135.79 条中的近期经历要求。

第 135.103 条　飞行教员的初始和转机型训练要求

(a)飞行教员的初始地面训练应当包括：

(1)飞行教员的职能、作用和责任。

(2)适用的民用航空法规以及合格证持有人的政策和程序。

(3)实施要求的教学的适用方法、程序和技术。

(4)对学员表现的正常评估,包括发现：

(i)不正常的和不充分的训练。

(ii)申请人可能对安全有不利影响的个性。

(5)针对训练效果不满意时的纠正措施。

(6)经批准的在航空器上实施要求的正常、非正常和应急程序的方法、程序和限制。

(7)对于未持有飞行教员等级的,还需完成下列训练：

(i)教学过程的基本原理。

(ii)教授方法和程序。

(iii)教员和学员的关系。

(b)在飞行教员的转机型地面训练中,应当包括实施适用于该飞行教员类别、级别和型别(如适用)等级航空器的正常、非正常和应急程序的经批准的方法、程序和限制。

(c)飞行教员的初始和转机型飞行训练应当包括:

(1)在教学期间可能会遇到的紧急情况下的安全措施。

(2)在教学期间采取的安全措施不及时、不正确所带给安全飞行的潜在后果。

(3)从左座和右座实施必需的正常、非正常和应急机动飞行的训练和实践,确保其具备实施本章要求的飞行教学的能力。

(4)教学期间,在可能产生的紧急情况下,从任一驾驶员座位采取的安全措施。

第135.105条　飞行检查员的资格审定

(a)在本条和本规则第135.107条中飞行检查员仅指飞行检查员(航空器):

(1)飞行检查员(航空器)是指有资格针对特定类别、级别和型别(如适用)等级的航空器,在航空器上实施飞行检查的人员。

(2)飞行检查员履行本规则第135.89条(a)款和(e)款(3)项以及(f)款相应职能。

(b)仅当驾驶员符合下列条件,合格证持有人方可使用该驾驶员、该驾驶员方可在按照本章制定的训练大纲中担任飞行检查员:

(1)持有在按照本规则实施的相应运行中担任机长所需的驾驶员执照和等级。

(2)圆满完成在按照本规则运行中担任机长所需的在该航空器上的训练,包括定期复训。

(3)圆满完成在按照本规则运行中担任机长所需的熟练检查和航线检查。

(4)满足本规则第135.107条规定的适用的训练要求。

(5)持有I级体检合格证。

(6)满足本规则第135.79条中的近期经历要求。

(7)具有合格证持有人指派的飞行检查职能。

第135.107条　飞行检查员的初始和转机型训练要求

飞行检查员应当按照下列要求完成训练:

(a)飞行检查员的初始地面训练,应当包括:

(1)飞行检查员的职能、作用和责任。

(2)适用的民用航空法规以及合格证持有人的政策和程序。

(3)实施要求的检查的适用方法、程序和技术。

(4)对学生表现的正常评估,包括发现:

(i)不正常的和不充分的训练。

(ii)申请人可能对安全有不利影响的个性。

(5)检查不满意时的纠正措施。

(6)经批准的在航空器上实施要求的正常、非正常和应急程序的方法、程序和限制。

(b)在飞行检查员的转机型地面训练中,应当包括实施适用于该飞行检查员的航空器的正常、非正常和应急程序的经批准的方法、程序和限制。

(c)飞行检查员的初始和转机型飞行训练,应当包括:

(1)在检查期间可能会遇到的紧急情况下的安全措施。

(2)在检查期间采取的安全措施不正常、不及时或者不执行安全措施会造成的潜在结果。

(3)从左座和右座实施必需的正常、非正常和应急程序的飞行检查的训练和实践,确保其实施本章要求的驾驶员飞行检查的能力。

(4)在检查期间可能产生的紧急情况下,从任一驾驶员座位采取的安全措施。

第三节　飞 行 运 行

第 135.121 条　手册的要求

(a)除在运行中仅使用一名驾驶员的合格证持有人外,合格证持有人应当编写手册并保持其现行有效。

(1)手册中应当包含局方可以接受的合格证持有人的程序和政策,并满足本规则第 135.123 条手册内容的要求。

(2)为合格证持有人实施运行的飞行、维修和其他地面人员应当使用该手册。如果局方认为由于运行的规模有限,没有必要为飞行、维修或者其他地面人员编写手册某些部分,则局方可以批准其偏离本条要求。

(b)合格证持有人应当在其主运行基地保存至少一套手册。

(c)手册不得与所有适用的涉及民航管理的规章、合格证持有人在境外运行时适用的运行所在国法规以及合格证持有人的运行合格证和运行规范相抵触。

(d)手册或者手册的相应部分,包括其修订和增补,应当由合格证持有人提供给飞行、维修和其他地面人员使用。

(e)本条(d)款所述的合格证持有人的工作人员,应当及时更新手册,保持手册的最新状态,并使用最新有效的手册内容。上述人员在履行其职责时,应当能随时查阅手册或者手册的相应部分。如果合格证持有人已经在航空器上配备了手册或者手册的相应部分,则不要求机组成员随身携带这些手册,但应当有专人负责这些手册的更新。

(f)手册应当具有中文版本。如果合格证持有人在运行中使用了不熟悉中文的人员,则应当为其提供相应熟悉文字的手册,并且应当保证这些手册的一致性和同等有效性。

(g)为了遵守本条(d)款的要求,合格证持有人可以用印刷形式或者其他符合局方规定的形式,为(d)款中所列的人员提供手册或者手册的相应部分。如果合格证持有人使用印刷形式之外的形式,则应当保证为这些人员提供配套的阅读设备。

(h)如果合格证持有人将航空器飞往存有相应维修资料的特定航站实施检查和维修时,则该航空器上不需携带该相应维修资料。

第 135.123 条　手册内容

在手册每一经修订的页面上应当有最后一次修订的日期。手册的内容应当包括:

(a)本规则第 135.27 条要求的经局方批准的管理人员的姓名,该人员被指派的职责和权限,以及按照本规则第 135.9 条被合格证持有人批准实施运行控制的有关人员及其职责的说明。

(b)保证遵守航空器重量和平衡限制的程序。

(c)合格证持有人的运行规范或者相应的摘录信息,包括批准运行的区域、批准使用的航空器类别和级别、机组组成以及批准的运行种类。

(d)遵守事故通报要求的程序。

(e)确保机长了解航空器已经完成要求的适航检查、符合相关维修要求并被批准返回使用的程序。

(f)报告和记录机长在飞行前、飞行中和飞行后发现的机械不正常情况的程序。

(g)机长确认上次飞行中发现的机械不正常情况或者缺陷是否修复或者推迟修复的程序。

(h)机长在合格证持有人没有作出预先安排的地点获得航空器维修、预防性维修和获取服务时需要遵守的程序(如果驾驶员被批准为合格证持有人完成这一工作)。

(i)特定类型运行所需的设备发生故障或者失效,判断是否放行或者继续飞行时,按照本规则第 135.51 条确定的程序。

(j)航空器加油、清除燃油污染、防火(包括静电防护),以及加油期间管理和保护乘客需要遵守的程序。

(k)机长按照本规则第135.157条的要求,对乘客进行安全讲解时需要遵守的程序。

(l)相应的运行控制程序。

(m)确保遵守应急程序,包括在紧急情况下每类机组必需成员的职责分工,以及按照本规则第135.69条应急撤离时的职责分工。

(n)驾驶员的航路资格审定程序(如适用)。

(o)批准的航空器维修方案。

(p)遵守中国民用航空危险品运输管理相关规定的程序。

(q)紧急情况下将需要他人协助的乘客快速撤离至出口需要遵守的程序。

(r)控制相关运行人员执勤时间、飞行时间和休息期的程序。

(s)防冰和除冰程序。

(t)遵守中国民用航空有关安保规定的程序,包括防止非法干扰、劫机、破坏行为的程序。

(u)确保在前90天之内未飞过某条航线或者某一机场的驾驶员,能够在开始该次飞行前熟悉该次飞行安全运行所必需的所有可用资料的程序。

(v)遵守本章其他有关要求的程序。

第135.125条　合格证持有人名称的使用

(a)合格证持有人按照本规则实施运行时,所使用的名称应当与其运行合格证上所列名称一致。

(b)在按照本规则运行的航空器上,应当明显地标出运行该航空器的合格证持有人的名称,否则合格证持有人不得运行该航空器。航空器上标示名称的方法及其可识别性应当符合局方规定。

第135.127条　为运行人员提供的航空信息资料

合格证持有人应当为所有运行人员提供运行规范中适用于该人员职责的信息,并且应当为每个驾驶员提供下列现行有效的资料:

(a)必需的航空信息资料,包括导航设备、机场灯光和目视助航设备、空域、空中交通服务程序、应急程序、影响飞行安全的因素、航空图表等方面的信息,或者包含相同信息的商业出版资料。

(b)航空器操作手册、航空器飞行手册或者等效资料。

第135.129条　驾驶舱中必需配备的资料

(a)合格证持有人应当为驾驶员提供下列资料,这些资料应当保持最新有效的状态,以恰当、适用的形式编制,并且放置在驾驶员从其驾驶座位上易于取用的地方:

(1)驾驶舱检查单。

(2)对于多发航空器或者带可以收放起落架的航空器,按照适用情况包含本条(c)款要求的程序的驾驶舱应急检查单。

(3)驾驶员操作位置上一套相关的航空图表,目视飞行规则(VFR)飞行应当包含航空地图。

(4)对于仪表飞行规则(IFR)运行,驾驶员操作位置上一套适用的航路、终端区以及进近图。

(5)对于多发航空器,一台发动机失效时的爬升性能数据,并且当航空器被批准用于仪表飞行规则(IFR)飞行或者云上飞行时,该数据应当足以让驾驶员判断是否满足本规则第135.215条(a)款(2)项的规定。

(b)本条(a)款(1)项要求的驾驶舱检查单中应当按照以下各个阶段列出检查项目:

(1)开车前。

(2)起飞前。

(3)起飞后。

(4)着陆前。

(5)着陆后。

(6)关车。

(c)本条(a)款(2)项要求的驾驶舱应急检查单应当按照适用情况包含以下方面的程序:

(1)对燃油、液压、电气和机械系统的应急操作。

(2)仪表和操纵系统的应急操作。

(3)发动机失效程序。

(4)其他保证安全所需的应急程序。

第135.131条　陆上航空器跨水运行的性能要求

有下列情况之一的,陆上航空器可以实施跨水载客运行:

(a)当发动机失效时,航空器能从运行的高度到达陆上。

(b)在起飞或者着陆过程中不可避免飞越水面。

(c)对于多发航空器,其运行重量允许该航空器在临界发动机不工作的情况下,能在离地(水面)高度300米(1000英尺)上以至少0.25米/秒(50英尺/分钟)的速率爬升。

(d)对于直升机,装有浮筒装置。

第135.133条　目视飞行规则飞行的最低高度要求

除航空器起飞和着陆外,按照目视飞行规则(VFR)运行的航空器应当满足下列最低高度要求：

(a)对于飞机：

(1)昼间飞行时，离地面、水面的高度不得低于150米(500英尺)，并且离障碍物的水平距离不得小于150米(500英尺)。

(2)夜间飞行时，飞行高度应当高于离预定飞行航路水平距离8公里(5英里)范围内的最高障碍物至少300米(1000英尺)。在山区，飞行高度应当高于离预定飞行航路水平距离8公里(5英里)范围内的最高障碍物至少600米(2000英尺)。

(b)对于直升机，在飞越人口稠密区上空时，离地高度不得低于90米(300英尺)。

第135.135条　目视飞行规则飞行的能见度要求

(a)在运输机场空域以外的空域按照目视飞行规则(VFR)运行飞机时，如果云底高小于300米(1000英尺)，则飞行能见度不得小于3200米(2英里)。

(b)在修正海平面气压高度900米(3000英尺)以下或者离地高度300米(1000英尺)以下(以高者为准)按照目视飞行规则(VFR)运行直升机时，飞行能见度在昼间不得小于800米(1/2英里)，在夜间不得小于1600米(1英里)。

第135.137条　直升机目视飞行规则飞行中的目视参考要求

按照目视飞行规则(VFR)运行直升机时，驾驶员应当建立足够的目视地面或者水面参考。对于夜间飞行，建立足够的目视地面或者水面灯光参考，能够保证其安全操作直升机。

第135.139条　目视飞行规则云上载客飞行的运行限制

除满足本规则第135.215条的要求外，航空器按照目视飞行规则(VFR)进行云上载客飞行时，还应当满足下列条件：

(a)天气报告、预报或者两者的组合表明，在预计的航空器云上飞行结束时刻，天气条件满足下列要求之一：

(1)允许航空器按照目视飞行规则(VFR)下降到云层之下，并且天气预报表明，该天气条件能够一直保持到预计的云上飞行结束时刻之后至少1小时。

(2)允许在无云条件下飞行至规定的最终进近设施上方的起始进近高度，然后再按照仪表飞行规则(IFR)进近和着陆，但按照CCAR-91部第91.365条的规定使用雷达引导的情况除外。

(b)具备按照目视飞行规则(VFR)完成下列飞行的条件：

(1)对于单发航空器，在发动机失效后能够按照目视飞行规则(VFR)下降。

(2)对于多发航空器，如果其临界发动机失效，能够按照目视飞行规则

(VFR)下降或者继续飞行。

第 135.141 条　天气报告和预报

(a)按照本规则运行航空器的人员,应当使用符合局方规定的民用航空气象服务机构提供的天气报告或者预报。对于按照目视飞行规则(VFR)实施的运行,当不能得到上述报告或者预报时,机长可以使用基于自己的观察,或者基于其他有相应能力的人员所作的观察而得到的气象信息。

(b)在本条(a)款中,在某机场进行仪表飞行规则(IFR)运行时,提供给驾驶员使用的天气观察应当在实施该次仪表飞行规则(IFR)运行的机场完成。如果局方认为对于合格证持有人的某些特定运行,使用该机场以外地点完成的观察亦能达到同等安全水平,则局方可以允许其偏离本条要求,在运行规范中批准其在该次仪表飞行规则(IFR)运行所在机场以外的地点完成观察。

第 135.143 条　结冰条件下的运行限制

(a)除下列情况外,当有霜、冰或者雪附着在航空器的旋翼叶片、螺旋桨、风挡、机翼、安定面或者操纵面、动力装置上或者附着在空速、高度、爬升率或者飞行姿态仪表系统上时,任何人员不得驾驶航空器起飞:

(1)当有霜附着在机翼、安定面或者操纵面上,已经确定霜被除掉,使表面光滑后可以起飞。

(2)如符合局方规定,当有霜附着在机翼下部油箱区域时,可以起飞。

(b)任何情况下,当有理由认为霜、冰或者雪会附着在飞机上时,仅当驾驶员已经完成了本规则第 135.91 条要求的所有适用训练,并且符合下列条件之一,合格证持有人方可指令、驾驶员方可驾驶飞机起飞:

(1)在开始起飞前 5 分钟之内完成了一次起飞前污染物检查,该检查针对特定飞机型号,由合格证持有人建立并得到局方批准。起飞前污染物检查是用于确认机翼和操纵表面没有霜、冰或者雪的检查。

(2)合格证持有人具有经批准的备用程序,并使用该程序确定没有霜、冰或者雪。

(3)合格证持有人具有满足 CCAR-121 部第 121.649 条要求的经批准的除冰和防冰大纲,该次起飞遵守了该大纲的要求。

(c)除配备有满足运输类飞机型号合格审定要求的防冰装置的飞机外,驾驶员应当遵守下列规定:

(1)不得按照仪表飞行规则(IFR)飞入已知的或者预报的轻度或者中度结冰区。

(2)仅当航空器具有起作用的除冰或者防冰设备,可以保护每个旋翼叶片、螺旋桨、风挡、机翼、安定面或者操纵面,以及每个空速、高度、爬升率或者飞行姿态仪表系统,方可按照目视飞行规则(VFR)飞入已知的轻度或者中度结冰区。

(d)仅当直升机经型号合格审定,装备了适合结冰条件中运行的设备,方可按照仪表飞行规则(IFR)飞入已知的或者预报的结冰区,或者按照目视飞行规则(VFR)进入已知的结冰区。

(e)除配备有满足运输类飞机型号合格审定要求的防冰装置的飞机外,任何驾驶员不得将航空器飞入已知的或者预报的严重结冰区。

(f)如果机长依据当前的天气报告和通报信息发现,上次预报之后的天气条件发生了变化,原来预报的将阻止该次飞行的结冰条件将不会在飞行中遇到,则本条(c)款、(d)款和(e)款基于预报条件的限制不再适用。

第 135.145 条　目视飞行规则飞行的燃油供应要求

(a)按照目视飞行规则(VFR)运行飞机时,应当在考虑风和预报的天气条件后,有足够的燃油飞至第一个预计着陆点,并且以正常巡航燃油消耗率完成下列飞行:

(1)对于昼间运行,至少再飞行 30 分钟。

(2)对于夜间运行,至少再飞行 45 分钟。

(b)按照目视飞行规则(VFR)运行直升机时,应当在考虑风和预报的天气条件后,有足够的燃油飞至第一个预计着陆点,并且以正常巡航速度再飞行 20 分钟。

第 135.147 条　机场要求

(a)合格证持有人使用的任何机场,应当考虑到机场的规模、道面、障碍物和灯光等因素认定该机场足以供运行使用。

(b)航空器驾驶员夜间载运乘客在机场起飞和着陆,应当满足下列条件:

(1)驾驶员已经通过带照明的风向指示器或者与当地的通信联络中确定了风向,或者在起飞前通过驾驶员的个人观察确定了风向。

(2)用于起飞或者着陆的区域界线已用下列设施清晰标出:

(i)对于飞机,使用边界标志灯或者跑道标志灯。

(ii)对于直升机,使用边界标志灯或者跑道标志灯,或者反光材料。

(c)对于本条(b)款,如果起飞或者着陆区域使用马灯等其他发光装置标记,应当得到局方的批准。

第 135.149 条　关键阶段飞行机组成员的值勤要求

(a)在飞行的关键阶段,合格证持有人不得要求飞行机组成员完成航空器安全运行所必需的工作之外的任何其他工作,飞行机组任何成员也不得承担这些工作。该类工作包括但不限于:预定厨房供应品,确认乘客的衔接航班,对乘客进行合格证持有人的广告宣传、介绍风景名胜和其他与安全无关的广播，填写与运行无关的公司报告表、记录表。

(b)在飞行的关键阶段，飞行机组成员不得从事可能分散飞行机组其他成员工作精力，或者可能干扰其他成员正确完成这些工作的活动，机长也不得允许其从事此种活动。该类活动包括但不限于：进餐、在驾驶舱无关紧要的交谈、阅读与正常飞行无关的刊物。

(c)在本条中，飞行关键阶段是指滑行、起飞、着陆和除巡航飞行以外在3000米(10000英尺)以下的飞行阶段。

第135.151条　乘客占用驾驶员座位

如果合格证持有人所用航空器的旅客座位数(不包含驾驶员座位)8座及以下，并且按照本规则规定允许其使用一名驾驶员实施运行，则可以允许机长、副驾驶、合格证持有人的航空检查人员和局方监察员以外的人员占用空置的驾驶员座位。

第135.153条　禁止干扰机组成员

任何人员不得在按照本规则运行的航空器上攻击、胁迫、威胁或者干扰履行机组职责的机组成员。

第135.155条　飞行机组成员工作位肩带的要求

每个飞行机组成员在起飞和着陆时应当系紧肩带，但机组成员在履行职责需要时可以松开肩带。

第135.157条　飞行前对乘客的简介

(a)在每次起飞前，载客航空器的机长应当保证所有乘客得到下列方面的口头简介：

(1)吸烟。每位乘客应当得到何时、何处和在何种情况下禁止吸烟的简介。该简介应当包含合格证持有人申明：涉及民航管理的规章要求乘客遵守点亮的乘客信息灯、出示的标牌和因安全目的指定的禁烟区的指令，并听从机组成员的相关指令。简介还应当包括关于现行法规禁止摆弄、损伤和毁坏航空器厕所(如该航空器装有厕所的话)内安装的烟雾探测器，禁止在厕所内吸烟，以及适用时，禁止在客舱内吸烟的规定。

(2)安全带使用。包括系紧和松开安全带的方法，以及在何时、何地和何种情况下应当系紧安全带。该简介应当包括合格证持有人申明：涉及民航管理的规章要求乘客遵守点亮的乘客信息灯给出的指令，并听从机组成员关于使用安全带的相关指令。

(3)在起飞和降落前调直椅背。

(4)乘客登机门和紧急出口的位置和打开方法。

（5）救生设备的位置。

（6）如果该次飞行涉及延伸跨水运行，所需漂浮装置的使用和迫降程序。

（7）如果该次飞行涉及平均海平面高度3600米（12000英尺）以上的运行，氧气的正常和应急使用方法。

（8）手提灭火器的位置和使用方法。

（b）在每次起飞之前，机长应当确保每位在紧急情况下需要别人帮助才能迅速撤至出口的人员和该人员的护理人员（如适用）都得到了简介，被告知在发生紧急情况时撤离航空器的程序。本款不适用于那些在该架航空器的上一航程飞行中已接受此简介的人员。

（c）本条（a）款要求的口头简介应当由机长或者其他机组成员作出。

（d）尽管有本条（c）款的规定，对于经审定可以载运19名及以下乘客的航空器，本条（a）款要求的口头简介可以由机长、一名机组成员或者合格证持有人指定的合格人员作出。

（e）合格证持有人应当将本条（a）款要求的口头简介的内容印制在卡片上，卡片上的文字说明应当至少包括中文。这些卡片应当放置在航空器上方便每位乘客便于取用阅读的地方。卡片上不得印有任何广告，卡片的制作应当满足下列要求：

（1）适用于使用该卡片的航空器。

（2）包括紧急出口的示意图和使用方法。

（3）包括使用机上应急设备所必需的其他指令。

（f）本条（a）款要求的简介可以用符合局方要求的录音播放装置播放，并应当使每位乘客在正常噪音水平环境下能清晰地听到。

第135.159条　飞行前检查

开始飞行前，机长应当确认航空器已按照适用情况完成了所要求的维修工作并处于适航状态。对于合格证持有人规定由机长进行飞行前检查的情况，应当在本规则第135.121条要求的手册中明确，并在训练大纲中增加相应的培训要求。

第135.161条　操纵装置的控制

除符合下列规定的人员外，机长不得允许任何人员在按照本规则实施的飞行中操作航空器的操纵装置，任何人员也不得在这些飞行中操作航空器的操纵装置：

（a）合格证持有人雇佣的对该航空器具备资格的驾驶员。

（b）正在履行飞行检查工作职责，符合操作该航空器合格要求的监察员或者委任代表。

第 135. 163 条　机械不正常情况信息的控制

每个合格证持有人应当在每架航空器上携带航空器飞行记录本，以记录机械不正常情况及修复或者延期修复的情况。

第 135. 165 条　报告潜在的危险气象条件和通信或者导航设施的不正常情况

驾驶员在飞行中一旦遇到潜在的危险气象条件，或者发现某一地面通信或者导航设施不正常，如果认为严重影响飞行的安全，则应当尽快通知空中交通服务部门。

第 135. 167 条　紧急情况下有限制的继续或者中止飞行

(a)在按照本规则实施飞行期间，如果合格证持有人或者机长了解到会影响运行安全的实际情况(包括机场和跑道情况)，则应当根据情况对继续飞行加以限制或者中止飞行，直至相关的情况得到改善。

(b)除下列情况外，机长不得允许航空器在出现本条(a)款规定的情况时继续飞向计划着陆机场：

(1)有足够的理由认定在预计到达计划着陆机场时，影响运行安全的实际情况将得到消除。

(2)除飞向着陆机场外已经没有更为安全的方法。对于该种情况，继续飞向上述机场将构成本规则第 135. 15 条所规定的紧急状态。

第 135. 169 条　安全带和儿童限制装置的使用

(a)在航空器于地面移动、起飞和着陆期间，按照本规则运行的航空器上的每个乘员，均应当在符合局方要求的座椅就座，并用单独的安全带适当系好。对于水上航空器和安装有浮筒的直升机在地表移动期间，将水上航空器或者直升机推离码头或者将其系留在码头的人员，无需满足前述座位和安全带要求。对于 2 周岁以下的儿童可以由占有符合局方要求座椅的成年人抱着。

(b)只有每一乘客座椅的椅背处于竖立位置，合格证持有人方可使航空器起飞或者着陆。

(c)要求装备组合式安全带和肩带装置的座椅上的每个乘员，在起飞和着陆过程中都应当用这种组合式安全带和肩带装置将乘员恰当扣紧，但在履行其正常职责需要时，可以松开肩带。

(d)在每个无人乘坐的座椅上，若装有安全带和肩带装置，则应当将其固定好，使其不妨碍机组成员执行任务或者应急情况下人员的迅速撤离。

第 135. 171 条　行李和货物的载运

合格证持有人载运货物和行李(包括手提行李)时，应当满足下列要求：

(a)装载在航空器内经批准的货架、货箱或者货舱内。

(b)按照符合局方规定的方式固定在航空器内。

(c)以满足下列全部要求的方式装载在客舱内：

(1)对于货物，用安全带或者其他有足够强度的系留装置予以固定，在正常可以预见的飞行与地面条件下不会产生移动。对于手提行李，进行系留以避免空中颠簸时发生移动。

(2)进行包装或者封盖，以避免伤害乘客。

(3)不会对座椅或者地板结构施加超过载荷限制的力。

(4)不得放在妨碍通达或者使用应急出口和正常出口的位置，或者妨碍使用驾驶舱和客舱之间过道的位置。仅当有辅助的标牌或者其他符合局方要求的方法能为乘客提供明确的提示，方可放在挡住乘客视线，使乘客无法见到"安全带"标牌、"禁止吸烟"标牌或者任何要求的出口标牌的位置。

(5)不得直接放置在就座乘客的正上方。

(6)对于某些在飞行过程中需要移动的物品，在起飞和着陆阶段也应当按照本条规定进行存放。

(7)对于全货物运行，如果在发生紧急情况时，货物的装载能够保证至少有一个应急或者正常出口供机上所有乘员顺利撤离航空器，则本条(c)款(4)项的要求不适用。

(d)在乘客座位下方安放行李时，应当有措施能保证在航空器受到碰撞所产生的极限惯性力的作用下，所放行李不会发生滑动，该力是由航空器型号合格审定所依据的紧急着陆条件规则确定的。

(e)如果装载货物的货舱在设计上要求飞行机组成员在飞行中发生火灾时进入货舱灭火，则货物的装载应当保证机组成员能够使用手提式灭火器将灭火剂喷射到货舱所有部位。

第135.173条　驾驶员使用氧气的要求

(a)非增压航空器的驾驶员在进行下列飞行时应当持续使用氧气：

(1)高度超过平均海平面高度3000米(10000英尺)但不超过3600米(12000英尺)，在这些高度上飞行超过30分钟后的飞行时间段。

(2)高度超过平均海平面高度3600米(12000英尺)。

(b)对于增压航空器：

(1)增压航空器在座舱气压高度大于平均海平面高度3000米(10000英尺)时，每个驾驶员应当遵守本条(a)款的要求。

(2)增压航空器在平均海平面高度7600米至10600米(25000英尺至35000英尺)的高度上运行时，每个驾驶员应当配备一个快速佩戴型的氧气面

罩,否则应当满足下列要求:

(i)至少一名处于操作位置的驾驶员应当佩戴氧气面罩,该面罩应当可靠地固定和密封,并且始终处于供氧状态或者可以在座舱气压高度超过平均海平面高度3600米(12000英尺)时自动供氧。

(ii)飞行期间,在驾驶舱值勤的每位其他驾驶员应当拥有一个与氧气源相连接的氧气面罩,该面罩放置在驾驶员能迅速戴至面部供其可靠、密封使用的位置。

第135.175条　乘客医用氧气

(a)除本条(d)款、(e)款规定的情况外,仅当所携带的装置在制造上可以保证所有阀门、接头和仪表在携带和使用的过程中不会损坏,并且满足下列要求,合格证持有人方可允许携带或者使用储存、发生或者分配医用氧气的设备:

(1)该设备应:

(i)由乘客携带该设备时,合格证持有人应当确认其满足我国或者运行所在国关于该设备制造、包装、标记、标签和维修方面的要求。

(ii)由合格证持有人配置该设备时,该设备应当符合我国关于其制造、包装、标记、标签和维修方面的要求,并且按照合格证持有人经批准的维修方案进行维护。

(iii)所有外表面无可燃污染物。

(iv)被恰当固定。

(2)当氧气以液态形式储存时,从购入新设备之日起或者从储存容器最后一次被清洗之日起,该设备应当已经按照合格证持有人经批准的维修方案进行维修。

(3)当氧气以国家的相应标准所定义的压缩气体形式储存时,应当满足下列要求:

(i)当合格证持有人拥有该设备时,应当按照合格证持有人经批准的维修方案维修。

(ii)氧气瓶中的压力不得超过氧气瓶的额定压力。

(4)在航空器上携带该设备时或者准备使用该设备时,应当通知航空器的机长。

(5)应当存放好该设备,并且使用该设备的人员应当在座位上就座,以便不妨碍接近和使用所需的任何应急出口、正常出口或者客舱中的过道。

(b)任何人不得、合格证持有人也不得允许任何人在距离按照本条(a)款载运的氧气储存和分配设备3米(10英尺)的范围内吸烟或者用火。

(c)在航空器上载有乘客时,除了在使用医用氧气方面受过训练的人员外,合格证持有人不得允许任何人连接或者拆卸氧气瓶或者其他附属部件。

(d)在紧急医疗事件中,由于没有其他合理可用的运输方法而参加医疗飞行的航空器,如果该次飞行所运送的人员由一名在医用氧气方面受过训练的人员陪同,则对于航空器上载运的由专业或者医疗急救机构提供的氧气设备,本条(a)款(1)项(i)目不适用。

(e)根据本条(d)款规定偏离本条(a)款(1)项(i)目规定的合格证持有人参加应急医疗飞行,应当在作出偏离行动后10日内,向其合格证主管民航地区管理局提交一份关于偏离所涉及运行的完整报告,在报告中包括对偏离行动的描述和偏离的原因。

第135.177条　禁止载运武器

除按照相关法律法规被批准携带武器的人员外,在合格证持有人所运行的航空器上的任何人员,不得以隐秘或者公开的方式在机上放置或者随身携带武器。

第135.179条　酒精饮料

(a)除合格证持有人所供应的含酒精饮料外,任何人不得在航空器上饮用其他含酒精饮料。

(b)对于航空器上显示出醉酒状态的人员,合格证持有人不得再为其提供任何含酒精饮料。

(c)对于显示出醉酒状态的人员,合格证持有人不得允许其登机。

第135.181条　仪表飞行规则运行的限制

(a)除本条(b)款、(c)款规定的情况外,任何人不得在国家公布的航路之外的空域,以及没有局方公布的标准仪表进近程序的机场按照仪表飞行规则(IFR)运行航空器。

(b)当满足下列条件时,局方可以颁发运行规范,允许合格证持有人在国家公布的航路之外的航路上按照仪表飞行规则(IFR)实施运行:

(1)合格证持有人向局方证明,飞行机组成员有能力在没有建立地面目视参考的情况下沿预计航迹飞行,并且不会偏离预计航迹5度或者8公里(5英里)(取两者中较小者)。

(2)局方认定所申请的运行能够安全实施。

(c)当局方确认合格证持有人需要按照仪表飞行规则(IFR)从某一没有局方公布的标准仪表进近程序的机场离场,并且合格证持有人所申请的运行能够安全实施时,可以允许其从该机场离场。

第 135.183 条　仪表飞行规则起飞限制

当天气条件不低于起飞最低标准，但低于经批准的仪表飞行规则(IFR)着陆最低标准时，仅当在距起飞机场 1 小时飞行时间(在静止空气中以正常巡航速度飞行)的距离内有一备降机场，方可按照仪表飞行规则(IFR)起飞航空器。

第 135.185 条　仪表飞行规则目的地机场最低天气标准

仅当最新的天气报告、预报或者两者的组合表明，在航空器到达预定着陆机场的预计时刻，天气条件达到或者高于经批准的仪表飞行规则(IFR)着陆最低标准，方可按照仪表飞行规则(IFR)起飞航空器或者进入仪表飞行规则(IFR)飞行或者云上运行。

第 135.187 条　仪表飞行规则备降机场最低天气标准

(a)对于仪表飞行规则(IFR)飞行中所用的备降机场，应当有相应的天气实况报告、预报或者两者的组合表明，当航空器到达该机场时，该机场的天气条件等于或者高于备降机场最低天气标准。

(b)对于按本规则运行的飞机，合格证持有人应当在经批准的机场最低运行标准上增加至少下列数值，作为该机场用作备降机场时的最低天气标准：

(1)对于只有一套进近设施与程序的机场，决断高度/高(DA/DH)或者最低下降高度/高(MDA/MDH)增加 120 米(400 英尺)，能见度增加 1600 米(1 英里)。

(2)对于具有两套(含)以上精密或者非精密进近设施与程序并且能提供不同跑道进近的机场，决断高度/高(DA/DH)或者最低下降高度/高(MDA/MDH)增加 60 米(200 英尺)，能见度增加 800 米(1/2 英里)，在两条较低标准的跑道中取较高值。

(c)对于按照本规则运行的直升机，合格证持有人应当在经批准的机场进近程序决断高度/高(DA/DH)或者最低下降高度/高(MDA/MDH)上增加 60 米，能见度至少 1600 米，但是不小于所用进近程序最低能见度标准，作为该机场用作备降机场时的最低天气标准。

第 135.189 条　仪表飞行规则燃油及备降机场要求

(a)除本条(b)款规定的情况外，仅当在考虑到天气报告、预报或者两者的组合后，航空器上携带了能完成下列飞行的燃油，方可在仪表飞行规则(IFR)条件下运行航空器：

(1)完成到达第一个预定着陆机场的飞行。

(2)从该机场飞至备降机场。

(3)此后以正常巡航速度飞行 45 分钟。对于直升机，以正常巡航速度飞行 30 分钟。

(b)如果第一个预定着陆机场具有局方公布的标准仪表进近程序,并且相应的天气报告、预报或者两者的组合表明,在预计到达时刻前后至少 1 小时的时间段内达到下列天气条件,则可以不选择备降机场,本条(a)款(2)项不适用:

(1)云高在盘旋进近的最低下降高度/高(MDA/MDH)之上至少增加 450 米(1500 英尺)。或者,如果该机场没有局方公布的仪表盘旋进近程序,云高为公布的最低标准之上至少 450 米(1500 英尺)或者机场标高之上至少 600 米(2000 英尺)(取两者中较高者)。

(2)在目的地机场实施仪表进近程序时,该机场预报的能见度至少为 4.8 公里(3 英里),或者至少比最低的适用能见度最低标准大 3.2 公里(2 英里)(取两者中较大者)。

(3)对于直升机,云高高于机场标高 300 米或者高于适用的进近最低标准之上 120 米(以高者为准),能见度 3000 米。

第 135.191 条　仪表飞行规则起飞、进近和着陆最低标准

(a)航空器在某一机场实施仪表进近程序前,应当满足下列条件:

(1)该机场具有符合局方规定的民用航空气象服务机构。

(2)该民用航空气象服务机构发布的最新气象报告表明,天气条件达到或者高于该机场经批准的仪表飞行规则(IFR)着陆最低标准。

(b)当本条(a)款(1)项规定的民用航空气象服务机构发布的最新天气报告表明天气条件达到或者高于经批准的仪表着陆最低标准时,航空器驾驶员方可进入仪表进近程序中的最后进近阶段继续实施进近。

(c)当驾驶员已经按照本条(b)款规定开始了仪表进近程序中的最后进近阶段,并在此后收到后续的气象报告表明天气条件低于着陆最低标准,驾驶员仍可以操作航空器继续进近。当航空器进近至经批准的决断高度/高(DA/DH)或者最低下降高度/高(MDA/MDH)时,如果驾驶员断定实际的天气条件不低于该机场的最低着陆天气标准,则可以继续进近并完成着陆。本款所述的最后进近阶段是指下列情况之一:

(1)航空器实施仪表着陆系统(ILS)进近或者基于性能导航(PBN)的仪表进近时,已经通过最后进近定位点。

(2)航空器实施机场监视雷达(ASR)或者精密进近雷达(PAR)进近时,已经移交至最后进近管制员。

(3)航空器使用甚高频全向信标台(VOR)、无方向性导航台(NDB)实施进近或者实施其他类似方法的进近时,该航空器已经通过相应的设施或者最后进近定位点,或者在没有规定最后进近定位点时,已经完成了程序转弯并且位于程序规定的距离内,按照最后进近航道向机场归航。

(d)对于在该型别飞机上担任机长时间未达到100小时的涡轮发动机飞机机长,应当在局方公布的机场运行最低标准或者合格证持有人的运行规范中规定的决断高度/高(DA/DH)或者最低下降高度/高(MDA/MDH)之上增加30米(100英尺),能见度在着陆最低标准上增加800米(1/2英里),但不超过合格证持有人将该机场作为备降机场时使用的着陆最低标准。

(e)驾驶员在军方或者国外机场实施仪表飞行规则(IFR)起飞、进近和着陆时,应当遵守该机场规定的仪表进近程序和适用的最低天气标准。如果该机场没有规定最低天气标准,应当遵守下列标准:

(1)按照仪表飞行规则(IFR)起飞时,能见度不得低于1600米(1英里)。

(2)进行仪表进近时,能见度不得低于800米(1/2英里)。

(f)当本条(a)款(1)项规定的民用航空气象服务机构所报告的天气条件低于局方公布的机场运行最低标准或者合格证持有人运行规范中规定的起飞最低标准时,航空器驾驶员不得按照仪表飞行规则(IFR)起飞航空器。

(g)除本条(h)款规定的情况外,当局方没有为该起飞机场规定起飞最低标准,本条(a)款(1)项规定的民用航空气象服务机构所报告的天气条件低于CCAR-91部或者合格证持有人运行规范中规定的起飞最低标准时,航空器驾驶员不得按照仪表飞行规则(IFR)起飞航空器。

(h)除另有限制的机场外,在具有局方公布的直接仪表进近程序的机场,当本条(a)款(1)项规定的民用航空气象服务机构所报告的天气条件不低于直接进近着陆最低标准时,如果满足下列条件,航空器驾驶员可以按照仪表飞行规则(IFR)起飞航空器:

(1)起飞时刻所用跑道的风向和风速可以允许在该跑道上实施直接仪表进近。

(2)有关的地面设施和机载设备工作正常。

(3)合格证持有人已经被批准实施此种运行。

第135.193条　驾驶员值勤期限制、飞行时间限制和休息要求

(a)合格证持有人在实施本规则运行中,不得指派机组成员在超出本章规定的机组成员适用的值勤期限制、飞行时间限制和不符合休息要求的情况下执行飞行任务,任何机组成员也不得接受超出这些限制和要求的飞行任务指派。

(b)当飞行机组配备1名驾驶员时,驾驶员的值勤期限制、飞行时间限制和休息要求应当符合以下规定:

(1)值勤期最多14小时,该值勤期内的飞行时间不得超过8小时,值勤期后应当安排至少 10 个连续小时的休息期，这个休息期应当安排在该值勤期结束时刻与下一值勤期开始时刻之间。

（2）发生运行延误时，如驾驶员的实际值勤时间未超过 14 小时的限制，则该值勤期后的休息期可以缩短至 9 小时。

（3）发生运行延误时，值勤期最多可以延长至 16 小时，但该值勤期后 10 小时的休息期不得缩短。

（c）当飞行机组配备 2 名驾驶员时，驾驶员的值勤期限制、飞行时间限制和休息要求应当符合以下规定：

（1）值勤期最多 14 小时，该值勤期内的飞行时间不得超过 10 小时，值勤期后应当安排至少 10 个连续小时的休息期，这个休息期应当安排在该值勤期结束时刻与下一值勤期开始时刻之间。

（2）发生运行延误时，如驾驶员的实际值勤时间未超过 14 小时的限制，则该值勤期后的休息期可以缩短至 9 小时。

（3）发生运行延误时，值勤期最多可以延长至 16 小时，但该值勤期后 10 小时的休息期不得缩短。

第 135.195 条　机组成员的周、月、年飞行时间限制

合格证持有人在为飞行机组成员安排飞行时，应当保证飞行机组成员的总飞行时间遵守以下规定，总飞行时间包括按照本规则实施运行的飞行时间和训练、调机飞行等的其他飞行时间：

（a）任何 7 个连续日历日内不得超过 40 小时。

（b）任一日历月内不得超过 100 小时，且在任何连续 3 个日历月内的总飞行时间不得超过 270 小时。

（c）任一日历年内不得超过 1000 小时。

第 135.197 条　机组成员值勤期和飞行时间安排的附加限制

（a）如果机组成员以取酬为目的参加其他运行，则在参加本规则运行时，值勤时间、飞行时间的总和应当满足本规则规定的值勤期和飞行时间限制。

（b）合格证持有人安排机组成员的值勤期时，如果按照正常情况能够在限制时间内终止值勤期，但由于运行延误，所安排的飞行没有按照预计时间到达目的地，超出了值勤期的限制时间，则不认为该机组成员在排班时超出了值勤期限制。但是，应当遵守本规则第 135.193 条的规定，值勤期的延长最多不超过 2 个小时。

（c）合格证持有人安排机组成员的飞行时间时，如果正常情况下能够在限制飞行时间内结束飞行，但由于运行延误，所安排的飞行没有按照预计时间到达目的地，超出了飞行时间限制，则不认为该机组成员在排班时超出了飞行时间限制。

(d)机组成员在起飞前由于延误造成的待命时间,计入值勤期时间之内。

第 135.199 条　机组成员休息时间的附加要求

(a)合格证持有人不得在机组成员规定的休息期内为其安排任何工作,该机组成员也不得接受合格证持有人的任何工作安排。

(b)本章要求的休息期可以包含在其他休息期之内。

(c)当合格证持有人为机组成员安排了其他工作任务时,该任务时间可以计入、也可以不计入值勤期。当不计入值勤期时,在值勤期开始前应当为其安排至少 8 个小时的休息期。

(d)合格证持有人将机组成员运送到执行飞行任务的机场,或者将其从解除任务的机场运送回驻地,这些路途上所耗费的时间不应当被认为是休息期的组成部分。

(e)只有在发生运行延误时,才允许按照本规则第 135.193 条中的规定缩短休息期,不允许作事先安排。

第四节　性能使用限制

第 135.211 条　适用范围

本节规定了本规则第 135.3 条(a)款(1)项所列类别的航空器按照本规则实施运行时所遵守的航空器性能使用限制。

第 135.213 条　通勤类飞机的性能使用限制

(a)运行通勤类飞机应当满足经批准的飞机飞行手册中的起飞重量限制。

(b)按照通勤类进行型号合格审定的飞机不得以大于该飞机飞行手册中所确定的某个重量起飞。在该重量下,能使其净起飞飞行轨迹以至少 10.7 米(35 英尺)的垂直间隔超越所有障碍物,或者在机场边界内至少以 60 米(200 英尺)的水平距离、在机场边界外至少以 90 米(300 英尺)的水平距离避让障碍物。

(c)通勤类飞机应当满足本条(f)款至(k)款规定的着陆限制,否则不得起飞。

(d)在按照本条(a)款至(c)款确定最大重量、最小距离和飞行轨迹时,应当根据所使用的跑道、机场的标高、有效的跑道坡度、环境温度以及起飞时刻风的分量对该重量进行修正。

(e)在本条中,假定飞机按照飞机飞行手册中的净起飞飞行轨迹飞行,飞机在到达 15.2 米(50 英尺)高度之前没有坡度,此后坡度不超过 15 度。

(f)涡轮发动机驱动的通勤类飞机起飞前,应当在考虑到至目的地机场或者备降机场飞行中正常的燃油和滑油消耗后，使飞机到达时的重量不得超过该飞机飞行手册中以该目的地机场或者备降机场的气压高度以及着陆时预计的环境温度所确定的着陆重量。

(g)除本条(h)款、(i)款、(j)款规定外，涡轮发动机驱动的通勤类飞机起飞前，应当在考虑到飞行中正常的燃油和滑油消耗后，使该飞机到达目的地机场时的重量，根据飞机飞行手册中对该目的地机场的气压高度和预计在着陆时当地风的情况所规定的着陆距离，允许其在预定的目的地机场的下列跑道上，由超障面与该跑道交点上方15.2米(50英尺)处算起，在跑道的有效长度60%以内作全停着陆。为确定在目的地机场的允许着陆重量，假定：

(1)飞机在最理想的跑道上在静止大气中以最理想的方向着陆。

(2)考虑到可能的风速、风向和该飞机的地面操纵特性，以及考虑到诸如着陆助航设备和地形等其他条件，飞机在最适宜的跑道上着陆。

(h)对于不能符合本条(g)款(2)项的要求而被禁止起飞的涡轮螺旋桨驱动的飞机，如果指定了备降机场，除允许飞机在跑道有效长度的70%以内完成全停着陆外，该备降机场符合本条所有其他要求，则可以允许该飞机起飞。

(i)对于涡轮喷气飞机，在有关的气象报告、预报或者两者的任意组合表明目的地机场跑道在预计着陆时刻可能是湿的或者滑的时，该目的地机场的有效跑道长度应当至少为本条(b)款所要求的跑道长度的115%，否则，该飞机不得起飞。如果在湿跑道上的实际着陆技术证明，对特定型号的飞机，已经批准了某一较短但不小于本条(b)款要求的着陆距离，并且已经载入飞机飞行手册，则可以按照手册的要求执行。

(j)由于不能符合本条(g)款(2)项而被禁止起飞的涡轮喷气飞机，如果为其指定了符合本条(b)款所有要求的备降机场，则可以起飞。

(k)在涡轮发动机驱动的通勤类飞机的飞行计划中列为备降机场的机场，应当能使该飞机在到达该备降机场时以根据本条(g)款规定的假定条件预计的重量，由超障面与跑道交点上方15.2米(50英尺)处算起，在跑道有效长度的70%(涡轮螺旋桨动力飞机)或者60%(涡轮喷气动力飞机)以内完成全停着陆。

第135.215条　航空器云上或者仪表飞行规则条件下运行的性能要求

(a)除本条(b)款、(c)款和(d)款的规定外，任何人不得：

(1)实施单发航空器的云上载客运行。

(2)在云上或者仪表飞行规则(IFR)条件下实施多发航空器的载客运行，除非航空器在拟飞航路的最低航路高度(MEA)或者1520米(5000英尺)平均海平面高度(取两者的较大值)飞行时，其重量允许航空器在临界发动机不工作的情况下以至少 15 米/分钟(50 英尺/分钟)的速率爬升。

(b)尽管有本条(a)款(2)项的限制,如果多发直升机在拟飞航路的最低航路高度(MEA)或者 450 米(1500 英尺)平均海平面高度(取两者的较大值)飞行时,其重量允许该直升机在临界发动机不工作的情况下以至少 15 米/分钟(50 英尺/分钟)的速率爬升,则多发直升机可以在云上或者仪表飞行规则(IFR)条件下实施近海载客运行。

(c)按照本规则运行的航空器实施下列飞行时,不受本条(a)款的限制:

(1)如果最新天气报告、预报或者两者的组合表明,沿计划航路(包括起飞和着陆)的天气允许云下(如果存在云底)按照目视飞行规则(VFR)飞行,并且预报的天气状况将持续保持到预计到达目的地时刻后至少 1 小时,则可以实施航空器的云上运行。

(2)如果最新天气报告、预报或者两者的组合表明,航空器从起飞机场以正常巡航速度飞行不超过 15 分钟的距离起,沿计划航路的天气允许云下(如果存在云底)按照目视飞行规则(VFR)飞行,则可以:

(i)按照仪表飞行规则(IFR),从出发机场起飞按照正常巡航速度飞行到距出发机场不超过 15 分钟飞行时间的位置处。

(ii)如果在计划按照目视飞行规则(VFR)飞行的航路上遭遇到非预报的天气状况时,按照仪表飞行规则(IFR)实施航空器的运行。

(iii)如果在该机场遭遇到非预报的天气状况,无法按照目视飞行规则(VFR)实施进近时,在目的地机场实施仪表进近。

(d)按照本规则运行的航空器如果符合下列条件,可以实施航空器的云上运行而不受本条(a)款的限制:

(1)对于多发航空器,当其临界发动机失效时,航空器可以按照目视飞行规则(VFR)下降或者继续飞行。

(2)对于单发航空器,当其发动机失效时,航空器可以按照目视飞行规则(VFR)下降。

第五节　维　　修

第 135.217 条　总则

(a)合格证持有人应当对保持航空器的适航性状态负责,按照下列要求建立由维修主管负责的维修系统,并落实其适航性责任:

(1)具有足够的由持有按照《民用航空器维修人员执照管理规则》(以下称为 CCAR-66 部)颁发航空器维修人员执照,并具有有效对应机型签署的人员组成的维修队伍,配备了必要设施、工具设备、器材实施航空器维修工作。

或者具有对应机型维修能力的按照《民用航空器维修单位合格审定规则》(以下称为 CCAR-145 部)获得批准的维修单位实施航空器维修工作。

(2)具有直接向维修主管报告的工程技术、生产计划和质量管理部门,对维修系统符合本章的要求实施管理。

(b)上述按照 CCAR-145 部获得批准的维修单位可以是自建的,也可以是与他人合作共同组建的。对于与他人合作共同组建的情况,合格证持有人应当以与维修单位签署协议的方式委托维修。

(c)当维修系统不具备飞机或者部件维修能力时,应当将相关航空器或者部件送至具有相应维修能力且按照 CCAR-145 部批准的维修单位实施维修。

(d)本章所述维修工作包括对航空器或者部件所进行的任何检查、测试、修理、排故或者翻修工作。对于已经获得适航审定部门批准的设计更改的实施,也视为维修工作。

第 135.219 条 维修要求

(a)航空器的维修要求包括合格证持有人适用持续适航文件中规定的维修任务:

(1)局方发布的适航指令或者其他强制性要求中规定的维修任务。

(2)航空器制造厂家发布并经局方批准的适航性限制要求中规定的维修任务。

(3)航空器制造厂家发布并经局方批准的计划维修文件中要求的维修任务。

(4)航空器、发动机、螺旋桨、部件制造厂家发布的维修手册中建议的维修任务。

(5)航空器、发动机、螺旋桨、部件制造厂家发布的服务文件中建议的维修任务。

(b)合格证持有人的维修系统可以直接使用上述持续适航文件计划维修工作,或者基于上述持续适航文件制定所负责维修航空器单独的维修方案来计划维修工作,并符合合格证持有人要求:

(1)仅当获得适航审定部门的批准,方可更改或者超出适航指令或者适航性限制中要求的维修任务。

(2)初始建立的维修方案不得低于上述持续适航文件中要求或者建议的维修任务。

(c)在建立维修可靠性管理体系并基于可靠性分析的基础上,可以调整上述持续适航文件中要求或者建议的维修任务,但不得更改或者超出适航指令或者适航性限制中要求的维修任务,包括任务间隔和内容。

(d)如计划允许航空器带故障放行,合格证持有人应当根据航空器型号适用的《主最低设备清单》制定《最低设备清单》,并获得局方批准。

(e)对于按照仪表飞行规则(IFR)进行载客运行的单台发动机航空器,合格证持有人还应当根据航空器制造厂家的建议建立发动机监控大纲。

(f)当局方基于事故、事件或者报告的调查,提出其他维修要求时,飞机维修责任人或者单位应当严格执行。

第 135.221 条　维修管理要求

(a)维修系统应当满足合格证持有人管理要求:

(1)确保包括航空器、发动机、螺旋桨、部件制造厂家公开发布资料在内的经局方批准或者认可的持续适航文件齐全有效,并根据持续适航文件的要求准备合适的计划维修任务工作单卡。

(2)建立有效的维修计划控制,确保计划维修任务在规定的间隔前完成。

(3)合理安排维修任务,提前准备需要的工具设备和器材,并妥善保管。

(4)建立维修人员资质评估制度,确保维修人员在实施维修任务前熟悉相关的维修工作内容,并符合本条(b)款的要求。

(5)按照本规则第 135.225 条的维修工作准则完成维修任务,对发现的故障或者缺陷进行修复,并规范签署维修放行。

(6)当航空器报告或者发现故障或者缺陷时,应当在下一次飞行前完成修复。当因不具备条件而无法及时完成修复工作时,可以在确认故障或者缺陷符合局方批准的《最低设备清单》或者航空器飞行手册规定的条件下推迟修复,并控制在具备条件时及时完成修复。

(7)建立供应商和对外送修的评估制度,确保维修中使用工具设备、器材的合法性和对外送修的维修质量。

(b)如合格证持有人采用制定所负责维修航空器单独的维修方案,并计划在建立维修可靠性管理体系调整制造厂家持续适航文件中要求或者建议的维修任务,维修系统还应当配备足够的专业技术工程师。专业技术工程师应当具备相应机型的维修经验,并且具有按照 CCAR-66 部规定的 4 级航空维修技术英语等级。

(c)为落实上述管理要求,维修系统应当明确各部门或者人员职责,建立有效的质量管理规范和工作程序。维修系统的质量管理人员或者部门应当对质量管理规范和工作程序进行审核,监督其落实情况,并定期检查每架航空器的适航性状态。

(d)当航空器、发动机、螺旋桨、部件制造厂家发布的持续适航文件为英文版本时,维修系统应当按照合格证持有人要求安排实施维修工作:

(1)按照CCAR-66部规定的3级或者以上航空维修技术英语等级的维修人员可以直接使用英文版本文件。

(2)按照CCAR-66部规定的2级航空维修技术英语等级的维修人员,应当在3级或者以上航空维修技术英语等级的维修人员指导下使用英文版本文件。

(3)按照CCAR-66部规定的1级航空维修技术英语等级的维修人员应当使用中文翻译版文件。

第135.223条　维修管理手册

(a)合格证持有人应当就如何落实适航性责任并符合本章要求制定维修管理手册,并应当获得局方批准。

(b)维修管理手册应当至少包括下列内容:

(1)维修主管声明。

(2)维修系统总体介绍。

(3)机构和人员职责。

(4)持续适航文件和维修工作单卡管理。

(5)维修方案和可靠性管理(如适用)。

(6)最低设备清单和推迟修复控制(如适用)。

(7)维修计划控制。

(8)维修人员资质管理。

(9)工具设备和器材管理。

(10)维修实施管理。

(11)供应商和送修评估管理。

(12)安全质量管理。

(13)相关工作表格样式和附件。

第135.225条　维修工作准则

(a)对航空器或者部件实施任何维修工作时,都应当遵守合格证持有人工作准则:

(1)按照准备的工作单卡并依据包括航空器、发动机、螺旋桨、部件制造厂家公开发布资料在内的经局方批准或者认可的持续适航文件中规定的方法、程序和标准实施。

(2)正确使用上述持续适航文件中规定的工具设备,并确保工具设备的可用状态。

(3)使用上述持续适航文件中规定的器材,确保器材具备能够有效证明其适航性状态的符合性证明文件并处于合格状态。

(4)工作环境应当满足确保维修工作质量的要求,当因气温、湿度、雨、雪、冰、雹、风、光和灰尘等因素影响而不能保证维修工作质量时,应当在工作环境恢复正常后开始工作。

(5)保持维修工作现场整洁有序,临时拆下的航空器部件应当明确标识其状态、合适保护以防止意外损伤。恢复安装应当检查防止外来物进入航空器或者部件。

(6)维修人员应当采取合适的安全防护措施,并严格遵守安全注意事项。

(b)当使用包括航空器、发动机、螺旋桨、部件制造厂家公开发布资料在内的经局方批准或者认可的持续适航文件规定之外的方法、程序、标准、工具设备或者器材时,应当符合局方规定的要求。

第 135.227 条　维修记录和放行证明

(a)维修工作记录应当符合合格证持有人要求:

(1)计划维修工作应当采用工作单卡签署的方式记录具体完成的维修工作和依据的持续适航文件。

(2)故障或者缺陷的修复应当采用在飞行记录本直接填写的方式记录完成的维修工作和依据的持续适航文件。

(3)所使用的器材,以及拆卸和更换零部件的具体信息。

(4)所保留的未完成工作项目。

(5)准确记录每项维修工作完成的人员和日期。

(b)按照 CCAR-145 部获得批准的维修单位实施的维修工作应当按照 CCAR-145 部的要求签署维修放行证明。按照 CCAR-66 部颁发航空器维修人员执照实施的维修工作应当由本人在飞行记录本上签署维修放行。

(c)维修记录和维修放行证明应当由航空器所有权人妥善保存,一般维修记录应当至少保存两年,但下列记录的保存应当符合合格证持有人要求:

(1)涉及适航指令中要求的维修任务的记录和放行证明应当在航空器全寿命周期一直保存。

(2)对航空器重量、平衡、结构强度、性能、动力装置工作、飞行特性有显著影响的重要修理或者改装的记录和维修放行证明应当在航空器全寿命周期一直保存。

(3)航空器部件维修记录应当至少保存至安装后再次拆下,但相关的维修放行证明应当保存至下一次同等深度维修工作完成后所签发维修放行证明替代。

第 135.229 条　航空器技术档案

(a)合格证持有人应当为运行的每架航空器建立航空器技术状态记录,连续记录航空器的技术状态信息，并至少包括下列内容：

(1)航空器的型号、制造厂家、制造序列号、出厂日期、购买日期。

(2)国籍登记证、适航证件号及有效期。

(3)购买前航空器所有人及累计使用时间。

(4)购买后累计使用时间，包括日历时间、飞行小时和起落次数。

(5)完成的计划维修工作的日期、累计使用时间、项目、实施人员或者单位、批准恢复使用人员(包括姓名、签名和执照编号)。

(6)适航指令执行记录，包括自出厂以来完成的所有适航指令。

(7)重要修理和改装记录，包括自出厂以来完成的所有重要修理和改装。

(b)合格证持有人应当妥善保存航空器技术档案，并且建立有效的备份措施，以保证记录丢失或者损毁后的可恢复性。

第135.231条　年度适航性检查

(a)合格证持有人应当对每架航空器在每年度开展一次适航性检查。年度适航性检查应当由质量人员或者部门独立开展，并接受局方针对航空器适航性状况的抽查。

(b)年度适航性检查应当基于航空器技术状态记录、维修记录和维修放行证明开展，确认航空器当前状态和是否完成了规定的维修要求。

(c)完成年度适航性检查后，质量人员或者部门应当及时向维修主管和局方如实报告以下信息：

(1)年度累计飞行时间和起落次数。

(2)当前状态，如运行中、停场待修、油封、拆解储存等。

(3)维修要求的实施情况，对于未完成的计划维修任务、长期未修复的故障或者缺陷，应当具体说明。

(4)适航指令的实施情况，对于未完成的，应当具体说明。

(5)重要修理和改装(如适用)的实施情况，并具体说明。

(d)当年度适航性检查发现存在未完成的计划维修任务、适航指令等导致航空器不适航的情况，维修主管应当及时安排纠正，并控制在纠正前停止运行。

第六节　记录和报告

第135.233条　记录保持要求

(a)合格证持有人应当在其主运行基地或者符合局方规定的其他地方保存以下资料，并处于能随时接受局方检查的状态：

(1)运行合格证。

(2)运行规范。

(3)一份可以用于本规则运行的航空器的清单,并列出每架航空器的装备可以允许其实施的运行。

(4)合格证持有人所使用的每名驾驶员的记录,该记录应当包括下列内容:

(i)驾驶员姓名。

(ii)驾驶员持有的执照种类、等级和编号。

(iii)用于判断驾驶员资格满足本规则相应要求的详细飞行经历记录。

(iv)驾驶员当前的职位和被委派的日期。

(v)驾驶员持有的体检合格证等级和有效期。

(vi)本规则要求的各种资格考试、熟练检查和航线检查的日期和结果,以及使用的航空器的型号。

(vii)驾驶员飞行时间的详细记录。

(viii)飞行检查员的指派文件。

(ix)解除驾驶员职位的有关记录。

(x)本规则要求的初始训练和定期复训的完成日期。

(b)合格证持有人应当将本条(a)款(3)项要求的记录保存至少6个月,应当将本条(a)款(4)项要求的每项记录保存至少12个月。

(c)对于多发航空器,合格证持有人应当制定一式两份包含航空器装载信息的装载舱单并对其准确性负责。舱单应当在每次起飞之前准备完毕,并且应当包括下列内容:

(1)乘客人数。

(2)装载后航空器的总重。

(3)该次飞行的最大允许起飞重量。

(4)重心限制。

(5)装载后的航空器重心。如果航空器根据装载表或者其他经局方批准的方法进行装载,能够确保装载后的航空器重心不会超出批准的限制,则不需要计算实际的重心。在这种情况下,需在舱单上注明,根据装载表或者其他经批准的方法,该航空器的重心在限制之内。

(6)航空器的登记号或者航班号。

(7)该次飞行的始发地和目的地。

(d)对于要求制定装载舱单的航空器,机长应当将一份完整的舱单随航空器携带至目的地。合格证持有人应当在其主运行基地或者另一局方同意的地点保存一份完整的舱单至少30个日历日。

第 135.235 条　飞行记录本

(a)每个合格证持有人应当在每架航空器上携带航空器飞行记录本,记录与飞行安全有关的运行信息、飞行机组和维修人员需要了解的有关数据和信息,包括运行中发现的缺陷和工作不正常情况、所进行的维修工作和推迟维修项目、维修放行签署等。

(b)飞行记录本的格式应当符合局方规定。如使用纸质记录,各项内容应当使用墨水或者不可以更改的书写工具及时填写,并且有足够的复页以保证满足使用和保存要求。

(c)对于在飞行时间内发现的机械不正常情况,机长应当确保将其记录在航空器飞行记录本上。每次飞行前,机长应当对上次飞行结束时记录在航空器飞行记录本上的每项机械不正常情况的当前状态作出判定。

(d)每个对机体、动力装置、螺旋桨、旋翼或者设备方面的故障或者失效采取修复或者延期修复措施的人员,应当按照本规则中相应的维修要求将所采取的措施记录在航空器飞行记录本上。

(e)除经局方批准采用的电子飞行记录本外,合格证持有人应当在驾驶舱或者其他飞行机组成员易于取用的地方放置一份航空器飞行记录本原件,其中至少记录包括每次飞行前三次飞行期间填写内容的连续记录,并且每次起飞前在地面保存一份记录上一次飞行和该次飞行前填写内容的航空器飞行记录本的复页。

(f)合格证持有人应当建立一个在航空器上保存本条要求的、供相关人员使用的航空器飞行记录本的程序,并且在本规则第 135.121 条要求的手册中包含这一程序。

第 135.237 条　使用困难报告

(a)合格证持有人应当按照本条(b)款的要求向局方报告航空器出现或者发现的下列事件:

(1)飞行中的失火以及有关火警系统工作不正常。

(2)飞行中的假火警信号。

(3)在飞行中引起发动机、相邻结构、设备或者部件损坏的发动机排气系统故障或者失效。

(4)飞行中引起烟、蒸汽、有毒或者有害烟雾在驾驶舱或者客舱积聚或者流动的航空器部件的故障或者失效。

(5)飞行中或者地面发动机熄火或者停车。

(6)飞行中螺旋桨顺桨系统失效或者该系统控制超速的能力不正常。

(7)飞行中燃油系统或者应急放油系统的故障导致燃油流量受影响或者

渗漏。

(8)飞行中非正常的起落架收放或者起落架舱门的开启和关闭。

(9)导致航空器在地面运动时制动力异常的刹车系统部件的失效或者故障。

(10)航空器系统及其部件的故障或者失效导致中断起飞或者在飞行中采取紧急措施的情况。

(11)需要重大修理的航空器结构问题。

(12)超出航空器制造厂家或者局方允许的结构裂纹、永久变形或者腐蚀。

(13)其他已经危及或者可能危及航空器安全运行的故障或者缺陷。

(b)合格证持有人应当在发生或者发现系统工作不正常事件、结构失效或者缺陷情况的24小时之内向局方报告,并及时开展或者按要求配合局方开展相应的调查。报告应当至少包括合格证持有人可获得的适用信息,并按照局方要求的方式如实填报:

(1)航空器、发动机、螺旋桨的制造厂家、型号和序号。

(2)航空器、发动机、螺旋桨或者部件的总使用时间和循环。

(3)航空器国籍登记号。

(4)发生或者发现的日期和地点。

(5)不正常事件、失效或者缺陷具体描述和排故措施。

(6)不正常事件、失效或者缺陷发生的飞行阶段。

(7)故障、失效或者缺陷部件和具体描述。

(8)故障、失效或者缺陷部件所属的章节、件号、名称、序号、部位、使用时间和循环,维修经历以及修后使用时间和循环。

(9)采取的预防或者紧急措施。

(c)对于合格证持有人自行开展调查的情况,合格证持有人应当在调查完成后及时向局方补报上述未填报完整的适用信息,并报告所采取的安全改进或者预防措施。如涉及到维修差错,应当及时向局方报告涉及的维修单位和具体情况。如涉及设计或者制造缺陷,应当及时向局方和航空器制造厂家报告。

D章　运输类飞机商业载客或者载货飞行

第一节　飞机及仪表、设备要求

第135.251条　飞机要求

(a)合格证持有人应当具有对按照本章运行的飞机的使用权,并在运行时携带现行有效的下列证件：

(1)国籍登记证。

(2)标准适航证。

(3)无线电台执照。

(b)如使用陆上飞机实施延伸跨水运行，应当通过适航审定表明水上迫降的符合性或者达到等效安全水平。

(c)除下列情况外，按照本章运行的飞机应当处于适航状态，并保持所安装的仪表和设备正常工作：

(1)符合飞机飞行手册中规定的《外形缺损清单》。

(2)符合合格证持有人根据飞机型号适用的《主最低设备清单》制定并按照 CCAR-21 部运行符合性评审要求批准或者认可的《最低设备清单》。

(d)当对飞机及其部件实施设计更改时，该设计更改应当按照 CCAR-21 部的规定获得批准。

第 135.253 条　基本飞行仪表和设备

(a)按照目视飞行规则(VFR)运行的飞机，应当获得适航审定批准为可按目视飞行规则(VFR)飞行的飞机，并符合飞机飞行手册对目视飞行规则(VFR)飞行的最低设备要求。

(b)按照仪表飞行规则(IFR)运行的飞机应当获得适航审定批准为可按仪表飞行规则(IFR)飞行的飞机，并符合飞机飞行手册对仪表飞行规则(IFR)飞行的最低设备要求。

(c)计划实施云上或者夜间飞行的飞机应当获得适航审定批准为允许夜间飞行的飞机，并符合飞机飞行手册对夜间飞行的最低设备要求。

(d)计划实施结冰条件下运行的飞机应当获得适航审定批准为允许结冰条件下飞行的飞机，并符合飞机飞行手册对结冰条件下飞行的最低设备要求。

第 135.255 条　应急和救生设备

(a)任何飞机在载客运行时都应当按照合格证持有人要求配备座椅和安全带：

(1)每一个 2 周岁以上乘员有一个座椅或者卧铺。

(2)每个座椅或者卧铺配有一条安全带。

(3)在驾驶舱内的飞行机组或者与其平行的座位还应当配有一副肩带。

(4)每一靠近地板高度的出口处的客舱机组成员应当配备带有安全带和肩带的座椅。

(b)任何飞机都应当至少按照合格证持有人要求配备手提式灭火瓶：

(1)在驾驶舱或者驾驶舱附近便于飞行机组取用的位置配备一个。

(2)最大审定旅客座位数9座以上的飞机应当在客舱配备一个,并方便取用。

(3)如果设有厨房隔舱,应当在厨房区域配备一个,并方便客舱机组取用。

(4)如果飞机设有E类货舱,应当在货舱区域配备一个,并方便灭火时取用。

(c)任何飞机都应当按照局方批准或者认可的飞行手册配备指示、告示标志或者标牌。

(d)非增压飞机在飞行高度3000米(10000英尺)以上运行时,应当按照合格证持有人要求配备氧气设备和氧气:

(1)对驾驶舱内执勤的每一飞行机组成员提供的氧气量不得少于2小时。

(2)在3000米(10000英尺)至4000米(13000英尺)之间超过30分钟时,在该运行时间内向至少10%的乘客供氧。

(3)高于4000米(13000英尺)的全部运行时间向所有乘客供氧。

(e)增压飞机应当按照合格证持有人要求配备氧气设备和氧气:

(1)对驾驶舱内执勤的每一飞行机组成员提供的氧气量不得少于2小时。

(2)在高度高于7600米(25000英尺)的高度飞行或者在高度低于7600米(25000英尺)的飞行高度飞行但不能在4分钟内安全下降到4000米(13000英尺)或者以下的飞行高度时,为客舱中的乘员提供不少于10分钟的氧气。

(3)增压飞机在10500米(35000英尺)以上的高度飞行,应当为每名机组成员提供一个密封的快戴型氧气面罩,每位驾驶员都能在5秒钟内用单手从待用位置戴上面罩并正确固定,且能一直供氧或者当飞机座舱气压高度超过修正海平面气压高度4000米(13000英尺)时自动供氧。

(f)任何飞机在搜寻和救援困难的陆地区域上空运行时,应当配备至少一个烟火信号装置,并根据机上乘员数量配备足够的救生包。

(g)实施跨水运行时,应当为每个乘员配备一件带有救生定位灯的救生衣或者等效漂浮装置,并存放在使用该装置者的座椅或者卧铺处易于取用的位置。

(h)实施延伸跨水运行时,还应当配备下列应急救生设备:

(1)可供机上人员乘坐的足够数量符合局方要求的救生筏,并存放在紧急时便于取用的地方。

(2)配备适合的救生设备(包括根据机上乘员数量所配备的维持生命的设备)。

(3)至少装有一个烟火信号装置。

(i)按照合格证持有人要求配备应急定位发射机,并且其工作频率应当能同时工作在 121.5MHz 和 406MHz：

(1)至少装备一台自动应急定位发射机。

(2)对于实施无人烟地区上空飞行或者延伸跨水运行时，至少装备两台，其中一台为救生型应急定位发射机(可放置在救生筏内)。

(j)当设置单独的舱室或者容器安放应急、救生设备时，在该舱室或者容器上易于观察的地方至少用中文标明其所安放物品及上次检验的日期(如适用)。

(k)如果有适于救援人员在紧急情况时要破开的机身部位，这些部位应当予以标出。标志的颜色应当为红色或者黄色，必要时用白色勾画出轮廓，以便与底色形成反差。如果角的标志相距超过 2 米，则其间应当另加一条 9×3 厘米的线，使任何两个相邻标志的距离不超过 2 米。

(l)旅客座位数 19 座以上的飞机应当配备一个符合规定要求的急救箱，用于处置飞行中或者轻微事故中可能发生的伤害。

第 135.257 条　通信、导航和监视设备

按照本章运行的飞机，应当安装或者配备符合下列要求的通信、导航和监视设备：

(a)按照仪表飞行规则(IFR)运行或者在非地标领航的航路上按照目视飞行规则(VFR)运行时，应当至少安装两套独立的无线电导航系统，并能够引导航空器按照飞行计划和空中交通服务要求进行飞行。

(b)在管制空域飞行时，应当至少安装下列设备：

(1)两套独立的无线电通信设备，与地面建立双向通信，并且能在 121.5MHz 应急频率工作。

(2)一套能够对空中交通服务的询问进行编码回答和自动发送气压高度信息的应答机，并且在涉及以下区域运行的还应当能够对其他航空器进行对点编码回答和自动发送气压高度信息：

(i)在运输机场空域运行。

(ii)穿越或者占用局方公布的中、高空航路。

(c)对于涡轮喷气动力飞机，应当安装符合下列要求的高度保持和警告系统：

(1)向飞行机组指示所飞的高度。

(2)自动保持所选择的高度。

(3)当接近预选高度时，能向飞行机组至少发出音频或者视频提示信息。

(4)当飞机偏离预选高度时，能向飞行机组至少发出音频或者视频警告信息。

(d)在仪表气象条件下,预计在可探测到的雷雨或者其他潜在危险天气的航路或者区域运行时,应当安装气象雷达或者其他雷暴探测设备。

(e)地形提示和警告系统(TAWS)。

(f)机载防撞系统(ACAS Ⅱ或者 TCAS Ⅱ 7.1 版本)。

(g)对于涡轮喷气动力飞机,应当装备有机载风切变警告与飞行指引系统。

第 135.259 条　记录设备

(a)按照本章运行的飞机应当至少安装一套符合下列要求的飞行记录器:

(1)一个符合局方规定的记录参数要求的飞行数据记录器,并且记录时间不少于 25 小时。

(2)一个驾驶舱话音记录器,并且记录时间不少于 2 小时。

(b)在符合所有记录要求的情况下,可以采用安装两套组合式飞行记录器(飞行数据记录器/驾驶舱话音记录器)的方式,来分别替代独立的飞行数据记录器和独立的驾驶舱话音记录器。

(c)对于使用数据链通信的飞机,其飞行记录器上应当记录与驾驶舱话音记录持续时间相同的所有发送和接收的数据链通信信息,并且与所记录的驾驶舱语音相互关联。

第 135.261 条　其他设备

(a)对于审定为水上飞机或者水陆两用的飞机,应当满足下列要求:

(1)装有《国际海上防撞规则》所规定的声音信号设备(如适用)。

(2)具有一副锚(当必须用来协助操纵时,还应当具有一副海锚或者浮锚)。

(3)配备符合局方要求的水面停泊灯。

(b)在 15000 米(49000 英尺)高度以上运行的涡轮喷气动力飞机,应当在飞行机组成员易于看到的位置安装能连续检测和显示所接受到宇宙辐射的辐射率和累积剂量的指示设备。

第二节　机 组 成 员

第 135.263 条　机组成员的组成

(a)飞行机组成员的组成和人数不得少于运行手册的规定。除飞机飞行手册或者其他与适航证有关的文件中规定的最少人数外,飞行机组还应当考虑到所用飞机的型别、运行的类型,以及飞行机组换班间隔的飞行持续时间等因素需要增加的成员。

(b)合格证持有人运行旅客座位数 19 座以上的飞机,还应当配备一名客舱乘务员。

第 135.265 条　机长或者副驾驶的指派要求

(a)合格证持有人在按照本章运行时,应当满足下列要求:

(1)为每次飞行指派一名机长。

(2)为每次需要两名驾驶员的飞行,指派一名副驾驶。

(3)合格证持有人实施Ⅱ类或者Ⅲ类等低能见度运行时,还应当指派一名副驾驶。

(b)机长应当按照合格证持有人的指派,在该次飞行的所有时间内承担机长职责。

第 135.267 条　仪表飞行规则运行中要求配备的副驾驶

(a)除本条(b)款规定的情况外,在根据仪表飞行规则(IFR)实施载客运行时,应当配备一名副驾驶。

(b)除按照本规则第 135.263 条和第 135.265 条(a)款(3)项的规定配备副驾驶的情况外,当装备有经批准的自动驾驶仪系统并且相应的运行规范中也已批准使用该系统时,可以偏离本条(a)款的要求,无需配备副驾驶。在此种情况下担任机长的驾驶员,应当在该厂家和型号的飞机上具有至少 100 小时的机长经历时间。合格证持有人申请使用自动驾驶仪系统代替副驾驶,应当向局方申请颁发相应的运行规范条款。

(c)如果满足下列条件,局方可以批准其使用自动驾驶仪代替副驾驶:

(1)该自动驾驶仪能够操纵飞机来保持飞行和进行绕三轴旋转的机动飞行。

(2)合格证持有人经演示证明,机长能够在合理的工作负荷下完成所有职责,使用自动驾驶仪的运行能够安全实施,符合本规则所有的运行要求。

(3)相应的运行规范条款中包含了局方认为出于安全考虑所需规定的使用自动驾驶仪的条件和限制。

第 135.269 条　紧急情况和应急撤离职责

(a)对于每一型号的飞机,合格证持有人应当为每一机组必需成员指派其在紧急情况下或者需要应急撤离的情况下应当履行的职责。合格证持有人应当保证完成这些任务是现实可行的,并且考虑可预见的紧急情况的处理,包括个别机组成员可能丧失工作能力,或者在客货混装的飞机上,由于货物的移动导致机组成员不能到达客舱的类似紧急情况。

(b)合格证持有人应当在本规则第 135.323 条所要求的手册中规定本条(a)款要求的每类机组必需成员的职责。

第 135.271 条　酒精和药物的使用限制

(a)处于下列身体状况的人员,不得担任按照本章运行的机组成员:

(1)饮用含酒精饮料之后 8 小时以内。

(2)处于酒精作用之下。

(3)其呼出气体或者血液中酒精含量等于或者大于 0.04 克。酒精含量是指每 210 升呼出气体中含有的酒精克数或者每 100 毫升血液中含有的酒精克数。

(4)使用了大麻、可卡因、鸦片、天使粉或者安非他明等禁用药物或者影响人体官能的药品。

(b)除紧急情况外,驾驶员不得载运呈现醉态或者由其举止、身体状态可以判明处于药物控制之下的人员(受到看护的病人除外)。

(c)机组成员应当在局方要求时,接受局方人员或者局方委托的人员检查其血液中酒精含量的测试。当局方认为某人有可能违反本条(a)款(1)项或者(3)项的规定时,此人应当根据局方的要求,将其担任或者试图担任机组成员之后 4 小时内所做的血液酒精含量百分比测试结果提供给局方。

(d)如果局方认为某人有可能违反本条(a)款(4)项的规定,此人应当根据局方的要求,将其担任或者试图担任机组成员之后 4 小时内所做的每次体内药物测试的结果提供给局方。

(e)局方根据本条(c)款或者(d)款所取得的测试结果,可以用来判定该人员是否具备担任机组成员执行该次飞行任务的资格,或者是否有违反中国民用航空法规的行为。

第 135.273 条　机长资格要求

使用型号合格审定为两名驾驶员的飞机按照本章实施运行时,担任机长的驾驶员,应当持有相应类别、级别和型别(如适用)等级的航线运输驾驶员执照。

第 135.275 条　副驾驶资格要求

(a)在型号合格审定为两名驾驶员的运行中或者按照本规则第 135.267 条要求配备副驾驶的运行中,担任副驾驶的驾驶员应当至少持有相应类别、级别和型别(如适用)等级的商用驾驶员执照或者多人制机组驾驶员执照。

(b)按照仪表飞行规则(IFR)运行时,担任副驾驶的驾驶员应当持有飞机仪表等级,并满足 CCAR-61 部中的近期仪表经历要求。

(c)对于本章未作要求而合格证持有人出于自身运行需要配备的副驾驶,应当至少持有相应类别和级别等级的商用驾驶员执照,并且在本章要求机长持有仪表等级时,该驾驶员也应当持有仪表等级并满足 CCAR-61 部中的近期仪表经历要求。

第 135.277 条　运行经历

(a)仅当驾驶员在指派为机长前已经在该型号的飞机上和该机组成员职位上取得了下列运行经历,合格证持有人方可使用该驾驶员在按照本章运行的载客飞机上担任机长,该驾驶员方可接受合格证持有人的安排担任机长:

(1)涡轮发动机驱动的多发飞机(除涡喷飞机外)为 20 小时。

(2)涡喷发动机驱动的飞机为 25 小时。

(b)在获取上述运行经历时应当符合下列要求:

(1)该经历应当在圆满完成针对该飞机和机组职位的相应地面和飞行训练后获取。在合格证持有人的训练大纲中应当包括关于获取运行经历的规定。

(2)该经历应当在按照本规则实施的载客运行的飞行中获取。如果该飞机先前没有在合格证持有人按照本规则实施的运行中使用过,可以使用在参加验证飞行或者调机飞行的飞机上获取的运行经历来满足这一要求。

(3)驾驶员在获取运行经历时,应当在有资格的飞行教员或者飞行检查员的监视下履行机长职责。

(4)在非载客运行中完成的一次起飞和着陆,或者载客运行中飞行时间不足 1 小时的飞行中完成的一次起飞和着陆,可以算作一个飞行小时数,用于满足本条(a)款要求的运行经历小时数,但以该种方法计算的飞行小时数不得超过本条(a)款要求的小时数的 50%。

第 135.279 条　近期经历

在按照本章实施的载客运行中担任机长的驾驶员,应当在参加每次运行前 90 天内满足下列近期经历要求:

(a)在所服务的相应级别和型别等级的飞机上,作为飞行控制装置的唯一操纵者完成 3 次起飞和 3 次着陆。

(b)对于夜间运行,本条(a)款所要求的 3 次起飞和 3 次着陆应当在夜间完成。满足本款要求的驾驶员即认为其满足昼间运行的近期经历要求。

第 135.281 条　用于满足近期飞行经历的飞机和设施

合格证持有人应当提供飞机和设施,用于满足驾驶员近期飞行经历要求,并持续保持其技术熟练水平,胜任所有被批准的运行。

第 135.283 条　熟练检查要求

(a)仅当驾驶员在参加该次服务之前 6 个日历月内,通过了由局方人员或者符合局方要求的飞行检查员实施的,在其所飞每个型别的飞机上,按照 CCAR-61 部第 61.59 条所要求的熟练检查,合格证持有人方可使用该驾驶员、该人员方可为其担任驾驶员。该熟练检查应当包括演示驾驶员遵守仪表飞行规则(IFR)的能力。对于本规则不要求驾驶员持有仪表等级的目视飞行规则(VFR)运行,只需在前12个日历月内通过其所飞每个型别飞机的熟练检查。

(b)经局方批准,熟练检查中的某些部分可以在飞行模拟机或者其他相应的训练设备上完成。

(c)熟练检查不得在按照本规则实施的运行中进行。

第135.285条　机长的地区、航路和机场资格

(a)在驾驶员符合本条(b)款和(c)款要求之前,合格证持有人不得指派任何驾驶员,任何驾驶员也不得在其尚无飞行资格的航路或者航段上担任机长。

(b)驾驶员应当向合格证持有人证明其具有下列足够的知识:

(1)对于所飞航路和所用机场,应当包括:

(i)地形和最低安全高度。

(ii)季节性气象特点。

(iii)气象、通信和空中交通设施、服务与程序。

(iv)搜寻与援救程序。

(v)沿飞行航路的相关导航设施和程序,包括远程导航程序。

(vi)适用于飞越人口密集区和空中交通密集地区、障碍物、建筑群、灯光、进近助航设备的程序。

(vii)进场、离场、等待与仪表进近程序和适用的最低运行标准。

(c)机长应当在一名取得相应机场飞行资格的驾驶员作为飞行机组成员或者驾驶舱观察员的陪同下,在航路上每个着陆机场完成一次实际的进近,但下列情况除外:

(1)该机场为非特殊机场,且其仪表进近程序和助航设备与驾驶员熟悉的程序和设备相似,同时在正常运行最低标准之上增加了局方批准的裕度,或者能够在目视气象条件下进近和着陆。

(2)能在昼间目视气象条件下,从起始进近高度下降。

(3)合格证持有人通过有效的图形演示的方法,使机长获得在有关机场着陆的资格。

(4)该机场位于机长目前有资格着陆的机场附近。

(d)合格证持有人应当保存用于满足本条要求的驾驶员资格的相关记录。

(e)仅当驾驶员在前12个日历月按本条(b)款和(c)款重新取得资格,或者作为飞行机组成员、飞行检查员或者飞行机组驾驶舱观察员在以下条件完成至少一次飞行,合格证持有人方可继续使用该驾驶员作为机长在航路上或者经批准的地区内运行：

（1）在上述经批准的地区内。

（2）需要特殊技术或者知识的任何航路或者用于起飞和着陆的任何机场。

第 135.287 条　机长航线检查

（a）仅当驾驶员在该次服务之前 12 个日历月内，在其所飞的一种型别的飞机上通过了航线检查，合格证持有人方可使用该驾驶员担任机长，该驾驶员方可担任这一职位。该检查应当符合下列要求：

（1）由局方人员或者符合局方要求的飞行检查员实施。

（2）包括了至少一次一个航段的飞行。对于按照仪表飞行规则（IFR）运行的驾驶员，该检查应当按照仪表飞行规则（IFR）实施。

（3）包括在一个或者多个合格证持有人运行的机场实施的起飞和着陆。

（b）实施该次检查的人员应当确定接受检查的驾驶员是否合格于在本章运行中担任机长，并在该驾驶员的训练记录中予以确认。

（c）合格证持有人应当在本规则第 135.323 条所要求的手册中建立一套程序，确保在前 90 天之内未飞过某条航线或者某一机场的驾驶员，能够在开始飞行前熟悉该次飞行所必需的安全运行资料。

第 135.289 条　考试和检查的附加规定

（a）按照本章接受考试或者飞行检查的机组成员，在所要求的那个日历月之前或者之后一个日历月内完成相应考试或者飞行检查，则认为该机组成员是在所要求的那个日历月内完成了考试或者检查。

（b）如果被检查的驾驶员未圆满完成规定的动作，实施检查的人员可以在实施检查的飞行过程中对该驾驶员进行附加训练。除了需要重复先前未通过的动作外，检查人员可以要求该驾驶员重复其它判断该驾驶员的熟练性所必需的动作。如果接受检查的驾驶员不能向实施检查的人员演示令人满意的能力，则合格证持有人不得允许该驾驶员参加运行，该驾驶员也不得作为飞行机组成员参加运行，直至其圆满完成该检查。

第 135.291 条　训练的管理政策

（a）本章训练规定适用于下列合格证持有人：

（1）委托按照《飞行训练中心合格审定规则》（以下称为 CCAR-142 部）审定合格的训练中心为其实施训练、考试和检查的合格证持有人。

（2）为每个雇佣或者使用的机组成员、飞行检查员、教员或者其他运行人员建立并保持经批准的训练大纲的合格证持有人。

（3）为实施大纲而使用经批准的飞行模拟机和飞行训练器的合格证持有人。

(b)除合格证持有人自身外,只有其他按照本规则或者 CCAR-121 部审定合格的合格证持有人,或者按照 CCAR-142 部审定合格的训练中心,有资格按照合同或者其他协议为按照本章要求接受训练的人员提供训练、考试和检查。

(c)按照本规则第 135.293 条被要求具备训练大纲的合格证持有人应当:

(1)制定训练大纲并获得批准,提供满足本章要求的训练,确保每个机组成员、飞行教员和飞行检查员能得到充分的训练以履行被指派的职责。

(2)对本章所要求的训练,提供足够的地面和飞行训练设施。

(3)提供足够的飞行教员、飞行检查员和合格的地面教员,以实施本章要求的训练和飞行检查。

(d)涉及获取航线运输驾驶员执照和型别等级的上述训练大纲,应当按照 CCAR-61 部要求获得局方批准。

(e)获取航线运输驾驶员执照和型别等级的训练和考试,应当由满足 CCAR-61 部要求的具备相应教员等级的飞行教员和具备相应资质的考试员实施。该考试可以替代本章要求的熟练检查。

(f)负责按照本章实施的某一特定地面训练课目和飞行检查的每个教员、主管人员或者飞行检查员,在完成这些训练或者检查后,应当对被训练或者检查合格的机组成员、飞行教员或者飞行检查员的技术熟练程度和知识水平作出合格证明。这种合格证明应当作为该人员个人记录的一部分。

(g)适用于一种以上飞机或者机组成员职位的训练科目,如果作为该合格证持有人的雇员在先前的训练中已经在另一飞机或者另一机组成员职位上完成了该训练科目,则这些科目在以后的训练中,除定期地面训练外,不需要重复训练。

(h)对于履行危险物品处理或者载运职责的人员(含地面人员)应当按照 CCAR-276 部规定进行训练并保存训练记录。

第 135.293 条　机组成员训练要求

(a)合格证持有人应当根据驾驶员的职位,在其训练大纲中包含下列初始增加型别等级和转机型地面训练:

(1)对于新招聘的驾驶员,至少包括下列内容的基础教育地面训练:

(i)机组成员的相应职责。

(ii)本章的相应规定。

(iii)合格证持有人的运行合格证和运行规范中的内容。

(iv)合格证持有人的运行手册中的相应部分。

(2)按照适用情况,本规则第 135.299 条规定的初始增加型别等级和转机型地面训练。

(3)本规则第135.305条规定的应急生存训练。

(b)每一训练大纲中应当按照适用情况,提供本规则第135.301条规定的初始增加型别等级和转机型飞行训练。

(c)每一训练大纲中应当提供分别针对驾驶员和客舱乘务员本规则第135.303条规定的定期复训地面训练。

(d)训练大纲中应当包括本规则第135.299条和第135.301条规定的、作为合格的副驾驶在服务过的一特定型别飞机上转升机长的升级训练。

(e)除初始增加型别等级、转机型、升级和定期复训训练外,合格证持有人还应当提供必要的地面和飞行训练内容、教学和实践,以确保每一机组成员达到下列要求:

(1)对于所服务的每架飞机、机组成员工作位置及运行类型,持续保持充分的训练和近期熟练水平。

(2)对新的设备、设施、程序和技术,包括对航空器的改装,具有合格水平。

(3)先前训练过并获得资格的驾驶员,由于在要求的期限内没有满足下列要求而失去资格后应当进行重新获得资格训练:

(i)本规则第135.283条的熟练检查要求。

(ii)本规则第135.287条的航线检查要求。

(4)在某一特定型别的飞机上审定合格并服务过的机组成员,在其到该飞机一个特定改型的相同职位上服务之前,当局方认为需要时应当进行差异训练。

第135.295条　机组的训练大纲

(a)合格证持有人应当制定并保持一份经批准的驾驶员训练大纲,对于使用为满足本规则第135.263条(b)款要求的客舱乘务员的合格证持有人,还应当制定并保持一份经批准的客舱乘务员训练大纲。训练大纲应当与每个驾驶员和客舱乘务员被指派参加的运行(包括本规则附件F规定的适用的特殊运行)相适应,并保证对其所担负的工作接受了充分的训练。如果局方认为由于运行的规模和范围的限制,偏离这些要求可以保证安全,局方可以批准其对本条要求的偏离。训练大纲应当包括以下课程:

(1)对于驾驶员,应当包括部分或者全部下列地面和飞行训练课程:

(i)初始增加型别等级训练。

(ii)转机型训练。

(iii)升级训练。

(iv)定期复训。

(v)差异训练。

(vi)重新获得资格训练。

(vii)机组成员应急生存训练。

(viii)特殊运行训练(如适用)。

(2)对于客舱乘务员,应当包括关于下列地面训练课程:

(i)定期训练。

(ii)差异训练。

(iii)机组成员应急生存训练。

(b)合格证持有人应当针对每种型别飞机上每一必需机组成员制定书面的训练大纲课程,并保持其最新有效。该课程应当包括本章要求的地面和飞行训练。

(c)每个训练大纲课程中应当包括下列内容:

(1)所提供的主要地面训练科目的清单,包括应急训练科目。

(2)合格证持有人使用的所有训练设备、模拟设备、系统练习设备、程序练习设备和其它训练辅助设备的清单。

(3)在飞行训练各阶段中或者飞行检查时将用到的正常、非正常和紧急操作动作、程序,以及用以表明在飞行训练和飞行检查的空中阶段要完成的动作、程序和职能功能的详尽文字描述或者图解。

(d)经局方批准后,合格证持有人的训练大纲中可以包括使用飞行模拟机和其他训练设备的训练课程。

(e)每一按照本条(a)款要求具有训练大纲的合格证持有人,应当提供每位必需驾驶员和客舱乘务员使用的有效和适当的学习材料。

(f)合格证持有人应当为局方提供机组成员训练大纲及其所有修订的副本。如果合格证持有人使用他人的训练设施,还应当提供在这些训练设施上使用的训练大纲或者其适当部分的副本。

第 135.297 条　训练大纲制定、修订及批准

(a)为了获得训练大纲以及一份经批准的训练大纲的修订项的初始批准和最终批准,每个合格证持有人应当向局方提交:

(1)建议的或者修订后的课程纲要和可以为建议的训练大纲或者修订项提供初步评审的足够资料。

(2)局方要求的相关附加资料。

(b)对于符合本章要求的训练大纲或者其修订项,局方发出初始批准,合格证持有人即可以依照该大纲实施训练。局方在训练过程中对该训练大纲的训练效果作出评估,并向合格证持有人指出应当予以纠正的缺陷。

(c)如果局方确认合格证持有人按照本条(b)款得到初始批准后的大纲实

施的训练能保证每个受训人员获得充分的训练以履行其指派的职责，局方可以为其颁发该训练大纲或者其修订的最终批准。

(d)当局方认为应当对最终批准的训练大纲作出某些修订，以保持良好训练效果时，合格证持有人在收到局方通知后应当对大纲进行相应的修改。合格证持有人在收到通知之日起30日内，可以向局方提出重新考虑的请求。在对请求未作出决定的期间，上述局方通知暂停生效。如果局方认为出于安全考虑应当使修订立即生效，局方可以在向合格证持有人说明原因后，要求其立即对训练大纲作出修改。

第135.299条　驾驶员初始增加型别等级、转机型和升级地面训练

驾驶员的初始增加型别等级、转机型和升级地面训练中，应当包括适用其职责的至少下列方面的教学，对于接受初始增加型别等级的驾驶员还应当通过由局方人员或者符合局方要求的飞行检查员实施的本规则第135.303条(e)款所要求的考试：

(a)一般课目：

(1)合格证持有人的飞行定位程序。

(2)确定重量和平衡的原则和方法，以及对起飞和着陆的跑道限制。

(3)足够的气象学知识，以保证具有对天气现象的实践知识，包括锋面系统、结冰、雾、雷暴、风切变以及适用时的高空天气条件的原理。

(4)空中交通服务系统、程序和术语。

(5)导航和导航设备的使用，包括仪表进近程序。

(6)正常和应急通信程序。

(7)下降到决断高度/高(DA/DH)或者最低下降高度/高(MDA/MDH)以下之前和下降到低于决断高度/高(DA/DH)或者最低下降高度/高(MDA/MDH)过程中的目视参考。

(8)其他保证驾驶员能力所需的教学。

(b)对于每一型别：

(1)一般介绍。

(2)性能特征。

(3)发动机和螺旋桨(如适用)。

(4)主要部件。

(5)主要系统(如飞行操纵、电气和液压系统)，其他系统(如适用)，正常、非正常和应急操作的原理，适用的程序和限制。

(6)下列方面的知识和程序：

(i)识别和避开恶劣天气条件。

(ii)从恶劣天气条件(包括低空风切变)中脱离。

(iii)进入或者靠近雷暴(包括最佳穿越高度)、颠簸(包括晴空颠簸)、结冰、冰雹和其他危险天气环境。

(iv)在地面结冰条件(如霜、冰或者雪)下运行,包括:

(A)使用除冰和防冰液时对保持时间的限制;

(B)航空器除冰和防冰程序,包括检查程序和责任;

(C)通信;

(D)航空器表面污染物(如霜、冰或者雪的附着)和关键区域的辨别,以及污染物如何对航空器性能和飞行特性带来不利影响的知识;

(E)合格证持有人使用的除冰和防冰液的类型和特性;

(F)寒冷天气下的飞行前检查程序;

(G)辨别航空器上污染物的方法。

(7)使用限制。

(8)燃油消耗和巡航控制。

(9)飞行计划。

(10)正常和应急程序。

(11)经批准的飞行手册和等效文件。

(12)本规则第135.295条规定的特殊运行的相关知识(如适用)。

第135.301条　驾驶员初始增加型别等级、转机型、升级和差异飞行训练

(a)驾驶员的初始增加型别等级、转机型、升级和差异训练中应当包括经批准的训练大纲课程中每种动作和程序的飞行和练习。

(b)除经局方批准某些特定的动作和程序可以在飞行模拟机或者适当的飞行训练器上完成外,本条(a)款要求的动作和程序应当在飞行中完成。

(c)如果合格证持有人经批准的训练大纲中包括使用飞行模拟机或者其他训练器的训练课程,每个驾驶员应当圆满完成:

(1)模拟机或者训练器上的训练,该训练应当至少满足本章规定的且可以在模拟机和训练器上实施的动作和程序。

(2)一次为检查机长或者副驾驶(如适用)的熟练水平,在飞机上实施的飞行检查,或者在模拟机或者训练器上的检查,该检查至少包含可以在模拟机或者训练器上实施的动作和程序。

第135.303条　定期复训

(a)仅当飞行机组成员在前12个日历月内,完成了与其所服务的运行类型相适应的训练大纲中的定期复训课程,并通过相应的考试,合格证持有人方可在按照本章运行中使用该人员担任、该人员方可担任飞行机组成员。本章要求的初始增加型别等级地面训练和考试可以替代定期复训和本条要求的考试。

(b)合格证持有人应当确保每位飞行机组成员以每 12 个日历月为一周期得到定期复训,并将定期复训的要求、实施程序和质量控制等相关内容列入本规则第 135.295 条要求的机组成员训练大纲中,以确保对于相应型别和机组成员岗位得到充分理论训练。

(c)合格证持有人应当确保为满足本规则第 135.263 条(b)款要求的每位客舱乘务员,以每 12 个日历月为一周期得到定期复训,并将定期复训的要求、实施程序和质量控制等相关内容列入本规则第 135.295 条要求的机组成员训练大纲中,以确保对于相应型别和机组成员岗位得到充分理论和实操训练。

(d)机组成员的定期复训地面训练应当至少包括下列内容:

(1)一次确定机组成员对于相关飞机和机组成员岗位所具备的知识的问答或者其他形式的复习。

(2)对于驾驶员,应当涵盖本章对新雇员训练中的地面基础教育内容规定的课目中所必需的教学,包括低空风切变训练、在地面结冰条件下的操纵训练、应急训练以及特殊运行训练(如适用)等。

(3)对于客舱乘务员,应当包括下列内容的教学:

(i)一般课目:

(A)机长的权力;

(B)处理乘客事务,包括处理神经错乱的或者其行为可能危及安全的乘客时,需遵守的程序。

(ii)对于每一型别:

(A)对飞机的概述,重点包括对水上迫降、撤离、飞行中应急程序和其他相关职责存在相互影响的物理特性;

(B)机上广播系统和与其他飞行机组成员之间通话设施的使用,包括在有人企图劫机或者其他异常情况下的紧急措施;

(C)厨房电气设备,以及客舱加温和通风控制器的正常使用。

(e)完成定期复训地面训练后,驾驶员应当通过由局方人员或者符合局方要求的飞行检查员实施的对下列知识的笔试或者口试:

(1)CCAR-61 部、CCAR-91 部和本规则的相应条款内容,以及合格证持有人的运行规范和手册。

(2)针对该驾驶员所飞的每一型号飞机的动力装置、主要部件和系统、主要设备、性能和使用限制、标准和应急操作程序,以及经批准的飞机飞行手册或者等效资料中的适用内容。

(3)针对该驾驶员所飞的每一型别飞机，确定其符合起飞、着陆和航路运行的重量和平衡限制的方法。

(4)导航和适用的导航设备的使用，包括适用的仪表进近设施和程序。

(5)空中交通服务程序，包括适用的仪表飞行规则(IFR)程序。

(6)一般气象学知识，包括锋面系统、结冰、雾、雷暴和风切变的原理，以及适用于合格证持有人运行的高空天气。

(7)下列程序：

(i)识别和避开恶劣天气条件。

(ii)从恶劣天气条件(包括低空风切变)中脱离。

(iii)进入或者靠近雷暴(包括最佳穿越高度)、颠簸(包括晴空颠簸)、结冰、冰雹和其他危险天气环境。

(8)新的设备、程序和技术(如适用)。

(f)完成定期复训后，合格证持有人应当通过考试确定该客舱乘务员已具备与其指派的职责相适应的下列知识和胜任能力：

(1)机长的权力和机组成员的职责。

(2)处理乘客事务，包括处理精神错乱的或者其行为可能危及安全的乘客时需遵守的程序。

(3)在飞机迫降(包括水上迫降)和紧急撤离时，机组成员的分工、职能和责任，包括帮助需要他人协助的人员快速撤至出口。

(4)对乘客所作的安全讲解。

(5)便携式灭火器与其他紧急设备的位置和使用方法。

(6)客舱中的设备和控制开关的正确使用方法。

(7)乘客氧气装置的位置和使用方法。

(8)所有正常和紧急出口的位置和使用方法，包括撤离滑梯和绳索的使用方法。

(9)合格证持有人的运行手册中规定的，在紧急情况时需他人帮助方可快速撤至出口的人员的就座方法。

(g)对于按照本章要求进行定期复训的机组成员，在要求进行本条(e)款考试的那个日历月之前或者之后一个日历月中完成训练的，被视为在所要求的那个日历月中完成了训练。

第135.305条　机组成员应急生存训练

(a)每一机组成员应当完成训练大纲规定的应急生存训练。该训练大纲应当针对每一型别、型号和布局，以及与每位机组成员和合格证持有人相适应的每种运行类型制定。

(b)应急生存训练应当包括下列内容：

(1)应急工作的任务分派和程序，包括机组成员之间的协调配合。

(2)下列应急设备的所在位置、功能和使用方法：

(i)用于水上迫降和撤离的设备。

(ii)急救设备及其正常使用。

(iii)手提灭火瓶，重点是适用不同类型失火的灭火瓶型号。

(3)紧急情况的处理，包括下列内容：

(i)急剧释压。

(ii)空中或者地面的失火和烟雾控制程序，重点是找到客舱区域内的电气设备和相关的跳开关。

(iii)水上迫降和撤离。

(iv)乘客或者机组成员生病、受伤等非正常情况的处置。

(v)劫机和其他偶然事件。

(4)回顾和讨论该合格证持有人以前与实际紧急情况有关的飞行事故和事件。

(c)除下列特定的演练，每一个机组成员应当使用适当的应急设备和程序进行演练，局方通过机组成员的演示确认其能够得到足够的训练：

(1)水上迫降(如适用)。

(2)应急撤离。

(3)灭火和烟雾控制。

(4)操作和使用紧急出口，包括在适用时，展开和使用撤离滑梯。

(5)机组和乘客氧气的使用方法。

(6)从飞机上放下救生筏，充气，使用救生绳索，以及乘客和机组的登筏(如适用)。

(7)救生衣的穿戴和充气，以及其他漂浮装置的使用(如适用)。

(d)在25000英尺以上高度飞行的机组成员，应当接受下列内容的培训：

(1)呼吸原理。

(2)缺氧。

(3)高空不供氧情况下的有知觉持续时间。

(4)气体膨胀。

(5)气泡的形成。

(6)减压的物理现象和事件。

第135.307条　飞行教员的资格审定

(a)在本条和本规则第135.309条中：

(1)飞行教员(飞机)是指有资格针对特定级别和型别等级的飞机,在飞机、飞行模拟机或者飞行训练器上实施教学的人员。

(2)飞行教员(模拟机)是指有资格针对特定级别和型别等级的飞机,在飞行模拟机、飞行训练器或者两者上实施教学的人员。

(3)飞行教员(飞机)和飞行教员(模拟机)履行本规则第135.291条(a)款(1)项和(c)款(3)项以及(f)款相应职能。

(b)仅当驾驶员对于相应的飞机级别和型别等级符合下列要求,合格证持有人方可使用该驾驶员、该驾驶员方可在按照本章制定的训练大纲中担任飞行教员(飞机):

(1)持有在按照本章运行中担任机长所需的航空人员执照和等级。

(2)圆满完成在按照本章运行中担任机长所需的在该飞机上的训练阶段,包括定期复训。

(3)圆满完成在按照本章运行中担任机长所需的熟练检查和资格检查。

(4)对于实施获取航线运输驾驶员执照和增加型别等级训练的飞行教员应当满足CCAR-61部中相应飞行教员的执照、等级和训练的要求。对于实施其他训练的飞行教员应当满足本规则第135.309条规定的适用的训练要求。

(5)持有I级体检合格证。

(6)满足本规则第135.279条中的近期经历要求。

(c)仅当驾驶员对于相应的飞机级别和型别等级符合本条(b)款的要求,或者符合以下要求,合格证持有人方可使用该驾驶员、该驾驶员方可在按照本章制定的训练大纲中担任飞行教员(模拟机):

(1)持有在按照本章运行中担任机长所需的航空人员执照和等级(体检合格证除外)。

(2)圆满完成在按照本章运行中担任机长所需的在该飞机上的训练阶段,包括定期复训。

(3)圆满完成在按照本章运行中担任机长所需的熟练检查和资格检查。

(4)对于实施获取航线运输驾驶员执照和增加型别等级训练的飞行教员应当满足CCAR-61部中飞行教员的相应执照、等级和训练的要求。对于实施其他训练的飞行教员应当满足本规则第135.309条规定的适用的训练要求。

(d)在合格证持有人建立的个人训练记录中,应当按照适用情况记入对飞行教员满足本条(b)款(2)、(3)和(4)项或者(c)款(2)、(3)和(4)项要求的记录。

(e)未持有适当体检合格证的飞行教员可以作为非机组必需成员在飞机上担任教员,但不得在按照本章运行中担任飞行机组成员。

(f)飞行教员(模拟机)应当满足下列条件之一:

(1)在飞行模拟机上履行飞行教员职责前12个日历月内,作为该级别和型别等级飞机的机组必需成员完成至少两个航段的飞行。

(2)顺利完成了经批准的航线观察大纲,参加航线观察的期限在该大纲中规定并且应当是在飞行模拟机上履行飞行教员职责之前。

(g)本条(f)款要求的飞行航段或者航线观察大纲,如果在应当完成的那个日历月之前或者之后一个日历月内完成,则被认为是在所要求的那个日历月内完成。

第135.309条　飞行教员的初始和转机型训练要求

实施获取航线运输驾驶员执照和增加型别等级训练的飞行教员,应当按照CCAR-61部有关规定完成相应飞行教员等级的训练。对于实施其他训练的飞行教员应当按照下列要求完成训练:

(a)飞行教员的初始地面训练,应当包括:

(1)飞行教员的职能、作用和责任。

(2)适用的民用航空法规以及合格证持有人的政策和程序。

(3)实施要求的教学的适用方法、程序和技术。

(4)对学员表现的正常评估,包括发现:

(i)不正常的和不充分的训练。

(ii)申请人可能对安全有不利影响的个性。

(5)针对训练效果不满意时的纠正措施。

(6)经批准的在飞机上实施要求的正常、非正常和应急程序的方法、程序和限制。

(7)对于未持有飞行教员等级的,还需完成下列训练:

(i)教学过程的基本原理。

(ii)教授方法和程序。

(iii)教员和学员的关系。

(b)在飞行教员的转机型地面训练中,应当包括实施适用于该飞行教员级别和型别等级飞机的正常、非正常和应急程序的经批准的方法、程序和限制。

(c)飞行教员(飞机)的初始和转机型飞行训练应当包括:

(1)在教学期间可能会遇到的紧急情况下的安全措施。

(2)在教学期间采取的安全措施不及时、不正确所带给安全飞行的潜在后果。

(3)从左座和右座实施必需的正常、非正常和应急机动飞行的训练和实践,确保其具备实施本章要求的飞行教学的能力。

（4）教学期间，在可能产生的紧急情况下，从任一驾驶员座位采取的安全措施。

（d）对于本条（c）款的要求，可以按照适用情况全部和部分在飞行中、飞行模拟机上和飞行训练器上完成。

（e）飞行教员（模拟机）的飞行训练应当包括：

（1）实施必需的正常、非正常和应急程序的训练和实践，确保其实施本章要求的飞行教学的能力。这种飞行和程序应当全部和部分在飞行模拟机或者飞行训练器上完成。

（2）操作飞行模拟机、飞行训练器或者两者的训练，确保其具备实施本章要求的飞行教学的能力。

第 135.311 条　飞行检查员的资格审定

（a）在本条和本规则第 135.313 条中飞行检查员分为飞行检查员（飞机）和飞行检查员（模拟机）：

（1）飞行检查员（飞机）是指有资格针对特定级别和型别等级的飞机，在飞机、飞行模拟机或者飞行训练器上实施飞行检查的人员。

（2）飞行检查员（模拟机）是指有资格针对特定级别和型别等级的飞机，在飞行模拟机或者飞行训练器上实施飞行检查的人员。

（3）飞行检查员（飞机）和飞行检查员（模拟机）履行本规则第 135.291 条（a）款（1）项和（c）款（3）项以及（f）款相应职能。

（b）仅当驾驶员对于相应的飞机级别和型别等级符合下列条件，合格证持有人方可使用该驾驶员、该驾驶员方可在按照本章制定的训练大纲中担任飞行检查员（飞机）：

（1）持有在按照本章运行中担任机长所需的驾驶员执照和等级。

（2）圆满完成在按照本章运行中担任机长所需的在该飞机上的训练，包括定期复训。

（3）圆满完成在按照本章运行中担任机长所需的熟练检查和资格检查。

（4）对于实施航线运输驾驶员执照和增加级别和型别等级的飞行检查，应当符合 CCAR-61 部中相应考试员资格的要求。对于实施其他飞行检查的飞行检查员应当满足本规则第 135.313 条规定的适用的训练要求。

（5）持有 I 级体检合格证。

（6）满足本规则第 135.279 条中的近期经历要求。

（7）具有合格证持有人指派的飞行检查职能。

（c）对于相应的飞机级别和型别等级，仅当驾驶员符合本条（b）款的要求，或者符合以下要求，合格证持有人方可使用该驾驶员、该驾驶员方可在按照本

章制定的训练大纲中担任飞行检查员(模拟机):

(1)持有在按照本章运行中担任机长所需的驾驶员执照和等级(体检合格证除外)。

(2)圆满完成在本章运行中担任机长所需的针对该飞机的训练。

(3)圆满完成在本章运行中担任机长所需的熟练检查和资格检查。

(4)对于实施航线运输驾驶员执照和增加型别等级的飞行检查,应当符合CCAR-61部中相应考试员资格的要求。对于实施其他飞行检查的飞行检查员应当满足本规则第135.313条规定的适用的训练要求。

(5)具有合格证持有人指派的模拟机飞行检查职能。

(d)在合格证持有人建立的个人训练记录中,应当按照适用情况记入对飞行检查员满足本条(b)款(2)、(3)和(4)项或者(c)款(2)、(3)和(4)项要求的记录。

(e)未持有适当体检合格证的飞行检查员可以担任飞行检查员(模拟机),但不得在本章运行中担任飞行机组成员。

(f)飞行检查员(模拟机)应当满足下列条件之一:

(1)在飞行模拟机上履行飞行检查员职责前12个日历月内,作为该级别和型别等级飞机的机组必需成员完成至少两个航段的飞行。

(2)顺利完成了经批准的航线观察大纲,参加航线观察的期限在该大纲中规定并且应当是在飞行模拟机上履行飞行检查员职责之前。

(g)本条(f)款要求的飞行航段或者航线观察大纲,如果在应当完成的那个日历月之前或者之后一个日历月内完成,则被认为是在所要求的那个日历月内完成。

第135.313条　飞行检查员的初始和转机型训练要求

飞行检查员应当按照下列要求完成训练:

(a)飞行检查员的初始地面训练,应当包括:

(1)飞行检查员的职能、作用和责任。

(2)适用的民用航空法规以及合格证持有人的政策和程序。

(3)实施要求的检查的适用方法、程序和技术。

(4)对学生表现的正常评估,包括发现:

(i)不正常的和不充分的训练。

(ii)申请人可能对安全有不利影响的个性。

(5)检查不满意时的纠正措施。

(6)经批准的在飞机上实施要求的正常、非正常和应急程序的方法、程序和限制。

(b)在飞行检查员的转机型地面训练中，应当包括实施适用于该飞行检查员的飞机的正常、非正常和应急程序的经批准的方法、程序和限制。

(c)飞行检查员(飞机)的初始和转机型飞行训练，应当包括：

(1)在检查期间可能会遇到的紧急情况下的安全措施。

(2)在检查期间采取的安全措施不正常、不及时或者不执行安全措施会造成的潜在结果。

(3)从左座和右座实施必需的正常、非正常和应急程序的飞行检查的训练和实践，确保其实施本章要求的驾驶员飞行检查的能力。

(4)在检查期间可能产生的紧急情况下，从任一驾驶员座位采取的安全措施。

(d)对于本条(c)款的要求，可以按照适用情况全部和部分在飞行中、飞行模拟机上和飞行训练器上完成。

(e)飞行检查员(模拟机)的飞行训练，应当包括：

(1)实施必需的正常、非正常和应急程序的飞行检查的训练和实践，确保其具备实施本章要求的驾驶员飞行检查的能力。这种训练和实践应当在飞行模拟机或者飞行训练器上完成。

(2)操作飞行模拟机、飞行训练器或者两者的训练，确保其具备实施本章要求的飞行检查的能力。

第三节　飞 行 运 行

第 135.321 条　运行设施

(a)合格证持有人应当通过航行情报服务机构公布的官方资料或者从其他来源可随时获取的资料，确保飞行中所需和可用的地面或者水上设施(包括通信设施和导航设备)满足实施飞行运行要求。

(b)合格证持有人应当根据机场的规模、道面、障碍物和灯光等因素，以确定该机场的运行适用性。

(c)在运行过程中发现设施不完善时，合格证持有人应当通过适当的方式及时向局方报告。

第 135.323 条　运行手册

(a)合格证持有人应当编写手册并保持其现行有效。

(1)手册中应当包含合格证持有人的程序和政策，并满足本规则附件 D 飞机运行手册内容的要求。

(2)为合格证持有人实施运行的飞行、维修和其他地面人员应当使用该手册。

(b)合格证持有人应当在其主运行基地保存至少一套手册。

(c)手册不得与所有适用的涉及民航管理的规章、合格证持有人在境外运行时适用的运行所在国法规,以及合格证持有人的运行合格证和运行规范相抵触。

(d)手册或者手册的相应部分,包括其修订和增补,应当由合格证持有人提供给飞行、维修和其他地面人员使用。

(e)本条(d)款所述的合格证持有人的工作人员,应当及时更新手册,保持手册的最新状态,并使用最新有效的手册内容。上述人员在履行其职责时,应当能随时查阅手册或者手册的相应部分。如果合格证持有人已经在飞机上配备了手册或者手册的相应部分,则不要求机组成员随身携带这些手册,但应当有专人负责这些手册的更新。

(f)手册应当具有中文版本,如果合格证持有人在运行中使用了不熟悉中文的人员,则应当为其提供相应熟悉文字的手册,并且应当保证这些手册的一致性和同等有效性。

(g)为了遵守本条(d)款的要求,合格证持有人可以用印刷形式或者其他符合局方规定的形式,为(d)款中所列的人员提供手册或者手册的相应部分。如果合格证持有人使用印刷形式之外的形式,则应当保证为这些人员提供配套的阅读设备。

(h)如果合格证持有人将飞机飞往存有相应维修资料的特定航站实施检查和维修时,则该飞机上不需携带该相应维修资料。

第 135.325 条　合格证持有人名称的使用

(a)合格证持有人按照本规则实施运行时,所使用的名称应当与其运行合格证上所列名称一致。

(b)在按照本规则运行的飞机上,应当明显地标出运行该飞机的合格证持有人的名称,否则合格证持有人不得运行该飞机。飞机上标示名称的方法及其可识别性应当符合局方规定。

第 135.327 条　基本运行指令

(a)合格证持有人应当通过合适的方法,指导所有运行人员明确其职责,以及在整体运行中所处的地位和作用。

(b)仅当驾驶员符合以下要求,合格证持有人方可允许该驾驶员、该驾驶员方可在机场活动区滑行:

(1)已由合格证持有人指派。

(2)其技术和能力水平完全胜任操纵飞机滑行。

(3)有资格使用无线电通信。

(4)曾接受过关于机场布局、路线、标记、标志、灯光、空中交通服务信号与指令、术语与程序等方面的培训,并能够遵守机场飞机活动安全运行标准的要求。

(c)除符合下列规定的人员外,机长不得允许任何人员在按照本规则实施的飞行中操作飞机的操纵装置,任何人员也不得在这些飞行中操作飞机的操纵装置:

(1)合格证持有人雇佣的对该飞机具备资格的驾驶员。

(2)正在履行飞行检查工作职责,符合操作该飞机合格要求的监察员或者委任代表。

(d)在按照本规则实施飞行期间,如果合格证持有人或者机长了解到会影响运行安全的实际情况(包括机场和跑道情况),则应当根据情况对继续飞行加以限制或者中止飞行,直至相关的情况得到改善。

(e)除下列情况外,机长不得允许在出现本条(d)款规定的情况时继续飞向计划着陆机场:

(1)有足够的理由认定在预计到达计划着陆机场时,影响运行安全的实际情况将得到消除。

(2)除飞向着陆机场外已经没有更为安全的方法。对于该种情况,继续飞向上述机场将构成本规则第 135.15 条所规定的紧急状态。

第 135.329 条　飞行中模拟紧急情况

合格证持有人不得允许任何人、任何人也不得在载有乘客或者货物时模拟紧急或者非正常情况。

第 135.331 条　检查单

(a)在各个运行阶段,以及在紧急情况中,飞行机组应当使用本条(b)款所提供的检查单,以确保其操作符合飞机操作手册、飞行手册以及适航证相关的文件和运行手册中的操作程序。

(b)合格证持有人应当为驾驶员提供根据人的因素原则设计的检查单,并满足下列程序和检查项目要求:

(1)按照以下各个阶段列出检查项目:

(i)开车前。

(ii)起飞前。

(iii)起飞后。

(iv)着陆前。

(v)着陆后。

(vi)关车。

(2)对于多发飞机或者带可收放起落架的飞机，应当编制应急检查单，并包含以下方面的程序(如适用)：

(i)对燃油、液压、电气和机械系统的应急操作。

(ii)仪表和操纵系统的应急操作。

(iii)发动机失效程序。

(iv)其他保证安全所需的应急程序。

(c)检查单应当保持现行有效，并且放置在驾驶员从其驾驶座位上易于取用的地方。

第135.333条　最低飞行高度

(a)合格证持有人应当根据已公布的航线最低航路高度，确定不低于该高度的最低飞行高度。

(b)合格证持有人应当在运行手册中建立确定最低飞行高度的方法。

第135.335条　乘客及飞行前简介

(a)在每次起飞前，载客飞机的机长应当保证所有乘客得到下列方面的口头简介：

(1)吸烟。每位乘客应当得到何时、何处和在何种情况下禁止吸烟的简介。该简介应当包含合格证持有人申明：涉及民航管理的规章要求乘客遵守点亮的乘客信息灯、出示的标牌和因安全目的指定的禁烟区的指令，并听从机组成员的相关指令。简介还应当包括关于现行法规禁止摆弄、损伤和毁坏厕所(如适用)内安装的烟雾探测器，禁止在厕所内吸烟，以及适用时，禁止在客舱内吸烟的规定。

(2)安全带使用。包括系紧和松开安全带的方法，以及在何时、何地和何种情况下应当系紧安全带。该简介应当包括合格证持有人申明：涉及民航管理的规章要求乘客遵守点亮的乘客信息灯给出的指令，并听从机组成员关于使用安全带的相关指令。

(3)在起飞和降落前调直椅背。

(4)乘客登机门和紧急出口的位置和打开方法。

(5)救生设备的位置。

(6)如果该次飞行涉及延伸跨水运行，所需漂浮装置的使用和迫降程序。

(7)如果该次飞行涉及平均海平面高度3600米(12000英尺)以上的运行，氧气的正常和应急使用方法。

(8)手提灭火器的位置和使用方法。

(b)在每次起飞之前，机长应当确保每位在紧急情况下需要别人帮助才能迅速撤至出口的人员和该人员的护理人员(如适用)都得到了简介，被告知在发生紧急情况时撤离飞机的程序。本款不适用于那些在该架飞机的上一航程飞行中已接受此简介的人员。

(c)本条(a)款要求的口头简介应当由机长或者其他机组成员作出。

(d)尽管有本条(c)款的规定,对于经审定可以载运 19 名及以下乘客的飞机,本条(a)款要求的口头简介可以由机长、一名机组成员或者合格证持有人指定的合格人员作出。

(e)合格证持有人应当将本条(a)款要求的口头简介的内容印制在卡片上,卡片上的文字说明应当至少包括中文。这些卡片应当放置在飞机上方便每位乘客便于取用阅读的地方。卡片上不得印有任何广告,卡片的制作应当满足下列要求:

(1)适用于使用该卡片的飞机。

(2)包括紧急出口的示意图和使用方法。

(3)包括使用机上应急设备所必需的其他指令。

(f)本条(a)款要求的简介可以用符合局方要求的录音播放装置播放,并应当使每位乘客在正常噪音水平环境下能清晰地听到。

(g)合格证持有人应当保证在起飞、着陆,以及由于颠簸或者飞行中发生任何紧急情况而需要加以预防时,所有飞机上乘客都要回到各自座位上系好椅带或者安全带。对于将水上飞机推离码头或者将其系留在码头的人员无需满足前述座位和安全带要求。

(h)对于 2 周岁以下的儿童,可以由占有符合局方要求座椅的成年人抱着,无需满足本条(g)款的要求。

(i)只有每一乘客座椅的椅背处于竖立位置,合格证持有人方可使航空器起飞或者着陆。

(j)要求装备组合式安全带和肩带装置的座椅上的每个乘员,在起飞和着陆过程中都应当用这种组合式安全带和肩带装置将乘员恰当扣紧,但在履行其正常职责需要时,可以松开肩带。

(k)在每个无人乘坐的座椅上,若装有安全带和肩带装置,则应当将其固定好,使其不妨碍机组成员执行任务或者应急情况下人员的迅速撤离。

第 135.337 条　为运行人员提供的航空信息资料

(a)合格证持有人应当为所有运行人员提供运行规范中适用于该人员职责的信息,并且应当为每个驾驶员提供下列现行有效的资料:

(1)必需的航空信息资料,包括导航设备、机场灯光和目视助航设备、空域、空中交通服务程序、应急程序、影响飞行安全的因素、航空图表等方面的信息,或者包含相同信息的商业出版资料。

(2)飞机操作手册、飞机飞行手册或者等效资料。

(b)本条(a)款(1)项所要求的资料应当放置在驾驶员从其驾驶座位上易于取用的地方。

第135.339条　飞行准备

机长应当在飞机实施运行前,确认飞机已按照适当的检查清单核实并记录以下项目处于可接受的状态,方可实施运行:

(a)已完成所要求的维修工作并处于适航状态。

(b)已装备本章第一节所规定的相应仪表和设备。

(c)满足本规则第135.409条(a)款(1)项规定的要求。

(d)重量和重心位置符合安全飞行的要求。

(e)机上所有载荷分布适当并牢固固定。

(f)符合本章第四节中规定的各项使用限制。

(g)符合本规则第135.345条运行飞行计划的规定。

第135.341条　关键阶段飞行机组成员的值勤要求

(a)在飞行的关键阶段,合格证持有人不得要求飞行机组成员、任何飞行机组成员也不得从事与飞机安全运行无关的任何其他工作。该类工作包括但不限于:预订厨房供应品、确认乘客的衔接航班、对乘客进行广告宣传或者介绍风景名胜及其他与安全无关的广播、填写与运行无关的公司报告表、记录表。

(b)在飞行的关键阶段,机长也不得允许、其他飞行机组成员也不得从事可能分散飞行机组其他成员工作精力,或者进行可能干扰其他成员正确完成相应工作的活动。该类活动包括但不限于:进餐、进行与飞行无关的交谈、阅读与正常飞行无关的刊物。

(c)在本条中,飞行关键阶段是指滑行、起飞、着陆和除巡航飞行以外在3000米(10000英尺)以下的飞行阶段。

第135.343条　禁止干扰机组成员

任何人员不得在按照本规则运行的飞机上攻击、胁迫、威胁或者干扰履行机组职责的机组成员。

第135.345条　运行飞行计划

合格证持有人应当为每一次飞行制定运行飞行计划,该运行飞行计划须经机长签字确认并由合格证持有人保存,保存期至少6个日历月。

第135.347条　备降机场

(a)起飞备降机场:

(1)如果起飞机场的气象条件低于合格证持有人规定的机场着陆最低标

准,或者因其他原因不可能返回起飞机场时,应当在运行飞行计划中选择一个起飞备降机场。

(2)起飞备降机场距起飞机场的时间应当满足下列要求:

(i)对于双发飞机,按飞机飞行手册确定并使用实际起飞重量计算的一台发动机不工作的巡航速度,在国际标准大气和静风条件飞行1小时的时间。

(ii)对于三发或者多于三发的飞机,按飞机飞行手册确定并使用实际起飞重量计算的所有发动机都工作的巡航速度,在国际标准大气和静风条件下飞行2小时的时间。

(iii)对于实施延长改航时间运行(EDTO)的飞机,在没有符合(i)或者(ii)的距离标准的备降机场的情况下,起飞备降机场应当为考虑到实际起飞重量的位于合格证持有人经批准的最大改航时间的距离以内的第一个可用备降机场。

(3)对所选定的起飞备降机场,已获得的资料应当表明:在预计的使用时间内,机场的天气状况将等于或者高于合格证持有人规定的机场运行最低标准。

(b)航路备降机场:对于双发涡轮飞机的延长改航时间运行(EDTO),应当在运行飞行计划中,按照本规则第135.375条和第135.377条的要求选择和指定航路备降机场。

(c)目的地备降机场:

(1)按仪表飞行规则(IFR)进行的飞行,在运行飞行计划中至少应当选择和指定一个目的地备降机场。

(2)当目的地机场存在以下条件之一时,应当选择两个目的地备降机场,并在运行飞行计划中予以说明:

(i)在预计使用时间内,气象条件将低于合格证持有人为运行规定的机场运行最低标准。

(ii)未提供气象资料。

第135.349条　气象条件

(a)开始目视飞行规则(VFR)飞行前,天气实况报告和预报共同表明,按目视飞行规则(VFR)所飞航路或者航段的气象条件应当在相应的时间内符合目视飞行规则(VFR)要求。

(b)按照仪表飞行规则(IFR)的飞行,应当符合下列要求:

(1)在起飞机场起飞,该机场当时的气象条件应当等于或者高于合格证持有人规定的机场运行最低标准。

(2)起飞或者飞过重新放行点,预计着陆机场或者为遵守本规则第135.

347 条而选定的每个备降机场的天气实况报告和预报共同表明,在预计使用时间内,气象条件应当等于或者高于合格证持有人规定的最低标准。

(c)对于仪表飞行规则(IFR)飞行中所用的备降机场,应当有相应的天气实况报告、预报或者两者的组合表明,当飞机到达该机场时,该机场的天气条件等于或者高于备降机场最低天气标准。

(d)对于按本章运行的飞机,合格证持有人应当在经批准的机场最低运行标准上增加至少下列数值,作为该机场用作备降机场时的最低天气标准:

(1)对于只有一套进近设施与程序的机场,决断高度/高(DA/DH)或者最低下降高度/高(MDA/MDH)增加 120 米(400 英尺),能见度增加 1600 米(1 英里)。

(2)对于具有两套(含)以上精密或者非精密进近设施与程序并且能提供不同跑道进近的机场,决断高度/高(DA/DH)或者最低下降高度/高(MDA/MDH)增加 60 米(200 英尺),能见度增加 800 米(1/2 英里),在两条较低标准的跑道中取较高值。

(e)合格证持有人为机场的预计使用时间而确定的时间段应当得到局方批准。

(f)在已知或者预期结冰条件下运行,应当配备满足飞机型号合格审定要求的防冰装置。

(g)在已知或者可能存在地面结冰条件下运行时,除完成污染物检查并采取了必要的除冰和防冰措施外,飞机不得起飞。

第 135.351 条　燃油要求

(a)飞机应当携带可以安全完成计划飞行和改航所需的足够的可用燃油。

(b)携带的可用燃油量应当至少基于:

(1)下列数据:

(i)从燃油消耗监控系统中获得的特定飞机的当前数据(如可用)。

(ii)采用飞机制造商提供的数据(如果没有特定飞机的数据)。

(2)计划飞行的运行条件,包括:

(i)飞机的预计重量。

(ii)航行通告。

(iii)天气实况和预报。

(iv)空中交通服务程序、限制及预期的延误。

(v)维修保留项或者构型偏离的影响。

(c)飞行前对所需可用燃油的计算应当包含:

(1)滑行燃油:考虑到起飞机场的当地条件和辅助动力装置(APU)的燃油

消耗,起飞前预计消耗的燃油量。

(2)航程燃油:考虑到本条(b)款(2)项的运行条件,允许飞机从起飞机场或者从重新放行点飞到目的地机场着陆所需的燃油量。

(3)不可预期燃油:为补偿不可预见因素所需的燃油量。根据航程燃油方案使用的燃油消耗率计算,占计划航程燃油或者飞行中重新放行点 5%的所需燃油,但在任何情况下不得低于以等待速度在目的地机场上空 450 米(1500 英尺)高度上在标准条件下飞行 5 分钟所需的燃油量。

(4)目的地备降机场燃油,包含:

(i)当需要有目的地备降机场时,飞机所需的燃油应当能够:

(A)在目的地机场复飞;

(B)爬升到预定的巡航高度;

(C)沿预定航路飞行;

(D)下降到起始进近定位点;

(E)在目的地备降机场进近并着陆。

(ii)当需要两个目的地备降机场时,根据本条(c)款(4)项(i)目计算的所需燃油量,能够使飞机飞行到需要更多备用燃油的目的地备降机场。

(iii)当不需要有目的地备降机场时,所需油量能够使飞机在目的地机场上空 450 米(1500 英尺)高度上在标准大气条件下飞行 15 分钟。

(iv)当预定着陆机场是一个孤立机场时:

(A)对于活塞式发动机飞机,飞行 45 分钟的所需油量与巡航高度层上消耗的计划飞行时间的 15%所需油量之和(包括最后储备燃油)或者飞行 2 小时的所需油量,取其中较小者。

(B)对于涡轮发动机飞机,能够以正常巡航燃油消耗在目的地机场上空飞行 2 小时的所需油量(包括最后储备燃油)。

(5)最后储备燃油:使用到达目的地备降机场,或者不需要目的地备降机场时,到达目的地机场的预计重量计算得出的燃油量:

(i)对于活塞式发动机飞机,按照局方规定的速度和高度条件飞行 45 分钟所需的油量。

(ii)对于涡轮发动机飞机,以等待速度在机场上空 450 米(1500 英尺)高度上在标准大气条件下飞行 30 分钟所需的油量。

(6)额外燃油:所需燃油的补充,即如果根据本条(c)款(2)项至(5)项计算的最低燃油不足以:

(i)假定在航路最困难临界点发动机发生失效或者丧失增压需要更多燃油的情况下,允许飞机在必要时下降并飞行到某一备降机场。

(A)以等待速度在该机场上空450米(1500英尺)高度上在标准条件下飞行15分钟。

(B)进近并着陆。

(ii)允许进行延长改航时间运行(EDTO)的飞机遵守局方批准的临界燃油方案。

(iii)满足上述未包含的其他规定。

(7)酌情燃油:机长自行决定携带的额外燃油。

(d)仅当机上可用的燃油按照要求符合本条(c)款(1)项至(6)项的要求,方可开始飞行(如适用)。仅当机上可使用的燃油按照要求符合本条(c)款(2)项至(6)项的要求(如适用),方可从重新放行点继续飞行。

第135.353条　飞行中的燃油管理

(a)合格证持有人应当制定飞行中实施燃油检查与燃油管理的政策和程序,并经局方批准。

(b)机长应当始终保证机上剩余的可用燃油量,不低于飞抵机场并完成安全着陆所需要的燃油量和计划的落地最后储备燃油量之和。

(1)当意外情况可能导致飞往孤立机场的所需燃油不足或者在目的地机场着陆时,剩余燃油量小于最后储备燃油与飞往备降机场的所需燃油之和,机长应当要求从空中交通服务得到相关延误的信息。

(2)当驾驶员计算飞往某一特定机场的现行许可的任何改变会导致着陆后的剩余燃油低于最后储备燃油时,机长应当通过宣布"MINIMUM FUEL"(最低燃油)向空中交通服务通知最低油量状态。宣布"MINIMUM FUEL"(最低燃油)是通知空中交通服务所有计划的机场的选择方案已降至一个特定的预定着陆机场,对现行许可的任何改变会导致着陆后的剩余燃油低于最后储备燃油。这并非紧急状况,仅表示如果再出现任何延误很可能发生紧急状况。

(3)当预计只能在可安全着陆的最近机场着陆,且着陆后的剩余燃油低于最后储备燃油量时,机长应当通过广播"MAYDAY MAYDAY MAYDAY FUEL"(紧急燃油)宣布燃油紧急状况。

第135.355条　乘客在飞机上时的加油

(a)仅当机长或者其他有资格的人员在场,并随时能以可行的最实用和快捷的方法引导乘客撤离飞机,方可在乘客登机、离机或者在机上时加油。

(b)如果在乘客登机、离机或者在机上时加油,则应当使用飞机的内话系统或者其他适当的方法,保持监督加油的地面人员与机长或者本条(a)款所要求的其他有资格的人员之间的双向通信。

第 135.357 条　仪表飞行规则起飞、进近和着陆最低标准

(a)在某一机场实施仪表进近程序前,应当满足下列条件:

(1)该机场具有符合局方规定的民用航空气象服务机构。

(2)该民用航空气象服务机构发布的最新气象报告表明,天气条件达到或者高于该机场经批准的仪表飞行规则(IFR)着陆最低标准。

(b)当本条(a)款(1)项规定的民用航空气象服务机构发布的最新天气报告表明天气条件达到或者高于经批准的仪表着陆最低标准时,驾驶员方可进入仪表进近程序中的最后进近阶段继续实施进近。

(c)当驾驶员已经按照本条(b)款规定,进入最后进近阶段后,收到气象报告表明天气条件低于着陆最低标准,仍可以继续进近。当进近至经批准的决断高度/高(DA/DH)或者最低下降高度/高(MDA/MDH)时,如果驾驶员断定实际的天气条件不低于该机场的最低着陆天气标准,则可以继续进近并完成着陆。本款所述的最后进近阶段是指下列情况之一:

(1)实施仪表着陆系统(ILS)进近时或者基于性能导航(PBN)的仪表进近,已经通过最后进近定位点。

(2)实施机场监视雷达(ASR)或者精密进近雷达(PAR)进近时,已经移交至最后进近管制员。

(3)使用甚高频全向信标台(VOR)、无方向性导航台(NDB)实施进近或者实施其他类似方法的进近时,已经通过相应的设施或者最后进近定位点,或者在没有规定最后进近定位点时,已经完成了程序转弯并且位于程序规定的距离内,按照最后进近航道向机场归航。

(d)对于在相应型别等级的涡轮发动机飞机上担任机长时间未达到 100 小时的驾驶员,应当在局方公布的机场运行最低标准或者合格证持有人的运行规范中规定的决断高度/高(DA/DH)或者最低下降高度/高(MDA/MDH)之上增加 30 米(100 英尺),能见度在着陆最低标准上增加 800 米(1/2 英里)或者等效的跑道视程(RVR),但不超过合格证持有人将该机场作为备降机场时使用的着陆最低标准。

(e)在军方或者国外机场实施仪表飞行规则(IFR)起飞、进近和着陆时,应当遵守该机场规定的仪表进近程序和适用的最低天气标准。如果该机场没有规定最低天气标准,则应当遵守下列标准:

(1)按照仪表飞行规则(IFR)起飞时,能见度不得低于 1600 米(1 英里)。

(2)仪表进近时,能见度不得低于 800 米(1/2 英里)。

(f)当本条(a)款(1)项规定的民用航空气象服务机构报告的天气条件低于局方公布的机场运行最低标准或者合格证持有人运行规范中规定的起飞最

低标准时,不得按照仪表飞行规则(IFR)起飞。

(g)除本条(h)款规定的情况外,当机场未规定起飞最低标准时,且本条(a)款(1)项规定的民用航空气象服务机构报告的天气条件低于 CCAR-91 部或者合格证持有人运行规范中规定的起飞最低标准时,不得按照仪表飞行规则(IFR)起飞。

(h)在具有局方公布的直接仪表进近程序的机场,当本条(a)款(1)项规定的民用航空气象服务机构报告的天气条件不低于直接进近着陆最低标准时,除另有限制外,如果满足下列条件,可以按照仪表飞行规则(IFR)起飞:

(1)起飞所用跑道的风向和风速可以允许在该跑道上实施直接仪表进近。

(2)有关的地面设施和机载设备工作正常。

(3)合格证持有人已经被批准实施此种运行。

第 135.359 条　机场运行最低标准

(a)合格证持有人应当采用经局方批准的方法,对其运行中使用的每个机场制定机场运行最低标准。仅当经机场所在国特别批准,合格证持有人制定的最低标准方可低于机场所在国为该机场规定的最低标准。

(b)在确定相应机场运行最低标准时,应当充分考虑:

(1)飞机的型号、性能和操纵特性。

(2)飞行机组的组成及其能力和经验。

(3)跑道的物理特征和特性。

(4)地面辅助设备及其性能。

(5)进近着陆和中断进近过程中,导航、建立目视参考或者控制航迹的机载设备。

(6)进近和中断进近区域内的障碍物,以及仪表进近程序的越障高度/越障高。

(7)测定和报告气象条件所用的方法。

(8)离场爬升区的障碍物和必要的越障裕度。

第 135.361 条　报告潜在的危险气象和飞行条件、通信或者导航设施的不正常情况

(a)驾驶员在飞行中一旦遇到潜在的危险气象条件,或者发现某一地面通信或者导航设施不正常,认为严重影响飞行安全时,应当尽快通知空中交通服务部门。

(b)在遇到与气象条件无关的危险飞行条件时,驾驶员应当尽快向有关航站或者相关方进行报告,包括涉及飞行安全的相关细节。

(c)如果机场跑道刹车效应与公布的情况不符,驾驶员应当向空中交通服务部门及时报告。

第 135.363 条　值勤岗位上的飞行机组成员

(a)驾驶舱值勤的所有飞行机组成员,在起飞和着陆阶段应当在各自的岗位上。

(b)驾驶舱值勤的所有飞行机组成员,在航路阶段,除为履行与飞机运行有关职责或者由于生理需要而有必要离开外,都应当在各自的岗位上。

(c)所有飞行机组成员在值勤岗位上时,应当始终系紧座椅安全带。

(d)驾驶员座椅上的飞行机组成员,在起飞和着陆阶段都应当始终系紧肩带。但对于其他飞行机组成员,在履行其正常职责需要时可以松开肩带。

第 135.365 条　驾驶员使用氧气的要求

(a)非增压飞机的驾驶员在进行下列飞行时应当持续使用氧气:

(1)高度超过平均海平面高度 3000 米(10000 英尺)但不超过 3600 米(12000 英尺),在这些高度上飞行超过 30 分钟后的飞行时间段。

(2)高度超过平均海平面高度 3600 米(12000 英尺)。

(b)对于增压飞机:

(1)增压飞机在座舱气压高度大于平均海平面高度 3000 米(10000 英尺)时,每个驾驶员应当遵守本条(a)款的要求。

(2)增压飞机在平均海平面高度 7600 米(25000 英尺)以上运行时,每个驾驶员应当配备一个快速佩戴型的氧气面罩。

(c)在本规则第 135.255 条(d)款和(e)款要求的供氧情况下,所有飞行机组成员在飞行中执行与飞机安全运行密切相关的职责时,应当连续使用呼吸用氧。

第 135.367 条　乘客医用氧气

(a)除本条(d)款、(e)款规定的情况外,仅当所携带的装置在制造上可以保证所有阀门、接头和仪表在携带和使用的过程中不会损坏,并且满足下列要求,合格证持有人方可允许携带或者使用储存、发生或者分配医用氧气的设备:

(1)该设备应:

(i)由乘客携带该设备时,合格证持有人应当确认其满足我国或者运行所在国关于该设备制造、包装、标记、标签和维修方面的要求。

(ii)由合格证持有人配置该设备时,该设备应当符合我国关于其制造、包装、标记、标签和维修方面的要求,并且按照合格证持有人经批准的维修方案进行维护。

(iii)所有外表面无可燃污染物。

(iv)被恰当固定。

(2)当氧气以液态形式储存时,从购入新设备之日起或者从储存容器最后一次被清洗之日起,该设备应当已经按照合格证持有人经批准的维修方案进行维修。

(3)当氧气以国家的相应标准所定义的压缩气体形式储存时,应当满足下列要求:

(i)当合格证持有人拥有该设备时,应当按照合格证持有人经批准的维修方案维修。

(ii)氧气瓶中的压力不得超过氧气瓶的额定压力。

(4)在飞机上携带该设备时或者准备使用该设备时,应当通知飞机的机长。

(5)应当存放好该设备,并且使用该设备的人员应当在座位上就座,以便不妨碍接近和使用所需的任何应急出口、正常出口或者客舱中的过道。

(b)任何人不得、合格证持有人也不得允许任何人在距离按照本条(a)款载运的氧气储存和分配设备3米(10英尺)的范围内吸烟或者用火。

(c)在飞机上载有乘客时,除了在使用医用氧气方面受过训练的人员外,合格证持有人不得允许任何人连接或者拆卸氧气瓶或者其他附属部件。

(d)在紧急医疗事件中由于没有其他合理可用的运输方法而参加医疗飞行的飞机,如果该次飞行所运送的人员由一名在医用氧气方面受过训练的人员陪同,则对于飞机上载运的由专业或者医疗急救机构提供的氧气设备,本条(a)款(1)项(i)目不适用。

(e)根据本条(d)款规定偏离本条(a)款(1)项(i)目规定的合格证持有人参加应急医疗飞行,应当在作出偏离行动后10日内向其合格证主管民航地区管理局提交一份关于偏离所涉及运行的完整报告,在报告中包括对偏离行动的描述和偏离的原因。

第135.369条　禁止载运武器

除按照相关法律法规被批准携带武器的人员外,在合格证持有人所运行的飞机上的任何人员不得以隐秘或者公开的方式在机上放置或者随身携带武器。

第135.371条　仪表飞行程序

所有按照仪表飞行规则(IFR)运行的飞机都应当遵守机场所在国批准的仪表飞行程序。

第135.373条　机长职责

(a)机长在舱门关闭后应当对机上所有机组成员、旅客和货物的安全负责。机长还应当在从飞机为起飞目的准备移动时起到飞行结束最终停止移动和作为主要推进部件的发动机停车时止的时间内，对飞机的运行和安全负责，并具有最终决定权。

(b)机长应当保证飞行机组成员严格遵守本规则第 135.331 条所规定的检查单中的所有内容。

(c)机长应当负责以可用的最迅速的方法将导致人员严重受伤或者死亡、航空器或者财产的重大损坏的任何航空器事故通知最近的有关当局。

(d)在飞行结束时，机长应当负责将所有已知的或者怀疑的飞机故障向合格证持有人报告。

第 135.375 条　对飞往航路备降机场的运行超过 60 分钟的要求

(a)从航路上一个点飞往一个航路备降机场的运行超过 60 分钟时，合格证持有人应当确保：

(1)对于所有飞机：

(i)指定了航路备降机场。

(ii)向飞行机组提供指定航路备降机场的最新资料，包括备降机场运行状况与气象条件。

(2)对于双发涡轮飞机，指定的航路备降机场的条件在预计使用时间，达到合格证持有人规定的机场运行最低标准。

(b)除了前款要求以外，合格证持有人还应当考虑以下各项内容：

(1)运行控制与飞行计划程序。

(2)运行程序。

(3)培训大纲。

第 135.377 条　对延长改航时间运行的要求

(a)除经局方批准外，合格证持有人不得实施以下延长改航时间运行(EDTO)：

(1)对于实施载客运行的双发涡轮动力飞机，以一台发动机不工作的巡航速度(在国际标准大气和静止空气条件计算)从航路任何一点飞到航路备降机场的改航时间超过 180 分钟的运行。

(2)对于实施载客运行的两台以上涡轮动力的飞机，以正常巡航速度(在国际标准大气和静止空气条件计算)从航路任何一点飞到航路备降机场的改航时间超过 180 分钟的运行。

(b)合格证持有人实施延长改航时间运行(EDTO)时，最大改航时间应当得到局方在其运行规范上的批准，且不得超过 240 分钟。

(c)除本条(d)款规定外，合格证持有人申请延长改航时间运行(EDTO)

的最大改航时间时，应当满足下列要求：

(1)不得超过飞机飞行手册对于延长改航时间运行(EDTO)关键系统规定的最大限制(如适用)，以及与运行有关的其他限制。

(2)通过延长改航时间运行(EDTO)的合格审定。

(d)合格证持有人应当保证至少在下列方面能够保持相当的安全水平：

(1)合格证持有人的能力。

(2)飞机的全面可靠性。

(3)每个时间限制系统的可靠性。

(4)飞机制造商提供的相关资料。

(5)缓解风险的具体措施。

(e)对于进行延长改航时间运行(EDTO)的飞机，应当遵守第 135.351 条(c)款(6)项对额外燃油储备的要求。

(f)仅当对指定的航路备降机场的可用性重新做过评估，且最新资料表明该机场的条件在预计使用时间将达到合格证持有人规定的机场运行最低标准，方可超过本条(a)款规定的阈值时间飞行。如果经确定的任何条件不允许在预计使用时间在该机场安全进近并着陆，应当制定一个备用方案。

第 135.379 条　行李和货物载运

合格证持有人载运货物和行李(包括手提行李)时，应当满足下列要求：

(a)装载在飞机内经批准的货架、货箱或者货舱内。

(b)按照符合局方规定的方式固定在飞机内。

(c)以满足下列全部要求的方式装载在客舱内：

(1)对于货物，用安全带或者其他有足够强度的系留装置予以固定，在正常可以预见的飞行与地面条件下不会产生移动。对于手提行李，进行系留以避免空中颠簸时发生移动。

(2)进行包装或者封盖，以避免伤害乘客。

(3)不会对座椅或者地板结构施加超过载荷限制的力。

(4)不得放在妨碍通达或者使用应急出口和正常出口的位置，或者妨碍使用驾驶舱和客舱之间过道的位置。仅当有辅助的标牌或者其他符合局方要求的方法能为乘客提供明确的提示，方可放在挡住乘客视线，使乘客无法见到“安全带”标牌、“禁止吸烟”标牌或者任何要求的出口标牌的位置。

(5)不得直接放置在就座乘客的正上方。

(6)对于某些在飞行过程中需要移动的物品，在起飞和着陆阶段也应当按照本条规定进行存放。

(7)对于全货物运行，如果在发生紧急情况时，货物的装载能够保证至少有一个应急或者正常出口供机上所有乘员顺利撤离飞机,则本条(c)款(4)项的要求不适用。

(d)在乘客座位下方安放行李时,应当有措施能保证在飞机受到碰撞所产生的极限惯性力的作用下,所放行李不会发生滑动,该力是由飞机型号合格审定所依据的紧急着陆条件规则确定的。

(e)如果装载货物的货舱在设计上要求飞行机组成员在飞行中发生火灾时进入货舱灭火,则货物的装载应当保证机组成员能够使用手提式灭火器将灭火剂喷射到货舱所有部位。

第 135.381 条　对单一驾驶员按照仪表飞行规则或者在夜间运行的附加要求

单一驾驶员按照仪表飞行规则(IFR)或者在夜间运行飞机,应当符合下列要求:

(1)经适航审定为单人制机组。

(2)螺旋桨驱动的飞机。

(3)最大审定旅客座位数 9 座及以下。

(4)按照本章规定安装相应设备。

(5)机长符合本章规定的对经历、培训、检查和近期经历的要求。

第 135.383 条　机组成员的周、月、年飞行时间限制

合格证持有人在为飞行机组成员安排飞行时,应当保证飞行机组成员的总飞行时间遵守以下规定,总飞行时间包括按照本规则实施运行的飞行时间和训练、调机飞行等的其他飞行时间:

(a)任何 7 个连续日历日内不得超过 40 小时。

(b)任一日历月内不得超过 100 小时,且在任何连续 3 个日历月内的总飞行时间不得超过 270 小时。

(c)任一日历年内不得超过 1000 小时。

第 135.385 条　疲劳管理

(a)合格证持有人应当按照附件 C 的要求,建立疲劳风险管理系统并得到局方批准,以管理与疲劳有关的安全风险。

(b)合格证持有人应当规定飞行时间、飞行值勤期、值勤期的最大数值和休息期的最小数值。这些数值应当以科学原理知识为基础,通过安全保证程序确定。

(c)当合格证持有人的数据显示这些数值过高或者过低时,局方将责令其分别降低最高值或者提高最低值。

(d)只有根据积累的疲劳风险管理系统经验和与疲劳的相关数据对合格

证持有人上述变动的理由进行评估之后,方可经局方批准提高最高值或者降低最低值。

(e)合格证持有人执行疲劳风险管理系统来管理与疲劳有关的安全风险时,至少应当满足下列条件:

(1)疲劳风险管理系统内包含有科学原理知识。

(2)不断确定与疲劳有关的安全危害和由此产生的风险。

(3)确保迅速实施为切实有效地减轻与危害有关风险的必要补救行动。

(4)保证持续监测和定期评估这类行动实现的疲劳风险缓解措施。

(5)保证不断提高疲劳风险管理系统的整体表现。

第四节　性能使用限制

第 135.401 条　一般规定

(a)飞机的运行应当符合适航审定所确定的性能要求,并且不得超出在其飞行手册中的使用限制。

(b)飞机的运行应当满足局方制定的性能规范。仅当飞机飞行手册所提供的性能资料,结合局方规定的其它补充数据(如适用),表明所要实施的飞行符合本条(c)款至(h)款的标准,方可开始飞行。

(c)在应用本节各项标准时,应当考虑严重影响飞机性能的所有因素,这些因素应当直接作为运行参数加以考虑,或者用裕度的方法间接地加以考虑,可以通过性能数据表或者在飞机据以运行的、全面而详细的性能规范规定该裕度。这些因素应当至少包括:

(1)对于陆上飞机,飞机的重量、使用程序、与机场标高相应的气压高度、外界温度、风、跑道坡度和道面状况,以及是否存在雪、雪浆、水或者冰等。

(2)对于水上飞机,水面情况等。

(d)重量限制:

(1)起飞重量不得超过本条(e)款至(h)款规定的重量,同时应当考虑到飞行过程中的燃油消耗、发生本条(f)款和(g)款的情况时可能出现的应急放油以及本款(3)项和(h)款关于备降机场的规定。

(2)起飞重量不得超过飞行手册中规定的与机场标高及其他气象条件相对应的最大起飞重量。

(3)着陆重量不得超过飞行手册中规定的与机场标高及其他气象条件相对应的最大着陆重量。

(4)除经局方批准外,起飞和着陆重量不得超过相应的噪声审定标准所规定的最大重量。

(e)在起飞过程中的任一点发生临界发动机失效时,飞机应当能够中止起飞并在可用加速停止距离内停住,或者能继续起飞并以足够的垂直或者水平距离超越沿航迹的所有障碍物,直至满足本条(f)款的规定。在确定越障性能时,应当考虑侧风分量和导航精度等运行条件。在确定可用跑道长度时,应当考虑因飞机在起飞前对正跑道所损失的跑道长度。

(f)在航路或者计划改航航路上的任一点,一台发动机不工作或者发生临界发动机不工作的情况下,飞机应当能够飞往满足本条(h)款要求的机场,并在任何一点上不低于最低飞行高度。

(g)对于具有三台或者三台以上发动机的飞机,在航路的任一航段发生一台发动机不工作时,应当考虑第二台发动机不工作的可能性,以确保在两台发动机不工作时继续飞至航路备降机场并着陆。

(h)在进近过程中,应当保证足够的超障裕度,能够在预定机场或者任一备降机场着陆,对于陆上飞机,应当在可用着陆距离内停住。对于水上飞机,应当在此距离内降低到合适的速度。在制定性能数据时,应当结合进近和着陆技术水平,如有必要,增加相应的余量。

(i)对于备降机场,应当能使飞机在跑道有效长度的70%(螺旋桨飞机)或者60%(喷气动力飞机)以内完成全停着陆。

第135.403条　障碍物数据

(a)合格证持有人应当根据障碍物数据,制定符合本规则第135.401条(f)款的程序。

(b)合格证持有人在确定与本规则第135.401条(e)款的符合性时,应当考虑航图的精度。

第五节　维　　修

第135.409条　总则

(a)合格证持有人应当对保持飞机的适航性状态负责,按照下列要求建立由维修主管负责的维修系统,并落实其适航性责任:

(1)在按照CCAR-145部批准的维修单位实施维修工作。

(2)具有直接向维修主管报告的工程技术、生产计划和质量管理部门,对维修系统符合本章的要求实施管理。

(b)本条(a)款(1)项要求的维修单位可以是自建的,也可以是与他人合作共同组建的。对于与他人合作共同组建的情况,合格证持有人应当以与维修单位签署协议的方式委托维修。

(c)当维修系统不具备飞机或者部件维修能力时,应当将相关飞机或者部件送至具有相应维修能力且按照 CCAR-145 部批准的维修单位实施维修。

(d)本章所述维修工作包括对飞机或者部件所进行的任何检查、测试、修理、排故或者翻修工作。对于已经获得适航审定部门批准的设计更改的实施,也视为维修工作。

第 135.411 条　维修方案

(a)合格证持有人应当为每架按照本章运行的飞机编制维修方案。初始的维修方案编制应当基于下列适用的持续适航文件,并经局方批准:

(1)局方发布的适航指令或者其他强制性要求中规定的维修任务。

(2)飞机制造厂家发布并经局方批准的适航性限制要求中规定的维修任务。

(3)飞机制造厂家发布并经局方批准的计划维修文件中要求的维修任务。

(4)飞机、发动机、螺旋桨、部件制造厂家发布的维修手册中建议的维修任务。

(5)飞机、发动机、螺旋桨、部件制造厂家发布的服务文件中建议的维修任务。

(b)在建立维修可靠性管理体系并基于可靠性分析的基础上,可以调整上述持续适航文件中要求或者建议的维修任务;但不得在未获得适航审定部门批准的情况下,更改适航指令或者适航性限制中要求的维修任务。

(c)如计划允许飞机带故障放行,合格证持有人应当根据飞机型号适用的《主最低设备清单》制定《最低设备清单》,并获得局方批准。

(d)当局方基于事故、事件或者报告的调查,提出其他维修要求时,飞机维修责任人或者单位应当严格执行。

第 135.413 条　维修管理要求

(a)维修系统的工程技术部门应当配备足够的符合本条(e)款资质的专业技术工程师,并符合下列管理要求:

(1)确保包括飞机、发动机、螺旋桨、部件制造厂家公开发布资料在内的,经局方批准或者认可的持续适航文件齐全有效。

(2)编制符合本规则第 135.411 条要求的维修方案,并准备合适的计划维修任务工作单卡或者对外送修技术要求。

(3)如果计划通过可靠性分析持续优化维修方案,应当建立有效的维修可靠性管理体系。

(4)根据飞机型号适用的《主最低设备清单》制定《最低设备清单》。

(5)对维修实施提供技术支持,并开展必要的工程调查。

(b)维修系统的生产计划部门应当配备足够的具备机型维修经验的人员,

并符合下列管理要求：

(1)建立有效的维修计划控制，确保计划维修任务在规定的间隔前完成。

(2)协调维修系统内维修单位按照 CCAR-145 部的要求实施具备维修能力的维修任务。

(3)当维修系统不具备飞机或者部件维修的能力时，应当及时组织对外送修。

(4)妥善保存飞机维修记录并建立飞机技术档案。

(c)维修系统的质量管理部门应当配备足够的具备机型维修经验的质量管理人员，并符合下列管理要求：

(1)建立合适的质量管理规范和工作程序，确保维修系统内各部门的职责能够有效落实。

(2)建立合适的人员资质评估制度，确保各类人员在上岗前具备相应的资质。

(3)建立合适的供应商和对外送修的评估制度，确保维修中使用工具设备、器材的合法性和对外送修的维修质量。

(4)建立和实施定期的内部质量审核，持续监督质量管理规范和工作程序的落实情况。

(5)定期检查每架飞机的适航性状态。

(6)对飞机发生的维修质量问题开展有效的调查。

(d)为落实上述管理要求，维修系统应当具备足够的办公场所和设施设备，支持维修系统各部门工作的有效开展。

(e)维修系统的专业技术工程师应当至少具备相应机型的维修经验，并且具有按照 CCAR-66 部规定的 4 级航空维修技术英语等级。

(f)除本条(c)款规定的质量审核和监督要求外，合格证持有人可以将本条中规定的其他维修管理要求进行外委。

第 135.415 条　维修工程管理手册

(a)合格证持有人应当就如何落实适航性责任并符合本章要求制定维修工程管理手册，并经局方批准。

(b)维修工程管理手册应当至少包括下列内容：

(1)维修主管声明。

(2)维修系统总体介绍。

(3)机构和人员职责。

(4)工程技术管理。

(5)生产计划管理。

(6)安全质量管理。

(7)相关工作表格样式和附件。

第135.417条　飞机技术档案

(a)合格证持有人应当为运行的每架飞机建立飞机技术状态记录,连续记录飞机的技术状态信息,并至少包括下列内容:

(1)飞机的型号、制造厂家、出厂日期、购买日期。

(2)国籍登记证、适航证件号及有效期。

(3)购买前飞机所有人及累计使用时间。

(4)购买后累计使用时间,包括日历时间、飞行小时和起落次数。

(5)完成的计划维修工作的日期、累计使用时间、项目、实施人员或者单位、批准恢复使用人员(包括姓名、签名和执照编号)。

(6)适航指令执行记录,包括自出厂以来完成的所有适航指令。

(7)重要修理和改装记录,包括自出厂以来完成的所有重要修理和改装。

(b)合格证持有人应当妥善保存飞机技术档案,并且建立有效的备份措施,以保证记录丢失或者损毁后的可恢复性。

第135.419条　年度适航性检查

(a)合格证持有人应当对每架飞机在每年度开展一次适航性检查。年度适航性检查应当由质量人员或者部门独立开展,并接受局方针对飞机适航性状况的抽查。

(b)年度适航性检查应当基于飞机技术状态记录、维修记录和维修放行证明开展,确认飞机当前状态和是否完成了规定的维修要求。

(c)完成年度适航性检查后,质量管理部门应当及时向维修主管和局方如实报告下列信息:

(1)年度累计飞行时间和起落次数。

(2)当前状态,包括运行中、停场待修、油封、拆解储存等。

(3)维修要求的实施情况,对于未完成的计划维修任务、长期未修复的故障或者缺陷,应当具体说明。

(4)适航指令的实施情况,对于未完成的,应当具体说明。

(5)重要修理和改装(如适用)的实施情况,并具体说明。

(d)当年度适航性检查发现存在未完成的计划维修任务、适航指令等导致飞机不适航的情况,维修主管应当及时安排纠正,并控制在纠正前停止运行。

第六节　记录和报告

第135.421条　记录保持要求

(a)合格证持有人应当在其主运行基地或者符合局方规定的其他地方保

存下列资料,并处于能随时接受局方检查的状态:

(1)运行合格证。

(2)运行规范。

(3)一份按照本规则运行的飞机清单,并列出每架飞机的装备及与其相应的运行种类。

(4)实施运行的每名驾驶员的记录,包括下列内容:

(i)驾驶员姓名。

(ii)驾驶员持有的执照种类、等级和编号。

(iii)用于判断驾驶员资格满足本规则相应要求的详细飞行经历记录。

(iv)驾驶员当前的职位和被委派的日期。

(v)驾驶员持有的体检合格证等级和有效期。

(vi)本规则要求的各种资格考试、熟练检查和航线检查的日期、结果,以及所使用的飞机的型号。

(vii)驾驶员飞行时间的详细记录。

(viii)飞行检查员的指派文件。

(ix)解除驾驶员职位的有关记录。

(x)本规则要求的初始训练和定期复训的完成日期。

(5)每个客舱乘务员的个人记录(如适用),其内容应当足以确定其符合本章相应要求。

(6)飞行机组用于飞行准备的检查清单,该清单应当保存至少3个月。

(b)合格证持有人应当将本条(a)款(3)项要求的记录保存至少6个月,应当将本条(a)款(4)项和(5)项要求的每项记录保存至少12个月。

(c)对于多发飞机,合格证持有人应当制定一式两份包含飞机装载信息的装载舱单并对其准确性负责。舱单应当在每次起飞之前准备完毕,并且应当包括下列内容:

(1)乘客人数。

(2)装载后飞机的总重。

(3)该次飞行的最大允许起飞重量。

(4)重心限制。

(5)装载后的飞机重心。如果飞机根据装载表或者其他经局方批准的方法进行装载,能够确保装载后的飞机重心不会超出批准的限制,则不需要计算实际的重心。在这种情况下,需在舱单上注明,根据装载表或者其他经批准的方法,该飞机的重心在限制之内。

(6)飞机的登记号或者航班号。

(7)该次飞行的始发地和目的地。

(d)对于要求制定装载舱单的飞机,机长应当将一份完整的舱单随飞机携带至目的地。合格证持有人应当在其主运行基地或者另一局方同意的地点保存一份完整的舱单至少30个日历日。

(e)合格证持有人应当保存其所有机组成员的飞行时间、飞行值勤期和休息期的记录至少12个月。

(f)合格证持有人应当将填好的各种飞行准备表单保存3个月。

(g)合格证持有人应当保存燃油记录,以使局方能够确认合格证持有人在每一次飞行中都遵守了本规则第135.351条和第135.353条的要求。合格证持有人应当至少将燃油记录保存3个月。

(h)合格证持有人应当保存滑油记录,以使局方能够根据滑油消耗趋势确认飞机有足够滑油完成每次飞行。合格证持有人应当至少将滑油记录保存3个月。

(i)合格证持有人应当保存飞机每次高于15000米(49000英尺)飞行的记录,以便能确定每一机组成员在连续12个月内所受到的宇宙辐射总量。

第135.423条　飞行记录本

(a)合格证持有人应当对于每架飞机建立飞行记录本,记录与飞行安全有关的运行信息、飞行机组和维修人员需要了解的有关数据和信息,包括运行中发现的缺陷和工作不正常情况、所进行的维修工作和推迟维修项目、维修放行签署等。

(b)飞行记录本的格式应当符合局方规定。如使用纸质记录,各项内容应当使用墨水或者不可以更改的书写工具及时填写,并且有足够的复页以保证满足使用和保存要求。

(c)除经局方批准采用的电子飞行记录本外,合格证持有人应当在驾驶舱或者其他飞行机组成员易于取用的地方放置一份飞机飞行记录本原件,其中至少记录包括每次飞行前三次飞行期间填写内容的连续记录,并且每次起飞前在地面保存一份记录上一次飞行和该次飞行前填写内容的飞机飞行记录本的复页。

第135.425条　使用困难报告

(a)合格证持有人应当按照本条(b)款的要求向局方报告飞机出现或者发现的下列事件:

(1)飞行中的失火以及有关火警系统工作不正常。

(2)飞行中的假火警信号。

(3)在飞行中引起发动机、相邻结构、设备或者部件损坏的发动机排气系统故障或者失效。

（4）飞行中引起烟、蒸汽、有毒或者有害烟雾在驾驶舱或者客舱积聚或者流动的飞机部件的故障或者失效。

（5）飞行中或者地面发动机熄火或者停车。

（6）飞行中螺旋桨顺桨系统失效或者该系统控制超速的能力不正常。

（7）飞行中燃油系统或者应急放油系统的故障导致燃油流量受影响或者渗漏。

（8）飞行中非正常的起落架收放或者起落架舱门的开启和关闭。

（9）导致飞机在地面运动时制动力异常的刹车系统部件的失效或者故障。

（10）飞机系统及其部件的故障或者失效导致中断起飞或者在飞行中采取紧急措施的情况。

（11）在实际撤离、培训、测试、维修、演示或者无意使用时，任何应急撤离系统或者其部件（包括应急出口、乘客应急撤离灯光系统、撤离设备）的缺陷或者不能完成预定的功能。

（12）需要重大修理的航空器结构问题。

（13）超出飞机制造厂家或者局方允许的结构裂纹、永久变形或腐蚀。

（14）其他已经危及或者可能危及航空器安全运行的故障或者缺陷。

（b）合格证持有人应当在发生或者发现系统工作不正常事件、结构失效或者缺陷情况的 24 小时之内向局方报告，并及时开展或者按要求配合局方开展相应的调查。报告应当至少包括下列可获得的适用信息，并按照局方要求的方式如实填报：

（1）飞机、发动机、螺旋桨的制造厂家、型号和序号。

（2）飞机、发动机、螺旋桨或者部件的总使用时间和循环。

（3）飞机国籍登记号。

（4）发生或者发现的日期和地点。

（5）不正常事件、失效或者缺陷具体描述和排故措施。

（6）不正常事件、失效或者缺陷发生的飞行阶段。

（7）故障、失效或者缺陷部件和具体描述。

（8）故障、失效或者缺陷部件所属的章节、件号、名称、序号、部位、使用时间和循环，维修经历以及修后使用时间和循环。

（9）采取的预防或者紧急措施。

（c）对于自行开展调查的情况，合格证持有人应当在调查完成后及时向局方补报上述未填报完整的适用信息，并报告所采取的安全改进或者预防措施。如涉及到维修差错，应当及时向局方报告涉及的维修单位和具体情况。如涉及设计或者制造缺陷，应当及时向局方和飞机制造厂家报告。

第 135.427 条　携带的应急和救生设备记录

合格证持有人应当对其参与国际运行的飞机上携带的应急和救生设备建立清单，以便随时能够将清单提交救援协调中心。如适用，清单内应当包括救生筏和信号弹的数量、颜色和型号、应急医药用品、水的储备量以及便携式应急无线电设备的型号和频率等的详细信息。

第 135.429 条　飞行记录器的记录

当合格证持有人的飞机涉及某一事故或者事件时，合格证持有人应当尽可能保证将所有有关的飞行记录器的记录（必要时连同飞行记录器一起）予以保存并妥善保管，以待按照相关规定予以处理。

E 章　运输类直升机商业载客或者载货飞行

第一节　直升机及仪表、设备要求

第 135.451 条　直升机要求

(a) 合格证持有人应当具有对按照本章运行的直升机的使用权，并在运行时携带现行有效的下列证件：

(1) 国籍登记证。

(2) 标准适航证。

(3) 无线电台执照。

(b) 除下列情况外，按照本章运行的直升机应当处于适航状态，并保持所安装的仪表和设备正常工作：

(1) 符合直升机飞行手册中规定的《外形缺损清单》。

(2) 符合合格证持有人根据直升机型号适用的《主最低设备清单》制定并按照 CCAR-21 部运行符合性评审要求批准或者认可的《最低设备清单》。

(c) 当对直升机及其部件实施设计更改时，该设计更改应当按照 CCAR-21 部的规定获得批准。

第 135.453 条　基本飞行仪表和设备

(a) 按照目视飞行规则（VFR）运行的直升机应当获得适航审定批准为可按目视飞行规则（VFR）飞行的直升机，并符合直升机飞行手册对目视飞行规则（VFR）飞行的最低设备要求。

(b) 按照仪表飞行规则（IFR）运行的直升机应当获得适航审定批准为可按仪表飞行规则（IFR）飞行的直升机，并符合直升机飞行手册对仪表飞行规则

(IFR)飞行的最低设备要求。

(c)计划实施云上或者夜间飞行的直升机应当获得适航审定批准为允许夜间飞行的直升机,并符合直升机飞行手册对夜间飞行的最低设备要求。

(d)计划实施结冰条件下运行的直升机应当获得适航审定批准为允许结冰条件下飞行的直升机,并符合直升机飞行手册对结冰条件下飞行的最低设备要求。

(e)计划实施特殊运行的直升机应当获得相应的适航审定批准,并符合直升机飞行手册对特殊运行的最低设备要求。

第 135.455 条　应急和救生设备

(a)任何直升机在载客运行时都应当按照合格证持有人要求配备座椅和安全带:

(1)每一个 2 周岁以上乘员都有一个座椅或者卧铺。

(2)每个座椅或者卧铺都配有一条安全带。

(3)在驾驶舱内的飞行机组或者与其平行的座位还应当都配有一副肩带。

(b)任何直升机都应当至少按照合格证持有人要求配备手提式灭火瓶:

(1)在驾驶舱或者驾驶舱附近便于飞行机组取用的位置配备一个。

(2)最大审定旅客座位数 9 座以上的,应当在客舱配备一个,并方便取用。

(3)如果直升机设有货舱,且货舱未装备灭火系统,应当在货舱区域配备一个,并方便灭火时取用。

(c)任何直升机都应当按照局方批准或者认可的飞行手册配备指示、告示标志或者标牌。

(d)直升机在飞行高度 3000 米(10000 英尺)以上运行时,应当按照合格证持有人要求配备氧气设备和氧气:

(1)对驾驶舱内执勤的每一飞行机组成员提供按照本规则第 135.551 条配备足够的氧气量。

(2)在 3000 米(10000 英尺)至 4000 米(13000 英尺)之间超过 30 分钟时,在该运行时间内向至少 10%的乘客供氧。

(3)高于 4000 米(13000 英尺)的全部运行时间向所有乘客供氧。

(e)任何直升机在搜寻和救援困难的陆地区域上空运行时,应当配备至少一个烟火信号装置,并根据机上乘员数量配备足够的救生包。

(f)实施跨水运行时,应当为每个乘员配备一件救生衣或者等效漂浮装置,并存放在使用该装置者的座位或者铺位处等易于取用的位置。

(g)实施延伸跨水运行时,应当配备下列应急救生设备:

(1)供机上所有人员乘坐的足够数量符合局方要求的救生筏,并存放在紧急时便于取用的地方。

(2)配备适合的救生设备(包括根据机上乘员数量所配备的维持生命的设备)。

(3)永久性或者可迅速展开的漂浮设备,以保证直升机在水上安全迫降。

(h)按照合格证持有人要求配备应急定位发射机,并且其工作频率应当能同时工作在 121.5MHz 和 406MHz:

(1)至少装备一台自动应急定位发射机。

(2)最大审定旅客座位数 19 座以上的直升机至少装备两台,其中一台须为自动的。

(3)对于在无人烟地区上空飞行或者实施延伸跨水运行时,至少装备两台,其中一台为救生型应急定位发射机(可放置在救生筏内)。

(i)当设置单独的舱室或者容器安放应急、救生设备时,在该舱室或者容器上易于观察的地方至少用中文标明其所安放物品及上次检验的日期(如适用)。

第 135.457 条　通信、导航和监视设备

按照本章运行的直升机,应当安装或者配备符合下列要求的通信、导航和监视设备:

(a)按照仪表飞行规则(IFR)运行或者在非地标领航的航路上按照目视飞行规则(VFR)运行时,应当至少安装两套独立的无线电导航系统,并能够引导航空器按照飞行计划和空中交通服务要求进行飞行。

(b)在管制空域飞行时,应当至少安装下列设备:

(1)两套独立的无线电通信设备,与地面建立双向通信,并且能在 121.5MHz 应急频率工作。

(2)一套能够对空中交通服务的询问进行编码回答和自动发送气压高度信息的应答机,并且在涉及以下区域运行的还应当能够对其他航空器进行对点编码回答和自动发送气压高度信息:

(i)在运输机场空域运行。

(ii)穿越或者占用局方公布的中、高空航路。

(c)在仪表气象条件下,预计在可探测到的雷雨或者其他潜在危险天气的航路或者区域运行时,应当安装气象雷达或者其雷暴探测设备。

第 135.459 条　记录设备

(a)按照本章运行的直升机应当至少安装一套符合下列要求的飞行记录器:

(1)一个符合局方规定的记录参数要求的飞行数据记录器,并且记录时间不少于 10 小时。

(2)一个驾驶舱话音记录器,并且记录时间不少于 2 小时。

(b)在符合所有记录要求的情况下,可以采用安装一套组合式飞行记录器(飞行数据记录器/驾驶舱话音记录器)的方式,来分别替代独立的飞行数据记录器和独立的驾驶舱话音记录器。

(c)对于使用数据链通信的直升机,其飞行记录器上应当记录与驾驶舱话音记录持续时间相同的所有发送和接收的数据链通信信息,并且与所记录的驾驶舱语音相互关联。

第 135.460 条　其他设备

对于审定为水上使用的直升机,应当满足下列要求:

(1)装有《国际海上防撞规则》所规定的声音信号设备(如适用)。

(2)具有一副锚(当必须用来协助操纵时,还应当具有一副海锚或者浮锚)。

(3)配备符合局方要求的水面停泊灯。

(4)装有浮筒装置。

第二节　飞行机组成员

第 135.461 条　飞行机组成员的组成

飞行机组的组成和人数不得少于运行手册的规定。除直升机飞行手册或者其他与适航证有关的文件中规定的最少人数外,飞行机组还应当考虑到所用直升机的型别、运行的种类以及飞行机组换班间隔的飞行持续时间等因素需要增加的成员。

第 135.463 条　机长或者副驾驶的指派要求

(a)合格证持有人在按照本章运行时,应当满足下列要求:

(1)为每次飞行指派一名机长。

(2)为每次需要两名驾驶员的飞行,指派一名副驾驶。

(3)合格证持有人使用直升机实施Ⅱ类或者Ⅲ类等低能见度运行时,应当指派一名副驾驶。

(b)机长应当按照合格证持有人的指派,在该次飞行的所有时间内承担机长职责。

第 135.465 条　仪表飞行规则运行中要求配备的副驾驶

(a)除本条(b)款规定的情况外,在根据仪表飞行规则(IFR)实施载客运行时,应当配备一名副驾驶。

(b)除按照本规则第 135.461 条和第 135.463 条(a)款(3)项的规定配备

副驾驶的情况外,当装备有经批准的自动驾驶仪系统并且相应的运行规范中也已批准使用该系统时,可以偏离本条(a)款的要求,无需配备副驾驶。在此种情况下担任机长的驾驶员,应当在该厂家和型号的直升机上具有至少 100 小时的机长经历时间。合格证持有人申请使用自动驾驶仪系统代替副驾驶,应当向局方申请颁发相应的运行规范条款。

(c)如果满足下列条件,局方可以批准其使用自动驾驶仪代替副驾驶:

(1)该自动驾驶仪能够操纵直升机来保持飞行和进行绕三轴旋转的机动飞行。

(2)合格证持有人经演示证明,机长能够在合理的工作负荷下完成所有职责,使用自动驾驶仪的运行能够安全实施,符合本规则所有的运行要求。

(3)相应的运行规范条款中包含了局方认为出于安全考虑所需规定的使用自动驾驶仪的条件和限制。

第 135.467 条　应急职责

(a)对于每一型号的直升机,合格证持有人应当为每一机组必需成员指派其在紧急情况下或者需要应急撤离的情况下应当履行的职责。合格证持有人的训练大纲应当包含完成上述职责的年度训练,且包括对规定要携带的所有应急和救生设备使用的讲解和应急撤离的演练。

(b)合格证持有人应当在本规则第 135.513 条所要求的手册中规定本条(a)款要求的每类机组必需成员的职责。

第 135.469 条　酒精和药物的使用限制

(a)处于下列身体状况的人员,不得担任按照本章运行的机组成员:

(1)饮用含酒精饮料之后 8 小时以内。

(2)处于酒精作用之下。

(3)其呼出气体或者血液中酒精含量等于或者大于 0.04 克。酒精含量是指每 210 升呼出气体中含有的酒精克数或者每 100 毫升血液中含有的酒精克数。

(4)使用了大麻、可卡因、鸦片、天使粉或者安非他明等禁用药物或者影响人体官能的药品。

(b)除紧急情况外,驾驶员不得载运呈现醉态或者由其举止、身体状态可以判明处于药物控制之下的人员(受到看护的病人除外)。

(c)机组成员应当在局方要求时,接受局方人员或者局方委托的人员检查其血液中酒精含量的测试。当局方认为某人有可能违反本条(a)款(1)项或者(3)项的规定时,此人应当根据局方的要求,将其担任或者试图担任机组成员之后 4 小时内所做的血液酒精含量百分比测试结果提供给局方。

(d)如果局方认为某人有可能违反本条(a)款(4)项的规定,此人应当根据局方的要求,将其担任或者试图担任机组成员之后4小时内所做的每次体内药物测试的结果提供给局方。

(e)局方根据本条(c)款或者(d)款所取得的测试结果可以用来判定该人员是否具备担任机组成员执行该次飞行任务的资格,或者是否有违反中国民用航空法规的行为。

第135.471条 机长资格要求

(a)使用型号合格审定为两名驾驶员的直升机按照本章运行时,担任机长的驾驶员,应当持有相应类别、级别和型别(如适用)等级的航线运输驾驶员执照。

(b)在本章中担任机长的驾驶员应当至少符合本条(c)款和(d)款的要求。

(c)驾驶员应当向合格证持有人证明其具有下列足够的知识:

(1)所实施的运行相关知识,包括:

(i)地形和最低安全高度。

(ii)季节性气象特点。

(iii)气象、通信和空中交通设施、服务与程序。

(iv)搜寻与援救程序。

(v)与飞行航路或者区域有关的导航设施和程序。

(2)适用于飞越人口稠密区和空中交通密集地区、障碍物、建筑群、灯光、进近导航设备的程序。

(3)进场、离场、等待和仪表进近程序,以及适用的运行最低标准。

(d)机长应当在一名具有相应运行资格的驾驶员陪同下,作为飞行机组成员实施过一次能够代表相应运行的飞行,至少包括在一个具有代表性的起降场的一次着陆。

(e)合格证持有人应当保存用于满足本条要求的驾驶员资格的相关记录。

(f)驾驶员在本章运行中担任机长,应当在履行机长职责前12个月内,作为飞行机组成员实施至少一次具有代表性的飞行或者按本条(c)款和(d)款重新取得资格。

第135.473条 副驾驶资格要求

(a)在型号合格审定为两名驾驶员的运行中或者按照本规则第135.465条要求配备副驾驶的运行中,担任副驾驶的驾驶员应当至少持有相应类别、级别和型别(如适用)等级的商用驾驶员执照。

(b)按照仪表飞行规则(IFR)运行时,担任副驾驶的驾驶员应当持有直升机仪表等级,并满足 CCAR-61 部中的近期仪表经历要求。

(c)对于本章未作要求而合格证持有人出于自身运行需要配备的副驾驶,应当至少持有相应类别和级别等级的商用驾驶员执照,并且在本章要求机长持有仪表等级时,该驾驶员也应当持有仪表等级并满足 CCAR-61 部中的近期仪表经历要求。

第 135.475 条　运行经历

(a)仅当驾驶员在指派为机长前已经在该型号的直升机上和该机组成员职位上取得了下列运行经历,合格证持有人方可使用该驾驶员在按照本章运行的载客直升机上担任机长,该驾驶员方可接受合格证持有人的安排担任机长:

(1)活塞式发动机驱动的直升机为 15 小时。

(2)涡轮发动机驱动的直升机为 20 小时。

(b)在获取上述运行经历时应当符合下列要求:

(1)该经历应当在圆满完成针对该直升机和机组职位的相应地面和飞行训练后获取。在合格证持有人的训练大纲中应当包括关于获取运行经历的规定。

(2)该经历应当在按照本规则实施的载客运行的飞行中获取。如果该直升机先前没有在合格证持有人按照本规则实施的运行中使用过,可以使用在参加验证飞行或者调机飞行的直升机上获取的运行经历来满足这一要求。

(3)驾驶员在获取运行经历时,应当在有资格的飞行教员或者飞行检查员的监视下履行机长职责。

(4)在非载客运行中完成的一次起飞和着陆,或者载客运行中飞行时间不足 1 小时的飞行中完成的一次起飞和着陆,可以算作一个飞行小时数,用于满足本条(a)款要求的运行经历小时数,但以该种方法计算的飞行小时数不得超过本条(a)款要求的小时数的 50%。

第 135.477 条　近期经历

在按照本章实施的载客运行中担任机长的驾驶员,应当在参加每次运行前 90 天内满足下列近期经历要求:

(a)在所服务的相应型别等级的直升机上,作为飞行控制装置的唯一操纵者完成 3 次起飞和 3 次着陆。

(b)对于夜间运行,本条(a)款所要求的 3 次起飞和 3 次着陆应当在夜间完成。满足本款要求的驾驶员即认为其满足昼间运行的近期经历要求。

第 135.479 条　用于满足近期飞行经历的直升机和设施

合格证持有人应当提供直升机和设施,用于满足驾驶员近期飞行经历要求，并持续保持其技术熟练水平，胜任所有被批准的运行。

第 135.481 条　熟练检查要求

(a)仅当驾驶员在参加该次服务之前 6 个日历月内，通过了由局方人员或者符合局方要求的飞行检查员实施的，在其所飞每个型别的直升机上，按照 CCAR-61 部第 61.59 条所要求的熟练检查，合格证持有人方可使用该驾驶员、该人员方可为其担任驾驶员。该熟练检查应当包括演示驾驶员遵守仪表飞行规则(IFR)的能力。对于本规则不要求驾驶员持有仪表等级的目视飞行规则(VFR)运行，只需在前 12 个日历月内通过其所飞每个型别直升机的熟练检查。

(b)经局方批准，熟练检查中的某些部分可以在直升机模拟机或者其他相应的训练设备上完成。

(c)熟练检查不得在按照本规则实施的运行中进行。

第 135.483 条　机长航线检查

(a)仅当驾驶员在该次服务之前 12 个日历月内，在其所飞的一种型别的直升机上通过了航线检查，合格证持有人方可使用该驾驶员担任机长，该驾驶员方可担任这一职位。该检查应当符合下列要求：

(1)由局方人员或者符合局方要求的飞行检查员实施。

(2)包括了至少一次一个航段的飞行。对于按照仪表飞行规则(IFR)运行的驾驶员，该检查应当按照仪表飞行规则(IFR)实施。

(3)包括在一个或者多个合格证持有人运行的机场实施的起飞和着陆。

(b)实施该次检查的人员应当确定接受检查的驾驶员是否合格于在本章运行中担任机长，并在该驾驶员的训练记录中予以确认。

(c)合格证持有人应当在本规则第 135.513 条所要求的手册中建立一套程序，确保在前 90 天之内未飞过某条航线或者某一机场的驾驶员，能够在开始飞行前熟悉该次飞行所必需的安全运行资料。

第 135.485 条　考试和检查的附加规定

(a)按照本章接受考试或者飞行检查的机组成员，在所要求的那个日历月之前或者之后一个日历月内完成相应考试或者飞行检查，则认为该机组成员是在所要求的那个日历月内完成了考试或者检查。

(b)如果被检查的驾驶员未圆满完成规定的动作，实施检查的人员可以在实施检查的飞行过程中对该驾驶员进行附加训练。除了需要重复先前未通过的动作外，检查人员可以要求该驾驶员重复其它判断该驾驶员的熟练性所必需的动作。如果接受检查的驾驶员不能向实施检查的人员演示令人满意的能力，则合格证持有人不得允许该驾驶员参加运行，该驾驶员也不得作为飞行机组成员参加运行，直至其圆满完成该检查。

第 135.487 条　训练的管理政策

(a) 本章训练规定适用于下列合格证持有人：

(1) 委托按照 CCAR-142 部审定合格的训练中心为其实施训练、考试和检查的合格证持有人。

(2) 为每个雇佣或者使用的机组成员、飞行检查员、教员或者其他运行人员建立并保持经批准的训练大纲的合格证持有人。

(3) 为实施大纲而使用经批准的飞行模拟机和飞行训练器的合格证持有人。

(b) 除合格证持有人自身外，只有其他按照本规则或者 CCAR-142 部审定合格的训练中心，有资格按照合同或者其他协议为按照本章要求接受训练的人员提供训练、考试和检查。

(c) 按照本规则第 135.491 条被要求具备训练大纲的合格证持有人应当：

(1) 制定训练大纲，获得批准，提供满足本章要求的训练，确保每个机组成员、飞行教员和飞行检查员能得到充分的训练以履行被指派的职责。

(2) 对本章所要求的训练，提供足够的地面和飞行训练设施。

(3) 提供足够的飞行教员、飞行检查员和合格的地面教员，以实施本章要求的训练和飞行检查。

(d) 涉及获取航线运输驾驶员执照和型别等级的上述训练大纲应当按照 CCAR-61 部要求获得局方批准。

(e) 获取航线运输驾驶员执照和型别等级的训练和考试，应当由满足 CCAR-61 部要求的具备相应教员等级的飞行教员和具备相应资质的考试员实施。该考试可以替代本章要求的熟练检查。

(f) 负责按照本章实施的某一特定地面训练课目和飞行检查的每个教员、主管人员或者飞行检查员，在完成这些训练或者检查后，应当对被训练或者检查合格的机组成员、飞行教员或者飞行检查员的技术熟练程度和知识水平作出合格证明。这种合格证明应当作为该人员个人记录的一部分。

(g) 适用于一种以上直升机或者机组成员职位的训练科目，如果作为该合格证持有人的雇员在先前的训练中已经在另一直升机或者另一机组成员职位上完成了该训练科目，则这些科目在以后的训练中，除定期地面训练外，不需要重复训练。

(h) 对于履行危险物品处理或者载运职责的人员（含地面人员）应当按照 CCAR-276 部规定进行训练并保存训练记录。

第 135.489 条　机组成员训练要求

（a）合格证持有人应当根据驾驶员的职位，在其训练大纲中包含下列初始增加型别等级和转机型地面训练：

（1）对于新招聘的驾驶员，至少包括下列内容的基础教育地面训练：

（i）机组成员的相应职责。

（ii）本章的相应规定。

（iii）合格证持有人的运行合格证和运行规范中的内容。

（iv）合格证持有人的运行手册中的相应部分。

（2）按照适用情况，本规则第 135.495 条规定的初始增加型别等级和转机型地面训练。

（3）本规则第 135.501 条规定的应急生存训练。

（b）每一训练大纲中应当按照适用情况，提供本规则第 135.497 条规定的初始增加型别等级和转机型飞行训练。

（c）每一训练大纲中应当提供针对驾驶员的本规则第 135.499 条规定的定期复训地面训练。

（d）训练大纲中应当包括本规则第 135.495 条和第 135.497 条规定的、作为合格的副驾驶在服务过的一特定型别直升机上转升机长的升级训练。

（e）除初始增加型别等级、转机型、升级和定期复训训练外，合格证持有人还应当提供必要的地面和飞行训练内容、教学和实践，以确保每一机组成员达到下列要求：

（1）对于所服务的每架直升机、机组成员工作位置及运行类型，持续保持充分的训练和近期熟练水平。

（2）对新的设备、设施、程序和技术，包括对航空器的改装，具有合格水平。

（3）先前训练过并获得资格的驾驶员，由于在要求的期限内没有满足下列要求而失去资格后应当进行重新获得资格训练：

（i）本规则第 135.481 条的熟练检查要求。

（ii）本规则第 135.483 条的航线检查要求。

（4）在某一特定型别等级的直升机上审定合格并服务过的机组成员，在其到该直升机一个特定改型的相同职位上服务之前，当局方认为需要时应当进行差异训练。

第 135.491 条　机组的训练大纲

（a）合格证持有人应当制定并保持一份经批准的驾驶员训练大纲。训练大纲应当与每个驾驶员被指派参加的运行（包括本规则附件 F 规定的适用的特殊运行）相适应，并保证对其所担负的工作接受了充分的训练。如果局方认为由于运行的规模和范围的限制，偏离这些要求可以保证安全，局方可以批准其对本条要求的偏离。训练大纲应当包括部分或者全部关于下列训练的地面和飞行训练课程：

(1)初始增加型别等级训练。

(2)转机型训练。

(3)升级训练。

(4)定期复训。

(5)差异训练。

(6)重新获得资格训练。

(7)机组成员应急生存训练。

(8)特殊运行训练(如适用)。

(b)合格证持有人应当针对每种型别直升机上每一必需机组成员制定书面的训练大纲课程，并保持其最新有效。该课程应当包括本章要求的地面和飞行训练。

(c)每个训练大纲课程中应当包括下列内容：

(1)所提供的主要地面训练科目的清单，包括应急训练科目。

(2)合格证持有人使用的所有训练设备、模拟设备、系统练习设备、程序练习设备和其它训练辅助设备的清单。

(3)在飞行训练各阶段中或者飞行检查时将用到的正常、非正常和紧急操作动作、程序，以及用以表明在飞行训练和飞行检查的空中阶段要完成的动作、程序和职能功能的详尽文字描述或者图解。

(d)经局方批准后，合格证持有人的训练大纲中可以包括使用飞行模拟机和其他训练设备的训练课程。

(e)每一按照本条(a)款要求具有训练大纲的合格证持有人，应当提供每位必需驾驶员使用的有效和适当的学习材料。

(f)合格证持有人应当为局方提供机组成员训练大纲及其所有修订的副本。如果合格证持有人使用他人的训练设施，还应当提供在这些训练设施上使用的训练大纲或者其适当部分的副本。

第135.493条　训练大纲制定、修订及批准

(a)为了获得训练大纲以及一份经批准的训练大纲的修订项的初始批准和最终批准，每个合格证持有人应当向局方提交：

(1)建议的或者修订后的课程纲要和可以为建议的训练大纲或者修订项提供初步评审的足够资料。

(2)局方要求的相关附加资料。

(b)对于符合本章要求的训练大纲或者其修订项,局方发出初始批准,合格证持有人即可以依照该大纲实施训练。局方在训练过程中对该训练大纲的训练效果作出评估,并向合格证持有人指出应当予以纠正的缺陷。

(c)如果局方确认合格证持有人按照本条(b)款得到初始批准后的大纲实施的训练能保证每个受训人员获得充分的训练以履行其指派的职责,局方可以为其颁发该训练大纲或者其修订的最终批准。

(d)当局方认为应当对最终批准的训练大纲作出某些修订,以保持良好训练效果时,合格证持有人在收到局方通知后应当对大纲进行相应的修改。合格证持有人在收到通知之日起 30 日内,可以向局方提出重新考虑的请求。在对请求未作出决定的期间,上述局方通知暂停生效。如果局方认为出于安全考虑应当使修订立即生效时,局方可以在向合格证持有人说明原因后,要求其立即对训练大纲作出修改。

第 135.495 条　驾驶员初始增加型别等级、转机型和升级地面训练

驾驶员的初始增加型别等级、转机型和升级地面训练中,应当包括适用其职责的至少下列方面的教学,对于接受初始增加型别等级的驾驶员还应当通过由局方人员或者符合局方要求的飞行检查员实施的本规则第 135.499 条(d)款所要求的考试:

(a)一般课目:

(1)合格证持有人的飞行定位程序。

(2)确定重量和平衡的原则和方法,以及对起飞和着陆的跑道限制。

(3)足够的气象学知识,以保证具有对天气现象的实践知识,包括锋面系统、结冰、雾、雷暴、风切变以及适用时的高空天气条件的原理。

(4)空中交通服务系统、程序和术语。

(5)导航和导航设备的使用,包括仪表进近程序。

(6)正常和应急通信程序。

(7)下降到决断高度/高(DA/DH)或者最低下降高度/高(MDA/MDH)以下之前和下降到低于决断高度/高(DA/DH)或者最低下降高度/高(MDA/MDH)过程中的目视参考。

(8)其他保证驾驶员能力所需的教学。

(b)对于每一型别:

(1)一般介绍。

(2)性能特征。

(3)发动机和旋翼。

(4)主要部件。

(5)主要系统(如飞行操纵、电气和液压系统),其他系统(如适用),正常、非正常和应急操作的原理,适用的程序和限制。

(6)下列方面的知识和程序:

(i)识别和避开恶劣天气条件。

(ii)从恶劣天气条件中脱离(不要求作脱离低空风切变的考试)。

(iii)进入或者靠近雷暴(包括最佳穿越高度)、颠簸(包括晴空颠簸)、结冰、冰雹和其他危险天气环境。

(iv)在地面结冰条件(如霜、冰或者雪)下运行,包括:

(A)使用除冰和防冰液时对保持时间的限制;

(B)航空器除冰和防冰程序,包括检查程序和责任;

(C)通信;

(D)航空器表面污染物(如霜、冰或者雪的附着)和关键区域的辨别,以及污染物如何对航空器性能和飞行特性带来不利影响的知识;

(E)合格证持有人使用的除冰和防冰液的类型和特性;

(F)寒冷天气下的飞行前检查程序;

(G)辨别航空器上污染物的方法。

(7)使用限制。

(8)燃油消耗和巡航控制。

(9)飞行计划。

(10)正常和应急程序。

(11)经批准的飞行手册和等效文件。

(12)本规则第135.491条规定的特殊运行的相关知识(如适用)。

第135.497条　驾驶员初始增加型别等级、转机型、升级和差异飞行训练

(a)驾驶员的初始增加型别等级、转机型、升级和差异训练中应当包括经批准的训练大纲课程中每种动作和程序的飞行和练习。

(b)除经局方批准某些特定的动作和程序可以在飞行模拟机或者适当的飞行训练器上完成外,本条(a)款要求的动作和程序应当在飞行中完成。

(c)如果合格证持有人经批准的训练大纲中包括使用直升机模拟机或者其他训练器的训练课程,每个驾驶员应当圆满完成:

(1)模拟机或者训练器上的训练,该训练应当至少满足本章规定的且可以在模拟机和训练器上实施的动作和程序。

(2)一次为检查机长或者副驾驶(如适用)的熟练水平,在直升机上实施的飞行检查,或者在模拟机或者训练器上的检查,该检查至少包含可以在模拟机或者训练器上实施的动作和程序。

第 135.499 条　定期复训

(a)仅当飞行机组成员在前 12 个日历月内,完成了与其所服务的运行类型相适应的训练大纲中的定期复训课程,并通过相应的考试,合格证持有人方可在按照本章运行中使用该人员担任、该人员方可担任飞行机组成员。本章要求的初始增加型别等级地面训练和考试可以替代定期复训和本条要求的考试。

(b)合格证持有人应当确保每位飞行机组成员以每 12 个日历月为一周期得到定期复训,并将定期复训的要求、实施程序和质量控制等相关内容列入本规则第 135.491 条要求的机组成员训练大纲中,以确保对于相应型别和机组成员岗位得到充分理论训练。

(c)飞行机组成员的定期复训地面训练应当至少包括下列内容:

(1)一次确定飞行机组成员对于相关直升机和机组成员岗位所具备的知识的问答或者其他形式的复习。

(2)涵盖本章对新雇员训练中的地面基础教育内容规定的课目中所必需的教学,包括低空风切变训练、在地面结冰条件下的操纵训练、应急训练以及特殊运行训练(如适用)等。

(d)完成定期复训地面训练后,飞行机组成员应当通过由局方人员或者符合局方要求的飞行检查员实施的对下列知识的笔试或者口试:

(1)CCAR-61 部、CCAR-91 部和本规则的相应条款内容,以及合格证持有人的运行规范和手册。

(2)针对该飞行机组成员所飞的每一型号直升机的动力装置、主要部件和系统、主要设备、性能和使用限制、标准和应急操作程序,以及经批准的直升机飞行手册或者等效资料中的适用内容。

(3)针对该飞行机组成员所飞的每一型别直升机,确定其符合起飞、着陆和航路运行的重量和平衡限制的方法。

(4)导航和适用的导航设备的使用,包括适用的仪表进近设施和程序。

(5)空中交通服务程序,包括适用的仪表飞行规则(IFR)程序。

(6)一般气象学知识,包括锋面系统、结冰、雾、雷暴和风切变的原理,以及适用于合格证持有人运行的高空天气。

(7)下列程序:

(i)识别和避开恶劣天气条件。

(ii)从恶劣天气条件中脱离,不要求作脱离低空风切变的考试。

(iii)进入或者靠近雷暴(包括最佳穿越高度),颠簸(包括晴空颠簸),结冰,冰雹和其他危险天气环境。

(8)新的设备、程序和技术(如适用)。

(e)对于按照本章要求进行定期复训的飞行机组成员,在要求进行本条(d)款考试的那个日历月之前或者之后一个日历月中完成训练的,被视为在所要求的那个日历月中完成了训练。

第 135.501 条　机组成员应急生存训练

(a)每一机组成员应当完成训练大纲规定的应急生存训练。该训练大纲应当针对每一型别、型号和布局,以及与每位机组成员和合格证持有人相适应的每种运行类型制定。

(b)应急生存训练应当包括下列内容:

(1)应急工作的任务分派和程序,包括机组成员之间的协调配合。

(2)下列应急设备的所在位置、功能和使用方法:

(i)用于水上迫降和撤离的设备。

(ii)急救设备及其正常使用。

(iii)手提灭火瓶,重点是适用不同类型失火的灭火瓶型号。

(3)紧急情况的处理,包括下列内容:

(i)急剧释压。

(ii)空中或者地面的失火和烟雾控制程序,重点是找到客舱区域内的电气设备和相关的跳开关。

(iii)水上迫降和撤离。

(iv)乘客或者机组成员生病、受伤等非正常情况的处置。

(v)劫机和其他偶然事件。

(4)回顾和讨论该合格证持有人以前与实际紧急情况有关的飞行事故和事件。

(c)除下列特定的演练外,每一个机组成员应当使用适当的应急设备和程序进行演练,局方通过机组成员的演示确认其能够得到足够的训练:

(1)水上迫降(如适用)。

(2)应急撤离。

(3)灭火和烟雾控制。

(4)操作和使用紧急出口,包括在适用时,展开和使用撤离滑梯。

(5)机组和乘客氧气的使用方法。

(6)从直升机上放下救生筏,充气,使用救生绳索,以及乘客和机组的登筏(如适用)。

(7)救生衣的穿戴和充气,以及其他漂浮装置的使用(如适用)。

(d)在 25000 英尺以上高度飞行的机组成员,应当接受下列内容的培训:

(1)呼吸原理。

(2)缺氧。

(3)高空不供氧情况下的有知觉持续时间。

(4)气体膨胀。

(5)气泡的形成。

(6)减压的物理现象和事件。

第 135.503 条　飞行教员的资格审定

(a)在本条和本规则第 135.505 条中：

(1)飞行教员(直升机)是指有资格针对特定型别等级的直升机,在直升机、飞行模拟机或者飞行训练器上实施教学的人员。

(2)飞行教员(模拟机)是指有资格针对特定型别等级的直升机,在飞行模拟机、飞行训练器或者两者上实施教学的人员。

(3)飞行教员(直升机)和飞行教员(模拟机)履行本规则第 135.487 条(a)款(1)项和(c)款(3)项以及(f)款相应职能。

(b)仅当驾驶员对于相应的直升机型别等级符合下列要求,合格证持有人方可使用该驾驶员、该驾驶员方可在按照本章制定的训练大纲中担任飞行教员(直升机)：

(1)持有在按照本章运行中担任机长所需的航空人员执照和等级。

(2)圆满完成在按照本章运行中担任机长所需的在该直升机上的训练阶段,包括定期复训。

(3)圆满完成在按照本章运行中担任机长所需的熟练检查和资格检查。

(4)对于实施获取航线运输驾驶员执照和增加型别等级训练的飞行教员应当满足 CCAR-61 部中相应飞行教员的执照、等级和训练的要求。对于实施其他训练的飞行教员应当满足本规则第 135.505 条规定的适用的训练要求。

(5)持有 I 级体检合格证。

(6)满足本规则第 135.477 条中的近期经历要求。

(c)仅当驾驶员对于相应的直升机型别等级符合本条(b)款的要求,或者符合以下要求,合格证持有人方可使用该驾驶员、该驾驶员方可在按照本章制定的训练大纲中担任飞行教员(模拟机)：

(1)持有在按照本章运行中担任机长所需的航空人员执照和等级(体检合格证除外)。

(2)圆满完成在按照本章运行中担任机长所需的在该直升机上的训练阶段,包括定期复训。

(3)圆满完成在按照本章运行中担任机长所需的熟练检查和资格检查。

(4)对于实施获取航线运输驾驶员执照和增加型别等级训练的飞行教员应当满足 CCAR-61 部中飞行教员的相应执照、等级和训练的要求。对于实施其他训练的飞行教员应当满足本规则第 135.505 条规定的适用的训练要求。

(d)在合格证持有人建立的个人训练记录中,应当按照适用情况记入对飞行教员满足本条(b)款(2)、(3)和(4)项或者(c)款(2)、(3)和(4)项要求的记录。

(e)未持有适当体检合格证的飞行教员可以作为非机组必需成员在直升机上担任教员,但不得在按照本规则运行中担任飞行机组成员。

(f)飞行教员(模拟机)应当满足下列条件之一:

(1)在飞行模拟机上履行飞行教员职责前 12 个日历月内,作为该型别等级直升机的机组必需成员完成至少两个航段的飞行。

(2)顺利完成了经批准的航线观察大纲,参加航线观察的期限在该大纲中规定并且应当是在飞行模拟机上履行飞行教员职责之前。

(g)本条(f)款要求的飞行航段或者航线观察大纲,如果在应当完成的那个日历月之前或者之后一个日历月内完成,则被认为是在所要求的那个日历月内完成。

第 135.505 条　飞行教员的初始和转机型训练要求

实施获取航线运输驾驶员执照和增加型别等级训练的飞行教员应当按照 CCAR-61 部有关规定完成相应飞行教员等级的训练。对于实施其他训练的飞行教员应当按照下列要求完成训练:

(a)飞行教员的初始地面训练应当包括:

(1)飞行教员的职能、作用和责任。

(2)适用的民用航空法规以及合格证持有人的政策和程序。

(3)实施要求的教学的适用方法、程序和技术。

(4)对学员表现的正常评估,包括发现:

(i)不正常的和不充分的训练。

(ii)申请人可能对安全有不利影响的个性。

(5)针对训练效果不满意时的纠正措施。

(6)经批准的在直升机上实施要求的正常、非正常和应急程序的方法、程序和限制。

(7)对于未持有飞行教员等级的,还需完成下列训练:

(i)教学过程的基本原理。

(ii)教授方法和程序。

(iii)教员和学员的关系。

(b)在飞行教员的转机型地面训练中,应当包括实施适用于该飞行教员型别等级直升机的正常、非正常和应急程序的经批准的方法、程序和限制。

(c)飞行教员(直升机)的初始和转机型飞行训练应当包括:

(1)在教学期间可能会遇到的紧急情况下的安全措施。

(2)在教学期间采取的安全措施不及时、不正确所带给安全飞行的潜在后果。

(3)从左座和右座实施必需的正常、非正常和应急机动飞行的训练和实践,确保其具备实施本章要求的飞行教学的能力。

(4)教学期间,在可能产生的紧急情况下,从任一驾驶员座位采取的安全措施。

(d)对于本条(c)款的要求,可以按照适用情况全部和部分在飞行中、飞行模拟机上和飞行训练器上完成。

(e)飞行教员(模拟机)的飞行训练应当包括:

(1)实施必需的正常、非正常和应急程序的训练和实践,确保其实施本章要求的飞行教学的能力。这种飞行和程序应当全部和部分在飞行模拟机或者飞行训练器上完成。

(2)操作飞行模拟机、飞行训练器或者两者的训练,确保其具备实施本章要求的飞行教学的能力。

第 135.507 条　飞行检查员的资格审定

(a)在本条和本规则第 135.509 条中飞行检查员分为飞行检查员(直升机)和飞行检查员(模拟机):

(1)飞行检查员(直升机)是指有资格针对特定型别等级的直升机,在直升机、飞行模拟机或者飞行训练器上实施飞行检查的人员。

(2)飞行检查员(模拟机)是指有资格针对特定型别等级的直升机,在飞行模拟机或者飞行训练器上实施飞行检查的人员。

(3)飞行检查员(直升机)和飞行检查员(模拟机)履行本规则第 135.487 条(a)款(1)项和(c)款(3)项以及(f)款相应职能。

(b)仅当驾驶员对于相应的直升机型别等级符合下列条件,合格证持有人方可使用该驾驶员、该驾驶员方可在按照本章制定的训练大纲中担任飞行检查员(直升机):

(1)持有在按照本章运行中担任机长所需的驾驶员执照和等级。

(2)圆满完成在按照本章运行中担任机长所需的在该直升机上的训练,包括定期复训。

(3)圆满完成在按照本章运行中担任机长所需的熟练检查和资格检查。

(4)对于实施航线运输驾驶员执照和增加型别等级的飞行检查,应当符合CCAR-61部中相应考试员资格的要求。对于实施其他飞行检查的飞行检查员应当满足本规则第135.509条规定的适用的训练要求。

(5)持有I级体检合格证。

(6)满足本规则第135.477条中的近期经历要求。

(7)具有合格证持有人指派的飞行检查职能。

(c)对于相应的直升机型别等级,仅当驾驶员符合本条(b)款的要求,或者符合以下要求,合格证持有人方可使用该驾驶员、该驾驶员方可在按照本章制定的训练大纲中担任飞行检查员(模拟机):

(1)持有在按照本章运行中担任机长所需的驾驶员执照和等级(体检合格证除外)。

(2)圆满完成在按照本章运行中担任机长所需的针对该直升机的训练。

(3)圆满完成在按照本章运行中担任机长所需的熟练检查和资格检查。

(4)对于实施航线运输驾驶员执照和增加型别等级的飞行检查,应当符合CCAR-61部中相应考试员资格的要求。对于实施其他飞行检查的飞行检查员应当满足本规则第135.509条规定的适用的训练要求。

(5)具有合格证持有人批准的模拟机飞行检查职能。

(d)在合格证持有人建立的个人训练记录中,应当按照适用情况记入对飞行检查员满足本条(b)款(2)、(3)和(4)项或者(c)款(2)、(3)和(4)项要求的记录。

(e)未持有适当体检合格证的飞行检查员可以担任飞行检查员(模拟机),但不得在本章运行中担任飞行机组成员。

(f)飞行检查员(模拟机)应当满足下列条件之一:

(1)在飞行模拟机上履行飞行检查员职责前12个日历月内,作为该型别等级直升机的机组必需成员完成至少两个航段的飞行。

(2)顺利完成了经批准的航线观察大纲,参加航线观察的期限在该大纲中规定并且应当是在飞行模拟机上履行飞行检查员职责之前。

(g)本条(f)款要求的飞行航段或者航线观察大纲,如果在应当完成的那个日历月之前或者之后一个日历月内完成,则被认为是在所要求的那个日历月内完成。

第135.509条　飞行检查员的初始和转机型训练要求

飞行检查员应当按照下列要求完成训练:

(a)飞行检查员的初始地面训练,应当包括:

(1)飞行检查员的职能、作用和责任。

(2)适用的民用航空法规以及合格证持有人的政策和程序。

(3)实施要求的检查的适用方法、程序和技术。

(4)对学生表现的正常评估,包括发现:

(i)不正常的和不充分的训练。

(ii)申请人可能对安全有不利影响的个性。

(5)检查不满意时的纠正措施。

(6)经批准的在直升机上实施要求的正常、非正常和应急程序的方法、程序和限制。

(b)在飞行检查员的转机型地面训练中,应当包括实施适用于该飞行检查员的直升机的正常、非正常和应急程序的经批准的方法、程序和限制。

(c)飞行检查员(直升机)的初始和转机型飞行训练,应当包括:

(1)在检查期间可能会遇到的紧急情况下的安全措施。

(2)在检查期间采取的安全措施不正常、不及时或者不执行安全措施会造成的潜在结果。

(3)从左座和右座实施必需的正常、非正常和应急程序的飞行检查的训练和实践,确保其实施本章要求的驾驶员飞行检查的能力。

(4)在检查期间可能产生的紧急情况下,从任一驾驶员座位采取的安全措施。

(d)对于本条(c)款的要求可以按照适用情况,全部和部分在飞行中、飞行模拟机上和飞行训练器上完成。

(e)飞行检查员(模拟机)的飞行训练,应当包括:

(1)实施必需的正常、非正常和应急程序的飞行检查的训练和实践,确保其具备实施本章要求的驾驶员飞行检查的能力。这种训练和实践应当在飞行模拟机或者飞行训练器上完成。

(2)操作飞行模拟机、飞行训练器或者两者的训练,确保其具备实施本章要求的飞行检查的能力。

第三节　飞 行 运 行

第 135.511 条　运行设施

(a)合格证持有人应当通过航行情报服务机构公布的官方资料或者从其他来源可随时获取的资料,确保飞行中所需和可用的地面或者水上设施(包括通信设施和导航设备)满足实施飞行运行要求。

(b)在运行过程中发现设施不完善时,合格证持有人应当通过适当的方式及时向局方报告。

第 135.513 条　运行手册

(a)合格证持有人应当编写手册并保持其现行有效。

(1)手册中应当包含合格证持有人的程序和政策，并满足本规则附件 E 直升机运行手册内容的要求。

(2)为合格证持有人实施运行的飞行、维修和其他地面人员应当使用该手册。

(b)合格证持有人应当在其主运行基地保存至少一套手册。

(c)手册不得与所有适用的涉及民航管理的规章、合格证持有人在境外运行时适用的运行所在国法规以及合格证持有人的运行合格证和运行规范相抵触。

(d)手册或者手册的相应部分，包括其修订和增补，应当由合格证持有人提供给飞行、维修和其他地面人员使用。

(e)本条(d)款所述的合格证持有人的工作人员应当及时更新手册，保持手册的最新状态，并使用最新有效的手册内容。上述人员在履行其职责时应当能随时查阅手册或者手册的相应部分。如果合格证持有人已经在直升机上配备了手册或者手册的相应部分，则不要求机组成员随身携带这些手册，但应当有专人负责这些手册的更新。

(f)手册应当具有中文版本，如果合格证持有人在运行中使用了不熟悉中文的人员，则应当为其提供相应熟悉文字的手册，并且应当保证这些手册的一致性和同等有效性。

(g)为了遵守本条(d)款的要求，合格证持有人可以用印刷形式或者其他符合局方规定的形式为(d)款中所列的人员提供手册或者手册的相应部分。如果合格证持有人使用印刷形式之外的形式，则应当保证为这些人员提供配套的阅读设备。

(h)如果合格证持有人将直升机飞往存有相应维修资料的特定航站实施检查和维修时，则该飞机上不需携带该相应维修资料。

第 135.515 条　合格证持有人名称的使用

(a)合格证持有人按照本规则实施运行时，所使用的名称应当与其运行合格证上所列名称一致。

(b)在按照本规则运行的直升机上，应当明显地标出运行该直升机的合格证持有人的名称，否则合格证持有人不得运行该直升机。直升机上标示名称的方法及其可识别性应当符合局方规定。

第 135.517 条　基本运行指令

(a)合格证持有人应当通过合适的方法，指导所有运行人员明确其职责，以及在整体运行中所处的地位和作用。

(b)仅当满足下列要求之一时,合格证持有人方可允许操作人员、操作人员方可出于飞行目的通电转动直升机旋翼:

(1)操作人员是具有相应资质的驾驶员。

(2)已接受合格证持有人提供的适当的专门培训并有能力遵守相应程序的人员。

(c)除符合下列规定的人员外,机长不得允许任何人员在按照本规则实施的飞行中操作直升机的操纵装置,任何人员也不得在这些飞行中操作直升机的操纵装置:

(1)合格证持有人雇佣的对该直升机具备资格的驾驶员。

(2)正在履行飞行检查工作职责,符合操作该直升机合格要求的监察员或者委任代表。

(d)在按照本规则实施飞行期间,如果合格证持有人或者机长了解到会影响运行安全的实际情况(包括机场和跑道情况),则应当根据情况对继续飞行加以限制或者中止飞行,直至相关的情况得到改善。

(e)除下列情况外,机长不得允许在出现本条(d)款规定的情况时继续飞向计划着陆机场:

(1)有足够的理由认定在预计到达计划着陆机场时,影响运行安全的实际情况将得到消除。

(2)除飞向着陆机场外已经没有更为安全的方法。对于该种情况,继续飞向上述机场将构成本规则第135.15条所规定的紧急状态。

第135.519条　飞行中模拟紧急情况

合格证持有人不得允许任何人、任何人也不得在载有乘客或者货物时模拟紧急或者非正常情况。

第135.521条　检查单

(a)在各个运行阶段,以及在紧急情况中,飞行机组应当使用本条(b)款所提供的检查单,以确保其操作符合直升机操作手册、飞行手册以及适航证相关的文件和运行手册中的操作程序。

(b)合格证持有人应当为驾驶员提供根据人的因素原则设计的检查单,并满足下列程序和检查项目要求:

(1)按照以下各个阶段列出检查项目:

(i)开车前。

(ii)起飞前。

(iii)起飞后。

(iv)着陆前。

(v)着陆后。

(vi)关车。

(2)对于多发直升机,应当编制应急检查单,并包含以下方面的程序(如适用):

(i)对燃油、液压、电气和机械系统的应急操作。

(ii)仪表和操纵系统的应急操作。

(iii)发动机失效程序。

(iv)其他保证安全所需的应急程序。

(c)检查单应当保持现行有效,并且放置在驾驶员从其驾驶座位上易于取用的地方。

第 135.523 条　最低飞行高度

(a)根据目视飞行规则(VFR)实施运行时:

(1)驾驶员应当建立足够的目视地面或者水面参考,或者在夜间飞行时建立足够的目视地面或者水面灯光参考,能够保证其安全操作直升机。

(2)在飞越人口稠密区上空时,离地高度不得低于 90 米(300 英尺)。

(b)根据仪表飞行规则(IFR)实施运行时:

(1)在已规定最低航路高度的航线上,合格证持有人可以自行建立最低飞行高度,但仅当得到特别批准,该高度方可低于相关当局规定的最低航路高度。

(2)对尚未规定最低航路高度的航线,合格证持有人应当在运行手册中建立确定最低飞行高度的方法。

第 135.525 条　乘客及飞行前简介

(a)在每次起飞前,载客直升机的机长应当保证所有乘客得到下列方面的口头简介:

(1)吸烟。每位乘客应当得到何时、何处和在何种情况下禁止吸烟的简介。该简介应当包含合格证持有人申明:涉及民航管理的规章要求乘客遵守点亮的乘客信息灯、出示的标牌和因安全目的指定的禁烟区的指令,并听从机组成员的相关指令。简介还应当包括关于现行法规禁止摆弄、损伤和毁坏厕所(如适用)内安装的烟雾探测器,禁止在厕所内吸烟,以及适用时,禁止在客舱内吸烟的规定。

(2)安全带使用。包括系紧和松开安全带的方法,以及在何时、何地和何种情况下应当系紧安全带。该简介应当包括合格证持有人申明:涉及民航管理的规章要求乘客遵守点亮的乘客信息灯给出的指令,并听从机组成员关于使用安全带的相关指令。

(3)在起飞和降落前调直椅背。

(4)乘客登机门和紧急出口的位置和打开方法。

(5)救生设备的位置。

(6)如果该次飞行涉及延伸跨水运行,所需漂浮装置的使用和迫降程序。

(7)如果该次飞行涉及平均海平面高度3600米(12000英尺)以上的运行,氧气的正常和应急使用方法。

(8)手提灭火器的位置和使用方法。

(b)在每次起飞之前,机长应当确保每位在紧急情况下需要别人帮助才能迅速撤至出口的人员和该人员的护理人员(如适用)都得到了简介,被告知在发生紧急情况时撤离直升机的程序。本款不适用于那些在该架直升机的上一航程飞行中已接受此简介的人员。

(c)本条(a)款要求的口头简介应当由机长或者其他机组成员作出。

(d)尽管有本条(c)款的规定,对于经审定可以载运19名及以下乘客的直升机,本条(a)款要求的口头简介可以由机长、一名机组成员或者合格证持有人指定的合格人员作出。

(e)合格证持有人应当将本条(a)款要求的口头简介的内容印制在卡片上,卡片上的文字说明应当至少包括中文。这些卡片应当放置在直升机上方便每位乘客便于取用阅读的地方。卡片上不得印有任何广告,卡片的制作应当满足下列要求:

(1)适用于使用该卡片的直升机。

(2)包括紧急出口的示意图和使用方法。

(3)包括使用机上应急设备所必需的其他指令。

(f)本条(a)款要求的简介可以用符合局方要求的录音播放装置播放,并应当使每位乘客在正常噪音水平环境下能清晰地听到。

(g)合格证持有人应当保证在起飞、着陆,以及由于颠簸或者飞行中发生任何紧急情况而需要加以预防时,所有直升机上乘客都要回到各自座位上系好椅带或者安全带。对于将安装有浮筒的直升机推离码头或者将其系留在码头的人员无需满足前述座位和安全带要求。

(h)对于2周岁以下的儿童,可以由占有符合局方要求座椅的成年人抱着,无需满足本条(g)款的要求。

(i)只有每一乘客座椅的椅背处于竖立位置,合格证持有人方可使航空器起飞或者着陆。

(j)要求装备组合式安全带和肩带装置的座椅上的每个乘员,在起飞和着陆过程中都应当用这种组合式安全带和肩带装置将乘员恰当扣紧,但在履行其正常职责需要时,可以松开肩带。

(k)在每个无人乘坐的座椅上,若装有安全带和肩带装置,则应当将其固定好,使其不妨碍机组成员执行任务或者应急情况下人员的迅速撤离。

第 135.527 条　跨水飞行

在恶劣环境条件下在水上飞行的所有直升机均应当通过局方组织的水上迫降适航审定。

第 135.529 条　为运行人员提供的航空信息资料

(a)合格证持有人应当为所有运行人员提供运行规范中适用于该人员职责的信息,并且应当为每个驾驶员提供下列现行有效的资料:

(1)必需的航空信息资料,包括导航设备、机场灯光和目视助航设备、空域、空中交通服务程序、应急程序、影响飞行安全的因素、航空图表等方面的信息,或者包含相同信息的商业出版资料。

(2)直升机操作手册、直升机飞行手册或者等效资料。

(b)本条(a)款(1)项所要求的资料应当放置在驾驶员从其驾驶座位上易于取用的地方。

第 135.531 条　飞行准备

在直升机实施运行前,机长应当确认其已按照适当的检查清单核实并记录以下项目处于可接受的状态,否则不得实施运行:

(a)已完成所要求的维修工作并处于适航状态。

(b)已装备本章第一节所规定的相应仪表和设备。

(c)满足本规则第 135.587 条(a)款(1)项规定的要求。

(d)重量和重心位置符合安全飞行的要求。

(e)机上所有载荷分布适当并牢固固定。

(f)符合本章第四节中规定的各项使用限制。

(g)符合本规则第 135.537 条关于运行飞行计划的规定。

第 135.533 条　关键阶段飞行机组成员的值勤要求

(a)在飞行的关键阶段,合格证持有人不得要求飞行机组成员、任何飞行机组成员也不得从事与直升机安全运行无关的任何其他工作。该类工作包括但不限于:预订厨房供应品、确认乘客的衔接航班、对乘客进行广告宣传或者介绍风景名胜及其他与安全无关的广播、填写与运行无关的公司报告表、记录表。

(b)在飞行的关键阶段,机长也不得允许、其他飞行机组成员也不得从事可能分散飞行机组其他成员工作精力,或者进行可能干扰其他成员正确完成相应工作的活动。该类活动包括但不限于:进餐、进行与飞行无关的交谈、阅读与正常飞行无关的刊物。

(c)在本条中,飞行关键阶段是指滑行、起飞、着陆和除巡航飞行以外在3000米(10000英尺)以下的飞行阶段。

第135.535条　禁止干扰机组成员

任何人员不得在按照本规则运行的直升机上攻击、胁迫、威胁或者干扰履行机组职责的机组成员。

第135.537条　运行飞行计划

合格证持有人应当为每一次飞行或者系列飞行制定运行飞行计划,该运行飞行计划须经机长签字确认并由合格证持有人保存,保存期至少6个日历月。

第135.539条　备降机场

(a)起飞备降机场

(1)如果离场起降场的天气条件等于或者低于适用的起降场运行最低标准,则应当选择一个起飞备降机场,并在运行飞行计划中予以说明。

(2)对于被选定作为起飞备降机场的起降场,其现有的资料应当表明,就该次运行而言,在预计使用的时间段内,该起降场的条件将等于或者高于起降场运行最低标准。

(b)目的地备降机场

(1)除下列情况外,按仪表飞行规则(IFR)实施的飞行,在运行飞行计划中应当至少指定一个目的地备降机场:

(i)根据其飞行持续时间和当时的气象条件,在预计到达预定着陆起降场的时刻以及在预计到达时刻前后一段合理时间内,可以在局方规定的目视气象条件下进近和着陆。

(ii)预定着陆的起降场地处孤立,无法选择适当的备降机场时,应当确定一个不能返航点(PNR)。

(2)对于被选定作为目的地备降机场的起降场,其现有的资料应当表明,在预计使用的时间,气象条件等于或者高于起降场运行最低标准。

(c)在下列情况下,可以指定适当的离岸备降机场:

(1)只有在不能返航点之后才可使用离岸备降机场。在不能返航点之前应当使用陆上备降机场。

(2)在确定备降机场适用性时,应当考虑关键性操纵系统和关键性部件的机械可靠性。

(3)在到达备降机场之前,应当能达到一台发动机不工作时的性能水平。

(4)应当保证起降平台可用。

(5)天气资料应当准确可靠。

第 135.541 条　气象条件

(a)除本条(b)款规定的情形外，根据目视飞行规则(VFR)实施运行时，应当遵守 CCAR-91 部相关规定。

(b)在修正海平面气压高度 900 米(3000 英尺)以下或者离地高度 300 米(1000 英尺)以下(以高者为准)按照目视飞行规则(VFR)运行直升机时，飞行能见度在昼间不得小于 800 米(1/2 英里)，在夜间不得小于 1600 米(1 英里)。

(c)对于仪表飞行规则(IFR)飞行中所用的备降机场，应当有相应的天气实况报告、预报或者两者的组合表明，当直升机到达该机场时，该机场的天气条件等于或者高于备降机场最低天气标准。

(d)对于按照本规则运行的直升机，合格证持有人应当在经批准的机场进近程序决断高度/高(DA/DH)或者最低下降高度/高(MDA/MDH)上增加 60 米，能见度至少 1600 米，但是不小于所用进近程序最低能见度标准，作为该机场用作备降机场时的最低天气标准。

(e)对于云上飞行，应当根据仪表飞行规则(IFR)实施运行。

(f)在已知或者预期结冰条件下运行，应当配备满足直升机型号合格审定要求的防冰装置。

(g)在已知或者可能存在地面结冰条件下运行时，在完成污染物检查并采取了必要的除冰和防冰措施后，直升机方可起飞。

第 135.543 条　燃油和滑油供应

(a)直升机应当载有足够的燃油和滑油，以及携带应付紧急情况的备份油量，否则不得开始飞行。

(b)按目视飞行规则(VFR)运行时，为符合本条(a)款的规定所装载的燃油和滑油量，应当至少包括：

(1)飞往目的地起降场的所需油量。

(2)以最大航程速度飞行 20 分钟所需的最后储备燃油。

(3)合格证持有人规定的额外燃油，以便在发生可能的意外情况下足以应付增加的油耗。

(c)在按照仪表飞行规则(IFR)运行时，为符合本条(a)款的规定所装载的燃油和滑油量，应当至少包括：

(1)当按本规则第 135.539 条(b)款(1)项(i)目所述不要求有一备降机场时，飞往目的地起降场：

(i)在标准大气条件下，在目的地起降场上空 450 米(1500 英尺)，以等待速度飞行 30 分钟所需的最后储备燃油,然后进近和着陆。

(ii)合格证持有人规定的额外燃油,以便在发生可能的意外情况下足以应付增加的油耗。

(2)在要求有一备降机场时,飞往目的地起降场并在该机场做一次进近和一次复飞:

(i)飞往备降机场并执行一次进近。

(ii)在标准大气条件下,在备降机场上空 450 米(1500 英尺),以等待速度飞行 30 分钟所需的最后储备燃油,然后进近和着陆。

(iii)合格证持有人规定的额外燃油,以便在发生可能的意外情况下足以应付增加的油耗。

(3)当按本规则第 135.539 条(b)款(1)项所述没有适当备降机场可用时(如孤立的起降场),应当携带足够的燃油以使直升机飞往目的地起降场,然后考虑地理和环境后再飞行一段时间,直至能够安全着陆。

(d)在计算本条(a)款中所需的燃油和滑油量时,应当至少考虑下列因素:

(1)预报的气象条件。

(2)可能的空中交通服务航路和交通延误。

(3)按照仪表飞行规则(IFR)飞行时,在目的地起降场进行一次仪表进近,包括一次复飞。

(4)运行手册规定的失压程序或者航路上一台发动机失效的程序(如适用)。

(5)可能造成延误或者增加燃油和滑油消耗的任何其他情况。

第 135.545 条　仪表飞行规则起飞、进近和着陆最低标准

(a)在某一机场实施仪表进近程序前,应当满足下列条件:

(1)该机场具有符合局方规定的民用航空气象服务机构。

(2)该民用航空气象服务机构发布的最新气象报告表明,天气条件达到或者高于该机场经批准的仪表飞行规则(IFR)着陆最低标准。

(b)当本条(a)款(1)项规定的民用航空气象服务机构发布的最新天气报告表明天气条件达到或者高于经批准的仪表着陆最低标准时,驾驶员方可进入仪表进近程序中的最后进近阶段继续实施进近。

(c)当驾驶员已经按照本条(b)款规定,进入最后进近阶段后,收到气象报告表明天气条件低于着陆最低标准,仍可以继续进近。当进近至经批准的决断高度/高(DA/DH)或者最低下降高度/高(MDA/MDH)时,如果驾驶员断定实际的天气条件不低于该机场的最低着陆天气标准,则可以继续进近并完成着陆。本款所述的最后进近阶段是指下列情况之一:

(1)实施仪表着陆系统(ILS)进近或者基于性能导航(PBN)的仪表进近时,已经通过最后进近定位点。

(2)实施机场监视雷达(ASR)或者精密进近雷达(PAR)进近时,已经移交至最后进近管制员。

(3)使用甚高频全向信标台(VOR)、无方向性导航台(NDB)实施进近或者实施其他类似方法的进近时,已经通过相应的设施或者最后进近定位点,或者在没有规定最后进近定位点时,已经完成了程序转弯并且位于程序规定的距离内,按照最后进近航道向机场归航。

(d)在军方或者国外机场实施仪表飞行规则(IFR)起飞、进近和着陆时,应当遵守该机场规定的仪表进近程序和适用的最低天气标准。如果该机场没有规定最低天气标准,则应当遵守下列标准:

(1)按照仪表飞行规则(IFR)起飞时,能见度不得低于1600米(1英里)。

(2)仪表进近时,能见度不得低于800米(1/2英里)。

(e)当本条(a)款(1)项规定的民用航空气象服务机构报告的天气条件低于局方公布的机场运行最低标准或者合格证持有人运行规范中规定的起飞最低标准时,不得按照仪表飞行规则(IFR)起飞。

(f)除本条(g)款规定的情况外,当机场未规定起飞最低标准时,且本条(a)款(1)项规定的民用航空气象服务机构报告的天气条件低于CCAR-91部或者合格证持有人运行规范中规定的起飞最低标准时,不得按照仪表飞行规则(IFR)起飞。

(g)在具有局方公布的直接仪表进近程序的机场,当本条(a)款(1)项规定的民用航空气象服务机构报告的天气条件不低于直接进近着陆最低标准时,除另有限制外,如果满足下列条件,可以按照仪表飞行规则(IFR)起飞:

(1)起飞所用跑道的风向和风速可以允许在该跑道上实施直接仪表进近。

(2)有关的地面设施和机载设备工作正常。

(3)合格证持有人已经被批准实施此种运行。

第135.547条　报告潜在的危险气象和飞行条件、通信或者导航设施的不正常情况

(a)驾驶员在飞行中一旦遇到潜在的危险气象条件或者发现某一地面通信或者导航设施不正常,认为严重影响飞行安全时,应当尽快通知空中交通服务部门。

(b)在遇到与气象条件无关的危险飞行条件时,驾驶员应当尽快向有关航站或者相关方进行报告,包括涉及飞行安全的相关细节。

(c)如果机场跑道刹车效应与公布的情况不符,驾驶员应当向空中交通服务部门及时报告。

第 135.549 条　值勤岗位上的飞行机组成员

(a)驾驶舱值勤的所有飞行机组成员,在起飞和着陆阶段应当在各自的岗位上。

(b)驾驶舱值勤的所有飞行机组成员,在航路阶段,除为履行与直升机运行有关职责或者由于生理需要而有必要离开外,都应当在各自的岗位上。

(c)所有飞行机组成员在值勤岗位上时,应当始终系紧座椅安全带。

(d)驾驶员座椅上的飞行机组成员,在起飞和着陆阶段都应当始终系紧肩带。但对于其他飞行机组成员,在履行其正常职责需要时可以松开肩带。

第 135.551 条　驾驶员使用氧气的要求

(a)非增压直升机的驾驶员在进行下列飞行时应当持续使用氧气:

(1)高度超过平均海平面高度 3000 米(10000 英尺)但不超过 3600 米(12000 英尺),在这些高度上飞行超过 30 分钟后的飞行时间段。

(2)高度超过平均海平面高度 3600 米(12000 英尺)。

(b)对于增压直升机:

(1)增压直升机在座舱气压高度大于平均海平面高度 3000 米(10000 英尺)时,每个驾驶员应当遵守本条(a)款的要求。

(2)增压直升机在平均海平面高度 7600 米至 10600 米(25000 英尺至 35000 英尺)的高度上运行时,每个驾驶员应当配备一个快速佩戴型的氧气面罩。

(c)在本规则第 135.455 条(d)款要求的供氧情况下,所有执行对直升机安全运行必不可少的职责的飞行机组成员应当连续使用呼吸用氧。

第 135.553 条　乘客医用氧气

(a)除本条(d)款、(e)款规定的情况外,仅当所携带的装置在制造上可以保证所有阀门、接头和仪表在携带和使用的过程中不会损坏,并且满足下列要求,合格证持有人方可允许携带或者使用储存、发生或者分配医用氧气的设备:

(1)该设备应:

(i)由乘客携带该设备时,合格证持有人应当确认其满足我国或者运行所在国关于该设备制造、包装、标记、标签和维修方面的要求。

(ii)由合格证持有人配置该设备时,该设备应当符合我国关于其制造、包装、标记、标签和维修方面的要求,并且按照合格证持有人经批准的维修方案进行维护。

(iii)所有外表面无可燃污染物。

(iv)被恰当固定。

(2)当氧气以液态形式储存时,从购入新设备之日起或者从储存容器最后一次被清洗之日起,该设备应当已经按照合格证持有人经批准的维修方案进行维修。

(3)当氧气以国家的相应标准所定义的压缩气体形式储存时,应当满足下列要求:

(i)当合格证持有人拥有该设备时,应当按照合格证持有人经批准的维修方案维修。

(ii)氧气瓶中的压力不得超过氧气瓶的额定压力。

(4)在直升机上携带该设备时或者准备使用该设备时,应当通知直升机的机长。

(5)应当存放好该设备,并且使用该设备的人员应当在座位上就座,以便不妨碍接近和使用所需的任何应急出口、正常出口或者客舱中的过道。

(b)任何人不得、合格证持有人也不得允许任何人在距离按照本条(a)款载运的氧气储存和分配设备3米(10英尺)的范围内吸烟或者用火。

(c)在直升机上载有乘客时,除了在使用医用氧气方面受过训练的人员外,合格证持有人不得允许任何人连接或者拆卸氧气瓶或者其他附属部件。

(d)在紧急医疗事件中由于没有其他合理可用的运输方法而参加医疗飞行的直升机,如果该次飞行所运送的人员由一名在医用氧气方面受过训练的人员陪同,则对于直升机上载运的由专业或者医疗急救机构提供的氧气设备,本条(a)款(1)项(i)目不适用。

(e)根据本条(d)款规定偏离本条(a)款(1)项(i)目规定的合格证持有人参加应急医疗飞行,应当在作出偏离行动后10日内向其合格证主管民航地区管理局提交一份关于偏离所涉及运行的完整报告,在报告中包括对偏离行动的描述和偏离的原因。

第135.555条　禁止载运武器

除按照相关法律法规被批准携带武器的人员外,在合格证持有人所运行的直升机上的任何人员不得以隐秘或者公开的方式在机上放置或者随身携带武器。

第135.557条　飞行中的燃油管理

(a)合格证持有人应当制定飞行中实施燃油检查与燃油管理的政策和程序,并经局方批准。

(b)机长应当始终保证机上剩余的可用燃油量,不低于飞抵目的地起降场并完成安全着陆所需要的燃油量和计划的落地最后储备燃油量之和。

(c)当驾驶员计算飞往某一特定起降场的现行许可的任何改变会导致着

陆后的剩余燃油低于最后储备燃油时，机长应当通过宣布“MINIMUM FUEL”向空中交通服务通知最低油量状态。

(d)当预计只能在可安全着陆的最近起降场着陆，且着陆后的剩余燃油低于最后储备燃油量时，机长应当通过广播“MAYDAY MAYDAY MAYDAY FUEL”宣布燃油紧急状况。

第 135.559 条　机长职责

(a)从发动机起动时起，直至直升机结束飞行最终停止移动、发动机关闭且旋翼叶片停止转动时止，机长应当对直升机的运行和安全及机上所有机组成员、乘客和货物的安全负责。

(b)机长应当保证飞行机组成员严格遵守第 135.521 条所规定的检查单中的所有内容。

(c)机长应当负责以可用的最迅速的方法将导致人员严重受伤或者死亡、航空器或者财产的重大损坏的任何航空器事故通知最近的有关当局。

(d)在飞行结束时，机长应当负责将所有已知的或者怀疑的直升机故障向合格证持有人报告。

第 135.561 条　行李和货物的载运

合格证持有人载运货物和行李(包括手提行李)时，应当满足下列要求：

(a)装载在直升机内经批准的货架、货箱或者货舱内。

(b)按照符合局方规定的方式固定在直升机内。

(c)以满足下列全部要求的方式装载在客舱内：

(1)对于货物，用安全带或者其他有足够强度的系留装置予以固定，在正常可以预见的飞行与地面条件下不会产生移动。对于手提行李，进行系留以避免空中颠簸时发生移动。

(2)进行包装或者封盖，以避免伤害乘客。

(3)不会对座椅或者地板结构施加超过载荷限制的力。

(4)不得放在妨碍通达或者使用应急出口和正常出口的位置，或者妨碍使用驾驶舱和客舱之间过道的位置。仅当有辅助的标牌或者其他符合局方要求的方法能为乘客提供明确的提示，方可放在挡住乘客视线，使乘客无法见到“安全带”标牌、“禁止吸烟”标牌或者任何要求的出口标牌的位置。

(5)不得直接放置在就座乘客的正上方。

(6)对于某些在飞行过程中需要移动的物品，在起飞和着陆阶段也应当按照本条规定进行存放。

(7)对于全货物运行，如果在发生紧急情况时，货物的装载能够保证至少有一个应急或者正常出口供机上所有乘员顺利撤离直升机，则本条(c)款(4)

项的要求不适用。

(d)在乘客座位下方安放行李时，应当有措施能保证在直升机受到碰撞所产生的极限惯性力的作用下，所放行李不会发生滑动，该力是由直升机型号合格审定所依据的紧急着陆条件规则确定的。

(e)如果装载货物的货舱在设计上要求飞行机组成员在飞行中发生火灾时进入货舱灭火，则货物的装载应当保证机组成员能够使用手提式灭火器将灭火剂喷射到货舱所有部位。

第 135.563 条　驾驶员值勤期限制、飞行时间限制和休息要求

(a)合格证持有人在实施本章运行中不得指派机组成员在超出本章规定的机组成员适用的值勤期限制、飞行时间限制和不符合休息要求的情况下执行飞行任务，任何机组成员也不得接受超出这些限制和要求的飞行任务指派。

(b)当飞行机组配备 1 名驾驶员时，驾驶员的值勤期限制、飞行时间限制和休息要求应当符合以下规定：

(1)值勤期最多 14 小时，该值勤期内的飞行时间不得超过 8 小时，值勤期后应当安排至少 10 个连续小时的休息期，这个休息期应当安排在该值勤期结束时刻与下一值勤期开始时刻之间。

(2)发生运行延误时，如驾驶员的实际值勤时间未超过 14 小时的限制，则该值勤期后的休息期可以缩短至 9 小时。

(3)发生运行延误时，值勤期最多可以延长至 16 小时，但该值勤期后 10 小时的休息期不得缩短。

(c)当飞行机组配备 2 名驾驶员时，驾驶员的值勤期限制、飞行时间限制和休息要求应当符合以下规定：

(1)值勤期最多 14 小时，该值勤期内的飞行时间不得超过 10 小时，值勤期后应当安排至少 10 个连续小时的休息期，这个休息期应当安排在该值勤期结束时刻与下一值勤期开始时刻之间。

(2)发生运行延误时，如驾驶员的实际值勤时间未超过 14 小时的限制，则该值勤期后的休息期可以缩短至 9 小时。

(3)发生运行延误时，值勤期最多可以延长至 16 小时，但该值勤期后 10 小时的休息期不得缩短。

第 135.565 条　机组成员的周、月、年飞行时间限制

合格证持有人在为飞行机组成员安排飞行时，应当保证飞行机组成员的总飞行时间遵守以下规定，总飞行时间包括按照本规则实施运行的飞行时间和训练、调机飞行等的其他飞行时间：

(a)任何 7 个连续日历日内不得超过 40 小时。

(b)任一日历月内不得超过 100 小时,且在任何连续 3 个日历月内的总飞行时间不得超过 270 小时。

(c)任一日历年内不得超过 1000 小时。

第 135.567 条　机组成员值勤期和飞行时间安排的附加限制

(a)如果机组成员以取酬为目的参加其他运行,则在参加本规则运行时,值勤时间、飞行时间的总和应当满足本规则规定的值勤期和飞行时间限制。

(b)合格证持有人安排机组成员的值勤期时,如果按照正常情况能够在限制时间内终止值勤期,但由于运行延误,所安排的飞行没有按照预计时间到达目的地,超出了值勤期的限制时间,则不认为该机组成员在排班时超出了值勤期限制。但是,应当遵守本规则第 135.563 条的规定,值勤期的延长最多不超过 2 个小时。

(c)合格证持有人安排机组成员的飞行时间时,如果正常情况下能够在限制飞行时间内结束飞行,但由于运行延误,所安排的飞行没有按照预计时间到达目的地,超出了飞行时间限制,则不认为该机组成员在排班时超出了飞行时间限制。

(d)机组成员在起飞前由于延误造成的待命时间,计入值勤期时间之内。

第 135.569 条　机组成员休息时间的附加要求

(a)合格证持有人不得在机组成员规定的休息期内为其安排任何工作,该机组成员也不得接受合格证持有人的任何工作。

(b)本章要求的休息期可以包含在其他休息期之内。

(c)当合格证持有人为机组成员安排了其他工作任务时,该任务时间可以计入、也可以不计入值勤期。当不计入值勤期时,在值勤期开始前应当为其安排至少 8 个小时的休息期。

(d)合格证持有人将机组成员运送到执行飞行任务的机场,或者将其从解除任务的机场运送回驻地,这些路途上所耗费的时间不应当被认为是休息期的组成部分。

(e)只有在发生运行延误时,才允许按照本规则第 135.563 条中的规定缩短休息期,不允许作事先安排。

第 135.571 条　机场要求

(a)合格证持有人使用的任何机场,应当考虑到机场的规模、道面、障碍物和灯光等因素认定该机场足以供运行使用。

(b)驾驶员夜间载运乘客在机场起飞和着陆,应当满足下列条件:

(1)已经通过带照明的风向指示器或者与当地的通信联络中确定了风向,或者在起飞前通过驾驶员的个人观察确定了风向。

(2)用于起飞或者着陆的区域界线已使用边界标志灯、跑道标志灯或者反光材料等设施清晰标出。

(c)对于本条(b)款,如果起飞或者着陆区域使用马灯等其他发光装置标记,应当得到局方的批准。

第 135.573 条　水上平台运行

按照本章进行水上平台飞行运行的合格证持有人和驾驶员应当满足水上平台安全运行要求,且水上平台的设施设备应当符合相关标准。

第四节　性能使用限制

第 135.581 条　一般规定

(a)直升机运行应当满足局方制定的性能规范。

(b)在发生临界发动机失效不能确保继续安全飞行的情况下,合格证持有人应当考虑下列因素,以成功实施安全迫降:

(1)根据直升机特性确定的最小能见度。

(2)是否在飞行航径下方存在安全迫降的场地。

(c)在人口稠密的恶劣环境条件下的起降场之间往返运行时,考虑发动机失效风险,起飞和着陆应当以 1 级性能运行。

(d)直升机的运行应当符合适航审定所确定的性能要求,并且不得超出在其飞行手册中的使用限制。

(e)仅当直升机飞行手册提供的性能资料表明,将要进行的飞行符合本条(f)款和本规则第 135.583 条的标准方可开始飞行。

(f)在应用本节各项标准时,应当考虑严重影响直升机性能的所有因素,包括重量、操作程序、与运行所在地标高相应的气压高度、气温、风和地面条件等。这些因素应当直接作为运行参数加以考虑,或者用裕度的方法间接地加以考虑,可以通过性能数据表或者在飞机据以运行的、全面而详细的性能规范规定该裕度。

(g)起飞和着陆阶段,只有能够实施安全迫降,方可按照 2 级性能运行。

第 135.583 条　重量限制

(a)起飞重量不得超过本规则第 135.581 条(a)款中性能规范规定的重量,同时应当考虑飞行过程中的燃油消耗,以及必要时的应急放油。

(b)起飞重量不得超过直升机飞行手册规定的最大起飞重量。

(c)着陆重量不得超过直升机飞行手册中规定的最大着陆重量。

(d)除经局方批准外,起飞和着陆重量不得超过相应的噪声审定标准所规定的最大重量。

(e)起飞和初始爬升阶段

(1)实施1级性能运行时,在起飞决断点或者该点之前发生临界发动机失效时,直升机应当能够终止起飞并在可用中断起飞区内停住,或者在起飞决断点或者该点之后发生临界发动机失效时,直升机应当能够继续起飞,保持足够的越障余度,直至满足本条(f)款(1)项的规定。

(2)实施2级性能运行时,达到起飞后限定点(DPATO)之后的任何时间发生临界发动机失效,直升机应当能够继续起飞,并保持足够的越障余度,直至满足本条(f)款(1)项的规定。在起飞后限定点(DPATO)之前,临界发动机失效可能导致直升机迫降,应当满足本规则第135.581条(b)款的要求。

(3)实施3级性能运行时,在航迹上任何一点,发动机失效都会导致直升机迫降,应当满足本规则第135.581条(b)款的要求。

(f)航路阶段

(1)实施1级和2级性能运行时,在任一点临界发动机发生失效时,所有飞行均不得低于相应的最低飞行高度。对于1级性能运行,应当能够继续飞行到一个符合本条(g)款(1)项的条件的场地。对于2级性能运行,应当能够继续飞行到一个符合本条(g)款(2)项条件的场地。

(2)在所有发动机都工作的情况下,应当能够继续沿航路飞行,且不得低于相应的最低飞行高度。任何时候,一台发动机失效将导致直升机迫降,应当满足本规则第135.581条(b)款的要求。

(g)进近和着陆阶段

(1)实施1级性能运行时,在着陆决断点之前的进近和着陆阶段任一点临界发动机发生失效时,应当能够在目的地机场或者任何备降机场的进近过程中,保持足够的越障余度,并在可用着陆距离内停住。当复飞时,应当满足本条(e)款(2)项的越障要求。当失效发生在着陆决断点之后,应当能够继续着陆并在可用着陆距离内停住。

(2)实施2级性能运行时,在着陆前限定点(DPBL)之前临界发动机发生失效时,应当能够在目的地机场或者任何备降机场的进近过程中,保持足够的越障余度,并在可用着陆距离内停住。当复飞时,应当满足本条(e)款(2)项的越障要求。在着陆前限定点(DPBL)之后,一台发动机发生失效可能导致直升机迫降,应当满足本规则第135.581条(b)款的要求。

(3)实施3级性能运行时,任何时候,一台发动机发生失效将导致直升机迫降,应当满足本规则第135.581条(b)款的要求。

第135.585条　障碍物数据

合格证持有人应当根据障碍物数据,制定符合性能规范中规定的起飞、初始爬升、进近和着陆阶段要求的程序。

第五节　维　　修

第 135.587 条　总则

(a)合格证持有人应当对保持直升机的适航性状态负责,按照下列要求建立由维修主管负责的维修系统,并落实其适航性责任:

(1)在按照 CCAR-145 部批准的维修单位实施维修工作。

(2)具有直接向维修主管报告的工程技术、生产计划和质量管理部门,对维修系统符合本章的要求实施管理。

(b)本条(a)款(1)项要求的维修单位可以是自建的,也可以是与他人合作共同组建的。对于与他人合作共同组建的情况,合格证持有人应当以与维修单位签署协议的方式委托维修。

(c)当维修系统不具备直升机或者部件维修能力时,应当将相关直升机或者部件送至具有相应维修能力且按照 CCAR-145 部批准的维修单位实施维修。

(d)本章所述维修工作包括对直升机或者部件所进行的任何检查、测试、修理、排故或者翻修工作。对于已经获得适航审定部门批准的设计更改的实施,也视为维修工作。

第 135.589 条　维修方案

(a)合格证持有人应当为每架按照本章运行的直升机编制维修方案。初始的维修方案编制应当基于下列适用的持续适航文件,并经局方批准:

(1)局方发布的适航指令或者其他强制性要求中规定的维修任务。

(2)直升机制造厂家发布并经局方批准的适航性限制要求中规定的维修任务。

(3)直升机制造厂家发布并经局方批准的计划维修文件中要求的维修任务。

(4)直升机、发动机、旋翼、部件制造厂家发布的维修手册中建议的维修任务。

(5)直升机、发动机、旋翼、部件制造厂家发布的服务文件中建议的维修任务。

(b)在建立维修可靠性管理体系并基于可靠性分析的基础上,可以调整上述持续适航文件中要求或者建议的维修任务;但不得在未获得适航审定部门批准的情况下,更改适航指令或者适航性限制中要求的维修任务。

(c)如计划允许直升机带故障放行,合格证持有人应当根据直升机型号适用的《主最低设备清单》制定《最低设备清单》,并获得局方批准。

(d)当局方基于事故、事件或者报告的调查,提出其他维修要求时,直升机维修责任人或者单位应当严格执行。

第 135.591 条　维修管理要求

(a)维修系统的工程技术部门应当配备足够的符合本条(e)款资质的专业技术工程师,并符合下列管理要求:

(1)确保包括直升机、发动机、旋翼、部件制造厂家公开发布资料在内的,经局方批准或者认可的持续适航文件齐全有效。

(2)编制符合本规则第 135.589 条要求的维修方案,并准备合适的计划维修任务工作单卡或者对外送修技术要求。

(3)如果计划通过可靠性分析持续优化维修方案,应当建立有效的维修可靠性管理体系。

(4)根据直升机型号适用的《主最低设备清单》制定《最低设备清单》。

(5)对维修实施提供技术支持,并开展必要的工程调查。

(b)维修系统的生产计划部门应当配备足够的具备机型维修经验的人员,并符合下列管理要求:

(1)建立有效的维修计划控制,确保计划维修任务在规定的间隔前完成。

(2)协调维修系统内维修单位按照 CCAR-145 部的要求实施具备维修能力的维修任务。

(3)当维修系统不具备直升机或者部件维修的能力时,及时组织对外送修。

(4)妥善保存直升机维修记录并建立直升机技术档案。

(c)维修系统的质量管理部门应当配备足够的具备机型维修经验的质量管理人员,并符合下列管理要求:

(1)建立合适的质量管理规范和工作程序,确保维修系统内各部门的职责能够有效落实。

(2)建立合适的人员资质评估制度,确保各类人员在上岗前具备相应的资质。

(3)建立合适的供应商和对外送修的评估制度,确保维修中使用工具设备、器材的合法性和对外送修的维修质量。

(4)建立和实施定期的内部质量审核,持续监督质量管理规范和工作程序的落实情况。

(5)定期检查每架直升机的适航性状态。

(6)对直升机发生的维修质量问题开展有效的调查。

(d)为落实上述管理要求,维修系统应当具备足够的办公场所和设施设备,支持维修系统各部门工作的有效开展。

(e)维修系统的专业技术工程师应当至少具备相应机型的维修经验,并且具有按照 CCAR-66 部规定的 4 级航空维修技术英语等级。

(f)除上述(c)款规定的质量审核和监督要求外,合格证持有人可以将本条中规定的其他维修管理要求进行外委。

第 135.593 条　维修工程管理手册

(a)合格证持有人应当就如何落实适航性责任并符合本章要求制定维修工程管理手册,并经局方批准。

(b)维修工程管理手册应当至少包括下列内容:

(1)维修主管声明。

(2)维修系统总体介绍。

(3)机构和人员职责。

(4)工程技术管理。

(5)生产计划管理。

(6)安全质量管理。

(7)相关工作表格样式和附件。

第 135.595 条　直升机技术档案

(a)合格证持有人应当为运行的每架直升机建立直升机技术状态记录,连续记录直升机的技术状态信息,并至少包括下列内容:

(1)直升机的型号、制造厂家、出厂日期、购买日期。

(2)国籍登记证、适航证件号及有效期。

(3)购买前直升机所有人及累计使用时间。

(4)购买后累计使用时间,包括日历时间、飞行小时和起落次数。

(5)完成的计划维修工作的日期、累计使用时间、项目、实施人员或者单位、批准恢复使用人员(包括姓名、签名和执照编号)。

(6)适航指令执行记录,包括自出厂以来完成的所有适航指令。

(7)重要修理和改装记录,包括自出厂以来完成的所有重要修理和改装。

(b)合格证持有人应当妥善保存直升机技术档案,并且建立有效的备份措施,以保证记录丢失或者损毁后的可恢复性。

第 135.597 条　年度适航性检查

(a)合格证持有人应当对每架直升机在每年度开展一次适航性检查。年度适航性检查应当由质量人员或者部门独立开展,并接受局方针对直升机适航性状况的抽查。

(b)年度适航性检查应当基于直升机技术状态记录、维修记录和维修放行证明开展,确认直升机当前状态和是否完成了规定的维修要求。

(c)完成年度适航性检查后,质量管理部门应当及时向维修主管和局方如实报告下列信息:

(1)年度累计飞行时间和起落次数。

(2)当前状态，包括运行中、停场待修、油封、拆解储存等。

(3)维修要求的实施情况，对于未完成的计划维修任务、长期未修复的故障或者缺陷，应当具体说明。

(4)适航指令的实施情况，对于未完成的，应当具体说明。

(5)重要修理和改装(如适用)的实施情况，并具体说明。

(d)当年度适航性检查发现存在未完成的计划维修任务、适航指令等导致直升机不适航的情况，维修主管应当及时安排纠正，并控制在纠正前停止运行。

第六节　记录和报告

第 135.599 条　记录保持要求

(a)合格证持有人应当在其主运行基地或者符合局方规定的其他地方保存以下资料，并处于能随时接受局方检查的状态：

(1)运行合格证。

(2)运行规范。

(3)一份按照本规则运行的直升机清单，并列出每架直升机的装备及与其相应的运行种类。

(4)实施运行的每名驾驶员的记录，包括下列内容：

(i)驾驶员姓名。

(ii)驾驶员持有的执照种类、等级和编号。

(iii)用于判断驾驶员资格满足本规则相应要求的详细飞行经历记录。

(iv)驾驶员当前的职位和被委派的日期。

(v)驾驶员持有的体检合格证等级和有效期。

(vi)本规则要求的各种资格考试、熟练检查和航线检查的日期、结果，以及所使用的直升机的型号。

(vii)驾驶员飞行时间的详细记录。

(viii)飞行检查员的指派文件。

(ix)解除驾驶员职位的有关记录。

(x)本规则要求的初始训练和定期复训的完成日期。

(5)飞行机组用于飞行准备的检查清单。

(b)合格证持有人应当将本条(a)款(3)项要求的记录保存至少 6 个月，应当将本条(a)款(4)项要求的每项记录保存至少 12 个月。

(c)对于多发直升机，合格证持有人应当制定一式两份包含直升机装载信息的装载舱单并对其准确性负责。舱单应当在每次起飞之前准备完毕，并且应当包括下列内容：

(1)乘客人数。

(2)装载后直升机的总重。

(3)该次飞行的最大允许起飞重量。

(4)重心限制。

(5)装载后的直升机重心。如果直升机根据装载表或者其他经局方批准的方法进行装载,能够确保装载后的直升机重心不会超出批准的限制,则不需要计算实际的重心。在这种情况下,需在舱单上注明,根据装载表或者其他经批准的方法,该直升机的重心在限制之内。

(6)直升机的登记号或者航班号。

(7)该次飞行的始发地和目的地。

(d)对于要求制定装载舱单的直升机,机长应当将一份完整的舱单随直升机携带至目的地。合格证持有人应当在其主运行基地或者另一局方同意的地点保存一份完整的舱单至少30个日历日。

(e)合格证持有人应当保存其所有机组成员的飞行时间、飞行值勤期和休息期的记录至少12个月。

(f)合格证持有人应当将填好的各种飞行准备表单保存3个月。

(g)合格证持有人应当保存燃油记录,以使局方能够确认合格证持有人在每一次飞行中都遵守了本规则第135.543条和第135.557条的要求。合格证持有人应当至少保存燃油记录3个月。

(h)合格证持有人应当保存滑油记录,以使局方能够根据滑油消耗趋势确认有足够滑油完成每次飞行。合格证持有人应当至少保存滑油记录3个月。

第135.601条　飞行记录本

(a)合格证持有人应当对于每架直升机建立飞行记录本,记录与飞行安全有关的运行信息、飞行机组和维修人员需要了解的有关数据和信息,包括运行中发现的缺陷和工作不正常情况、所进行的维修工作和推迟维修项目、维修放行签署等。

(b)飞行记录本的格式应当符合局方规定。如使用纸质记录,各项内容应当使用墨水或者不可以更改的书写工具及时填写,并且有足够的复页以保证满足使用和保存要求。

(c)除经局方批准采用的电子飞行记录本外,合格证持有人应当在驾驶舱或者其他飞行机组成员易于取用的地方放置一份直升机飞行记录本原件,其中至少记录包括每次飞行前三次飞行期间填写内容的连续记录,并且每次起飞前在地面保存一份记录上一次飞行和该次飞行前填写内容的直升机飞行记录本的复页。

第 135.603 条　使用困难报告

(a)合格证持有人应当按照本条(b)款的要求向局方报告直升机出现或者发现的下列事件：

(1)飞行中的失火以及有关火警系统工作不正常。

(2)飞行中的假火警信号。

(3)在飞行中引起发动机、相邻结构、设备或者部件损坏的发动机排气系统故障或者失效。

(4)飞行中引起烟、蒸汽、有毒或者有害烟雾在驾驶舱或者客舱积聚或者流动的直升机部件的故障或者失效。

(5)飞行中或者地面发动机熄火或者停车。

(6)飞行中燃油系统或者应急放油系统的故障导致燃油流量受影响或者渗漏。

(7)飞行中非正常的起落架收放或者起落架舱门的开启和关闭。

(8)导致直升机在地面运动时制动力异常的刹车系统部件的失效或者故障。

(9)直升机系统及其部件的故障或者失效导致中断起飞或者在飞行中采取紧急措施的情况。

(10)需要重大修理的结构问题。

(11)超出直升机制造厂家或者局方允许的结构裂纹、永久变形或腐蚀。

(12)其他已经危及或者可能危及直升机安全运行的故障或者缺陷。

(b)合格证持有人应当在发生或者发现系统工作不正常事件、结构失效或者缺陷情况的 24 小时之内向局方报告,并及时开展或者按要求配合局方开展相应的调查。报告应当至少包括下列可获得的适用信息,并按照局方要求的方式如实填报：

(1)直升机、发动机、旋翼的制造厂家、型号和序号。

(2)直升机、发动机、旋翼或者部件的总使用时间和循环。

(3)直升机国籍登记号。

(4)发生或者发现的日期和地点。

(5)不正常事件、失效或者缺陷具体描述和排故措施。

(6)不正常事件、失效或者缺陷发生的飞行阶段。

(7)故障、失效或者缺陷部件和具体描述。

(8)故障、失效或者缺陷部件所属的章节、件号、名称、序号、部位、使用时间和循环,维修经历以及修后使用时间和循环。

(9)采取的预防或者紧急措施。

(c)对于自行开展调查的情况,合格证持有人应当在调查完成后及时向局方补报上述未填报完整的适用信息，并报告所采取的安全改进或者预防措施。如涉及到维修差错，应当及时向局方报告涉及的维修单位和具体情况。如涉及设计或者制造缺陷，应当及时向局方和直升机制造厂家报告。

第 135.605 条　机载应急和救生设备记录

合格证持有人应当对其参与国际运行的直升机上携带的应急和救生设备建立清单，以便随时能够将清单提交援救协调中心。如适用，清单内应当包括救生筏和信号弹的数量、颜色和型号、应急医药用品、水的储备量以及便携式应急无线电设备的型号和频率等的详细信息。

第 135.607 条　飞行记录器记录

当合格证持有人的直升机涉及某一事故或者事件时，合格证持有人应当尽可能保证将所有有关的飞行记录器的记录（必要时连同飞行记录器一起）予以保存并妥善保管，以待按照相关规定予以处理。

F 章　法律责任

第 136.701 条　一般规定

违反本规则规定，《中华人民共和国民用航空法》《中华人民共和国安全生产法》《中华人民共和国飞行基本规则》等有关法律、行政法规对其处罚有明确规定的，从其规定。

第 135.703 条　未取得相应证件的处罚

违反本规则第 135.7 条，运营人未取得相应的运行合格证或者运行规范，或者违反运行合格证或者运行规范的要求，实施本规则规定的运行的，由局方处警告或者 1 万元以下的罚款；情节严重的，处 1 万元以上 3 万元以下的罚款。

第 135.705 条　提供虚假信息的处罚

申请人在申请材料中隐瞒有关情况或者提供虚假信息的，局方不予受理或者不予许可，并给予警告。自该行为发现之日起 1 年内申请人不得申请本规则规定的运行合格证和运行规范。

第 135.707 条　欺骗贿赂取得许可的处罚

申请人以欺骗、贿赂等不正当手段取得运行合格证和运行规范的，由局方撤销相应的运行合格证和运行规范，处警告或者 1 万元以下的罚款；情节严重的，处 1 万元以上 3 万元以下的罚款。申请人在 3 年内不得再次申请本规则规定的运行合格证和运行规范。

第 135.709 条　对违反本规定实施运行的处罚（一）

合格证持有人违反本规则第 135.9 条、第 135.17 条、第 135.19 条、第

135.21 条、第 135.27 条、第 135.29 条有关运营人基本要求、法规程序、航空器湿租、安全管理体系、监督检查、管理人员或者基地相关要求的，由局方责令其限期改正，可以处警告或者 1 万元以下的罚款；情节严重的，处 1 万元以上 3 万元以下的罚款；但是违反本规则第 135.9 条(h)款规定的除外。

第 135.711 条　对违反本规定实施运行的处罚(二)

合格证持有人违反本规则 C 章、D 章或者 E 章相关规定，实施本规则第 135.23 条规定的运行种类的运行的，由局方责令其限期改正，可以处警告或者 1 万元以下的罚款；情节严重的，处 1 万元以上 3 万元以下的罚款。

第 135.713 条　航空人员的责任处罚

对于未按照合格证持有人的手册或者管理规则履行职责而导致违反本规则规定，或者其本人直接违反本规则规定的航空人员或者其他相关人员，局方可以处警告或者 500 元以上 1000 元以下的罚款。

第 135.715 条　信用管理

合格证申请人或者持有人有下列行为之一的，依法记入民航行业严重失信行为信用记录：

(1)拒绝接受或者拒不配合局方依法开展的监督检查的。

(2)拒不执行局方限期改正要求的。

(3)在运行合格证或者运行规范的申请、修改中，有欺骗、伪造、非法更改或者故意提交虚假材料等行为的。

(4)因故意行为导致运行合格证或者运行规范被撤销的。

G 章　附　　则

第 135.801 条　施行和废止

(a)本规则自 2022 年 7 月 1 日起施行。

(b)自本规则施行之日起，原民航总局于 2005 年 9 月 20 日以民航总局令第 151 号公布，交通运输部于 2017 年 1 月 23 日以交通运输部令 2017 年第 2 号、2018 年 11 月 16 日以交通运输部令 2018 年第 39 号修改的《小型航空器商业运输运营人运行合格审定规则》同时废止。

(c)在 2022 年 6 月 30 日前已持有按照《小型航空器商业运输运营人运行合格审定规则》颁发的小型航空器商业运输运营人运行合格证，应当在 2023 年 12 月 31 日前完成按照本规则规定的相应小型商业运输和空中游览运营人合格证换发。

附件 A

定 义

运行合格证：是指批准运营人从事特定航空运行种类的行政许可证件。

运行规范：是指合格证持有人应当遵守的，与行使运行合格证权利相关的批准、条件和限制等规范。

定期载客运行：是指航空承运人或者运营人以取酬或者出租为目的，通过本人或者其代理人以广告或者其他形式提前向公众公布的，包括起飞地点、起飞时间、到达地点和到达时间在内的任何载客运行。

小型商业运输和空中游览运营人：是指使用本规则第 135.3 条规定的民用航空器并从事本规则第 135.23 条规定的飞行和运行种类的运营人。

长途空中游览飞行：是指使用除初级类飞机、滑翔机以及局方规定的某些特定型号航空器以外的小型航空器，实施起降点距离大于 40 千米的以观光游览为目的的飞行活动。

短途空中游览飞行：是指使用除初级类飞机、滑翔机以及局方规定的某些特定型号航空器以外的航空器，从事本规则第 135.23 条(5)项规定的飞行活动。

豁免：对于规章中没有明确允许偏离的条款，合格证持有人在提出恰当的理由、相应的安全措施并证明这些安全措施能保证同等安全水平的情况下，经民航局批准，可以不执行相应的规章条款，而执行民航局在作出此项批准时所列的规定、条件或者限制。豁免是遵守规章的一种替代做法，遵守所颁发的豁免及其条件和限制，就是遵守规章。

湿租：是指按照租赁协议，承租人租赁飞机时携带出租人一名或者多名机组成员的租赁。

运行控制：为了航空器的安全和飞行的正常与效率，对某次飞行的起始、继续、改航或者终止行使职权。

运行基地：设立在不同于合格证持有人主运行基地的地点，具有飞行运行或者适航维修，或者两者兼有的运行资源和能力，且连续 6 个日历月内定期载客运行达到 10 班，非定期或者全货机运行达到 15 班的基地。

低能见度运行：是指跑道视程小于 550 米或者决断高低于 60 米(200 英尺)情况下进近的运行，或者在跑道视程小于 400 米情况下起飞的运行。

恶劣环境条件：是指存在以下因素的环境条件：

(a)由于地面和周边环境原因无法实施安全迫降。

(b)直升机乘员不能得到适当的保护，以免受到恶劣天气的影响。

(c)未能提供与预期风险相适应的搜寻与援救响应能力。

(d)威胁地面上的人员或者财产安全的风险超出可接受程度。

人口稠密区:就城镇或者居民区而言,大量用于居住、商业或者娱乐目的的任何地区。

起飞后限定点(DPATO):指起飞和起始爬升阶段之内的一个点,在此点之前直升机一台发动机不工作不能保证继续安全飞行,可能需要迫降。限定点只适用于以2级性能运行的直升机。

着陆前限定点(DPBL):指进近和着陆阶段之内的一个点,在该点之后直升机一台发动机不工作时不能保证继续安全飞行,可能需要迫降。限定点只适用于以2级性能运行的直升机。

值勤期:是指机组成员在接受合格证持有人安排的飞行任务后,从为了完成该次任务而到指定地点报到时刻开始(不包括从居住地或者驻地到报到地点所用的地面时间),到解除任务时刻为止的连续时间段。在一个值勤期内,当发生运行延误时,如机组成员能在有睡眠条件的场所得到休息,则该休息时间可以不计入该值勤期的值勤时间内。

休息期:是指从机组成员到达休息地点起,到为执行下一次任务离开休息地点为止的连续时间段,在该段时间内,合格证持有人不得为该员安排任何工作和给予任何干扰。为了完成指派的飞行任务往来于休息地点和值勤地点的时间不得计入休息期。

运行延误:是指由于出现恶劣的气象条件、航空器设备故障、空中交通不畅等客观情况而导致的延误。

机组成员的飞行时间:是指机组成员在航空器飞行期间的值勤时间,包括在座飞行时间(飞行经历时间)和不在座飞行时间。

新雇员训练:是指合格证持有人新雇佣的人员,或者已雇佣但没有在机组成员岗位上工作过的人员,在进入机组成员岗位之前所需进行的训练。新雇员训练包括基础理论教育和针对特定机型和岗位的训练。

初始增加型别等级训练:未曾在具有型别等级航空器的相同职务上经审定合格并服务过的机组成员需要进行的增加型别等级训练。

转机型训练:曾在不同型别航空器的相同职务上经审定合格并服务过的机组成员需要进行的改飞机型训练。

升级训练:已在某一特定型别的航空器上经审定合格并担任副驾驶的机组成员,在该型别航空器上担任机长之前需要进行的训练。

定期复训:是指已取得资格的机组成员,为了保持其资格和技术熟练水平,在规定的期限内按照规定的内容所进行的训练。

重新获得资格训练：已在特定航空器型别和特定工作岗位上经审定合格，但因某种原因失去资格的机组成员，为恢复这一资格所应当进行的训练。

差异训练：对于已在相同级别等级或者某一特定型别的航空器上经审定合格并服务过的机组成员，当局方认为其使用的同级别等级不同型号航空器或者同型别航空器与原航空器在性能、设备或者操作程序等方面存在差异，需要进行补充性训练时应当完成的训练。

非精密进近：使用全向信标（VOR）、导航台（NDB）或者航向台（LLZ）（仪表着陆系统下滑台不工作）等地面导航设施，只提供方位引导，不具备下滑引导的进近。

精密进近：使用精确方位和垂直引导，并根据不同的运行类型规定相应最低标准的仪表进近，包括仪表着陆系统（ILS）和精密进近雷达（PAR）等。

决断高度/高（DA/DH）：精密进近中，如不能建立继续进近所必需的目视参考，则应当开始复飞的特定高度或者高。

最低下降高度/高（MDA/MDH）：在非精密进近或者盘旋进近中，如不能建立必需的目视参考，则不能继续下降的特定高度或者高。

机场运行最低标准：指机场用于起飞和着陆时的条件限制。对于起飞，用能见度或者跑道视程以及云高（需要时）来表示。对于精密进近和着陆运行中的着陆，用与相应运行类型对应的能见度或者跑道视程，以及决断高度/高（DA/DH）来表示。对于非精密进近和着陆运行中的着陆，用能见度或者跑道视程、最低下降高度/高（MDA/MDH）以及云高（需要时）来表示。

备降机场：当航空器不能或者不宜飞往预定着陆机场或者在该机场着陆时可以飞往的另一个机场。备降机场包括起飞备降机场、航路备降机场和目的地备降机场。

起飞备降机场：当航空器在起飞后较短时间内需要着陆而又不能使用原起飞机场时，用以进行着陆的备降机场。

航路备降机场：当航空器在航路中遇到不正常或者紧急情况后，用以进行着陆的备降机场。

目的地备降机场：当航空器不能或者不宜在预定着陆机场着陆时可以飞往着陆的备降机场。

孤立机场：是指没有合适目的地备降机场的目的地机场。

主最低设备清单（MMEL）：局方确定在特定运行条件下可以不工作并且仍能保持可以接受的安全水平的设备清单。主最低设备清单包含这些设备不工作时航空器运行的条件、限制和程序，是运营人制定各自最低设备清单的依据。

最低设备清单(MEL):运营人依据主最低设备清单并考虑到各航空器的构型、运行程序和条件为其运行所编制的设备清单。最低设备清单经局方批准后,允许航空器在规定条件下,所列设备不工作时继续运行。最低设备清单应当遵守相应航空器型号的主最低设备清单,或者比其更为严格。

最大商载:

(a)对于在局方批准的技术文件中列出最大无燃油重量的航空器,用最大无燃油重量减去空重、适用的航空器携带设备的重量和运行载重(包括最少机组、餐饮及与餐饮有关的补给和设备,不包括可用燃油和滑油)。

(b)对于其他航空器,用审定的最大起飞重量减去空重、适用的航空器携带设备的重量和运行载重(包括最少燃油、滑油和机组重量)。机组、滑油和燃油的重量计算如下:

(1)机组—对于局方认可的每名机组成员(含随身携带行李):

(i)男性飞行机组—82 公斤。

(ii)女性飞行机组—64 公斤。

(iii)男性客舱乘务员—82 公斤。

(iv)女性客舱乘务员—59 公斤。

(2)滑油—157 公斤或者根据航空器型别证书中列出的滑油容量计算出的数据。

(3)燃油—按照涉及民航管理的规章要求实施飞行所需的最低燃油重量。

跑道有效长度:指飞机在着陆时跑道进近端的超障面与跑道中心线的交点至跑道最远端的距离。

超障面:指与水平面成 1∶20 的斜率从跑道向上倾斜,并与跑道周围规定区域内的所有障碍物相切或者越过其上的平面。

可用加速停止距离(ASDA):指起飞滑跑可用的长度,如有停止道则再加上其长度。

机场:指拟全部或者部分供航空器进场、离场和地面活动使用的陆上或者水上的一个划定区域(包括所有建筑物、设施和设备)。

附件 B

飞机灯光的显示

1. 术语

本附件所用的下列术语含义如下：

覆盖角：

(a)覆盖角 A 是沿纵轴向后看，由通过纵轴的垂直向右 70 度和向左 70 度的两个相交的垂直面形成。

(b)覆盖角 F 是沿纵轴向前看，由通过纵轴的垂直向右 110 度和向左 110 度的两个相交的垂直面形成。

(c)覆盖角 L 是沿纵轴向前看，由一个平行于飞机纵轴而另一个在前者的左 110 度的两个相交垂直面形成。

(d)覆盖角 R 是沿纵轴向前看，由一个平行于飞机纵轴而另一个在前者的右 110 度的两个相交垂直面形成。

水平面：包含纵轴并垂直于飞机对称平面的平面。

飞机的纵轴：平行于以正常巡航速度飞行的方向，并通过飞机中心的一条选定的轴线。

在行进中：当一架在水面上的飞机处于“可动状态”并与水已有了相对速度时，称为“在行进中”。

在控制下：当一架在水面上的飞机为避免与其他船只相撞能够执行《国际海上防撞规则》所要求的机动动作时，称为“在控制下”。

可动：当一架在水面上的飞机不是搁浅或者锚定在海底或者系留在地面或者水面上的任何固定物体时，称为“可动”。

垂直面：垂直于水平面的平面。

可见：在明朗大气的夜间能看得见的。

2. 在空中需显示的航行灯光

如图 1 所示，应当显示下列无阻挡的航行灯：

(a)一红灯通过覆盖角 L 范围向水平面上方和下方照射。

(b)一绿灯通过覆盖角 R 范围向水平面上方和下方照射。

(c)一白灯通过覆盖角 A 范围向水平面上方和下方照射。

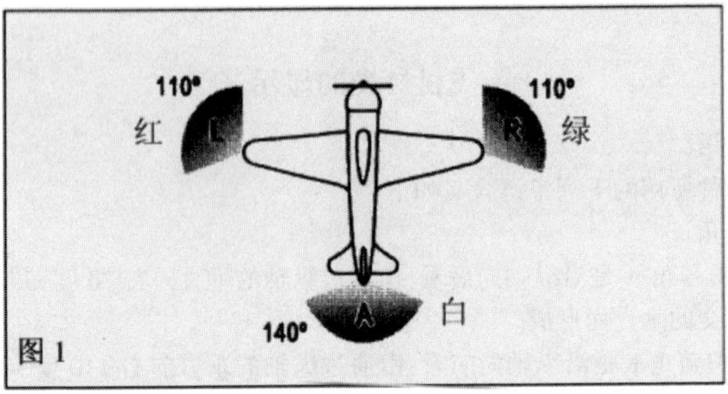

图 1

3. 在水上需显示的灯光

3.1 通则

《国际海上防撞规则》要求在下列每一种情况下显示不同的灯光：

(a) 当可动时。

(b) 当牵引另一只船或者飞机时。

(c) 当被牵引时。

(d) 当未在控制下和未在行进中时。

(e) 当已在行进中但未在控制下时。

(f) 当抛锚时。

(g) 当搁浅时。

3.2 飞机在每一种情况下所需要的灯光叙述如下：

当可动时：

如图 2 所示，稳定显示下列无阻挡的灯光：

(a) 一红灯通过覆盖角 L 范围向水平面上方和下方照射。

(b) 一绿灯通过覆盖角 R 范围向水平面上方和下方照射。

(c) 一白灯通过覆盖角 A 范围向水平面上方和下方照射。和

(d) 一白灯通过覆盖角 F 范围照射。

(a)、(b) 和 (c) 所述的灯光应该在至少 3.7 公里(2 海里)的距离内可见。对于(d)所述的灯光，当飞机的长度为 20 米或者更长时，该灯光应该在 9.3 公里(5 海里)的距离内可见，当飞机的长度少于 20 米时则应该在 5.6 公里(3 海里)的距离内可见。

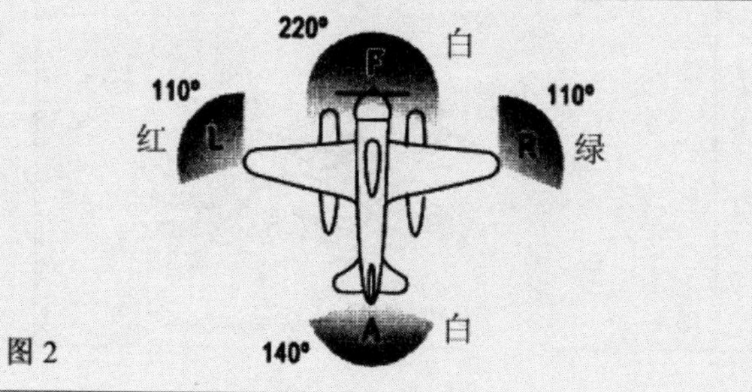

图 2

3.3 当牵引另一船只或者飞机时：

如图 3 所示，稳定显示下列无阻挡的灯光：

(a)本附件 3.2 所述的灯光。

(b)具有和本附件 3.2(d)所述相同的第二个灯，安装在过原灯的垂直线上，在原灯上方或者下方至少 2 米处。和

(c)具有和本附件 3.2(c)所述相同的黄色灯，安装在过原灯的垂直线上，在原灯上方至少 2 米处。

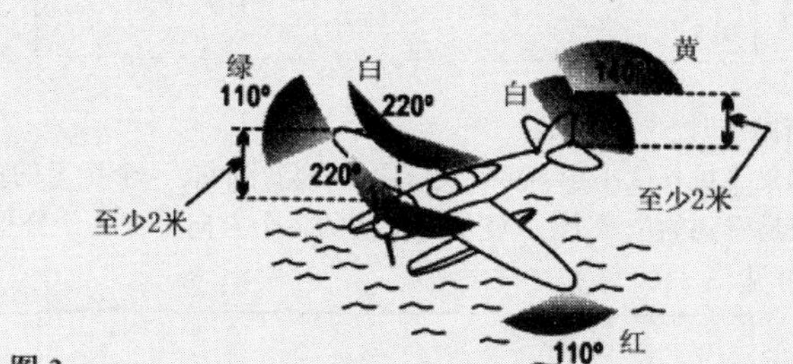

图 3

3.4 当被牵引时

本附件 3.2(a)、(b)和(c)所述的灯光为稳定显示的无阻挡的灯光。

3.5 当未在控制下和未在行进中时

如图 4 所示，两个稳定的红灯装在最易见到的位置，一个灯在另一个灯的垂直上方不少于 1 米处，并具有能在地平线各个方向上至少 3.7 公里(2 海里)的距离内可见的特性。

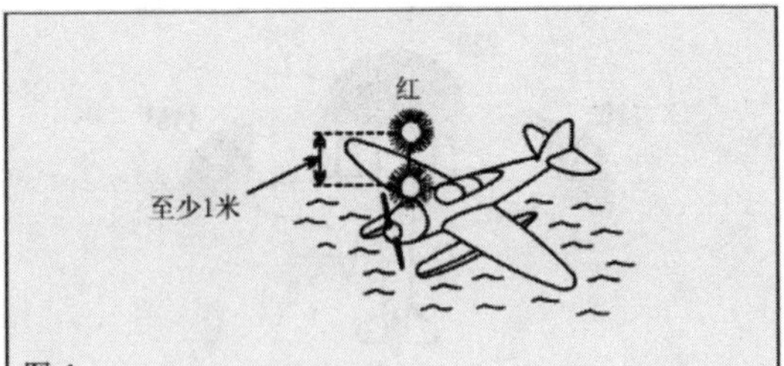

图 4

3.6 当已在行进中但未在控制下时

如图 5 所示，本附件 3.5 所示的灯光加上 3.2(a)、(b)和(c)所述的灯光。

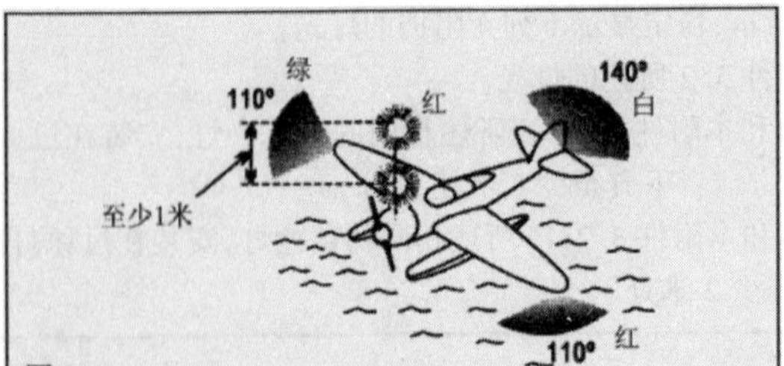

图 5

3.7 当抛锚时

(a)如果飞机长度小于 50 米，为了更好地看到它，一个稳定的白灯(见图 6)，装在最易看到的位置上，以便从地平面的各个方向至少 3.7 公里(2 海里)的距离内可见。

图 6

(b)如果飞机长度是 50 米或者更长，为了更好地看到它，一个稳定的白色前灯和一个稳定的白色尾灯(见图 7)，装在最易看到的位置上，以便从地平面的各个方向至少 5.6 公里(3 海里)的距离内可见。

图 7

（c）如果飞机翼展为 50 米或者更宽，则在每边翼尖有一个稳定的白灯（见图 8 和图 9）以显示最大翼展，并尽可能做到从地平线的各个方向至少 1.9 公里（1 海里）的距离内可见。

长度小于50米；翼展等于或大于50米。

图 8

长度等于或大于50米；翼展等于或大于50米

图 9

3.8 当搁浅时

本附件 3.7 所述的灯加上在垂直线上的两个稳定的红灯，两个灯至少分开 1 米，其位置要使得从地平面的各个方向均可见。

附件 C

疲劳风险管理系统的要求

根据本规则第 135.385 条建立的疲劳风险管理系统应当至少包括：

(a)疲劳风险管理系统的政策和文件

(1)疲劳风险管理系统的政策

(i)运营人应当详细阐明其疲劳风险管理系统的政策，清晰确定疲劳风险管理系统的所有要素。

(ii)政策应当包括要求在运行手册内明确规定疲劳风险管理系统适用的范围。

(iii)政策应当：

(A)反映出管理层、飞行和客舱机组人员(如适用)以及其他有关人员的共同责任；

(B)明确陈述疲劳风险管理系统的安全目标；

(C)由合格证持有人主管负责人签字；

(D)用明显可见的授权方式分发给合格证持有人的所有相关领域和各个层级；

(E)宣布管理层对有效的安全报告的承诺；

(F)宣布管理层对向疲劳风险管理系统提供充足资源的承诺；

(G)宣布管理层对不断完善疲劳风险管理系统的承诺；

(H)需要明确界定管理层、飞行和客舱机组人员(如适用)以及其他有关人员的责任界限；

(I)需要定期审查以确保保持相关政策的相关性和适当性。

(2)疲劳风险管理系统的文件

合格证持有人应当制定并保持最新的疲劳风险管理系统的文件，以规定并记录：

(i)疲劳风险管理系统的政策与目标。

(ii)疲劳风险管理系统的过程及程序。

(iii)过程和程序的问责制、责任和权力。

(iv)管理层、飞行和客舱机组人员(如适用)以及其他有关人员持续参与风险管理的机制。

(v)疲劳风险管理系统的培训大纲、培训要求和培训记录。

(vi)计划和实际飞行时间，涉及到值勤期和休息期的重大符合性偏离以及该偏离的原因。

(vii)疲劳风险管理系统的输出,包括从收集的数据中识别的风险、建议及所采取的行动。

(b)疲劳风险管理的过程

(1)识别风险

合格证持有人应当建立并保持三个基本的以文件形式确认的过程以识别疲劳风险:

(i)预测(事前风险控制)

预测过程应当通过检查机组人员的排班表,并综合考虑影响睡眠、疲劳及其对行为能力影响的已知因素识别疲劳风险。检查方法可以包括但不限于:

(A)合格证持有人或者行业的运行经验和从类似运行中收集的数据;

(B)以循证为基础的排班操作;

(C)生物数学模型。

(ii)主动(事中风险控制)

主动过程应当识别当前飞行运行存在的疲劳风险。检查方法可以包括但不限于:

(A)疲劳风险的自我报告;

(B)机组人员疲劳问卷调查;

(C)飞行和客舱机组行为能力的相关数据;

(D)现有的安全数据库和科学研究;

(E)计划与实际工作时间的对比分析。

(iii)反应(事后风险控制)

反应过程应当核实疲劳风险对具有潜在负面安全后果的报告和事件中所起的作用,以确定如何将疲劳影响降至最低。这个过程至少可能会由以下任一情况触发:

(A)疲劳报告;

(B)非公开报告;

(C)审计报告;

(D)征候;

(E)飞行数据分析活动。

(2)风险评估

(i)合格证持有人应当制定并实施风险评估程序,以确定与疲劳有关事件的概率和潜在严重性,并确定相关风险何时需要加以缓解。

(ii)风险评估程序应当结合以下因素对识别的风险进行审核:

(A)操作过程;

(B)风险概率;

(C)可能产生的后果;

(D)现有的安全屏障和控制措施的有效性。

(3)风险缓解

合格证持有人应当制定并实施包含以下要素的风险缓解程序:

(i)选择适当的缓解策略。

(ii)执行缓解策略。

(iii)监测策略的执行情况与效果。

(c)疲劳风险管理系统的安全保证过程

合格证持有人应当制定并保持疲劳风险管理系统的安全保证过程以便:

(1)对疲劳风险管理系统的绩效进行持续监测、趋势分析和衡量,以验证疲劳安全风险控制措施的有效性。数据来源可能包括但不限于:

(i)风险报告与调查。

(ii)审计与调查。

(iii)审查和疲劳研究。

(2)提供一种正式过程以管理相关要素的变化,包括但不限于:

(i)确定运行环境当中可能会影响疲劳风险管理系统的变化。

(ii)确定组织内部可能会影响疲劳风险管理系统的变化。

(iii)考虑在实施变革之前可用于保持或者提高疲劳风险管理系统绩效的可用工具。

(3)保证不断改进疲劳风险管理系统。包括但不限于:

(i)取消或者修改产生非计划后果或者由于运行或者组织环境发生变化而不再需要的风险控制措施。

(ii)定期对设施、设备、文件和程序进行评估。

(iii)确定是否有必要采取新的过程与程序以缓解新出现的与疲劳有关的风险。

附件 D

飞机运行手册

1. 编制：

按本规则第 135.323 条提供的运行手册可依据具体的运行分为几部分颁发，运行手册应当按下列结构编制：

(a)总则。

(b)航空器运行资料。

(c)区域、航路和机场。

(d)培训。

2. 内容：

本附件第 1 条所述的运行手册应当至少包含下列内容：

(a)总则

(1)概述与实施飞行运行相关运行人员的职责。

(2)有关疲劳管理的信息和政策，包括：

(i)适用于飞行和客舱机组人员(如适用)的飞行时间、飞行值勤期、值勤期的限制和休息期要求的有关规则。

(ii)根据附件 C 适用于合格证持有人的疲劳风险管理系统的有关政策和文件(如适用)。

(3)各运行类型的飞行机组，包括指挥权顺序的指定。

(4)适用时，驾驶员的航路资格审定程序。

(5)机上有乘客时加油的安全防范措施。

(6)地面服务安排与程序。

(7)装备的导航设备的清单，包括与在规定有基于性能导航空域运行相关的任何要求。

(8)确保机长了解航空器已经完成要求的适航检查、符合相关维修要求并被批准返回使用的程序。

(9)报告和记录机长在飞行前、飞行中和飞行后发现的机械不正常情况的程序。

(10)机长确认上次飞行中发现的机械不正常情况或者缺陷是否修复或者推迟修复的程序。

(11)批准的航空器维修方案。

(12)需要保持无线电监听的情况。

(13)所用的与运行相关的远程导航程序，延长改航时间运行(EDTO)发动机故障程序和改航机场的指定及使用。

(14)空中交通服务许可的阐明与接受的指令,特别是在涉及越障情况时。

(15)确定最低飞行高度的方法。

(16)确定机场运行最低标准的方法。

(17)应当使用氧气的情况以及按本规则第 135.255 条(d)款确定的氧气量。

(18)重量与平衡控制的指令。

(19)实施和控制地面除冰和防冰作业的指令。

(20)要装载的燃油与滑油量计算的具体说明,并将运行的所有情况纳入考虑,包括在航路上失去增压和一台发动机发生失效的可能性。

(21)在飞行中实行燃油检查与燃油管理的政策和程序。

(22)运行飞行计划的规范。

(23)飞行各阶段的标准操作程序。

(24)正常检查单及其使用时机的指令。

(25)离场应急程序。

(26)保持高度意识和使用自动或者飞行组高度呼叫的指令。

(27)在仪表气象条件下使用自动驾驶仪与自动油门的指令。

(28)离场与进近简令。

(29)熟悉区域、航路和机场的程序。

(30)稳定进近程序。

(31)接近地面时的过高下降率限制。

(32)开始或者继续仪表进近所需的条件。

(33)实施精密和非精密进近程序的指令。

(34)在夜间与仪表气象条件仪表进近与着陆运行中的飞行组职责分配和管理机组工作量的程序。

(35)避免受控飞行撞地的指令与训练要求以及近地警告系统的使用原则。

(36)防撞政策、指令、程序和培训要求及机载防撞系统(ACAS)的使用。

(37)对拟在 15000 米(49000 英尺)以上运行的飞机:

(i)使驾驶员能确定在受到太阳宇宙线辐射时采取最佳行动路线的资料。

(ii)决定下降时的程序,包括:

(A)向适当的空中交通服务单位提出预先情况警告的必要性以及获得临时下降许可的必要性;

(B)不能建立与空中交通服务单位之间的通信或者通信被中断时采取的

措施。

(38)可以接受的救援和消防服务保障水平的相关信息。

(39)运行飞行计划的内容和使用方法。

(40)合格证持有人的运行规范或者相应的摘录信息,包括批准运行的区域、批准使用的航空器类别和级别、机组组成以及批准的运行种类。

(41)遵守事故通报要求的程序。

(42)机长观察到另一架航空器或者一艘水上船只遇险或者截获遇险信号时的程序。

(43)与民用航空器拦截有关的资料与指令,包括:

(i)被拦截航空器的机长采取的程序。

(ii)拦截和被拦截航空器所用的目视信号。

(44)如适用,载运危险物品的指令与资料,包括紧急情况下采取的措施。

(45)相应的运行控制程序。

(46)遵守中国民用航空有关安保规定的程序,包括防止非法干扰、劫机、破坏行为的程序。

(b)航空器运行资料

(1)合格审定限制和运行限制。

(2)本规则第135.331条所要求的飞行机组使用的正常、非正常及应急程序、及相关检查单。

(3)全发工作时爬升性能的资料与操作指令。

(4)飞行前的飞行计划数据和飞行过程中的计划,配有不同的推力/功率和速度的设置。

(5)运行的各种型号飞机的侧风和顺风的最大分量以及考虑到阵风、低能见度、跑道道面条件、机组经历、自动驾驶仪的使用、不正常或者紧急情况,或者任何其他相关的运行因素而对这些数值的降低。

(6)计算重量和重心的指令和数据。

(7)航空器装载和固定装载的指导。

(8)本规则第135.337条要求的航空器系统、相关的控制和其使用的指导。

(9)营运的飞机型别及批准的特定运行的最低设备清单和构造偏差清单,包括与在规定有基于性能导航空域中运行相关的任何要求。

(10)应急与安全设备的检查单及其使用说明。

(11)应急撤离程序,包括特定类型的程序、机组协调、机组紧急岗位的指定以及为各机组成员指定的应急职责。

(12)客舱机组使用的正常、非正常和应急程序、相关的检查清单和必要的航空器系统资料，包括飞行和客舱机组之间进行必要协调程序的说明。

(13)不同航路的救生和应急设备及起飞前核实其能正常运作的必要程序，包括确定所需的氧气量及可用数量的程序。

(c)区域、航路和机场

(1)航路指南，以确保每次飞行的飞行机组拥有与通信设施、助航设备、机场、运行所适用的仪表进近、仪表进场和仪表离场有关的资料以及合格证持有人认为正确实施飞行运行所需的其他资料。

(2)所飞各航路的最低航路高度。

(3)可能用作计划着陆机场或者备降机场的各机场的机场运行最低标准。

(4)进近或者机场设施性能降低时机场运行最低标准的增加。

(5)确定使用平视显示仪和增强目视系统的仪表进近机场运行最低标准的说明。

(6)遵守规定所要求的全部飞行剖面的必要资料，包括但不限于确定：

(i)干、湿和污染条件下起飞跑道的长度要求。

(ii)起飞爬升限制。

(iii)航路中的爬升限制。

(iv)进近和着陆爬升限制。

(v)干、湿和污染条件下对着陆跑道长度的要求，包括系统失灵影响着陆的距离。

(vi)补充资料，例如轮胎速度限制。

(d)训练

(1)本规则第135.295条要求飞行机组训练大纲的详细内容。

(2)客舱乘务组职责训练大纲的详细内容(如适用)。

(e)遵守本规则D章其他有关要求的程序。

附件 E

直升机运行手册

1. 编制

(a)按本规则第 135. 513 条提供的运行手册可依据具体的运行分为几部分颁发,运行手册应当按下列结构编制:

(1)总则。

(2)航空器运行资料。

(3)航路、机场和起降场。

(4)训练。

2. 内容

本附件第 1 条所述的运行手册应当至少包含下列内容:

(a)总则

(1)概述与实施飞行运行相关运行人员的职责。

(2)有关疲劳管理的信息和政策,包括适用于飞行机组的飞行时间、飞行值勤期、值勤期的限制和休息期要求的有关规则。

(3)各运行类型的飞行机组,包括指挥权顺序的指定。

(4)适用时,驾驶员的航路资格审定程序。

(5)机上有乘客时加油的安全防范措施。

(6)地面服务安排与程序。

(7)装备的导航设备的清单,包括与在规定有基于性能导航空域运行相关的任何要求。

(8)确保机长了解航空器已经完成要求的适航检查、符合相关维修要求并被批准返回使用的程序。

(9)报告和记录机长在飞行前、飞行中和飞行后发现的机械不正常情况的程序。

(10)机长确认上次飞行中发现的机械不正常情况或者缺陷是否修复或者推迟修复的程序。

(11)批准的航空器维修方案。

(12)需要保持无线电监听的情况。

(13)空中交通服务许可的阐明与接受的指令,特别是在涉及越障情况时。

(14)确定最低飞行高度的方法。

(15)确定机场运行最低标准的方法。

(16)应当使用氧气的情况以及按本规则第 135. 455 条(d)款确定的氧气

量。

(17)重量与平衡控制的指令。

(18)实施和控制地面除冰和防冰作业的指令。

(19)在飞行中实行燃油检查与燃油管理的政策和程序。

(20)运行飞行计划的规范。

(21)飞行各阶段的标准操作程序。

(22)正常检查单及其使用时机的指令。

(23)离场应急程序。

(24)保持高度意识的指令。

(25)离场与进近简令。

(26)熟悉区域、航路和机场的程序。

(27)开始或者继续仪表进近所需的条件。

(28)实施精密和非精密进近程序的指令。

(29)在夜间与仪表气象条件仪表进近与着陆运行中的飞行机组职责分配和管理机组工作量的程序。

(30)运行飞行计划的内容和使用方法。

(31)合格证持有人的运行规范或者相应的摘录信息,包括批准运行的区域、批准使用的航空器类别和级别、机组组成以及批准的运行种类。

(32)遵守事故通报要求的程序。

(33)机长观察到另一架航空器或者一艘水上船只遇险或者截获遇险信号时的程序。

(34)与民用航空器拦截有关的资料与指令,包括:

(i)被拦截航空器的机长采取的程序。

(ii)拦截和被拦截航空器所用的目视信号。

(35)如适用,载运危险物品的指令与资料,包括紧急情况下采取的措施。

(36)相应的运行控制程序。

(37)遵守中国民用航空有关安保规定的程序,包括防止非法干扰、劫机、破坏行为的程序。

(b)航空器运行资料

(1)合格审定限制和运行限制。

(2)飞行机组使用的正常、非正常及应急程序、及相关检查单。

(3)飞行前的飞行计划数据和飞行过程中的计划,配有不同的推力/功率和速度的设置。

(4)计算重量和重心的指令和数据。

(5)航空器装载和固定装载的指导。

(6)航空器系统、相关的控制和其使用的指导。

(7)营运的直升机型别及批准的特定运行的最低设备清单,包括对规定有基于性能导航运行的任何相关要求。

(8)应急与安全设备的检查单及其使用说明。

(9)应急撤离程序,包括特定类型的程序、机组协调、机组应急岗位的指定以及为各机组成员指定的应急职责。

(10)不同航路的救生和应急设备及起飞前核实其能正常运作的必要程序,包括确定所需要的氧气量及可用数量的程序。

(11)供幸存者使用的地空目视信号含义代码表。

(c)航路、机场和起降场

(1)航路指南,以确保每次飞行的飞行机组拥有与通信设施、助航设备、机场、仪表进近、仪表进场和仪表离场等与运行有关的资料以及合格证持有人认为正确实施飞行运行所需的其他资料。

(2)所飞各航路的最低航路高度。

(3)可能用作计划着陆机场或者备降机场的起降场的机场运行最低标准。

(4)进近或者起降场设施性能降低时机场运行最低标准的增加。

(5)使用机场运行最低标准进行适合于使用平视显示仪和增强目视系统的仪表进近的说明。

(6)驾驶员的航路资格审定程序(如适用)。

(d)训练

飞行机组训练大纲与要求的详细内容。

(e)遵守本规则 E 章其他有关要求的程序。

附件 F

特殊运行清单

电子飞行包(EFB)
自动相关监视广播(ADS-B)
数据链通信
在缩小垂直最少间隔(RVSM)空域的运行
使用区域导航系统的 PBN 航路运行
使用区域导航系统实施公布的终端区 RNAV 和 RNP 运行
授权的所需导航性能(RNP AR)仪表进近
低能见度运行(LVO)
Ⅱ类仪表进近和着陆运行
Ⅲ类仪表进近和着陆运行
使用平视显示器(HUD)实施标准 I 类及低能见运行
延长改航时间运行(EDTO)
水上平台运行
直升机航线下降区
其它特殊运行

民用航空器驾驶员学校合格审定规则

（2022年1月4日交通运输部令2022年第5号公布　自2022年7月1日起施行　国司备字[2022005891]）

A章　总　　则

第141.1条　目的和依据

为了对民用航空器驾驶员学校进行合格审定和持续监督管理，规范民用航空器驾驶员学校训练运行，根据《中华人民共和国民用航空法》《中华人民共和国行政许可法》《国务院对确需保留的行政审批项目设定行政许可的决定》等法律、行政法规，制定本规则。

第141.3条　适用范围

(a)本规则适用于中华人民共和国境内民用航空器驾驶员学校(以下简称驾驶员学校)合格证和相关训练规范，以及中华人民共和国境外民用航空器驾驶员学校(以下简称境外驾驶员学校)认可证书的管理。

(b)驾驶员学校应当按照本规则进行合格审定，取得驾驶员学校合格证和相关训练规范，方可按照本规则进行民用航空器驾驶员训练。

(c)境外驾驶员学校应当按照本规则进行合格审定，取得境外驾驶员学校认可证书，方可按照本规则进行民用航空器驾驶员训练。

(d)本规则不适用于涉及民航管理的规章《民用航空器驾驶员合格审定规则》(以下称为CCAR-61部)规定的运动驾驶员执照、私用驾驶员执照，以及无人驾驶航空器驾驶员执照和等级的训练。

第141.5条　职责划分

(a)中国民用航空局(以下简称民航局)负责全国范围驾驶员学校和境外驾驶员学校的统一监督管理，依据本规则组织指导驾驶员学校的合格审定和持续监督，制定必要的审定工作程序，规定驾驶员学校合格证和相关训练规范、境外驾驶员学校认可证书，以及相关申请书的统一格式，颁发境外驾驶员学校认可证书。

(b)中国民用航空地区管理局(以下简称民航地区管理局)负责辖区内驾驶员学校的合格审定，颁发驾驶员学校合格证和相关训练规范，并向民航局备案。负责对辖区内驾驶员学校的运行，以及其他驾驶员学校在其辖区内设立的辅助运行基地的运行，实施持续监督检查。

(c)在本规则中,民航局、民航地区管理局统称为局方。

第 141.7 条　定义

除本规则其他章中另有规定外,本规则中某些特定用语的含义,在本规则附件 A《定义》中规定。

B 章　合格审定

第 141.11 条　申请条件

申请驾驶员学校合格证和相关训练规范,应当具备下列条件:

(a)申请实施本规则第 141.35 条(a)款规定的模块课程训练,应当符合本规则 B 章第 141.33 条关于主运行基地,以及 C 章关于人员、机场、航空器、设施、训练课程和记录的相关要求。

(b)申请实施本规则第 141.35 条(b)款规定的整体课程训练,应当符合本规则 B 章第 141.33 条关于主运行基地,以及 D 章关于人员、机场、航空器、设施、训练课程和记录的相关要求。

(c)符合涉及民航管理的规章《一般运行和飞行规则》(以下称为 CCAR-91 部)的适用要求。

(d)申请人以及申请人按照本规则 C 章或者 D 章要求配备的人员,在民航行业信用信息记录中没有民用航空器驾驶员培训相关的严重失信行为记录。

第 141.13 条　申请材料

(a)申请人申请驾驶员学校合格证、申请变更驾驶员学校合格证或者相关训练规范内容,以及申请更新驾驶员学校合格证,应当按照规定的格式和内容,向所在地的民航地区管理局提交申请书。

(b)申请人应当提交至少包括本规则附件 B《运行文件》规定内容的相应材料,并对材料的真实性负责。

第 141.15 条　申请受理

民航地区管理局收到申请后,应当在 5 个工作日内,作出受理或者不予受理的决定,并书面通知申请人。对于不予受理的,应当说明理由。

(a)对于申请材料不齐全或者不符合规定格式的,民航地区管理局应当在 5 个工作日内,一次性书面通知申请人需要补正的材料或者内容。

(b)申请人按照民航地区管理局的通知提交全部补正材料后,民航地区管理局应当受理申请。

第 141.17 条　局方审查

(a)民航地区管理局受理申请后,应当按照本规则第 141.11 条的要求,对申请人提交的申请材料进行审查,并根据本规则运行安全和训练质量要求,对申请材料的实质内容进行核实。

(b)对于申请材料的内容与本规则要求不符,或者申请人不能满足本规则运行安全和训练质量要求的,应当以书面形式通知申请人对申请材料的相关内容作出修订,或者对运行和训练缺陷进行纠正。

第 141.19 条　证件颁发

(a)民航地区管理局应当自受理申请之日起 20 个工作日内,作出合格审定的决定。

(1)对于符合本规则相应要求的申请人,应当颁发或者更新驾驶员学校合格证,批准其按照所颁发的训练规范实施训练运行。

(2)对于不符合本规则相应要求的申请人,应当作出不予许可的书面决定并说明理由,告知申请人享有依法申请行政复议或者提起行政诉讼的权利。

(b)对于 20 个工作日内不能作出决定的,经民航地区管理局负责人批准,可以延长 10 个工作日,并应当将延长期限的理由告知申请人。

(c)训练规范是驾驶员学校合格证的附件,驾驶员学校应当按照训练规范开展训练运行。

第 141.21 条　证件内容

(a)驾驶员学校合格证应当列明下列内容:

(1)驾驶员学校名称;

(2)主运行基地和地址;

(3)合格证编号和更新序号;

(4)批准的课程种类;

(5)合格证首次颁发日期;

(6)合格证更新日期;

(7)合格证期满日期;

(8)颁发合格证的行政机关名称;

(9)声明经审定,该合格证持有人符合本规则的相应要求,批准其按所颁发的训练规范实施训练运行。

(b)与驾驶员学校合格证相匹配的训练规范,应当列明下列内容:

(1)合格证持有人的名称、地址、电话和传真号码;

(2)与航空器运行相关的有关设施的地址,包括主运行基地和辅助运行基地(如适用)的地址;

(3)管理人员、飞行教员和其他指定人员,包括持有执照的类别、编号和等级;

(4)参加运行的航空器清单,列明航空器型号、国籍标志与登记标志,以及每架航空器适用的课程名称;

(5)当运行大型飞机和涡轮多发飞机时,遵守 CCAR-91 部相应条款所采取的措施;

(6)对航空器载重和平衡控制方法的批准;

(7)运行基地、训练机场和机场设备;

(8)课程等级、手册和训练记录;

(9)训练设施、教室和教学设备;

(10)转场航线;

(11)限制、豁免和偏离;

(12)受委托进行考试的驾驶员学校训练规范,应当列明受委托进行考试的课程等级、批准日期和期满日期。

第 141.23 条　证件有效性

(a)除本条(b)款规定的情况外,实施模块课程训练的驾驶员学校合格证,自颁发之日起长期有效;实施整体课程训练的驾驶员学校合格证,自颁发之日起,有效期为 24 个日历月。

(b)驾驶员学校合格证在出现下列情况之一时失效:

(1)有效期满,未按照本规则第 141.29 条实施更新;

(2)合格证的内容发生变化,未按照本规则第 141.31 条实施变更;

(3)自训练规范的内容发生变化之日起超过 30 日,未按照本规则第 141.31 条提出变更申请。

(c)训练规范是驾驶员学校合格证持有人按本规则实施训练的主要依据,仅在驾驶员学校合格证有效期内有效。

第 141.25 条　撤销和注销

(a)驾驶员学校合格证持有人不再具备安全生产条件的,局方应当撤销其驾驶员学校合格证。

(b)当出现下列情况之一时,局方应当依法办理驾驶员学校合格证的注销手续:

(1)合格证持有人依法终止的;

(2)合格证被吊销或者撤销的;

(3)法律、法规规定的应当注销行政许可的其他情形。

第 141.27 条　证件展示

(a)驾驶员学校合格证持有人，应当将合格证展示在学校内便于公众识别的醒目位置。

(b)在局方要求检查时，驾驶员学校合格证持有人应当将合格证提供检查。

(c)在合格证失效时，应当及时清除表明驾驶员学校已经局方审定合格的所有标志。

第 141.29 条　证件更新

(a)驾驶员学校合格证持有人，应当在合格证有效期内申请合格证的更新。只有通过局方全面审查，并获取新的合格证和训练规范，方可行使新合格证和训练规范所赋予的权利。

(b)合格证更新的申请、受理和审查程序，除符合本规则第 141.13 条至第 141.19 条的有关规定外，还应当符合下列要求：

(1)驾驶员学校合格证持有人至少应当在合格证到期前 30 日，提交合格证和训练规范的更新申请；

(2)当民航地区管理局认定，驾驶员学校的人员、航空器、训练设施、训练机场、训练记录和经批准的训练课程，以及当前的训练能力和质量符合本规则要求；并在合格证颁发之日至提出更新申请之日期间，驾驶员学校按照经批准的训练课程，已经完成不少于 10 人的训练，推荐参加执照和等级实践考试，且 80%以上首次考试合格，则应当为其更新合格证和训练规范。

第 141.31 条　证件变更

(a)当驾驶员学校合格证的内容发生变化时，驾驶员学校合格证持有人应当根据本规则的相关要求，至少提前 30 日向所在地民航地区管理局提出变更申请；得到批准后，方可按照新的合格证和训练规范实施相应的训练。

(b)当驾驶员学校训练规范的内容发生变化时，驾驶员学校合格证持有人应当根据本规则的相关要求，至少提前 30 日向所在地民航地区管理局提出变更申请；得到批准后，方可按照新的训练规范实施相应的训练。

(c)驾驶员学校合格证和训练规范变更的申请、受理和审查程序，应当根据变更的内容，按照本规则第 141.13 条至第 141.19 条有关规定实施。

第 141.33 条　主运行基地

(a)驾驶员学校合格证持有人，应当按照驾驶员学校合格证和训练规范的要求，建立并维持一个主运行基地。该主运行基地的通信地址，即为合格证上注明的学校地址。

(b)主运行基地内应当配备充足的设施和设备，并保存开展业务所必需的文件和记录。

(c)驾驶员学校合格证持有人,可以在其合格证上所列的主运行基地之外的基地实施训练。对于实施整体课程训练的驾驶员学校合格证持有人,应当符合下列要求:

(1)经驾驶员学校所在地的民航地区管理局检查,批准其使用该基地;

(2)在该基地使用的训练课程及其修订项目,已经得到民航地区管理局批准;

(3)如果在该基地实施训练连续超过 30 日,则应当按照辅助运行基地要求进行审定,并列入训练规范。

(d)驾驶员学校合格证持有人,如需变更主运行基地,应当按照本规则第 141.31 条要求,向民航地区管理局提交变更申请。

第 141.35 条　课程种类和课程等级

民航地区管理局在颁发驾驶员学校合格证和后续监管过程中,应当根据实际情况,在驾驶员学校训练规范中,批准下列一种或者数种课程:

(a)本规则附件 C 规定的涉及驾驶员执照或者等级训练的模块课程:

(1)私用驾驶员执照课程;

(2)仪表等级课程;

(3)商用驾驶员执照课程;

(4)航线运输驾驶员执照课程;

(5)型别等级课程;

(6)运动教员等级课程;

(7)基础教员等级课程;

(8)仪表教员等级课程;

(9)型别教员等级课程;

(10)增加航空器类别或者级别等级课程;

(11)特殊准备课程;

(12)驾驶员学校地面课程。

(b)本规则附件 D 规定的涉及驾驶员执照、等级或者资格要求训练的整体课程:

(1)仪表等级整体课程;

(2)商用驾驶员执照整体课程;

(3)航线运输驾驶员(飞机)整体课程;

(4)高性能多发飞机训练整体课程;

(5)飞机类别多人制机组驾驶员执照整体课程。

(c)本条(a)款和(b)款规定以外的其他特殊训练课程。驾驶员学校合格证申请人或者持有人,应当证明所申请的特殊训练课程,能够使参加训练的学员,在能力上达到本规则相应训练课程,或者 CCAR-61 部相应执照和等级要求的标准。

第 141.37 条　检查

驾驶员学校合格证持有人,应当接受局方为确定其是否持续符合本规则要求,而对其人员、设施、设备和记录进行的检查。

C 章　实施模块课程训练的驾驶员学校

第一节　人 员 要 求

第 141.41 条　人员配备要求

(a)驾驶员学校的人员配备,应当符合下列要求:

(1)按照本规则第 141.43 条要求,为每个经批准的训练课程,指定一名主任飞行教员;

(2)配备有充足的教学人员,包括持有执照和相应等级的飞行教员,以及相应的航空知识教学人员;

(3)当驾驶员学校使用了从事签派、航空器维修和勤务工作的人员,则应当对其进行工作程序和岗位职责训练。

(b)当指定的主任飞行教员,没有履行本规则要求的相应职责,局方可以要求驾驶员学校按照本规则进行人员变更。

第 141.43 条　主任飞行教员的要求

(a)驾驶员学校指定的主任飞行教员应当符合下列要求:

(1)持有现行有效的商用驾驶员执照或者航线运输驾驶员执照。在其执照中,应当包括与训练课程中所用航空器相对应的类别、级别和型别等级(如适用),以及现行有效的飞行教员等级。如果实施相应课程训练需要仪表等级,则其执照中还应当带有与训练课程中所用航空器相对应的仪表等级;

(2)符合 CCAR-61 部第 61.61 条与训练课程相应的机长近期飞行经历要求;

(3)具有下列方面的理论知识:

(i)CCAR-61 部、CCAR-91 部和本规则中的适用条款;

(ii)经批准的相应训练课程的目的和完成标准。

(4)符合本条(b)款、(c)款或者(d)款的适用要求。

(b)担任私用驾驶员执照课程、运动教员等级课程的主任飞行教员，应当作为持有教员等级的飞行教员，具有至少200小时的飞行教学时间。

(c)担任仪表等级课程的主任飞行教员，应当从事仪表飞行教学至少1年，并具有至少50小时的仪表飞行教学时间。

(d)除本条(b)款和(c)款外，担任其他课程的主任飞行教员，应当作为持有教员等级的飞行教员，具有至少300小时的飞行教学时间。

(e)未按本规则实施的教学时间，最多可计为上述要求飞行教学时间的50%。

第141.45条　主任飞行教员的责任

(a)主任飞行教员应当保证驾驶员学校的训练方法、程序和标准持续符合局方的要求。

(b)在实施经批准的训练课程期间，主任飞行教员应当常驻在运行基地。如因特殊原因离开运行基地，应当能通过电话、无线电或者其他通信手段与驾驶员学校保持联系。

第141.47条　主任飞行教员的更换

驾驶员学校在更换主任飞行教员时，应当符合下列要求：

(a)以书面形式报告所在地的民航地区管理局，并在原主任飞行教员停止履职之日起30日内，向局方提出变更主任飞行教员的申请。

(b)允许驾驶员学校在等待任命和批准新的主任飞行教员期间，继续实施相应课程的训练，但最多不得超过60日。

(c)如果尚未任命新的主任飞行教员的期限，超过了本条(b)款规定，驾驶员学校应当停止相应课程训练。

(d)驾驶员学校按照本条(c)款停止相应课程训练后，可以按照下列要求申请恢复训练：

(1)任命和批准了新的主任飞行教员；

(2)符合本规则第141.29条(b)款的要求；

(3)向局方递交恢复相应课程训练的申请。

第141.49条　人员的保持

除本规则第141.47条规定外，驾驶员学校配备的人员，应当持续符合经批准课程中规定的资格要求，以及本规则中的相应要求，方可为学员提供经批准课程的训练。

第141.51条　飞行人员飞行经历和教学时间限制

在驾驶员学校担任主任飞行教员或者飞行教员，必须符合下列飞行经历和教学时间限制要求：

(a)飞行经历时间限制：

(1)除经局方批准外，每日飞行时间经历不超过 10 小时；

(2)任何 7 个连续日历日内，飞行时间经历不超过 40 小时；

(3)每个日历月内，飞行时间经历不超过 120 小时；

(4)每个日历年内，飞行时间经历不超过 1400 小时。

(b)教学时间限制：

在任何连续 24 小时期间，实施飞行训练不得超过 8 小时。

(c)在任何连续 24 小时期间，飞行经历和教学时间之和不超过 10 小时。

第二节　机场、航空器和设施要求

第 141.61 条　机场

(a)驾驶员学校应当证明其从初次申请合格证之日，或者从申请更新合格证之日起，对实施飞行训练所使用的每个主要训练机场，都具有连续使用权。

(b)用于飞机训练的每一机场，应当具有至少一条跑道或者起降地带，可以允许进行训练的航空器在下列条件下，以最大审定起飞全重进行正常起飞和着陆：

(1)风速不大于 2 米/秒；

(2)温度等于飞行地带年最热月份的平均最高气温；

(3)按照制造厂家推荐的方法使用动力装置、起落架和襟翼(如适用)；

(4)无需特别的驾驶技术和方法，就能在起飞过程中从离地平稳地过渡到最佳爬升率速度。并在起飞飞行航迹中，至少有 15 米(50 英尺)的超障裕度。

(c)每个机场应当具有能从跑道两端地平面上看得见的风向指示器。

(d)在无塔台管制和无法提供航空咨询服务的机场上，应当具有起降方向指示器。

(e)具备符合课程训练要求的设施。用于夜间飞行训练的每一个机场，应当具备永久性跑道灯光设备。经局方批准，水上机场或者基地，也可以使用非永久性灯光设备或者海岸灯光设备。

第 141.63 条　航空器

驾驶员学校应当证明其用于飞行训练的每一架航空器，符合下列条件：

(a)在中华人民共和国进行国籍登记的民用航空器。

(b)具有标准适航证。民航局根据所批准的训练课程的性质，可以允许使用不具有标准适航证的航空器。

(c)每架航空器应当按照 CCAR-91 部的相应规定，进行维修和检查。

(d)用于飞行训练的航空器，应当具有至少两个驾驶员座位，并且具有发动机操纵装置和飞行操纵装置。这些操纵装置,应当位于从两个驾驶员座位处均能进行方便、正常操作的位置上。

(e)按照仪表飞行规则,进行航线飞行训练和仪表进近训练的航空器,应当按照相应要求安装必要的设备并保持其适航状态。用于参考仪表进行操纵和精确机动飞行训练的航空器,应当按照经批准的训练课程规定,安装必要的设备。

(f)在飞行训练中使用的每架航空器上,应当携带下列文件:

(1)航空器飞行手册规定的检查单;

(2)制造厂家提供的航空器操作手册,或者给每个使用该航空器的驾驶员配备的操作手册。

第 141.65 条　飞行模拟机、飞行训练器、高级航空训练设备和辅助训练装置

驾驶员学校应当证明其用于经批准的训练课程的飞行模拟机、飞行训练器、高级航空训练设备、辅助训练装置和设备符合下列要求:

(a)飞行模拟机:

(1)驾驶舱以相同尺寸模拟了特定型别航空器,或者特定厂家、型号和系列航空器;

(2)具有再现特定航空器的地面和飞行操作所必需的硬件和软件;

(3)具有运动感应系统,且所提供的动感效果,至少应当等同于一个三自由度运动系统的动感效果;

(4)具有视景系统,且至少能同时为每名驾驶员,提供 45 度的水平视场和 30 度的垂直视场;

(5)已由局方鉴定合格,并且批准使用。

(b)飞行训练器:

(1)具有开放式或者封闭式的驾驶舱,且驾驶舱中的主要仪表、设备面板和控制装置与特定航空器驾驶舱中的尺寸和设置相同;

(2)具有用于模拟航空器进行地面和飞行操作所必需的硬件和软件;

(3)可以没有运动感应系统和视景系统;

(4)已由局方鉴定合格,并且批准使用。

(c)高级航空训练设备应当经检验合格,并且符合局方规定的要求。

(d)辅助训练装置和设备:

每种辅助训练装置和设备,包括视听、网络、投影和录音设备,模型、图表或者航空器部件,都应当适用于经批准的训练课程。

第 141.67 条　讲评区域

(a)驾驶员学校应当证明其从初次申请合格证之日,或者从申请更新合格证之日起,对位于每个运行基地的讲评室,具有连续使用权,并符合下列要求:

(1)可以容纳所有正在等待参加飞行训练的学员;

(2)布置和设备配置适合实施飞行讲评;

(3)如果学校具有仪表等级课程或者商用驾驶员执照课程,讲评区域内应当有适当的通信设备,可以允许驾驶员与相应的气象服务部门和航行情报部门联系,以获取相关信息。如果与以上部门位于同一机场,并且联络方便,则可以不配备通信设备。

(b)一个讲评区域,不得同一时间被两个及以上驾驶员学校使用。

第 141.69 条　地面训练设施

驾驶员学校的地面训练设施,应当符合下列要求:

(a)用于教学的每间教室、训练室和其他空间,在取暖、照明和通风等方面,符合国家和当地政府关于建筑、卫生等方面的规定。

(b)训练设施的位置,应当保证受训人员正常训练不受干扰。

第 141.71 条　设施和设备的保持

驾驶员学校实施训练所必需的机场、航空器和设施,应当持续符合经批准的训练课程中规定的标准,以及本规则中的相应要求,方可为学员提供经批准的训练课程的训练。

第三节　训练课程要求

第 141.81 条　训练课程内容

申请批准的每个训练课程,应当符合本规则附件 C 中规定的相应课程最低地面训练和飞行训练时间要求。

第 141.83 条　训练课程批准程序的一般要求

(a)驾驶员学校应当获得民航地区管理局对其拟开设的每个训练课程的批准。训练课程批准的程序应当符合本规则第 141.31 条的规定。

(b)驾驶员学校申请批准的课程种类,应当符合本规则第 141.35 条的相应规定。

第四节　训练运行规则

第 141.91 条　飞行训练

(a)按照经批准的训练课程提供飞行训练的人员,应当是持有相应等级驾驶员执照的飞行教员,并且符合该训练课程规定的最低资格要求。

(b)学生驾驶员首次单飞,应当得到其飞行教员的批准。在其实施首次单飞时,该飞行教员应当在单飞的机场进行现场指导。

第 141.93 条　地面训练

(a)除本条(b)款规定外,在地面训练课程中担任教员的人员,应当持有带相应飞行教员等级的驾驶员执照。

(b)不符合本条(a)款要求的人员,若负责该地面训练课程的主任飞行教员,认为其能够胜任该项教学,则可以在地面训练课程中履行地面训练职责。

(c)在接受主任飞行教员对该课程的目的和标准的介绍之前,任何教员均不得在地面训练课程中实施教学。

第 141.95 条　训练质量

(a)驾驶员学校合格证持有人,应当符合下列训练质量要求:

(1)按照经批准的训练课程进行训练;

(2)在局方要求时,接受局方对其学员实施理论考试或者实践考试。

(b)驾驶员学校合格证持有人不能保证训练质量,且不再具备安全条件时,局方应当立即撤销其合格证。

第 141.97 条　限制

(a)驾驶员学校合格证持有人,应当在受训学员符合下列要求的情况下,方可推荐其申请驾驶员执照或者等级:

(1)完成了相应训练课程中规定的所有训练;

(2)飞行经历满足 CCAR-61 部有关执照和等级的要求。

(b)受训学员先前获得的驾驶员经历和航空知识,可以计入当前训练课程中的相应课目。

第五节　记　　录

第 141.101 条　记录的保存

(a)驾驶员学校合格证持有人,必须在其主运行基地或者局方批准的其他地方保存下列资料,并保证其处于随时能接受局方检查的状态:

(1)驾驶员学校的训练规范;

(2)为参加运行的每位飞行教员单独建立的记录,包括下列内容:

(i)姓名;

(ii)持有执照的类别、编号和等级;

(iii)证明飞行教员资格满足本规则相应要求的详细飞行经历记录,包括本规则要求的各种训练、考试和检查的实施时间和结果;

(iv)当前的职位和被委派的日期;

(v)持有的体检合格证等级和有效期；

(vi)飞行经历和教学时间的详细记录；

(vii)解除飞行教员职责的有关记录。

(b)驾驶员学校合格证持有人，对本条(a)款(2)项要求的记录，至少保存12个月。如果飞行教员不再参与该驾驶员学校的运行，本条(a)款(2)项要求的记录，从该飞行教员退出运行之日起，至少保存12个月。

(c)运行大型飞机和涡轮多发飞机的驾驶员学校，还应当按照CCAR-91部的相应要求进行记录保存。

(d)本条要求的记录，应当以书面或者其他局方可接受的方式进行保存。

D章　实施整体课程训练的驾驶员学校

第一节　人员要求

第141.111条　人员配备要求

(a)驾驶员学校的人员配备，应当符合下列要求：

(1)按照本规则第141.113条要求，为每个经批准的训练课程，指定一名主任飞行教员；

(2)必要时，可以按照本规则第141.115条要求，为每个经批准的训练课程，指定一名助理主任飞行教员；

(3)当驾驶员学校正在接受训练的学员到达50名时，应当按照本规则第141.117条的要求，指定至少一名检查教员，负责实施学员的阶段检查、课程结束考试和本规则要求的教员教学检查；

(4)配备有充足的教学人员，包括持有执照和相应等级的飞行教员，以及相应的航空知识教学人员；

(5)当驾驶员学校使用了从事签派、航空器维修和勤务工作的人员，则应当对其进行工作程序和岗位职责训练；

(6)本条所涉及的人员，可以在一个学校中担任两个或者两个以上的职位，但是应当符合相应职位的资格要求。

(b)当指定的主任飞行教员、助理主任飞行教员或者检查教员，没有履行本规则要求的相应职责，局方可以要求驾驶员学校立即终止其相应资格，并按照本规则进行人员变更。

第141.113条　主任飞行教员的要求

(a)驾驶员学校指定的主任飞行教员应当符合下列要求：

(1)持有现行有效的商用驾驶员执照或者航线运输驾驶员执照。在其执照中,应当包括与训练课程中所用航空器相对应的类别、级别和型别等级(如适用),以及现行有效的飞行教员等级。如果实施相应课程训练需要仪表等级,则其执照中还应当带有与训练课程中所用航空器相对应的仪表等级;

(2)符合 CCAR-61 部第 61.61 条与训练课程相应的机长近期飞行经历要求;

(3)具有下列方面的理论知识:

(i)教学法;

(ii)导航设备、机场灯光和目视助航设备,空域、空中交通管制及程序,应急程序,影响飞行安全的因素,人的因素,以及航空图表等方面的适用部分;

(iii)CCAR-61 部、CCAR-91 部和本规则中的适用条款;

(iv)经批准的相应训练课程的目的和完成标准。

(4)针对相应训练课程的飞行程序和动作,通过了飞行技能和教学能力方面的教学检查;

(5)符合本条(b)款、(c)款、(d)款、(e)款或者(f)款的适用要求。

(b)担任仪表等级整体课程的主任飞行教员,应当符合下列要求:

(1)具有至少 100 小时在实际或者模拟仪表条件下的飞行时间;

(2)具有至少 1000 小时的机长飞行时间;

(3)作为持有教员等级的飞行教员,所获得的仪表飞行教学经历,符合下列要求之一:

(i)从事仪表飞行教学至少 2 年,具有至少 250 小时的仪表飞行教学时间;

(ii)具有至少 400 小时的仪表飞行教学时间。

(c)担任商用驾驶员执照整体课程的主任飞行教员,应当符合下列要求:

(1)具有至少 2000 小时的机长飞行时间;

(2)作为持有教员等级的飞行教员,所获得的飞行教学经历,符合下列要求之一:

(i)从事飞行教学至少 3 年,具有至少 1000 小时的飞行教学时间;

(ii)具有至少 1500 小时的飞行教学时间。

(d)担任航线运输驾驶员(飞机)整体课程的主任飞行教员应当符合下列要求:

(1)具有至少 3000 小时的机长飞行时间;

(2)作为持有教员等级的飞行教员,所获得的飞行教学经历,符合下列要求之一:

(i)从事飞行教学至少 5 年,具有至少 1500 小时的飞行教学时间,其中仪表飞行教学时间至少500小时；

(ii)具有至少2500小时的飞行教学时间，其中仪表飞行教学时间至少500小时。

(e)担任高性能多发飞机训练整体课程的主任飞行教员，应当符合下列要求：

(1)具有至少3000小时的机长飞行时间；

(2)具有至少500小时的多机组成员飞行经历；

(3)作为持有教员等级的飞行教员，从事飞行教学至少1年，具有至少500小时的飞行教学时间，其中仪表飞行教学时间至少250小时。

(f)担任飞机类别多人制机组驾驶员执照整体课程的主任飞行教员，应当持有相应型别等级，以及B类或者C类型别教员等级签注，并符合相应的课程教学要求。

(g)未按本规则实施的教学时间，最多可计为上述要求飞行教学时间的50%。

第141.115条　助理主任飞行教员的要求

(a)驾驶员学校指定的助理主任飞行教员应当符合下列要求：

(1)持有现行有效的商用驾驶员执照或者航线运输驾驶员执照。在其执照中，应当包括与训练课程中所用航空器相对应的类别、级别和型别等级(如适用)，以及现行有效的飞行教员等级。如果实施相应课程训练需要仪表等级，则其执照中还应当带有与训练课程中所用航空器相对应的仪表等级；

(2)符合CCAR-61部第61.61条与训练课程相应的机长近期飞行经历要求；

(3)具有下列方面的理论知识：

(i)教学法；

(ii)导航设备、机场灯光和目视助航设备，空域、空中交通管制及程序，应急程序，影响飞行安全的因素，人的因素，以及航空图表等方面的适用部分；

(iii)CCAR-61部、CCAR-91部和本规则中的适用条款；

(iv)经批准的相应训练课程的目的和完成标准。

(4)针对相应训练课程的飞行程序和动作，通过了飞行技能和教学能力方面的教学检查；

(5)符合本条(b)款、(c)款、(d)款、(e)款或者(f)款的适用要求。

(b)担任仪表等级整体课程的助理主任飞行教员，应当符合下列要求：

(1)具有至少50小时在实际或者模拟仪表条件下的飞行时间；

(2)具有至少500小时的机长飞行时间；

(3)作为持有教员等级的飞行教员,所获得的仪表飞行教学经历,符合下列要求之一:

(i)从事仪表飞行教学至少1年,具有至少125小时的仪表飞行教学时间;

(ii)具有至少200小时的仪表飞行教学时间。

(c)担任商用驾驶员执照整体课程的助理主任飞行教员,应当符合下列要求:

(1)具有至少1000小时的机长飞行时间;

(2)作为持有教员等级的飞行教员,所获得的飞行教学经历,符合下列要求之一:

(i)从事飞行教学至少1年6个月,具有至少500小时的飞行教学时间;

(ii)具有至少750小时的飞行教学时间。

(d)担任航线运输驾驶员(飞机)整体课程的助理主任飞行教员,应当符合下列要求:

(1)具有至少1500小时的机长飞行时间;

(2)作为持有教员等级的飞行教员,所获得的飞行教学经历,符合下列要求之一:

(i)从事飞行教学至少2年6个月,具有至少750小时的飞行教学时间,其中仪表飞行教学时间至少250小时;

(ii)具有至少1250小时的飞行教学时间,其中仪表飞行教学时间至少250小时。

(e)担任高性能多发飞机训练整体课程的助理主任飞行教员,应当符合下列要求:

(1)具有至少1500小时的机长飞行时间;

(2)具有至少250小时的多机组成员飞行经历;

(3)作为持有教员等级的飞行教员,从事飞行教学至少1年,具有至少500小时的飞行教学时间,其中仪表飞行教学时间至少250小时。

(f)担任飞机类别多人制机组驾驶员执照整体课程的助理主任飞行教员,应当符合相应的课程教学要求。

(g)未按本规则实施的教学时间,最多可计为上述要求飞行教学时间的50%。

第141.117条　检查教员的要求

(a)驾驶员学校指定的检查教员应当符合下列要求:

(1)在飞行训练或者地面训练课程中实施检查和考试的检查教员应当通过主任飞行教员对其进行的考试,考试内容包括:

(i)教学法；

(ii)导航设备、机场灯光和目视助航设备，空域、空中交通管制及程序，应急程序，影响飞行安全的因素，人的因素，以及航空图表等方面的适用部分；

(iii)CCAR-61部、CCAR-91部和本规则中的适用条款；

(iv)经批准的相应训练课程的目的和完成标准。

(2)在飞行训练课程中实施检查和考试的检查教员，应当符合下列要求：

(i)符合本条(a)款(1)项的要求；

(ii)持有现行有效的商用驾驶员执照或者航线运输驾驶员执照。在其执照中，应当包括与训练课程中所用航空器相对应的类别、级别和型别等级(如适用)，以及现行有效的飞行教员等级。如果实施相应课程训练需要仪表等级，则其执照中还应当带有与训练课程中所用航空器相对应的仪表等级；

(iii)符合CCAR-61部第61.61条与训练课程相应的机长近期飞行经历要求；

(iv)针对相应课程的飞行程序和动作，通过了由主任飞行教员或者助理主任飞行教员实施的教学检查。

(b)检查教员除符合本条(a)款要求外，还应当由主任飞行教员以书面形式，指定其进行学员阶段检查、课程结束考试和教员教学检查。

(c)有下列情形之一的，检查教员不得实施阶段检查和课程结束考试：

(1)检查教员是该学员的主要教员；

(2)该学员是检查教员推荐参加阶段检查或者课程结束考试的。

第141.119条　主任飞行教员的责任

(a)主任飞行教员应当履行下列责任：

(1)审定学员的训练记录、结业证书，阶段检查与课程结束考试的报告，以及课程结束后的推荐和申请。主任飞行教员可以指派助理主任飞行教员，或者其他推荐的教员来完成此项职责；

(2)保证所有飞行教员等级持有人和航空知识教学人员，在经批准的训练课程中担任教学任务之前，通过了初始教学检查。并且，在通过该次检查的月份之后，每12个日历月通过一次教学检查；

(3)对于注册经批准的训练课程的学员，保证其按要求完成了阶段检查和课程结束考试；

(4)保证驾驶员学校的训练方法、程序和标准，持续符合局方的要求。

(b)在实施经批准的训练课程期间，主任飞行教员或者助理主任飞行教员，应当常驻运行基地。如因特殊原因离开运行基地，应当能通过电话、无线电或者其他通信手段与驾驶员学校保持联系。

（1）主任飞行教员离开运行基地连续超过7天，需告知局方；

（2）主任飞行教员离开运行基地连续超过14天以上，除经局方批准外，学校应当暂停相应训练课程，直至主任飞行教员返回运行基地。

（c）主任飞行教员可以委派助理主任飞行教员或者检查教员，实施阶段检查、课程结束考试和飞行教员教学检查。

第141.121条　主任飞行教员的更换

驾驶员学校在更换主任飞行教员期间，应当符合下列要求：

（a）指定一名助理主任飞行教员，行使主任飞行教员职责。

（b）以书面形式报告所在地的民航地区管理局，并在原主任飞行教员停止履职之日起30日内，向局方提出变更主任飞行教员的申请。

（c）允许驾驶员学校在等待任命和批准新的主任飞行教员期间，继续实施相应课程的训练，但最多不得超过60日。

（d）在本条（b）款所述的期限内，阶段检查和课程结束考试，应当由下列人员之一实施：

（1）该训练课程的助理主任飞行教员；

（2）该训练课程的检查教员；

（3）飞行考试员。

（e）如果尚未任命新的主任飞行教员的期限，超过了本条（c）款规定，驾驶员学校应当停止相应课程训练。

（f）驾驶员学校按照本条（e）款停止相应课程训练后，可以按照下列要求申请恢复训练：

（1）任命和批准了新的主任飞行教员；

（2）符合本规则第141.29条（b）款的要求；

（3）向局方递交恢复相应课程训练的申请。

第141.123条　人员的保持

除本规则第141.121条规定外，驾驶员学校配备的人员，应当持续符合经批准课程中规定的资格要求，以及本规则中的相应要求，方可为学员提供经批准课程的训练。

第141.125条　飞行人员飞行经历和教学时间限制

在驾驶员学校担任主任飞行教员、助理主任飞行教员、检查教员或者飞行教员，必须符合下列飞行经历和教学时间限制要求：

（a）飞行经历时间限制：

（1）除经局方批准外，每日飞行时间经历不超过10小时；

（2）任何7个连续日历日内，飞行时间经历不超过40小时；

(3)每个日历月内，飞行时间经历不超过 120 小时；

(4)每个日历年内，飞行时间经历不超过 1400 小时。

(b)教学时间限制：

在任何连续 24 小时期间，实施飞行训练、阶段检查、课程结束考试或者教学检查不得超过 8 小时。

(c)在任何连续 24 小时期间，飞行经历和教学时间之和不超过 8 小时。

第二节　机场、航空器和设施要求

第 141.131 条　机场

(a)驾驶员学校应当证明其从初次申请合格证之日，或者从申请更新合格证之日起，对实施飞行训练所使用的每个主要训练机场，都具有连续使用权。

(b)用于飞机训练的每一机场，应当具有至少一条跑道或者起降地带，可以允许进行训练的航空器在下列条件下，以最大审定起飞全重进行正常起飞和着陆：

(1)风速不大于 2 米/秒；

(2)温度等于飞行地带年最热月份的平均最高气温；

(3)按照制造厂家推荐的方法使用动力装置、起落架和襟翼(如适用)；

(4)无需特别的驾驶技术和方法，就能在起飞过程中从离地平稳地过渡到最佳爬升率速度。并在起飞飞行航迹中，至少有 15 米(50 英尺)的超障裕度。

(c)每个机场应当具有能从跑道两端地平面上看得见的风向指示器。

(d)在无塔台管制和无法提供航空咨询服务的机场上，应当具有起降方向指示器。

(e)具备符合课程训练要求的设施。用于夜间飞行训练的每一个机场，应当具备永久性跑道灯光设备。经局方批准，水上机场或者基地，也可以使用非永久性灯光设备或者海岸灯光设备。

第 141.133 条　航空器

驾驶员学校应当证明其用于飞行训练的每一架航空器，符合下列条件：

(a)在中华人民共和国进行国籍登记的民用航空器。

(b)具有标准适航证。民航局根据所批准的训练课程的性质，可以允许使用不具有标准适航证的航空器。

(c)每架航空器应当按照 CCAR-91 部的相应规定，进行维修和检查。

(d)用于飞行训练的航空器，应当具有至少两个驾驶员座位，并且具有发动机操纵装置和飞行操纵装置。这些操纵装置，应当位于从两个驾驶员座位处均能进行方便、正常操作的位置上。

(e)按照仪表飞行规则,进行航线飞行训练和仪表进近训练的航空器,应当按照相应要求安装必要的设备并保持其适航状态。用于参考仪表进行操纵和精确机动飞行训练的航空器,应当按照经批准的训练课程规定,安装必要的设备。

(f)在飞行训练中使用的每架航空器上,应当携带下列文件:

(1)航空器飞行手册规定的检查单;

(2)制造厂家提供的航空器操作手册,或者给每个使用该航空器的驾驶员配备的操作手册。

第 141.135 条　飞行模拟机、飞行训练器、高级航空训练设备和辅助训练装置

驾驶员学校应当证明其用于经批准的训练课程的飞行模拟机、飞行训练器、高级航空训练设备、辅助训练装置和设备符合下列要求:

(a)飞行模拟机:

(1)驾驶舱以相同尺寸模拟了特定型别航空器,或者特定厂家、型号和系列航空器;

(2)具有再现特定航空器的地面和飞行操作所必需的硬件和软件;

(3)具有运动感应系统,且所提供的动感效果,至少应当等同于一个三自由度运动系统的动感效果;

(4)具有视景系统,且至少能同时为每名驾驶员,提供 45 度的水平视场和 30 度的垂直视场;

(5)已由局方鉴定合格,并且批准使用。

(b)飞行训练器:

(1)具有开放式或者封闭式的驾驶舱,且驾驶舱中的主要仪表、设备面板和控制装置与特定航空器驾驶舱中的尺寸和设置相同;

(2)具有用于模拟航空器进行地面和飞行操作所必需的硬件和软件;

(3)可以没有运动感应系统和视景系统;

(4)已由局方鉴定合格,并且批准使用。

(c)高级航空训练设备应当经检验合格,并且符合局方规定的要求。

(d)辅助训练装置和设备:

每种辅助训练装置和设备,包括视听、网络、投影和录音设备,模型、图表或者航空器部件,都应当适用于经批准的训练课程。

第 141.137 条　讲评区域

(a)驾驶员学校应当证明其从初次申请合格证之日,或者从申请更新合格证之日起,对位于每个运行基地的讲评室,具有连续使用权,并符合下列要求:

（1）可以容纳所有正在等待参加飞行训练的学员；

（2）布置和设备配置适合实施飞行讲评；

（3）如果学校具有仪表等级课程或者商用驾驶员执照课程，讲评区域内应当有适当的通信设备，可以允许驾驶员与相应的气象服务部门和航行情报部门联系，以获取相关信息。如果与以上部门位于同一机场，并且联络方便，则可以不配备通信设备。

（b）一个讲评区域，不得同一时间被两个及以上驾驶员学校使用。

第 141.139 条　地面训练设施

驾驶员学校的地面训练设施，应当符合下列要求：

（a）用于教学的每间教室、训练室和其他空间，在取暖、照明和通风等方面，符合国家和当地政府关于建筑、卫生等方面的规定。

（b）训练设施的位置，应当保证受训人员正常训练不受干扰。

第 141.141 条　设施和设备的保持

驾驶员学校实施训练所必需的机场、航空器和设施，应当持续符合经批准的训练课程中规定的标准，以及本规则中的相应要求，方可为学员提供经批准的训练课程的训练。

第三节　训练课程要求

第 141.151 条　训练课程内容

（a）申请批准的每个训练课程，应当符合本规则附件 D 中规定的相应课程最低课目要求。

（b）除本条（d）款和（e）款规定外，申请批准的每个训练课程，应当符合本规则附件 D 中相应课程规定的最低地面训练和飞行训练时间要求。

（c）申请批准的每个训练课程，应当包含下列内容：

（1）对用于地面训练的每间教室的说明，包括教室大小和能够容纳的学员的最大数量；

（2）对用于地面训练的视听、网络、投影和录音设备，模型、航空器部件和其他特殊辅助训练装置的说明；

（3）对训练中所用的飞行模拟机、飞行训练器和高级航空训练设备的说明；

（4）一份主要训练机场的清单和对所用设施的说明，包括对每个机场上供学员和工作人员使用的飞行讲评区域情况的说明；

（5）对所用航空器型号的说明，包括对每一教学阶段所用的特殊设备的说明；

(6)从事地面训练和飞行训练的教员的最低资格和等级；

(7)一份包括下列内容的训练提纲：

(i)注册该训练课程学习的进入条件，包括驾驶员执照和等级、训练、飞行经历和航空知识方面的要求；

(ii)对每一课的详细说明，包括该课的目的、标准和完成该课需要的时间；

(iii)学员在本课程的学习中，应当完成的教学内容；

(iv)每个训练阶段的预期目标和标准；

(v)用于衡量学员每一阶段训练成绩的考试和检查的说明。

(d)符合下列条件，驾驶员学校可以申请获得不超过24个日历月的，任一整体课程的初始批准，而不需要满足该整体课程最低地面训练时间和飞行训练时间要求：

(1)持有按本规则颁发的具有整体课程训练资质的驾驶员学校合格证，并在提出申请月份之前，已通过驾驶员学校合格证首次更新至少连续24个日历月；

(2)除本条(c)款要求的信息外，训练课程明确了该整体课程计划的地面训练和飞行训练时间要求；

(3)没有被委托进行该训练课程的考试；

(4)实践考试和理论考试，由非该驾驶员学校雇员的考试员实施。

(e)符合下列条件，持有合格证的驾驶员学校可以申请并获得不超过24个日历月的任一整体课程的最终批准，而不需要满足该整体课程的最低地面训练时间和飞行训练时间要求：

(1)驾驶员学校获得该整体课程的初始批准已至少有24个日历月；

(2)驾驶员学校应当：

(i)在前24个日历月内，已经使用该课程完成不少于10人的训练并推荐这些学员参加驾驶员执照或者等级的实践考试；

(ii)在实践考试中，上述学员中至少80%以上应当首次考试合格。并且考试是由非该驾驶员学校雇员的考试员实施的。

(3)除本条(c)款要求的信息外，训练课程明确了该课程计划的地面训练和飞行训练时间要求；

(4)驾驶员学校没有被委托进行该训练课程的考试。

第141.153条　训练课程批准程序的一般要求

(a)驾驶员学校应当获得民航地区管理局对其拟开设的每个训练课程的批准。训练课程批准的程序应当符合本规则第141.31条的规定。

(b)驾驶员学校申请批准的课程种类，应当符合本规则第141.35条的相应规定。

第四节　训练运行规则

第 141.161 条　飞行训练

(a)按照经批准的训练课程提供飞行训练的人员,应当是持有合适等级驾驶员执照的飞行教员,并且符合该训练课程规定的最低资格要求。

(b)学生驾驶员首次单飞,应当得到其飞行教员的批准。在其实施首次单飞时,该飞行教员应当在单飞的机场进行现场指导。

(c)经指派负责某一训练课程的主任飞行教员和助理主任飞行教员,在每 12 个日历月内,应当完成至少 1 次经批准的由地面训练内容、飞行训练内容组成的训练提纲的训练,或者完成经批准的飞行教员更新课程的训练。

(d)在飞行训练课程中担任教员的飞行教员等级持有人,应当根据驾驶员学校主任飞行教员、助理主任飞行教员或者检查教员的安排,完成下列项目并通过检查:

(1)在得到实施飞行训练课程教学的批准之前,符合下列要求:

(i)完成了相应训练课程的复习,并接受了关于课程目的和完成标准的介绍;

(ii)针对相应训练课程,在拟担任飞行教员的每一型号航空器上,完成了初始教学检查。

(2)在完成本条(d)款(1)项(ii)目的初始教学检查后,每 12 个日历月还应当在担任飞行教员的一种航空器上,完成一次教学检查。

第 141.163 条　地面训练

(a)除本条(b)款规定外,在地面训练课程中担任教员的人员,应当持有相应飞行教员等级的驾驶员执照。

(b)不符合本条(a)款要求的人员,若负责该地面训练课程的主任飞行教员,认为其能够胜任该项教学,则可以在地面训练课程中履行地面训练职责。

(c)在接受主任飞行教员、助理主任飞行教员或者检查教员,对课程目的和完成标准的介绍之前,任何教员均不得在地面训练课程中实施教学。

第 141.165 条　训练质量

(a)驾驶员学校合格证持有人,应当符合下列训练质量要求:

(1)按照经批准的训练课程进行训练;

(2)在局方要求时,应当接受局方对其学员实施理论考试、实践考试、阶段检查或者课程结束考试:

(i)由局方实施理论考试或者实践考试时,如果学员已经完成了相应训练课程,则根据局方批准的操作范围实施考试;

(ii)由局方实施阶段检查或者课程结束考试时,如果学员尚未完成相应训练课程,则根据经批准的训练课程中规定的标准进行检查或者考试。

(3)建立适用于经批准的训练课程的质量管理系统;

(4)根据训练需求,建立适用于训练规模的安全管理系统。

(b)驾驶员学校合格证持有人不能保证训练质量,且不再具备安全条件时,局方应当立即撤销其合格证。

第141.167条　辅助运行基地

(a)驾驶员学校在符合下列条件时,可以申请辅助运行基地,并在该基地实施经批准的训练课程的地面训练或者飞行训练:

(1)所使用的机场、设施和人员,应当符合本章要求和经批准的训练课程要求;

(2)指定一名助理主任飞行教员,并且常驻该运行基地。如因特殊原因离开运行基地,应当能通过电话、无线电或者其他通信手段,与驾驶员学校保持联系。

(b)助理主任飞行教员离开辅助运行基地连续超过7天,需告知局方;连续超过14天以上,除主任飞行教员亲自,或者指派另一助理主任飞行教员履行相应职责外,应当暂停该基地相应训练课程,直至该助理主任飞行教员返回。

(c)教员应当在主任飞行教员或者助理主任飞行教员的直接管理下工作,并根据本规则第141.119条(b)款规定可以得到主任飞行教员或者助理主任飞行教员的帮助。

(d)驾驶员学校合格证持有人,如需变更辅助运行基地,应当按照本规则第141.31条要求,向合格证持有人所在地的民航地区管理局提交变更申请。

第141.169条　学员注册

(a)学员注册经批准的训练课程时,驾驶员学校合格证持有人应当向其提供下列文件和材料:

(1)注册证,内容包括学员所注册的训练课程名称和注册日期;

(2)学员训练提纲副本;

(3)由学校编写的、包括设施使用和航空器操作在内的安全程序与措施副本,主要内容包括:

(i)学校要求的带飞和单飞最低天气标准;

(ii)航空器在停机坪上的起动和滑行程序;

(iii)防火措施和灭火程序;

(iv)在机场内和机场外未按计划着陆后的再次放行程序;

(v)航空器故障填写和批准重新投入使用的确定方式;

(vi)航空器停放时的安全保护;

(vii)本场飞行和转场飞行所需燃油量;

(viii)空中和地面避免与其他航空器相撞的措施;

(ix)最低高度限制和模拟应急着陆规定;

(x)指定训练空域的规定与使用方法。

(b)航线运输驾驶员(飞机)整体课程学员,还需由所在驾驶员学校向局方注册。

(c)驾驶员学校合格证持有人,应当按月份建立并保存每一训练课程注册人员清单。

第141.171条　限制

(a)在符合下列要求时,驾驶员学校合格证持有人,方可为受训学员颁发结业证书或者推荐其申请驾驶员执照或者等级:

(1)完成了经批准的训练课程规定的所有训练;

(2)通过了课程要求的所有考试。

(b)除本条(c)款规定的情况外,从驾驶员学校结业的学员,应当完成该课程中所有课目的训练。

(c)如果符合下列要求,受训学员先前获得的驾驶员经历和航空知识,可以计入当前训练课程:

(1)当前课程为仪表等级整体课程和商用驾驶员执照整体课程时:

(i)如果先前的经历和航空知识是在按照本规则批准的整体课程中获得的,接收该学员的驾驶员学校,可以根据对其进行教学检查、理论考试的情况,承认其先前经历和知识的50%,但不得超过当前整个训练课程包含课时的50%;

(ii)如果先前的经历和航空知识是在非按照本规则批准的整体课程中获得的,接收该学员的驾驶员学校,可以根据对其进行教学检查、理论考试的情况,承认其先前经历和知识的25%,但不得超过当前整个训练课程包含的课时的25%。

(2)当前课程为航线运输驾驶员(飞机)整体课程时:

(i)对于未取得任何执照的学员,不承认其先前的经历和知识;

(ii)对于已取得私用驾驶员执照(或者以上)的学员,接收该学员的驾驶员学校,可以根据对其进行教学检查、理论考试的情况,经局方批准后,承认其先前的部分飞行经历。

(3)当前课程为高性能多发飞机训练整体课程时,不承认其先前高性能多发飞机课程的经历和知识。

(4)按照本条(c)款(1)项、(2)项的规定进行认可时,先前提供训练的机构应当以书面方式或者民航局规定的其他方式提供证明材料,对其所提供的训练种类、训练量、阶段检查和课程结束考试的成绩作出证明。

第 141.173 条　结业证书

(a)驾驶员学校合格证持有人,应当向完成经批准的训练课程的每一学员颁发结业证书。

(b)结业证书应当在学员完成课程训练时颁发,并至少应当包括下列内容:

(1)驾驶员学校名称和合格证编号;

(2)接受结业证书的学员姓名和结业证书编号;

(3)训练课程名称;

(4)注册日期、结业日期;

(5)声明该学员已完成经批准的训练课程的每一阶段训练,考试成绩合格;

(6)声明该学员完成了该训练课程中要求的转场飞行训练;

(7)如实施飞机类别商用驾驶员执照训练,声明该学员完成了该训练课程中要求的特殊机动飞行训练;

(8)由负责该训练课程的主任飞行教员对所列内容的签字证明。

第五节　记　　录

第 141.181 条　训练记录

(a)驾驶员学校合格证持有人,应当为注册于经批准的训练课程的学员,建立并保持及时准确的训练记录,包括下列内容:

(1)学员注册日期;

(2)按时间顺序或者按课程大纲顺序,记录接受训练的课目和飞行操作动作,以及所参加考试的名称和成绩;

(3)结业、中止训练或者转校的日期。

(b)要求在学员飞行经历记录本中保持的记录,不能完全替代本条(a)款要求的记录。

(c)当学员结业、中止训练或者转校时,该学员的记录应当由负责该课程的主任飞行教员签字证明。

(d)驾驶员学校合格证持有人,应当从下列日期开始,保存本条要求的每个学员的记录至少 5 年:

(1)记录中所记录的该课程的结业日期;

(2)记录中所记录的中止该课程的日期;

(3)转校日期。

(e)驾驶员学校合格证持有人,应当在学员提出要求时向学员提供其训练记录的复印件。

(f)符合局方规定的计算机记录系统,可以用于符合本条(a)款要求的训练记录。

第 141.183 条　记录的保存

(a)驾驶员学校合格证持有人,必须在其主运行基地或者局方批准的其他地方保存下列资料,并保证其处于随时能接受局方检查的状态:

(1)驾驶员学校的训练规范;

(2)为参加运行的每位飞行教员单独建立的记录,包括下列内容:

(i)姓名;

(ii)持有执照的类别、编号和等级;

(iii)证明飞行教员资格满足本规则相应要求的详细飞行经历记录,包括本规则要求的各种训练、考试和检查的实施时间和结果;

(iv)当前的职位和被委派的日期;

(v)持有的体检合格证等级和有效期;

(vi)飞行经历和教学时间的详细记录;

(vii)解除飞行教员职责的有关记录。

(b)驾驶员学校合格证持有人,必须将本条(a)款(2)项要求的记录,至少保存 12 个月。如果使用的飞行教员不再参与该驾驶员学校的运行,本条(a)款(2)项要求的记录从该飞行教员退出运行之日起,至少保存 12 个月。

(c)运行大型飞机和涡轮多发飞机的驾驶员学校,还应当按照 CCAR-91 部的相应要求进行记录保存。

(d)本条要求的记录,应当以书面或者其他局方可接受的方式进行保存。

第六节　委托考试

第 141.191 条　受委托进行考试的资格要求

民航地区管理局可以委托符合下列要求的驾驶员学校合格证持有人进行相应考试:

(a)持有按照本规则颁发的驾驶员学校合格证和相应的整体课程等级,并已通过驾驶员学校合格证首次更新。

(b)在获取受委托考试资格当月之前,作为驾驶员学校合格证持有人,已连续持有拟获取受委托考试资格的整体课程等级达 24 个日历月以上；

（c）拟受委托考试的整体课程，应当经过批准，并符合本规则相应最低地面和飞行训练时间要求；

（d）在受委托进行考试之日前的 24 个日历月内，该学校已经符合了下列要求：

（1）针对拟受委托考试的整体课程，训练了 50 名以上的学员，并已全部推荐参加驾驶员执照或者等级的考试；

（2）在完成相应的整体课程训练的驾驶员执照或者等级实践考试中，有 90%以上的学员首次考试合格。并且这些考试应当由非该学校雇员的考试员实施。

第 141.193 条　权利

驾驶员学校可以推荐完成该校受委托进行考试的整体课程的学员，向局方申请获取驾驶员执照和相应等级。上述学员无需参加民航地区管理局为颁发执照和等级组织的理论考试或者实践考试。

第 141.195 条　限制和报告

驾驶员学校在行使本规则第 141.193 条赋予的权利时，应当符合下列要求：

（a）所推荐的学员为受委托进行考试的整体课程结业学员。

（b）所推荐的学员完成了经批准的整体课程所有训练，并通过了驾驶员学校组织的课程结束考试。对于从按本规则批准的其他学校转入该校的学员，如果符合下列要求，可以认为其完成了接收学校经批准的整体课程中的所有课目：

（1）在原学校接受训练的课程，必须是按照本规则获得批准的整体课程；

（2）在原学校所接受的整体课程训练时间，可以计入接收学校相应的整体课程所要求的训练时间，但最多不能超过接收学校当前整体课程总训练时间的 50%；

（3）完成了由接收学校实施的航空知识考试和教学检查，并确定可承认的该学员的驾驶员经历和航空知识水平；

（4）接收学校根据本条（b）款（2）项要求，确定的驾驶员经历和航空知识水平，应当记录在该学员的训练记录中；

（5）接收学校保存有该学员在前一个受训学校所接受训练的记录。

（c）受委托进行考试的驾驶员学校所实施的考试，应当得到局方批准，并且在范围、深度和难度上，至少与按照 CCAR-61 部进行的相应理论考试或者实践考试相当。

（d）在下列情况下，受委托进行考试的驾驶员学校不得实施理论考试和实践考试：

(1)发现考试内容已经泄露；

(2)得到了局方认为其考试存在泄密情况的通知。

第 141.197 条　受委托进行考试的有效期

(a)除本条(b)款的规定外，受委托进行考试的有效期，从颁发之日起，至第 24 个日历月的最后一天有效期满。

(b)受委托进行考试在出现下列情形之一时失效：

(1)驾驶员学校合格证持有人自愿放弃不再进行考试；

(2)民航地区管理局终止委托其进行考试；

(3)有效期满且未再次获得委托资格；

(4)驾驶员学校合格证失效。

E 章　对境外驾驶员学校的特别规定

第 141.211 条　适用范围

(a)本章适用于为中国航空运营人进行驾驶员执照和等级训练的境外驾驶员学校。

(b)境外驾驶员学校应当按照本章规定，取得境外驾驶员学校认可证书或者等效证明。

(c)在持有认可证书或者等效证明的境外驾驶员学校进行飞行训练的中国学员，按经批准的训练大纲完成训练，并取得驾驶员学校所在国颁发的执照和等级后，可以按照 CCAR-61 部第 61.93 条(d)款的规定，申请换发相应的驾驶员执照和等级。

第 141.213 条　境外驾驶员学校应当符合的条件

(a)所在国为《国际民用航空公约》缔约国。

(b)具有所在国民航当局颁发的航空运行合格证(AOC)或者等效批准书。

第 141.215 条　境外驾驶员学校的合格审定和持续监督

境外驾驶员学校的合格审定和持续监督，参照本规则 A 章、B 章和 D 章的相关要求实施。

F 章　法律责任

第 141.221 条　一般规定

违反本规则规定，《中华人民共和国民用航空法》《中华人民共和国安全生产法》《中华人民共和国飞行基本规则》等有关法律、行政法规对其处罚有明确规定的，从其规定。

第 141.223 条　未取得证件的处罚

违反本规则规定，未取得相应的驾驶员学校合格证和训练规范，擅自从事驾驶员训练活动，或者合格证失效后仍从事驾驶员训练活动的，由局方责令其停止违法活动，处 3 万元以下的罚款。

第 141.225 条　超出批准范围进行训练的处罚

驾驶员学校违反本规则规定，超出批准的训练课程实施训练的，由局方责令其停止违法活动，处 3 万元以下的罚款。

第 141.227 条　提供虚假信息的处罚

申请人在申请材料中隐瞒有关情况或者提供虚假信息的，局方不予受理或者不予许可，并给予警告；自该行为发现之日起 1 年内，申请人不得申请本规则规定的合格证和训练规范。

第 141.229 条　欺骗、贿赂取得许可的处罚

申请人以欺骗、贿赂等不正当手段取得驾驶员学校合格证和训练规范的，由局方撤销相应的驾驶员学校合格证和训练规范，处警告或者 1 万元以下的罚款；情节严重的，处 1 万元以上 3 万元以下的罚款。申请人在 3 年内不得再次申请本规则规定的驾驶员学校合格证和训练规范。

第 141.231 条　违章责任之一

(a)驾驶员学校合格证持有人有下列行为之一的，由局方责令其限期改正，处警告或者 1 万元以下的罚款；情节严重的，处 1 万元以上 3 万元以下的罚款：

(1)违反本规则第 141.63 条(f)款或者第 141.133 条(f)款规定，使用未携带规定文件的航空器的；

(2)违反本规则者第 141.67 条(b)款或者第 141.137 条(b)款规定，两个及以上驾驶员学校同时使用一个讲评区域的；

(3)违反本规则第 141.101 条、第 141.181 条或者第 141.183 条规定，未按照要求进行相关记录或者未按照要求保存相关记录的。

(b)驾驶员学校合格证持有人有本规则第 141.221 条、第 141.223 条、第 141.225 条、本条(a)款(1)项或者(3)项中所列行为之一的，所完成的训练经历和记录，局方不予承认。

第 141.233 条　违章责任之二

(a)驾驶员学校合格证持有人有下列行为之一的，由局方责令其限期改正，处警告或者 2 万元以下的罚款；情节严重的，处 2 万元以上 3 万元以下的罚款：

（1）违反本规则第141.27条规定，未将合格证展示在学校内便于公众识别的醒目位置；在局方要求检查时，未将合格证提供检查；或者在合格证失效时，未及时清除表明驾驶员学校已经局方审定合格的所有标志的；

（2）违反本规则第141.41条、第141.43条、第141.49条、第141.111条、第141.113条、第141.115条、第141.117条或者第141.123条规定，人员配备不符合要求或者使用不合格人员担任主任飞行教员、助理主任飞行教员或者检查教员的；

（3）违反本规则第141.61条或者第141.131条规定，使用不符合要求的机场实施训练的；

（4）违反本规则第141.63条、第141.67条、第141.69条、第141.71条、第141.133条、第141.137条、第141.139条或者第141.141条规定，使用不符合规定要求的航空器或者设施实施训练的；但是本规则第141.229条（a）款规定的除外；

（5）违反本规则第141.65条或者第141.135条规定，使用未经鉴定合格的和未经批准的飞行模拟机、飞行训练器或者高级航空训练设备实施训练的；

（6）违反本规则第141.195条（a）款或者（b）款规定，推荐未完成该校被委托进行考试的训练课程的学员申请有关执照和相应等级的；

（7）违反本规则第141.195条（d）款规定，在不得实施考试的情形下实施考试的；

（8）违反本规则第141.171条规定，为不合格的学员颁发结业证书的；

（9）违反本规则第141.95条或者第141.165条规定，不能保证训练质量的；

（10）违反本规则第141.45条（b）款规定，主任飞行教员不常驻运行基地的；

（11）违反本规则第141.119条（b）款或者第141.167条（b）款规定，主任飞行教员或者助理主任飞行教员不常驻运行基地，继续实施相应课程训练的。

（b）驾驶员学校合格证持有人有本条（a）款（2）项、（3）项、（4）项、（5）项、（9）项、（10）项或者（11）项中所列行为之一的，所完成的训练经历和记录，局方不予承认；有本条（a）款（6）项或者（7）项所列行为之一的，所进行的推荐和考试，局方不予承认；有本条（a）款（8）项规定的行为的，所发的结业证书，局方不予承认。

（c）驾驶员学校合格证持有人有本条（a）款（6）项或者（7）项所列行为之一的，取消其受委托进行考试的资格。

第 141.235 条　人员责任

驾驶员学校合格证持有人雇用的飞行教员和航空知识教学人员，未按相关合格证持有人的运行文件履行职责，或者违反本规则第 141.45 条、第 141.51 条、第 141.119 条或者第 141.125 条规定的，局方可以对其处警告或者 500 元以上 1000 元以下的罚款。

第 141.237 条　信用管理

驾驶员学校合格证申请人或者持有人有下列行为之一的，依法记入民航行业严重失信行为信用记录：

(1)拒绝接受或者拒不配合民航行政机关依法开展的监督检查的；

(2)拒不执行局方限期改正要求的；

(3)在驾驶员学校合格证或者训练规范的申请、修改中，有欺骗、伪造、非法更改或者故意提交虚假材料等行为的；

(4)因故意行为导致驾驶员学校合格证或者训练规范被撤销的。

G 章　附　　则

第 141.241 条　施行日期

(a)本规则自 2022 年 7 月 1 日起施行。

(b)本规则施行前，已持有按照 CCAR-91 部颁发的，具有训练飞行运行种类的商业非运输航空运营人运行合格证，须在 2023 年 12 月 31 日前，完成按照本规则规定的相应驾驶员学校合格证换发。

(c)本规则施行前，已持有驾驶员学校合格证、境外驾驶员学校认可证书或者等效证明的驾驶员学校，所持证书继续有效，直至按规定更新驾驶员学校合格证、境外驾驶员学校认可证书或者等效证明之日。

(d)自本规则施行之日起，交通运输部于 2016 年 12 月 16 日以交通运输部令 2016 年第 86 号公布、2018 年 11 月 16 日以交通运输部令 2018 年第 38 号修改的《民用航空器驾驶员学校合格审定规则》同时废止。

附件 A

定 义

本规则中使用的术语定义如下:

(a)驾驶员学校合格证,是指批准驾驶员学校从事特定民用航空器驾驶员训练的行政许可证件。

(b)境外驾驶员学校认可证书,是指认可境外驾驶员学校从事特定民用航空器驾驶员训练的行政许可证件。

(c)训练规范,是指驾驶员学校应当遵守的,与行使相应驾驶员学校合格证权利相关的批准、条件和限制等规范。

(d)模块课程,是指经批准的驾驶员学校按照本规则 C 章要求实施的涉及驾驶员执照或者等级训练的课程。该课程仅包含 CCAR-61 部规定的相应驾驶员执照或者等级的航空知识和飞行技能训练的要求。

除私用驾驶员执照课程外,完成模块课程训练的驾驶员执照或者等级申请人,满足 CCAR-61 部规定的相应驾驶员执照或者等级的飞行经历要求,方可申请相应驾驶员执照或者等级。

(e)整体课程,是指经批准的驾驶员学校按照本规则 D 章要求实施的涉及驾驶员执照、等级或者资格要求训练的课程。该课程包含相应驾驶员执照、等级或者资格要求的航空知识和飞行技能训练,以及训练时间的要求。

(f)主运行基地,是指驾驶员学校为满足飞行训练和地面教学需要,按照本规则有关要求设立的主要运行基地。该基地是局方对驾驶员学校运行实施批准、监管,以及驾驶员学校对自身飞行训练质量、安全和规章符合性进行有效控制的主要场所。

(g)辅助运行基地,是指在驾驶员学校主运行基地以外,具有符合本规则要求的机场、设施和常驻人员,实施经批准的训练课程的地面训练和飞行训练的场所。该基地应当为驾驶员学校连续使用超过 30 日的非临时性运行基地。

(h)连续使用权,是指至少 6 个日历月的所有权或者按照书面协议的规定,至少 6 个日历月的使用权。

(i)复杂飞机,是指具有可收放起落架、襟翼和可变距螺旋桨的飞机,包括装有发动机控制系统的飞机,该发动机控制系统由数字计算机和相关附件组成,用于控制发动机和螺旋桨,如全权限数字发动机控制;或者指具有可收放襟翼和可变距螺旋桨,包括装有发动机控制系统的水上飞机,该发动机控制系统由数字计算机和相关附件组成,用于控制发动机和螺旋桨,如全权限数字发动机控制。

(j)高级航空训练设备,是指飞行模拟机和飞行训练器以外,具有高级性能,用于民用航空器驾驶员执照或者等级飞行训练的模拟设备。

(k)教学检查,是指对驾驶员学校运行环境、训练课程、机型特点的熟悉程度,以及相应教学能力的检查和评估。

附件 B

运 行 文 件

1. 模块课程驾驶员学校运行文件,应当至少包括下列内容:

(a)驾驶员学校合法设立的营业执照等文件;

(b)驾驶员学校的组织职能结构;

(c)本规则 C 章第 141.41 条规定的人员的资格和职责;

(d)主运行基地的说明;

(e)实施飞行训练的主要训练机场的说明;

(f)训练课程使用航空器的说明;

(g)飞行模拟机、飞行训练器、高级航空训练设备和辅助训练装置的说明;

(h)驾驶员讲评区域、地面训练设施的说明;

(i)拟申请的训练课程一式二份,包括有关材料;

(j)运行程序和管理政策。

2. 整体课程驾驶员学校运行文件,应当至少包括下列内容:

(a)驾驶员学校合法设立的营业执照等文件;

(b)驾驶员学校的组织职能结构;

(c)本规则 D 章第 141.111 条规定的人员的资格和职责;

(d)主运行基地和辅助运行基地(如适用)的说明;

(e)实施飞行训练的主要训练机场的说明;

(f)训练课程使用航空器的说明;

(g)飞行模拟机、飞行训练器、高级航空训练设备和辅助训练装置的说明;

(h)驾驶员讲评区域、地面训练设施的说明;

(i)拟申请的训练课程一式二份,包括有关材料;

(j)运行程序和管理政策,包括安全程序与措施、质量管理系统等。

附件 C

模块课程

C1 私用驾驶员执照课程

1. 适用范围

本附件针对下列航空器等级，规定了私用驾驶员执照课程的最低课目标准：

(a)单发飞机。除航线运输驾驶员(飞机)整体课程的私用驾驶员执照训练阶段外，使用 CCAR-61 部规定的初级飞机实施训练等同于单发飞机。

(b)多发飞机。

(c)直升机。

(d)飞艇。

(e)倾转旋翼机。

2. 进入条件

在进入私用驾驶员执照课程的飞行训练部分之前，应当持有学生驾驶员执照。

3. 航空知识训练

每门经批准的训练课程，应当至少包括 CCAR-61 部第 61. 125 条要求的相应航空器等级的航空知识地面训练或者自学课程。训练时间至少 35 小时。

4. 飞行训练

每门经批准的训练课程，应当至少包括 CCAR-61 部第 61. 127 条要求的相应航空器等级的飞行技能训练。训练时间至少 35 小时。

(a)单发飞机课程

(1)在初级飞机或者单发飞机上由授权教员提供的至少 20 小时飞行训练，该训练至少包括：

(i)3 小时初级飞机或者单发飞机转场飞行训练；

(ii)3 小时初级飞机或者单发飞机夜间飞行训练，包括 10 次起飞和着陆，以及一次总飞行距离超过 180 千米(100 海里)的转场飞行。不能满足本要求的，局方将在其驾驶员执照上签注“禁止夜间飞行”；

(iii)至少 3 小时初级飞机或者单发飞机仪表飞行训练，包括仅参考仪表进行平飞、上升、下降、转弯、从不正常姿态中改出，以及无线电通信、导航设备的使用和空中交通管制程序；

(iv)3 小时为初级飞机或者单发飞机实践考试做准备的飞行训练，该训练应当在考试日期前 60 日内完成。

(2) 10 小时初级飞机或者单发飞机单飞训练，至少包括：

(i) 5 小时转场单飞训练；

(ii) 一次总距离至少为 270 千米(150 海里)的转场单飞，在至少两个着陆点作全停着陆，其中一个航段的起飞和着陆地点之间的直线距离至少为 90 千米(50 海里)；或者，一次总距离至少 180 千米(100 海里)的转场单飞，在至少三个着陆点作全停着陆，其中一个航段的起飞和着陆点之间的直线距离至少为 90 千米(50 海里)；

(iii) 在具有飞行管制塔台的机场作 3 次起飞和 3 次全停着陆。

(3) 持有飞机类别等级的执照持有人，其原飞行经历最多可以折算 10 小时上述飞行训练时间。

(b) 多发飞机课程

(1) 在多发飞机上由授权教员提供的至少 20 小时飞行训练，该训练至少包括：

(i) 3 小时多发飞机转场飞行训练；

(ii) 3 小时多发飞机夜间飞行训练，包括 10 次起飞和着陆，以及一次总飞行距离超过 180 千米(100 海里)的转场飞行。不能满足本要求的，局方将在其驾驶员执照上签注"禁止夜间飞行"；

(iii) 至少 3 小时多发飞机仪表飞行训练，包括仅参考仪表进行平飞、上升、下降、转弯、从不正常姿态中改出，以及无线电通信、导航设备的使用和空中交通管制程序；

(iv) 3 小时为多发飞机实践考试做准备的飞行训练，该训练应当在考试日期前 60 日内完成。

(2) 10 小时多发飞机单飞训练，至少包括：

(i) 5 小时转场单飞训练；

(ii) 一次总距离至少为 270 千米(150 海里)的转场单飞，在至少两个着陆点作全停着陆，其中一个航段的起飞和着陆地点之间的直线距离至少为 90 千米(50 海里)；或者，一次总距离至少 180 千米(100 海里)的转场单飞，在至少三个着陆点作全停着陆，其中一个航段的起飞和着陆点之间的直线距离至少为 90 千米(50 海里)；

(iii) 在具有飞行管制塔台的机场作 3 次起飞和 3 次全停着陆。

(3) 持有飞机类别等级的执照持有人，其原飞行经历最多可以折算 10 小时上述飞行训练时间。

(c) 直升机课程

(1)在直升机上由授权教员提供的至少 20 小时飞行训练,该训练至少包括:

(i)3 小时直升机转场飞行训练;

(ii)3 小时直升机夜间飞行训练,包括 10 次起飞和着陆,每次着陆应当包含一次起落航线飞行,以及一次总飞行距离超过 90 千米(50 海里)的转场飞行。不能满足本要求的,局方将在其驾驶员执照上签注"禁止夜间飞行";

(iii)3 小时为直升机实践考试做准备的飞行训练,该训练应当在考试日期前 60 日内完成。

(2)10 小时直升机单飞训练,至少包括:

(i)5 小时转场单飞训练;

(ii)一次总距离至少为 180 千米(100 海里)的转场单飞,在至少两个着陆点作全停着陆,其中一个航段的起飞和着陆地点之间的直线距离至少为 60 千米(33 海里);

(iii)在具有飞行管制塔台的机场作 3 次起飞和 3 次全停着陆,每次着陆应当包含一次起落航线飞行。

(d)飞艇课程

(1)在飞艇上由授权教员提供的至少 25 小时飞行训练,该训练至少包括:

(i)3 小时飞艇转场飞行训练,其中一次转场飞行总距离至少为 45 千米(25 海里);

(ii)3 小时飞艇夜间飞行训练,包括 5 次起飞和 5 次全停着陆,每次着陆应当包含一次起落航线飞行。不能满足本要求的,局方将在其驾驶员执照上签注"禁止夜间飞行";

(iii)3 小时飞艇仪表飞行训练,包括仅参考仪表进行平飞、上升、下降、转弯、从不正常姿态中改出,以及无线电通信、导航设备的使用和空中交通管制程序;

(iv)3 小时为飞艇实践考试做准备的飞行训练,该训练应当在考试日期前 60 日内完成。

(2)5 小时在飞艇上履行机长职责的训练。

(e)倾转旋翼机课程

(1)在倾转旋翼机上由授权教员提供的至少 20 小时飞行训练,该训练至少包括:

(i)3 小时倾转旋翼机转场飞行训练;

(ii)3 小时倾转旋翼机夜间飞行训练,包括 10 次起飞和 10 次全停着陆,每次着陆应当包含一次起落航线飞行,以及一次总飞行距离超过 180 千米

(100 海里)的转场飞行。不能满足本要求的,局方将在其驾驶员执照上签注“禁止夜间飞行”;

(iii)3 小时倾转旋翼机仪表飞行训练,包括仅参考仪表进行平飞、上升、下降、转弯、从不正常姿态中改出,以及无线电通信、导航设备的使用和空中交通管制程序;

(iv)3 小时为倾转旋翼机实践考试做准备的飞行训练,该训练应当在考试日期前 60 日内完成。

(2)10 小时倾转旋翼机单飞训练,至少包括:

(i)5 小时转场单飞训练;

(ii)一次总距离至少为 270 千米(150 海里)的转场单飞,在至少两个着陆点作全停着陆,其中一个航段的起飞和着陆地点之间的直线距离至少为 90 千米(50 海里);

(iii)在具有飞行管制塔台的机场作 3 次起飞和 3 次全停着陆,每次着陆应当包含一次起落航线飞行。

5. 飞行模拟机、飞行训练器和高级航空训练设备的使用

(a)课程中可以包括在符合本规则第 141.65 条(a)款要求的飞行模拟机、符合本规则第 141.65 条(b)款要求的飞行训练器或者符合本规则第 141.65 条(c)款要求的高级航空训练设备上进行的训练,但所用设备应当可以充当课程中所使用的航空器的替代物,符合本款要求,并且此类训练是由授权教员实施的。

(b)每门经批准的训练课程可以包括不超过 2.5 小时的在飞行模拟机、飞行训练器或者高级航空训练设备上的飞行训练时间。

(c)本条不适用于飞艇和倾转旋翼机类别私用驾驶员执照课程。

6. 其他要求

私用驾驶员执照课程的每位学员,应当满足 CCAR-61 部第 61.105 条规定的相应单飞要求,方可操纵航空器单飞。

C2 仪表等级课程

1. 适用范围

本附件针对下列航空器等级,规定了在驾驶员执照上增加仪表等级课程的最低课目标准:

(a)飞机。

(b)直升机。

(c)飞艇。

(d)倾转旋翼机。

2. 进入条件

在进入仪表等级课程的飞行训练部分之前,应当至少持有相应航空器类别等级的私用驾驶员执照。

3. 航空知识训练

每门经批准的训练课程应当至少包括 CCAR-61 部第 61.83 条(b)款要求的航空知识地面训练。

4. 飞行训练

每门经批准的训练课程应当至少满足 CCAR-61 部第 61.83 条(c)款要求的仪表飞行技能训练。

(a)飞机仪表等级课程

(1)在飞机上,授权教员提供的至少 15 小时仪表飞行训练;

(2)在飞机上至少完成一次总距离不少于 470 千米(250 海里)的仪表转场飞行,在该次飞行的每个机场都应当进行仪表进近,至少完成三种不同的仪表进近;

(3)在实践考试日期之前 60 日内,授权教员提供的至少 3 小时准备考试的仪表飞行训练。

(b)直升机仪表等级课程

(1)在直升机上,授权教员提供的至少 15 小时仪表飞行训练;

(2)在直升机上至少完成一次总距离不少于 200 千米(110 海里)的仪表转场飞行,在该次飞行的每个机场都应当进行仪表进近,至少完成三种不同的仪表进近;

(3)在实践考试日期之前 60 日内,授权教员提供的至少 3 小时准备考试的仪表飞行训练。

(c)飞艇仪表等级课程

(1)在飞艇上,授权教员提供的至少 15 小时仪表飞行训练;

(2)在飞艇上至少完成一次总距离不少于 45 千米(25 海里)的仪表转场飞行,在该次飞行的每个机场都应当进行仪表进近,至少完成三种不同的仪表进近;

(3)在实践考试日期之前 60 日内,授权教员提供的至少 3 小时准备考试的仪表飞行训练。

(d)倾转旋翼机仪表等级课程

(1)在倾转旋翼机上,授权教员提供的至少 15 小时仪表飞行训练;

(2)在倾转旋翼机上至少完成一次总距离不少于 200 千米(110 海里)的

仪表转场飞行，在该次飞行的每个机场都应当进行仪表进近，至少完成三种不同的仪表进近；

(3)在实践考试日期之前60日内，授权教员提供的至少3小时准备考试的仪表飞行训练。

5. 飞行模拟机、飞行训练器和高级航空训练设备的使用

(a)课程中可以包括在符合本规则第141.65条(a)款要求的飞行模拟机、符合本规则第141.65条(b)款要求的飞行训练器或者符合本规则第141.65条(c)款要求的高级航空训练设备上进行的训练，但所用设备应当可以充当课程中所使用的航空器的替代物，符合本款要求，并且此类训练是由授权教员实施的。

(b)每门经批准的训练课程可以包括不超过20小时的在飞行模拟机、飞行训练器或者高级航空训练设备上的飞行训练时间。

C3 商用驾驶员执照课程

1. 适用范围

本附件针对下列航空器等级，规定了商用驾驶员执照课程的最低课目标准：

(a)单发飞机。

(b)多发飞机。

(c)直升机。

(d)飞艇。

(e)倾转旋翼机。

2. 进入条件

在进入商用驾驶员执照课程的飞行训练部分之前，应当至少持有私用驾驶员执照。

3. 航空知识训练

每门经批准的训练课程应当至少包括CCAR-61部第61.155条要求的相应航空器等级的航空知识地面训练或者自学课程。

4. 飞行训练

每门经批准的训练课程应当至少包括CCAR-61部第61.157条要求的相应航空器等级的飞行技能训练。

(a)单发飞机课程

(1)由授权教员提供的至少20小时飞行训练，该训练至少包括：

(i)10小时仪表训练时间，其中至少5小时应当是在单发飞机上的飞行时间；

(ii)10 小时训练是在具有可收放起落架、襟翼和可变距螺旋桨的复杂飞机上实施的，或者对于单发水上飞机等级，10 小时训练是在有襟翼和可操纵变距螺旋桨的水上飞机上实施的；

(iii)1 次在单发飞机上至少 2 小时的昼间转场飞行，距初始起飞点总直线距离至少 180 千米(100 海里)；

(iv)1 次在单发飞机上至少 2 小时的夜间转场飞行，距初始起飞点总直线距离至少 180 千米(100 海里)；

(v)3 小时为单发飞机实践考试做准备的飞行训练，该训练应当在考试日期前 60 日内完成；

(vi)5 小时特殊机动飞行训练，至少包括螺旋识别、进入和改出，大坡度盘旋、急盘旋下降、急上升转弯和懒 8 字。

(2)10 小时单发飞机单飞训练，至少包括：

(i)一次总距离不低于 540 千米(300 海里)的至少有两个不同着陆点的转场飞行，其中有一个着陆点距初始起飞点直线距离至少 150 千米(80 海里)；

(ii)5 小时在有飞行管制塔台的机场实施的夜间目视飞行规则飞行，包括 10 次起飞和 10 次着陆。

(b)多发飞机课程

(1)由授权教员提供的至少 20 小时飞行训练，该训练至少包括：

(i)10 小时仪表训练时间，其中至少 5 小时应当是在多发飞机上的飞行时间；

(ii)10 小时训练是在具有可收放起落架、襟翼和可变距螺旋桨的多发复杂飞机上实施的，或者对于多发水上飞机等级，10 小时训练是在有襟翼和可操纵变距螺旋桨的水上多发飞机上实施的；

(iii)一次在多发飞机上至少 2 小时的昼间转场飞行，距初始起飞点直线距离至少 180 千米(100 海里)；

(iv)一次在多发飞机上至少 2 小时的夜间转场飞行，距初始起飞点直线距离至少 180 千米(100 海里)；

(v)3 小时为多发飞机实践考试做准备的飞行训练，应当在考试日期前 60 日内完成；

(vi)对于没有单发等级的，5 小时特殊机动飞行训练，至少包括螺旋识别、进入和改出，大坡度盘旋、急盘旋下降、急上升转弯和懒 8 字。

(2)10 小时多发飞机单飞或者履行机长职责的训练，至少包括：

(i)一次总距离不低于 540 千米(300 海里)的至少有两个不同着陆点的转

场飞行，其中有一个着陆点距初始起飞点直线距离至少150千米(80海里)；

(ii)5小时在有飞行管制塔台的机场实施的夜间目视飞行规则飞行，包括10次起飞和10次着陆。

(c)直升机课程

(1)由授权教员提供的至少20小时飞行训练，该训练至少包括：

(i)10小时在直升机上的仪表训练，其中至少5小时应当是在直升机上的飞行时间；

(ii)一次在直升机上至少2小时的昼间转场飞行，距初始起飞点直线距离至少90千米(50海里)；

(iii)一次在直升机上至少2小时的夜间转场飞行，距初始起飞点直线距离至少90千米(50海里)；

(iv)3小时为直升机实践考试做准备的飞行训练，该训练应当在考试日期前60日内完成。

(2)10小时直升机单飞训练，至少包括：

(i)一次有两个不同着陆点的转场飞行，其中一个航段的直线距离至少为90千米(50海里)；

(ii)5小时在有飞行管制塔台的机场实施的夜间目视飞行规则飞行，包括10次起飞和10次着陆，每次着陆应当包含一次起落航线飞行。

(d)飞艇课程

在飞艇上由授权教员提供的至少20小时飞行训练，该训练至少包括：

(1)3小时在飞艇上为实践考试做准备的飞行训练，该训练应当在考试日期前60日内完成；

(2)一次至少1小时在飞艇上实施的昼间转场飞行，距初始起飞点的直线距离至少45千米(25海里)；

(3)一次至少1小时在飞艇上实施的夜间转场飞行，距初始起飞点的直线距离至少45千米(25海里)。

(e)倾转旋翼机课程

(1)由授权教员提供的至少20小时飞行训练，该训练至少包括：

(i)10小时仪表训练时间，其中至少5小时应当是在倾转旋翼机上的飞行时间；

(ii)一次在倾转旋翼机上至少2小时的昼间目视飞行规则转场飞行，距初始起飞点直线距离至少180千米(100海里)；

(iii)一次在倾转旋翼机上至少2小时的夜间目视飞行规则转场飞行，距初始起飞点直线距离至少180千米(100海里)；

(iv)3 小时为倾转旋翼机实践考试做准备的飞行训练,该训练应当在考试日期前 60 日内完成。

(2)10 小时倾转旋翼机单飞训练,至少包括:

(i)一次总距离不低于 540 千米(300 海里)的至少有两个不同着陆点的转场飞行,其中一个航段的直线距离至少为 150 千米(80 海里);

(ii)5 小时在有飞行管制塔台的机场实施的夜间目视飞行规则飞行,包括 10 次起飞和 10 次着陆,每次着陆应当包含一次起落航线飞行。

5. 飞行模拟机、飞行训练器和高级航空训练设备的使用

(a)课程中可以包括在符合本规则第 141.65 条(a)款要求的飞行模拟机、符合本规则第 141.65 条(b)款要求的飞行训练器或者符合本规则第 141.65 条(c)款要求的高级航空训练设备上进行的训练,但所用设备应当可以充当课程中所使用的航空器的替代物,符合本款要求,并且此类训练是由授权教员实施的。

(b)每门经批准的训练课程可以包括不超过 5 小时的在飞行模拟机、飞行训练器或者高级航空训练设备上的飞行训练时间。

(c)本条不适用于飞艇和倾转旋翼机类别商用驾驶员执照课程。

C4 航线运输驾驶员执照课程

1. 适用范围

本附件针对下列航空器等级,规定了航线运输驾驶员执照课程的最低课目标准:

(a)多发飞机。

(b)直升机。

2. 进入条件

在进入航线运输驾驶员执照课程的飞行训练部分之前,应当至少持有相应航空器等级的商用驾驶员执照和仪表等级或者多人制机组驾驶员执照。

3. 航空知识训练

每门经批准的训练课程应当至少包括 CCAR-61 部第 61.185 条要求的相应航空器等级的航空知识地面训练。

4. 飞行训练

每门经批准的训练课程应当至少包括 CCAR-61 部第 61.187 条要求的相应航空器等级的飞行技能训练。

(a)多发飞机课程

(1)由授权教员提供的至少 25 小时飞行训练,其中至少包括 15 小时仪表训练时间；

(2)满足下列条件之一，可以减免15小时仪表飞行训练：

(i)在训练和考试适用机型(无型别等级飞机)上总驾驶员飞行经历时间不少于500小时；

(ii)具备训练和考试适用机型的型别等级签注。

(b)直升机课程

(1)由授权教员提供的至少25小时飞行训练，其中至少包括15小时仪表训练时间；

(2)具备训练和考试适用的直升机型别等级签注，可以减免15小时仪表飞行训练。

5. 飞行模拟机和飞行训练器的使用

(a)课程中可以包括在符合本规则第141.65条(a)款要求的飞行模拟机或者符合本规则第141.65条(b)款要求的飞行训练器上进行的训练，但所用设备应当可以充当课程中所使用的航空器的替代物，符合本款要求，并且此类训练是由授权教员实施的。

(b)每门经批准的训练课程可以包括不超过6小时在能代表所申请等级的飞行模拟机上的飞行训练时间。

(c)每门经批准的训练课程可以包括不超过4小时在能代表所申请等级的飞行训练器上的飞行训练时间。

(d)在能代表所申请等级的飞行模拟机上的飞行训练时间可以替代相应飞行训练器上的飞行训练时间，但总时间不得超过10小时。

C5 型别等级课程

1. 适用范围

本附件针对下列航空器等级，规定了在驾驶员执照上增加型别等级课程的最低课目标准：

(a)审定为最大起飞全重在5,700千克以上的飞机。

(b)审定为最大起飞全重在3,180千克以上的直升机和倾转旋翼机。

(c)涡轮喷气动力的飞机。

(d)局方通过型号合格审定程序确定需要型别等级的其他航空器。

2. 进入条件

在进入型别等级课程的飞行训练部分之前，应当至少持有相应航空器等级的私用驾驶员执照。

(a)持有或者同时取得适合于所申请类别、级别或者型别等级的仪表等级。

(b)如果航空器型号审定为不能在仪表飞行规则下运行,或者没有完成仪表等级训练,则只能获得带有“仅限于 VFR”限制的型别等级。

3. 航空知识训练

每门经批准的训练课程应当至少包括下列的航空知识地面训练:

(a)航空器型别等级的特定要求。

(b)航空器的系统组件、限制、相关控制、作动装置、报警器和各种不同的系统配置程序。

(c)与飞机系统、结构设计和操作特性有关的应急和非正常程序。

4. 飞行训练

每门经批准的训练课程应当至少包括下列的飞行技能训练:

(a)驾驶舱熟悉和检查单的使用。

(b)飞行动作和显示系统。

(c)飞行运行和自动飞行系统的使用。

(d)应急程序。

(e)导航系统的使用。

(f)正常和非正常飞行运行。

(g)航线飞行训练(LOFT)。

(h)机组资源管理。

(i)航空器介绍:基本动作。

(j)熟练性训练。

(k)应急程序。

(l)夜间检查。

5. 飞行模拟机和飞行训练器的使用

(a)课程中可以包括在符合本规则第 141.65 条(a)款要求的飞行模拟机或者符合本规则第 141.65 条(b)款要求的飞行训练器上进行的训练,但所用设备应当可以充当课程中所使用的航空器的替代物,符合本款要求,并且此类训练是由授权教员实施的。

(b)在符合本规则第 141.65 条(a)款要求的飞行模拟机上进行的训练,其训练时间可以记入到经批准的训练课程的总飞行训练时间中,但记入的时间数不得超过经批准的训练课程的总飞行训练时间的 50%或者本条规定的总飞行训练时间的 50%,取最低值。

(c)在符合本规则第 141.65 条(b)款要求的飞行训练器上进行的训练,其训练时间可以记入到经批准的训练课程的总飞行训练时间中,但记入的时间数不得超过经批准的训练课程的总飞行训练时间的25%或者本条规定的总飞行训练时间的25%,取最低值。

(d)在按本条(b)款和(c)款使用了飞行模拟机或者飞行训练器两种设备进行飞行训练时,在两种设备上取得的训练时间可以记入到经批准的训练课程的总飞行训练时间中,但记入的时间数不得超过经批准的训练课程的总飞行训练时间的50%或者本条规定的总飞行训练时间的50%,取最低值。但在符合本规则第141.65条(b)款要求的飞行训练器上进行的训练折算的小时数不得超过本条(c)款中规定的折算限制。

C6 运动教员等级课程

1. 适用范围

本附件针对下列航空器等级,规定了运动教员等级课程的最低课目标准:

(a)初级飞机。

(b)自转旋翼机。

(c)滑翔机。

(d)自由气球。

(e)小型飞艇。

2. 进入条件

在进入运动教员等级课程的飞行训练部分之前,应当持有运动驾驶员执照,并带有相应于所申请运动教员等级的航空器类别等级。

3. 航空知识训练

每门经批准的训练课程应当至少包括CCAR-61部第61.205条要求的教学原理和相应的航空知识地面训练。

4. 飞行训练

每门经批准的训练课程应当至少包括CCAR-61部第61.207条要求的飞行教学技能和相应的飞行训练。

(a)初级飞机课程

(1)由授权教员提供的至少10小时仪表飞行训练;

(2)在初级飞机上由授权教员提供的至少15小时飞行训练,其中至少包括2小时为实践考试做准备的飞行训练,该训练应当在考试日期前60日内完成。

(b)自转旋翼机课程

在自转旋翼机上由授权教员提供的至少15小时飞行训练,其中至少包括2小时为实践考试做准备的飞行训练,该训练应当在考试日期前60日内完成。

(c)滑翔机课程

在滑翔机上由授权教员提供的10小时,且应当包括10次飞行训练,其中至少包括3次为实践考试做准备的飞行训练,该训练应当在考试日期前60日内完成。

(d)自由气球课程

在自由气球上由授权教员提供的3小时,包括3次起飞教学,其中至少包括1次为实践考试做准备的飞行训练,该训练应当在考试日期前60日内完成。

(e)小型飞艇课程

在小型飞艇上由授权教员提供的至少15小时飞行训练,其中至少包括2小时为实践考试做准备的飞行训练,该训练应当在考试日期前60日内完成。

5. 飞行模拟机、飞行训练器和高级航空训练设备的使用

(a)课程中可以包括在符合本规则第141.65条(a)款要求的飞行模拟机、符合本规则第141.65条(b)款要求的飞行训练器或者符合本规则第141.65条(c)款要求的高级航空训练设备上进行的训练,但所用设备应当可以充当课程中所使用的航空器的替代物,符合本款要求,并且此类训练是由授权教员实施的。

(b)初级飞机运动教员等级课程可以包括不超过5小时的在飞行模拟机、飞行训练器或者高级航空训练设备上的仪表飞行训练时间。

(c)本条不适用于自转旋翼机、滑翔机、自由气球和小型飞艇类别运动教员等级课程。

C7 基础教员等级课程

1. 适用范围

本附件针对下列航空器等级,规定了基础教员等级课程的最低课目标准:

(a)单发飞机。

(b)多发飞机。

(c)直升机。

(d)飞艇。

(e)倾转旋翼机。

2. 进入条件

在进入基础教员等级课程的飞行训练部分之前,应当符合下列条件:

(a)持有商用驾驶员执照或者航线运输驾驶员执照,且具有与该课程所适用的飞行教员等级相适应的航空器类别等级和级别等级。

(b)对于飞机类别的基础教员等级课程，持有飞机类仪表等级或者具有飞机仪表等级的权利。

3. 航空知识训练

每门经批准的训练课程应当至少包括 CCAR-61 部第 61.205 条要求的教学原理和相应的航空知识地面训练。

4. 飞行训练

每门经批准的训练课程应当至少包括 CCAR-61 部第 61.207 条要求的飞行教学技能和相应的飞行训练。

(a)单发飞机课程

在单发飞机上由授权教员提供的至少 30 小时飞行训练，其中至少包括 3 小时为实践考试做准备的飞行训练，该训练应当在考试日期前 60 日内完成。

(b)多发飞机课程

在多发飞机上由授权教员提供的至少 30 小时飞行训练，其中至少包括 3 小时为实践考试做准备的飞行训练，该训练应当在考试日期前 60 日内完成。

(c)直升机课程

在直升机上由授权教员提供的至少 30 小时飞行训练，其中至少包括 3 小时为实践考试做准备的飞行训练，该训练应当在考试日期前 60 日内完成。

(d)飞艇课程

在飞艇上由授权教员提供的至少 20 小时飞行训练，其中至少包括 3 小时为实践考试做准备的飞行训练，该训练应当在考试日期前 60 日内完成。

(e)倾转旋翼机课程

在倾转旋翼机上由授权教员提供的至少 20 小时飞行训练，其中至少包括 3 小时为实践考试做准备的飞行训练，该训练应当在考试日期前 60 日内完成。

5. 飞行模拟机、飞行训练器和高级航空训练设备的使用

(a)课程中可以包括在符合本规则第 141.65 条(a)款要求的飞行模拟机、符合本规则第 141.65 条(b)款要求的飞行训练器或者符合本规则第 141.65 条(c)款要求的高级航空训练设备上进行的训练，但所用设备应当可以充当课程中所使用的航空器的替代物，符合本款要求，并且此类训练是由授权教员实施的。

(b)在符合本规则第 141.65 条(a)款要求的飞行模拟机上进行的训练，其训练时间可以记入到经批准的训练课程的总飞行训练时间中，但记入的时间数不得超过经批准的训练课程的总飞行训练时间的 50%或者本条规定的总飞行训练时间的 10%，取最低值。

(c)在符合本规则第 141.65 条(b)款要求的飞行训练器或者符合本规则

第 141.65 条(c)款要求的高级航空训练设备上进行的训练,其训练时间可以记入到经批准的训练课程的总飞行训练时间中,但记入的时间数不得超过经批准的训练课程的总飞行训练时间的 5%或者本条规定的总飞行训练时间的 5%,取最低值。

(d)在按本条(b)款和(c)款使用了飞行模拟机、飞行训练器或者高级航空训练设备多种设备进行飞行训练时,在多种设备上取得的训练时间可以记入到经批准的训练课程的总飞行训练时间中,但记入的时间数不得超过经批准的训练课程的总飞行训练时间的 10%或者本条规定的总飞行训练时间的 10%,取最低值。但在符合本规则第 141.65 条(b)款要求的飞行训练器或者本规则第 141.65 条(c)款要求的高级航空训练设备上进行的训练折算的小时数不得超过本条(c)款中规定的折算限制。

C8 仪表教员等级课程

1. 适用范围

本附件针对下列航空器等级,规定了仪表教员等级课程的最低课目标准:

(a)飞机。

(b)直升机。

(c)飞艇。

(d)倾转旋翼机。

2. 进入条件

在进入仪表教员等级课程的飞行训练部分之前,应当符合下列条件:

(a)持有商用驾驶员执照或者航线运输驾驶员执照,且具有与该课程所适用的飞行教员等级相适应的航空器类别等级和级别等级。

(b)在其驾驶员执照上,具有与所申请的仪表教员等级相适应的航空器类别仪表等级,或者具有与所申请的仪表飞行教员等级相适应的仪表等级权利。

3. 航空知识训练

每门经批准的训练课程应当至少包括 CCAR-61 部第 61.205 条要求的教学原理和相应的航空知识地面训练。

4. 飞行训练

每门经批准的训练课程应当至少包括 CCAR-61 部第 61.207 条要求的飞行教学技能和相应的飞行训练。

(a)飞机课程

在飞机上由授权教员提供的至少 15 小时飞行训练,其中至少包括 3 小时为实践考试做准备的飞行训练,该训练应当在考试日期前 60 日内完成。

(b)直升机课程

在直升机上由授权教员提供的至少15小时飞行训练,其中至少包括3小时为实践考试做准备的飞行训练,该训练应当在考试日期前60日内完成。

(c)飞艇课程

在飞艇上由授权教员提供的至少15小时飞行训练,其中至少包括3小时为实践考试做准备的飞行训练,该训练应当在考试日期前60日内完成。

(d)倾转旋翼机课程

在倾转旋翼机上由授权教员提供的至少15小时飞行训练,其中至少包括3小时为实践考试做准备的飞行训练,该训练应当在考试日期前60日内完成。

5. 飞行模拟机、飞行训练器和高级航空训练设备的使用

(a)课程中可以包括在符合本规则第141.65条(a)款要求的飞行模拟机、符合本规则第141.65条(b)款要求的飞行训练器或者符合本规则第141.65条(c)款要求的高级航空训练设备上进行的训练,但所用设备应当可以充当课程中所使用的航空器的替代物,符合本款要求,并且此类训练是由授权教员实施的。

(b)在符合本规则第141.65条(a)款要求的飞行模拟机上进行的训练,其训练时间可以记入到经批准的训练课程的总飞行训练时间中,但记入的时间数不得超过经批准的训练课程的总飞行训练时间的10%或者本条规定的总飞行训练时间的10%,取最低值。

(c)在符合本规则第141.65条(b)款要求的飞行训练器或者符合本规则第141.65条(c)款要求的高级航空训练设备上进行的训练,其训练时间可以记入到经批准的训练课程的总飞行训练时间中,但记入的时间数不得超过经批准的训练课程的总飞行训练时间的5%或者本条规定的总飞行训练时间的5%,取最低值。

(d)在按本条(b)款和(c)款使用了飞行模拟机、飞行训练器或者高级航空训练设备多种设备进行飞行训练时,在多种设备上取得的训练时间可以记入到经批准的训练课程的总飞行训练时间中,但记入的时间数不得超过经批准的训练课程的总飞行训练时间的10%或者本条规定的总飞行训练时间的10%,取最低值。但在符合本规则第141.65条(b)款要求的飞行训练器或者本规则第141.65条(c)款要求的高级航空训练设备上进行的训练折算的小时数不得超过本条(c)款中规定的折算限制。

C9 型别教员等级课程

1. 适用范围

本附件针对下列分类,规定了型别教员等级课程的最低课目标准:

(a)型别教员(仅限飞行模拟机)(b 类)。

(b)型别教员(c 类)。

2. 进入条件

在进入型别教员等级课程的飞行训练部分之前,应当符合下列条件:

(a)持有商用驾驶员执照或者航线运输驾驶员执照,且具有与该课程所适用的飞行教员等级相适应的航空器类别、级别和型别等级。

(b)持有相应航空器类别仪表等级或者具有相应类别仪表等级的权利。

3. 航空知识训练

每门经批准的训练课程应当至少包括 CCAR-61 部第 61.205 条要求的教学原理和相应的航空知识地面训练。

4. 飞行训练

每门经批准的训练课程应当至少包括 CCAR-61 部第 61.207 条要求的飞行教学技能和相应的飞行训练。

(a)型别教员(仅限飞行模拟机)(b 类)课程

由授权教员提供的至少 10 小时飞行训练,其中至少包括 3 小时为实践考试做准备的飞行训练,该训练应当在考试日期前 60 日内完成。

(b)型别教员(c 类)课程

由授权教员提供的至少 10 小时飞行训练,其中至少包括:

(1)6 小时在相应型别航空器上的飞行训练;

(2)3 小时为实践考试做准备的飞行训练,该训练应当在考试日期前 60 日内完成。

5. 飞行模拟机和飞行训练器的使用

(a)课程中可以包括在符合本规则第 141.65 条(a)款要求的飞行模拟机或者符合本规则第 141.65 条(b)款要求的飞行训练器上进行的训练,但所用设备应当可以充当课程中所使用的航空器的替代物,符合本款要求,并且此类训练是由授权教员实施的。

(b)b 类型别教员课程可以在能代表相应型别航空器的飞行模拟机上完成所有飞行训练。

(c)c 类型别教员课程可以在能代表相应型别航空器的飞行模拟机上完成不超过 4 小时的飞行训练。

C10 增加航空器类别或者级别等级课程

1. 适用范围

(a)本附件针对下列航空器等级,规定了增加航空器类别或者级别等级课程的最低课目标准：

(1)单发飞机。

(2)多发飞机。

(3)直升机。

(4)飞艇。

(5)倾转旋翼机。

(b)在驾驶员执照增加航空器类别或者级别等级，应当满足CCAR-61部第61.81条要求的相应训练。其中，在航线运输驾驶员执照上增加航空器类别或者级别等级，应当满足CCAR-61部第61.195条要求的相应训练。

(c)飞行教员等级持有人申请在其执照上增加其他教员等级，应当满足CCAR-61部第61.211条要求的相应训练。

2. 进入条件

在进入增加航空器类别或者级别等级课程的飞行训练部分之前，应当持有与增加航空器类别和级别等级相对应的相应种类的驾驶员执照。

3. 航空知识训练

每门经批准的训练课程应当包括本规则附件C1、C3或者C4中针对相应航空器类别和级别等级要求的航空知识地面训练。

4. 飞行训练

每门经批准的训练课程应当包括本规则附件C1、C3或者C4中针对相应航空器类别和级别等级要求的飞行技能训练，并且符合其中的飞行训练时间要求。

5. 飞行模拟机、飞行训练器和高级航空训练设备的使用

(a)课程中可以包括在符合本规则第141.65条(a)款要求的飞行模拟机、符合本规则第141.65条(b)款要求的飞行训练器或者符合本规则第141.65条(c)款要求的高级航空训练设备上进行的训练，但所用设备应当可以充当课程中所使用的航空器的替代物，符合本款要求，并且此类训练是由授权教员实施的。

(b)每门经批准的训练课程应当符合本规则附件C1、C3或者C4中针对相应航空器类别和级别等级要求的飞行模拟机、飞行训练器或者高级航空训练设备飞行训练的使用要求，并且符合其中的飞行训练时间要求。

C11 特殊准备课程

1. 适用范围

本附件规定了特殊准备课程的最低课目标准。

2. 进入条件

在进入特殊准备课程的飞行训练部分之前，应当持有与所申请实施的操作权利和批准相对应的驾驶员执照或者等级。

3. 基本要求

(a)申请批准的特殊准备课程应当符合下列要求：

(1)符合本附件中的相关要求；

(2)能使课程的结业学员具备安全行使课程所对应的执照、等级和批准赋予的权利所必需的技术、能力和熟练性。

(b)批准的特殊准备课程应当包括所申请的操作权利和批准方面的地面训练和飞行训练，培养学员的能力、熟练性、应变能力、自信心和独立操作能力。

4. 飞行模拟机、飞行训练器和高级航空训练设备的使用

(a)课程中可以包括在符合本规则第141.65条(a)款要求的飞行模拟机、符合本规则第141.65条(b)款要求的飞行训练器或者符合本规则第141.65条(c)款要求的高级航空训练设备上进行的训练，但所用设备应当可以充当课程中所使用的航空器的替代物，符合本款要求，并且此类训练是由授权教员实施的。

(b)每门经批准的训练课程可以包括在飞行模拟机、飞行训练器或者高级航空训练设备上由授权教员提供的飞行训练时间，但不得超过经批准的训练课程的总飞行训练时间的10%或者本条规定的总飞行训练时间的10%，取最低值。

C12 驾驶员学校地面课程

1. 适用范围

本附件规定了驾驶员学校地面课程的最低课目标准。

2. 一般要求

每门经批准的驾驶员学校地面课程应当包括下列航空知识内容的训练：

(a)安全行使课程所适用的执照、等级和批准项的权利所需的内容。

(b)培养学员能力、熟练性、应变能力、自信心和独立操作能力所需的内容。

3. 航空知识训练要求

每门经批准的驾驶员学校地面课程应当包括下列内容：

(a)与课程中所用的航空器等级和驾驶员执照种类相适应的航空知识训练。

(b)足够的航空知识训练时数，该时数应当与课程所对应的航空器等级和驾驶员执照种类相适应。

附件 D

整体课程

D1 仪表等级整体课程

1. 适用范围

本附件针对下列航空器等级，规定了仪表等级整体课程和增加仪表等级的最低课目标准：

(a) 飞机。

(b) 直升机。

2. 注册条件

在注册进入仪表等级整体课程的飞行训练部分之前，应当至少持有所注册的仪表等级整体课程相应航空器类别等级的私用驾驶员执照。

3. 航空知识训练

每门经批准的训练课程应当至少包括 CCAR-61 部第 61.83 条(b)款要求的航空知识地面训练。训练时间至少如下：

(a) 对于初始仪表等级课程，30 小时。

(b) 对于增加仪表等级课程，20 小时。

4. 飞行训练

每门经批准的训练课程应当至少包括 CCAR-61 部第 61.83 条(c)款要求的仪表飞行技能训练。训练时间至少如下：

(a) 对于初始仪表等级课程，35 小时。

(b) 对于增加仪表等级课程，15 小时。

(c) 每门经批准的训练课程应当包括下列飞行训练：

(1) 飞机仪表等级课程

(i) 在飞机上，授权教员提供的至少 15 小时仪表飞行训练；

(ii) 在飞机上至少完成一次总距离不少于 470 千米(250 海里)的仪表转场飞行，其中一个航段的起飞和着陆机场之间的直线距离至少为 150 千米(80 海里)，在该次飞行的每个机场都应当进行仪表进近，至少完成三种不同的仪表进近，至少包括一种精密进近；

(iii) 在实践考试日期之前 60 日内，授权教员提供的至少 3 小时准备考试的仪表飞行训练。

(2) 直升机仪表等级课程

(i) 在直升机上，授权教员提供的至少 15 小时仪表飞行训练；

(ii)在直升机上至少完成一次总距离不少于200千米(110海里)的仪表转场飞行,其中一个航段的起飞和着陆机场之间的直线距离至少为90千米(50海里),在该次飞行的每个机场都应当进行仪表进近,至少完成三种不同的仪表进近,至少包括一种精密进近;

(iii)在实践考试日期之前60日内,授权教员提供的至少3小时准备考试的仪表飞行训练。

5. 飞行模拟机、飞行训练器和高级航空训练设备的使用

(a)课程中可以包括在符合本规则第141.135条(a)款要求的飞行模拟机、符合本规则第141.135条(b)款要求的飞行训练器或者符合本规则第141.135条(c)款要求的高级航空训练设备上进行的训练,但所用设备应当可以充当课程中所使用的航空器的替代物,符合本款要求,并且此类训练是由授权教员实施的。

(b)在符合本规则第141.135条(a)款要求的飞行模拟机上进行的训练,其训练时间可以记入到经批准的训练课程的总飞行训练时间中,但记入的时间数不得超过经批准的训练课程的总飞行训练时间的50%或者本条规定的总飞行训练时间的50%,取最低值。

(c)在符合本规则第141.135条(b)款要求的飞行训练器或者符合本规则第141.135条(c)款要求的高级航空训练设备上进行的训练,其训练时间可以记入到经批准的训练课程的总飞行训练时间中,但记入的时间数不得超过经批准的训练课程的总飞行训练时间的40%或者本条规定的总飞行训练时间的40%,取最低值。

(d)在按本条(b)款和(c)款使用了飞行模拟机、飞行训练器或者高级航空训练设备多种设备进行飞行训练时,在多种设备上取得的训练时间可以记入到经批准的训练课程的总飞行训练时间中,但记入的时间数不得超过经批准的训练课程的总飞行训练时间的50%或者本条规定的总飞行训练时间的50%,取最低值。但在符合本规则第141.135条(b)款要求的飞行训练器或者本规则第141.135条(c)款要求的高级航空训练设备上进行的训练折算的小时数不得超过本条(c)款中规定的折算限制。

6. 阶段检查和课程结束考试

注册于仪表等级整体课程的每位学员,应当按照学校经批准的训练课程的要求,圆满完成阶段检查和课程结束考试,考试和检查应当符合相应航空器等级的实践考试标准要求。

D2 商用驾驶员执照整体课程

1. 适用范围

本附件针对下列航空器等级，规定了商用驾驶员执照整体课程的最低课目标准：

(a)单发飞机。

(b)多发飞机。

(c)直升机。

2. 注册条件

在注册进入商用驾驶员执照整体课程的飞行训练部分之前，应当至少持有所注册的商用驾驶员执照整体课程相应航空器类别等级的私用驾驶员执照。

3. 航空知识训练

每门经批准的训练课程应当至少包括 CCAR-61 部第 61.155 条要求的相应航空器等级的航空知识地面训练。训练时间至少 35 小时。

4. 飞行训练

每门经批准的训练课程应当至少包括 CCAR-61 部第 61.157 条要求的相应航空器等级的飞行技能训练。训练时间至少如下：

(a)对于飞机类别等级，120 小时。

(b)对于直升机，75 小时。

(c)每门经批准的训练课程中至少应当包括下列飞行训练：

(1)单发飞机课程

(i)由授权教员提供的至少 55 小时飞行训练，该训练至少包括：

(A)10 小时仪表训练时间，其中至少 5 小时应当是在单发飞机上的飞行时间；

(B)10 小时在具有可收放式起落架、襟翼和可操纵变距螺旋桨(或者涡轮动力)的单发飞机上的训练；

(C)一次在单发飞机上至少 2 小时的昼间目视飞行规则转场飞行，距初始起飞点总直线距离至少 180 千米(100 海里)；

(D)一次在单发飞机上至少 2 小时的夜间转场飞行，距初始起飞点总直线距离至少 180 千米(100 海里)；

(E)3 小时在单发飞机上为准备实践考试进行的飞行训练，该训练应当在考试日期前 60 日内完成；

(F)5 小时特殊机动飞行训练，至少包括左右各三次的螺旋识别、进入和改出,大坡度盘旋、急盘旋下降、急上升转弯和懒 8 字。

(ii)60 小时在单发飞机上进行的单飞训练(其中可以包括不超过 50 小时担任机长的飞行训练),该训练至少包括:

(A)一次有至少 3 个着陆点的转场飞行,其中一个着陆点距初始起飞点的直线距离至少为 470 千米(250 海里);或者,至少 20 小时转场飞行,包括一次总距离至少 540 千米(300 海里)有两个着陆点的转场飞行,其中一个着陆点距初始起飞点的直线距离至少为 150 千米(80 海里);

(B)5 小时在有飞行管制塔台的机场实施的夜间目视飞行规则飞行,包括 10 次起飞和 10 次着陆,且每次着陆应当包含一次起落航线飞行。

(2)多发飞机课程

(i)由授权教员提供的至少 55 小时飞行训练,该训练至少包括:

(A)10 小时仪表训练时间,其中至少 5 小时应当是在多发飞机上的飞行时间;

(B)10 小时在具有可收放式起落架、襟翼和可操纵变距螺旋桨(或者涡轮动力)的多发飞机上的训练;

(C)一次在多发飞机上至少 2 小时的昼间目视飞行规则转场飞行,距初始起飞点总直线距离至少 180 千米(100 海里);

(D)一次在多发飞机上至少 2 小时的夜间转场飞行,距初始起飞点总直线距离至少 180 千米(100 海里);

(E)3 小时在多发飞机上为准备实践考试进行的飞行训练,该训练应当在考试日期前 60 日内完成;

(F)对于没有单发等级的学员,5 小时特殊机动飞行训练,至少包括左右各三次的螺旋识别、进入和改出,大坡度盘旋、急盘旋下降、急上升转弯和懒 8 字。

(ii)10 小时在多发飞机上进行的单飞训练(或者担任机长的飞行训练)和 50 小时在飞机上进行的单飞训练(或者担任机长的飞行训练)。在多发飞机上进行的单飞训练(或者担任机长的飞行训练)应当至少包括:

(A)一次有至少 3 个着陆点的转场飞行,其中一个着陆点距初始起飞点的直线距离至少为 470 千米(250 海里);或者,至少 20 小时转场飞行(其中至少 10 小时在多发飞机上进行),包括一次在多发飞机上总距离至少 540 千米(300 海里)有两个着陆点的转场飞行,其中一个着陆点距初始起飞点的直线距离至少为 150 千米(80 海里);

(B)5 小时在有飞行管制塔台的机场实施的夜间目视飞行规则飞行,包括 10 次起飞和 10 次着陆,且每次着陆包含一次起落航线飞行。

(3)直升机课程

(i)由授权教员提供的至少35小时飞行训练,该训练至少包括:

(A)10小时直升机仪表训练时间,其中至少5小时应当是在直升机上的飞行时间;

(B)一次在直升机上至少2小时的昼间目视飞行规则转场飞行,距初始起飞点总直线距离至少90千米(50海里);

(C)一次在直升机上至少2小时的夜间转场飞行,距初始起飞点总直线距离至少90千米(50海里);

(D)3小时在直升机上为准备实践考试进行的飞行训练,该训练应当在考试日期前60日内完成。

(ii)30小时在直升机上进行的单飞训练(其中可以包括不超过20小时担任机长的飞行训练),该训练至少包括:

(A)一次有至少两个着陆点的转场单飞,其中一个着陆点距初始起飞点的直线距离至少为90千米(50海里);

(B)5小时在有飞行管制塔台的机场实施的夜间目视飞行规则飞行,包括10次起飞和10次着陆,且每次着陆包括一次起落航线飞行。

5. 飞行模拟机、飞行训练器和高级航空训练设备的使用

(a)课程中可以包括在符合本规则第141.135条(a)款要求的飞行模拟机、符合本规则第141.135条(b)款要求的飞行训练器或者符合本规则第141.135条(c)款要求的高级航空训练设备上进行的训练,但所用设备应当可以充当课程中所使用的航空器的替代物,符合本款要求,并且此类训练是由授权教员实施的。

(b)在符合本规则第141.135条(a)款要求的飞行模拟机上进行的训练,其训练时间可以记入到经批准的训练课程的总飞行训练时间中,但记入的时间数不得超过经批准的训练课程的总飞行训练时间的30%或者本条规定的总飞行训练时间的30%,取最低值。

(c)在符合本规则第141.135条(b)款要求的飞行训练器或者符合本规则第141.135条(c)款要求的高级航空训练设备上进行的训练,其训练时间可以记入到经批准的训练课程的总飞行训练时间中,但记入的时间数不得超过经批准的训练课程的总飞行训练时间的20%或者本条规定的总飞行训练时间的20%,取最低值。

(d)在按本条(b)款和(c)款使用了飞行模拟机、飞行训练器或者高级航空训练设备多种设备进行飞行训练时,在多种设备上取得的训练时间可以记入到经批准的训练课程的总飞行训练时间中,但记入的时间数不得超过经批准的训练课程的总飞行训练时间的30%或者本条规定的总飞行训练时间的30%,取最低值。但在符合本规则第141.135条(b)款要求的飞行训练器或者本规则第141.135条(c)款要求的高级航空训练设备上进行的训练折算的小时数不得超过本条(c)款中规定的折算限制。

6. 阶段检查和课程结束考试

(a)注册于商用驾驶员执照整体课程的每位学员,应当按照学校经批准的训练课程的要求,圆满完成阶段检查和课程结束考试,考试和检查应当符合相应航空器等级的实践考试标准要求。

(b)在得到允许其操作航空器单飞的签字批准之前,每位学员应当展示其单飞应当具备的相应能力。

D3 航线运输驾驶员(飞机)整体课程

1. 适用范围

本附件规定了获取按照《大型飞机公共航空运输承运人运行合格审定规则》(以下称为CCAR-121部)运行的公共运输航空公司副驾驶训练资格的最低课目标准。

2. 注册条件

在注册进入航线运输驾驶员(飞机)整体课程的飞行训练部分之前,应当至少持有学生驾驶员执照。

3. 航空知识训练

经批准的航线运输驾驶员(飞机)整体课程应当至少包括本规则规定的飞机类别私用驾驶员执照课程、仪表等级整体课程、商用驾驶员执照整体课程和航线运输驾驶员执照课程要求的所有航空知识训练;对于不接受本规则批准的高性能多发飞机训练整体课程训练的学员,还应当包括多机组成员协作知识训练。训练时间至少如下:私用驾驶员执照课程航空知识训练至少35小时、仪表等级整体课程航空知识训练至少30小时、商用驾驶员执照整体课程航空知识训练至少35小时、航线运输驾驶员执照课程航空知识训练至少40小时、多机组成员协作航空知识训练至少25小时。

4. 飞行训练

经批准的航线运输驾驶员(飞机)整体课程应当至少包括本规则规定的飞机类别私用驾驶员执照课程、仪表等级整体课程和多发商用驾驶员执照整体课程所要求的全部飞行训练内容。训练时间至少230小时,其中飞行模拟机、飞行训练器或者高级航空训练设备时间最多不超过35小时,且满足:

(a)本规则附件C1中单发飞机课程,对飞机的训练时间的要求。

(b)本规则附件 D1 中飞机仪表等级整体课程,对飞机的训练时间的要求。

(c)本规则附件 D2 中多发飞机课程,对飞机的训练时间的要求。

5. 阶段检查和课程结束考试

(a)注册于航线运输驾驶员(飞机)整体课程的每位学员应当根据学校经批准的训练课程,圆满完成阶段检查和课程结束考试。

(b)每名驾驶员在得到允许其单飞的签字批准之前,应当展示出其单飞应当具备的相应熟练水平。

D4 高性能多发飞机训练整体课程

1. 适用范围

本附件规定了按照 CCAR-121 部运行的公共运输航空公司飞机驾驶员进入涡轮喷气飞机初始训练前的过渡训练课程的最低课目标准,该课程的飞行训练和模拟机训练不能代替型别等级训练。

2. 注册条件

注册进入高性能多发飞机训练整体课程的驾驶员,应当至少持有飞机类别多发等级的商用驾驶员执照并附加仪表等级。

3. 航空知识训练

(a)经批准的高性能多发飞机训练整体课程应当至少包括 129 小时本条(b)款中列出的航空知识方面的地面训练。

(b)地面训练应当包括下列航空知识内容:

(1)运输航空公司运行知识(至少 20 小时);

(2)高空飞行知识(至少 20 小时);

(3)高性能多发飞机机型理论知识(至少 64 小时);

(4)多机组成员协作理论知识(至少 25 小时)。

4. 飞行训练

(a)高性能多发飞机训练整体课程应当至少包括本条中所列出的飞行训练。飞行训练应当包括本条(c)款中所列出的经批准的操作内容。训练时间至少要求如下:

(1)对于拟符合 CCAR-121 部第 121.417 条(c)款(2)项副驾驶资格的学员,20 小时;

(2)对于拟符合 CCAR-121 部第 121.417 条(c)款(3)项副驾驶资格的学员,50 小时。

(b)经批准的训练课程中至少应当包括下列飞行训练:

(1)20 小时课程应当包括:

(i)至少 10 小时作为操纵驾驶员(PF)的训练。另外,还应当包括至少 10 小时作为监控驾驶员(PM),以完成多机组成员协作课程为目的的飞行训练;

(ii)至少 10 小时在高性能多发飞机上完成,包括 5 小时转场飞行训练,其中作为操纵驾驶员(PF)至少 3 次全停着陆;

(iii)至少 10 次作为操纵驾驶员(PF)实施仪表进近直至着陆。

(2)50 小时课程应当包括:

(i)至少 25 小时作为操纵驾驶员(PF)的训练。另外,还应当包括至少 25 小时作为监控驾驶员(PM),以完成多机组成员协作课程为目的的飞行训练;

(ii)至少 25 小时在高性能多发飞机上完成,包括 15 小时转场飞行训练,其中作为操纵驾驶员(PF)至少 6 次全停着陆;

(iii)至少 20 次作为操纵驾驶员(PF)实施仪表进近直至着陆。

(c)经批准的训练课程应当包括下列操作内容的飞行训练:

(1)飞行前准备,包括文件和起飞性能数据的计算;

(2)飞行前检查,包括无线电和导航设备的检查与设置;

(3)起飞前检查,包括动力装置检查和由操纵驾驶员(PF)做的飞行简令;

(4)正常起飞,包括不同襟翼设置、侧风起飞、最大起飞重量下起飞、操纵驾驶员(PF)和监控驾驶员(PM)的任务、标准喊话;

(5)中断起飞;

(6)航空器系统的正常和不正常操作,检查单的使用;

(7)在不同的航空器构形下,对接近失速的早期识别和反应;

(8)仪表飞行程序包括等待程序,包括使用原始导航数据的精密进近、飞行指引仪和自动驾驶仪、模拟单发失效进近、非精密进近、操纵驾驶员(PF)的进近简令、导航设备的设置、进近期间的标准喊话程序、进近和着陆数据的计算;

(9)复飞,包括正常和模拟单发失效,在到达决断高度或者最低下降高/高度时从仪表飞行转换到目视飞行;

(10)着陆,包括正常、侧风和模拟单发失效,在到达决断高度或者最低下降高/高度时从仪表飞行转换到目视飞行。

5. 飞行模拟机的使用

(a)课程中可以包括在符合本规则第 141.135 条(a)款要求的飞行模拟机上进行的训练,但所用的飞行模拟机应当与使用的高性能多发飞机同型号,且经局方审定为“C”级以上。

(b)飞行模拟机训练时间可以记入到经批准的训练课程的总飞行训练时间中,但记入的时间数不得超过经批准的训练课程的总飞行训练时间的 50%。

6. 课程结束考试

(a)注册于高性能多发飞机训练整体课程的每位学员应当根据学校经批准的训练课程,圆满完成课程结束考试,考试由本附件第 4 条(c)款中列出的操作内容组成。

(b)此课程结束考试可由该课程的主任飞行教员或者受主任飞行教员委派的该课程助理主任飞行教员或者检查教员实施。

D5 飞机类别多人制机组驾驶员执照整体课程

1. 适用范围

本附件规定了飞机类别多人制机组驾驶员执照整体课程的最低课目标准。

2. 注册条件

在注册进入飞机类别多人制机组驾驶员执照整体课程的飞行训练部分之前,应当至少持有学生驾驶员执照。

3. 航空知识训练

经批准的飞机类别多人制机组驾驶员执照整体课程应当至少包括 CCAR-61 部第 61.176 条要求的航空知识地面训练。训练时间至少 900 小时。

4. 飞行训练

经批准的飞机类别多人制机组驾驶员执照整体课程,应当至少包括 CCAR-61 部第 61.177 条要求的飞行技能训练。训练时间至少如下:

(a)完成不少于 240 小时作为操纵驾驶员和不少于 100 小时作为非操纵驾驶员的飞行训练时间,其中包括不少于 110 小时作为操纵驾驶员的飞机飞行时间,以及作为操纵驾驶员在执照上拟签注型别等级的涡轮多发飞机上完成 20 次起飞和着陆。

(b)在飞机上的飞行经历应当至少包括 CCAR-61 部第 61.129 条关于飞机类别的私用驾驶员执照的所有经历要求;以及从复杂状态改出训练和螺旋识别及改出训练的要求。

(c)在经审定需要最小机组至少为两名驾驶员操纵的涡轮发动机飞机上,或者在局方所批准的飞行模拟训练装置内,获得高级能力级别所要求的经历。

5. 阶段检查和课程结束考试

(a)注册于飞机类别多人制机组驾驶员执照整体课程的每位学员应当根据学校经批准的训练课程,圆满完成阶段检查和课程结束考试。

(b)每名驾驶员在得到允许其单飞的签字批准之前,应当展示出其单飞应当具备的相应熟练水平。

特殊商业和私用大型航空器运营人运行合格审定规则

（2022年1月4日交通运输部令第2022年第6号公布　自2022年7月1日起施行　国司备字[2022005888]）

A章　总　　则

第136.1条　目的和依据

为了对公共安全和社会公众利益影响较大的特殊商业和私用大型航空器运营人进行运行合格审定和持续监督管理，根据《中华人民共和国民用航空法》《中华人民共和国行政许可法》《国务院对确需保留的行政审批项目设定行政许可的决定》等法律、行政法规，制定本规则。

第136.3条　适用范围

(a)本规则适用于在中华人民共和国境内依法登记的运营人所实施的下列飞行活动：

(1)以取酬为目的的下列商业飞行活动：

(i)使用航空器实施的农林喷洒作业飞行。

(ii)使用直升机实施的机外载荷作业飞行。

(iii)使用航空器实施的跳伞服务飞行。

(2)使用由航空器代管人代管的航空器实施的私用飞行。

(3)使用大型航空器实施私用飞行。

(b)本规则所称特殊商业运营人，是指从事本条(a)款(1)项和(a)款(2)项规定飞行活动的运营人。

(c)本规则所称私用大型航空器运营人，是指从事本条(a)款(3)项规定飞行活动的运营人。

(d)本规则不适用于无人驾驶航空器。

第136.5条　职责划分

(a)中国民用航空局(以下简称民航局)负责特殊商业和私用大型航空器运营人运行合格审定的统一监督管理，组织指导特殊商业和私用大型航空器运营人的运行合格审定和持续监督检查工作，制定工作程序，统一规定运行合格证、运行规范及其申请书的格式。

(b)中国民用航空民航地区管理局(以下简称民航地区管理局)负责辖区内特殊商业和私用大型航空器运营人的运行合格审定,颁发运行合格证和运行规范,并及时向民航局备案。

(c)在本规则中,民航局、民航地区管理局统称为局方。

第136.7条　特殊商业运营人的基本要求

(a)除本条(f)款规定外,特殊商业运营人应当经局方按照本规则审定合格,获得局方颁发的特殊商业运营人运行合格证(以下简称运行合格证)和特殊商业运营人运行规范(以下简称运行规范)后,方可按照运行规范的要求实施本规则规定的运行。

(b)特殊商业运营人取得运行合格证和运行规范后,成为本规则规定的运行合格证持有人(以下简称合格证持有人)。

(c)合格证持有人不得违反运行合格证和运行规范的要求实施运行。

(d)合格证持有人应当确保所使用的航空器,包括安装的仪表和设备,满足《一般运行和飞行规则》(以下称为CCAR-91部)C章的要求。

(e)合格证持有人应当按照CCAR-91部G章的要求对所使用的航空器进行维修。

(f)对于按照《大型飞机公共航空运输承运人运行合格审定规则》(以下称为CCAR-121部)运行的承运人、按照《小型商业运输和空中游览运营人运行合格审定规则》(以下称为CCAR-135部)运行的运营人和按照《民用航空器驾驶员学校合格审定规则》(以下称为CCAR-141部)运行的驾驶员学校,可以使用其运行规范或者训练规范中的航空器和符合其相应运行资质的驾驶员实施本规则规定的跳伞服务飞行,无需按照本规则进行审定合格,但是应当遵守CCAR-91部J章和本规则E章的相关规定。

(g)中华人民共和国公民或者在中华人民共和国境内登记的企事业法人实施非商业农林喷洒作业、直升机机外载荷作业飞行,无需按照本规则进行审定合格,但是应当遵守本规则中相应的飞行和运行规定。

第136.9条　私用大型航空器运营人的基本要求

(a)除本条(f)款规定外,私用大型航空器运营人应当经局方按照本规则审定合格,获得局方颁发的私用大型航空器运营人运行合格证(以下简称运行合格证)和私用大型航空器运营人运行规范(以下简称运行规范)后,方可按照运行规范的要求实施本规则规定的运行。

(b)私用大型航空器运营人取得运行合格证和运行规范后,成为本规则规定的合格证持有人。

(c)合格证持有人不得违反运行合格证和运行规范的要求实施运行。

(d)合格证持有人应当确保所使用的航空器,包括安装的仪表和设备,满足 CCAR-91 部 C 章的要求。

(e)合格证持有人应当按照 CCAR-91 部 G 章的要求对所使用的航空器进行维修。

(f)使用本条(a)款所述航空器的下列运营人,无需按本规则 G 章要求进行审定即可按照下列要求行使私用大型航空器运营人的权利:

(1)对于按照 CCAR-121 部和按照 CCAR-135 部运行的运营人,可以实施一般私用飞行。

(2)对于按照本规则审定合格的特殊商业运营人,可以实施其运行规范中批准的运行种类的私用飞行。

第 136.11 条　运营人的内部安全报告程序

(a)使用运输类飞机或者涡轮多发飞机的特殊商业运营人,以及私用大型航空器运营人,应当建立不以惩罚为目的的内部匿名安全报告程序。

(b)特殊商业运营人应当建立运行运输类飞机或者涡轮多发飞机发生事故或者征候反应程序。

(c)私用大型航空器运营人应当建立航空器发生事故或者征候反应程序。

B 章　合格审定

第 136.21 条　运行种类

(a)对于本规则第 136.3 条(a)款(1)项的飞行活动,申请人可以申请下列一项或者多项运行种类的运行:

(1)农林喷洒作业。

(2)直升机机外载荷作业。

(3)跳伞服务飞行。

(b)对于本规则第 136.3 条(a)款(2)项的飞行活动,申请人可以申请下列一项或者多项运行种类的运行:

(1)一般私用飞行。

(2)农林喷洒作业。

(3)直升机机外载荷作业。

(c)对于本规则第 136.3 条(a)款(3)项的飞行活动,申请人可以申请下列一项或者多项运行种类的运行:

(1)一般私用飞行。

(2)农林喷洒作业。

(3)直升机机外载荷作业。

(d)已经取得直升机机外载荷作业运行种类批准的特殊商业和私用大型航空器运营人,无需取得农林喷洒作业运行种类批准,即可使用带有机外载荷设备的直升机实施森林灭火作业飞行。

(e)已经使用直升机取得农林喷洒作业运行种类批准的特殊商业和私用大型航空器运营人,无需取得直升机机外载荷作业的运行种类批准,即可使用带有外挂喷洒设备的相应类别、级别和型别(如必要)直升机实施农林喷洒作业飞行。

第136.23条　申请条件

申请运行合格证和运行规范,应当具备下列条件:

(a)根据申请运行的种类,满足本规则所有适用于该申请人的条款的要求,具体如下:

(1)对于本规则第136.3条(a)款(1)项的飞行活动:

(i)对于农林喷洒作业飞行,应当遵守本规则第136.51条、第136.53条、第136.55条、第136.57条、第136.59条、第136.61条和第136.75条有关记录保持、运行手册、人员和航空器的规定。

(ii)对于直升机机外载荷作业飞行,应当遵守本规则第136.83条、第136.85条、第136.87条、第136.89条、第136.91条、第136.93条、第136.95条、第136.103条、第136.105条、第136.107条、第136.109条、第136.111条和第136.113条有关记录保持、运行手册、人员、航空器、飞行手册和标志标牌的规定。

(iii)对于跳伞服务飞行,应当遵守本规则第136.121条、第136.123条、第136.125条、第136.127条、第136.129条和第136.141条有关记录保持、运行手册、人员和标志标牌的规定。

(2)对于本规则第136.3条(a)款(2)项的飞行活动,应当遵守本规则第136.157条、第136.163条、第136.167条、第136.169条、第136.171条、第136.173条、第136.175条、第136.177条、第136.183条、第136.185条、第136.191条和第136.193条有关代管协议、使用控制责任、记录保持、运行手册、飞行定位、运行信息和人员的规定;实施农林喷洒作业飞行时,还应当遵守本条(a)款(1)项(i)目的规定;实施直升机机外载荷作业飞行时,还应当遵守本条(a)款(1)项(ii)目的规定。

(3)对于本规则第136.3条(a)款(3)项的飞行活动,应当遵守本规则第136.205条、第136.207条、第136.209条和第136.211条、第136.171条有关记录保持、运行手册和人员的规定;实施农林喷洒作业飞行时,还应当遵守本条(a)款(1)项(i)目的规定;实施直升机机外载荷作业飞行时,还应当遵守条(a)款(1)项(ii)目的规定。

(b)民航行业信用信息记录中没有与飞行运行相关的严重失信行为记录。

第 136.25 条　申请材料

申请运行合格证和运行规范,申请人应当按照局方规定的格式和方法,向主运行基地所在地民航地区管理局提交申请书及下列材料,并对材料的真实性负责:

(1)审定活动日程表。

(2)申请运行种类适用的本规则第 136.55 条、第 136.87 条、第 136.125 条、第 136.171 条和第 136.209 条所要求内容的手册。

(3)必要时提供训练大纲。

(4)航空器、运行设备设施的购买合同、租赁合同或者协议文件的副本。

(5)申请人符合本规则所有适用条款的符合性声明。

第 136.27 条　局方审查

(a)民航地区管理局应当在收到申请书及申请材料之后的 5 个工作日内,以书面形式通知申请人是否受理申请。申请人未能提交齐全的材料或者申请书格式不符合要求,需要申请人补充申请材料的,民航地区管理局应当在该 5 个工作日内一次性告知申请人需要补正的全部内容。

(b)民航地区管理局受理申请后,将对申请人的申请材料是否符合本规则的要求进行审查,对申请人能否按照本规则安全运行进行验证检查。对于申请材料的内容与本规则要求不符或者申请人不能按照本规则安全运行的,应当以书面形式通知申请人对申请材料的相关内容作出修订或者对运行缺陷进行纠正。

(c)民航地区管理局应当自受理申请之日起 20 个工作日内作出是否颁发运行合格证和运行规范的决定。20 个工作日内不能作出决定的,经本行政机关负责人批准,可以延长 10 个工作日,并应当将延长期限的理由告知申请人。

(d)对实施本规则第 136.3 条(a)款(2)项和(3)项运行的申请,民航地区管理局应当实行告知承诺制审批。

(e)民航地区管理局采取告知承诺制审批方式作出行政许可决定后,应当对运营人的承诺内容是否属实进行检查。发现运营人实际情况与承诺内容不符的,应当撤销其运行许可并依法予以处罚。

第 136.29 条　证件颁发

(a)民航地区管理局作出颁发运行合格证和运行规范决定后,应当在自作出决定之日起 10 个工作日内向申请人颁发、送达运行合格证和运行规范。

(b)民航地区管理局审查决定不予颁发运行合格证和运行规范的,应当以书面形式通知申请人,说明理由并告知申请人享有依法申请行政复议或者提起行政诉讼的权利。

(c)运行规范是运行合格证的附件,内容包括合格证持有人应当遵守的与行使合格证权利相关的批准、条件和限制等规范。

第 136.31 条　证件内容

(a)运行合格证包含下列内容:

(1)合格证持有人的名称。

(2)合格证持有人主运行基地的地址。

(3)合格证的编号。

(4)合格证的生效日期。

(5)负责监督该合格证持有人运行的局方机构名称或者代号。

(6)被批准的运行种类。

(7)有关合格证持有人经审定符合本规则的相应要求,批准其按所颁发的运行规范实施运行的说明。

(b)运行规范包含下列内容:

(1)合格证持有人的名称、住址、邮政地址和电话。

(2)合格证持有人参加运行的航空器的清单,包括航空器的型号、国籍标志与登记标志以及该航空器的运行种类。

(3)合格证持有人运行的每型航空器的维修方式和地点,提供维修的人员或者机构及其资格情况。

(4)合格证持有人在飞行运行中使用的每位飞行人员的姓名,持有执照的类别、编号和等级,体检合格证的有效期限和等级。可以为本项要求的内容单独列出清单,作为运行规范的附件,以便随时修改。

(5)当合格证持有人运行运输类飞机或者涡轮动力多发飞机时,遵守 CCAR-91 部 F 章相应条款所采取的措施。

(6)当合格证持有人实施农林喷洒作业飞行时,遵守本规则 C 章相应条款所采取的措施。

(7)当合格证持有人实施直升机机外载荷作业飞行时,遵守本规则 D 章相应条款所采取的措施。

(8)当合格证持有人实施跳伞服务飞行时,遵守 CCAR-91 部 J 章和本规则 E 章相应条款所采取的措施。

(9)对航空器载重和平衡的控制方法的批准信息。

(10)任何经批准的对本规则特定条款的偏离和豁免。

(11)其他局方认为必要的信息。

第 136.33 条　有效期限及运行间断

(a)除法律、法规、规章另有规定外，运行合格证和运行规范一经颁发，长期有效。

(b)如果特殊商业运营人运行规范所批准的某种运行，连续间断时间超过 1 年，只有符合下列条件方可继续实施该种运行：

(1)在实施该种运行之前，至少提前 7 天通知局方。

(2)如果局方决定重新进行全面检查，以确定其能否实施安全运行，运营人应当在前述 7 天期间处于能随时接受检查的状态。

第 136.35 条　撤销和注销

(a)对于特殊商业运营人，合格证持有人不再具备安全生产条件的，局方撤销其运行合格证和运行规范。

(b)有下列情况之一的，局方依法办理运行合格证和运行规范的注销手续：

(1)运行合格证和运行规范被吊销或者撤销的。

(2)合格证持有人依法终止的。

(3)法律、法规规定的应当注销行政许可的其他情形。

第 136.37 条　保存和使用

(a)合格证持有人应当在其主运行基地或者局方同意的其他地方保存运行合格证和运行规范，接受局方检查。

(b)合格证持有人应当保证每个参与运行的人员熟知运行规范中适用于该人员工作职责的有关规定并遵照执行。

第 136.39 条　运行合格证的修改

(a)在下列情形下，局方可以修改运行合格证：

(1)局方认为为了安全和公众利益需要修改。

(2)合格证持有人申请修改，且局方认为安全和公众利益允许此种修改。

(b)合格证持有人申请修改其运行合格证时，应当遵守下列程序：

(1)合格证持有人应当在计划的修改生效日期前 30 日向颁发合格证的民航地区管理局提交修改运行合格证的申请书。

(2)申请书应当按局方规定的格式和方法提交，申请人对申请材料的真实性负责。

(c)当局方拒绝修改申请或者合格证持有人对局方作出的修改决定有不同意见的，合格证持有人应当在收到局方通知后 30 日内提出重新考虑的请求。

第 136.41 条　运行规范的修改

(a)在下列情形下,局方可以修改运行规范:

(1)局方认为为了安全和公众利益需要修改。

(2)运营人申请修改,且局方认为安全和公众利益允许此种修改。

(b)除本条(e)款规定的情形外,局方主动修改运营人的运行规范应当遵守下列程序:

(1)局方以书面形式提出修改内容,通知运营人。

(2)局方确定 7 日以上的合理期限,运营人可以在此期限内对修改内容提交有关书面资料和意见。

(3)局方审查运营人提交的全部材料后,作出下列决定之一并通知运营人:

(i)采用全部修改意见。

(ii)采用部分修改意见。

(iii)拒绝所提出的修改意见。

(4)运营人收到局方颁发的修改运行规范的通知 30 日后,修改事项生效,但下列情况除外:

(i)根据本条(e)款,需要立即生效的。

(ii)运营人根据本条(d)款,请求对修改的决定重新考虑的。

(c)运营人申请修改运行规范应当遵守下列程序:

(1)运营人应当按下列规定提交修改运行规范的申请书:

(i)特殊商业运营人由于联合重组或者破产而暂停运行后,需要恢复运行的运营人,应当至少在计划的运行规范修改生效日期前 30 日提出申请。

(ii)除本款(1)项(i)目规定的事项外,应当至少在计划的运行规范修改生效日期前 15 日提出申请。

(2)按照局方规定的格式和方法向颁发运行规范的民航地区管理局提交申请书。

(3)局方审查运营人提交的材料后,作出下列决定之一并通知运营人:

(i)接受所申请的全部修改。

(ii)接受所申请的部分修改。

(iii)拒绝所申请的修改。

(4)运营人可以按本条(d)款规定申请局方对拒绝修改的决定进行重新考虑。

(5)局方批准修改的,经与运营人协调,修改事项在局方批准的日期生效。

(d)运营人申请局方重新考虑修改事项的,应当遵守下列程序:

(1)运营人应当在收到局方拒绝修改的通知后,或者在收到局方提出修改运行规范的通知后30日内,向局方提出重新考虑的申请。

(2)符合本款(1)项规定的期限要求的,修改事项暂不生效,除非根据本条(e)款需要立即生效。

(3)不符合本款(1)项规定的期限要求的,按照本条(c)款程序执行。

(e)局方认为存在危及安全或者公众利益,需要立即修改运行规范的情况,可以采取下列措施:

(1)局方主动修改运行规范,并规定运营人收到修改通知时立即生效。

(2)局方应当向运营人发出通知说明原因,指出存在危及安全或者公众利益,需要立即修改运行规范的紧急情况。

C章 农林喷洒作业飞行

第136.51条 运营人的记录保存

(a)运营人应当在其主运行基地或者局方同意的其他地方保存下列资料,并接受局方检查:

(1)运营人的运行规范。

(2)为运行中所使用的每位驾驶员单独建立的记录,该记录应当包括下列内容:

(i)驾驶员的身份信息;

(ii)驾驶员持有的执照(类别和编号)和等级;

(iii)驾驶员航空经历,包括各种训练、考试和检查的实施时间和结果,上述内容可以用于判断驾驶员在本规则运行中驾驶航空器的资格;

(iv)驾驶员当前的职责和被委派执行该职责的日期;

(v)驾驶员持有的体检合格证的有效期限和级别;

(vi)驾驶员飞行时间的详细记录,以用于判断其是否遵守本规则第136.57条规定的飞行时间限制;

(vii)由于健康原因或者丧失资格被解除驾驶员职责的行为。

(3)关于农林喷洒作业飞行的下列内容的记录:

(i)服务对象的名称和地址;

(ii)服务日期;

(iii)每次作业飞行所喷洒物质的名称和量;

(iv)每位执行农林喷洒作业飞行任务的驾驶员的身份信息,及其按本规则第136.59条(a)款的要求通过知识和技术检查的日期。

(b)运营人应当将本条(a)款(2)项和(a)款(3)项要求的记录保存至少12个月。如果使用的驾驶员不再参与该运营人的运行,本条(a)款(2)项和(a)款(3)项要求的记录从该驾驶员退出运行之日起保存至少12个月。

(c)对于运行运输类飞机或者涡轮动力多发飞机的运营人,还应当按照CCAR-91部第91.527条的要求进行记录保存。

(d)本条要求的记录应当以书面或者其他局方同意的方式进行保存。

第136.53条　运行手册要求

(a)运营人应当为其实施运行的飞行、维修和其他地面工作人员制定运行手册,并按照实际情况对手册进行及时更新。运行手册应当包括相关政策和程序。

(b)运营人应当在其主运行基地或者局方同意的其他地方保存一套运行手册,并为负责管理该运营人的局方机构提供一套运行手册。

(c)按照本条(a)款制定的运行手册中的规定不得违反涉及民航管理的规章、在国外实施运行时涉及的外国法规或者运营人的运行规范。

(d)实施运行的飞行、维修和其他地面工作人员应当持有一套运行手册或者运行手册中与其工作相关的部分,每位工作人员应当用运营人新增或者更改的内容及时更新自身的运行手册。

(e)除本条(f)款规定的情况外,运营人运行航空器离开其主运行基地时应当携带运行手册中供相应的飞行、维修和其他地面工作人员使用的相关部分。

(f)如果在备有运营人运行手册的指定维修地点对航空器进行检查或者维修的,则在飞往这些指定地点时不需要随机携带运行手册。

(g)每个作过更改的运行手册页面上均应当标明最近一次更改的日期。

第136.55条　运行手册的内容

除经局方批准外,运营人应当按照其实际的运行情况,在运行手册中包括下列内容:

(a)确保遵守航空器重量和平衡限制的程序。

(b)运营人的运行规范或者运行规范相关部分的摘录,包括经批准使用的航空器、机组的组成以及批准的运行种类。

(c)事故报告程序。

(d)确保机长了解航空器已经完成要求的维修并得到重返运行放行批准的程序。

(e)报告和记录机长在飞行前、飞行中和飞行后发现的机械不正常情况的程序。

(f)机长确认上次飞行中发现的机械不正常情况或者缺陷是否修复或者推迟修复的程序。

(g)机长在航空器需要在非计划地点进行维修和获取服务时需要遵守的程序。

(h)仪表或者设备不工作时的运行程序,以及特定类型的运行所需的设备在航路上发生故障或者失效时,判断是否放行和继续飞行的程序。

(i)航空器加油、清除燃油污染、防火(包括静电防护),以及加油期间管理和保护乘客所需遵守的程序。

(j)必要时,机长按照 CCAR-91 部第 91.511 条的要求对乘客进行安全讲解时需遵守的程序。

(k)确保遵守应急程序的程序,包括在紧急情况下机组必需成员的职责分工和应急撤离时的职责分工。

(l)紧急情况下将需要他人协助的乘客撤离至出口应当遵守的程序。

(m)考虑起飞、着陆和航路等条件因素进行性能计划的程序。

(n)符合局方规定的保存和查询维修记录的合适系统(包括电子系统)。

(o)由运营人发出的或者局方要求的有关运行的其他程序和政策指令。

第 136.57 条　驾驶员的资格要求和飞行时间限制

(a)运营人应当使用符合下列要求的驾驶员:

(1)持有按照《民用航空器驾驶员合格审定规则》(以下称为 CCAR-61 部)颁发的商用驾驶员执照或者以上等级或者签注的执照。

(2)根据其所参加的运行的种类,满足本规则其他章和 CCAR-61 部中规定的其他相应要求。

(b)运营人使用驾驶员,应当满足下列飞行时间限制要求:

(1)除经局方批准外,每日飞行时间不超过 10 小时。

(2)任何 7 个连续日历日内飞行时间不超过 40 小时。

(3)每个日历月内的飞行时间不超过 120 小时。

(4)每个日历年内的飞行时间不超过 1400 小时。

第 136.59 条　人员要求

(a)运营人指定的作业负责人应当接受局方组织的下列知识和技术的考试,当所实施的农林喷洒作业飞行不包括药品喷洒作业时,考试内容可以不包括本款(1)项(ii)目至(iv)目所规定的知识;但是当局方得到了该作业负责人以往的作业飞行记录,了解到该作业负责人在安全作业飞行方面和喷洒农药或者化学药剂方面不存在技能问题时,可以不要求该作业负责人进行知识和技能的考试:

(1)理论知识：

(i)开始作业飞行前应当完成的工作步骤，包括作业区的勘察。

(ii)安全处理有毒药品的知识及要领和正确处理使用过的有毒药品容器的方法。

(iii)农药与化学药品对植物、动物和人员的影响和作用，重点在计划运行中常用的药物以及使用有毒药品时应当采取的预防措施。

(iv)人体在中毒后的主要症状，应当采取的紧急措施和医疗机构的位置。

(v)所用航空器的飞行性能和操作限制。

(vi)航空器超低空作业刮碰线缆风险识别和管控方法。

(vii)安全飞行和作业程序。

(2)飞行技能，以航空器的最大起飞全重完成下列操作动作：

(i)在短跑道或者松软跑道起飞(仅对飞机和自转旋翼机)。

(ii)飞至作业区。

(iii)进入喷洒作业。

(iv)作业线飞行。

(v)拉升转弯。

(vi)直升机快速急停。

(b)运营人应当确保实施农林喷洒作业飞行的每一人员明确自己在作业飞行中的任务和职责。

(c)实施农林喷洒作业飞行的民用航空器机长应当持有适合于其所飞航空器和所实施的作业飞行的执照和等级，并且应当符合本条(a)款中关于理论知识和飞行技能的要求。作业负责人应当保证航空器机长符合本条(a)款的要求。航空器机长在首次执行农林喷洒作业飞行任务之前，应当向作业负责人演示其为符合本条(a)款要求所具备的能力，但是当作业负责人得到了该机长以往的作业飞行记录，了解到该机长在安全作业飞行方面和喷洒农药或者化学药剂方面不存在技能问题时，可以不要求该机长进行知识和技能的演示。

第 136.61 条　航空器要求

进行农林喷洒作业飞行的航空器应当满足下列要求：

(a)适航审定为正常类、实用类或特技类航空器，并具备安全完成作业需要的机动飞行的能力。

(b)农林喷洒作业设备获得了适航审定的安装批准。

第 136.63 条　私用农林喷洒作业飞行的限制

实施私用农林喷洒作业飞行应当遵守下列限制：

(a)不得为取酬而运行。

(b)不得在人口稠密区上空作业。

(c)除非得到财产或者土地的拥有、支配或者管理者允许,不得在其他人员或者单位拥有、支配或者管理的财产或者土地上空作业。

第 136.65 条　喷洒限制

实施喷洒作业时,应当采取适当措施,避免喷洒的物体对地面的人员和财产安全造成危害。

第 136.67 条　安全带和肩带的使用

按本章进行农林喷洒作业飞行的驾驶员应当系好安全带和肩带,但是当肩带的使用影响其履行作业飞行的职责时除外。

第 136.69 条　偏离机场起落航线的飞行

对于农林喷洒作业飞行的航空器,机长在取得管制塔台同意后,可以偏离该机场正常起落航线进行起飞和着陆,但是应当避让该机场正常飞行的航空器。

第 136.71 条　在非人口稠密区的作业飞行

在非人口稠密区实施农林喷洒作业飞行时,当航空器机长确认作业飞行不会对地面人员和财产造成危害时,可以驾驶航空器进行低于离地高度 150 米,或者距人员、船只、车辆和建筑物小于 150 米的飞行。

第 136.73 条　在人口稠密区的作业飞行

(a)只有满足下列条件时,航空器机长方可驾驶航空器以农林喷洒作业所需的飞行高度在人口稠密区上空进行农林喷洒作业飞行:

(1)对地面人员和财产的安全采取了足够的保护措施。

(2)符合本条(b)款的要求。

(b)在人口稠密区上空进行农林喷洒作业飞行应当符合下列要求:

(1)按照作业飞行区域的政府部门要求,取得相应的书面批准(如适用)。

(2)通过有效的方式,如报纸、电视或者电台等,向公众发出作业飞行通知。

(3)向对作业区域有管辖权的地方飞行标准部门递交完整的作业飞行计划并获得批准。该计划应当包括障碍物对飞行的影响、航空器紧急降落能力和与空中交通管制的协调等方面内容。

(4)单发航空器应当遵守下列规定:

(i)除直升机外,任何人不得在人口稠密区上空做载重起飞和拉升转弯。

(ii)除实际喷洒作业(包括进入和离开作业区)需要外,在人口稠密区上空不得低于 CCAR-91 部第 91.325 条(b)款规定的飞行高度飞行。

(iii)在人口稠密区上空作业飞行(包括进入和离开作业区)时应当保持适当的航迹和高度,使航空器在应急着陆时不会危及地面人员和财产安全。

(5)多发航空器应当遵守下列规定：

(i)在人口稠密区驾驶多发飞机起飞时应当符合下述条件，在该条件下，当飞机以所有发动机工作在正常起飞功率起飞时，从起飞开始到某一时刻的任何一点，都能使飞机在跑道的有效长度之内完全停止，如加速—停止距离数据所证明。上述某一时刻是指飞机到达105%的一台关键发动机停车最小操纵速度，或者115%的起飞形态无动力失速速度，两者中较大者这一时刻。为满足上述要求，起飞数据可以基于静风条件，并且在跑道上坡坡度小于1%(含)时，可以不作修正。此处跑道坡度是指跑道两端标高的差值除以跑道总长度所得的值。当跑道上坡坡度超过1%时，跑道的有效长度应当按每1%的上坡坡度减少20%计算。

(ii)在人口稠密区驾驶多发飞机起飞时的重量不得大于下述重量，在该重量下，当一台关键发动机失效时，在高于作业地区最高地面或者最高障碍物之上至少300米(1000英尺)，或者修正海平面气压高度1500米(5000英尺)，两者中取大值，还能以至少0.254米/秒(50英尺/分)的上升率上升。在进行上述计算时，可以假定失效发动机的螺旋桨处于最小阻力位置，襟翼和起落架处在最有利位置，失效之外的其他发动机以可用的最大连续功率工作。

(iii)除进行实际喷洒作业(包括拉升转弯、进入和离开作业区)的需要外，任何人不得操作多发航空器在人口稠密区上空以低于CCAR-91部第91.325条(b)款规定的高度飞行。

第136.75条　对在人口稠密区上空作业飞行的驾驶员和航空器的要求

(a)在人口稠密区上空实施作业飞行的驾驶员和航空器应当满足本条要求。

(b)航空器的机长应当至少具备以下飞行经历：

(1)在该型号航空器上作为机长已至少飞行25小时，其中至少10小时飞行时间是在前12个日历月内获得的。

(2)已有100小时作为机长实施喷洒作业的飞行经历。

(c)除直升机之外的航空器，应当装备可以在45秒内将最大装载量的农用物质至少释放一半的设备。如果航空器装备了料箱或者漏斗的整体释放装置，还应当安装防止驾驶员或者其他机组成员无意将料箱或者漏斗释放的预防装置。

D章　直升机机外载荷作业飞行

第136.81条　适用范围

(a)本章规定了对实施机外载荷运行的直升机的特殊适航审定要求和对

直升机机外载荷作业飞行的运行要求。

(b)进行直升机机外载荷作业飞行的特殊商业运营人,应当在其运行合格证或者运行规范中得到局方允许其进行直升机机外载荷作业飞行的运行种类批准。此外,还应当根据本规则第136.105条、第136.109条和第136.111条要求,在其运行规范中取得局方对直升机与载荷组合级别的批准。

(c)本章不适用于下列情况:

(1)直升机制造厂家研制机外载荷构件时。

(2)制造厂家依照本章要求、《正常类旋翼航空器适航规定》(以下称为CCAR-27部)或者《运输类旋翼航空器适航规定》(以下称为CCAR-29部)的相关规定对所使用的设备进行符合性演示。

(3)依照本章要求实施运行的单位和个人为满足本章要求进行的符合性演示。

(4)为准备符合性演示所进行的飞行训练。

第136.83条　运营人的记录保存

(a)运营人应当在其主运行基地或者局方同意的其他地方保存下列资料,并接受局方检查:

(1)运营人的运行规范。

(2)为运行中所使用的每位驾驶员单独建立的记录,该记录应当包括下列内容:

(i)驾驶员的身份信息;

(ii)驾驶员持有的执照(类别和编号)和等级;

(iii)驾驶员航空经历,包括各种训练、考试和检查的实施时间和结果,上述内容可以用于判断驾驶员在本规则运行中驾驶航空器的资格;

(iv)驾驶员当前的职责和被委派执行该职责的日期;

(v)驾驶员持有的体检合格证的有效期限和级别;

(vi)驾驶员飞行时间的详细记录,以用于判断其是否遵守本规则第136.89条规定的飞行时间限制;

(vii)由于健康原因或者丧失资格被解除驾驶员职责的行为。

(b)运营人应当将本条(a)款(2)项要求的记录保存至少12个月。如果使用的驾驶员不再参与该运营人的运行,本条(a)款(2)项要求的记录从该驾驶员退出运行之日起保存至少12个月。

(c)对于运行运输类飞机或者涡轮动力多发飞机的运营人,还应当按照CCAR-91部第91.527条的要求进行记录保存。

(d)本条要求的记录应当以书面或者其他局方同意的方式进行保存。

第 136.85 条　运行手册要求

(a)运营人应当为其实施运行的飞行、维修和其他地面工作人员制定运行手册,并按照实际情况对手册进行及时更新。运行手册应当包括相关政策和程序。

(b)运营人应当在其主运行基地或者局方同意的其他地方保存一套运行手册,并为负责管理该运营人的局方机构提供一套运行手册。

(c)按照本条(a)款制定的运行手册中的规定不得违反涉及民航管理的规章、在国外实施运行时涉及的外国法规或者运营人的运行规范。

(d)实施运行的飞行、维修和其他地面工作人员应当持有一套运行手册或者运行手册中与其工作相关的部分,每位工作人员应当用运营人新增或者更改的内容及时更新自身的运行手册。

(e)除本条(f)款规定的情况外,运营人运行航空器离开其主运行基地时应当携带运行手册中供相应的飞行、维修和其他地面工作人员使用的相关部分。

(f)如果在备有运营人运行手册的指定维修地点对航空器进行检查或者维修的,则在飞往这些指定地点时不需要随机携带运行手册。

(g)每个作过更改的运行手册页面上均应当标明最近一次更改的日期。

第 136.87 条　运行手册的内容

除经局方批准外,运营人应当按照其实际的运行情况,在运行手册中包括下列内容:

(a)确保遵守航空器重量和平衡限制的程序。

(b)运营人的运行规范或者运行规范相关部分的摘录,包括经批准使用的航空器、机组的组成以及批准的运行种类。

(c)事故报告程序。

(d)确保机长了解航空器已经完成要求的维修并得到重返运行放行批准的程序。

(e)报告和记录机长在飞行前、飞行中和飞行后发现的机械不正常情况的程序。

(f)机长确认上次飞行中发现的机械不正常情况或者缺陷是否修复或者推迟修复的程序。

(g)机长在航空器需要在非计划地点进行维修和获取服务时需要遵守的程序。

(h)仪表或者设备不工作时的运行程序,以及特定类型的运行所需的设备在航路上发生故障或者失效时,判断是否放行和继续飞行的程序。

(i)航空器加油、清除燃油污染、防火(包括静电防护),以及加油期间管理和保护乘客所需遵守的程序。

(j)必要时,机长按照 CCAR-91 部第 91.511 条的要求对乘客进行安全讲解时需遵守的程序。

(k)确保遵守应急程序的程序,包括在紧急情况下机组必需成员的职责分工和应急撤离时的职责分工。

(l)紧急情况下将需要他人协助的乘客撤离至出口应当遵守的程序。

(m)考虑起飞、着陆和航路等条件因素进行性能计划的程序。

(n)符合局方规定的保存和查询维修记录的合适系统(包括电子系统)。

(o)由运营人发出的或者局方要求的有关运行的其他程序和政策指令。

第 136.89 条　驾驶员的资格要求和飞行时间限制

(a)运营人应当使用符合下列要求的驾驶员:

(1)持有按照 CCAR-61 部颁发的商用驾驶员执照或者以上等级或者签注的执照。

(2)根据其所参加的运行的种类,满足本规则其他章和 CCAR-61 部中规定的其他相应要求。

(b)运营人使用驾驶员,应当满足下列飞行时间限制要求:

(1)除经局方批准外,每日飞行时间不超过 10 小时。

(2)任何 7 个连续日历日内飞行时间不超过 40 小时。

(3)每个日历月内的飞行时间不超过 120 小时。

(4)每个日历年内的飞行时间不超过 1400 小时。

第 136.91 条　直升机

对于实施机外载荷作业飞行的直升机,直升机和外挂物吊挂设备组合应当满足 CCAR-27 部或者 CCAR-29 部的相关要求并通过型号合格审定。

第 136.93 条　人员要求

(a)实施直升机机外载荷作业运行的运营人至少有一名驾驶员持有商用或者航线运输驾驶员执照,并具有适合于本规则第 136.91 条所述直升机的航空器等级。

(b)实施直升机机外载荷作业运行的运营人应当指定一名驾驶员作为总飞行师负责实施直升机机外载荷作业运行,还可以在必要时指定一名副总飞行师,以便在总飞行师不在时行使总飞行师的职责。总飞行师和副总飞行师应当经局方认可、持有本条(a)款所述的执照和等级并且满足本规则第 136.95 条的要求。

(c)实施直升机机外载荷作业运行的运营人在更换总飞行师和副总飞行

师时,应当及时向其运行合格证管理局飞行标准部门报告。总飞行师或者副总飞行师停止工作后,除非得到局方特殊批准,应当在 30 日内指定新的符合(b)款要求的总飞行师或者副总飞行师,否则应当停止直升机机外载荷作业运行。

第 136.95 条　知识和技能要求

(a)除本条(d)款规定外,按照本规则第 136.93 条(b)款指定的总飞行师和副总飞行师应当具备本条(b)款和(c)款要求的知识和技能,并通过局方的考试。

(b)需考试的理论知识(口试或者笔试)包括下列各项:

(1)作业飞行前应当完成的工作步骤,包括作业区的勘察。

(2)物体装载、索系、固定的正确方法。

(3)所用直升机按经批准的操作程序和限制实施运行时的性能。

(4)飞行机组和地面人员操作指南。

(5)相应的直升机与载荷组合飞行手册。

(c)飞行技能的考试应当包括运营人申请的每一载荷级别的直升机的下列机动动作:

(1)起飞和着陆。

(2)悬停时的方向控制。

(3)从悬停状态下增速。

(4)在作业速度下的飞行。

(5)进入着陆或者作业区。

(6)将机外载荷物移至投放位置的操作。

(7)如安装绞车用于升降载荷,应演示绞车的操作。

(d)如果局方根据总飞行师或者副总飞行师在直升机机外载荷作业的先前经验和安全记录,认为其具有足够的知识和技能,则可不要求其参加本条(a)款要求的考试。

第 136.97 条　直升机与载荷组合的级别划分

直升机与载荷组合(包括外部载荷固定装置),按下列规定分为 A、B、C、D 级:

(a)A 级直升机与载荷组合:外部载荷物不能被自由移动和投放,并且不能低于起落架而触地。

(b)B 级直升机与载荷组合:外部载荷物可以被投放,在直升机作业飞行期间载荷物可以从地面或者水面被提起。

(c)C 级直升机与载荷组合:外部载荷物可以被投放,在直升机作业飞行期间外部载荷物与地面或者水面保持接触。

(d)D 级直升机与载荷组合:局方特别批准的不属于 A、B、C 任何一级的组合,包括涉及外部搭载或者延伸的人员载荷。

第 136.99 条　操作规则

(a)任何人不准在没有直升机与载荷组合手册或者违反第 136.111 条规定的内容的情况下实施直升机机外载荷作业飞行。

(b)进行直升机机外载荷作业飞行应当满足下列要求:

(1)使用的直升机符合本规则第 136.91 条要求。

(2)直升机和直升机与载荷组合在运营人合格证或者运行规范中得到批准。

(c)当操作人员使用同一级别直升机,但外部载荷物的构型与该操作人员以前操作过的构型有极大区别时(无论直升机与载荷组合是否级别相同),该操作人员应当谨慎操作,避免对地面人员和财产造成危害。由局方确定是否对此类操作的直升机与载荷组合实行跟踪检查,如检查,内容应当包括:

(1)确定直升机与载荷组合的重量和重心位置在批准的限制之内,外部载荷安全系牢,外部载荷物不影响紧急设备的释放功能。

(2)做一次起飞,确认操作性是否满意。

(3)悬停时确认有足够的方向控制。

(4)向前做一次加速飞行来确定直升机不会出现无法控制或者危险的姿态。

(5)向前飞行时,检查外部载荷物是否有危险的摆动,当驾驶员看不到机外载荷物时,其他机组成员或者地面人员可以进行此项检查并向驾驶员发出信号。

(6)增加前飞速度,确认在操作速度上不会出现危险摆动或者危险气动抖动。

(d)尽管本规则有限制,如果实施的机外载荷作业飞行不会对地面人员和财产造成危害并且满足下列条件,仍可在人口稠密区进行作业飞行:

(1)实施作业飞行的人员应当制定符合局方要求的完整作业飞行计划,并与有管辖权的地方飞行标准部门进行协调。计划中应当包括与人口稠密区负责单位签署的飞行期间禁止人员入内的协议,空中交通管制的协调和详细的飞行线路和高度图。

(2)每次飞行应当按照一定的高度和航迹,在紧急情况下保证可释放物得到释放、直升机可着陆并且对地面人员和财产不造成危害。

(e)除本规则第 136.105 条规定外,如果机外载荷作业飞行不会造成对地面人员和财产的危害,仍可以进行低于地表高度 150 米和接近人员、船只、车辆和建筑物小于 150 米的机外载荷作业飞行必要的进离场、作业必需的载荷物体位移的操作。

(f)除经局方特殊批准外,任何人不得在仪表飞行规则下实施直升机机外载荷的作业飞行。任何时候,不准许将人员作为外部载荷物挟带,在仪表飞行规则下飞行。

第 136.101 条　运载人员

(a)在进行直升机机外载荷作业飞行时,不得运载下列人员之外的人员:

(1)飞行机组成员。

(2)接受训练的机组成员。

(3)完成机外载荷作业有关任务所必需的乘员。

(b)起飞前,机长应当确保机上所有乘员接受了有关机外载荷作业飞行期间所遵循的程序(包括正常、非正常、应急程序)和所使用的设备的简介。

第 136.103 条　机组成员训练、近期经历和检查的要求

(a)实施直升机机外载荷作业的飞行机组成员应当满足下列要求:

(1)根据本规则第 136.95 条的要求,通过局方有关直升机与载荷组合的相关知识和技能的考试。总飞行师和副总飞行师以外的驾驶员的考试,可由总飞行师或者副总飞行师进行。

(2)随身携带证明其符合本条(a)款(1)项要求的证明或者飞行经历记录本。

(b)实施 D 级直升机与载荷组合的直升机机外载荷作业飞行的飞行机组成员,应当在前 12 个日历月内成功完成经批准的初始或者复训训练大纲的训练。

(c)飞行机组成员如果在前 12 个日历月内,在相同直升机与载荷组合的相同型别直升机上作过直升机机外载荷操作,则可免除本条(b)款要求的复训。

第 136.105 条　飞行特性要求

(a)实施直升机机外载荷作业飞行的运营人应当按照本条(b)款的相应要求接受飞行操作检查,向局方证明其所用的直升机与载荷组合具有良好的飞行特性。在进行飞行操作检查时,外部载荷物(包括外部载荷连接装置)的重量应当是运营人申请批准的最大重量。

(b)飞行操作检查应当至少包括下列飞行动作:

(1)起飞和着陆。

(2)悬停时具有足够的方向操纵性。

(3)从悬停状态下增速。

(4)在多个空速上平飞,直至申请批准的最大空速。

(5)外部载荷物挂接的操作。

(6)相应提升设备的使用。

(7)在可能遇见的飞行操作条件下,机动飞行至外部载荷物释放位置,使用每一种快速机载释放装置释放外部载荷物。

第 136.107 条　结构和设计

(a)机外载荷连接装置和快速释放装置应当按照 CCAR-27 部、CCAR-29 部或者《民用航空产品和零部件合格审定规定》(以下称为 CCAR-21 部)的相应规定获得批准。

(b)直升机与载荷组合的总重量不得超过该直升机型号合格审定批准的最大重量。在所有的载荷条件下,重心的位置应当位于该直升机型号合格审定确定的范围之内。对于 C 级直升机与载荷组合,应当确定载荷力的大小和方向,在该力的作用之下,重心位置仍能保持在规定的范围之内。

第 136.109 条　操作极限

除直升机飞行手册和局方规定的操作极限外,实施直升机机外载荷作业飞行的运营人应当在直升机与载荷组合飞行手册中至少规定下列限制:

(a)该直升机与载荷组合只能在按照本规则第 136.107 条(b)款制定的重量和重心限制之内方可运行。

(b)当机外载荷的重量超过了本规则第 136.105 条和第 136.107 条规定的重量时,该直升机与载荷组合不得运行。

(c)该直升机与载荷组合的空速不得超过本规则第 136.105 条(b)款规定的最大空速。

(d)任何人不得使用适航审定为限制类的直升机在人口稠密区、繁忙航路和有航班活动期间的公共航空运输机场附近进行直升机机外载荷作业飞行。

(e)只有符合下列条件时方可实施 D 级直升机与载荷组合的运行:

(1)所用直升机的操作重量应当符合 A 类性能直升机型号合格审定要求,并且满足 1 级性能运行要求。

(2)该直升机应当装备可供机组必需成员之间直接进行双向无线电通话的设备。

(3)人员升降设备应当符合适航审定要求。

(4)升降设备应当具有应急释放装置,该装置的释放操作应当由两个完全不同的动作组成。

第 136.111 条　直升机与载荷组合飞行手册

实施直升机机外载荷作业飞行的运营人应当制定直升机与载荷组合飞行手册并呈送局方审核。该手册应当根据 CCAR-27 部和 CCAR-29 部中有关直升机飞行手册的规定进行编写。无需将高度—速度包线数据列为操作限制。手册应当包括下列内容：

(a)操作限制、程序(正常和应急)、性能和本章要求的其他信息。

(b)根据第 136.105 条、第 136.107 条证实适航的直升机与载荷组合的级别。

(c)在直升机与载荷组合飞行手册的有关信息章节中应当包括下列内容：

(1)操作特定直升机与载荷组合时发现的独有特性。

(2)直升机与载荷组合的静电防护措施。

(3)直升机机外载荷安全运行的其他必要信息。

第 136.113 条　标志和标牌

下列标志和标牌应当固定在醒目的位置,并且不易被擦损和遮盖：

(a)在驾驶舱或者机舱内的标牌应当载明该直升机被批准的直升机与载荷组合的级别和第 136.109 条(a)款所规定的载运限制。

(b)处于机外载荷连接装置旁的标牌、标志或者说明应当载明第 136.109 条(c)款作为操作限制所确定的最大机外载荷重量。

E 章　跳伞服务飞行

第 136.121 条　运营人的记录保存

(a)运营人应当在其主运行基地或者局方同意的其他地方保存下列资料,并接受局方检查：

(1)运营人的运行规范。

(2)运营人为运行中所使用的每位驾驶员单独建立的记录,该记录应当包括下列内容：

(i)驾驶员的身份信息；

(ii)驾驶员持有的执照(类别和编号)和等级；

(iii)驾驶员航空经历,包括各种训练、考试和检查的实施时间和结果,上述内容可以用于判断驾驶员在本规则运行中驾驶航空器的资格；

(iv)驾驶员当前的职责和被委派执行该职责的日期；

(v)驾驶员持有的体检合格证的有效期限和级别；

(vi)驾驶员飞行时间的详细记录,以用于判断其是否遵守本规则第 136.

127 条规定的飞行时间限制；

(vii)由于健康原因或者丧失资格被解除驾驶员职责的行为。

(3)关于下列内容的叠伞记录：

(i)每个降落伞的每次叠伞日期、地点及叠伞负责人；

(ii)每个降落伞存在的任何破损描述及处置程序和措施。

(b)特殊商业运营人必须将本条(a)款(2)项、(a)款(3)项和(a)款(4)项要求的记录保存至少 12 个月。如果使用的驾驶员不再参与该运营人的运行，本条(a)款(2)项和(a)款(3)项要求的记录从该驾驶员退出运行之日起保存至少 12 个月。

(c)对于运行运输类飞机或者涡轮动力多发飞机的运营人，还应当按照 CCAR-91 部第 91.527 条的要求进行记录保存。

(d)本条要求的记录应当以书面或者其他局方同意的方式进行保存。

第 136.123 条　运行手册要求

(a)运营人应当为其实施运行的飞行、维修和其他地面工作人员制定运行手册，并按照实际情况对手册进行及时更新。运行手册应当包括相关政策和程序。

(b)运营人应当在其主运行基地或者局方同意的其他地方保存一套运行手册，并为负责管理该运营人的局方机构提供一套运行手册。

(c)按照本条(a)款制定的运行手册中的规定不得违反涉及民航管理的规章、在国外实施运行时涉及的外国法规或者运营人的运行规范。

(d)实施运行的飞行、维修和其他地面工作人员应当持有一套运行手册或者运行手册中与其工作相关的部分，每位工作人员应当用运营人新增或者更改的内容及时更新自身的运行手册。

(e)除本条(f)款规定的情况外，运营人运行航空器离开其主运行基地时应当携带运行手册中供相应的飞行、维修和其他地面工作人员使用的相关部分。

(f)如果在备有运营人运行手册的指定维修地点对航空器进行检查或者维修的，则在飞往这些指定地点时不需要随机携带运行手册。

(g)每个作过更改的运行手册页面上均应当标明最近一次更改的日期。

第 136.125 条　运行手册的内容

除经局方批准外，运营人应当按照其实际的运行情况，在运行手册中包括下列内容：

(a)确保遵守航空器重量和平衡限制的程序。

(b)运营人的运行规范或者运行规范相关部分的摘录，包括经批准使用的航空器、机组的组成以及批准的运行种类。

(c)事故报告程序。

(d)确保机长了解航空器已经完成要求的维修并得到重返运行放行批准的程序。

(e)报告和记录机长在飞行前、飞行中和飞行后发现的机械不正常情况的程序。

(f)机长确认上次飞行中发现的机械不正常情况或者缺陷是否修复或者推迟修复的程序。

(g)机长在航空器需要在非计划地点进行维修和获取服务时需要遵守的程序。

(h)仪表或者设备不工作时的运行程序,以及特定类型的运行所需的设备在航路上发生故障或者失效时,判断是否放行和继续飞行的程序。

(i)航空器加油、清除燃油污染、防火(包括静电防护),以及加油期间管理和保护乘客所需遵守的程序。

(j)必要时,机长按照 CCAR-91 部第 91.511 条的要求对乘客进行安全讲解时需遵守的程序。

(k)确保遵守应急程序的程序,包括在紧急情况下机组必需成员的职责分工和应急撤离时的职责分工。

(l)紧急情况下将需要他人协助的乘客撤离至出口应当遵守的程序。

(m)考虑起飞、着陆和航路等条件因素进行性能计划的程序。

(n)符合局方规定的保存和查询维修记录的合适系统(包括电子系统)。

(o)由运营人发出的或者局方要求的有关运行的其他程序和政策指令。

第 136.127 条　驾驶员的资格要求和飞行时间限制

(a)运营人应当使用符合下列要求的驾驶员:

(1)持有按照 CCAR-61 部颁发的商用驾驶员执照或者以上等级或者签注的执照。

(2)根据其所参加的运行的种类,满足本规则其他章和 CCAR-61 部中规定的其他相应要求。

(b)运营人使用驾驶员,应当满足下列飞行时间限制要求:

(1)除经局方批准外,每日飞行时间不超过 10 小时。

(2)任何 7 个连续日历日内飞行时间不超过 40 小时。

(3)每个日历月内的飞行时间不超过 120 小时。

(4)每个日历年内的飞行时间不超过 1400 小时。

第 136.129 条　机长的资格要求

在跳伞服务飞行中担任航空器机长的驾驶员应当满足下列要求：

(a)至少持有带合适类别等级和级别等级的商用驾驶员执照，以及在需要时，带有适合于该航空器的型别等级的商用驾驶员执照。

(b)当运行飞机时，至少具有 350 小时驾驶员飞行经历时间。

(c)对于首次在跳伞服务飞行中某种型号航空器上担任机长的驾驶员，应当完成针对该型号航空器至少下列内容的训练：

(1)地面训练：

(i)飞行前检查程序。

(ii)航空器限制。

(iii)重量与平衡，包括：起飞性能计算、飞行中重心变化、着陆形态确定。

(iv)低速飞行，包括：最小速度飞行、打开和关闭跳伞舱门(必要时)、失速的识别和改出。

(v)应急程序，包括：常用的应急程序、跳伞活动引发的应急程序。

(vi)航空器适航性的确定，包括：维修要求和程序、最低设备清单(必要时)。

(vii)发动机失效后的最佳滑翔比速度。

(2)飞行训练：

(i)特定商载下的起飞和着陆。

(ii)跳伞过程中的重心变化。

(iii)失速和螺旋(必要时)的识别和改出。

(iv)跳伞过程中构型变化，包括擦机尾的预防程序。

第 136.131 条　跳伞教练要求

(a)实施跳伞服务飞行的运营人应确认跳伞教练满足下列要求：

(1)具有至少 3 年的跳伞经历。

(2)使用翼伞完成至少 500 次跳伞经历。

(3)持有中华人民共和国合法团体组织或境外合法团体组织颁发的双人跳伞资质证明。

(4)圆满完成由运营人或降落伞生产厂家组织的针对拟使用的双人跳伞装置的知识和操作培训。

第 136.133 条　登机前对乘客跳伞员的简介

每次登机前，运营人应当确认跳伞教练已向乘客跳伞员完成紧急情况下相关程序的口头简介，该简介应当包括飞行中、跳出航空器时、自由下落阶段、开伞阶段、准备接地阶段的应急程序。如果使用的降落伞配备了手动主伞开伞设备,应当通过简介使乘客跳伞员掌握该设备的使用方法。

第 136.135 条　跳伞装置要求

实施跳伞服务飞行的运营人应当确认双人跳伞装置满足下列要求:

(a)主伞应当配备单点释放系统,且在跳伞教练使用前已由运营人指定的叠伞员按照规定的方法和程序包伞,包好的伞应当在 180 日内使用。

(b)备份伞应当由运营人指定的叠伞员按照规定的方法和程序包伞,包好的伞的有效期视材料而定:

(1)由尼龙、人造丝或者其他类似合成纤维,或者由抗霉损与抗腐蚀材料制成的伞衣、伞绳和背带而组成的降落伞系统的包装有效期为 180 日;

(2)由丝织绸、柞丝绸或者其他天然纤维以及本条(b)款(1)项规定之外的材料制成的降落伞系统,其包装有效期为 60 日。

(c)降落伞配备的自动开伞装置应当由降落伞生产厂家认可,并满足下列要求:

(1)按照降落伞生产厂家的建议进行定期维护。

(2)在每次跳伞活动实施前已按照厂家规定程序设置在"待命"位置。

第 136.137 条　叠伞员要求

实施跳伞服务飞行的运营人应当确认叠伞员满足下列要求:

(a)应当具备本条(b)款要求的知识和技能,并通过运营人组织的考试。

(b)需考试的理论知识包括下列关于降落伞的结构、叠伞、维护以及生产厂家建议程序等各项:

(1)叠伞,包括:要求、准备、检查、折叠、安放和封口等。

(2)降落伞的使用和保养,包括:各部件的功能和组装、操作和保管、通风和防潮、受力分析等。

(3)降落伞结构的详细说明,包括:伞绳、背带、伞包、释放设备、使用说明等。

(4)降落伞的修护,包括:修护标准、伞包等各部件修护、缝纫修补、缝纫设备要求、清洗方法等。

(5)降落伞的换件,包括:换件标准、各部件的换件方法等。

(c)已在运营人指定的叠伞员指导监视下完成至少 20 次某特定型号降落伞的叠伞工作,并经运营人考核合格;或者连续独立完成至少 10 次某种特定型号降落伞的叠伞工作并已由跳伞教练在非经营的跳伞活动中安全使用。

第 136.139 条　叠伞设施

为保证叠伞工作的顺利完成,实施跳伞服务飞行的运营人应当确认配备下列设施:

(a)能够提供必要的加热、照明和通风的独立合适工作间,以利于降落伞的通风和防潮。

(b)必要充足的叠伞工具和设备,并便于叠伞员存放这些工具和设备。

(c)至少一个5米宽,10米长,表面整洁、干净的专用平面区域(或者铺设垫布),仅用于叠伞工作。

第136.141条　标志和标牌

关于航空器的最大配载及重量分配要求的标志和标牌应当固定在醒目的位置,便于乘员识读并且不易被擦损和遮盖。

F章　航空器代管人

第136.151条　适用范围

(a)本章运行合格审定和运行管理规则只适用于使用下列航空器进行私用飞行的航空器代管:

(1)适航审定为运输类涡轮动力多发飞机;

(2)适航审定为运输类直升机。

(b)本章为使用航空器代管人所提供的航空服务的航空器所有权人规定了权利和义务。

第136.153条　本章中使用的术语及其解释

在本章中使用的术语解释如下:

(a)代管航空器,是指参加完全产权或者部分产权项目的航空器。在完全产权项目中,所有权人对航空器拥有全部产权;在部分产权项目中,部分产权所有权人拥有航空器的至少一个最低部分产权份额,并将此部分产权份额用于该航空器的干租交换,并签订项目协议。

(b)完全产权项目,是航空器代管人管理航空器的一种组织方式,必须满足下列所有条件:

(1)代管航空器的所有权人对航空器拥有完全产权。对于通过融资租赁方式一段时间内独自拥有航空器使用权的承租人在融资租赁协议有效期内可视为对航空器拥有完全产权;

(2)所有代管服务仅由一个航空器代管人提供;

(3)签订了多年有效的完全产权项目协议,包括财产所有权、完全产权项目的代管服务等方面的内容。

(c)部分产权项目,是航空器代管人管理航空器的一种组织方式,必须满足下列所有条件:

(1)代管航空器由一个或者一个以上部分产权所有权人拥有,并且至少有一架航空器由不止一个所有权人拥有;

(2)每个所有权人在一架或者一架以上代管航空器上拥有至少一个最低部分产权份额;

(3)所有代管服务仅由一个航空器代管人提供;

(4)所有部分产权所有权人之间签有相互干租交换航空器的协议;

(5)签订了多年有效的部分产权项目协议,包括部分财产所有权、部分产权项目的代管服务和代管航空器干租交换协议等方面的内容。

(d)最低部分产权份额,是指按下列要求确定的产权份额:

(1)对于项目所属的固定翼亚音速飞机,等于或者大于飞机价值的十六分之一;

(2)对于项目所属的直升机,等于或者大于直升机价值的三十二分之一。

(e)航空器干租交换协议,是在部分产权项目中包含的一种用于解决航空器调配问题的协议。按照该协议,参加部分产权项目的每个部分产权所有权人,在需要时可以按照规定的条件使用其他所有权人的航空器。

(f)代管服务,是指航空器代管人向所有权人提供的管理及航空专业服务,该种服务工作至少包括航空器运行安全指导材料的建立和修订工作,以及针对以下各项所提供的服务:

(1)代管航空器及机组人员的排班;

(2)代管航空器的维修;

(3)为所有权人或者代管人所使用的机组人员提供训练;

(4)建立和保持记录。

第 136.155 条　航空器代管人的权利

航空器代管人可以按照局方颁发的运行规范中批准的运行种类、范围、标准以及附加的条件和限制,本规则中适用于该代管人的条款的要求,以及其他适用法规的要求实施运行。

第 136.157 条　代管协议

航空器所有权人和航空器代管人之间应当书面明确下列内容:

(a)要求航空器代管人在实施完全产权项目或者部分产权项目时遵守本章所有适用规定。

(b)航空器所有权人或者其委派的代表有权检查代管人与运行安全有关的各种记录。

(c)航空器所有权人或者其委派的代表有适当的权力进行运行安全方面的审核。

(d)委托航空器代管人作为航空器所有权人的代理机构。对于局方发送给航空器所有权人的与项目有关的通告,指定代管人为接收这些通告的唯一机构,并且同意局方只将这些通告发送给作为产权所有权人代理人的航空器代管人。代管人有义务将该通告转告航空器所有权人。

第 136.159 条　航空器所有权人使用代管航空器

(a)航空器所有权人不得使用代管航空器从事以取酬为目的的商用飞行。

(b)航空器所有权人使用代管航空器实施私用飞行时,不得收取 CCAR-91 部第 91.501 条(d)款规定之外的费用。

(c)在部分产权项目中,部分产权所有权人拥有一架代管航空器的最低部分产权份额后,在整个多年有效的项目协议生效期间,所有权人使用代管航空器的小时数之和不得超出该所有权人所拥有的产权份额所对应的小时数。

第 136.161 条　航空器所有权人的航空器使用控制责任

(a)如果满足下列所有条件,航空器所有权人对代管航空器具有使用控制权:

(1)航空器所有权人按照第 136.157 条至第 136.163 条规定的限制,具有控制代管航空器的权利;

(2)航空器所有权人已经发出了使用代管航空器载运其指定的乘客或者物品的指令;

(3)代管航空器正在载运前项所述的乘客或者物品。

(b)当代管航空器被用于管理目的,如进行演示飞行、调机飞行、维修后验证飞行或者训练飞行,并且在航空器上未载运所有权人指定的乘客或者物品时,航空器所有权人不具有使用控制权。

(c)对代管航空器进行使用控制的航空器所有权人应当对遵守本规则的所有适用规定负责,包括所有与本次飞行有关的飞行和适航规定。航空器所有权人可以委托代管人来完成部分或者所有实施航空器运行所需进行的工作,也可以借助代管人的航空专业技能和管理服务,在这种情况下,航空器所有权人和航空器代管人应当共同遵守规章要求。

第 136.163 条　航空器所有权人对使用控制责任的理解和确认

(a)在航空器所有权人和航空器代管人之间首次签订项目代管服务协议,或者重新签订或续签了这一协议时,代管人应当向所有权人阐明其在使用控制方面的责任,航空器所有权人应当完全理解其责任范围并签注一份认可其责任的确认书。确认书应当与项目代管服务协议附在一起。航空器所有权人应当在确认书中声明,所有权人在按照本规则的规定使用代管航空器时,认为其对所使用的航空器进行了控制,并且完全清楚其在该项目中的使用控制责任。确认书还应当包括下列内容的声明：

(1)航空器所有权人有责任确保遵守所有适用规定；

(2)如果违反规定,航空器所有权人有可能受到局方的处罚；

(3)如果发生伤害人身或者财产的飞行事故,航空器所有权人有可能需要承担重要责任。所有权人的签字表明该所有权人已经阅读、理解并接受确认书中所载的关于其使用控制责任的内容。

(b)航空器代管人应当确保所有权人及其委任的代表能够查阅确认书。航空器代管人还应当确保局方能够查阅所有代管航空器的确认书。

第 136.165 条　航空器代管人在确保遵守规章方面的责任

航空器代管人应当提供良好的项目代管服务,以保证所有权人在进行使用控制的运行中遵守本章和 CCAR-91 部中所有适用规定。

第 136.167 条　航空器代管人的记录保存

(a)航空器代管人应当在其主运行基地或者局方同意的其他地方保存下列资料,并接受局方检查：

(1)航空器代管人的运行规范。

(2)一份最新的清单,列出局方按照本章审定后批准其在运行中使用的航空器、每架航空器经装备可以实施的运行(如 MNPS、RNP5/10、RVSM 等)以及每架航空器的所有权人。

(3)为运行中所使用的每位驾驶员单独建立的记录,该记录应当包括下列内容：

(i)驾驶员的身份信息；

(ii)驾驶员持有的执照(类别和编号)和等级；

(iii)驾驶员航空经历,包括各种训练、考试和检查的实施时间和结果,上述内容可以用于判断驾驶员在本规则运行中驾驶航空器的资格；

(iv)驾驶员当前的职责和被委派执行该职责的日期；

(v)驾驶员持有的体检合格证的有效期限和级别；

(vi)驾驶员飞行时间的详细记录,以用于判断其是否遵守本规则第 136.191 条规定的飞行时间限制；

(vii)由于健康原因或者丧失资格被解除驾驶员职责的行为。

(b)航空器代管人应当将本条(a)款(2)项要求的记录保存至少 6 个月,将本条(a)款(3)项要求的记录保存至少 12 个月。如果使用的驾驶员不再参与该航空器代管人的运行,本条(a)款(3)项要求的记录从该驾驶员退出运行之日起保存至少 12 个月。

(c)在航空器起飞前,航空器代管人应当制定装载舱单,并对其准确性负

责。机长在收到并核实装载舱单后方可起飞。舱单应当包括下列内容:

(1)乘客人数。

(2)装载后航空器的总重。

(3)该次飞行的最大允许起飞重量。

(4)重心限制。

(5)装载后的航空器重心,但如果航空器根据装载表或者其他符合局方规定的方法进行装载,能够确保装载后的航空器重心不会超出航空器的限制,则不需要计算真正的重心。在这种情况下,需在舱单上注明,根据装载表或者其他符合局方规定的方法,该航空器的重心在限制之内。

(6)航空器的登记号。

(7)本次飞行的始发地和目的地。

(8)机组成员的姓名及其机组职位。

(d)航空器的机长应当将一份完整的舱单随飞机携带至目的地。航空器代管人应当在其主运行基地或另一符合局方规定的地点保留舱单至少 30 个日历日。

(e)航空器代管人应当为每次飞行提供一份书面文件,在文件中声明该次飞行的运行控制责任方。机长应当将上述文件随飞机携带至目的地。航空器代管人应当在其主运行基地或另一符合局方规定的地点保留该文件至少 30 个日历日。

(f)本条要求的记录应当以书面或者其他局方同意的方式进行保存。

(g)经局方按照 CCAR-121 部或者 CCAR-135 部审定合格的航空器代管人,可以使用符合 CCAR-121 部或者 CCAR-135 部所要求的记录来满足本条的要求。

第 136.169 条　运行手册要求

(a)运营人应当为其实施运行的飞行、维修和其他地面工作人员制定运行手册,并按照实际情况对手册进行及时更新。运行手册应当包括相关政策和程序。如果局方认为由于代管人的运行规模较小,没有必要为其飞行、维修或其他地面工作人员制定运行手册或运行手册的某些部分,则可以批准代管人偏离本条要求。

(b)航空器代管人应当在其主运行基地或者局方同意的其他地点保存一套运行手册,并为负责管理该代管人的局方机构提供一套运行手册。

(c)按照本条(a)款制定的运行手册中的规定不得违反涉及民航管理的规章、在国外实施运行时涉及的外国法规或者代管人的运行规范。

(d)实施运行的飞行、维修和其他地面工作人员应当持有一套运行手册或者运行手册中与其工作相关的部分，每位工作人员应当用运营人新增或者更改的内容及时更新自身的运行手册。

(e)除本条(f)款规定的情况外，运营人运行航空器离开其主运行基地时应当携带运行手册中供相应的飞行、维修和其他地面工作人员使用的相关部分。

(f)如果在备有代管人运行手册的指定维修地点对航空器进行检查或者维修的，则在飞往这些指定地点时不需要随机携带运行手册。

(g)每个作过更改的运行手册页面上均应当标明最近一次更改的日期。

第 136.171 条　运行手册的内容

除经局方批准外，航空器代管人应当按照其实际的运行情况，在运行手册中包括下列内容：

(a)确保遵守航空器重量和平衡限制的程序。

(b)航空器代管人的运行规范或者运行规范相关部分的摘录，包括经批准的运行区域、经批准使用的航空器、机组的组成以及批准的运行种类。

(c)事故报告程序。

(d)确保机长了解航空器已经完成要求的维修并得到重返运行放行批准的程序。

(e)报告和记录机长在飞行前、飞行中和飞行后发现的机械不正常情况的程序。

(f)机长确认上次飞行中发现的机械不正常情况或者缺陷是否修复或者推迟修复的程序。

(g)机长在航空器需要在非计划地点进行维修和获取服务时需要遵守的程序。

(h)仪表或者设备不工作时的运行程序，以及特定类型的运行所需的设备在航路上发生故障或者失效时，判断是否放行和继续飞行的程序。

(i)航空器加油、清除燃油污染、防火(包括静电防护)，以及加油期间管理和保护乘客所需遵守的程序。

(j)机长按照 CCAR-91 部第 91.511 条的要求对乘客进行安全讲解时需遵守的程序。

(k)确保遵守应急程序的程序，包括在紧急情况下机组必需成员的职责分工和应急撤离时的职责分工。

(l)如适用，经批准的航空器检查大纲。

(m)紧急情况下将需要他人协助的乘客撤离至出口应当遵守的程序。

(n)考虑起飞、着陆和航路等条件因素进行性能计划的程序。

(o)如果代管人使用本规则第136.179条(c)款规定的缩短的跑道使用长度,则应当包含经批准的目的地机场分析,该机场分析应当包含建立超过本规则136.179(b)款允许范围的目的地机场跑道余度的程序。该程序必须依据航空器制造商为相应的跑道条件公布的航空器性能数据,并考虑以下因素的影响:

(1)驾驶员的资格和经历;

(2)由航空器制造商提供的包括正常、非正常和紧急程序的性能数据;

(3)机场设施和地形;

(4)跑道状况(包括污染状况);

(5)机场或地区气象报告;

(6)需要时,适当增加的跑道余度。

(p)符合局方规定的保存和查询维修记录的合适系统(包括电子系统)。

(q)飞行定位和排班程序。

(r)由航空器代管人发出的或者局方要求的有关运行的其他程序和政策指令。

第136.173条　航空器排班和飞行定位要求

(a)航空器代管人应当建立并使用航空器排班和放行系统。

(b)航空器代管人应当按照下列要求建立一套确定运行中航空器位置的系统:

(1)该系统至少可以为代管人提供目视飞行规则飞行计划所要求的信息。

(2)如果航空器失踪或未能按预达时间到达目的地,可以及时通知局方或相关搜寻救援机构。

(3)如果在无法保持通信联络的偏远地区实施飞行,该系统可以向代管人提供重新建立无线电或电话通信联络的地点、日期和预计时间。

(c)有关飞行定位资料应当存放在航空器代管人的主运行基地或其指定的其他地方,直至飞行结束。

第136.175条　必需的运行信息

(a)航空器代管人应当为驾驶员提供下列最新有效的资料。该类资料应当以便于获取信息的方式编制,并且放置在驾驶员可以从其驾驶座位上易于取用的地方:

(1)驾驶舱检查单;

(2)对于多发航空器或带可收放起落架的航空器,按适用情况包含本条(c)款要求的程序的驾驶舱应急检查单;

(3)至少一套相关的航空图表;

(4)对于仪表飞行规则运行,至少一份适用的航路、终端区以及进近航图;

(b)本条(a)款(1)项要求的驾驶舱检查单中应当按照以下各个阶段列出检查项目:

(1)开车前;

(2)起飞前;

(3)起飞后;

(4)着陆前;

(5)着陆后;

(6)关车。

(c)本条(a)款(2)项要求的驾驶舱应急检查单应当按适用情况包含以下方面的程序:

(1)对燃油、液压、电气和机械系统的应急操作;

(2)仪表和控制系统的应急操作;

(3)发动机失效程序;

(4)其他保证安全所需的应急程序。

第136.177条　对乘客的安全简介

(a)除本条(f)款规定的情况外,在载运乘客的代管航空器起飞之前,机长应当确保航空器上所有乘客得到下列内容的口头简介:

(1)何时、何地和在何种情况下禁止吸烟。该简介应当包含如下申明:涉及民航管理的规章要求乘客遵守信号灯和标牌给出的禁止吸烟信号,禁止在厕所内吸烟,并听从机组成员的相关指令;

(2)何时、何地和何种情况下应当系紧安全带和肩带(如配备)。该简介应当包括如下申明:涉及民航管理的规章要求乘客遵守信号灯给出的系紧安全带的信号,并听从机组成员的相关指令;

(3)在起飞和降落前调直椅背;

(4)乘客登机门和紧急出口的位置和打开方法;

(5)救生设备的位置;

(6)CCAR-91部对跨水飞行要求的漂浮装置的使用和迫降程序;

(7)航空器上氧气设备的正常和应急使用方法;

(8)手提灭火器的位置和使用方法。

(b)除本条(f)款规定的情况外,在载运乘客的代管航空器起飞之前,机长应当确保清楚地告知每一位需要别人帮助才能迅速到达出口的人员和该人员的护理人员在发生紧急情况时撤离航空器的程序。

(c)本条(a)和(b)款要求的口头简介应当由机长或其他机组成员作出。

(d)本条(a)款要求的口头简介可以用符合局方规定的录音播放装置播放,但应当使每位乘客在正常噪音水平环境下能清晰地听到。

(e)航空器代管人应当将本条(a)款要求的口头简介的内容印制在卡片上,这些卡片必须放置在航空器上方便每位乘客取用阅读的地方。卡片的制作应当满足下列要求:

(1)适用于所使用的航空器;

(2)包括紧急出口的示意图和使用方法;

(3)包括紧急设备的使用方法。

(f)对于在该架航空器的上一航程中已接受此简介的乘客,可以不再进行本条(a)和(b)款要求的口头简介。

第 136.179 条　运输类涡轮飞机的着陆限制

(a)在运输类涡轮飞机起飞前,应当在考虑到至目的地机场或备降机场的飞行中正常的燃油和滑油消耗后,使飞机到达时的重量不超过该飞机飞行手册中针对该目的地机场或备降机场的标高以及着陆时预计的环境温度所确定的着陆重量。

(b)除本条(c)款规定外,运输类涡轮飞机起飞前,应当在考虑到飞行中正常的燃油和滑油消耗后,使该飞机到达目的地时的重量,根据飞机飞行手册中针对该目的地机场的标高和预计着陆时刻当地风的情况所规定的着陆距离,允许其在预定的目的地机场的着陆跑道上,由超障面与该跑道交点上方 15 米(50 英尺)处算起,在跑道有效长度的 85%以内作全停着陆。为确定在目的地机场的允许着陆重量,作以下假定:

(1)飞机在静止大气中在最理想的跑道上以最理想的方向着陆;

(2)考虑到可能的风速、风向和该飞机的地面操纵特性,以及考虑到诸如着陆助航设备和地形等其他条件,飞机在最适宜的跑道上着陆。

(c)可以允许飞机低于按照本条(b)款规定的跑道余度确定的起飞重量起飞,但该运行应当通过航空器代管人运行手册内的目的地机场分析,并选取一个符合本条(d)款标准的备降机场。

(d)对于为运输类涡轮飞机选择的备降机场,飞机在该机场的着陆跑道着陆时,按照本条(b)款的假设,由超障面与跑道交点上方 15 米(50 英尺)处算起,应当能够在跑道有效长度的 85%以内作全停着陆。

(e)在有关的气象报告和预报表明目的地机场跑道在预计着陆时刻可能处于湿滑状态时,该目的地机场的有效跑道长度应当至少为本条(b)款所要求的跑道长度的 115%,否则该飞机不得起飞。如果在湿滑跑道上的实际着陆技术证明,对特定型号的飞机,飞机飞行手册已经明确某一较短但不小于本条

(b)款要求的着陆距离,则可以按照飞机飞行手册的要求执行。

第 136.181 条　仪表飞行规则的起飞、进近和着陆最低标准

(a)在代管航空器上实施飞行的驾驶员应当确认符合下列条件,方可在所飞机场实施仪表进近程序:

(1)该机场具有由符合局方规定的气象服务机构管理的气象报告设施,或者具有符合局方规定的其他气象信息源;

(2)由前款所述的气象报告设施发布的最新天气报告中,包括了目的地机场当前的当地高度表设定值。如果不能提供当地高度表设定值,驾驶员可以使用进近图上标明的可替代使用的高度表设定值。

(b)制作飞行计划时,如果目的地机场没有本条(a)款(1)项所述的气象报告设施,驾驶员应当指定一个设有符合本条(a)款(1)项标准的气象报告设施的机场作为备降机场。

(c)对于涡轮动力的航空器,如果航空器的机长在该型别航空器上担任机长的飞行经历时间不足 100 小时,则其最低下降高度(MDA)或者决断高度(DA)和能见度最低标准应当在局方公布的或者航空器代管人运行规范中规定的最低标准之上增加 30 米和 800 米。但对于用作备降机场的机场,该标准不超过该机场规定的云底高度和能见度最低标准。

(d)如果机场天气条件达到或高于起飞最低标准但低于仪表飞行规则着陆最低标准,则应当在离该机场一小时飞行时间(正常巡航速度和静风条件下)的距离范围内选择起飞备降机场,否则不得从该机场起飞。

(e)进行仪表飞行规则起飞、进近和着陆的驾驶员必须遵守所飞机场的仪表进近程序和最低天气标准。

第 136.183 条　航空人员配备和使用要求

(a)参加代管航空器运行的机组成员,应当符合本规则第 136.185 条的要求和其他相关涉及民航管理的规章的要求。航空器代管人应当对所使用的机组人员进行管理和监督。

(b)航空器代管人应当考虑下列因素,为代管航空器配备数量充足的驾驶员。如果局方认为代管人所配备的驾驶员数量不能满足安全运行的要求,可以要求代管人增加驾驶员或限制其飞行频次:

(1)代管航空器的数量;

(2)航空器代管人对飞行、值勤和休息时间的规定,必须保证驾驶员满足本规则第 136.189 条和第 136.191 条的要求;

(3)实施运行的效率;

(4)训练时间。

(c)航空器代管人应当提前公布驾驶员和乘务员(如适用)的排班计划,以确保机组成员遵守本规则第136.189和第136.191条中关于飞行、值勤和休息时间的要求。

(d)航空器代管人在使用代管航空器进行私用载客飞行时,应当在机组成员中配备两名合格的驾驶员,包括一名航空器机长和一名副驾驶。

第136.185条　飞行机组的经历和资格要求

(a)在代管航空器的私用载客运行中担任机长、副驾驶和客舱乘务员的人员应当满足以下技术和经验要求:

(1)在目视飞行规则飞行中担任机长的驾驶员,其总飞行经历时间应当不少于500小时;在仪表飞行规则飞行中担任机长的驾驶员,其总飞行经历时间应当不少于1200小时。

(2)代管航空器的机长和副驾驶应当至少持有商用驾驶员执照、相应的航空器等级和仪表等级。对于具备型别等级的航空器,航空器的机长应当持有型别等级。

(3)对于航空器代管人在运行中使用的乘务员,应当接受代管人提供的必要训练。

(b)如果局方在评估航空器代管人的运行规模和范围之后,认为其机组成员可以有效履行与其职位相应的职责,局方可以批准代管人偏离本条(a)款的要求。

第136.187条　驾驶员的使用限制和搭配要求

(a)如果副驾驶在所飞机型上的飞行经历时间少于100小时,并且机长不具备飞行检查员或飞行教员资格,则在下列情况下,应当由机长完成所有起飞和着陆:

(1)在局方或代管人规定的特殊机场;

(2)机场的最新气象报告中有效能见度值等于或小于1200米(3/4英里),或跑道视程(RVR)等于或小于1200米(4000英尺)。

(3)所用跑道有水、雪、雪浆或严重影响飞机性能的情况;

(4)所用跑道的刹车效应据报告低于“好”的水平;

(5)所用跑道的侧风分量超过7米/秒(15海里/小时);

(6)在机场附近据报告有风切变;

(7)机长认为需谨慎行使机长权力的任何其他情况。

(b)在安排飞行机组搭配时,应当至少有一名驾驶员在该型飞机上具有75小时的飞行经历时间。但在下列情况下,局方可根据航空器代管人的申请,使用对其运行规范作适当增补的方法,批准偏离本款的要求:

(1)新审定合格的航空器代管人没有雇佣任何符合本款最低要求的驾驶员；

(2)航空器代管人在其机群中增加了以前未在其运行中使用过的某种型别飞机；

(3)航空器代管人建立了新的基地，指派到该基地的驾驶员需要在该基地运行的飞机上取得资格。

第 136.189 条　飞行、值勤和休息时间要求

(a)对于有关飞行、值勤和休息时间要求的条款，使用下列术语解释：

(1)扩编飞行机组，是指配备三名驾驶员的机组。

(2)日历日，是指按世界协调时或当地时间划分的一个时间段，从当日零点到次日零点之间的 24 小时。

(3)值勤期，是指机组成员在接受代管人安排的飞行任务后，从报到时刻开始，到解除任务时刻为止的连续时间段。

(4)运行延误，是指由于出现恶劣的气象条件、飞机设备故障、空中交通管制不畅等代管人或飞行机组无法控制且预先没有得知的客观原因而导致的延误。

(5)多时区飞行，在北纬 60 度和南纬 60 度之间，连续向东或向西跨越不少于 5 个时区的飞行。

(6)休息期，是指从机组成员到达休息地点起，到为执行下一次任务离开休息地点为止的连续时间段，在该段时间内，航空器代管人不得为该员安排任何工作和给予任何干扰。代管人将机组成员运送到执行飞行任务的机场，或将其从解除任务的机场运送回驻地，这些路途上所耗费的时间不应当被认为是休息期的组成部分。

(b)参加代管航空器飞行的飞行机组成员应当符合本规则第 136.189 条和第 136.191 条对飞行、值勤和休息时间的规定。

(c)在飞行任务预计结束时间之前 24 小时内，应当为飞行机组成员提供至少 10 个连续小时的休息期。

(d)由于运行延误需延长值勤时间或飞行时间时，应当得到代管人的批准并得到飞行机组的同意，且不得超出本规则第 136.191 条规定的最高限制。

(e)当待命执行飞行任务的飞行机组成员认为执行该次飞行将违反本规则的飞行、值勤和休息要求时，飞行机组成员可以拒绝执行该次飞行任务。

第 136.191 条　飞行机组的飞行、值勤和休息时间要求

(a)航空器代管人为飞行机组成员安排飞行时，应当保证飞行机组成员的总飞行时间(含所有飞行时间，如训练、调机飞行等)满足下列要求：

(1)任何 7 个连续日历日内不得超过 40 小时；

(2)任一日历月内不得超过120小时；

(3)任一日历年内不得超过1400小时。

(b)对于含一名或两名驾驶员的飞行机组，其飞行、值勤和休息时间安排应当满足下列表格中的要求：

	正常排班	运行延误后
飞行前休息时间	不少于10小时	不少于10小时
值勤时间	不超过14小时	可超过14小时 不超过16小时
飞行时间	不超过10小时	可超过10小时 不超过12小时
飞行后休息时间	不少于10小时	不少于12小时
多时区飞行后的休息时间	不少于14小时	不少于18小时

(c)对于含三名驾驶员的扩编飞行机组，其飞行、值勤和休息时间安排应当满足下列表格中的要求：

	正常排班	运行延误后
飞行前休息时间	不少于10小时	不少于10小时
值勤时间	不超过18小时	可超过18小时 不超过20小时
飞行时间	不超过14小时	不超过16小时
飞行后休息时间	不少于14小时	不少于18小时
多时区飞行后的休息时间	不少于18小时	不少于24小时

第136.193条　机组成员的应急生存训练

(a)机组必需成员应当针对所飞飞机的型别、布局及所实施的每种运行，完成本条规定的应急生存训练。

(b)应急生存训练应当包括下列内容：

(1)讲解应急工作的任务分派和程序，包括机组成员之间的协调配合。

(2)逐个讲解下列应急设备的所在位置、功能和使用方法：

(i)用于水上迫降和撤离的设备；

(ii)急救设备；

(iii)手提灭火瓶,重点是适用不同类型失火的灭火瓶型号;

(3)讲解紧急情况的处理,包括下列内容:

(i)急剧释压;

(ii)空中或地面的失火和烟雾控制程序,重点是找到客舱区域(包括所有厨房、服务舱、升降机、盥洗室和放置电影屏幕处)内的电气设备和相关的断路器;

(iii)水上迫降或其他形式的撤离,包括在紧急情况下,撤离那些需要由别人帮助才能迅速撤至某一出口的人员;

(iv)乘客或机组人员生病、受伤等非正常情况的处置;

(v)劫机和其他非法干扰情况的处理。

(4)回顾和讨论以前与实际紧急情况有关的飞行事故和事件。

(c)每一个机组成员应当使用适当的应急设备和程序进行以下几种应急演练。但对于某些特定的演练,如果局方通过机组成员的演示发现其已经得到足够的训练,则可以同意其免除这些演练:

(1)当适用时,水上迫降;

(2)紧急撤离;

(3)灭火和烟雾控制;

(4)操作和使用紧急出口,包括在适用时,展开和使用撤离滑梯;

(5)机组和乘客氧气的使用方法;

(6)当适用时,从航空器上放下救生筏,充气,使用救生绳索,以及乘客和机组的登筏;

(7)救生衣的穿戴和充气,以及在适用时,其他漂浮装置的使用。

(d)在7600米(25000英尺)以上高度的飞行中服务的机组成员,应当通过教学了解以下知识:

(1)呼吸原理;

(2)生理组织缺氧;

(3)高空不供氧情况下的有知觉持续时间;

(4)气体膨胀;

(5)气泡的形成;

(6)减压的物理现象和事件。

G章　私用大型航空器运营人

第136.201条　私用大型航空器运营人的权利

(a)私用大型航空器运营人可以按照局方颁发的运行规范中批准的运行

种类、范围、标准以及附加的条件和限制，本规则中适用于该运营人的条款的要求，以及其他适用法规的要求实施运行。

(b)除本条(a)款规定外，私用大型航空器运营人实施农林喷洒作业飞行时，还应当遵守本规则C章的规定。

(c)除本条(a)款规定外，私用大型航空器运营人实施直升机机外载荷作业飞行时，还应当遵守本规则D章的规定。

第136.203条　对使用航空器代管人服务的运营人的要求

(a)使用航空器代管人服务的私用大型航空器运营人应当对遵守本章所有适用要求负全部责任。

(b)除本条(a)款的规定外，参加航空器代管人完全产权项目或部分产权项目的私用大型航空器运营人应当遵守本规则F章中适用于该运营人的规定。

第136.205条　运营人的记录保存

(a)私用大型航空器运营人应当在其主运行基地或者局方同意的其他地方保存下列资料，并接受局方检查：

(1)运营人的运行规范；

(2)一份最新的清单，列出局方按照本章审定后批准其在运行中使用的航空器、每架航空器经装备可以实施的运行(如MNPS、RNP5/10、RVSM等)；

(3)为运行中所使用的每位驾驶员单独建立的记录，该记录应当包括下列内容：

(i)驾驶员的身份信息；

(ii)驾驶员持有的执照(类别和编号)和等级；

(iii)驾驶员航空经历，包括各种训练、考试和检查的实施时间和结果，上述内容可以用于判断驾驶员在本规则运行中驾驶航空器的资格；

(iv)驾驶员当前的职责和被委派执行该职责的日期；

(v)驾驶员持有的体检合格证的有效期限和级别；

(vi)驾驶员飞行时间的详细记录，以用于判断其是否遵守本规则第136.211条规定的飞行时间限制。

(vii)由于健康原因或丧失资格被解除驾驶员职责的行为。

(b)私用大型航空器运营人应当持续保存本条(a)款(2)和(3)项要求的记录。如果使用的驾驶员不再参与该运营人的运行，本条(a)款(3)项要求的记录从该驾驶员退出运行之日起保存至少12个月。

(c)对于运行运输类飞机或者涡轮动力多发飞机的私用大型航空器运营人，还应当按照CCAR-91部第91.527条的要求进行记录保存。

(d)本条要求的记录应当以书面或者其他局方同意的方式进行保存。

第 136.207 条　运行手册要求

(a)私用大型航空器运营人应当为其实施运行的飞行、维修和其他地面工作人员制定运行手册,并按照实际情况对手册进行及时更新。运行手册应当包括相关政策和程序。如果局方认为由于运营人的运行规模较小,没有必要为其飞行、维修或其他地面工作人员制定运行手册或运行手册的某些部分,则可以批准运营人偏离本条要求。

(b)私用大型航空器运营人应当在其主运行基地或者局方同意的其他地点保存一套运行手册,并为负责管理该运营人的局方机构提供一套运行手册。

(c)按照本条(a)款制定的运行手册中的规定不得违反涉及民航管理的规章、在国外实施运行时涉及的外国法规或者运营人的运行规范。

(d)实施运行的飞行、维修和其他地面工作人员应当持有一套运行手册或者运行手册中与其工作相关的部分,每位工作人员应当用运营人新增或者更改的内容及时更新自身的运行手册。

(e)除本条(f)款规定的情况外,运营人运行航空器离开其主运行基地时应当携带运行手册中供相应的飞行、维修和其他地面工作人员使用的相关部分。

(f)如果在备有运营人运行手册的指定维修地点对航空器进行检查或者维修的,则在飞往这些指定地点时不需要随机携带运行手册。

(g)每个作过更改的运行手册页面上均应当标明最近一次更改的日期。

第 136.209 条　运行手册的内容

除经局方批准外,运营人应当按照其实际的运行情况,在运行手册中包括下列内容:

(a)确保遵守航空器重量和平衡限制的程序。

(b)运营人的运行规范或者运行规范相关部分的摘录,包括经批准使用的航空器、机组的组成以及批准的运行种类。

(c)事故报告程序。

(d)确保机长了解航空器已经完成要求的维修并得到重返运行放行批准的程序。

(e)报告和记录机长在飞行前、飞行中和飞行后发现的机械不正常情况的程序。

(f)机长确认上次飞行中发现的机械不正常情况或者缺陷是否修复或者推迟修复的程序。

(g)机长在航空器需要在非计划地点进行维修和获取服务时需要遵守的

程序。

(h)仪表或者设备不工作时的运行程序,以及特定类型的运行所需的设备在航路上发生故障或者失效时,判断是否放行和继续飞行的程序。

(i)航空器加油、清除燃油污染、防火(包括静电防护),以及加油期间管理和保护乘客所需遵守的程序。

(j)机长按照 CCAR-91 部第 91.511 条的要求对乘客进行安全讲解时需遵守的程序。

(k)确保遵守应急程序的程序,包括在紧急情况下机组必需成员的职责分工和应急撤离时的职责分工。

(l)紧急情况下将需要他人协助的乘客撤离至出口应当遵守的程序。

(m)考虑起飞、着陆和航路等条件因素进行性能计划的程序。

(n)符合局方规定的保存和查询维修记录的合适系统(包括电子系统)。

(o)由运营人发出的或者局方要求的有关运行的其他程序和政策指令。

第 136.211 条　取酬驾驶员的资格要求和飞行时间限制

(a)为私用大型航空器运营人服务、从运营人处获取报酬的驾驶员应当满足下列资格要求:

(1)至少持有按照 CCAR-61 部颁发的商用驾驶员执照。

(2)根据其所参加的运行的性质,满足本规则其他章和 CCAR-61 部中规定的其他相应要求。

(b)为私用大型航空器运营人服务、从运营人处获取报酬的驾驶员应当满足下列飞行时间限制要求:

(1)任何 7 个连续日历日内不得超过 40 小时。

(2)每个日历月内的飞行时间不超过 120 小时。

(3)每个日历年内的飞行时间不超过 1400 小时。

H 章　法律责任

第 136.221 条　一般规定

违反本规则规定,《中华人民共和国民用航空法》《中华人民共和国安全生产法》《中华人民共和国飞行基本规则》等有关法律、行政法规对其处罚有明确规定的,从其规定。

第 136.223 条　未取得相应证件的处罚

运营人未取得相应的运行合格证和运行规范,实施本规则规定的运行的,由局方处警告或者 1 万元以下的罚款;情节严重的,处 1 万元以上 3 万元以下的罚款。

第 136.225 条　提供虚假信息的处罚

申请人在申请材料中隐瞒有关情况或者提供虚假信息的,局方不予受理或者不予许可,并给予警告;自该行为发现之日起 1 年内申请人不得申请本规则规定的运行合格证和运行规范。

第 136.227 条　欺骗、贿赂取得许可的处罚

申请人以欺骗、贿赂等不正当手段取得运行合格证和运行规范的,由局方撤销相应的运行合格证和运行规范,处警告或者 1 万元以下的罚款;情节严重的,处 1 万元以上 3 万元以下的罚款。申请人在 3 年内不得再次申请本规则规定的运行合格证和运行规范。

第 136.229 条　对违反本规则实施运行的处罚(一)

合格证持有人违反本规则第 136.51 条、第 136.53 条、第 136.55、第 136.83 条、第 136.85 条、第 136.87、第 136.121 条、第 136.123 条、第 136.125、第 136.167 条、第 136.169 条、第 136.171、第 136.205 条、第 136.207 条、第 136.209 有关记录保存、运行手册要求的,由局方责令其限期改正,可以处警告或者 1 万元以下的罚款;情节严重的,处 1 万元以上 3 万元以下的罚款;但是违反本规则第 136.53 条(e)款、第 136.85 条(e)款、第 136.123 条(e)款、第 136.169 条(e)款和第 136.207 条(e)款规定的除外。

第 136.231 条　对违反本规则实施运行的处罚(二)

合格证持有人违反本规则 C 章、D 章、E 章、F 章或者 G 章相关规定,实施农林喷洒作业、直升机机外载荷作业、跳伞服务飞行、代管航空器私用飞行或者私用大型航空器飞行的,由局方责令其限期改正,可以处警告或者 1 万元以下的罚款;情节严重的,处 1 万元以上 3 万元以下的罚款。

第 136.233 条　航空人员的责任处罚

对于未按照合格证持有人的手册或者管理规则履行职责而导致违反本规则规定,或者其本人直接违反本规则规定的航空人员或者其他相关人员,局方可以处警告或者 500 元以上 1000 元以下的罚款。

第 136.235 条　信用管理

合格证申请人或者持有人有下列行为之一的,依法记入民航行业严重失信行为信用记录:

(1)拒绝接受或者拒不配合民航行政机关依法开展的监督检查的。

(2)拒不执行局方限期改正要求的。

(3)在运行合格证或者运行规范的申请、修改中,有欺骗、伪造、非法更改或者故意提交虚假材料等行为的。

(4)因故意行为导致运行合格证或者运行规范被撤销的。

(5)采取告知承诺制审批方式取得许可,但实际情况与承诺内容不符被撤销运行许可的。

I 章　附　　则

第 136.237 条　施行

(a)本规则自 2022 年 7 月 1 日起施行。

(b)在 2022 年 6 月 30 日前已持有按照 CCAR-91 部颁发的具有一般商业飞行(跳伞)、农林喷洒作业飞行和直升机机外载荷作业飞行运行种类的商业非运输运营人运行合格证,以及航空器代管人和私用大型航空器运营人运行规范,应当在 2023 年 12 月 31 日前完成按照本规则规定的具有相应运行种类的特殊商业运营人运行合格证换发。

附件

术语解释

运行合格证：是指批准运营人从事特定航空运行种类的行政许可证件。

运行规范：是指合格证持有人应当遵守的，与行使合格证权利相关的批准、条件和限制等规范。

A 类性能直升机：是指发动机和系统按照 CCAR-29 部的规定具有隔离设计特性的多发直升机，并且可以在关键发动机失效的情况下进行预定的起飞和着陆运行，即如果发动机失效发生，可以确保足够的指定高度范围和足够的性能来继续安全飞行。

跳伞服务飞行：是指使用航空器，面向公众实施的双人跳伞飞行活动。

自动开伞设备：是指与备份伞相关联的，在预设的高度、时间或者速度下可以自动打开备份伞的独立的机械或者电子设备。

双人跳伞装置：也称串联跳伞装置，由一具主伞、一具可靠的备份伞、可靠的背带、双人伞包、一个独立的供乘客跳伞员使用的前背带组成，且配备自动开伞设备。

乘客跳伞员：是指除跳伞教练外，使用双人跳伞装置中的前背带，从飞行的航空器上跳出并降落至地面的人员。

跳伞教练：是指在双人跳伞活动中负责指导帮助乘客跳伞员并对运行和安全负责的人员。

双人跳伞活动：是指跳伞教练和乘客跳伞员同时使用一套双人跳伞装置，从飞行中的航空器上跳出并降落至地面的活动。

航空器所有权人：是指拥有代管航空器的完全产权或者代管航空器至少一个最低部分产权份额，并签署了相应项目协议的个人或者法人。对于通过融资租赁方式一段时间内独自拥有航空器使用权的承租人在融资租赁协议有效期内可视为本规章规定的航空器所有权人。

航空器代管人：是指为航空器所有权人代管航空器，按照与所有权人之间签订的有效项目协议为所有权人提供航空器的运行管理服务的法人单位。

交通运输部、公安部、应急管理部关于修改《道路运输车辆动态监督管理办法》的决定

（2022年2月14日交通运输部、公安部、应急管理部令2022年第10号公布　自公布之日起实施　国司备字［2022005932］）

交通运输部、公安部、应急管理部决定对《道路运输车辆动态监督管理办法》（交通运输部　公安部　国家安全生产监督管理总局令2016年第55号）作如下修改：

一、将第六条第一项中的“JT/T 796”修改为“GB/T 35658”。

二、将第六条、第七条中的“《道路运输车辆卫星定位系统终端通讯协议及数据格式》”修改为“《道路运输车辆卫星定位系统终端通信协议及数据格式》”。

三、删除第八条。

四、将第十条改为第九条，修改为：“道路运输企业新建或者变更监控平台，在投入使用前应当向原发放《道路运输经营许可证》的道路运输管理机构备案。”

五、将第十一条改为第十条，删除第四项。

六、将第十九条改为第十八条，将其中的“随时或者定期调取系统数据”修改为“随时或者定期调取系统中的全国道路运输车辆动态监控数据”。

七、将第二十四条改为第二十三条，将其中的“道路运输企业应当建立健全动态监控管理相关制度”修改为“道路运输企业应当建立健全并严格落实动态监控管理相关制度”。

八、将第三十六条改为第三十五条，将其中的“3000元以上8000元以下”修改为“1000元以上3000元以下”，将第三项中的“未按规定配备专职监控人员的”修改为“未按规定配备专职监控人员，或者监控人员未有效履行监控职责的”。

九、将第三十七条改为第三十六条，修改为：“违反本办法的规定，道路运输经营者使用卫星定位装置不能保持在线的运输车辆从事经营活动的，由县级以上道路运输管理机构对其进行教育并责令改正，拒不改正或者改正后再次发生同类违反规定情形的，处200元以上800元以下罚款”。

十、将第三十八条改为第三十七条，修改为：“违反本办法的规定，道路运

输企业或者提供道路运输车辆动态监控社会化服务的单位伪造、篡改、删除车辆动态监控数据的，由县级以上道路运输管理机构责令改正，处500元以上2000元以下罚款。”

十一、将“安全监管部门”统一修改为“应急管理部门”。

条文序号和个别文字作相应调整。

本决定自公布之日起施行。

《道路运输车辆动态监督管理办法》根据本决定作相应修正，重新发布。

道路运输车辆动态监督管理办法

（2014年1月28日交通运输部、公安部、国家安全生产监督管理总局发布　根据2016年4月20日《交通运输部、公安部、国家安全生产监督管理总局关于修改〈道路运输车辆动态监督管理办法〉的决定》第一次修正　根据2022年2月14日《交通运输部、公安部、应急管理部关于修改〈道路运输车辆动态监督管理办法〉的决定》第二次修正）

第一章　总　　则

第一条　为加强道路运输车辆动态监督管理，预防和减少道路交通事故，依据《中华人民共和国安全生产法》《中华人民共和国道路交通安全法实施条例》《中华人民共和国道路运输条例》等有关法律法规，制定本办法。

第二条　道路运输车辆安装、使用具有行驶记录功能的卫星定位装置（以下简称卫星定位装置）以及相关安全监督管理活动，适用本办法。

第三条　本办法所称道路运输车辆，包括用于公路营运的载客汽车、危险货物运输车辆、半挂牵引车以及重型载货汽车（总质量为12吨及以上的普通货运车辆）。

第四条　道路运输车辆动态监督管理应当遵循企业监控、政府监管、联网联控的原则。

第五条　道路运输管理机构、公安机关交通管理部门、应急管理部门依据法定职责，对道路运输车辆动态监控工作实施联合监督管理。

第二章　系统建设

第六条　道路运输车辆卫星定位系统平台应当符合以下标准要求：

（一）《道路运输车辆卫星定位系统平台技术要求》（GB/T 35658）；

（二）《道路运输车辆卫星定位系统终端通信协议及数据格式》（JT/T 808）；

（三）《道路运输车辆卫星定位系统平台数据交换》（JT/T 809）。

第七条　在道路运输车辆上安装的卫星定位装置应符合以下标准要求：

（一）《道路运输车辆卫星定位系统车载终端技术要求》（JT/T 794）；

（二）《道路运输车辆卫星定位系统终端通信协议及数据格式》（JT/T 808）；

（三）《机动车运行安全技术条件》（GB 7258）；

（四）《汽车行驶记录仪》（GB/T 19056）。

第八条　道路旅客运输企业、道路危险货物运输企业和拥有50辆及以上重型载货汽车或者牵引车的道路货物运输企业应当按照标准建设道路运输车辆动态监控平台，或者使用符合条件的社会化卫星定位系统监控平台（以下统称监控平台），对所属道路运输车辆和驾驶员运行过程进行实时监控和管理。

第九条　道路运输企业新建或者变更监控平台，在投入使用前应当向原发放《道路运输经营许可证》的道路运输管理机构备案。

第十条　提供道路运输车辆动态监控社会化服务的，应当向省级道路运输管理机构备案，并提供以下材料：

（一）营业执照；

（二）服务格式条款、服务承诺；

（三）履行服务能力的相关证明材料。

第十一条　旅游客车、包车客车、三类以上班线客车和危险货物运输车辆在出厂前应当安装符合标准的卫星定位装置。重型载货汽车和半挂牵引车在出厂前应当安装符合标准的卫星定位装置，并接入全国道路货运车辆公共监管与服务平台（以下简称道路货运车辆公共平台）。

车辆制造企业为道路运输车辆安装符合标准的卫星定位装置后，应当随车附带相关安装证明材料。

第十二条　道路运输经营者应当选购安装符合标准的卫星定位装置的车辆，并接入符合要求的监控平台。

第十三条　道路运输企业应当在监控平台中完整、准确地录入所属道路运输车辆和驾驶人员的基础资料等信息,并及时更新。

第十四条 道路旅客运输企业和道路危险货物运输企业监控平台应当接入全国重点营运车辆联网联控系统(以下简称联网联控系统),并按照要求将车辆行驶的动态信息和企业、驾驶人员、车辆的相关信息逐级上传至全国道路运输车辆动态信息公共交换平台。

道路货运企业监控平台应当与道路货运车辆公共平台对接,按照要求将企业、驾驶人员、车辆的相关信息上传至道路货运车辆公共平台,并接收道路货运车辆公共平台转发的货运车辆行驶的动态信息。

第十五条 道路运输管理机构在办理营运手续时,应当对道路运输车辆安装卫星定位装置及接入系统平台的情况进行审核。

第十六条 对新出厂车辆已安装的卫星定位装置,任何单位和个人不得随意拆卸。除危险货物运输车辆接入联网联控系统监控平台时按照有关标准要求进行相应设置以外,不得改变货运车辆车载终端监控中心的域名设置。

第十七条 道路运输管理机构负责建设和维护道路运输车辆动态信息公共服务平台,落实维护经费,向地方人民政府争取纳入年度预算。道路运输管理机构应当建立逐级考核和通报制度,保证联网联控系统长期稳定运行。

第十八条 道路运输管理机构、公安机关交通管理部门、应急管理部门间应当建立信息共享机制。

公安机关交通管理部门、应急管理部门根据需要可以通过道路运输车辆动态信息公共服务平台,随时或者定期调取系统中的全国道路运输车辆动态监控数据。

第十九条 任何单位、个人不得擅自泄露、删除、篡改卫星定位系统平台的历史和实时动态数据。

第三章 车 辆 监 控

第二十条 道路运输企业是道路运输车辆动态监控的责任主体。

第二十一条 道路旅客运输企业、道路危险货物运输企业和拥有50辆及以上重型载货汽车或牵引车的道路货物运输企业应当配备专职监控人员。专职监控人员配置原则上按照监控平台每接入100辆车设1人的标准配备,最低不少于2人。

监控人员应当掌握国家相关法规和政策,经运输企业培训、考试合格后上岗。

第二十二条 道路货运车辆公共平台负责对个体货运车辆和小型道路货

物运输企业(拥有50辆以下重型载货汽车或牵引车)的货运车辆进行动态监控。道路货运车辆公共平台设置监控超速行驶和疲劳驾驶的限值,自动提醒驾驶员纠正超速行驶、疲劳驾驶等违法行为。

第二十三条 道路运输企业应当建立健全并严格落实动态监控管理相关制度,规范动态监控工作:

(一)系统平台的建设、维护及管理制度;

(二)车载终端安装、使用及维护制度;

(三)监控人员岗位职责及管理制度;

(四)交通违法动态信息处理和统计分析制度;

(五)其他需要建立的制度。

第二十四条 道路运输企业应当根据法律法规的相关规定以及车辆行驶道路的实际情况,按照规定设置监控超速行驶和疲劳驾驶的限值,以及核定运营线路、区域及夜间行驶时间等,在所属车辆运行期间对车辆和驾驶员进行实时监控和管理。

设置超速行驶和疲劳驾驶的限值,应当符合客运驾驶员24小时累计驾驶时间原则上不超过8小时,日间连续驾驶不超过4小时,夜间连续驾驶不超过2小时,每次停车休息时间不少于20分钟,客运车辆夜间行驶速度不得超过日间限速80%的要求。

第二十五条 监控人员应当实时分析、处理车辆行驶动态信息,及时提醒驾驶员纠正超速行驶、疲劳驾驶等违法行为,并记录存档至动态监控台账;对经提醒仍然继续违法驾驶的驾驶员,应当及时向企业安全管理机构报告,安全管理机构应当立即采取措施制止;对拒不执行制止措施仍然继续违法驾驶的,道路运输企业应当及时报告公安机关交通管理部门,并在事后解聘驾驶员。

动态监控数据应当至少保存6个月,违法驾驶信息及处理情况应当至少保存3年。对存在交通违法信息的驾驶员,道路运输企业在事后应当及时给予处理。

第二十六条 道路运输经营者应当确保卫星定位装置正常使用,保持车辆运行实时在线。

卫星定位装置出现故障不能保持在线的道路运输车辆,道路运输经营者不得安排其从事道路运输经营活动。

第二十七条 任何单位和个人不得破坏卫星定位装置以及恶意人为干扰、屏蔽卫星定位装置信号,不得篡改卫星定位装置数据。

第二十八条 卫星定位系统平台应当提供持续、可靠的技术服务,保证车辆动态监控数据真实、准确,确保提供监控服务的系统平台安全、稳定运行。

第四章　监 督 检 查

第二十九条　道路运输管理机构应当充分发挥监控平台的作用，定期对道路运输企业动态监控工作的情况进行监督考核，并将其纳入企业质量信誉考核的内容，作为运输企业班线招标和年度审验的重要依据。

第三十条　公安机关交通管理部门可以将道路运输车辆动态监控系统记录的交通违法信息作为执法依据，依法查处。

第三十一条　应急管理部门应当按照有关规定认真开展事故调查工作，严肃查处违反本办法规定的责任单位和人员。

第三十二条　道路运输管理机构、公安机关交通管理部门、应急管理部门监督检查人员可以向被检查单位和个人了解情况，查阅和复制有关材料。被监督检查的单位和个人应当积极配合监督检查，如实提供有关资料和说明情况。

道路运输车辆发生交通事故的，道路运输企业或者道路货运车辆公共平台负责单位应当在接到事故信息后立即封存车辆动态监控数据，配合事故调查，如实提供肇事车辆动态监控数据；肇事车辆安装车载视频装置的，还应当提供视频资料。

第三十三条　鼓励各地利用卫星定位装置，对营运驾驶员安全行驶里程进行统计分析，开展安全行车驾驶员竞赛活动。

第五章　法 律 责 任

第三十四条　道路运输管理机构对未按照要求安装卫星定位装置，或者已安装卫星定位装置但未能在联网联控系统（重型载货汽车和半挂牵引车未能在道路货运车辆公共平台）正常显示的车辆，不予发放或者审验《道路运输证》。

第三十五条　违反本办法的规定，道路运输企业有下列情形之一的，由县级以上道路运输管理机构责令改正。拒不改正的，处1000元以上3000元以下罚款：

（一）道路运输企业未使用符合标准的监控平台、监控平台未接入联网联控系统、未按规定上传道路运输车辆动态信息的；

（二）未建立或者未有效执行交通违法动态信息处理制度、对驾驶员交通违法处理率低于90%的；

（三）未按规定配备专职监控人员，或者监控人员未有效履行监控职责的。

第三十六条 违反本办法的规定，道路运输经营者使用卫星定位装置不能保持在线的运输车辆从事经营活动的，由县级以上道路运输管理机构对其进行教育并责令改正，拒不改正或者改正后再次发生同类违反规定情形的，处200元以上800元以下罚款。

第三十七条 违反本办法的规定，道路运输企业或者提供道路运输车辆动态监控社会化服务的单位伪造、篡改、删除车辆动态监控数据的，由县级以上道路运输管理机构责令改正，处500元以上2000元以下罚款。

第三十八条 违反本办法的规定，发生道路交通事故的，具有第三十五条、第三十六条、第三十七条情形之一的，依法追究相关人员的责任；构成犯罪的，依法追究刑事责任。

第三十九条 道路运输管理机构、公安机关交通管理部门、应急管理部门工作人员执行本办法过程中玩忽职守、滥用职权、徇私舞弊的，给予行政处分；构成犯罪的，依法追究刑事责任。

第六章　附　　则

第四十条 在本办法实施前已经进入运输市场的重型载货汽车和半挂牵引车，应当于2015年12月31日前全部安装、使用卫星定位装置，并接入道路货运车辆公共平台。

农村客运车辆动态监督管理可参照本办法执行。

第四十一条 本办法自2014年7月1日起施行。

农业农村部关于修改《农业转基因生物安全评价管理办法》等规章的决定

（2022年1月21日农业农村部令2022年第2号公布　自公布之日起施行　国司备字[2022005926]）

为有序推进生物育种产业化应用，发展现代种业，保障粮食安全，农业农村部决定对《农业转基因生物安全评价管理办法》《主要农作物品种审定办法》《农作物种子生产经营许可管理办法》《农业植物品种命名规定》4部规章的部分条款予以修改。

一、对《农业转基因生物安全评价管理办法》(2002年1月5日农业部令第8号公布,2004年7月1日农业部令第38号、2016年7月25日农业部令2016年第7号、2017年11月30日农业部令2017年第8号修订)作出修改

(一)增加一款,作为第十八条第二款:"鼓励从事农业转基因生物试验的单位建立或共享专用的试验基地。"

(二)对附录Ⅰ作如下修改

1. 将"二、转基因植物试验方案"中的"品种、品系"修改为"转化体"。

2. 将"三、转基因植物各阶段申报要求"3.2修改为:"试验转基因植物材料数量:一份申报书只能申请1个转化体,其名称应与前期试验阶段的名称或编号相对应。"

3. 将"三、转基因植物各阶段申报要求"3.3中的"应在批准过环境释放的省(市、自治区)进行"修改为"应在试验植物的适宜生态区进行"。

4. 删除"三、转基因植物各阶段申报要求"3.5.10。

5. 将"三、转基因植物各阶段申报要求"4.1修改为:"项目名称:应包含目的基因名称、转基因植物名称等几个部分,如转cry1Ac基因抗虫棉花XY12的安全证书。"

6. 将"三、转基因植物各阶段申报要求"4.2修改为:"一份申报书只能申请转基因植物一个转化体,其名称应与前期试验阶段的名称或编号相对应。"

7. 删除"三、转基因植物各阶段申报要求"4.3。

8. 将"三、转基因植物各阶段申报要求"4.4修改为:"首次申请安全证书的有效期不超过五年;需要延续的,应当在有效期届满前一年内向农业转基因生物安全管理办公室提出申请,经农业转基因生物安全委员会评价后提出是否准予延续及延续有效期的意见,由农业农村部作出决定。"

9. 将"三、转基因植物各阶段申报要求"4.7修改为:"取得农业转基因生物安全证书的2个及以上转化体杂交获得的转化体组合,应当从生产性试验阶段开始申报安全性评价。

"使用已经取得安全证书的转化体进行转育的,应当向农业转基因生物安全管理办公室报告;在生产应用前,还应当提交具备检测条件和能力的技术检测机构出具的转基因目标性状与转化体特征特性一致性检测报告。"

二、对《主要农作物品种审定办法》(2016年7月8日农业部令2016年第4号公布,2019年4月25日农业农村部令2019年第2号修订)作出修改

(一)增加一款,作为第十条第二款:"申请转基因主要农作物(不含棉花)品种审定的,应当直接向国家农作物品种审定委员会提出申请。"

(二)删去第十三条第四项;增加一款,作为第二款:"转基因主要农作物品种，除应当提交前款规定的材料外，还应当提供以下材料：

“（一）转化体相关信息，包括目的基因、转化体特异性检测方法；

“（二）转化体所有者许可协议；

“（三）依照《农业转基因生物安全管理条例》第十六条规定取得的农业转基因生物安全证书；

“（四）有检测条件和能力的技术检测机构出具的转基因目标性状与转化体特征特性一致性检测报告；

“（五）非受体品种育种者申请品种审定的，还应当提供受体品种权人许可或者合作协议。”

（三）将第十五条修改为：“品种审定委员会办公室应当在申请者提供的试验种子中留取标准样品，交农业农村部指定的植物品种标准样品库保存。”

（四）将第十七条第二款修改为：“品种试验组织实施单位应当充分听取品种审定申请人和专家意见，合理设置试验组别，优化试验点布局，建立健全管理制度，科学制定试验实施方案，并向社会公布。”

（五）将第十八条第一款修改为：“区域试验应当对品种丰产性、稳产性、适应性、抗逆性等进行鉴定，并进行品质分析、DNA 指纹检测等。对非转基因品种进行转基因成分检测；对转基因品种进行转化体真实性检测，并对转基因目标性状与转化体特征特性一致性检测报告进行验证。”

（六）增加一款，作为第二十一条第五款：“转基因品种试验承担单位应当依照《农业转基因生物安全管理条例》及相关法律、行政法规和部门规章等的规定，采取相应的安全管理、防范措施。”

（七）删去第二十三条。

（八）在第二十五条后增加一条：“申请审定的转基因品种，除目标性状外，其他特征特性与受体品种无变化，受体品种已通过审定且未撤销审定，按以下两种情形进行品种试验：

“（一）申请审定的适宜种植区域在受体品种适宜种植区域范围内，可简化试验程序，只需开展一年的生产试验；

“（二）申请审定的适宜种植区域不在受体品种适宜种植区域范围内的，应当开展两年区域试验、一年生产试验。

“对于转育的新品种，应当开展两年区域试验、一年生产试验和 DUS 测试。”

（九）将第二十七条第一款中的“主要农作物品种”修改为“主要农作物非转基因品种”。

（十）将第二十八条第一款修改为：“对于完成试验程序的品种，申请者、品种试验组织实施单位、育繁推一体化种子企业应当在 2 月底和 9 月底前分别将稻、玉米、棉花、大豆品种和小麦品种各试验点数据、汇总结果、DNA 指纹检测报告、DUS 测试报告、转化体真实性检测报告等提交品种审定委员会办公室。”

（十一）将第三十二条第二款修改为：“育繁推一体化种子企业自行开展自主研发品种试验，品种通过初审后，应当在公示期内将品种标准样品提交至农业农村部指定的植物品种标准样品库保存。”

（十二）将第三十五条第一款中的“生育期”修改为“生育期（组）”；增加一款作为第二款：“转基因品种还应当包括转化体所有者、转化体名称、农业转基因生物安全证书编号、转基因目标性状等。”

（十三）增加一款，作为第三十六条第二款：“转基因品种还应当包括转化体所有者、转化体名称、农业转基因生物安全证书编号。”

（十四）增加一项，作为第四十四条第五项：“农业转基因生物安全证书已过期的。”

（十五）将第四十七条第一款中的“实现国家和省两级品种审定网上申请、受理，品种试验数据、审定通过品种、撤销审定品种、引种备案品种、标准样品等信息互联共享”修改为“实现国家和省两级品种试验与审定网上申请、受理、审核、发布，品种试验数据、审定通过品种、撤销审定品种、引种备案品种、标准样品、转化体等信息互联共享”。

（十六）删去第五十六条。

三、对《农作物种子生产经营许可管理办法》（2016 年 7 月 8 日农业部令 2016 年第 5 号公布，2017 年 11 月 30 日农业部令 2017 年第 8 号、2019 年 4 月 25 日农业农村部令 2019 年第 2 号、2020 年 7 月 8 日农业农村部令 2020 年第 5 号、2022 年 1 月 7 日农业农村部令 2022 年第 1 号修订）作出修改

（一）将第十条修改为：“申请领取转基因农作物种子生产经营许可证的企业，应当具备下列条件：

“（一）农业转基因生物安全管理人员 2 名以上；

“（二）种子生产地点、经营区域在农业转基因生物安全证书批准的区域内；

“（三）有符合要求的隔离和生产条件；

“（四）有相应的农业转基因生物安全管理、防范措施；

“（五）农业农村部规定的其他条件。

“从事种子进出口业务、转基因农作物种子生产经营的企业和外商投资企业申请领取种子生产经营许可证，除具备本办法规定的相应农作物种子生产经营许可证核发的条件外,还应当符合有关法律、行政法规规定的其他条件。”

(二)将第十一条第三项修改为:“种子生产、加工贮藏、检验专业技术人员和农业转基因生物安全管理人员的基本情况,企业法定代表人和高级管理人员名单及其种业从业简历;”将第五项修改为:“品种审定证书复印件;生产经营转基因农作物种子的,提交农业转基因生物安全证书复印件;生产经营授权品种种子的,提交植物新品种权证书复印件及品种权人的书面同意证明;”增加一项,作为第八项:“农业转基因生物安全管理、防范措施和隔离、生产条件的说明;”

(三)将第十三条第三项修改为:“从事农作物种子进出口业务以及转基因农作物种子生产经营的,其种子生产经营许可证由农业农村部核发。”

(四)在第十七条第一款第一项增加“G 为转基因农作物种子”。

(五)将第十九条第一款修改为:“种子生产经营许可证有效期为五年。转基因农作物种子生产经营许可证有效期不得超出农业转基因生物安全证书规定的有效期限。”

(六)将第二十四条修改为:“受具有种子生产经营许可证的企业书面委托生产其种子的,应当在种子播种前向当地县级农业农村主管部门备案。受委托生产转基因农作物种子的,应当有专门的管理人员和经营档案,有相应的安全管理、防范措施及国务院农业农村主管部门规定的其他条件。备案时应当提交委托企业的种子生产经营许可证复印件、委托生产合同,以及种子生产者名称、住所、负责人、联系方式、品种名称、生产地点、生产面积等材料(式样见附件 5)。受托生产杂交玉米、杂交稻种子的,还应当提交与生产所在地农户、农民合作组织或村委会的生产协议。受委托生产转基因种子的,还应当提交转基因生物安全证书复印件。”

(七)删去第三十四条。

四、对《农业植物品种命名规定》(2012 年 3 月 14 日农业部令 2012 年第 2 号公布)作出修改

(一)将第二条第一款修改为:“申请农作物品种审定、品种登记和农业植物新品种权的农业植物品种及其直接应用的亲本的命名,应当遵守本规定。”

(二)将第五条第一款、第二款修改为:“一个农业植物品种只能使用一个中文名称,在先使用的品种名称具有优先性,不能再使用其他的品种名称对同一品种进行命名。

“申请植物新品种保护的同时提供英文名称。”

(三)将第六条修改为:“申请人应当书面保证所申请品种名称在农作物品种审定、品种登记和农业植物新品种权中的一致性。”

（四）将第九条第八项修改为："与他人驰名商标、同类注册商标的名称相同或者近似，未经商标权人书面同意的；"增加一项，作为第十项："含有植物分类学种属名称的，但简称的除外；"

（五）增加一项，作为第十条第四项："品种名称中含有知名人物名称的，但经该知名人物同意的除外；"

（六）将第十一条第一项修改为："品种名称中含有另一知名育种者名称的，但经该知名育种者同意的除外；"

（七）增加一项，作为第十二条第二项："以中文数字、阿拉伯数字或罗马数字表示，但含义为同一数字的；"

（八）增加一条，作为第十三条："通过基因工程技术改变个别性状的品种，其品种名称与受体品种名称相近似的，应当经过受体品种育种者同意。"

（九）将第十五条第一款中的"申请农作物品种审定、农业植物新品种权和农业转基因生物安全评价的农业植物品种"修改为"申请农作物品种审定、品种登记和农业植物新品种权的农业植物品种"。

（十）将第十八条修改为："申请人以同一品种申请农作物品种审定、品种登记和农业植物新品种权过程中，通过欺骗、贿赂等不正当手段获取多个品种名称的，除由审批机关撤销相应的农作物品种审定、品种登记和农业植物新品种权外，三年内不再受理该申请人相应申请。"

（十一）将第十九条第二款修改为："本规定施行前已受理但尚未批准的农作物品种审定、品种登记和农业植物新品种权申请，其品种名称不符合本规定要求的，申请人应当在指定期限内重新命名。"

此外，将有关条款中的"农业部"修改为"农业农村部"，"农业主管部门"修改为"农业农村主管部门"，对相关规章中的条文序号作相应调整。

本决定自公布之日起施行。农业部 2016 年 9 月 18 日公布、农业农村部 2019 年 4 月 25 日修订的《转基因棉花种子生产经营许可规定》同时废止。

农业转基因生物安全评价管理办法

（2002年1月5日农业部令第8号公布　根据2004年7月1日《农业部关于修订农业行政许可规章和规范性文件的决定》第一次修正　根据2016年7月25日《农业部关于修改〈农业转基因生物安全评价管理办法〉的决定》第二次修正　根据2017年11月30日《农业部关于修改和废止部分规章、规范性文件的决定》第三次修正　根据2022年1月21日《农业农村部关于修改〈农业转基因生物安全评价管理办法〉等规章的决定》第四次修正）

第一章　总　　则

第一条　为了加强农业转基因生物安全评价管理，保障人类健康和动植物、微生物安全，保护生态环境，根据《农业转基因生物安全管理条例》（简称《条例》），制定本办法。

第二条　在中华人民共和国境内从事农业转基因生物的研究、试验、生产、加工、经营和进口、出口活动，依照《条例》规定需要进行安全评价的，应当遵守本办法。

第三条　本办法适用于《条例》规定的农业转基因生物，即利用基因工程技术改变基因组构成，用于农业生产或者农产品加工的植物、动物、微生物及其产品，主要包括：

（一）转基因动植物（含种子、种畜禽、水产苗种）和微生物；

（二）转基因动植物、微生物产品；

（三）转基因农产品的直接加工品；

（四）含有转基因动植物、微生物或者其产品成份的种子、种畜禽、水产苗种、农药、兽药、肥料和添加剂等产品。

第四条　本办法评价的是农业转基因生物对人类、动植物、微生物和生态环境构成的危险或者潜在的风险。安全评价工作按照植物、动物、微生物三个类别，以科学为依据，以个案审查为原则，实行分级分阶段管理。

第五条　根据《条例》第九条的规定设立国家农业转基因生物安全委员会，负责农业转基因生物的安全评价工作。国家农业转基因生物安全委员会由从事农业转基因生物研究、生产、加工、检验检疫、卫生、环境保护等方面的专家组成，每届任期五年。

农业农村部设立农业转基因生物安全管理办公室,负责农业转基因生物安全评价管理工作。

第六条 从事农业转基因生物研究与试验的单位是农业转基因生物安全管理的第一责任人,应当成立由单位法定代表人负责的农业转基因生物安全小组,负责本单位农业转基因生物的安全管理及安全评价申报的审查工作。

从事农业转基因生物研究与试验的单位,应当制定农业转基因生物试验操作规程,加强农业转基因生物试验的可追溯管理。

第七条 农业农村部根据农业转基因生物安全评价工作的需要,委托具备检测条件和能力的技术检测机构对农业转基因生物进行检测,为安全评价和管理提供依据。

第八条 转基因植物种子、种畜禽、水产种苗,利用农业转基因生物生产的或者含有农业转基因生物成份的种子、种畜禽、水产种苗、农药、兽药、肥料和添加剂等,在依照有关法律、行政法规的规定进行审定、登记或者评价、审批前,应当依照本办法的规定取得农业转基因生物安全证书。

第二章 安全等级和安全评价

第九条 农业转基因生物安全实行分级评价管理。

按照对人类、动植物、微生物和生态环境的危险程度,将农业转基因生物分为以下四个等级:

安全等级Ⅰ:尚不存在危险;

安全等级Ⅱ:具有低度危险;

安全等级Ⅲ:具有中度危险;

安全等级Ⅳ:具有高度危险。

第十条 农业转基因生物安全评价和安全等级的确定按以下步骤进行:

(一)确定受体生物的安全等级;

(二)确定基因操作对受体生物安全等级影响的类型;

(三)确定转基因生物的安全等级;

(四)确定生产、加工活动对转基因生物安全性的影响;

(五)确定转基因产品的安全等级。

第十一条 受体生物安全等级的确定

受体生物分为四个安全等级:

(一)符合下列条件之一的受体生物应当确定为安全等级Ⅰ:

1. 对人类健康和生态环境未曾发生过不利影响;

2. 演化成有害生物的可能性极小;

3. 用于特殊研究的短存活期受体生物,实验结束后在自然环境中存活的可能性极小。

(二)对人类健康和生态环境可能产生低度危险,但是通过采取安全控制措施完全可以避免其危险的受体生物,应当确定为安全等级Ⅱ。

(三)对人类健康和生态环境可能产生中度危险,但是通过采取安全控制措施,基本上可以避免其危险的受体生物,应当确定为安全等级Ⅲ。

(四)对人类健康和生态环境可能产生高度危险,而且在封闭设施之外尚无适当的安全控制措施避免其发生危险的受体生物,应当确定为安全等级Ⅳ。包括:

1. 可能与其它生物发生高频率遗传物质交换的有害生物;

2. 尚无有效技术防止其本身或其产物逃逸、扩散的有害生物;

3. 尚无有效技术保证其逃逸后,在对人类健康和生态环境产生不利影响之前,将其捕获或消灭的有害生物。

第十二条　基因操作对受体生物安全等级影响类型的确定

基因操作对受体生物安全等级的影响分为三种类型,即:增加受体生物的安全性;不影响受体生物的安全性;降低受体生物的安全性。

类型 1　增加受体生物安全性的基因操作

包括:去除某个(些)已知具有危险的基因或抑制某个(些)已知具有危险的基因表达的基因操作。

类型 2　不影响受体生物安全性的基因操作

包括:

1. 改变受体生物的表型或基因型而对人类健康和生态环境没有影响的基因操作;

2. 改变受体生物的表型或基因型而对人类健康和生态环境没有不利影响的基因操作。

类型 3　降低受体生物安全性的基因操作

包括:

1. 改变受体生物的表型或基因型,并可能对人类健康或生态环境产生不利影响的基因操作;

2. 改变受体生物的表型或基因型,但不能确定对人类健康或生态环境影响的基因操作。

第十三条　农业转基因生物安全等级的确定

根据受体生物的安全等级和基因操作对其安全等级的影响类型及影响程

度,确定转基因生物的安全等级。

(一)受体生物安全等级为Ⅰ的转基因生物

1. 安全等级为Ⅰ的受体生物,经类型1或类型2的基因操作而得到的转基因生物,其安全等级仍为Ⅰ。

2. 安全等级为Ⅰ的受体生物,经类型3的基因操作而得到的转基因生物,如果安全性降低很小,且不需要采取任何安全控制措施的,则其安全等级仍为Ⅰ;如果安全性有一定程度的降低,但是可以通过适当的安全控制措施完全避免其潜在危险的,则其安全等级为Ⅱ;如果安全性严重降低,但是可以通过严格的安全控制措施避免其潜在危险的,则其安全等级为Ⅲ;如果安全性严重降低,而且无法通过安全控制措施完全避免其危险的,则其安全等级为Ⅳ。

(二)受体生物安全等级为Ⅱ的转基因生物

1. 安全等级为Ⅱ的受体生物,经类型1的基因操作而得到的转基因生物,如果安全性增加到对人类健康和生态环境不再产生不利影响的,则其安全等级为Ⅰ;如果安全性虽有增加,但对人类健康和生态环境仍有低度危险的,则其安全等级仍为Ⅱ。

2. 安全等级为Ⅱ的受体生物,经类型2的基因操作而得到的转基因生物,其安全等级仍为Ⅱ。

3. 安全等级为Ⅱ的受体生物,经类型3的基因操作而得到的转基因生物,根据安全性降低的程度不同,其安全等级可为Ⅱ、Ⅲ或Ⅳ,分级标准与受体生物的分级标准相同。

(三)受体生物安全等级为Ⅲ的转基因生物

1. 安全等级为Ⅲ的受体生物,经类型1的基因操作而得到的转基因生物,根据安全性增加的程度不同,其安全等级可为Ⅰ、Ⅱ或Ⅲ,分级标准与受体生物的分级标准相同。

2. 安全等级为Ⅲ的受体生物,经类型2的基因操作而得到的转基因生物,其安全等级仍为Ⅲ。

3. 安全等级为Ⅲ的受体生物,经类型3的基因操作得到的转基因生物,根据安全性降低的程度不同,其安全等级可为Ⅲ或Ⅳ,分级标准与受体生物的分级标准相同。

(四)受体生物安全等级为Ⅳ的转基因生物

1. 安全等级为Ⅳ的受体生物,经类型1的基因操作而得到的转基因生物,根据安全性增加的程度不同,其安全等级可为Ⅰ、Ⅱ、Ⅲ或Ⅳ,分级标准与受体生物的分级标准相同。

2. 安全等级为Ⅳ的受体生物,经类型2或类型3的基因操作而得到的转基因生物,其安全等级仍为 IV。

第十四条 农业转基因产品安全等级的确定

根据农业转基因生物的安全等级和产品的生产、加工活动对其安全等级的影响类型和影响程度,确定转基因产品的安全等级。

(一)农业转基因产品的生产、加工活动对转基因生物安全等级的影响分为三种类型:

类型 1 增加转基因生物的安全性;

类型 2 不影响转基因生物的安全性;

类型 3 降低转基因生物的安全性。

(二)转基因生物安全等级为 I 的转基因产品

1. 安全等级为 I 的转基因生物,经类型 1 或类型 2 的生产、加工活动而形成的转基因产品,其安全等级仍为 I。

2. 安全等级为 I 的转基因生物,经类型 3 的生产、加工活动而形成的转基因产品,根据安全性降低的程度不同,其安全等级可为 I、Ⅱ、Ⅲ或Ⅳ,分级标准与受体生物的分级标准相同。

(三)转基因生物安全等级为Ⅱ的转基因产品

1. 安全等级为Ⅱ的转基因生物,经类型 1 的生产、加工活动而形成的转基因产品,如果安全性增加到对人类健康和生态环境不再产生不利影响的,其安全等级为 I;如果安全性虽然有增加,但是对人类健康或生态环境仍有低度危险的,其安全等级仍为Ⅱ。

2. 安全等级为Ⅱ的转基因生物,经类型 2 的生产、加工活动而形成的转基因产品,其安全等级仍为Ⅱ。

3. 安全等级为Ⅱ的转基因生物,经类型 3 的生产、加工活动而形成的转基因产品,根据安全性降低的程度不同,其安全等级可为Ⅱ、Ⅲ或Ⅳ,分级标准与受体生物的分级标准相同。

(四)转基因生物安全等级为Ⅲ的转基因产品

1. 安全等级为Ⅲ的转基因生物,经类型 1 的生产、加工活动而形成的转基因产品,根据安全性增加的程度不同,其安全等级可为Ⅰ、Ⅱ或Ⅲ,分级标准与受体生物的分级标准相同。

2. 安全等级为Ⅲ的转基因生物,经类型 2 的生产、加工活动而形成的转基因产品,其安全等级仍为Ⅲ。

3. 安全等级为Ⅲ的转基因生物,经类型 3 的生产、加工活动而形成转基因产品,根据安全性降低的程度不同,其安全等级可为Ⅲ或 IV,分级标准与受体生物的分级标准相同。

（五）转基因生物安全等级为Ⅳ的转基因产品

1. 安全等级为Ⅳ的转基因生物，经类型 1 的生产、加工活动而得到的转基因产品，根据安全性增加的程度不同，其安全等级可为Ⅰ、Ⅱ、Ⅲ或Ⅳ，分级标准与受体生物的分级标准相同。

2. 安全等级为Ⅳ的转基因生物，经类型 2 或类型 3 的生产、加工活动而得到的转基因产品，其安全等级仍为Ⅳ。

第三章　申报和审批

第十五条　凡在中华人民共和国境内从事农业转基因生物安全等级为Ⅲ和Ⅳ的研究以及所有安全等级的试验和进口的单位以及生产和加工的单位和个人，应当根据农业转基因生物的类别和安全等级，分阶段向农业转基因生物安全管理办公室报告或者提出申请。

第十六条　农业农村部依法受理农业转基因生物安全评价申请。申请被受理的，应当交由国家农业转基因生物安全委员会进行安全评价。国家农业转基因生物安全委员会每年至少开展两次农业转基因生物安全评审。农业农村部收到安全评价结果后按照《中华人民共和国行政许可法》和《条例》的规定作出批复。

第十七条　从事农业转基因生物试验和进口的单位以及从事农业转基因生物生产和加工的单位和个人，在向农业转基因生物安全管理办公室提出安全评价报告或申请前应当完成下列手续：

（一）报告或申请单位和报告或申请人对所从事的转基因生物工作进行安全性评价，并填写报告书或申报书；

（二）组织本单位转基因生物安全小组对申报材料进行技术审查；

（三）提供有关技术资料。

第十八条　在中华人民共和国从事农业转基因生物实验研究与试验的，应当具备下列条件：

（一）在中华人民共和国境内有专门的机构；

（二）有从事农业转基因生物实验研究与试验的专职技术人员；

（三）具备与实验研究和试验相适应的仪器设备和设施条件；

（四）成立农业转基因生物安全管理小组。

鼓励从事农业转基因生物试验的单位建立或共享专门的试验基地。

第十九条　报告农业转基因生物实验研究和中间试验以及申请环境释放、生产性试验和安全证书的单位应当按照农业农村部制定的农业转基因植物、动物和微生物安全评价各阶段的报告或申报要求、安全评价的标准和技术规范,办理报告或申请手续(见附录Ⅰ、Ⅱ、Ⅲ、Ⅳ)。

第二十条 从事安全等级为Ⅰ和Ⅱ的农业转基因生物实验研究,由本单位农业转基因生物安全小组批准;从事安全等级为Ⅲ和Ⅳ的农业转基因生物实验研究,应当在研究开始前向农业转基因生物安全管理办公室报告。

研究单位向农业转基因生物安全管理办公室报告时应当提供以下材料:

(一)实验研究报告书;

(二)农业转基因生物的安全等级和确定安全等级的依据;

(三)相应的实验室安全设施、安全管理和防范措施。

第二十一条 在农业转基因生物(安全等级Ⅰ、Ⅱ、Ⅲ、Ⅳ)实验研究结束后拟转入中间试验的,试验单位应当向农业转基因生物安全管理办公室报告。

试验单位向农业转基因生物安全管理办公室报告时应当提供下列材料:

(一)中间试验报告书;

(二)实验研究总结报告;

(三)农业转基因生物的安全等级和确定安全等级的依据;

(四)相应的安全研究内容、安全管理和防范措施。

第二十二条 在农业转基因生物中间试验结束后拟转入环境释放的,或者在环境释放结束后拟转入生产性试验的,试验单位应当向农业转基因生物安全管理办公室提出申请,经国家农业转基因生物安全委员会安全评价合格并由农业农村部批准后,方可根据农业转基因生物安全审批书的要求进行相应的试验。

试验单位提出前款申请时,应当按照相关安全评价指南的要求提供下列材料:

(一)安全评价申报书;

(二)农业转基因生物的安全等级和确定安全等级的依据;

(三)有检测条件和能力的技术检测机构出具的检测报告;

(四)相应的安全研究内容、安全管理和防范措施;

(五)上一试验阶段的试验总结报告;

申请生产性试验的,还应当按要求提交农业转基因生物样品、对照样品及检测方法。

第二十三条 在农业转基因生物安全审批书有效期内,试验单位需要改变试验地点的,应当向农业转基因生物安全管理办公室报告。

第二十四条 在农业转基因生物试验结束后拟申请安全证书的,试验单位应当向农业转基因生物安全管理办公室提出申请。

试验单位提出前款申请时，应当按照相关安全评价指南的要求提供下列材料：

（一）安全评价申报书；

（二）农业转基因生物的安全等级和确定安全等级的依据；

（三）中间试验、环境释放和生产性试验阶段的试验总结报告；

（四）按要求提交农业转基因生物样品、对照样品及检测所需的试验材料、检测方法，但按照本办法第二十二条规定已经提交的除外；

（五）其他有关材料。

农业农村部收到申请后，应当组织农业转基因生物安全委员会进行安全评价，并委托具备检测条件和能力的技术检测机构进行检测；安全评价合格的，经农业农村部批准后，方可颁发农业转基因生物安全证书。

第二十五条 农业转基因生物安全证书应当明确转基因生物名称（编号）、规模、范围、时限及有关责任人、安全控制措施等内容。

从事农业转基因生物生产和加工的单位和个人以及进口的单位，应当按照农业转基因生物安全证书的要求开展工作并履行安全证书规定的相关义务。

第二十六条 从中华人民共和国境外引进农业转基因生物，或者向中华人民共和国出口农业转基因生物的，应当按照《农业转基因生物进口安全管理办法》的规定提供相应的安全评价材料，并在申请安全证书时按要求提交农业转基因生物样品、对照样品及检测方法。

第二十七条 农业转基因生物安全评价受理审批机构的工作人员和参与审查的专家，应当为申报者保守技术秘密和商业秘密，与本人及其近亲属有利害关系的应当回避。

第四章 技术检测管理

第二十八条 农业农村部根据农业转基因生物安全评价及其管理工作的需要，委托具备检测条件和能力的技术检测机构进行检测。

第二十九条 技术检测机构应当具备下列基本条件：

（一）具有公正性和权威性，设有相对独立的机构和专职人员；

（二）具备与检测任务相适应的、符合国家标准（或行业标准）的仪器设备和检测手段；

（三）严格执行检测技术规范，出具的检测数据准确可靠；

（四）有相应的安全控制措施。

第三十条 技术检测机构的职责任务：

（一）为农业转基因生物安全管理和评价提供技术服务；

（二）承担农业农村部或申请人委托的农业转基因生物定性定量检验、鉴定和复查任务；

（三）出具检测报告，做出科学判断；

（四）研究检测技术与方法，承担或参与评价标准和技术法规的制修订工作；

（五）检测结束后，对用于检测的样品应当安全销毁，不得保留；

（六）为委托人和申请人保守技术秘密和商业秘密。

第五章 监督管理与安全监控

第三十一条 农业农村部负责农业转基因生物安全的监督管理，指导不同生态类型区域的农业转基因生物安全监控和监测工作，建立全国农业转基因生物安全监管和监测体系。

第三十二条 县级以上地方各级人民政府农业农村主管部门按照《条例》第三十八条和第三十九条的规定负责本行政区域内的农业转基因生物安全的监督管理工作。

第三十三条 有关单位和个人应当按照《条例》第四十条的规定，配合农业农村主管部门做好监督检查工作。

第三十四条 从事农业转基因生物试验、生产的单位，应当接受农业农村主管部门的监督检查，并在每年 3 月 31 日前，向试验、生产所在地省级和县级人民政府农业农村主管部门提交上一年度试验、生产总结报告。

第三十五条 从事农业转基因生物试验和生产的单位，应当根据本办法的规定确定安全控制措施和预防事故的紧急措施，做好安全监督记录，以备核查。

安全控制措施包括物理控制、化学控制、生物控制、环境控制和规模控制等（见附录Ⅳ）。

第三十六条 安全等级Ⅱ、Ⅲ、Ⅳ的转基因生物，在废弃物处理和排放之前应当采取可靠措施将其销毁、灭活，以防止扩散和污染环境。发现转基因生物扩散、残留或者造成危害的，必须立即采取有效措施加以控制、消除，并向当地农业农村主管部门报告。

第三十七条 农业转基因生物在贮存、转移、运输和销毁、灭活时，应当采取相应的安全管理和防范措施，具备特定的设备或场所，指定专人管理并记录。

第三十八条 发现农业转基因生物对人类、动植物和生态环境存在危险时，农业农村部有权宣布禁止生产、加工、经营和进口，收回农业转基因生物安全证书，由货主销毁有关存在危险的农业转基因生物。

第六章 罚 则

第三十九条 违反本办法规定，从事安全等级Ⅲ、Ⅳ的农业转基因生物实验研究或者从事农业转基因生物中间试验，未向农业农村部报告的，按照《条例》第四十二条的规定处理。

第四十条 违反本办法规定，未经批准擅自从事环境释放、生产性试验的，或已获批准但未按照规定采取安全管理防范措施的，或者超过批准范围和期限进行试验的，按照《条例》第四十三条的规定处罚。

第四十一条 违反本办法规定，在生产性试验结束后，未取得农业转基因生物安全证书，擅自将农业转基因生物投入生产和应用的，按照《条例》第四十四条的规定处罚。

第四十二条 假冒、伪造、转让或者买卖农业转基因生物安全证书、审批书以及其他批准文件的，按照《条例》第五十一条的规定处罚。

第四十三条 违反本办法规定核发农业转基因生物安全审批书、安全证书以及其他批准文件的，或者核发后不履行监督管理职责的，按照《条例》第五十三条的规定处罚。

第七章 附 则

第四十四条 本办法所用术语及含义如下：

一、基因，系控制生物性状的遗传物质的功能和结构单位，主要指具有遗传信息的 DNA 片段。

二、基因工程技术，包括利用载体系统的重组 DNA 技术以及利用物理、化学和生物学等方法把重组 DNA 分子导入有机体的技术。

三、基因组，系指特定生物的染色体和染色体外所有遗传物质的总和。

四、DNA，系脱氧核糖核酸的英文名词缩写，是贮存生物遗传信息的遗传物质。

五、农业转基因生物，系指利用基因工程技术改变基因组构成，用于农业生产或者农产品加工的动植物、微生物及其产品。

六、目的基因，系指以修饰受体细胞遗传组成并表达其遗传效应为目的的基因。

七、受体生物，系指被导入重组 DNA 分子的生物。

八、种子，系指农作物和林木的种植材料或者繁殖材料，包括籽粒、果实和根、茎、苗、芽、叶等。

九、实验研究，系指在实验室控制系统内进行的基因操作和转基因生物研究工作。

十、中间试验，系指在控制系统内或者控制条件下进行的小规模试验。

十一、环境释放，系指在自然条件下采取相应安全措施所进行的中规模的试验。

十二、生产性试验，系指在生产和应用前进行的较大规模的试验。

十三、控制系统，系指通过物理控制、化学控制和生物控制建立的封闭或半封闭操作体系。

十四、物理控制措施，系指利用物理方法限制转基因生物及其产物在实验区外的生存及扩散，如设置栅栏，防止转基因生物及其产物从实验区逃逸或被人或动物携带至实验区外等。

十五、化学控制措施，系指利用化学方法限制转基因生物及其产物的生存、扩散或残留，如生物材料、工具和设施的消毒。

十六、生物控制措施，系指利用生物措施限制转基因生物及其产物的生存、扩散或残留，以及限制遗传物质由转基因生物向其它生物的转移，如设置有效的隔离区及监控区、清除试验区附近可与转基因生物杂交的物种、阻止转基因生物开花或去除繁殖器官、或采用花期不遇等措施，以防止目的基因向相关生物的转移。

十七、环境控制措施，系指利用环境条件限制转基因生物及其产物的生存、繁殖、扩散或残留，如控制温度、水份、光周期等。

十八、规模控制措施，系指尽可能地减少用于试验的转基因生物及其产物的数量或减小试验区的面积，以降低转基因生物及其产物广泛扩散的可能性，在出现预想不到的后果时，能比较彻底地将转基因生物及其产物消除。

第四十五条 本办法由农业农村部负责解释。

第四十六条 本办法自 2002 年 3 月 20 日起施行。1996 年 7 月 10 日农业部发布的第 7 号令《农业生物基因工程安全管理实施办法》同时废止。

附录 I

转基因植物安全评价

一、转基因植物安全性评价

1　受体植物的安全性评价

1.1　受体植物的背景资料:

1.1.1　学名、俗名和其他名称;

1.1.2　分类学地位;

1.1.3　试验用受体植物品种(或品系)名称;

1.1.4　是野生种还是栽培种;

1.1.5　原产地及引进时间;

1.1.6　用途;

1.1.7　在国内的应用情况;

1.1.8　对人类健康和生态环境是否发生过不利影响;

1.1.9　从历史上看,受体植物演变成有害植物(如杂草等)的可能性;

1.1.10　是否有长期安全应用的记录。

1.2　受体植物的生物学特性:

1.2.1　是一年生还是多年生;

1.2.2　对人及其他生物是否有毒,如有毒,应说明毒性存在的部位及其毒性的性质;

1.2.3　是否有致敏原,如有,应说明致敏原存在的部位及其致敏的特性;

1.2.4　繁殖方式是有性繁殖还是无性繁殖,如为有性繁殖,是自花授粉还是异花授粉或常异花授粉;是虫媒传粉还是风媒传粉;

1.2.5　在自然条件下与同种或近缘种的异交率;

1.2.6　育性(可育还是不育,育性高低,如果不育,应说明属何种不育类型);

1.2.7　全生育期;

1.2.8　在自然界中生存繁殖的能力,包括越冬性、越夏性及抗逆性等。

1.3　受体植物的生态环境:

1.3.1　在国内的地理分布和自然生境;

1.3.2　生长发育所要求的生态环境条件,包括自然条件和栽培条件的改变对其地理分布区域和范围影响的可能性;

1.3.3　是否为生态环境中的组成部分；

1.3.4　与生态系统中其他植物的生态关系，包括生态环境的改变对这种(些)关系的影响以及是否会因此而产生或增加对人类健康和生态环境的不利影响；

1.3.5　与生态系统中其他生物(动物和微生物)的生态关系，包括生态环境的改变对这种(些)关系的影响以及是否会因此而产生或增加对人类健康或生态环境的不利影响。

1.3.6　对生态环境的影响及其潜在危险程度；

1.3.7　涉及到国内非通常种植的植物物种时，应描述该植物的自然生境和有关其天然捕食者、寄生物、竞争物和共生物的资料。

1.4　受体植物的遗传变异：

1.4.1　遗传稳定性；

1.4.2　是否有发生遗传变异而对人类健康或生态环境产生不利影响的资料；

1.4.3　在自然条件下与其他植物种属进行遗传物质交换的可能性；

1.4.4　在自然条件下与其他生物(例如微生物)进行遗传物质交换的可能性。

1.5　受体植物的监测方法和监控的可能性。

1.6　受体植物的其他资料。

1.7　根据上述评价，参照本办法第十一条有关标准划分受体植物的安全等级。

2　基因操作的安全性评价

2.1　转基因植物中引入或修饰性状和特性的叙述。

2.2　实际插入或删除序列的以下资料：

2.2.1　插入序列的大小和结构，确定其特性的分析方法；

2.2.2　删除区域的大小和功能；

2.2.3　目的基因的核苷酸序列和推导的氨基酸序列；

2.2.4　插入序列在植物细胞中的定位(是否整合到染色体、叶绿体、线粒体，或以非整合形式存在)及其确定方法；

2.2.5　插入序列的拷贝数。

2.3　目的基因与载体构建的图谱，载体的名称、来源、结构、特性和安全性，包括载体是否有致病性以及是否可能演变为有致病性。

2.4　载体中插入区域各片段的资料：

2.4.1　启动子和终止子的大小、功能及其供体生物的名称；

2.4.2　标记基因和报告基因的大小、功能及其供体生物的名称；
2.4.3　其他表达调控序列的名称及其来源(如人工合成或供体生物名称)。
2.5　转基因方法。
2.6　插入序列表达的资料：
2.6.1　插入序列表达的器官和组织,如根、茎、叶、花、果、种子等；
2.6.2　插入序列的表达量及其分析方法；
2.6.3　插入序列表达的稳定性。
2.7　根据上述评价,参照本办法第十二条有关标准划分基因操作的安全类型。

3.　转基因植物的安全性评价

3.1　转基因植物的遗传稳定性。
3.2　转基因植物与受体或亲本植物在环境安全性方面的差异：
3.2.1　生殖方式和生殖率；
3.2.2　传播方式和传播能力；
3.2.3　休眠期；
3.2.4　适应性；
3.2.5　生存竞争能力；
3.2.6　转基因植物的遗传物质向其他植物、动物和微生物发生转移的可能性；
3.2.7　转变成杂草的可能性；
3.2.8　抗病虫转基因植物对靶标生物及非靶标生物的影响,包括对环境中有益和有害生物的影响；
3.2.9　对生态环境的其他有益或有害作用。
3.3　转基因植物与受体或亲本植物在对人类健康影响方面的差异：
3.3.1　毒性；
3.3.2　过敏性；
3.3.3　抗营养因子；
3.3.4　营养成份；
3.3.5　抗生素抗性；
3.3.6　对人体和食品安全性的其它影响。
3.4　根据上述评价,参照本办法第十三条有关标准划分转基因植物的安全等级。

4. **转基因植物产品的安全性评价**

4.1 生产、加工活动对转基因植物安全性的影响。

4.2 转基因植物产品的稳定性。

4.3 转基因植物产品与转基因植物在环境安全性方面的差异。

4.4 转基因植物产品与转基因植物在对人类健康影响方面的差异。

4.5 参照本办法第十四条有关标准划分转基因植物产品的安全等级。

二、转基因植物试验方案

1 **试验地点**

1.1 提供试验地点的地形和气象资料,对试验地点的环境作一般性描述,标明试验的具体地点。

1.2 试验地周围属自然生态类型还是农业生态类型。若为自然生态类型,则说明距农业生态类型地区的远近;若为农业生态类型,列举该作物常见病虫害的名称及发生为害、流行情况。

1.3 列举试验地周围的相关栽培种和野生种的名称、及常见杂草的名称并简述其为害情况。

1.4 列举试验地周围主要动物的种类,是否有珍稀、濒危和保护物种。

1.5 试验地点的生态环境对该转基因植物存活、繁殖、扩散和传播的有利或不利因素,特别是环境中其它生物从转基因植物获得目的基因的可能性。

2 **试验设计**

2.1 田间试验的起止时间。

2.2 试验地点的面积(不包括隔离材料的面积)。

2.3 转基因植物的种植资料:

2.3.1 转基因植物转化体、材料名称(编号);

2.3.2 转基因植物各转化体或材料在各试验地点的种植面积;

2.3.3 转基因植物的用量;

2.3.4 转基因植物如何包装及运至试验地;

2.3.5 转基因植物是机械种植还是人工种植。

2.4 转基因植物全生育期中拟使用农药的情况。

2.5 转基因植物及其产品收获的资料:

2.5.1 转基因植物是否结实;

2.5.2 是机械收获还是人工收获,如何避免散失;

2.5.3　收获后的转基因植物及其产品如何保存。

3　安全控制措施

3.1　隔离措施：

3.1.1　隔离距离；

3.1.2　隔离植物的种类及配置方式；

3.1.3　采用何种方式防止花粉传至试验地之外；

3.1.4　拟采用的其他隔离措施。

3.2　防止转基因植物及其基因扩散的措施。

3.3　试验过程中出现意外事故的应急措施。

3.4　收获部分之外的残留部分如何处理。

3.5　收获后试验地的监控：

3.5.1　试验地的监控负责人及联系方式；

3.5.2　试验地是否留有边界标记；

3.5.3　试验结束后的监控措施和年限。

三、转基因植物各阶段申报要求

1　中间试验的报告要求

1.1　项目名称：应包含目的基因名称、转基因植物名称、试验所在省（市、自治区）名称和试验阶段名称四个部分，如转 Bt 杀虫基因棉花在河北省和北京市的中间试验。

1.2　试验转基因植物材料数量：一份报告书中转化体应当是由同种受体植物（品种或品系不超过 5 个）、相同的目的基因、相同的基因操作所获得的，而且每个转化体都应有明确的名称或编号。

1.3　试验地点和规模：应在法人单位的试验基地进行，每个试验点面积不超过 4 亩（多年生植物视具体情况而定）。试验地点应明确试验所在的省（市、自治区）、县（市）、乡、村和坐标。

1.4　试验年限：一般为一至两年（多年生植物视具体情况而定）。

1.5　报告中间试验一般应当提供以下相关附件资料：

1.5.1　目的基因的核苷酸序列及其推导的氨基酸序列；

1.5.2　目的基因与载体构建的图谱；

1.5.3　目的基因与植物基因组整合及其表达的分子检测或鉴定结果（PCR 检测、Southern 杂交分析或 Northern 分析结果）；

1.5.4　转基因性状及其产物的检测、鉴定技术；

1.5.5　试验地点的位置地形图和种植隔离图；

1.5.6　中间试验的操作规程（包括转基因植物的贮存、转移、销毁、收获、采后期监控、意外释放的处理措施以及试验点的管理等)；

1.5.7 试验设计(包括安全性评价的主要指标和研究方法等,如转基因植物的遗传稳定性、农艺性状、环境适应能力、生存竞争能力、外源基因在植物各组织器官的表达及功能性状的有效性等)。

2 环境释放的申报要求

2.1 项目名称:应包含目的基因名称、转基因植物名称、试验所在省(市、自治区)名称和试验阶段名称四个部分,如转 Bt 杀虫基因棉花 NY12 和 NM36 在河北省和北京市的环境释放。

2.2 试验转基因植物材料数量:一份申报书中转化体应当是由同一品种或品系的受体植物、相同的目的基因、相同的基因操作方法所获得的,每个转化体都应有明确的名称或编号,并与中间试验阶段的相对应。

2.3 试验地点和规模:每个试验点面积不超过 30 亩(一般大于 4 亩,多年生植物视具体情况而定)。试验地点应明确试验所在的省(市、自治区)、县(市)、乡、村和坐标。

2.4 试验年限:一次申报环境释放的期限一般为一至两年(多年生植物视具体情况而定)。

2.5 申请环境释放一般应当提供以下相关附件资料:

2.5.1 目的基因的核苷酸序列及其推导的氨基酸序列;

2.5.2 目的基因与载体构建的图谱;

2.5.3 目的基因与植物基因组整合及其表达的分子检测或鉴定结果(PCR 检测、Southern 杂交分析、Northern 或 Western 分析结果、目的基因产物表达结果)；

2.5.4 转基因性状及其产物的检测、鉴定技术;

2.5.5 实验研究和中间试验总结报告;

2.5.6 试验地点的位置地形图;

2.5.7 环境释放的操作规程(包括转基因植物的贮存、转移、销毁、收获、采后期监控、意外释放的处理措施以及试验点的管理等)；

2.5.8 试验设计(包括安全性评价的主要指标和研究方法等,如转基因植物的遗传稳定性、农艺性状、环境适应能力、生存竞争能力、外源基因在植物各组织器官的表达及功能性状的稳定性、与相关物种的可交配性及基因漂移、对非靶标生物的影响等)。

3 生产性试验的申报要求

3.1 项目名称:应包含目的基因名称、转基因植物名称、试验所在省

(市、自治区)名称和试验阶段名称四个部分,如转 Bt 杀虫基因棉花 NY12 在河北省和北京市的生产性试验。

3.2 试验转基因植物材料数量:一份申报书只能申请 1 个转化体,其名称应与前期试验阶段的名称或编号相对应。

3.3 试验地点和规模:应在试验植物的适宜生态区进行,每个试验点面积大于 30 亩(多年生植物视具体情况而定)。试验地点应明确试验所在的省(市、自治区)、县(市)、乡、村和坐标。

3.4 试验年限:一次申报生产性试验的期限一般为一至两年(多年生植物视具体情况而定)。

3.5 申请生产性试验一般应当提供以下相关附件资料:

3.5.1 目的基因的核苷酸序列及其推导的氨基酸序列;

3.5.2 目的基因与载体构建的图谱;

3.5.3 目的基因与植物基因组整合及其表达的分子检测或鉴定结果(PCR 检测、Southern 杂交分析、Northern 或 Western 分析结果、目的基因产物表达结果);

3.5.4 转基因性状及其产物的检测和鉴定技术;

3.5.5 环境释放阶段审批书的复印件;

3.5.6 各试验阶段试验结果及安全性评价试验总结报告;

3.5.7 试验地点的位置地形图;

3.5.8 生产性试验的操作规程(包括转基因植物的贮存、转移、销毁、收获、采后期监控、意外释放的处理措施以及试验点的管理等);

3.5.9 试验设计(包括安全性评价的主要指标和研究方法等,如转基因植物的遗传稳定性、生存竞争能力、基因漂移检测、对非靶标生物的影响,食品安全性如营养成分分析、抗营养因子、是否含毒性物质、是否含致敏原,标记基因的安全性,必要的急性、亚急性动物试验数据等)。

4 安全证书的申报要求

4.1 项目名称:应包含目的基因名称、转基因植物名称等几个部分,如转 cry1Ac 基因抗虫棉花 XY12 的安全证书。

4.2 一份申报书只能申请转基因植物一个转化体,其名称应与前期试验阶段的名称或编号相对应。

4.3 首次申请安全证书的有效期不超过五年;需要延续的,应当在有效期届满前一年内向农业转基因生物安全管理办公室提出申请,经农业转基因生物安全委员会评价后提出是否准予延续及延续有效期的意见，由农业农村部作出决定。

4.4 申请安全证书一般应当提供以下附件资料：

4.4.1 目的基因的核苷酸序列及其推导的氨基酸序列；

4.4.2 目的基因与载体构建的图谱；

4.4.3 目的基因与植物基因组整合及其表达的分子检测或鉴定结果（PCR 检测、Southern 杂交分析、Northern 或 Western 分析结果、目的基因产物表达结果）；

4.4.4 转基因性状及产物的检测和鉴定技术；

4.4.5 各试验阶段审批书的复印件；

4.4.6 各试验阶段的安全性评价试验总结报告；

4.4.7 转基因植物对生态环境安全性的综合评价报告；

4.4.8 食品安全性的综合评价报告，包括：A）必要的动物毒理试验报告；B）食品过敏性评价试验报告；C）与非转基因植物比较，其营养成份及抗营养因子分析报告等；

4.4.9 该类转基因植物国内外生产应用概况；

4.4.10 田间监控方案，包括监控技术、抗性治理措施、长期环境效应的研究方法等；

4.4.11 审查所需的其它相关资料。

4.5 申请转基因生物安全证书的转基因植物应当经农业农村部批准进行生产性试验，并在试验结束后方可申请安全证书。

4.6 取得农业转基因生物安全证书的 2 个及以上转化体杂交获得的转化体组合，应当从生产性试验阶段开始申报安全性评价。

使用已经取得安全证书的转化体进行转育的，应当向农业转基因生物安全管理办公室报告；在生产应用前，还应当提交具备检测条件和能力的技术检测机构出具的转基因目标性状与转化体特征特性一致性检测报告。

转基因动物安全评价

一、转基因动物安全性评价

1　受体动物的安全性评价

1.1　受体动物的背景资料：

1.1.1　学名、俗名和其他名称；

1.1.2　分类学地位；

1.1.3　试验用受体动物品种名称；

1.1.4　是野生种还是驯养种；

1.1.5　原产地及引进时间；

1.1.6　用途；

1.1.7　在国内的应用情况；

1.1.8　对人类健康和生态环境是否发生过不利影响；

1.1.9　从历史上看，受体动物演变成有害动物的可能性；

1.1.10　是否有长期安全应用的记录。

1.2　受体动物的生物学特性：

1.2.1　各发育时期的生物学特性和生命周期；

1.2.2　食性；

1.2.3　繁殖方式和繁殖能力；

1.2.4　迁移方式和能力；

1.2.5　建群能力。包括受体动物的竞争性和侵占性行为对其在环境中建群能力的影响，种群大小对繁殖和迁移能力的影响；

1.2.6　对人畜的攻击性、毒性等；

1.2.7　对生态环境影响的可能性。

1.3　受体动物病原体的状况及其潜在影响：

1.3.1　是否具有某种特殊的易于传染的病原；

1.3.2　自然环境中病原体的种类和分布，对受体动物疾病的发生和传播，对其重要的经济生产性能降低及对人类健康和生态环境产生的不良影响；

1.3.3　病原体对环境的其他影响。

1.4　受体动物的生态环境：

1.4.1　在国内的地理分布和自然生境，这种自然分布是否会因某些条件的变化而改变；

1.4.2　生长发育所要求的生态环境条件；

1.4.3　是否为生态环境中的组成部分，对草地、水域环境的影响；

1.4.4　是否具有生态特异性，如在环境中的适应性等；

1.4.5　习性，是否可以独立生存，或者协同共生等；

1.4.6　在环境中生存的能力、机制和条件，天敌、饲草（饲料或饵料）或其它生物因子及气候、土壤、水域等非生物因子对其生存的影响；

1.4.7　与生态系统中其他动物的生态关系，包括生态环境的改变对这种（些）关系的影响以及是否会因此而产生或增加对人类健康和生态环境的不利影响；

1.4.8　与生态系统中其他生物（植物和微生物）的生态关系，包括生态环境的改变对这种（些）关系的影响以及是否会因此而产生或增加对人类健康或生态环境的不利影响。

1.4.9　对生态环境的影响及其潜在危险程度；

1.4.10　涉及到国内非通常养殖的动物物种时，应详细描述该动物的自然生境和有关其天然捕食者、寄生物、竞争物和共生物的资料。

1.5　受体动物的遗传变异：

1.5.1　遗传稳定性，包括是否可以和外源 DNA 结合，是否存在交换因子，是否有活性病毒物质与其正常的染色体互作，是否可观察由于基因突变导致的异常基因型和表现型；

1.5.2　是否有发生遗传变异而对人类健康或生态环境产生不利影响的资料；

1.5.3　在自然条件下与其他动物种属进行遗传物质交换的可能性；

1.5.4　在自然条件下与微生物（特别是病原体）进行遗传物质交换的可能性。

1.6　受体动物的监测方法和监控的可能性。

1.7　受体动物的其他资料。

1.8　根据上述评价，参照本办法第十一条有关标准划分受体动物的安全等级。

2　基因操作的安全性评价

2.1　转基因动物中引入或修饰性状和特性的叙述。

2.2　实际插入或删除序列的以下资料：

2.2.1　插入序列的大小和结构，确定其特性的分析方法；

2.2.2　删除区域的大小和功能；

2.2.3　目的基因的核苷酸序列和推导的氨基酸序列；

2.2.4　插入序列在动物细胞中的定位(是否整合到染色体、线粒体,或以非整合形式存在)及其确定方法；

2.2.5　插入序列的拷贝数。

2.3　目的基因与载体构建的图谱,载体的名称和来源,载体是否有致病性以及是否可能演变为有致病性。如是病毒载体,则应说明其作用和在受体动物中是否可以复制。

2.4　载体中插入区域各片段的资料：

2.4.1　启动子和终止子的大小、功能及其供体生物的名称；

2.4.2　标记基因和报告基因的大小、功能及其供体生物的名称；

2.4.3　其他表达调控序列的名称及其来源(如人工合成或供体生物名称)。

2.5　转基因方法。

2.6　插入序列表达的资料：

2.6.1　插入序列表达的资料及其分析方法,如 Southern 印迹杂交图、PCR-Southern 杂交检测图等；

2.6.2　插入序列表达的器官和组织、表达量。

2.7　根据上述评价,参照本办法第十二条有关标准划分基因操作的安全类型。

3　转基因动物的安全性评价

3.1　与受体动物比较,转基因动物的如下特性是否改变：

3.1.1　在自然界中的存活能力；

3.1.2　经济性能；

3.1.3　繁殖、遗传和其它生物学特性。

3.2　插入序列的遗传稳定性。

3.3　基因表达产物、产物的浓度及其在可食用组织中的分布。

3.4　转基因动物遗传物质转移到其它生物体的能力和可能后果。

3.5　由基因操作产生的对人体健康和环境的毒性或有害作用的资料。

3.6　是否存在不可预见的对人类健康或生态环境的危害。

3.7　转基因动物的转基因性状检测和鉴定技术。

3.8　根据上述评价和食品卫生的有关规定,参照本办法第十三条有关标准划分转基因动物的安全等级。

4 **转基因动物产品的安全性评价**

4.1 转基因动物产品的稳定性。

4.2 生产、加工活动对转基因动物安全性的影响。

4.3 转基因动物产品与转基因动物在环境安全性方面的差异。

4.4 转基因动物产品与转基因动物在对人类健康影响方面的差异。

4.5 参照本办法第十四条有关标准划分转基因动物产品的安全等级。

二、转基因动物试验方案

1 **试验地点**

1.1 试验地点及其环境气象资料。

1.2 试验地点的生态类型。

1.3 试验地点周围的动物种类。

1.4 试验地点的生态环境对该转基因动物存活、繁殖、扩散和传播的有利或不利因素。特别是环境中其它生物从转基因动物获得目的基因的可能性。

2 **试验设计**

2.1 试验起止时间。

2.2 转基因动物的品种、品系名称(编号)。

2.3 转基因动物品种、品系在各试验地点的规模。

2.4 转基因动物及其产品的生产、包装和贮运方法。

2.5 转基因动物及其产品的用量,剩余部分处理方法。

2.6 转基因动物的饲养、屠宰、加工和贮运方式。

3 **安全控制措施**

3.1 隔离方式,并附试验设计图。

3.2 转基因动物屠宰和加工后的残余或剩余部分处理方法。

3.3 防止转基因动物扩散的措施。

3.4 试验实施过程中出现意外事故的应急措施。

3.5 试验全过程的监控负责人及联络方式。

3.6 试验结束后的监控措施和年限。

三、转基因动物各阶段申报要求

1 **中间试验的报告要求**

1.1 项目名称:应包含目的基因名称、转基因动物名称、试验所在省(市、区)名称和试验阶段名称四个部分,如转 GH 促生长基因鲤鱼在湖南省和上海市的中间试验。

1.2　试验转基因动物材料数量：一份报告书中转基因动物品系（材料）应当是由同种受体动物、相同的目的基因、相同的基因操作所获得的，而且每个品系（材料）应当有明确的名称或编号。

1.3　试验地点和规模：应在法人单位的试验基地进行，每个试验点规模（上限）为大动物（马、牛）10～20头；中小动物（猪、羊等）20～40头（只）；禽类（鸡、鸭等）100～200羽（只）；鱼2000～5000尾等。试验地点应当明确试验所在的省（市、自治区）、县（市）、乡、村和坐标。

1.4　试验年限：一般为一至两年（世代间隔几年以上的视具体情况而定）。

1.5　报告中间试验一般应当提供以下相关附件资料：

1.5.1　目的基因的核苷酸序列及推导的氨基酸序列；

1.5.2　目的基因与载体构建图；

1.5.3　目的基因整合进动物中并表达的分子检测或鉴定结果（PCR检测、Southern杂交分析或Northern分析结果）；

1.5.4　转基因性状及其产物的检测和鉴定技术；

1.5.5　试验地点的位置地形图和养殖隔离区图；

1.5.6　中间试验的操作规程（包括转基因动物的贮运、饲养、屠宰、销毁、试验结束后的监控、意外事故的处理措施以及试验点的管理等）；

1.5.7　试验设计（包括安全评价的主要指标和研究方法等，如转基因动物目标性状表达的稳定性、经济性能、生存竞争性、适应能力、外源功能基因在动物各组织器官的表达及功能性状的有效性等）。

2　环境释放的申报要求

2.1　项目名称：应包含目的基因名称、转基因动物名称、试验所在省（市、区）名称和试验阶段名称四个部分，如转GH促生长基因鲤鱼A12和T19在湖南省的环境释放。

2.2　试验转基因动物材料数量：一份申报书中转基因动物品系最多不超过5个，这些品系应当是由同种受体动物、相同的目的基因、相同的基因操作获得的，而且每个品系应当有名称或编号，并与中间试验阶段的相对应。

2.3　试验地点和规模：每个试验点规模（上限）为大动物（马、牛）150头；中小动物（猪、羊等）500头（只）；禽类（鸡、鸭等）3000羽（只）；鱼10000～50000尾等。试验地点应当明确试验所在的省

（市、自治区）、县（市）、乡、村和坐标。

2.4 试验年限：一次申报环境释放的期限一般为一至两年（世代间隔几年以上的视具体情况而定）。

2.5 申请环境释放一般应当提供以下相关附件资料：

2.5.1 目的基因的核苷酸序列及其推导的氨基酸序列；

2.5.2 目的基因与载体构建的图谱；

2.5.3 目的基因整合进动物中并表达的分子检测或鉴定结果（PCR 检测、Southern 杂交分析或 Northern 分析结果、目的蛋白的表达结果）；

2.5.4 转基因性状及其产物的检测和鉴定技术；

2.5.5 中间试验结果及安全性评价试验总结报告；

2.5.6 试验地点的位置地形图和隔离示意图；

2.5.7 环境释放的操作规程（包括转基因动物的贮运、饲养、屠宰、销毁、试验结束后的监控、意外事故的处理措施以及试验点的管理等）；

2.5.8 试验设计（包括安全性评价的主要指标和研究方法等，如转基因动物的稳定性、经济性能、生存竞争性、适应能力、外源功能基因在动物各组织器官的表达及功能性状的稳定性和有效性、基因漂移检测、对非靶标生物的影响等）。

3 生产性试验的申报要求

3.1 项目名称：应包含目的基因名称、转基因动物名称、试验所在省（市、区）名称和试验阶段名称四个部分，如转 GH 促生长基因鲤鱼 A112 在湖南省的生产性试验。

3.2 试验转基因动物材料数量：一份申报书中转基因动物品系不超过 3 个，这些品系应当是由同种受体动物、相同的目的基因、相同的基因操作获得的。品种或品系应当有明确的名称，并与以前各试验阶段的名称或编号相对应。

3.3 试验地点和规模：应在批准过环境释放的省（市、自治区）进行，每个试验点规模（上限）为大动物（马、牛）1000 头；中小动物（猪、羊等）10000 头（只）；禽类（鸡、鸭等）20000 羽（只）；鱼 10 万~30 万尾等。试验地点应当明确试验所在的省（市、自治区）、县（市）、乡、村和坐标。

3.4 试验年限：一次申请生产性试验的期限一般为一至两年（世代间隔较长的视具体情况而定）。

3.5 申请生产性试验一般应当提供以下相关附件资料：

3.5.1 目的基因的核苷酸序列及其推导的氨基酸序列；

3.5.2 目的基因与载体构建的图谱；

3.5.3 目的基因整合进动物中并表达的分子检测或鉴定结果（PCR检测、Southern杂交分析或Northern分析结果、目的蛋白的表达结果）；

3.5.4 转基因性状及其产物的检测和鉴定技术；

3.5.5 环境释放阶段审批书的复印件；

3.5.6 各试验阶段试验结果及安全性评价试验总结报告；

3.5.7 试验地点的位置地形图；

3.5.8 生产性试验的操作规程（包括转基因动物的贮运、饲养、屠宰、销毁、试验结束后的监控、意外事故的处理措施以及试验点的管理等）；

3.5.9 试验设计（包括安全评价的主要指标和研究方法等，如转基因动物的稳定性、经济性能、生存竞争性、适应能力、外源功能基因在动物各组织器官的表达及功能性状的稳定性、有效性、基因漂移情况、对非靶标生物的影响、食品安全性如营养成分分析、抗营养因子、是否含毒性物质、是否有过敏性反应、急性、亚急性动物试验数据等）；

3.5.10 对于以转基因动物为亲本与常规品种杂交获得的含有转基因成份的动物，应当提供其亲本名称及其选育过程的有关资料，并提供证明其基因来源的试验数据和资料。

4 安全证书的申报要求

4.1 项目名称：应包含目的基因名称、转基因动物名称等几个部分，如转GH促生长基因鲤鱼A112的安全证书。

4.2 一份申报书只能申请转基因动物的一个品种或品系，其名称应与以前各试验阶段的名称或编号相对应。

4.3 一次申请安全证书的使用期限一般不超过五年。

4.4 申请安全证书一般应当提供以下相关附件资料：

4.4.1 目的基因的核苷酸序列及其推导的氨基酸序列；

4.4.2 目的基因与载体构建的图谱；

4.4.3 目的基因整合进动物中并表达的分子检测或鉴定结果（PCR检测、Southern杂交分析或Northern分析结果、目的蛋白的表达结果）；

4.4.4　转基因性状及其产物的检测和鉴定技术；

4.4.5　各试验阶段审批书的复印件；

4.4.6　各试验阶段试验结果及安全性评价试验总结报告；

4.4.7　转基因动物遗传稳定性、经济性能、竞争性、生存适应能力等的综合评价报告；

4.4.8　外源基因在动物各组织器官的表达资料；

4.4.9　转基因动物对生态环境的安全性综合评价报告；

4.4.10　食品安全性检测报告:A)动物毒理试验报告 B)食品过敏性评价试验报告 C)与非转基因动物比较,其营养成份及抗营养因子分析报告；

4.4.11　该类转基因动物国内外生产应用概况；

4.4.12　该转基因动物可能的生存区域的监控方案,包括监控技术、抗性治理措施、长期环境效应的研究方法；

4.4.13　审查所需的其它相关资料。

4.5　转基因动物应当经农业农村部批准进行生产性试验,并在试验结束后方可申请安全证书。

4.6　转基因动物在取得农业转基因生物安全证书后方可作为种质资源利用。已取得农业转基因生物安全证书的转基因动物作为亲本与常规品种杂交得到的含有转基因成份的动物,应当从生产性试验阶段开始申报安全性评价。

转基因微生物安全评价

根据安全性评价的需要,将转基因微生物分为植物用转基因微生物、动物用转基因微生物和其它转基因微生物。

一、植物用转基因微生物安全评价

(一)植物用转基因微生物安全性评价

1　受体微生物的安全性评价

1.1　受体微生物的背景资料:

1.1.1　学名、俗名和其他名称;

1.1.2　分类学地位;

1.1.3　试验用受体微生物菌株名称;

1.1.4　是天然野生菌种还是人工培养菌种;

1.1.5　原产地及引进时间;

1.1.6　用途;

1.1.7　在国内的应用情况;

1.1.8　对人类健康或生态环境是否发生过不利影响;

1.1.9　从历史上看,受体微生物演变成有害生物的可能性;

1.1.10　是否有长期安全应用的记录。

1.2　受体微生物的生物学特性:

1.2.1　生育期和世代时间;

1.2.2　繁殖方式和繁殖能力;

1.2.3　适宜生长的营养要求;

1.2.4　寄主植物范围;

1.2.5　在环境中定殖、存活和传播扩展的方式、能力及其影响因素;

1.2.6　对人畜的致病性,是否产生有毒物质;

1.2.7　对植物的致病性;

1.2.8　其他重要生物学特性。

1.3　受体微生物的生态环境:

1.3.1　在国内的地理分布和自然生境,其自然分布是否会因某些条件的变化而改变;

1.3.2　生长发育所要求的生态环境条件,包括温度、湿度、酸碱度、光照、空气等;

1.3.3　是否为生态环境中的组成部分,对农田土壤、植被、陆地、草地、

水域环境的影响;

1.3.4 是否具有生态特异性,如在环境中的适应性等;

1.3.5 与生态系统中其他微生物的生态关系,包括生态环境的改变对这种(些)关系的影响以及是否会因此而产生或增加对人类健康和生态环境的不利影响;

1.3.6 与生态系统中其他生物(植物和动物)的生态关系,包括生态环境的改变对这种(些)关系的影响以及是否会因此而产生或增加对人类健康或生态环境的不利影响。

1.3.7 对生态环境的影响及其潜在危险程度;

1.3.8 涉及到国内非通常种植的植物物种时,应详细描述该植物的自然生境和有关其天然捕食者、寄生物、竞争物和共生物的资料。

1.4 受体微生物的遗传变异:

1.4.1 遗传稳定性;

1.4.2 质粒状况,质粒的稳定性及其潜在危险程度;

1.4.3 转座子和转座因子状况及其潜在危险程度;

1.4.4 是否有发生遗传变异而对人类健康或生态环境产生不利影响的资料;

1.4.5 在自然条件下与其他微生物(特别是病原体)进行遗传物质交换的可能性;

1.4.6 在自然条件下与植物进行遗传物质交换的可能性;

1.4.7 在自然条件下与动物进行遗传物质交换的可能性。

1.5 受体微生物的监测方法和监控的可能性。

1.6 受体微生物的其他资料。

1.7 根据本办法第十一条有关标准确定受体微生物的安全等级。

2 基因操作的安全性评价

2.1 植物用转基因微生物中引入或修饰性状和特性的叙述。

2.2 实际插入或删除序列的资料:

2.2.1 插入序列的大小和结构,确定其特性的分析方法;

2.2.2 删除区域的大小和功能。

2.2.3 目的基因的核苷酸序列和推导的氨基酸序列;

2.2.4 插入序列的拷贝数。

2.3 载体的名称和来源,载体特性和安全性,能否向自然界中不含有该类基因的微生物转移;载体构建的图谱。

2.4 载体中插入区域各片段的资料:

2.4.1　启动子和终止子的大小、功能及其供体生物的名称；
2.4.2　标记基因和报告基因的大小、功能及其供体生物的名称；
2.4.3　其他表达调控序列的名称及其来源（如人工合成或供体生物名称）。
2.5　基因操作方法。
2.6　目的基因的生存前景和表达的稳定性。
2.7　目的基因的检测和鉴定技术。
2.8　重组 DNA 分子的结构、复制特性和安全性。
2.9　根据本办法第十二条有关标准确定基因操作的安全类型。

3　植物用转基因微生物的安全性评价

3.1　与受体微生物比较，植物用转基因微生物如下特性是否改变：
3.1.1　定殖能力；
3.1.2　存活能力；
3.1.3　传播扩展能力；
3.1.4　毒性和致病性；
3.1.5　遗传变异能力；
3.1.6　受监控的可能性；
3.1.7　与植物的生态关系；
3.1.8　与其它微生物的生态关系；
3.1.9　与其它生物（动物和人）的生态关系，人类接触的可能性及其危险性，对所产生的不利影响的消除途径；
3.1.10　其他重要生物学特性。
3.2　应用的植物种类和用途。与相关生物农药、生物肥料等相比，其表现特点和相对安全性。
3.3　试验应用的范围，在环境中可能存在的范围，广泛应用后的潜在影响。
3.4　对靶标生物的有益或有害作用。
3.5　对非靶标生物的有益或有害作用。
3.6　植物用转基因微生物转基因性状的监测方法和检测鉴定技术。
3.7　根据本办法第十三条有关标准确定植物用转基因微生物的安全等级。

4　植物用转基因微生物产品的安全性评价

4.1　转基因微生物产品的稳定性。
4.2　生产、加工活动对转基因微生物安全性的影响。

4.3 转基因微生物产品与转基因微生物在环境安全性方面的差异。

4.4 转基因微生物产品与转基因微生物在对人类健康影响方面的差异。

4.5 参照本办法第十四条有关标准划分植物用转基因微生物产品的安全等级。

(二)植物用转基因微生物试验方案

1 试验地点

1.1 试验地点的气象资料,试验地点的地形,环境的一般性描述,标明试验地点的位置示意图。

1.2 试验地周围的生态类型。

1.3 释放地点周围的动物、植物种类。

1.4 释放地点的生态环境对该植物用转基因微生物的存活、繁殖、扩散和传播的有利或不利因素,特别是环境中其它生物从转基因生物获得目的基因的可能性。

2 试验设计

2.1 试验的起止时间。

2.2 试验菌株名称或编号。

2.3 拟开展试验的地点和试验面积。

2.4 生产、包装、贮存及运输至试验地的方式。

2.5 使用方法及剂量,未使用部分的处置方式。

2.6 试验植物的种植方法、田间管理措施。

3 安全控制措施

3.1 在试验地点的安全隔离措施:

3.1.1 隔离方式和隔离距离;

3.1.2 防止植物用转基因微生物扩散的措施;

3.1.3 试验过程中出现意外事故的应急措施;

3.1.4 试验期间的监控负责人及其联系方式。

3.2 试验期间和试验结束后,试验植物的取样或收获方式,残余或剩余部分的处理方法。

3.3 试验结束后的监控措施:

3.3.1 试验结束后对试验地点及其周围环境的安全监控计划;

3.3.2 试验结束后的监控年限;

3.3.3 监控负责人及其联系方式。

(三)植物用转基因微生物各阶段申报要求

1　中间试验的报告要求

1.1　项目名称:应包含目的基因名称、转基因微生物的名称、试验所在省(市、自治区)名称和试验阶段名称四个部分,如转 Cry1Ac 基因苏云金芽孢杆菌在广东省的中间试验。

1.2　试验转基因微生物菌株数量:一份报告书中菌株应当是由同一种受体微生物(受体菌株不超过 5 个)、相同的目的基因、相同的基因操作所获得的,而且每个转基因菌株都应有明确的名称或编号。

1.3　试验地点和规模:应在法人单位的试验基地进行,每个试验点面积不超过 4 亩。试验地点应当明确试验所在的省(市、自治区)、县(市)、乡、村和坐标。

1.4　试验年限:一般为一至两年。

1.5　报告中间试验一般应当提供以下相关附件资料:

1.5.1　目的基因的核苷酸序列和推导的氨基酸序列;

1.5.2　目的基因、载体图谱与转基因微生物构建技术路线;

1.5.3　受体微生物和转基因微生物的毒理学试验报告或有关文献资料;

1.5.4　试验地点的位置图和试验隔离图;

1.5.5　中间试验的操作规程(包括植物用转基因微生物的贮存、转移、销毁、试验结束后的监控、意外释放的处理措施以及试验点的管理等);

1.5.6　根据安全性评价的要求提出具体试验设计。

2　环境释放的申报要求

2.1　项目名称:应包含目的基因名称、转基因微生物名称及代号、试验所在省(市、自治区)名称和试验阶段名称四个部分,如转 Cry1Ac 基因苏云金芽孢杆菌 NJ8 和 NY23 在广东省的环境释放。

2.2　试验转基因微生物菌株数量:一份申报书中菌株应当是由同一受体菌株、相同的目的基因、相同的基因操作所获得的,而且每个转基因菌株都应有明确的名称或编号,并与中间试验的相对应。

2.3　试验地点和规模:每个试验点面积为不超过 30 亩(一般大于 4 亩)。试验地点应当明确试验所在的省(市、自治区)、县(市)、乡、村和坐标。

2.4 试验年限：一次申请环境释放的期限一般为一至两年。

2.5 申请环境释放一般应当提供以下相关附件资料：

2.5.1 目的基因的核苷酸序列或其推导的氨基酸序列；

2.5.2 目的基因、载体图谱与转基因微生物构建技术路线；

2.5.3 受体菌、转基因微生物的毒理学试验报告或有关文献资料；

2.5.4 跟踪监测要求的资料；

2.5.5 中间试验阶段安全性评价的总结报告；

2.5.6 试验地点的位置图；

2.5.7 环境释放的操作规程（包括植物用转基因微生物的贮存、转移、销毁、试验结束后的监控、意外释放的处理措施以及试验点的管理等）；

2.5.8 根据安全性评价的要求提出具体试验设计。

3 生产性试验的申报要求

3.1 项目名称：应包含目的基因名称、转基因微生物名称及代号、试验所在省（市、自治区）名称和试验阶段名称四个部分，如转Cry1Ac基因苏云金芽孢杆菌NY23在广东省的生产性试验。

3.2 试验转基因微生物菌株数量：一份申报书中不超过5个转基因微生物株系（品系），这些株系（品系）应当是由同一受体菌株、相同的目的基因、相同的基因操作所获得的，而且应有明确的名称，并与以前各试验阶段的名称或编号相对应。

3.3 试验地点和规模：应在批准过环境释放的省（市、自治区）进行，每个试验点面积大于30亩。试验地点应当明确试验所在的省（市、自治区）、县（市）、乡、村和坐标。

3.4 试验年限：一次申请生产性试验的期限一般为一至两年。

3.5 申请生产性试验一般应当提供以下相关附件资料：

3.5.1 目的基因的核苷酸序列和推导的氨基酸序列；

3.5.2 目的基因、载体图谱与转基因微生物构建的技术路线；

3.5.3 检测机构出具的受体微生物、转基因微生物的毒理学试验报告或有关文献资料；

3.5.4 环境释放阶段审批书的复印件；

3.5.5 跟踪监测要求的资料；

3.5.6 中间试验和环境释放阶段安全性评价的总结报告；

3.5.7 转基因微生物生产和试验地点的位置图；

3.5.8 生产性试验的操作规程(包括植物用转基因微生物的贮存、转移、销毁、试验结束后的监控、意外释放的处理措施以及试验点的管理等);

3.5.9 根据安全性评价的要求提出具体试验设计。

4 安全证书的申报要求

4.1 项目名称:应包含目的基因名称、转基因微生物名称等几个部分,如转 Cry1Ac 基因苏云金芽孢杆菌 NY23 的安全证书。

4.2 转基因微生物应当经农业农村部批准进行生产性试验,并在试验结束后才能申请安全证书。

4.3 一次申请安全证书的使用期限一般不超过五年。

4.4 申请安全证书一般应当提供以下相关附件资料:

4.4.1 目的基因的核苷酸序列或其推导的氨基酸序列;

4.4.2 目的基因、载体图谱与转基因微生物构建的技术路线;

4.4.3 环境释放和生产性试验阶段审批书的复印件;

4.4.4 中间试验、环境释放、生产性试验阶段安全性评价的总结报告;

4.4.5 转基因微生物对人体健康、环境和生态安全影响的综合性评价报告;

4.4.6 该类植物用转基因微生物在国内外生产应用的概况;

4.4.7 植物用转基因微生物检测、鉴定的方法或技术路线;

4.4.8 植物用转基因微生物的长期环境影响监控方法;

4.4.9 其它相关资料。

二、动物用转基因微生物安全评价

(一)动物用转基因微生物安全性评价

1 受体微生物的安全性评价

1.1 受体微生物的背景资料:

1.1.1 学名、俗名和其他名称;

1.1.2 分类学地位;

1.1.3 试验用受体微生物菌株名称;

1.1.4 是天然野生菌种还是人工培养菌种;

1.1.5 原产地及引进时间;

1.1.6 用途;

1.1.7 在国内的应用情况;

1.1.8 对人类健康或生态环境是否发生过不利影响;

1.1.9 从历史上看,受体微生物演变成有害生物的可能性;

1.1.10 是否有长期安全应用的记录。
1.2 受体微生物的生物学特性：
1.2.1 生育期和世代时间；
1.2.2 繁殖方式和繁殖能力；
1.2.3 适宜生长的营养要求；
1.2.4 适宜应用的动物种类；
1.2.5 在环境中定殖、存活和传播扩展的方式、能力及其影响因素；
1.2.6 对动物的致病性，是否产生有毒物质；
1.2.7 对人体健康和植物的潜在危险性；
1.2.8 其他重要生物学特性。
1.3 受体微生物所适应的生态环境：
1.3.1 在国内的地理分布和自然生境，其自然分布是否会因某些条件的变化而改变；
1.3.2 生长发育所要求的生态环境条件，包括温度、湿度、酸碱度、光照、空气等；
1.3.3 是否具有生态特异性，如在环境中的适应性等；
1.3.4 与生态系统中其他微生物的生态关系，是否受人类和动物病原体（如病毒）的侵染。包括生态环境的改变对这种（些）关系的影响以及是否会因此而产生或增加对动物健康、人类健康和生态环境的不利影响；
1.3.5 对生态环境的影响及其潜在危险程度；
1.3.6 涉及到国内非通常养殖的动物物种时，应详细描述该动物的自然生境和其他有关资料。
1.4 受体微生物的遗传变异：
1.4.1 遗传稳定性；
1.4.2 质粒状况，质粒的稳定性及其潜在危险程度；
1.4.3 转座子和转座因子状况及其潜在危险程度；
1.4.4 是否有发生遗传变异而对动物健康、人类健康或生态环境产生不利影响的可能性；
1.4.5 在自然条件下与其他微生物（特别是病原体）进行遗传物质交换的可能性；
1.4.6 在自然条件下与动物进行遗传物质交换的可能性。
1.5 受体微生物的监测方法和监控的可能性。
1.6 受体微生物的其他资料。

1.7　根据本办法第十一条有关标准确定受体微生物的安全等级。

2　基因操作的安全性评价

2.1　动物用转基因微生物中引入或修饰性状和特性的叙述。

2.2　实际插入或删除序列的资料:

2.2.1　插入序列的大小和结构,确定其特性的分析方法;

2.2.2　删除区域的大小和功能;

2.2.3　目的基因的核苷酸序列和推导的氨基酸序列;

2.2.4　插入序列的拷贝数。

2.3　目的基因与载体构建的图谱,载体的名称和来源,载体特性和安全性,能否向自然界中不含有该类基因的微生物转移。

2.4　载体中插入区域各片段的资料:

2.4.1　启动子和终止子的大小、功能及其供体生物的名称;

2.4.2　标记基因和报告基因的大小、功能及其供体生物的名称;

2.4.3　其他表达调控序列的名称及其来源(如人工合成或供体生物名称)。

2.5　基因操作方法。

2.6　目的基因表达的稳定性。

2.7　目的基因的检测和鉴定技术。

2.8　重组 DNA 分子的结构、复制特性和安全性。

2.9　根据本办法第十二条有关标准确定基因操作的安全类型。

3　动物用转基因微生物的安全性评价

3.1　动物用转基因微生物的生物学特性;应用目的;在自然界的存活能力;遗传物质转移到其他生物体的能力和可能后果;监测方法和监控的可能性。

3.2　动物用转基因微生物的作用机理和对动物的安全性。

3.2.1　在靶动物和非靶动物体内的生存前景。

3.2.2　对靶动物和可能的非靶动物高剂量接种后的影响。

3.2.3　与传统产品相比较,其相对安全性。

3.2.4　宿主范围及载体的漂移度。

3.2.5　免疫动物与靶动物以及非靶动物接触时的排毒和传播能力。

3.2.6　动物用转基因微生物回复传代时的毒力返强能力。

3.2.7　对怀孕动物的安全性。

3.2.8　对免疫动物子代的安全性。

3.3　动物用转基因微生物对人类的安全性。

3.3.1　人类接触的可能性及其危险性,有可能产生的直接影响、短期影响和长期影响,对所产生的不利影响的消除途径。

3.3.2　广泛应用后的潜在危险性。

3.4　动物用转基因微生物对生态环境的安全性。

3.4.1　在环境中释放的范围、可能存在的范围以及对环境中哪些因素存在影响。

3.4.2　影响动物用转基因微生物存活、增殖和传播的理化因素。

3.4.3　感染靶动物的可能性或潜在危险性。

3.4.4　动物用转基因微生物的稳定性、竞争性、生存能力、变异性以及致病性是否因外界环境条件的改变而改变。

3.5　动物用转基因微生物的检测和鉴定技术。

3.6　根据本办法第十三条有关标准确定动物用转基因微生物的安全等级。

4　动物用转基因微生物产品的安全性评价

4.1　转基因微生物产品的稳定性。

4.2　生产、加工活动对转基因微生物安全性的影响。

4.3　转基因微生物产品与转基因微生物在环境安全性方面的差异。

4.4　转基因微生物产品与转基因微生物在对人类健康影响方面的差异。

4.5　参照本办法第十四条有关标准划分动物用转基因微生物产品的安全等级。

(二)动物用转基因微生物试验方案

1　试验地点

1.1　提供试验地点的气象资料,试验地点的地形环境的一般性描述、标明试验地点的示意图。

1.2　试验地周围的生态类型。

1.3　试验地点周围的动物种类。

1.4　试验地点的生态环境对该动物用转基因微生物的存活、繁殖、扩散和传播的有利或不利因素,特别是环境中其它生物从该动物用转基因微生物获得目的基因的可能性。

2　试验方案

2.1　试验的起止时间。

2.2　动物用转基因微生物的名称或编号。

2.3　动物用转基因微生物在各试验地点的试验动物规模。

2.4　试验区域的大小。

2.5　动物用转基因微生物的应用。

2.6　动物用转基因微生物的生产、包装及贮运至试验地方式。

2.7　动物用转基因微生物的使用方法及剂量，未使用的部分的处置方式。

3　安全控制措施

3.1　试验动物的安全隔离。

3.1.1　隔离方式、隔离距离。

3.1.2　防止动物用转基因微生物扩散的措施。

3.1.3　饲养全过程的安全控制措施。

3.1.4　试验过程中出现意外事故的应急措施。

3.2　试验动物的饲养和试验结束后的处理方式。

3.3　试验结束后对试验场所的监控措施。

3.4　试验结束后的监控年限。

3.5　试验的监控负责人及其联系方式。

（三）动物用转基因微生物各阶段申报要求

1　中间试验的报告要求

1.1　项目名称：应包含目的基因名称、动物用转基因微生物及产品名称、试验所在省（市、自治区）名称和试验阶段名称四个部分，如表达鸡新城疫病毒F基因的重组鸡痘病毒基因工程疫苗在江苏省的中间试验。

1.2　试验转基因微生物材料数量：一份报告书中菌株应当是由同一种受体微生物（受体菌株不超过5个）、相同的目的基因、相同的基因操作所获得的，而且每个转基因菌株都应有明确的名称或编号。

1.3　试验地点和规模：应在法人单位的试验基地进行。每个试验点动物规模（上限）为大动物（马、牛）20头；中小动物（猪、羊等）40头（只）；禽类（鸡、鸭等）200羽（只）；鱼2000尾。应当明确试验所在的省（市、自治区）、县（市）、乡、村和坐标。

1.4　试验年限：一般为一至二年。

1.5　报告中间试验一般应当提供以下相关附件资料：

1.5.1　目的基因的核苷酸序列和推导的氨基酸序列；

1.5.2　目的基因与载体构建的图谱；

1.5.3　试验地点的位置图和试验隔离图；

1.5.4　中间试验的操作规程(包括动物用转基因微生物的贮存、转移、销毁、试验结束后的监控、意外释放的处理措施以及试验点的管理等);

1.5.5　试验设计(包括安全评价的主要指标和研究方法等,如转基因微生物的稳定性、竞争性、生存适应能力、外源基因在靶动物体内的表达和消长关系等)。

2　环境释放的申报要求

2.1　项目名称:应包含目的基因名称、动物用转基因微生物及产品名称、试验所在省(市、自治区)名称和试验阶段名称四个部分,如表达鸡新城疫病毒 F 基因的重组鸡痘病毒基因工程疫苗 NF16 和 YF9 在江苏省的环境释放。

2.2　试验转基因微生物材料数量:一份申报书中菌株应当是由同一种受体菌株、同种目的基因和同种基因操作所获得的,每个菌株应当有明确的名称或编号,并与中间试验阶段的相对应。

2.3　试验地点和规模:每个试验点试验动物规模(上限)为大动物(马、牛)100 头;中小动物(猪、羊等)500 头(只);禽类(鸡、鸭等)5000 羽(只);鱼 10000 尾。应当明确试验所在的省(市、自治区)、县(市)、乡、村和坐标。

2.4　试验年限:一次申请环境释放的期限一般为一至二年。

2.5　申请环境释放一般应当提供以下相关附件资料:

2.5.1　目的基因的核苷酸序列和推导的氨基酸序列图;

2.5.2　目的基因与载体构建的图谱;

2.5.3　提供中间试验阶段的安全性评价试验总结报告;

2.5.4　毒理学试验报告(如急性、亚急性、慢性实验,致突变、致畸变试验等);

2.5.5　试验地点的位置图和试验隔离图;

2.5.6　环境释放的操作规程(包括动物用转基因微生物的贮存、转移、销毁、试验结束后的监控、意外释放的处理措施以及试验点的管理等);

2.5.7　试验设计(包括安全评价的主要指标和研究方法等,如转基因微生物的稳定性、竞争性、生存适应能力、外源基因在靶动物体内的表达和消长关系等)。

3　生产性试验的申报要求

3.1　项目名称:应包含目的基因名称、转基因微生物名称、试验所在省(市、自治区)名称和试验阶段名称四个部分,如表达鸡新城疫病毒 F 基因的重组鸡痘病毒基因工程疫苗 NF16 在江苏省的生产性试验。

3.2 试验转基因微生物材料数量:一份申报书中不超过 5 种动物用转基因微生物,应当是由同一受体菌株、相同的目的基因、相同的基因操作所获得的,而且其名称应当与前期试验阶段的名称和编号相对应。

3.3 试验地点和规模:应在批准过环境释放的省(市、自治区)进行,每个试验点试验动物规模(上限)为大动物(马、牛)1000 头;中小动物(猪、羊等)10000 头(只);禽类(鸡、鸭等)20000 羽(只);鱼 10 万尾。应当明确试验所在的省(市、自治区)、县(市)、乡、村和坐标。

3.4 试验年限:一次申请生产性试验的期限一般为一至二年。

3.5 申请生产性试验一般应当提供以下相关附件资料:

3.5.1 目的基因的核苷酸序列或其推导的氨基酸序列图;

3.5.2 目的基因与载体构建的图谱;

3.5.3 环境释放阶段审批书的复印件;

3.5.4 中间试验和环境释放安全性评价试验的总结报告;

3.5.5 食品安全性检测报告(如急性、亚急性、慢性实验,致突变、致畸变实验等毒理学报告);

3.5.6 通过监测,目的基因或动物用转基因微生物向环境中的转移情况报告。

3.5.7 试验地点的位置图和试验隔离图;

3.5.8 生产性试验的操作规程(包括动物用转基因微生物的贮存、转移、销毁、试验结束后的监控、意外释放的处理措施以及试验点的管理等);

3.5.9 试验设计(包括安全评价的主要指标和研究方法等,如转基因微生物的稳定性、竞争性、生存适应能力、外源基因在靶动物体内的表达和消长关系等)。

4 安全证书的申报要求

4.1 项目名称:应包含目的基因名称、转基因微生物名称等几个部分,如:表达鸡新城疫病毒 F 基因的重组鸡痘病毒基因工程疫苗 NF16 的安全证书。

4.2 一份申报书只能申请 1 种动物用转基因微生物,其名称应当与前期试验阶段的名称或编号相对应。

4.3 一次申请安全证书的使用期限一般不超过五年。

4.4 申请安全证书一般应当提供以下相关附件资料：

4.4.1 目的基因的核苷酸序列及其推导的氨基酸序列图；

4.4.2 目的基因与载体构建的图谱；

4.4.3 目的基因的分子检测或鉴定技术方案；

4.4.4 重组DNA分子的结构、构建方法；

4.4.5 各试验阶段审批书的复印件；

4.4.6 各试验阶段安全性评价试验的总结报告；

4.4.7 通过监测，目的基因或转基因微生物向环境中转移情况的报告；

4.4.8 稳定性、生存竞争性、适应能力等的综合评价报告；

4.4.9 对非靶标生物影响的报告；

4.4.10 食品安全性检测报告（如急性、亚急性、慢性实验，致突变、致畸变实验等毒理学报告）；

4.4.11 该类动物用转基因微生物在国内外生产应用的概况；

4.4.12 审查所需的其它相关资料。

三、其它转基因微生物安全评价

（一）其它转基因微生物安全性评价

1 受体微生物的安全性评价

1.1 受体微生物的背景资料：

1.1.1 学名、俗名和其他名称；

1.1.2 分类学地位；

1.1.3 试验用受体微生物菌株名称；

1.1.4 是天然野生菌种还是人工培养菌种；

1.1.5 原产地及引进时间；

1.1.6 用途；

1.1.7 在国内的应用情况；

1.1.8 对人类健康或生态环境是否发生过不利影响；

1.1.9 从历史上看，受体微生物演变成有害生物的可能性；

1.1.10 是否有长期安全应用的记录。

1.2 受体微生物的生物学特性：

1.2.1 生育期和世代时间；

1.2.2 繁殖方式和繁殖能力；

1.2.3 适宜生长的营养要求；

1.2.4　在环境中定殖、存活和传播扩展的方式、能力及其影响因素；

1.2.5　对人畜的致病性，是否产生有毒物质；

1.2.6　对植物的致病性；

1.2.7　其他重要生物学特性。

1.3　受体微生物的生态环境：

1.3.1　在国内的地理分布和自然生境，其自然分布是否会因某些条件的变化而改变；

1.3.2　生长发育所要求的生态环境条件，包括温度、湿度、酸碱度、光照、空气等；

1.3.3　是否为生态环境中的组成部分，对农田土壤、植被、陆地、草地、水域环境的影响；

1.3.4　是否具有生态特异性，如在环境中的适应性等；

1.3.5　与生态系统中其他微生物的生态关系，包括生态环境的改变对这种（些）关系的影响以及是否会因此而产生或增加对人类健康和生态环境的不利影响；

1.3.6　与生态系统中其他生物（植物和动物）的生态关系，包括生态环境的改变对这种（些）关系的影响以及是否会因此而产生或增加对人类健康或生态环境的不利影响。

1.3.7　对生态环境的影响及其潜在危险程度；

1.3.8　涉及到国内非通常种植（养殖）的动植物物种时，应详细描述该动物（植物）的自然生境和有关其天然捕食者、寄生物、竞争物和共生物的资料。

1.4　受体微生物的遗传变异：

1.4.1　遗传稳定性；

1.4.2　质粒状况，质粒的稳定性及其潜在危险程度；

1.4.3　转座子和转座因子状况及其潜在危险程度；

1.4.4　是否有发生遗传变异而对人类健康或生态环境产生不利影响的可能性；

1.4.5　在自然条件下与其他微生物（特别是病原体）进行遗传物质交换的可能性；

1.4.6　在自然条件下与植物进行遗传物质交换的可能性；

1.4.7　在自然条件下与动物进行遗传物质交换的可能性。

1.5　受体微生物的监测方法和监控的可能性。

1.6　受体微生物的其他资料。

1.7　根据本办法第十一条有关标准确定受体微生物的安全等级。

2　基因操作的安全性评价

2.1　转基因微生物中引入或修饰性状和特性的叙述。

2.2　实际插入或删除序列的资料：

2.2.1　插入序列的大小和结构，确定其特性的分析方法

2.2.2　删除区域的大小和功能。

2.2.3　目的基因的核苷酸序列和推导的氨基酸序列；

2.2.4　插入序列的拷贝数。

2.3　目的基因与载体构建的图谱；载体的名称和来源，载体特性和安全性，能否向自然界中不含有该类基因的微生物转移。

2.4　载体中插入区域各片段的资料：

2.4.1　启动子和终止子的大小、功能及其供体生物的名称；

2.4.2　标记基因和报告基因的大小、功能及其供体生物的名称；

2.4.3　其他表达调控序列的名称及其来源（如人工合成或供体生物名称）。

2.5　基因操作方法。

2.6　目的基因表达的稳定性。

2.7　目的基因的检测和鉴定技术。

2.8　重组 DNA 分子的结构、复制特性和安全性。

2.9　根据本办法第十二条有关标准确定基因操作的安全类型。

3　转基因微生物的安全性评价

3.1　转基因微生物的生物学特性；应用目的；在自然界的存活能力；遗传物质转移到其他生物体的能力和可能后果；监测方法和监控的可能性。

3.2　转基因微生物对人类的安全性。

3.2.1　人类接触的可能性及其危险性，有可能产生的直接影响、短期影响和长期影响，对所产生的不利影响的消除途径。

3.2.2　广泛应用后的潜在危险性。

3.3　转基因微生物对生态环境的安全性。

3.3.1　在环境中释放的范围、可能存在的范围以及对环境中哪些因素存在影响；

3.3.2　影响转基因微生物存活、增殖和传播的理化因素；

3.3.3　转基因微生物的稳定性、竞争性、生存能力、变异性以及致病性是否因外界环境条件的改变而改变。

3.4　转基因微生物的检测和鉴定技术。

3.5　根据本办法第十三条有关标准确定转基因微生物的安全等级。

4　其他转基因微生物产品的安全性评价

4.1　转基因微生物产品的稳定性。

4.2　生产、加工活动对转基因微生物安全性的影响。

4.3　转基因微生物产品与转基因微生物在环境安全性方面的差异。

4.4　转基因微生物产品与转基因微生物在对人类健康影响方面的差异。

4.5　参照本办法第十四条有关标准划分其他转基因微生物产品的安全等级。

(二)其他转基因微生物试验方案

1　试验地点

1.1　提供试验地点的气象资料、试验地点的地形环境的一般性描述、标明试验地点的示意图。

1.2　试验地周围的生态类型。

1.3　试验地点周围的相关生物种类。

1.4　试验地点的生态环境对该转基因微生物的存活、繁殖、扩散和传播的有利或不利因素,特别是环境中其它生物从该转基因微生物获得目的基因的可能性。

2　试验设计

2.1　试验的起止时间。

2.2　转基因微生物的名称或编号。

2.3　转基因微生物在各试验地点的规模。

2.4　试验区域的大小。

2.5　转基因微生物的应用。

2.6　转基因微生物的生产、包装及贮运至试验地方式。

2.7　转基因微生物的使用方法及剂量,未使用的部分的处置方式。

3　安全控制措施

3.1　试验生物的安全隔离。

3.1.1　隔离方式、隔离距离;

3.1.2　防止转基因微生物扩散的措施;

3.1.3　试验过程的安全控制措施;

3.1.4　试验过程中出现意外事故的应急措施。

3.2　试验生物的培养和试验结束后的处理方式。

3.3　试验结束后对试验场所的监控措施。

3.4　试验结束后的监控年限。

3.5　试验的监控负责人及其联系方式。

(三)其他转基因微生物各阶段申报要求

1　中间试验的报告要求

1.1　项目名称:应包含目的基因名称、转基因微生物名称、试验所在省(市、自治区)名称和试验阶段名称四个部分。如:转×××基因×××(微生物名称)在河南省的中间试验。

1.2　试验转基因微生物材料数量:一份报告书中菌株应当是由同一种受体微生物(受体菌株不超过5个)、相同的目的基因、相同的基因操作所获得的,而且每个转基因菌株都应有明确的名称或编号。

1.3　试验地点和规模:应在法人单位的试验基地进行。每个试验点规模不超过100升(公斤)发酵产品(样品)或者陆地面积不超过4亩。试验地点应当明确试验所在的省(市、自治区)、县(市)、乡、村和坐标。

1.4　试验年限:一般为一至二年。

1.5　报告中间试验一般应当提供以下相关附件资料:

1.5.1　目的基因的核苷酸序列或其推导的氨基酸序列;

1.5.2　目的基因与载体构建的图谱;

1.5.3　试验地点的位置图和试验隔离图;

1.5.4　中间试验的操作规程(包括转基因微生物的贮存、转移、销毁、试验结束后的监控、意外释放的处理措施以及试验点的管理等);

1.5.5　试验设计(包括安全评价的主要指标和研究方法等,如转基因微生物的稳定性、竞争性、生存适应能力等)。

2　环境释放的申报要求

2.1　项目名称:应包含目的基因名称、转基因微生物名称、试验所在省(市、自治区)名称和试验阶段名称四个部分。如转×××基因×××(微生物名称)在江苏省和河北省的环境释放。

2.2　试验转基因微生物材料数量:一份申报书中菌株应当是由同一种受体菌株、相同的目的基因、相同的基因操作所获得的,其名称或编号应与中间试验阶段的相对应。

2.3　试验地点和规模:每个试验点规模不超过1000升(公斤)[一般大于100升(公斤)]发酵产品(样品)或者陆地面积不超过30

亩(一般大于4亩)。试验地点应当明确试验所在的省(市、自治区)、县(市)、乡、村和坐标。

2.4 试验年限:一次申请环境释放的期限一般为一至二年。

2.5 申请环境释放一般应当提供以下相关附件资料:

2.5.1 目的基因的核苷酸序列或其推导的氨基酸序列图;

2.5.2 目的基因与载体构建的图谱;

2.5.3 提供中间试验阶段安全性评价试验报告;

2.5.4 毒理学检测报告(如急性、亚急性、慢性实验,致突变、致畸变试验等);

2.5.5 试验地点的位置图和试验隔离图;

2.5.6 环境释放的操作规程(包括转基因微生物的贮存、转移、销毁、试验结束后的监控、意外释放的处理措施以及试验点的管理等);

2.5.7 试验设计(包括安全评价的主要指标和研究方法等,如转基因微生物的稳定性、竞争性、生存适应能力等)。

3 生产性试验的申报要求

3.1 项目名称:应包含目的基因名称、转基因微生物名称、试验所在省(市、自治区)名称和试验阶段名称四个部分。如转×××基因×××(微生物名称)在山东省的生产性试验。

3.2 试验转基因微生物材料数量:一份申报书中不超过5个转基因微生物株系(品系),这些株系(品系)应当是由同一受体菌株、相同的目的基因、相同的基因操作所获得的,而且其名称应与前期试验阶段的名称或编号相对应。

3.3 试验地点和规模:应在批准进行过环境释放的省(市、自治区)进行,每个试验点规模大于1000升(公斤)发酵产品(样品)或者陆地面积大于30亩。试验地点应当明确试验所在的省(市、自治区)、县(市)、乡、村和坐标。

3.4 试验年限:一次申请生产性试验的期限一般为一至两年。

3.5 申请生产性试验一般应当提供以下相关附件资料:

3.5.1 目的基因的核苷酸序列或其推导的氨基酸序列图;

3.5.2 目的基因与载体构建的图谱;

3.5.3 环境释放阶段审批书的复印件;

3.5.4 中间试验和环境释放阶段安全性评价试验的总结报告;

3.5.5 食品安全性检测报告(如急性、亚急性、慢性实验,致突变、致畸变实验等毒理学报告);

3.5.6 通过监测，目的基因或转基因微生物向环境中转移情况的报告；

3.5.7 试验地点的位置图和试验隔离图；

3.5.8 生产性试验的操作规程（包括转基因微生物的贮存、转移、销毁、试验结束后的监控、意外释放的处理措施以及试验点的管理等）；

3.5.9 试验设计（包括安全评价的主要指标和研究方法等，如转基因微生物的稳定性、竞争性、生存适应能力、外源基因在靶动物体内的表达和消长关系等）。

4 **安全证书的申报要求**

4.1 项目名称：应包含目的基因名称、转基因微生物名称等几个部分。如：转×××基因×××（微生物名称）的安全证书。

4.2 一份申报书只能申请 1 个转基因微生物株系（品系），其名称和编号应当与前期试验阶段的相对应。

4.3 一次申请安全证书的使用期限一般不超过五年。

4.4 申请安全证书一般应当提供以下相关附件资料：

4.4.1 目的基因的核苷酸序列或其推导的氨基酸序列；

4.4.2 目的基因、载体图谱与转基因微生物构建的技术路线；

4.4.3 环境释放和生产性试验阶段审批书的复印件；

4.4.4 中间试验、环境释放和生产性试验阶段安全性评价试验总结报告；

4.4.5 转基因微生物对人体健康、环境和生态安全影响的综合性评价报告；

4.4.6 该类转基因微生物在国内外生产应用的概况；

4.4.7 转基因微生物检测鉴定技术；

4.4.8 转基因微生物的长期环境影响监控方法；

4.4.9 审查所需的其它相关资料。

4.5 申请安全证书的转基因微生物应当经农业农村部批准进行生产性试验，并在试验结束后方可申请。

附录Ⅳ

农业转基因生物及其产品安全控制措施

为避免农业转基因生物对人类健康和生态环境的潜在不利影响，特对不同等级的基因工程工作制定相应的安全控制措施。

1　实验室控制措施

1.1　安全等级Ⅰ控制措施：

实验室和操作按一般生物学实验室的要求。

1.2　安全等级Ⅱ控制措施：

1.2.1　实验室要求：

除同安全等级Ⅰ的实验室要求外，还要求安装超净工作台、配备消毒设施和处理废弃物的高压灭菌设备。

1.2.2　操作要求：

除同安全等级Ⅰ的操作外，还要求：

1.2.2.1　在操作过程中尽可能避免气溶胶的产生；

1.2.2.2　在实验室划定的区域内进行操作；

1.2.2.3　废弃物要装在防渗漏、防碎的容器内，并进行灭活处理；

1.2.2.4　基因操作时应穿工作服，离开实验室前必须将工作服等放在实验室内；

1.2.2.5　防止与实验无关的一切生物如昆虫和啮齿类动物进入实验室。如发生有害目的的基因、载体、转基因生物等逃逸、扩散事故，应立即采取应急措施；

1.2.2.6　动物用转基因微生物的实验室安全控制措施，还应符合兽用生物制品的有关规定。

1.3　安全等级Ⅲ控制措施：

1.3.1　实验室要求：

除同安全等级Ⅱ的实验室要求外，还要求：

1.3.1.1　实验室应设立在隔离区内并有明显警示标志，进入操作间应通过专门的更衣室，室内设有沐浴设施，操作间门口还应装自动门和风淋；

1.3.1.2　实验室内部的墙壁、地板、天花板应光洁、防水、防漏、防腐蚀；

1.3.1.3　窗户密封；

1.3.1.4　配有高温高压灭菌设施；

1.3.1.5　操作间应装有负压循环净化设施和污水处理设备。

1.3.2 操作要求：除同安全等级Ⅱ的操作外，还要求：

1.3.2.1 进入实验室必须由项目负责人批准；

1.3.2.2 进入实验室前必须在更衣室内换工作服、戴手套等保护用具；离开实验室前必须沐浴；不准穿工作服离开实验室，工作服必须经过高压灭菌后清洗；

1.3.2.3 工作台用过后马上清洗消毒；

1.3.2.4 转移材料用的器皿必须是双层、不破碎和密封的；

1.3.2.5 使用过的器皿、所有实验室内的用具远离实验室前必须经过灭菌处理；

1.3.2.6 用于基因操作的一切生物、流行性材料应由专人管理并贮存在特定的容器或设施内。

1.3.3 安全控制措施应当向农业转基因生物安全委员会报告，经批准后按其要求执行。

1.4 安全等级Ⅳ控制措施。

除严格执行安全等级Ⅲ的控制措施外，对其试验条件和设施以及试验材料的处理应有更严格的要求。安全控制措施应当向农业转基因生物安全委员会报告，经批准后按其要求执行。

2 中间试验、环境释放和生产性试验控制措施

2.1 安全等级Ⅰ的控制措施：

采用一般的生物隔离方法，将试验控制在必需的范围内。部分转基因作物田间隔离距离见表1；

2.2 安全等级Ⅱ控制措施：

2.2.1 采取适当隔离措施控制人畜出入，设立网室、网罩等防止昆虫飞入。水生生物应当控制在人工水域内，堤坝加固加高，进出水口设置栅栏，防止水生生物逃逸。确保试验生物10年内不致因灾害性天气而进入天然水域；

2.2.2 对工具和有关设施使用后进行消毒处理；

2.2.3 采取一定的生物隔离措施，如将试验地选在转基因生物不会与有关生物杂交的地理区域；

2.2.4 采取相应的物理、化学、生物学、环境和规模控制措施；

2.2.5 试验结束后，收获部分之外的残留植株应当集中销毁，对鱼塘、畜栏和土壤等应进行彻底消毒和处理，以防止转基因生物残留和存活。

2.3 安全等级Ⅲ控制措施：

2.3.1　采取适当隔离措施，严禁无关人员、畜禽和车辆进入。根据不同试验目的配备网室、人工控制的工厂化养殖设施、专门的容器以及有关杀灭转基因生物的设备和药剂等；

2.3.2　对工具和有关设施及时进行消毒处理。防止转基因生物被带出试验区，利用除草剂、杀虫剂、杀菌剂、杀鼠剂消灭与试验无关的植物、昆虫、微生物及啮齿类动物等；

2.3.3　采取最有效的生物隔离措施，防止有关生物与试验区内的转基因生物杂交、转导、转化、接合寄生或转主寄生；

2.3.4　采用严格的环境控制措施，如利用环境（湿度、水分、温度、光照等）限制转基因生物及其产物在试验区外的生存和繁殖，或将试验区设置在沙漠、高寒等地区使转基因生物一旦逃逸扩散后无法生存；

2.3.5　严格控制试验规模，必要时可随时将转基因生物销毁；

2.3.6　试验结束后，收获部分之外的残留植株应当集中销毁，对鱼塘、畜栏和土壤等应当进行消毒和处理，以防止转基因生物残留和存活；

2.3.7　安全控制措施应当向农业转基因生物安全委员会报告，经批准后按其要求执行。

2.4　安全等级 IV 控制措施：

除严格执行安全等级 Ⅲ 的控制措施外，对其试验条件和设施以及试验材料的处理应有更严格的要求。安全控制措施应当向农业转基因生物安全委员会报告，经批准后按其要求执行。

2.5　动物用转基因微生物及其产品的中间试验、环境释放和生产性试验的控制措施，还应符合兽用生物制品的有关规定。

3　应急措施

3.1　转基因生物发生意外扩散，应立即封闭事故现场，查清事故原因，迅速采取有效措施防止转基因生物继续扩散，并上报有关部门。

3.2　对已产生不良影响的扩散区，应暂时将区域内人员进行隔离和医疗监护。

3.3　对扩散区应进行追踪监测，直至不存在危险。

表 1　主要农作物田间隔离距离(参考)

作物名称 Crop Species	隔离距离(米) Isolation Distance (m)	备注 Note
玉米 Zea mays L.	300	或花期隔离 25 天以上
小麦 Triticum aestivum	100	或花期隔离 20 天以上
大麦 Hordeum vulgare	100	或花期隔离 20 天以上
芸薹属 Brassiaca L.	1000	-
棉花 Gossypium L.	150	-
水稻 Oryza sativa L.	100	或花期隔离 20 天以上
大豆 Glycine max (L.) Merrill	100	-
番茄 Lycopersicum esculentum Mill	100	-
烟草 Nicotiana tabacum	400	-
高粱 Sorghum vulgare Pers.	500	-
马铃薯 Solanum tuberosum L.	100	-
南瓜 Cucurbita pepo	700	-
苜蓿 Trifolium repens	300	-
黑麦草 Lolium perenne	300	-
辣椒 Capsicum annum	100	-

主要农作物品种审定办法

(2016 年 7 月 8 日农业部令 2016 年第 4 号公布　根据 2019 年 4 月 25 日《农业农村部关于修改和废止部分规章、规范性文件的决定》第一次修正　根据 2022 年 1 月 21 日《农业农村部关于修改〈农业转基因生物安全评价管理办法〉等规章的决定》第二次修正)

第一章　总　　则

第一条　为科学、公正、及时地审定主要农作物品种,根据《中华人民共和国种子法》(以下简称《种子法》),制定本办法。

第二条 在中华人民共和国境内的主要农作物品种审定,适用本办法。

第三条 本办法所称主要农作物,是指稻、小麦、玉米、棉花、大豆。

第四条 省级以上人民政府农业农村主管部门应当采取措施,加强品种审定工作监督管理。省级人民政府农业农村主管部门应当完善品种选育、审定工作的区域协作机制,促进优良品种的选育和推广。

第二章　品种审定委员会

第五条 农业农村部设立国家农作物品种审定委员会,负责国家级农作物品种审定工作。省级人民政府农业农村主管部门设立省级农作物品种审定委员会,负责省级农作物品种审定工作。

农作物品种审定委员会建立包括申请文件、品种审定试验数据、种子样品、审定意见和审定结论等内容的审定档案,保证可追溯。

第六条 品种审定委员会由科研、教学、生产、推广、管理、使用等方面的专业人员组成。委员应当具有高级专业技术职称或处级以上职务,年龄一般在55岁以下。每届任期5年,连任不得超过两届。

品种审定委员会设主任1名,副主任2-5名。

第七条 品种审定委员会设立办公室,负责品种审定委员会的日常工作,设主任1名,副主任1-2名。

第八条 品种审定委员会按作物种类设立专业委员会,各专业委员会由9-23人的单数组成,设主任1名,副主任1-2名。

省级品种审定委员会对本辖区种植面积小的主要农作物,可以合并设立专业委员会。

第九条 品种审定委员会设立主任委员会,由品种审定委员会主任和副主任、各专业委员会主任、办公室主任组成。

第三章　申请和受理

第十条 申请品种审定的单位、个人(以下简称申请者),可以直接向国家农作物品种审定委员会或省级农作物品种审定委员会提出申请。

申请转基因主要农作物(不含棉花)品种审定的,应当直接向国家农作物品种审定委员会提出申请。

第十一条 申请者可以单独申请国家级审定或省级审定,也可以同时申请国家级审定和省级审定,还可以同时向几个省、自治区、直辖市申请审定。

第十二条 申请审定的品种应当具备下列条件:

(一)人工选育或发现并经过改良;

(二)与现有品种(已审定通过或本级品种审定委员会已受理的其他品种)有明显区别;

(三)形态特征和生物学特性一致;

(四)遗传性状稳定;

(五)具有符合《农业植物品种命名规定》的名称;

(六)已完成同一生态类型区2个生产周期以上、多点的品种比较试验。其中,申请国家级品种审定的,稻、小麦、玉米品种比较试验每年不少于20个点,棉花、大豆品种比较试验每年不少于10个点,或具备省级品种审定试验结果报告;申请省级品种审定的,品种比较试验每年不少于5个点。

第十三条 申请品种审定的,应当向品种审定委员会办公室提交以下材料:

(一)申请表,包括作物种类和品种名称,申请者名称、地址、邮政编码、联系人、电话号码、传真、国籍,品种选育的单位或者个人(以下简称育种者)等内容;

(二)品种选育报告,包括亲本组合以及杂交种的亲本血缘关系、选育方法、世代和特性描述;品种(含杂交种亲本)特征特性描述、标准图片,建议的试验区域和栽培要点;品种主要缺陷及应当注意的问题;

(三)品种比较试验报告,包括试验品种、承担单位、抗性表现、品质、产量结果及各试验点数据、汇总结果等;

(四)转基因检测报告;

(五)品种和申请材料真实性承诺书。

转基因主要农作物品种,除应当提交前款规定的材料外,还应当提供以下材料:

(一)转化体相关信息,包括目的基因、转化体特异性检测方法;

(二)转化体所有者许可协议;

(三)依照《农业转基因生物安全管理条例》第十六条规定取得的农业转基因生物安全证书;

(四)有检测条件和能力的技术检测机构出具的转基因目标性状与转化体特征特性一致性检测报告;

(五)非受体品种育种者申请品种审定的,还应当提供受体品种权人许可或者合作协议。

第十四条 品种审定委员会办公室在收到申请材料45日内作出受理或

不予受理的决定,并书面通知申请者。

对于符合本办法第十二条、第十三条规定的,应当受理,并通知申请者在30日内提供试验种子。对于提供试验种子的,由办公室安排品种试验。逾期不提供试验种子的,视为撤回申请。

对于不符合本办法第十二条、第十三条规定的,不予受理。申请者可以在接到通知后30日内陈述意见或者对申请材料予以修正,逾期未陈述意见或者修正的,视为撤回申请;修正后仍然不符合规定的,驳回申请。

第十五条 品种审定委员会办公室应当在申请者提供的试验种子中留取标准样品,交农业农村部指定的植物品种标准样品库保存。

第四章 品种试验

第十六条 品种试验包括以下内容:

(一)区域试验;

(二)生产试验;

(三)品种特异性、一致性和稳定性测试(以下简称DUS测试)。

第十七条 国家级品种区域试验、生产试验由全国农业技术推广服务中心组织实施,省级品种区域试验、生产试验由省级种子管理机构组织实施。

品种试验组织实施单位应当充分听取品种审定申请人和专家意见,合理设置试验组别,优化试验点布局,建立健全管理制度,科学制定试验实施方案,并向社会公布。

第十八条 区域试验应当对品种丰产性、稳产性、适应性、抗逆性等进行鉴定,并进行品质分析、DNA指纹检测等。对非转基因品种进行转基因成分检测;对转基因品种进行转化体真实性检测,并对转基因目标性状与转化体特征特性一致性检测报告进行验证。

每一个品种的区域试验,试验时间不少于两个生产周期,田间试验设计采用随机区组或间比法排列。同一生态类型区试验点,国家级不少于10个,省级不少于5个。

第十九条 生产试验在区域试验完成后,在同一生态类型区,按照当地主要生产方式,在接近大田生产条件下对品种的丰产性、稳产性、适应性、抗逆性等进一步验证。

每一个品种的生产试验点数量不少于区域试验点,每一个品种在一个试验点的种植面积不少于300平方米,不大于3000平方米,试验时间不少于一个生产周期。

第一个生产周期综合性状突出的品种，生产试验可与第二个生产周期的区域试验同步进行。

第二十条 区域试验、生产试验对照品种应当是同一生态类型区同期生产上推广应用的已审定品种，具备良好的代表性。

对照品种由品种试验组织实施单位提出，品种审定委员会相关专业委员会确认，并根据农业生产发展的需要适时更换。

省级农作物品种审定委员会应当将省级区域试验、生产试验对照品种报国家农作物品种审定委员会备案。

第二十一条 区域试验、生产试验、DUS 测试承担单位应当具备独立法人资格，具有稳定的试验用地、仪器设备、技术人员。

品种试验技术人员应当具有相关专业大专以上学历或中级以上专业技术职称、品种试验相关工作经历，并定期接受相关技术培训。

抗逆性鉴定由品种审定委员会指定的鉴定机构承担，品质检测、DNA 指纹检测、转基因检测由具有资质的检测机构承担。

品种试验、测试、鉴定承担单位与个人应当对数据的真实性负责。

转基因品种试验承担单位应当依照《农业转基因生物安全管理条例》及相关法律、行政法规和部门规章等的规定，采取相应的安全管理、防范措施。

第二十二条 品种试验组织实施单位应当会同品种审定委员会办公室，定期组织开展品种试验考察，检查试验质量、鉴评试验品种表现，并形成考察报告，对田间表现出严重缺陷的品种保留现场图片资料。

第二十三条 品种试验组织实施单位应当在每个生产周期结束后 45 日内召开品种试验总结会议。品种审定委员会专业委员会根据试验汇总结果、试验考察情况，确定品种是否终止试验、继续试验、提交审定，由品种审定委员会办公室将品种处理结果及时通知申请者。

第二十四条 申请者具备试验能力并且试验品种是自有品种的，可以按照下列要求自行开展品种试验：

（一）在国家级或省级品种区域试验基础上，自行开展生产试验；

（二）自有品种属于特殊用途品种的，自行开展区域试验、生产试验，生产试验可与第二个生产周期区域试验合并进行。特殊用途品种的范围、试验要求由同级品种审定委员会确定；

（三）申请者属于企业联合体、科企联合体和科研单位联合体的，组织开展相应区组的品种试验。联合体成员数量应当不少于 5 家，并且签订相关合作协议，按照同权同责原则，明确责任义务。一个法人单位在同一试验区组内只能参加一个试验联合体。

前款规定自行开展品种试验的实施方案应当在播种前30日内报国家级或省级品种试验组织实施单位，符合条件的纳入国家级或省级品种试验统一管理。

第二十五条 申请审定的转基因品种，除目标性状外，其他特征特性与受体品种无变化，受体品种已通过审定且未撤销审定，按以下两种情形进行品种试验：

（一）申请审定的适宜种植区域在受体品种适宜种植区域范围内，可简化试验程序，只需开展一年的生产试验；

（二）申请审定的适宜种植区域不在受体品种适宜种植区域范围内的，应当开展两年区域试验、一年生产试验。

对于转育的新品种，应当开展两年区域试验、一年生产试验和DUS测试。

第二十六条 DUS测试由申请者自主或委托农业农村部授权的测试机构开展，接受农业农村部科技发展中心指导。

申请者自主测试的，应当在播种前30日内，按照审定级别将测试方案报农业农村部科技发展中心或省级种子管理机构。农业农村部科技发展中心、省级种子管理机构分别对国家级审定、省级审定DUS测试过程进行监督检查，对样品和测试报告的真实性进行抽查验证。

DUS测试所选择近似品种应当为特征特性最为相似的品种，DUS测试依据相应主要农作物DUS测试指南进行。测试报告应当由法人代表或法人代表授权签字。

第二十七条 符合农业农村部规定条件、获得选育生产经营相结合许可证的种子企业（以下简称育繁推一体化种子企业），对其自主研发的主要农作物非转基因品种可以在相应生态区自行开展品种试验，完成试验程序后提交申请材料。

试验实施方案应当在播种前30日内报国家级或省级品种试验组织实施单位备案。

育繁推一体化种子企业应当建立包括品种选育过程、试验实施方案、试验原始数据等相关信息的档案，并对试验数据的真实性负责，保证可追溯。

第五章　审定与公告

第二十八条 对于完成试验程序的品种，申请者、品种试验组织实施单位、育繁推一体化种子企业应当在2月底和9月底前分别将稻、玉米、棉花、大豆品种和小麦品种各试验点数据、汇总结果、DNA指纹检测报告、DUS测试报告、转化体真实性检测报告等提交品种审定委员会办公室。

品种审定委员会办公室在30日内提交品种审定委员会相关专业委员会初审,专业委员会应当在30日内完成初审。

第二十九条 初审品种时,各专业委员会应当召开全体会议,到会委员达到该专业委员会委员总数三分之二以上的,会议有效。对品种的初审,根据审定标准,采用无记名投票表决,赞成票数达到该专业委员会委员总数二分之一以上的品种,通过初审。

专业委员会对育繁推一体化种子企业提交的品种试验数据等材料进行审核,达到审定标准的,通过初审。

第三十条 初审实行回避制度。专业委员会主任的回避,由品种审定委员会办公室决定;其他委员的回避,由专业委员会主任决定。

第三十一条 初审通过的品种,由品种审定委员会办公室在30日内将初审意见及各试点试验数据、汇总结果,在同级农业农村主管部门官方网站公示,公示期不少于30日。

第三十二条 公示期满后,品种审定委员会办公室应当将初审意见、公示结果,提交品种审定委员会主任委员会审核。主任委员会应当在30日内完成审核。审核同意的,通过审定。

育繁推一体化种子企业自行开展自主研发品种试验,品种通过初审后,应当在公示期内将品种标准样品提交至农业农村部指定的植物品种标准样品库保存。

第三十三条 审定通过的品种,由品种审定委员会编号、颁发证书,同级农业农村主管部门公告。

省级审定的农作物品种在公告前,应当由省级人民政府农业农村主管部门将品种名称等信息报农业农村部公示,公示期为15个工作日。

第三十四条 审定编号为审定委员会简称、作物种类简称、年号、序号,其中序号为四位数。

第三十五条 审定公告内容包括:审定编号、品种名称、申请者、育种者、品种来源、形态特征、生育期(组)、产量、品质、抗逆性、栽培技术要点、适宜种植区域及注意事项等。

转基因品种还应当包括转化体所有者、转化体名称、农业转基因生物安全证书编号、转基因目标性状等。

省级品种审定公告,应当在发布后30日内报国家农作物品种审定委员会备案。

审定公告公布的品种名称为该品种的通用名称。禁止在生产、经营、推广过程中擅自更改该品种的通用名称。

第三十六条 审定证书内容包括:审定编号、品种名称、申请者、育种者、品种来源、审定意见、公告号、证书编号。

转基因品种还应当包括转化体所有者、转化体名称、农业转基因生物安全证书编号。

第三十七条 审定未通过的品种,由品种审定委员会办公室在30日内书面通知申请者。申请者对审定结果有异议的,可以自接到通知之日起30日内,向原品种审定委员会或者国家级品种审定委员会申请复审。品种审定委员会应当在下一次审定会议期间对复审理由、原审定文件和原审定程序进行复审。对病虫害鉴定结果提出异议的,品种审定委员会认为有必要的,安排其他单位再次鉴定。

品种审定委员会办公室应当在复审后30日内将复审结果书面通知申请者。

第三十八条 品种审定标准,由同级农作物品种审定委员会制定。审定标准应当有利于产量、品质、抗性等的提高与协调,有利于适应市场和生活消费需要的品种的推广。

省级品种审定标准,应当在发布后30日内报国家农作物品种审定委员会备案。

制定品种审定标准,应当公开征求意见。

第六章 引种备案

第三十九条 省级人民政府农业农村主管部门应当建立同一适宜生态区省际间品种试验数据共享互认机制,开展引种备案。

第四十条 通过省级审定的品种,其他省、自治区、直辖市属于同一适宜生态区的地域引种的,引种者应当报所在省、自治区、直辖市人民政府农业农村主管部门备案。

备案时,引种者应当填写引种备案表,包括作物种类、品种名称、引种者名称、联系方式、审定品种适宜种植区域、拟引种区域等信息。

第四十一条 引种者应当在拟引种区域开展不少于1年的适应性、抗病性试验,对品种的真实性、安全性和适应性负责。具有植物新品种权的品种,还应当经过品种权人的同意。

第四十二条 省、自治区、直辖市人民政府农业农村主管部门及时发布引种备案公告,公告内容包括品种名称、引种者、育种者、审定编号、引种适宜种植区域等内容。公告号格式为:(X)引种〔X〕第X号,其中,第一个“X”为省、自治区、直辖市简称,第二个“X”为年号,第三个“X”为序号。

第四十三条 国家审定品种同一适宜生态区,由国家农作物品种审定委员会确定。省级审定品种同一适宜生态区,由省级农作物品种审定委员会依据国家农作物品种审定委员会确定的同一适宜生态区具体确定。

第七章 撤销审定

第四十四条 审定通过的品种,有下列情形之一的,应当撤销审定:

(一)在使用过程中出现不可克服严重缺陷的;

(二)种性严重退化或失去生产利用价值的;

(三)未按要求提供品种标准样品或者标准样品不真实的;

(四)以欺骗、伪造试验数据等不正当方式通过审定的;

(五)农业转基因生物安全证书已过期的。

第四十五条 拟撤销审定的品种,由品种审定委员会办公室在书面征求品种审定申请者意见后提出建议,经专业委员会初审后,在同级农业农村主管部门官方网站公示,公示期不少于30日。

公示期满后,品种审定委员会办公室应当将初审意见、公示结果,提交品种审定委员会主任委员会审核,主任委员会应当在30日内完成审核。审核同意撤销审定的,由同级农业农村主管部门予以公告。

第四十六条 公告撤销审定的品种,自撤销审定公告发布之日起停止生产、广告,自撤销审定公告发布一个生产周期后停止推广、销售。品种审定委员会认为有必要的,可以决定自撤销审定公告发布之日起停止推广、销售。

省级品种撤销审定公告,应当在发布后30日内报国家农作物品种审定委员会备案。

第八章 监督管理

第四十七条 农业农村部建立全国农作物品种审定数据信息系统,实现国家和省两级品种试验与审定网上申请、受理、审核、发布,品种试验数据、审定通过品种、撤销审定品种、引种备案品种、标准样品、转化体等信息互联共享,审定证书网上统一打印。审定证书格式由国家农作物品种审定委员会统一制定。

省级以上人民政府农业农村主管部门应当在统一的政府信息发布平台上

发布品种审定、撤销审定、引种备案、监督管理等信息，接受监督。

第四十八条 品种试验、审定单位及工作人员，对在试验、审定过程中获知的申请者的商业秘密负有保密义务，不得对外提供申请品种审定的种子或者谋取非法利益。

第四十九条 品种审定委员会委员和工作人员应当忠于职守，公正廉洁。品种审定委员会委员、工作人员不依法履行职责，弄虚作假、徇私舞弊的，依法给予处分；自处分决定作出之日起五年内不得从事品种审定工作。

第五十条 申请者在申请品种审定过程中有欺骗、贿赂等不正当行为的，三年内不受理其申请。

联合体成员单位弄虚作假的，终止联合体品种试验审定程序；弄虚作假成员单位三年内不得申请品种审定，不得再参加联合体试验；其他成员单位应当承担连带责任，三年内不得参加其他联合体试验。

第五十一条 品种测试、试验、鉴定机构伪造试验数据或者出具虚假证明的，按照《种子法》第七十二条及有关法律行政法规的规定进行处罚。

第五十二条 育繁推一体化种子企业自行开展品种试验和申请审定有造假行为的，由省级以上人民政府农业农村主管部门处一百万元以上五百万元以下罚款；不得再自行开展品种试验；给种子使用者和其他种子生产经营者造成损失的，依法承担赔偿责任。

第五十三条 农业农村部对省级人民政府农业农村主管部门的品种审定工作进行监督检查，未依法开展品种审定、引种备案、撤销审定的，责令限期改正，依法给予处分。

第五十四条 违反本办法规定，构成犯罪的，依法追究刑事责任。

第九章 附 则

第五十五条 农作物品种审定所需工作经费和品种试验经费，列入同级农业农村主管部门财政专项经费预算。

第五十六条 育繁推一体化企业自行开展试验的品种和联合体组织开展试验的品种，不再参加国家级和省级试验组织实施单位组织的相应区组品种试验。

第五十七条 本办法自2016年8月15日起施行，农业部2001年2月26日发布、2007年11月8日和2014年2月1日修订的《主要农作物品种审定办法》，以及2001年2月26日发布的《主要农作物范围规定》同时废止。

农作物种子生产经营许可管理办法

（2016年7月8日农业部令2016年第5号公布　根据2017年11月30日《农业部关于修改和废止部分规章、规范性文件的决定》第一次修正　根据2019年4月25日《农业农村部关于修改和废止部分规章、规范性文件的决定》第二次修正　根据2020年7月8日《农业农村部关于修改和废止部分规章、规范性文件的决定》第三次修正　根据2022年1月7日《农业农村部关于修改和废止部分规章、规范性文件的决定》第四次修正　根据2022年1月21日《农业农村部关于修改〈农业转基因生物安全评价管理办法〉等规章的决定》第五次修正）

第一章　总　　则

第一条　为加强农作物种子生产经营许可管理，规范农作物种子生产经营秩序，根据《中华人民共和国种子法》，制定本办法。

第二条　农作物种子生产经营许可证的申请、审核、核发和监管，适用本办法。

第三条　县级以上人民政府农业农村主管部门按照职责分工，负责农作物种子生产经营许可证的受理、审核、核发和监管工作。

第四条　负责审核、核发农作物种子生产经营许可证的农业农村主管部门，应当将农作物种子生产经营许可证的办理条件、程序等在办公场所公开。

第五条　农业农村主管部门应当按照保障农业生产安全、提升农作物品种选育和种子生产经营水平、促进公平竞争、强化事中事后监管的原则，依法加强农作物种子生产经营许可管理。

第二章　申请条件

第六条　申请领取种子生产经营许可证的企业，应当具有与种子生产经营相适应的设施、设备、品种及人员，符合本办法规定的条件。

第七条　申请领取主要农作物常规种子或非主要农作物种子生产经营许可证的企业，应当具备以下条件：

（一）基本设施。生产经营主要农作物常规种子的，具有办公场所150平方米以上、检验室100平方米以上、加工厂房500平方米以上、仓库500平方米以上；生产经营非主要农作物种子的，具有办公场所100平方米以上、检验室50平方米以上、加工厂房100平方米以上、仓库100平方米以上；

（二）检验仪器。具有净度分析台、电子秤、样品粉碎机、烘箱、生物显微镜、电子天平、扦样器、分样器、发芽箱等检验仪器，满足种子质量常规检测需要；

（三）加工设备。具有与其规模相适应的种子加工、包装等设备。其中，生产经营主要农作物常规种子的，应当具有种子加工成套设备，生产经营常规小麦种子的，成套设备总加工能力10吨/小时以上；生产经营常规稻种子的，成套设备总加工能力5吨/小时以上；生产经营常规大豆种子的，成套设备总加工能力3吨/小时以上；生产经营常规棉花种子的，成套设备总加工能力1吨/小时以上；

（四）人员。具有种子生产、加工贮藏和检验专业技术人员各2名以上；

（五）品种。生产经营主要农作物常规种子的，生产经营的品种应当通过审定，并具有1个以上与申请作物类别相应的审定品种；生产经营登记作物种子的，应当具有1个以上的登记品种。生产经营授权品种种子的，应当征得品种权人的书面同意；

（六）生产环境。生产地点无检疫性有害生物，并具有种子生产的隔离和培育条件；

（七）农业农村部规定的其他条件。

第八条 申请领取主要农作物杂交种子及其亲本种子生产经营许可证的企业，应当具备以下条件：

（一）基本设施。具有办公场所200平方米以上、检验室150平方米以上、加工厂房500平方米以上、仓库500平方米以上；

（二）检验仪器。除具备本办法第七条第二项规定的条件外，还应当具有PCR扩增仪及产物检测配套设备、酸度计、高压灭菌锅、磁力搅拌器、恒温水浴锅、高速冷冻离心机、成套移液器等仪器设备，能够开展种子水分、净度、纯度、发芽率四项指标检测及品种分子鉴定；

（三）加工设备。具有种子加工成套设备，生产经营杂交玉米种子的，成套设备总加工能力10吨/小时以上；生产经营杂交稻种子的，成套设备总加工能力5吨/小时以上；生产经营其他主要农作物杂交种子的，成套设备总加工能力1吨/小时以上；

（四）人员。具有种子生产、加工贮藏和检验专业技术人员各5名以上；

（五）品种。生产经营的品种应当通过审定，并具有自育品种或作为第一选育人的审定品种1个以上,或者合作选育的审定品种2个以上,或者受让品种权的品种3个以上。生产经营授权品种种子的,应当征得品种权人的书面同意;

(六)具有本办法第七条第六项规定的条件;

(七)农业农村部规定的其他条件。

第九条 申请领取实行选育生产经营相结合、有效区域为全国的种子生产经营许可证的企业,应当具备以下条件:

(一)基本设施。具有办公场所500平方米以上,冷藏库200平方米以上。生产经营主要农作物种子或马铃薯种薯的,具有检验室300平方米以上;生产经营其他农作物种子的,具有检验室200平方米以上。生产经营杂交玉米、杂交稻、小麦种子或马铃薯种薯的,具有加工厂房1000平方米以上、仓库2000平方米以上;生产经营棉花、大豆种子的,具有加工厂房500平方米以上、仓库500平方米以上;生产经营其他农作物种子的,具有加工厂房200平方米以上、仓库500平方米以上;

(二)育种机构及测试网络。具有专门的育种机构和相应的育种材料,建有完整的科研育种档案。生产经营杂交玉米、杂交稻种子的,在全国不同生态区有测试点30个以上和相应的播种、收获、考种设施设备;生产经营其他农作物种子的,在全国不同生态区有测试点10个以上和相应的播种、收获、考种设施设备;

(三)育种基地。具有自有或租用(租期不少于5年)的科研育种基地。生产经营杂交玉米、杂交稻种子的,具有分布在不同生态区的育种基地5处以上、总面积200亩以上;生产经营其他农作物种子的,具有分布在不同生态区的育种基地3处以上、总面积100亩以上;

(四)品种。生产经营主要农作物种子的,生产经营的品种应当通过审定,并具有相应作物的作为第一育种者的国家级审定品种3个以上,或者省级审定品种6个以上(至少包含3个省份审定通过),或者国家级审定品种2个和省级审定品种3个以上,或者国家级审定品种1个和省级审定品种5个以上。生产经营杂交稻种子同时生产经营常规稻种子的,除具有杂交稻要求的品种条件外,还应当具有常规稻的作为第一育种者的国家级审定品种1个以上或者省级审定品种3个以上。生产经营非主要农作物种子的,应当具有相应作物的以本企业名义单独申请获得植物新品种权的品种5个以上。生产经营授权品种种子的,应当征得品种权人的书面同意;

(五)生产规模。生产经营杂交玉米种子的,近3年年均种子生产面积2万亩以上;生产经营杂交稻种子的,近3年年均种子生产面积1万亩以上;生产经营其他农作物种子的，近 3 年年均种子生产的数量不低于该类作物 100 万亩的大田用种量；

(六)种子经营。具有健全的销售网络和售后服务体系。生产经营杂交玉米种子的，在申请之日前 3 年内至少有 1 年，杂交玉米种子销售额 2 亿元以上或占该类种子全国市场份额的 1%以上；生产经营杂交稻种子的，在申请之日前 3 年内至少有 1 年，杂交稻种子销售额 1.2 亿元以上或占该类种子全国市场份额的 1%以上；生产经营蔬菜种子的，在申请之日前 3 年内至少有 1 年，蔬菜种子销售额 8000 万元以上或占该类种子全国市场份额的 1%以上；生产经营其他农作物种子的，在申请之日前 3 年内至少有 1 年，其种子销售额占该类种子全国市场份额的 1%以上；

(七)种子加工。具有种子加工成套设备，生产经营杂交玉米、小麦种子的，总加工能力 20 吨/小时以上；生产经营杂交稻种子的，总加工能力 10 吨/小时以上(含窝眼清选设备)；生产经营大豆种子的，总加工能力 5 吨/小时以上；生产经营其他农作物种子的，总加工能力 1 吨/小时以上。生产经营杂交玉米、杂交稻、小麦种子的，还应当具有相应的干燥设备；

(八)人员。生产经营杂交玉米、杂交稻种子的，具有本科以上学历或中级以上职称的专业育种人员 10 人以上；生产经营其他农作物种子的，具有本科以上学历或中级以上职称的专业育种人员 6 人以上。生产经营主要农作物种子的，具有专职的种子生产、加工贮藏和检验专业技术人员各 5 名以上；生产经营非主要农作物种子的，具有专职的种子生产、加工贮藏和检验专业技术人员各 3 名以上；

(九)具有本办法第七条第六项、第八条第二项规定的条件；

(十)农业农村部规定的其他条件。

第十条 申请领取转基因农作物种子生产经营许可证的企业，应当具备下列条件：

(一)农业转基因生物安全管理人员 2 名以上；

(二)种子生产地点、经营区域在农业转基因生物安全证书批准的区域内；

(三)有符合要求的隔离和生产条件；

(四)有相应的农业转基因生物安全管理、防范措施；

(五)农业农村部规定的其他条件。

从事种子进出口业务、转基因农作物种子生产经营的企业和外商投资企业申请领取种子生产经营许可证，除具备本办法规定的相应农作物种子生产经营许可证核发的条件外，还应当符合有关法律、行政法规规定的其他条件。

第十一条 申请领取种子生产经营许可证，应当提交以下材料：

（一）种子生产经营许可证申请表(式样见附件1)；

（二）单位性质、股权结构等基本情况，公司章程、营业执照复印件，设立分支机构、委托生产种子、委托代销种子以及以购销方式销售种子等情况说明；

（三）种子生产、加工贮藏、检验专业技术人员和农业转基因生物安全管理人员的基本情况，企业法定代表人和高级管理人员名单及其种业从业简历；

（四）种子检验室、加工厂房、仓库和其他设施的自有产权或自有资产的证明材料；办公场所自有产权证明复印件或租赁合同；种子检验、加工等设备清单和购置发票复印件；相关设施设备的情况说明及实景照片；

（五）品种审定证书复印件；生产经营转基因农作物种子的，提交农业转基因生物安全证书复印件；生产经营授权品种种子的，提交植物新品种权证书复印件及品种权人的书面同意证明；

（六）委托种子生产合同复印件或自行组织种子生产的情况说明和证明材料；

（七）种子生产地点检疫证明；

（八）农业转基因生物安全管理、防范措施和隔离、生产条件的说明；

（九）农业农村部规定的其他材料。

第十二条　申请领取选育生产经营相结合、有效区域为全国的种子生产经营许可证，除提交本办法第十一条所规定的材料外，还应当提交以下材料：

（一）自有科研育种基地证明或租用科研育种基地的合同复印件；

（二）品种试验测试网络和测试点情况说明，以及相应的播种、收获、烘干等设备设施的自有产权证明复印件及实景照片；

（三）育种机构、科研投入及育种材料、科研活动等情况说明和证明材料，育种人员基本情况及其企业缴纳的社保证明复印件；

（四）近三年种子生产地点、面积和基地联系人等情况说明和证明材料；

（五）种子经营量、经营额及其市场份额的情况说明和证明材料；

（六）销售网络和售后服务体系的建设情况。

第三章　受理、审核与核发

第十三条　种子生产经营许可证实行分级审核、核发。

（一）从事主要农作物常规种子生产经营及非主要农作物种子经营的，其种子生产经营许可证由企业所在地县级以上地方农业农村主管部门核发；

（二）从事主要农作物杂交种子及其亲本种子生产经营以及实行选育生产经营相结合、有效区域为全国的种子企业，其种子生产经营许可证由企业所在

地县级农业农村主管部门审核,省、自治区、直辖市农业农村主管部门核发;

(三)从事农作物种子进出口业务以及转基因农作物种子生产经营的,其种子生产经营许可证由农业农村部核发。

第十四条 农业农村主管部门对申请人提出的种子生产经营许可申请,应当根据下列情况分别作出处理:

(一)不需要取得种子生产经营许可的,应当即时告知申请人不受理;

(二)不属于本部门职权范围的,应当即时作出不予受理的决定,并告知申请人向有关部门申请;

(三)申请材料存在可以当场更正的错误的,应当允许申请人当场更正;

(四)申请材料不齐全或者不符合法定形式的,应当当场或者在五个工作日内一次告知申请人需要补正的全部内容,逾期不告知的,自收到申请材料之日起即为受理;

(五)申请材料齐全、符合法定形式,或者申请人按照要求提交全部补正申请材料的,应当予以受理。

第十五条 审核机关应当对申请人提交的材料进行审查,并对申请人的办公场所和种子加工、检验、仓储等设施设备进行实地考察,查验相关申请材料原件。

审核机关应当自受理申请之日起二十个工作日内完成审核工作。具备本办法规定条件的,签署审核意见,上报核发机关;审核不予通过的,书面通知申请人并说明理由。

第十六条 核发机关应当自受理申请或收到审核意见之日起二十个工作日内完成核发工作。核发机关认为有必要的,可以进行实地考察并查验原件。符合条件的,发给种子生产经营许可证并予公告;不符合条件的,书面通知申请人并说明理由。

选育生产经营相结合、有效区域为全国的种子生产经营许可证,核发机关应当在核发前在中国种业信息网公示五个工作日。

第四章 许可证管理

第十七条 种子生产经营许可证设主证、副证(式样见附件2)。主证注明许可证编号、企业名称、统一社会信用代码、住所、法定代表人、生产经营范围、生产经营方式、有效区域、有效期至、发证机关、发证日期;副证注明生产种子的作物种类、种子类别、品种名称及审定(登记)编号、种子生产地点等内容。

(一)许可证编号为“__ __(××××)农种许字(××××)第××××号”。“__

__”上标注生产经营类型,A 为实行选育生产经营相结合,B 为主要农作物杂交种子及其亲本种子,C 为其他主要农作物种子,D 为非主要农作物种子,E 为种子进出口,F 为外商投资企业,G 为转基因农作物种子;第一个括号内为发证机关所在地简称,格式为“省地县”;第二个括号内为首次发证时的年号;“第×××× 号”为四位顺序号;

(二)生产经营范围按生产经营种子的作物名称填写,蔬菜、花卉、麻类按作物类别填写;

(三)生产经营方式按生产、加工、包装、批发、零售或进出口填写;

(四)有效区域。实行选育生产经营相结合的种子生产经营许可证的有效区域为全国。其他种子生产经营许可证的有效区域由发证机关在其管辖范围内确定;

(五)生产地点为种子生产所在地,主要农作物杂交种子标注至县级行政区域,其他作物标注至省级行政区域。

种子生产经营许可证加注许可信息代码。许可信息代码应当包括种子生产经营许可相关内容,由发证机关打印许可证书时自动生成。

第十八条　种子生产经营许可证载明的有效区域是指企业设立分支机构的区域。

种子生产地点不受种子生产经营许可证载明的有效区域限制,由发证机关根据申请人提交的种子生产合同复印件及无检疫性有害生物证明确定。

种子销售活动不受种子生产经营许可证载明的有效区域限制,但种子的终端销售地应当在品种审定、品种登记或标签标注的适宜区域内。

第十九条　种子生产经营许可证有效期为五年。转基因农作物种子生产经营许可证有效期不得超出农业转基因生物安全证书规定的有效期限。

在有效期内变更主证载明事项的,应当向原发证机关申请变更并提交相应材料,原发证机关应当依法进行审查,办理变更手续。

在有效期内变更副证载明的生产种子的品种、地点等事项的,应当在播种三十日前向原发证机关申请变更并提交相应材料,申请材料齐全且符合法定形式的,原发证机关应当当场予以变更登记。

种子生产经营许可证期满后继续从事种子生产经营的,企业应当在期满六个月前重新提出申请。

第二十条　在种子生产经营许可证有效期内,有下列情形之一的,发证机关应当注销许可证,并予以公告:

(一)企业停止生产经营活动一年以上的;

(二)企业不再具备本办法规定的许可条件,经限期整改仍达不到要求的。

第五章　监督检查

第二十一条　有下列情形之一的，不需要办理种子生产经营许可证：

（一）农民个人自繁自用常规种子有剩余，在当地集贸市场上出售、串换的；

（二）在种子生产经营许可证载明的有效区域设立分支机构的；

（三）专门经营不再分装的包装种子的；

（四）受具有种子生产经营许可证的企业书面委托生产、代销其种子的。

前款第一项所称农民，是指以家庭联产承包责任制的形式签订农村土地承包合同的农民；所称当地集贸市场，是指农民所在的乡（镇）区域。农民个人出售、串换的种子数量不应超过其家庭联产承包土地的年度用种量。违反本款规定出售、串换种子的，视为无证生产经营种子。

第二十二条　种子生产经营者在种子生产经营许可证载明有效区域设立的分支机构，应当在取得或变更分支机构营业执照后十五个工作日内向当地县级农业农村主管部门备案。备案时应当提交分支机构的营业执照复印件、设立企业的种子生产经营许可证复印件以及分支机构名称、住所、负责人、联系方式等材料（式样见附件3）。

第二十三条　专门经营不再分装的包装种子或者受具有种子生产经营许可证的企业书面委托代销其种子的，应当在种子销售前向当地县级农业农村主管部门备案，并建立种子销售台账。备案时应当提交种子销售者的营业执照复印件、种子购销凭证或委托代销合同复印件，以及种子销售者名称、住所、经营方式、负责人、联系方式、销售地点、品种名称、种子数量等材料（式样见附件4）。种子销售台账应当如实记录销售种子的品种名称、种子数量、种子来源和种子去向。

第二十四条　受具有种子生产经营许可证的企业书面委托生产其种子的，应当在种子播种前向当地县级农业农村主管部门备案。受委托生产转基因农作物种子的，应当有专门的管理人员和经营档案，有相应的安全管理、防范措施及国务院农业农村主管部门规定的其他条件。备案时应当提交委托企业的种子生产经营许可证复印件、委托生产合同，以及种子生产者名称、住所、负责人、联系方式、品种名称、生产地点、生产面积等材料（式样见附件5）。受托生产杂交玉米、杂交稻种子的，还应当提交与生产所在地农户、农民合作组织或村委会的生产协议。受委托生产转基因种子的，还应当提交转基因生物安全证书复印件。

第二十五条　种子生产经营者应当建立包括种子田间生产、加工包装、销售流通等环节形成的原始记载或凭证的种子生产经营档案,具体内容如下:

(一)田间生产方面:技术负责人,作物类别、品种名称、亲本(原种)名称、亲本(原种)来源,生产地点、生产面积、播种日期、隔离措施、产地检疫、收获日期、种子产量等。委托种子生产的,还应当包括种子委托生产合同。

(二)加工包装方面:技术负责人,品种名称、生产地点,加工时间、加工地点、包装规格、种子批次、标签标注,入库时间、种子数量、质量检验报告等。

(三)流通销售方面:经办人,种子销售对象姓名及地址、品种名称、包装规格、销售数量、销售时间、销售票据。批量购销的,还应包括种子购销合同。

种子生产经营者应当至少保存种子生产经营档案五年,确保档案记载信息连续、完整、真实,保证可追溯。档案材料含有复印件的,应当注明复印时间并经相关责任人签章。

第二十六条　种子生产经营者应当按批次保存所生产经营的种子样品,样品至少保存该类作物两个生产周期。

第二十七条　申请人故意隐瞒有关情况或者提供虚假材料申请种子生产经营许可证的,农业农村主管部门应当不予许可,并将申请人的不良行为记录在案,纳入征信系统。申请人在一年内不得再次申请种子生产经营许可证。

申请人以欺骗、贿赂等不正当手段取得种子生产经营许可证的,农业农村主管部门应当撤销种子生产经营许可证,并将申请人的不良行为记录在案,纳入征信系统。申请人在三年内不得再次申请种子生产经营许可证。

第二十八条　农业农村主管部门应当对种子生产经营行为进行监督检查,发现不符合本办法的违法行为,按照《中华人民共和国种子法》有关规定进行处理。

核发、撤销、吊销、注销种子生产经营许可证的有关信息,农业农村主管部门应当依法予以公布,并在中国种业信息网上及时更新信息。

对管理过程中获知的种子生产经营者的商业秘密,农业农村主管部门及其工作人员应当依法保密。

第二十九条　上级农业农村主管部门应当对下级农业农村主管部门的种子生产经营许可行为进行监督检查。有下列情形的,责令改正,对直接负责的主管人员和其他直接责任人依法给予行政处分;涉嫌犯罪的,及时将案件移送司法机关,依法追究刑事责任:

(一)未按核发权限发放种子生产经营许可证的;

(二)擅自降低核发标准发放种子生产经营许可证的;

(三)其他未依法核发种子生产经营许可证的。

第六章 附 则

第三十条 本办法所称种子生产经营，是指种植、采收、干燥、清选、分级、包衣、包装、标识、贮藏、销售及进出口种子的活动；种子生产是指繁(制)种的种植、采收的田间活动。

第三十一条 本办法所称种子加工成套设备，是指主机和配套系统相互匹配并固定安装在加工厂房内，实现种子精选、包衣、计量和包装基本功能的加工系统。主机主要包括风筛清选机(风选部分应具有前后吸风道，双沉降室；筛选部分应具有三层以上筛片)、比重式清选机和电脑计量包装设备；配套系统主要包括输送系统、储存系统、除尘系统、除杂系统和电控系统。

第三十二条 本办法规定的科研育种、生产、加工、检验、贮藏等设施设备，应为申请企业自有产权或自有资产，或者为其绝对控股子公司的自有产权或自有资产。办公场所应在种子生产经营许可证核发机关所辖行政区域，可以租赁。对申请企业绝对控股子公司的自有品种可以视为申请企业的自有品种。申请企业的绝对控股子公司不可重复利用上述办证条件申请办理种子生产经营许可证。

第三十三条 本办法所称不再分装的包装种子，是指按有关规定和标准包装的、不再分拆的最小包装种子。分装种子的，应当取得种子生产经营许可证，保证种子包装的完整性，并对其所分装种子负责。

有性繁殖作物的籽粒、果实，包括颖果、荚果、蒴果、核果等以及马铃薯微型脱毒种薯应当包装。无性繁殖的器官和组织、种苗以及不宜包装的非籽粒种子可以不包装。

种子包装应当符合有关国家标准或者行业标准。

第三十四条 申请领取鲜食、爆裂玉米的种子生产经营许可证的，按非主要农作物种子的许可条件办理。

第三十五条 生产经营无性繁殖的器官和组织、种苗、种薯以及不宜包装的非籽粒种子的，应当具有相适应的设施、设备、品种及人员，具体办法由省级农业农村主管部门制定，报农业农村部备案。

第三十六条 没有设立农业农村主管部门的行政区域，种子生产经营许可证由上级行政区域农业农村主管部门审核、核发。

第三十七条 种子生产经营许可证由农业农村部统一印制，相关表格格式由农业农村部统一制定。种子生产经营许可证的申请、受理、审核、核发和打印，以及种子生产经营备案管理，在中国种业信息网统一进行。

第三十八条 本办法自2016年8月15日起施行。农业部2011年8月22日公布、2015年4月29日修订的《农作物种子生产经营许可管理办法》(农业部令2011年第3号)和2001年2月26日公布的《农作物商品种子加工包装规定》(农业部令第50号)同时废止。

本办法施行之日前已取得的农作物种子生产、经营许可证有效期不变,有效期在本办法发布之日至2016年8月15日届满的企业,其原有种子生产、经营许可证的有效期自动延展至2016年12月31日。

本办法施行之日前已取得农作物种子生产、经营许可证且在有效期内,申请变更许可证载明事项的,按本办法第十三条规定程序办理。

农业植物品种命名规定

(2012年3月14日农业部令2012年第2号公布 根据2022年1月21日《农业农村部关于修改〈农业转基因生物安全评价管理办法〉等规章的决定》修正)

第一条 为规范农业植物品种命名,加强品种名称管理,保护育种者和种子生产者、经营者、使用者的合法权益,根据《中华人民共和国种子法》、《中华人民共和国植物新品种保护条例》和《农业转基因生物安全管理条例》,制定本规定。

第二条 申请农作物品种审定、品种登记和农业植物新品种权的农业植物品种及其直接应用的亲本的命名,应当遵守本规定。

其他农业植物品种的命名,参照本规定执行。

第三条 农业农村部负责全国农业植物品种名称的监督管理工作。

县级以上地方人民政府农业农村主管部门负责本行政区域内农业植物品种名称的监督管理工作。

第四条 农业农村部建立农业植物品种名称检索系统,供品种命名、审查和查询使用。

第五条 一个农业植物品种只能使用一个中文名称,在先使用的品种名称具有优先性,不能再使用其他的品种名称对同一品种进行命名。

申请植物新品种保护的同时提供英文名称。

相同或者相近的农业植物属内的品种名称不得相同。

相近的农业植物属见附件。

第六条 申请人应当书面保证所申请品种名称在农作物品种审定、品种登记和农业植物新品种权中的一致性。

第七条 相同或者相近植物属内的两个以上品种，以同一名称提出相关申请的，名称授予先申请的品种，后申请的应当重新命名；同日申请的，名称授予先完成培育的品种，后完成培育的应当重新命名。

第八条 品种名称应当使用规范的汉字、英文字母、阿拉伯数字、罗马数字或其组合。品种名称不得超过15个字符。

第九条 品种命名不得存在下列情形：

（一）仅以数字或者英文字母组成的；

（二）仅以一个汉字组成的；

（三）含有国家名称的全称、简称或者缩写的，但存在其他含义且不易误导公众的除外；

（四）含有县级以上行政区划的地名或者公众知晓的其他国内外地名的，但地名简称、地名具有其他含义的除外；

（五）与政府间国际组织或者其他国际国内知名组织名称相同或者近似的，但经该组织同意或者不易误导公众的除外；

（六）容易对植物品种的特征、特性或者育种者身份等引起误解的，但惯用的杂交水稻品种命名除外；

（七）夸大宣传的；

（八）与他人驰名商标、同类注册商标的名称相同或者近似，未经商标权人书面同意的；

（九）含有杂交、回交、突变、芽变、花培等植物遗传育种术语的；

（十）含有植物分类学种属名称的，但简称的除外；

（十一）违反国家法律法规、社会公德或者带有歧视性的；

（十二）不适宜作为品种名称的或者容易引起误解的其他情形。

第十条 有下列情形之一的，属于容易对植物品种的特征、特性引起误解的情形：

（一）易使公众误认为该品种具有某种特性或特征，但该品种不具备该特性或特征的；

（二）易使公众误认为只有该品种具有某种特性或特征，但同属或者同种内的其他品种同样具有该特性或特征的；

（三）易使公众误认为该品种来源于另一品种或者与另一品种有关，实际并不具有联系的；

（四）品种名称中含有知名人物名称的，但经该知名人物同意的除外；

（五）其他容易对植物品种的特征、特性引起误解的情形。

第十一条 有下列情形之一的,属于容易对育种者身份引起误解的情形:

(一)品种名称中含有另一知名育种者名称的,但经该知名育种者同意的除外;

(二)品种名称与另一已经使用的知名系列品种名称近似的;

(三)其他容易对育种者身份引起误解的情形。

第十二条 有下列情形之一的,视为品种名称相同:

(一)读音或者字义不同但文字相同的;

(二)以中文数字、阿拉伯数字或罗马数字表示,但含义为同一数字的;

(三)仅以名称中数字后有无“号”字区别的;

(四)其他视为品种名称相同的情形。

第十三条 通过基因工程技术改变个别性状的品种,其品种名称与受体品种名称相近似的,应当经过受体品种育种者同意。

第十四条 品种的中文名称译成英文时,应当逐字音译,每个汉字音译的第一个字母应当大写。

品种的外文名称译成中文时,应当优先采用音译;音译名称与已知品种重复的,采用意译;意译仍有重复的,应当另行命名。

第十五条 农业植物品种名称不符合本规定的,申请人应当在指定的期限内予以修改。逾期未修改或者修改后仍不符合规定的,驳回该申请。

第十六条 申请农作物品种审定、品种登记和农业植物新品种权的农业植物品种,在公告前应当在农业农村部网站公示,公示期为 15 个工作日。省级审定的农作物品种在公告前,应当由省级人民政府农业农村主管部门将品种名称等信息报农业农村部公示。

农业农村部对公示期间提出的异议进行审查,并将异议处理结果通知异议人和申请人。

第十七条 公告后的品种名称不得擅自更改。确需更改的,报原审批单位审批。

第十八条 销售农业植物种子,未使用公告品种名称的,由县级以上人民政府农业农村主管部门按照《中华人民共和国种子法》的规定处罚。

第十九条 申请人以同一品种申请农作物品种审定、品种登记和农业植物新品种权过程中,通过欺骗、贿赂等不正当手段获取多个品种名称的,除由审批机关撤销相应的农作物品种审定、品种登记和农业植物新品种权外,三年内不再受理该申请人相应申请。

第二十条 本规定施行前已取得品种名称的农业植物品种,可以继续使用其名称。对有多个名称的在用品种,由农业农村部组织品种名称清理并重新公告。

本规定施行前已受理但尚未批准的农作物品种审定、品种登记和农业植物新品种权申请，其品种名称不符合本规定要求的，申请人应当在指定期限内重新命名。

第二十一条 本规定自2012年4月15日起施行。

农业农村部关于修改和废止部分规章、规范性文件的决定

（2022年1月7日农业农村部令2022年第1号公布 自公布之日起施行 国司备字［2022005892］）

为深入贯彻落实国务院“放管服”改革决策部署，落实新修订的《行政处罚法》，进一步加强农业农村法治建设，农业农村部决定对28部规章和规范性文件的部分条款予以修改，对1部规章予以废止。

一、对《农业野生植物保护办法》（2002年9月6日农业部令第21号公布，2004年7月1日农业部令第38号、2013年12月31日农业部令2013年第5号、2016年5月30日农业部令2016年第3号修订）作出修改

（一）将第二十二条修改为：“出口国家重点保护野生植物，或者进出口中国参加的国际公约所限制进出口的野生植物，应当填报《国家重点保护野生植物进出口许可申请表》，并报申请者所在地省级农业农村主管部门办理《国家重点保护野生植物进出口许可审批表》。省级农业农村主管部门应当自收到申请材料之日起20日作出是否批准的决定，并通知申请者。

“省级农业农村主管部门应当将签发的进出口许可审批表抄送农业农村部、国家濒危物种进出口管理机构、海关等部门。”

（二）删去第二十三条第二项、第六项。

二、对《农产品质量安全监测管理办法》（2012年8月14日农业部令2012年第7号公布）作出修改

将第四十条中的“构成犯罪的，依法移送司法机关追究刑事责任”修改为“涉嫌犯罪的，及时将案件移送司法机关，依法追究刑事责任”。

三、对《绿色食品标志管理办法》（2012年7月30日农业部令2012年第6号公布，2019年4月25日农业农村部令2019年第2号修订）作出修改

将第二十九条中的“构成犯罪的，依法移送司法机关追究刑事责任”修改

为“涉嫌犯罪的,及时将案件移送司法机关,依法追究刑事责任”。

四、对《农药登记管理办法》(2017 年 6 月 21 日农业部令 2017 年第 3 号公布,2018 年 12 月 6 日农业农村部令 2018 年第 2 号修订)作出修改

删去第三十八条第一款第五项中的“第三款”。

五、对《农药登记试验管理办法》(2017 年 6 月 21 日农业部令 2017 年第 6 号公布,2018 年 12 月 6 日农业农村部令 2018 年第 2 号修订)作出修改

(一)删去第二条第二款中的“新农药的登记试验,还应当经农业部审查批准”。

(二)删去第三条第一款中的“新农药登记试验审批、”

(三)将第十六条修改为:“开展农药登记试验之前,申请人应当根据农业农村部规定的程序和要求,通过中国农药数字监督管理平台向登记试验所在地省级农业农村部门备案。备案信息包括备案主体、有效成分名称、含量及剂型、试验项目、试验地点、试验单位、试验起始年份、与试验单位签订的委托协议、安全防范措施等。新农药登记试验备案还包括作用机理和作用方式。”

(四)删去第十七条、第十八条、第十九条、第二十条。

(五)删去第二十五条第一款中的“属于新农药的,还应当提供新农药登记试验批准证书复印件。”

六、对《肥料登记管理办法》(2000 年 6 月 23 日农业部令第 32 号公布,2004 年 7 月 1 日农业部令第 38 号、2017 年 11 月 30 日农业部令 2017 年第 8 号修订)作出修改

(一)在第五条增加一款,作为第二款:“肥料生产者生产大量元素水溶肥料、中量元素水溶肥料、微量元素水溶肥料、农用氯化钾镁、农用硫酸钾镁的,应当向农业农村部备案。”

(二)将第六条中的“登记”修改为“登记、备案”。

(三)删去第二十条中的“正式”。

(四)将第二十八条中的“行政处分”修改为“政务处分”。

(五)将第三十条修改为:“省、自治区、直辖市人民政府农业农村主管部门负责本行政区域内的精制有机肥、床土调酸剂的登记审批、登记证发放和公告工作,负责本行政区域内的复混肥、掺混肥备案工作。省、自治区、直辖市人民政府农业农村主管部门不得越权审批登记和备案管理。

“省、自治区、直辖市人民政府农业农村主管部门参照本办法制定有关复混肥、掺混肥、精制有机肥、床土调酸剂的具体登记和备案管理办法,并报农业农村部备案。

“省、自治区、直辖市人民政府农业农村主管部门可委托所属的土肥机构承担本行政区域内的具体肥料登记工作。”

（六）删去第三十三条第一项中的“掺混或”。

七、对《蚕种管理办法》（2006 年 6 月 28 日农业部令第 68 号公布）作出修改

将第二十九条中的“处一万元以上五万元以下罚款”修改为“处五万元以上五十万元以下罚款”。

八、对《兽药进口管理办法》（2007 年 7 月 31 日农业部、海关总署令第 2 号公布，2019 年 4 月 25 日农业农村部令 2019 年第 2 号修订）作出修改

（一）删去第五条第二款第一项、第七条。

（二）删去第十四条。

（三）删去第三十条中的“兽用生物制品进口许可证”。

（四）将第三十一条修改为：“兽药进口申请表可以从农业农村部官方网站下载。”

九、对《动物病原微生物菌（毒）种保藏管理办法》（2008 年 11 月 26 日农业部令第 16 号公布，2016 年 5 月 30 日农业部令 2016 年第 3 号修订）作出修改

将第三十五条修改为：“保藏机构违反本办法规定的，由农业农村部责令限期改正，并给予警告；造成严重后果的，由其所在单位或者其上级主管部门对主要负责人、直接负责的主管人员和其他直接责任人员依法予以处理。”

十、对《饲料和饲料添加剂生产许可管理办法》（2012 年 5 月 2 日农业部令 2012 年第 3 号公布，2013 年 12 月 31 日农业部令 2013 年第 5 号、2016 年 5 月 30 日农业部令 2016 年第 3 号、2017 年 11 月 30 日农业部令 2017 年第 8 号修订）作出修改

（一）删去第八条、第九条中的“添加剂预混合饲料”。

（二）将第十九条中的“构成犯罪的，依法移送司法机关追究刑事责任”修改为“涉嫌犯罪的，及时将案件移送司法机关，依法追究刑事责任”。

十一、对《饲料添加剂和添加剂预混合饲料产品批准文号管理办法》（2012 年 5 月 2 日农业部令 2012 年第 5 号公布）作出修改

（一）将“饲料添加剂和添加剂预混合饲料产品批准文号管理办法”修改为“饲料添加剂产品批准文号管理办法”。

（二）删去第一条中的“和添加剂预混合饲料产品”。

（三）删去第二条第二款、第七条第二项、第十九条。

（四）将第三条、第四条第一款、第五条、第十条、第十七条中的“饲料添加剂、添加剂预混合饲料”修改为“饲料添加剂”。

（五）删去第九条中的“添加剂预混合饲料产品批准文号格式为：×饲预字（××××）××××××”。

（六）将第十四条第二款中的“构成犯罪的，依法移送司法机关追究刑事责任”修改为“涉嫌犯罪的，及时将案件移送司法机关，依法追究刑事责任”。

十二、对《新饲料和新饲料添加剂管理办法》（2012年5月2日农业部令2012年第4号公布，2016年5月30日农业部令2016年第3号修订）作出修改

将第二十二条第二款中的“构成犯罪的，依法移送司法机关追究刑事责任”修改为“涉嫌犯罪的，及时将案件移送司法机关，依法追究刑事责任”。

十三、对《兽药产品批准文号管理办法》（2015年12月3日农业部令第4号公布、2019年4月25日农业农村部令2019年第2号修订）作出修改

（一）将第十一条第二款中的“组织现场核查”修改为“并自商定的现场核查日期起5个工作日内组织完成现场核查”。

（二）将第十七条第一款修改为：“兽药产品批准文号有效期届满需要继续生产的，兽药生产企业应当在有效期届满前6个月内按原批准程序申请兽药产品批准文号的换发。”将第二款修改为：“同一兽药生产许可证下同一生产地址原生产车间生产的兽药产品申请批准文号换发，在兽药产品批准文号有效期内，经省级以上人民政府兽医行政管理部门监督抽检不合格1批次以上的，应当进行复核检验，其他情形不需要进行复核检验。”

十四、对《渔业行政处罚规定》（1998年1月5日农业部令第36号公布）作出修改

（一）将第三条修改为：“渔业违法行为轻微并及时改正，没有造成危害后果的，不予处罚。初次实施渔业违法行为且危害后果轻微并及时改正的，可以不予处罚。当事人有证据足以证明没有主观过错的，不予行政处罚。对当事人的违法行为依法不予行政处罚的，应当对当事人进行教育。有下列行为之一的，应当从轻或者减轻处罚：

“（一）主动消除或减轻渔业违法行为后果；

“（二）受他人胁迫或者诱骗实施渔业违法行为的；

“（三）主动供述渔业执法部门尚未掌握的违法行为的；

“（四）配合渔业执法部门查处渔业违法行为有立功表现的；

“（五）依法应当从轻、减轻的其他渔业违法行为。”

（二）将第六条修改为：“依照《渔业法》第三十八条和《实施细则》第二十九条规定，有下列行为之一的，没收渔获物和违法所得，处以罚款；情节严重的，并处没收渔具、吊销捕捞许可证；情节特别严重的，可以没收渔船。罚款按以下标准执行：

“(一)使用炸鱼、毒鱼、电鱼等破坏渔业资源方法进行捕捞的,违反关于禁渔区、禁渔期的规定进行捕捞的,或者使用禁用的渔具、捕捞方法和小于最小网目尺寸的网具进行捕捞或者渔获物中幼鱼超过规定比例的,在内陆水域,处以三万元以下罚款;在海洋水域,处以五万元以下罚款。

“(二)敲舫作业的,处以一千元至五万元罚款。

“(三)擅自捕捞国家规定禁止捕捞的珍贵、濒危水生动物,按《中华人民共和国野生动物保护法》和《中华人民共和国水生野生动物保护实施条例》执行。

“(四)未经批准使用鱼鹰捕鱼的,处以五十元至二百元罚款。

“在长江流域水生生物保护区内从事生产性捕捞,或者在长江干流和重要支流、大型通江湖泊、长江河口规定区域等重点水域禁捕期间从事天然渔业资源的生产性捕捞的,依照《中华人民共和国长江保护法》第八十六条规定进行处罚。”

(三)将第七条修改为:“按照《渔业法》第三十九条规定,对偷捕、抢夺他人养殖的水产品的,或者破坏他人养殖水体、养殖设施的,责令改正,可以处二万元以下的罚款;造成他人损失的,依法承担赔偿责任。”

(四)将第八条修改为:“按照《渔业法》第四十一条规定,对未取得捕捞许可证擅自进行捕捞的,没收渔获物和违法所得,并处罚款;情节严重的,并可以没收渔具和渔船。罚款按下列标准执行:

“(一)在内陆水域,处以五万元以下罚款。

“(二)在海洋水域,处以十万元以下罚款。

“无正当理由不能提供渔业捕捞许可证的,按本条前款规定处罚。”

(五)将第九条修改为:“按照《渔业法》第四十二条规定,对有捕捞许可证的渔船违反许可证关于作业类型、场所、时限和渔具数量的规定进行捕捞的,没收渔获物和违法所得,可以并处罚款;情节严重的,并可以没收渔具,吊销捕捞许可证。罚款按以下标准执行:

“(一)在内陆水域,处以二万元以下罚款。

“(二)在海洋水域,处以五万元以下罚款。”

(六)将第十条修改为:“按照《渔业法》第四十三条规定,对涂改、买卖、出租或以其他形式非法转让捕捞许可证的,没收违法所得,吊销捕捞许可证,可以并处罚款。罚款按以下标准执行:

“(一)买卖、出租或以其他形式非法转让捕捞许可证的,对违法双方各处一万元以下罚款。

“(二)涂改捕捞许可证的,处一万元以下罚款。”

（七）将第十一条修改为："按照《中华人民共和国水污染防治法》第九十四条、《中华人民共和国海洋环境保护法》第九十条规定，造成渔业污染事故的，按以下规定处以罚款：

"（一）对造成一般或者较大污染事故，按照直接损失的百分之二十计算罚款。

"（二）对造成重大或者特大污染事故的，按照直接损失的百分之三十计算罚款。"

（八）将第十三条修改为："违反《渔业法》第三十一条和《实施细则》第二十四条、第二十五条规定，擅自捕捞有重要经济价值的水生动物苗种、怀卵亲体的，没收其苗种或怀卵亲体及违法所得，并可处以三万元以下罚款。"

（九）将第十四条中的"中外合资、合作经营渔业企业的渔船"修改为"外商投资渔业企业的渔船"。

（十）将第十五条修改为："外国人、外国渔船违反《渔业法》第四十六条规定，擅自进入中华人民共和国管辖水域从事渔业生产或渔业资源调查活动的，责令其离开或将其驱逐，可以没收渔获物、渔具，并处五十万元以下的罚款；情节严重的，可以没收渔船；涉嫌犯罪的，及时将案件移送司法机关，依法追究刑事责任。"

（十一）将第十八条修改为："按照《渔业法》第三十八条、第四十一条、第四十二条、第四十三条规定需处以罚款的，除按本规定罚款外，依照《实施细则》第三十四条规定，对船长或者单位负责人可视情节另处一百元至五百元罚款。"

（十二）将第二十条修改为："在海上执法时，对违反禁渔区、禁渔期的规定或者使用禁用的渔具、捕捞方法进行捕捞，以及未取得捕捞许可证进行捕捞的，事实清楚、证据充分，但是当场不能按照法定程序作出和执行行政处罚决定的，可以先暂时扣押捕捞许可证、渔具或者渔船，回港后依法作出和执行行政处罚决定。"

十五、对《中华人民共和国渔业船员管理办法》（2014 年 5 月 23 日农业部令 2014 年第 4 号公布，2017 年 11 月 30 日农业农村部令 2017 年第 8 号修订）作出修改

（一）将第七条第一款第一项修改为："年满 18 周岁（在船实习、见习人员年满 16 周岁）且初次申请不超过 60 周岁"。

（二）将第八条第一款第二项修改为："初次申请不超过 60 周岁"。

（三）将第十九条修改为："中国籍渔业船舶的船长应当由中国籍公民担任。

“外国籍公民在中国籍渔业船舶上工作，应当持有所属国政府签发的相关身份证件，在我国依法取得就业许可，并按本办法的规定取得渔业船员证书。持有中华人民共和国缔结或者加入的国际条约的缔约国签发的外国职务船员证书的，应当按照国家有关规定取得承认签证。承认签证的有效期不得超过被承认职务船员证书的有效期，当被承认职务船员证书失效时，相应的承认签证自动失效。”

（四）将第二十一条修改为：“渔业船员在船工作期间，应当符合下列要求：

“（一）携带有效的渔业船员证书；

“（二）遵守法律法规和安全生产管理规定，遵守渔业生产作业及防治船舶污染操作规程；

“（三）执行渔业船舶的管理制度和值班规定；

“（四）服从船长及上级职务船员在其职权范围内发布的命令；

“（五）参加渔业船舶应急训练、演习，落实各项应急预防措施；

“（六）及时报告发现的险情、事故或者影响航行、作业安全的情况；

“（七）在不严重危及自身安全的情况下，尽力救助遇险人员；

“（八）不得利用渔业船舶私载、超载人员和货物，不得携带违禁物品；

“（九）职务船员不得在生产航次中擅自辞职、离职或者中止职务。”

（五）将第二十三条第五项修改为：“在渔业船员证书内如实记载渔业船员的履职情况”；将第六项修改为：“按规定办理渔业船舶进出港报告手续”；增加一项，作为第七项：“船舶进港、出港、靠泊、离泊，通过交通密集区、危险航区等区域，或者遇有恶劣天气和海况，或者发生水上交通事故、船舶污染事故、船舶保安事件以及其他紧急情况时，应当在驾驶台值班，必要时应当直接指挥船舶”。

（六）将第四十条修改为：“违反本办法规定，以欺骗、贿赂等不正当手段取得渔业船员证书的，由渔政渔港监督管理机构吊销渔业船员证书，并处 2000 元以上 2 万元以下罚款，三年内不再受理申请人渔业船员证书申请。”

（七）将第四十一条修改为：“伪造、变造、买卖渔业船员证书的，由渔政渔港监督管理机构收缴有关证件，处 2 万元以上 10 万元以下罚款，有违法所得的，还应当没收违法所得。

“隐匿、篡改或者销毁有关渔业船舶、渔业船员法定证书、文书的，由渔政渔港监督管理机构处 1000 元以上 1 万元以下罚款；情节严重的，并处暂扣渔业船员证书 6 个月以上 2 年以下直至吊销渔业船员证书的处罚。”

（八）将第四十二条修改为：“渔业船员违反本办法第二十一条第一项规定，责令改正，可以处 2000 元以下罚款。

“违反本办法第二十一条第三项、第四项、第五项规定的，予以警告，情节严重的，处 200 元以上 2000 元以下罚款。

“违反本办法第二十一条第九项规定的，处 1000 元以上 2 万元以下罚款。”

（九）将第四十三条修改为：“渔业船员违反本办法第二十一条第二项、第六项、第七项、第八项和第二十二条规定的，处 1000 元以上 1 万元以下罚款；情节严重的，并处暂扣渔业船员证书 6 个月以上 2 年以下直至吊销渔业船员证书的处罚。”

（十）将第四十四条修改为：“渔业船舶的船长违反本办法第二十三条第一项、第二项、第五项、第七项、第十项规定的，由渔政渔港监督管理机构处 2000 元以上 2 万元以下罚款；情节严重的，并处暂扣渔业船员证书 6 个月以上 2 年以下直至吊销渔业船员证书的处罚。违反第二十三条第三项、第六项规定的，责令改正，并可以处警告、2000 元以上 2 万元以下罚款；情节严重的，并处暂扣渔业船员证书 6 个月以下，直至吊销渔业船员证书的处罚。违反第二十三条第四项、第八项、第九项、第十一项规定的，由渔政渔港监督管理机构处 2000 元以上 2 万元以下罚款。”

（十一）将第四十五条修改为：“渔业船员因违规造成责任事故，涉嫌犯罪的，及时将案件移送司法机关，依法追究刑事责任。”

（十二）将第四十六条修改为：“渔业船员证书被吊销的，自被吊销之日起 2 年内，不得申请渔业船员证书。”

（十三）将第四十七条修改为：“渔业船舶所有人或经营人有下列行为之一的，由渔政渔港监督管理机构责令改正，处 3 万元以上 15 万元以下罚款：

“（一）未按规定配齐渔业职务船员，或招用未取得本办法规定证件的人员在渔业船舶上工作的；

“（二）渔业船员在渔业船舶上生活和工作的场所不符合相关要求的；

“（三）渔业船员在船工作期间患病或者受伤，未及时给予救助的。”

（十四）将第四十八条修改为：“渔业船员培训机构有下列情形之一的，由渔政渔港监督管理机构责令改正，并按以下规定处罚：

“（一）不具备规定条件开展渔业船员培训的，处 5 万元以上 25 万元以下罚款，有违法所得的，还应当没收违法所得；

“（二）未按规定的渔业船员考试大纲和水上交通安全、防治船舶污染等内容要求进行培训的，可以处 2 万元以上 10 万元以下罚款。

“未按规定出具培训证明或者出具虚假培训证明的，由渔政渔港监督管理机构给予警告，责令改正；拒不改正或者再次出现同类违法行为的，可处 3 万元以下罚款。”

（十五）增加一条，作为第五十一条：“海洋渔业船舶的所有人、经营人、船长、船员违反《中华人民共和国海上交通安全法》相关规定的处罚，按《中华人民共和国海上交通安全法》执行。”

十六、对《渔业捕捞许可管理规定》（2018年12月3日农业农村部令2018年第1号公布，2020年7月8日农业农村部令2020年第5号修订）作出修改

将第四十七条第二款修改为：“使用无效的渔业捕捞许可证或者无正当理由不能提供渔业捕捞许可证的，视为无证捕捞。”

十七、对《中华人民共和国管辖海域外国人、外国船舶渔业活动管理暂行规定》（1999年6月24日农业部令第18号公布，2004年7月1日农业部令第38号修订）作出修改

（一）将第十二条修改为：“外国人、外国船舶在中华人民共和国内水、领海内有下列行为之一的，责令其离开或者将其驱逐，可处以没收渔获物、渔具，并处以罚款；情节严重的，可以没收渔船。罚款按下列数额执行：

“1. 从事捕捞、补给或转载渔获等渔业生产活动的，可处50万元以下罚款；

“2. 未经批准从事生物资源调查活动的，可处40万元以下罚款。”

（二）将第十三条修改为：“外国人、外国船舶未经批准在中华人民共和国专属经济区和大陆架有下列行为之一的，责令其离开或者将其驱逐，可处以没收渔获物、渔具，并处以罚款；情节严重的，可以没收渔船。罚款按下列数额执行：

“1. 从事捕捞、补给或转载渔获等渔业生产活动的，可处40万元以下罚款；

“2. 从事生物资源调查活动的，可处30万元以下罚款。”

（三）将第十六条修改为：“未取得入渔许可进入中华人民共和国管辖水域，或取得入渔许可但航行于许可作业区域以外的外国船舶，未将渔具收入舱内或未按规定捆扎、覆盖的，中华人民共和国渔政渔港监督管理机构可处以3万元以下罚款的处罚。”

十八、对《中日渔业协定暂定措施水域管理暂行办法》（1999年3月5日农业部令第8号公布，2004年7月1日农业部令第38号修订）作出修改

删去第十二条。

十九、对《中韩渔业协定暂定措施水域和过渡水域管理办法》（2001年2月16日农业部令第47号公布，2004年7月1日农业部令第38号、2019年4月25日农业农村部令2019年第2号修订）作出修改

删去第十四条。

二十、对《进出口农作物种子(苗)管理暂行办法》(1997年3月28日农业部令第14号公布)作出修改

将第十五条中的“构成犯罪的,交由司法机关追究其刑事责任”修改为“涉嫌犯罪的,及时将案件移送司法机关,依法追究刑事责任”。

二十一、对《农作物种子质量检验机构考核管理办法》(2019年8月27日农业农村部令2019年第3号公布)作出修改

(一)删去第三十八条。

(二)将第三十九条修改为:“种子检验机构以欺骗、贿赂等不正当手段骗取合格证书的,由考核机关撤销其合格证书。

“种子检验机构伪造测试、试验、检验数据或者出具虚假证明,情节严重的,由考核机关取消其种子检验机构合格证书。”

二十二、对《农作物种子生产经营许可管理办法》(2016年7月8日农业部令2016年第5号公布,2017年11月30日农业部令2017年第8号、2019年4月25日农业农村部令2019年第2号、2020年7月8日农业农村部令2020年第5号修订)作出修改

将第二十九条中的“构成犯罪的,依法移送司法机关追究刑事责任”修改为“涉嫌犯罪的,及时将案件移送司法机关,依法追究刑事责任”。

二十三、对《农作物种质资源管理办法》(2003年7月8日农业部令第30号公布,2014年7月1日农业部令第38号修订)作出修改

(一)将第三十八条中的“《种子法》第六十一条”修改为“《种子法》第八十一条”。

(二)将第四十条中的“《种子法》第六十三条”修改为“《种子法》第八十二条”。

二十四、对《农业机械事故处理办法》(2011年1月12日农业部令2011年第2号公布)作出修改

将第四十九条、第五十条中的“构成犯罪的,依法移送司法机关追究刑事责任”修改为“涉嫌犯罪的,及时将案件移送司法机关,依法追究刑事责任”。

二十五、对《农业部关于印发〈农业行业职业技能鉴定管理办法〉的通知》(2006年6月1日农人发〔2006〕6号)作出修改

删去第三十六条中的“由省级农业行政主管部门视其情节轻重,给予警告、限期整改或停止鉴定的处罚”。

二十六、对《规范农业行政处罚自由裁量权办法》(2019年5月31日农业农村部公告第180号)作出修改

（一）将第十三条修改为："有下列情形之一的，农业农村主管部门依法不予处罚：

"（一）未满 14 周岁的未成年人实施违法行为的；

"（二）精神病人、智力残疾人在不能辨认或者控制自己行为时实施违法行为的；

"（三）违法事实不清，证据不足的；

"（四）违法行为轻微并及时纠正，未造成危害后果的；

"（五）违法行为在两年内未被发现的；涉及公民生命健康安全、金融安全且有危害后果的，上述期限延长至五年。法律另有规定的除外；

"（六）其他依法不予处罚的。"

（二）将第十四条修改为："有下列情形之一的，农业农村主管部门依法从轻或减轻处罚：

"（一）已满 14 周岁不满 18 周岁的未成年人实施违法行为的；

"（二）主动消除或减轻违法行为危害后果的；

"（三）受他人胁迫或者诱骗实施违法行为的；

"（四）主动供述行政机关尚未掌握的违法行为的；

"（五）配合行政机关查处违法行为有立功表现的；

"（六）其他依法应当从轻或减轻处罚的。"

二十七、对《农药登记试验质量管理规范》（2017 年 9 月 3 日农业部公告第 2570 号）作出修改

删去第三十七条第一项中的"及新农药登记试验批准证书编号"。

二十八、对《农业部关于印发〈奶畜养殖和生鲜乳收购运输环节违法行为依法从重处罚的规定〉的通知》（2011 年 4 月 11 日农牧发〔2011〕4 号）作出修改

将第一条中的"《饲料和饲料添加剂管理条例》第二十九条第二款"修改为"《饲料和饲料添加剂管理条例》第四十七条第一款"。

二十九、对《黄渤海区对虾亲虾资源管理暂行规定》（1990 年 11 月 8 日〔1990〕农（渔政）字第 17 号公布，1997 年 11 月 25 日农业部令第 39 号、2007 年 11 月 8 日农业部令第 6 号修订）予以废止。

此外，将有关条款中的"农业部"修改为"农业农村部"，"农业行政主管部门"修改为"农业农村主管部门"，"农业部门"修改为"农业农村部门"，对相关规章和规范性文件中的条文序号作相应调整。

本决定自公布之日起施行。

农业野生植物保护办法

（2002年9月6日农业部令第21号发布　根据2004年7月1日《农业部关于修订农业行政许可规章和规范性文件的决定》第一次修正　根据2013年12月31日《农业部关于修订部分规章的决定》第二次修正　根据2016年5月30日《农业部关于废止和修改部分规章、规范性文件的决定》第三次修正　根据2022年1月7日《农业农村部关于修改和废止部分规章、规范性文件的决定》第四次修正）

第一章　总　　则

第一条　为保护和合理利用珍稀、濒危野生植物资源，保护生物多样性，加强野生植物管理，根据《中华人民共和国野生植物保护条例》（以下简称《条例》），制定本办法。

第二条　本办法所称野生植物是指符合《条例》第二条第二款规定的野生植物，包括野生植物的任何部分及其衍生物。

第三条　农业农村部按照《条例》第八条和本办法第二条规定的范围，主管全国野生植物的监督管理工作，并设立野生植物保护管理办公室负责全国野生植物监督管理的日常工作。

农业农村部野生植物保护管理办公室由部内有关司局组成。

县级以上地方人民政府农业农村（畜牧、渔业）主管部门（以下简称农业农村主管部门）依据《条例》和本办法规定负责本行政区域内野生植物监督管理工作。

第二章　野生植物保护

第四条　国家重点保护野生植物名录的制定和调整由农业农村部野生植物保护管理办公室提出初步意见，经农业农村部野生植物保护专家审定委员会审定通过后，由农业农村部按照《条例》第十条第二款的规定报国务院批准公布。

第五条　农业农村部和省级农业农村主管部门负责在国家重点保护野生植物物种天然集中分布区域，划定并建立国家级或省级国家重点保护野生植物类型自然保护区。

国家级和省级国家重点保护野生植物类型自然保护区的建立，按照《中华人民共和国自然保护区条例》有关规定执行。

第六条 县级以上地方人民政府农业农村主管部门可以在国家级或省级野生植物类型保护区以外的其他区域，建立国家重点保护野生植物保护点或者设立保护标志。

国家重点保护野生植物保护点和保护标志的具体管理办法，由农业农村部野生植物保护管理办公室负责统一制定。

第七条 农业农村部根据需要，组织野生植物资源调查，建立国家重点保护野生植物资源档案，为确定国家重点保护野生植物名录及保护方案提供依据。

第八条 农业农村部建立国家重点保护野生植物监测制度，对国家重点保护野生植物进行动态监测。

第九条 县级以上农业农村主管部门所属的农业环境监测机构，负责监视、监测本辖区内环境质量变化对国家或地方重点保护野生植物生长情况的影响，并将监视、监测情况及时报送农业农村主管部门。

第十条 在国家重点保护野生植物生长地或周边地区实施建设项目，建设单位应当在该建设项目环境影响评价报告书中对是否影响野生植物生存环境作出专项评价。

建设项目所在区域农业农村主管部门依据《条例》规定，对上述专项评价进行审查，并根据审查结果对建设项目提出具体意见。

第十一条 对国家重点保护野生植物及其生长环境造成危害的单位和个人，应当及时采取补救措施，并报当地农业农村主管部门，接受调查处理。

第十二条 各级农业农村主管部门应当积极开展野生植物保护的宣传教育工作。

第三章 野生植物管理

第十三条 禁止采集国家一级保护野生植物。有下列情形之一，确需进行少量采集的，应当申请办理采集许可证。

（一）进行科学考察、资源调查，应当从野外获取野生植物标本的；

（二）进行野生植物人工培育、驯化，应当从野外获取种源的；

（三）承担省部级以上科研项目，应当从野外获取标本或实验材料的；

（四）因国事活动需要，应当提供并从野外获取野生植物活体的；

（五）因调控野生植物种群数量、结构，经科学论证应当采集的。

第十四条 申请采集国家重点保护野生植物,有下列情形之一的,不予发放采集许可证:

(一)申请人有条件以非采集的方式获取野生植物的种源、产品或者达到其目的的;

(二)采集申请不符合国家或地方有关规定,或者采集申请的采集方法、采集时间、采集地点、采集数量不当的;

(三)根据野生植物资源现状不宜采集的。

第十五条 申请采集国家重点保护野生植物,应当填写《国家重点保护野生植物采集申请表》,经采集地县级农业农村主管部门签署审核意见后,向采集地省级农业农村主管部门或其授权的野生植物保护管理机构申请办理采集许可证。

采集城市园林或风景名胜区内的国家重点保护野生植物,按照《条例》第十六条第三款和前款有关规定办理。

第十六条 申请采集国家一级重点保护野生植物的,还应当提供以下材料:

(一)进行科学考察、资源调查,需要从野外获取野生植物标本的,或者进行野生植物人工培育、驯化,需要从野外获取种源的,应当提供省级以上主管部门批复的项目审批文件、项目任务书(合同书)及执行方案(均为复印件)。

(二)承担省部级以上科研项目,需要从野外获取标本或实验材料的,应当提供项目审批文件、项目任务书(合同书)及执行方案(均为复印件)。

(三)因国事活动,需要提供并从野外获取野生植物活体的,应当出具国务院外事主管部门的证明文件(复印件)。

(四)因调控野生植物种群数量、结构,经科学论证需要采集的,应当出具省级以上农业农村主管部门或省部级以上科研机构的论证报告或说明。

第十七条 负责签署审核意见的农业农村主管部门应当自受理申请之日起 20 日内签署审核意见。同意采集的,报送上级农业农村主管部门审批。

负责核发采集许可的农业农村主管部门或其授权的野生植物保护管理机构,应当在收到下级农业农村主管部门报来的审核材料之日起 20 日内,作出批准或不批准的决定,并及时通知申请者。

接受授权的野生植物保护管理机构在作出批准或者不批准的决定之前,应当征求本部门业务主管单位的意见。

农业农村主管部门或其授权的野生植物保护管理机构核发采集许可证后,应当抄送同级生态环境主管部门备案。

省级农业农村主管部门或其授权的野生植物保护管理机构核发采集许可

证后，应当向农业农村部备案。

第十八条 取得采集许可证的单位和个人，应当按照许可证规定的植物种（或亚种）、数量、地点、期限和方式进行采集。采集作业完成后，应当及时向批准采集的农业农村主管部门或其授权的野生植物保护管理机构申请查验。

县级农业农村主管部门对在本辖区内的采集国家或地方重点保护野生植物的活动，应当进行实时监督检查，并应及时向批准采集的农业农村主管部门或其授权的野生植物保护管理机构报告监督检查结果。

第十九条 出售、收购国家二级保护野生植物的，应当填写《出售、收购国家重点保护二级野生植物申请表》，省级农业农村主管部门或其授权的野生植物保护管理机构自收到申请之日起 20 日内完成审查，作出是否批准的决定，并通知申请者。

由野生植物保护管理机构负责批准的，野生植物保护管理机构在做出批准或者不批准的决定之前，应当征求本部门业务主管单位的意见。

第二十条 出售、收购国家二级保护野生植物的许可为一次一批。

出售、收购国家二级保护野生植物的许可文件应当载明野生植物的物种名称（或亚种名）、数量、期限、地点及获取方式、来源等项内容。

第二十一条 国家重点保护野生植物的采集限定采集方式和规定禁采期。

国家重点保护野生植物的采集方式和禁采期由省级人民政府农业农村主管部门负责规定。

禁止在禁采期内或者以非法采集方式采集国家重点保护野生植物。

第二十二条 出口国家重点保护野生植物，或者进出口中国参加的国际公约所限制进出口的野生植物，应当填报《国家重点保护野生植物进出口许可申请表》，并报申请者所在地省级农业农村主管部门办理《国家重点保护野生植物进出口许可审批表》。省级农业农村主管部门应当自收到申请材料之日起 20 日作出是否批准的决定，并通知申请者。

省级农业农村主管部门应当将签发的进出口许可审批表抄送农业农村部、国家濒危物种进出口管理机构、海关等部门。

第二十三条 申请出口国家重点保护野生植物，或者进出口中国参加的国际公约所限制进出口的野生植物的，应当提供以下材料：

（一）国家重点保护野生植物进出口许可申请表。

（二）进出口合同（协议）复印件。

（三）出口野生植物及其产品的，应当提供省级以上农业农村主管部门或其授权机构核发的《国家重点保护野生植物采集许可证》复印件；野生植物来源为收购的，还应当提供省级农业农村主管部门出具的出售、收购审批件及购销合同(均为复印件)。

(四)出口含有国家重点保护农业野生植物成分产品的，应当提供由产品生产单位所在地省级以上农业农村主管部门认可的产品成分及规格的说明，以及产品成分检验报告。

第二十四条 经省级农业农村主管部门批准进行野外考察的外国人，应当在地方农业农村主管部门有关人员的陪同下，按照规定的时间、区域、路线、植物种类进行考察。

考察地省级农业农村主管部门或其授权的野生植物保护管理机构应当对外国人在本行政区域内的考察活动进行现场监督检查，并及时将监督检查情况报告农业农村部野生植物保护管理办公室。

外国人野外科学考察结束离境之前，应当向省级农业农村主管部门提交此次科学考察的报告副本。

第四章 奖励与处罚

第二十五条 在野生植物资源保护、科学研究、培育利用、宣传教育及其管理工作中成绩显著的单位和个人，县级以上人民政府农业农村主管部门予以表彰和奖励。

第二十六条 违反本办法规定，依照《条例》的有关规定追究法律责任。

第五章 附 则

第二十七条 本办法规定的《国家重点保护野生植物采集申请表》、《国家重点保护野生植物采集许可证》、《国家重点保护野生植物进出口许可申请表》和《国家重点保护野生植物进出口许可审批表》等文书格式，由农业农村部规定。有关表格由农业农村部野生植物保护管理办公室统一监制。《出售、收购国家重点保护二级野生植物申请表》等其他文书格式由省级农业农村主管部门规定。

第二十八条 本办法由农业农村部负责解释。

第二十九条 本办法自 2002 年 10 月 1 日起施行。

农产品质量安全监测管理办法

（2012年8月14日农业部令2012年第7号公布　根据2022年1月7日《农业农村部关于修改和废止部分规章、规范性文件的决定》修正）

第一章　总　　则

第一条　为加强农产品质量安全管理，规范农产品质量安全监测工作，根据《中华人民共和国农产品质量安全法》、《中华人民共和国食品安全法》和《中华人民共和国食品安全法实施条例》，制定本办法。

第二条　县级以上人民政府农业农村主管部门开展农产品质量安全监测工作，应当遵守本办法。

第三条　农产品质量安全监测，包括农产品质量安全风险监测和农产品质量安全监督抽查。

农产品质量安全风险监测，是指为了掌握农产品质量安全状况和开展农产品质量安全风险评估，系统和持续地对影响农产品质量安全的有害因素进行检验、分析和评价的活动，包括农产品质量安全例行监测、普查和专项监测等内容。

农产品质量安全监督抽查，是指为了监督农产品质量安全，依法对生产中或市场上销售的农产品进行抽样检测的活动。

第四条　农业农村部根据农产品质量安全风险评估、农产品质量安全监督管理等工作需要，制定全国农产品质量安全监测计划并组织实施。

县级以上地方人民政府农业农村主管部门应当根据全国农产品质量安全监测计划和本行政区域的实际情况，制定本级农产品质量安全监测计划并组织实施。

第五条　农产品质量安全检测工作，由符合《中华人民共和国农产品质量安全法》第三十五条规定条件的检测机构承担。

县级以上人民政府农业农村主管部门应当加强农产品质量安全检测机构建设，提升其检测能力。

第六条　农业农村部统一管理全国农产品质量安全监测数据和信息，并指定机构建立国家农产品质量安全监测数据库和信息管理平台，承担全国农产品质量安全监测数据和信息的采集、整理、综合分析、结果上报等工作。

县级以上地方人民政府农业农村主管部门负责管理本行政区域内的农产品质量安全监测数据和信息。鼓励县级以上地方人民政府农业农村主管部门建立本行政区域的农产品质量安全监测数据库。

第七条 县级以上人民政府农业农村主管部门应当将农产品质量安全监测工作经费列入本部门财政预算,保证监测工作的正常开展。

第二章 风险监测

第八条 农产品质量安全风险监测应当定期开展。根据农产品质量安全监管需要,可以随时开展专项风险监测。

第九条 省级以上人民政府农业农村主管部门应当根据农产品质量安全风险监测工作的需要,制定并实施农产品质量安全风险监测网络建设规划,建立健全农产品质量安全风险监测网络。

第十条 县级以上人民政府农业农村主管部门根据监测计划向承担农产品质量安全监测工作的机构下达工作任务。接受任务的机构应当根据农产品质量安全监测计划编制工作方案,并报下达监测任务的农业农村主管部门备案。

工作方案应当包括下列内容:

(一)监测任务分工,明确具体承担抽样、检测、结果汇总等的机构;

(二)各机构承担的具体监测内容,包括样品种类、来源、数量、检测项目等;

(三)样品的封装、传递及保存条件;

(四)任务下达部门指定的抽样方法、检测方法及判定依据;

(五)监测完成时间及结果报送日期。

第十一条 县级以上人民政府农业农村主管部门应当根据农产品质量安全风险隐患分布及变化情况,适时调整监测品种、监测区域、监测参数和监测频率。

第十二条 农产品质量安全风险监测抽样应当采取符合统计学要求的抽样方法,确保样品的代表性。

第十三条 农产品质量安全风险监测应当按照公布的标准方法检测。没有标准方法的可以采用非标准方法,但应当遵循先进技术手段与成熟技术相结合的原则,并经方法学研究确认和专家组认定。

第十四条 承担农产品质量安全监测任务的机构应当按要求向下达任务的农业农村主管部门报送监测数据和分析结果。

第十五条 省级以上人民政府农业农村主管部门应当建立风险监测形势会商制度,对风险监测结果进行会商分析,查找问题原因,研究监管措施。

第十六条 县级以上地方人民政府农业农村主管部门应当及时向上级农业农村主管部门报送监测数据和分析结果,并向同级食品安全委员会办公室、卫生行政、市场监督管理等有关部门通报。

农业农村部及时向国务院食品安全委员会办公室和卫生行政、市场监督管理等有关部门及各省、自治区、直辖市、计划单列市人民政府农业农村主管部门通报监测结果。

第十七条 县级以上人民政府农业农村主管部门应当按照法定权限和程序发布农产品质量安全监测结果及相关信息。

第十八条 风险监测工作的抽样程序、检测方法等符合本办法第三章规定的,监测结果可以作为执法依据。

第三章 监督抽查

第十九条 县级以上人民政府农业农村主管部门应当重点针对农产品质量安全风险监测结果和农产品质量安全监管中发现的突出问题,及时开展农产品质量安全监督抽查工作。

第二十条 监督抽查按照抽样机构和检测机构分离的原则实施。抽样工作由当地农业农村主管部门或其执法机构负责,检测工作由农产品质量安全检测机构负责。检测机构根据需要可以协助实施抽样和样品预处理等工作。

采用快速检测方法实施监督抽查的,不受前款规定的限制。

第二十一条 抽样人员在抽样前应当向被抽查人出示执法证件或工作证件。具有执法证件的抽样人员不得少于两名。

抽样人员应当准确、客观、完整地填写抽样单。抽样单应当加盖抽样单位印章,并由抽样人员和被抽查人签字或捺印;被抽查人为单位的,应当加盖被抽查人印章或者由其工作人员签字或捺印。

抽样单一式四份,分别留存抽样单位、被抽查人、检测单位和下达任务的农业农村主管部门。

抽取的样品应当经抽样人员和被抽查人签字或捺印确认后现场封样。

第二十二条 有下列情形之一的,被抽查人可以拒绝抽样:

(一)具有执法证件的抽样人员少于两名的;

(二)抽样人员未出示执法证件或工作证件的。

第二十三条 被抽查人无正当理由拒绝抽样的,抽样人员应当告知拒绝抽样的后果和处理措施。被抽查人仍拒绝抽样的，抽样人员应当现场填写监督抽查拒检确认文书，由抽样人员和见证人共同签字，并及时向当地农业农村主管部门报告情况，对被抽查农产品以不合格论处。

第二十四条 上级农业农村主管部门监督抽查的同一批次农产品，下级农业农村主管部门不得重复抽查。

第二十五条 检测机构接收样品，应当检查、记录样品的外观、状态、封条有无破损及其他可能对检测结果或者综合判定产生影响的情况，并确认样品与抽样单的记录是否相符，对检测和备份样品分别加贴相应标识后入库。必要时，在不影响样品检测结果的情况下，可以对检测样品分装或者重新包装编号。

第二十六条 检测机构应当按照任务下达部门指定的方法和判定依据进行检测与判定。

采用快速检测方法检测的，应当遵守相关操作规范。

检测过程中遇有样品失效或者其他情况致使检测无法进行时，检测机构应当如实记录，并出具书面证明。

第二十七条 检测机构不得将监督抽查检测任务委托其他检测机构承担。

第二十八条 检测机构应当将检测结果及时报送下达任务的农业农村主管部门。检测结果不合格的，应当在确认后二十四小时内将检测报告报送下达任务的农业农村主管部门和抽查地农业农村主管部门，抽查地农业农村主管部门应当及时书面通知被抽查人。

第二十九条 被抽查人对检测结果有异议的，可以自收到检测结果之日起五日内，向下达任务的农业农村主管部门或者其上级农业农村主管部门书面申请复检。

采用快速检测方法进行监督抽查检测，被抽查人对检测结果有异议的，可以自收到检测结果时起四小时内书面申请复检。

第三十条 复检由农业农村主管部门指定具有资质的检测机构承担。

复检不得采用快速检测方法。

复检结论与原检测结论一致的，复检费用由申请人承担；不一致的，复检费用由原检测机构承担。

第三十一条 县级以上地方人民政府农业农村主管部门对抽检不合格的农产品，应当及时依法查处，或依法移交市场监督管理等有关部门查处。

第四章　工作纪律

第三十二条　农产品质量安全监测不得向被抽查人收取费用,监测样品由抽样单位向被抽查人购买。

第三十三条　参与监测工作的人员应当秉公守法、廉洁公正,不得弄虚作假、以权谋私。

被抽查人或者与其有利害关系的人员不得参与抽样、检测工作。

第三十四条　抽样应当严格按照工作方案进行,不得擅自改变。

抽样人员不得事先通知被抽查人,不得接受被抽查人的馈赠,不得利用抽样之便牟取非法利益。

第三十五条　检测机构应当对检测结果的真实性负责,不得瞒报、谎报、迟报检测数据和分析结果。

检测机构不得利用检测结果参与有偿活动。

第三十六条　监测任务承担单位和参与监测工作的人员应当对监测工作方案和检测结果保密,未经任务下达部门同意,不得向任何单位和个人透露。

第三十七条　任何单位和个人对农产品质量安全监测工作中的违法行为,有权向农业农村主管部门举报,接到举报的部门应当及时调查处理。

第三十八条　对违反抽样和检测工作纪律的工作人员,由任务承担单位作出相应处理,并报上级主管部门备案。

违反监测数据保密规定的,由上级主管部门对任务承担单位的负责人通报批评,对直接责任人员依法予以处分、处罚。

第三十九条　检测机构无正当理由未按时间要求上报数据结果的,由上级主管部门通报批评并责令改正;情节严重的,取消其承担检测任务的资格。

检测机构伪造检测结果或者出具检测结果不实的,依照《中华人民共和国农产品质量安全法》第四十四条规定处罚。

第四十条　违反本办法规定,涉嫌犯罪的,及时将案件移送司法机关,依法追究刑事责任。

第五章　附　　则

第四十一条　本规定自 2012 年 10 月 1 日起施行。

绿色食品标志管理办法

（2012年7月30日农业部令2012年第6号公布　根据2019年4月25日《农业农村部关于修改和废止部分规章、规范性文件的决定》第一次修正　根据2022年1月7日《农业农村部关于修改和废止部分规章、规范性文件的决定》第二次修正）

第一章　总　　则

第一条　为加强绿色食品标志使用管理，确保绿色食品信誉，促进绿色食品事业健康发展，维护生产经营者和消费者合法权益，根据《中华人民共和国农业法》、《中华人民共和国食品安全法》、《中华人民共和国农产品质量安全法》和《中华人民共和国商标法》，制定本办法。

第二条　本办法所称绿色食品，是指产自优良生态环境、按照绿色食品标准生产、实行全程质量控制并获得绿色食品标志使用权的安全、优质食用农产品及相关产品。

第三条　绿色食品标志依法注册为证明商标，受法律保护。

第四条　县级以上人民政府农业农村主管部门依法对绿色食品及绿色食品标志进行监督管理。

第五条　中国绿色食品发展中心负责全国绿色食品标志使用申请的审查、颁证和颁证后跟踪检查工作。

省级人民政府农业行政农村部门所属绿色食品工作机构（以下简称省级工作机构）负责本行政区域绿色食品标志使用申请的受理、初审和颁证后跟踪检查工作。

第六条　绿色食品产地环境、生产技术、产品质量、包装贮运等标准和规范，由农业农村部制定并发布。

第七条　承担绿色食品产品和产地环境检测工作的技术机构，应当具备相应的检测条件和能力，并依法经过资质认定，由中国绿色食品发展中心按照公平、公正、竞争的原则择优指定并报农业农村部备案。

第八条　县级以上地方人民政府农业农村主管部门应当鼓励和扶持绿色食品生产，将其纳入本地农业和农村经济发展规划，支持绿色食品生产基地建设。

第二章 标志使用申请与核准

第九条 申请使用绿色食品标志的产品,应当符合《中华人民共和国食品安全法》和《中华人民共和国农产品质量安全法》等法律法规规定,在国家知识产权局商标局核定的范围内,并具备下列条件:

(一)产品或产品原料产地环境符合绿色食品产地环境质量标准;

(二)农药、肥料、饲料、兽药等投入品使用符合绿色食品投入品使用准则;

(三)产品质量符合绿色食品产品质量标准;

(四)包装贮运符合绿色食品包装贮运标准。

第十条 申请使用绿色食品标志的生产单位(以下简称申请人),应当具备下列条件:

(一)能够独立承担民事责任;

(二)具有绿色食品生产的环境条件和生产技术;

(三)具有完善的质量管理和质量保证体系;

(四)具有与生产规模相适应的生产技术人员和质量控制人员;

(五)具有稳定的生产基地;

(六)申请前三年内无质量安全事故和不良诚信记录。

第十一条 申请人应当向省级工作机构提出申请,并提交下列材料:

(一)标志使用申请书;

(二)产品生产技术规程和质量控制规范;

(三)预包装产品包装标签或其设计样张;

(四)中国绿色食品发展中心规定提交的其他证明材料。

第十二条 省级工作机构应当自收到申请之日起十个工作日内完成材料审查。符合要求的,予以受理,并在产品及产品原料生产期内组织有资质的检查员完成现场检查;不符合要求的,不予受理,书面通知申请人并告知理由。

现场检查合格的,省级工作机构应当书面通知申请人,由申请人委托符合第七条规定的检测机构对申请产品和相应的产地环境进行检测;现场检查不合格的,省级工作机构应当退回申请并书面告知理由。

第十三条 检测机构接受申请人委托后,应当及时安排现场抽样,并自产品样品抽样之日起二十个工作日内、环境样品抽样之日起三十个工作日内完成检测工作,出具产品质量检验报告和产地环境监测报告,提交省级工作机构和申请人。

检测机构应当对检测结果负责。

第十四条 省级工作机构应当自收到产品检验报告和产地环境监测报告之日起二十个工作日内提出初审意见。初审合格的,将初审意见及相关材料报送中国绿色食品发展中心。初审不合格的,退回申请并书面告知理由。

省级工作机构应当对初审结果负责。

第十五条 中国绿色食品发展中心应当自收到省级工作机构报送的申请材料之日起三十个工作日内完成书面审查,并在二十个工作日内组织专家评审。必要时,应当进行现场核查。

第十六条 中国绿色食品发展中心应当根据专家评审的意见,在五个工作日内作出是否颁证的决定。同意颁证的,与申请人签订绿色食品标志使用合同,颁发绿色食品标志使用证书,并公告;不同意颁证的,书面通知申请人并告知理由。

第十七条 绿色食品标志使用证书是申请人合法使用绿色食品标志的凭证,应当载明准许使用的产品名称、商标名称、获证单位及其信息编码、核准产量、产品编号、标志使用有效期、颁证机构等内容。

绿色食品标志使用证书分中文、英文版本,具有同等效力。

第十八条 绿色食品标志使用证书有效期三年。

证书有效期满,需要继续使用绿色食品标志的,标志使用人应当在有效期满三个月前向省级工作机构书面提出续展申请。省级工作机构应当在四十个工作日内组织完成相关检查、检测及材料审核。初审合格的,由中国绿色食品发展中心在十个工作日内作出是否准予续展的决定。准予续展的,与标志使用人续签绿色食品标志使用合同,颁发新的绿色食品标志使用证书并公告;不予续展的,书面通知标志使用人并告知理由。

标志使用人逾期未提出续展申请,或者申请续展未获通过的,不得继续使用绿色食品标志。

第三章　标志使用管理

第十九条 标志使用人在证书有效期内享有下列权利:

(一)在获证产品及其包装、标签、说明书上使用绿色食品标志;

(二)在获证产品的广告宣传、展览展销等市场营销活动中使用绿色食品标志;

(三)在农产品生产基地建设、农业标准化生产、产业化经营、农产品市场营销等方面优先享受相关扶持政策。

第二十条 标志使用人在证书有效期内应当履行下列义务:

（一）严格执行绿色食品标准，保持绿色食品产地环境和产品质量稳定可靠；

（二）遵守标志使用合同及相关规定，规范使用绿色食品标志；

（三）积极配合县级以上人民政府农业农村主管部门的监督检查及其所属绿色食品工作机构的跟踪检查。

第二十一条 未经中国绿色食品发展中心许可，任何单位和个人不得使用绿色食品标志。

禁止将绿色食品标志用于非许可产品及其经营性活动。

第二十二条 在证书有效期内，标志使用人的单位名称、产品名称、产品商标等发生变化的，应当经省级工作机构审核后向中国绿色食品发展中心申请办理变更手续。

产地环境、生产技术等条件发生变化，导致产品不再符合绿色食品标准要求的，标志使用人应当立即停止标志使用，并通过省级工作机构向中国绿色食品发展中心报告。

第四章 监督检查

第二十三条 标志使用人应当健全和实施产品质量控制体系，对其生产的绿色食品质量和信誉负责。

第二十四条 县级以上地方人民政府农业农村主管部门应当加强绿色食品标志的监督管理工作，依法对辖区内绿色食品产地环境、产品质量、包装标识、标志使用等情况进行监督检查。

第二十五条 中国绿色食品发展中心和省级工作机构应当建立绿色食品风险防范及应急处置制度，组织对绿色食品及标志使用情况进行跟踪检查。

省级工作机构应当组织对辖区内绿色食品标志使用人使用绿色食品标志的情况实施年度检查。检查合格的，在标志使用证书上加盖年度检查合格章。

第二十六条 标志使用人有下列情形之一的，由中国绿色食品发展中心取消其标志使用权，收回标志使用证书，并予公告：

（一）生产环境不符合绿色食品环境质量标准的；

（二）产品质量不符合绿色食品产品质量标准的；

（三）年度检查不合格的；

（四）未遵守标志使用合同约定的；

（五）违反规定使用标志和证书的；

（六）以欺骗、贿赂等不正当手段取得标志使用权的。

标志使用人依照前款规定被取消标志使用权的，三年内中国绿色食品发展中心不再受理其申请；情节严重的，永久不再受理其申请。

第二十七条 任何单位和个人不得伪造、转让绿色食品标志和标志使用证书。

第二十八条 国家鼓励单位和个人对绿色食品和标志使用情况进行社会监督。

第二十九条 从事绿色食品检测、审核、监管工作的人员，滥用职权、徇私舞弊和玩忽职守的，依照有关规定给予行政处罚或行政处分；涉嫌犯罪的，及时将案件移送司法机关，依法追究刑事责任。

承担绿色食品产品和产地环境检测工作的技术机构伪造检测结果的，除依法予以处罚外，由中国绿色食品发展中心取消指定，永久不得再承担绿色食品产品和产地环境检测工作。

第三十条 其他违反本办法规定的行为，依照《中华人民共和国食品安全法》、《中华人民共和国农产品质量安全法》和《中华人民共和国商标法》等法律法规处罚。

第五章 附 则

第三十一条 绿色食品标志有关收费办法及标准，依照国家相关规定执行。

第三十二条 本办法自2012年10月1日起施行。农业部1993年1月11日印发的《绿色食品标志管理办法》(1993农(绿)字第1号)同时废止。

农药登记管理办法

(2017年6月21日农业部令2017年第3号公布 根据2018年12月6日《农业农村部关于修改部分规章的决定》第一次修正 根据2022年1月7日《农业农村部关于修改和废止部分规章、规范性文件的决定》第二次修正)

第一章 总 则

第一条 为了规范农药登记行为，加强农药登记管理，保证农药的安全性、有效性，根据《农药管理条例》，制定本办法。

第二条 在中华人民共和国境内生产、经营、使用的农药,应当取得农药登记。

未依法取得农药登记证的农药,按照假农药处理。

第三条 农业农村部负责全国农药登记管理工作,组织成立农药登记评审委员会,制定农药登记评审规则。

农业农村部所属的负责农药检定工作的机构负责全国农药登记具体工作。

第四条 省级人民政府农业农村主管部门(以下简称省级农业农村部门)负责受理本行政区域内的农药登记申请,对申请资料进行审查,提出初审意见。

省级农业农村部门负责农药检定工作的机构(以下简称省级农药检定机构)协助做好农药登记具体工作。

第五条 农药登记应当遵循科学、公平、公正、高效和便民的原则。

第六条 鼓励和支持登记安全、高效、经济的农药,加快淘汰对农业、林业、人畜安全、农产品质量安全和生态环境等风险高的农药。

第二章 基本要求

第七条 农药名称应当使用农药的中文通用名称或者简化中文通用名称,植物源农药名称可以用植物名称加提取物表示。直接使用的卫生用农药的名称用功能描述词语加剂型表示。

第八条 农药有效成分含量、剂型的设定应当符合提高质量、保护环境和促进农业可持续发展的原则。

制剂产品的配方应当科学、合理、方便使用。相同有效成分和剂型的单制剂产品,含量梯度不超过三个。混配制剂的有效成分不超过两种,除草剂、种子处理剂、信息素等有效成分不超过三种。有效成分和剂型相同的混配制剂,配比不超过三个,相同配比的总含量梯度不超过三个。不经稀释或者分散直接使用的低有效成分含量农药单独分类。有关具体要求,由农业农村部另行制定。

第九条 农业农村部根据农药助剂的毒性和危害性,适时公布和调整禁用、限用助剂名单及限量。

使用时需要添加指定助剂的,申请农药登记时,应当提交相应的试验资料。

第十条 农药产品的稀释倍数或者使用浓度,应当与施药技术相匹配。

第十一条 申请人提供的相关数据或者资料，应当能够满足风险评估的需要，产品与已登记产品在安全性、有效性等方面相当或者具有明显优势。

对申请登记产品进行审查，需要参考已登记产品风险评估结果时，遵循最大风险原则。

第十二条 申请人应当按规定提交相关材料，并对所提供资料的真实性、合法性负责。

第三章 申请与受理

第十三条 申请人应当是农药生产企业、向中国出口农药的企业或者新农药研制者。

农药生产企业，是指已经取得农药生产许可证的境内企业。向中国出口农药的企业（以下简称境外企业），是指将在境外生产的农药向中国出口的企业。新农药研制者，是指在我国境内研制开发新农药的中国公民、法人或者其他组织。

多个主体联合研制的新农药，应当明确其中一个主体作为申请人，并说明其他合作研制机构，以及相关试验样品同质性的证明材料。其他主体不得重复申请。

第十四条 境内申请人向所在地省级农业农村部门提出农药登记申请。境外企业向农业农村部提出农药登记申请。

第十五条 申请人应当提交产品化学、毒理学、药效、残留、环境影响等试验报告、风险评估报告、标签或者说明书样张、产品安全数据单、相关文献资料、申请表、申请人资质证明、资料真实性声明等申请资料。

农药登记申请资料应当真实、规范、完整、有效，具体要求由农业农村部另行制定。

第十六条 登记试验报告应当由农业农村部认定的登记试验单位出具，也可以由与中国政府有关部门签署互认协定的境外相关实验室出具；但药效、残留、环境影响等与环境条件密切相关的试验以及中国特有生物物种的登记试验应当在中国境内完成。

第十七条 申请新农药登记的，应当同时提交新农药原药和新农药制剂登记申请，并提供农药标准品。

自新农药登记之日起六年内，其他申请人提交其自己所取得的或者新农药登记证持有人授权同意的数据申请登记的，按照新农药登记申请。

第十八条 农药登记证持有人独立拥有的符合登记资料要求的完整登记

资料,可以授权其他申请人使用。

按照《农药管理条例》第十四条规定转让农药登记资料的,由受让方凭双方的转让合同及符合登记资料要求的登记资料申请农药登记。

第十九条 农业农村部或者省级农业农村部门对申请人提交的申请资料,应当根据下列情况分别作出处理:

(一)不需要农药登记的,即时告知申请者不予受理;

(二)申请资料存在错误的,允许申请者当场更正;

(三)申请资料不齐全或者不符合法定形式的,应当当场或者在五个工作日内一次告知申请者需要补正的全部内容,逾期不告知的,自收到申请资料之日起即为受理;

(四)申请资料齐全、符合法定形式,或者申请者按照要求提交全部补正资料的,予以受理。

第四章 审查与决定

第二十条 省级农业农村部门应当自受理申请之日起二十个工作日内对申请人提交的资料进行初审,提出初审意见,并报送农业农村部。初审不通过的,可以根据申请人意愿,书面通知申请人并说明理由。

第二十一条 农业农村部自受理申请或者收到省级农业农村部门报送的申请资料和初审意见后,应当在九个月内完成产品化学、毒理学、药效、残留、环境影响、标签样张等的技术审查工作,并将审查意见提交农药登记评审委员会评审。

第二十二条 农药登记评审委员会在收到技术审查意见后,按照农药登记评审规则提出评审意见。

第二十三条 农药登记申请受理后,申请人可以撤回登记申请,并在补充完善相关资料后重新申请。

农业农村部根据农药登记评审委员会意见,可以要求申请人补充资料。

第二十四条 在登记审查和评审期间,申请人提交的登记申请的种类以及其所依照的技术要求和审批程序,不因为其他申请人在此期间取得农药登记证而发生变化。

新农药获得批准后,已经受理的其他申请人的新农药登记申请,可以继续按照新农药登记审批程序予以审查和评审。其他申请人也可以撤回该申请,重新提出登记申请。

第二十五条 农业农村部自收到评审意见之日起二十个工作日内作出审

批决定。符合条件的，核发农药登记证；不符合条件的，书面通知申请人并说明理由。

第二十六条 农药登记证由农业农村部统一印制。

第五章 变更与延续

第二十七条 农药登记证有效期为五年。

第二十八条 农药登记证有效期内有下列情形之一的，农药登记证持有人应当向农业农村部申请变更：

（一）改变农药使用范围、使用方法或者使用剂量的；

（二）改变农药有效成分以外组成成分的；

（三）改变产品毒性级别的；

（四）原药产品有效成分含量发生改变的；

（五）产品质量标准发生变化的；

（六）农业农村部规定的其他情形。

变更农药登记证持有人的，应当提交相关证明材料，向农业农村部申请换发农药登记证。

第二十九条 有效期届满，需要继续生产农药或者向中国出口农药的，应当在有效期届满九十日前申请延续。逾期未申请延续的，应当重新申请登记。

第三十条 申请变更或者延续的，由农药登记证持有人向农业农村部提出，填写申请表并提交相关资料。

第三十一条 农业农村部应当在六个月内完成登记变更审查，形成审查意见，提交农药登记评审委员会评审，并自收到评审意见之日起二十个工作日内作出审批决定。符合条件的，准予登记变更，登记证号及有效期不变；不符合条件的，书面通知申请人并说明理由。

第三十二条 农业农村部对登记延续申请资料进行审查，在有效期届满前作出是否延续的决定。审查中发现安全性、有效性出现隐患或者风险的，提交农药登记评审委员会评审。

第六章 风险监测与评价

第三十三条 省级以上农业农村部门应当建立农药安全风险监测制度，组织农药检定机构、植保机构对已登记农药的安全性和有效性进行监测、评价。

第三十四条 监测内容包括农药对农业、林业、人畜安全、农产品质量安全、生态环境等的影响。

有下列情形之一的,应当组织开展评价:

(一)发生多起农作物药害事故的;

(二)靶标生物抗性大幅升高的;

(三)农产品农药残留多次超标的;

(四)出现多起对蜜蜂、鸟、鱼、蚕、虾、蟹等非靶标生物、天敌生物危害事件的;

(五)对地下水、地表水和土壤等产生不利影响的;

(六)对农药使用者或者接触人群、畜禽等产生健康危害的。

省级农业农村部门应当及时将监测、评价结果报告农业农村部。

第三十五条 农药登记证持有人应当收集分析农药产品的安全性、有效性变化和产品召回、生产使用过程中事故发生等情况。

第三十六条 对登记十五年以上的农药品种,农业农村部根据生产使用和产业政策变化情况,组织开展周期性评价。

第三十七条 发现已登记农药对农业、林业、人畜安全、农产品质量安全、生态环境等有严重危害或者较大风险的,农业农村部应当组织农药登记评审委员会进行评审,根据评审结果撤销或者变更相应农药登记证,必要时决定禁用或者限制使用并予以公告。

第七章 监督管理

第三十八条 有下列情形之一的,农业农村部或者省级农业农村部门不予受理农药登记申请;已经受理的,不予批准:

(一)申请资料的真实性、完整性或者规范性不符合要求;

(二)申请人不符合本办法第十三条规定的资格要求;

(三)申请人被列入国家有关部门规定的严重失信单位名单并限制其取得行政许可;

(四)申请登记农药属于国家有关部门明令禁止生产、经营、使用或者农业农村部依法不再新增登记的农药;

(五)登记试验不符合《农药管理条例》第九条、第十条规定;

(六)应当不予受理或者批准的其他情形。

申请人隐瞒有关情况或者提交虚假农药登记资料和试验样品的,一年内不受理其申请;已批准登记的,撤销农药登记证,三年内不受理其申请。被吊销农药登记证的，五年内不受理其申请。

第三十九条 对提交虚假资料和试验样品的，农业农村部将申请人的违法信息列入诚信档案，并予以公布。

第四十条 有下列情形之一的，农业农村部注销农药登记证，并予以公布：

（一）有效期届满未延续的；

（二）农药登记证持有人依法终止或者不具备农药登记申请人资格的；

（三）农药登记资料已经依法转让的；

（四）应当注销农药登记证的其他情形。

第四十一条 农业农村部推进农药登记信息平台建设，逐步实行网上办理登记申请和受理，通过农业农村部网站或者发布农药登记公告，公布农药登记证核发、延续、变更、撤销、注销情况以及有关的农药产品质量标准号、残留限量规定、检验方法、经核准的标签等信息。

第四十二条 农药登记评审委员会组成人员在农药登记评审中谋取不正当利益的，农业农村部将其从农药登记评审委员会除名；属于国家工作人员的，提请有关部门依法予以处分；构成犯罪的，依法追究刑事责任。

第四十三条 农业农村部、省级农业农村部门及其负责农药登记工作人员，应当依法履行职责，科学、客观、公正地提出审查和评审意见，对申请人提交的登记资料和尚未公开的审查、评审结果、意见负有保密义务；与申请人或者其产品（资料）具有利害关系的，应当回避；不得参与农药生产、经营活动。

第四十四条 农药登记工作人员不依法履行职责，滥用职权、徇私舞弊，索取、收受他人财物，或者谋取其他利益的，依法给予处分；自处分决定作出之日起，五年内不得从事农药登记工作。

第四十五条 任何单位和个人发现有违反本办法规定情形的，有权向农业农村部或者省级农业农村部门举报。农业农村部或者省级农业农村部门应当及时核实、处理，并为举报人保密。经查证属实，并对生产安全起到积极作用或者挽回损失较大的，按照国家有关规定予以表彰或者奖励。

第八章　附　　则

第四十六条 用于特色小宗作物的农药登记，实行群组化扩大使用范围登记管理，特色小宗作物的范围由农业农村部规定。

尚无登记农药可用的特色小宗作物或者新的有害生物，省级农业农村部门可以根据当地实际情况，在确保风险可控的前提下，采取临时用药措施，并报农业农村部备案。

第四十七条 本办法下列用语的含义是：

（一）新农药，是指含有的有效成分尚未在中国批准登记的农药，包括新农药原药（母药）和新农药制剂。

（二）原药，是指在生产过程中得到的由有效成分及有关杂质组成的产品，必要时可加入少量的添加剂。

（三）母药，是指在生产过程中得到的由有效成分及有关杂质组成的产品，可含有少量必需的添加剂和适当的稀释剂。

（四）制剂，是指由农药原药（母药）和适宜的助剂加工成的，或者由生物发酵、植物提取等方法加工而成的状态稳定的农药产品。

（五）助剂，是指除有效成分以外，任何被添加在农药产品中，本身不具有农药活性和有效成分功能，但能够或者有助于提高、改善农药产品理化性能的单一组分或者多个组分的物质。

第四十八条 仅供境外使用农药的登记管理由农业农村部另行规定。

第四十九条 本办法自 2017 年 8 月 1 日起施行。

2017 年 6 月 1 日之前，已经取得的农药临时登记证到期不予延续；已经受理尚未作出审批决定的农药登记申请，按照《农药管理条例》有关规定办理。

农药登记试验管理办法

（2017 年 6 月 21 日农业部令 2017 年第 6 号公布　根据 2018 年 12 月 6 日《农业农村部关于修改部分规章的决定》第一次修正　根据 2022 年 1 月 7 日《农业农村部关于修改和废止部分规章、规范性文件的决定》第二次修正）

第一章　总　　则

第一条 为了保证农药登记试验数据的完整性、可靠性和真实性，加强农药登记试验管理，根据《农药管理条例》，制定本办法。

第二条 申请农药登记的，应当按照本办法进行登记试验。

开展农药登记试验的，申请人应当报试验所在地省级人民政府农业农村主管部门（以下简称省级农业农村部门）备案。

第三条 农业农村部负责农药登记试验单位认定及登记试验的监督管理，具体工作由农业农村部所属的负责农药检定工作的机构承担。

省级农业农村部门负责本行政区域的农药登记试验备案及相关监督管理工作,具体工作由省级农业农村部门所属的负责农药检定工作的机构承担。

第四条 省级农业农村部门应当加强农药登记试验监督管理信息化建设,及时将登记试验备案及登记试验监督管理信息上传至农业农村部规定的农药管理信息平台。

第二章 试验单位认定

第五条 申请承担农药登记试验的机构,应当具备下列条件:

(一)具有独立的法人资格,或者经法人授权同意申请并承诺承担相应法律责任;

(二)具有与申请承担登记试验范围相匹配的试验场所、环境设施条件、试验设施和仪器设备、样品及档案保存设施等;

(三)具有与其确立了合法劳动或者录用关系,且与其所申请承担登记试验范围相适应的专业技术和管理人员;

(四)建立完善的组织管理体系,配备机构负责人、质量保证部门负责人、试验项目负责人、档案管理员、样品管理员和相应的试验与工作人员等;

(五)符合农药登记试验质量管理规范,并制定了相应的标准操作规程;

(六)有完成申请试验范围相关的试验经历,并按照农药登记试验质量管理规范运行六个月以上;

(七)农业农村部规定的其他条件。

第六条 申请承担农药登记试验的机构应当向农业农村部提交以下资料:

(一)农药登记试验单位考核认定申请书;

(二)法人资格证明复印件,或者法人授权书;

(三)组织机构设置与职责;

(四)试验机构质量管理体系文件(标准操作规程)清单;

(五)试验场所、试验设施、实验室等证明材料以及仪器设备清单;

(六)专业技术和管理人员名单及相关证明材料;

(七)按照农药登记试验质量管理规范要求运行情况的说明,典型试验报告及其相关原始记录复印件。

申请资料应当同时提交纸质文件和电子文档。

第七条 农业农村部对申请人提交的资料进行审查,材料不齐全或者不符合法定形式的,应当当场或者在五个工作日内一次告知申请者需要补正的全部内容;申请资料齐全、符合法定形式,或者按照要求提交全部补正资料的,予以受理。

第八条 农业农村部对申请资料进行技术评审,所需时间不计算审批期限内,不得超过六个月。

第九条 技术评审包括资料审查和现场检查。

资料审查主要审查申请人组织机构、试验条件与能力匹配性、质量管理体系及相关材料的完整性、真实性和适宜性。

现场检查主要对申请人质量管理体系运行情况、试验设施设备条件、试验能力等情况进行符合性检查。

具体评审规则由农业农村部另行制定。

第十条 农业农村部根据评审结果在二十个工作日内作出审批决定,符合条件的,颁发农药登记试验单位证书;不符合条件的,书面通知申请人并说明理由。

第十一条 农药登记试验单位证书有效期为五年,应当载明试验单位名称、法定代表人(负责人)、住所、实验室地址、试验范围、证书编号、有效期等事项。

第十二条 农药登记试验单位证书有效期内,农药登记试验单位名称、法定代表人(负责人)名称或者住所发生变更的,应当向农业农村部提出变更申请,并提交变更申请表和相关证明等材料。农业农村部应当自受理变更申请之日起二十个工作日内作出变更决定。

第十三条 农药登记试验单位证书有效期内,有下列情形之一的,应当向农业农村部重新申请:

(一)试验单位机构分设或者合并的;

(二)实验室地址发生变化或者设施条件发生重大变化的;

(三)试验范围增加的;

(四)其他事项。

第十四条 农药登记试验单位证书有效期届满,需要继续从事农药登记试验的,应当在有效期届满六个月前,向农业农村部重新申请。

第十五条 农药登记试验单位证书遗失、损坏的,应当说明原因并提供相关证明材料,及时向农业农村部申请补发。

第三章 试验备案

第十六条 开展农药登记试验之前,申请人应当根据农业农村部规定的程序和要求,通过中国农药数字监督管理平台向登记试验所在地省级农业农村部门备案。备案信息包括备案主体、有效成分名称、含量及剂型、试验项目、试验地点、试验单位、试验起始年份、与试验单位签订的委托协议、安全防范措施等。新农药试验备案还包括作用机理和作用方式。

第四章　登记试验基本要求

第十七条　农药登记试验样品应当是成熟定型的产品，具有产品鉴别方法、质量控制指标和检测方法。

申请人应当对试验样品的真实性和一致性负责。

第十八条　申请人应当将试验样品提交所在地省级农药检定机构进行封样，提供农药名称、有效成分及其含量、剂型、样品生产日期、规格与数量、储存条件、质量保证期等信息，并附具产品质量符合性检验报告及相关谱图。

第十九条　所封试验样品由省级农药检定机构和申请人各留存一份，保存期限不少于两年，其余样品由申请人送至登记试验单位开展试验。

第二十条　封存试验样品不足以满足试验需求或者试验样品已超过保存期限，仍需要进行试验的，申请人应当按本办法规定重新封存样品。

第二十一条　申请人应当向农药登记试验单位提供试验样品的农药名称、含量、剂型、生产日期、储存条件、质量保证期等信息及安全风险防范措施。

农药登记试验单位应当查验封样完整性、样品信息符合性。

第二十二条　农药登记试验单位接受申请人委托开展登记试验的，应当与申请人签订协议，明确双方权利与义务。

第二十三条　农药登记试验应当按照法定农药登记试验技术准则和方法进行。尚无法定技术准则和方法的，由申请人和登记试验单位协商确定，且应当保证试验的科学性和准确性。

农药登记试验过程出现重大安全风险时，试验单位应当立即停止试验，采取相应措施防止风险进一步扩大，并报告试验所在地省级农业农村部门，通知申请人。

第二十四条　试验结束后，农药登记试验单位应当按照协议约定，向申请人出具规范的试验报告。

第二十五条　农药登记试验单位应当将试验计划、原始数据、标本、留样被试物和对照物、试验报告及与试验有关的文字材料保存至试验结束后至少七年，期满后可移交申请人保存。申请人应当保存至农药退市后至少五年。

质量容易变化的标本、被试物和对照物留样样品等，其保存期应以能够进行有效评价为期限。

试验单位应当长期保存组织机构、人员、质量保证部门检查记录、主计划表、标准操作规程等试验机构运行与质量管理记录。

第五章　监督检查

第二十六条　省级农业农村部门、农业农村部对农药登记试验单位和登记试验过程进行监督检查，重点检查以下内容：

（一）试验单位资质条件变化情况；

（二）重要试验设备、设施情况；

（三）试验地点、试验项目等备案信息是否相符；

（四）试验过程是否遵循法定的技术准则和方法；

（五）登记试验安全风险及其防范措施的落实情况；

（六）其他不符合农药登记试验质量管理规范要求或者影响登记试验质量的情况。

发现试验过程存在难以控制安全风险的，应当及时责令停止试验或者终止试验，并及时报告农业农村部。

发现试验单位不再符合规定条件的，应当责令改进或者限期整改，逾期拒不整改或者整改后仍达不到规定条件的，由农业农村部撤销其试验单位证书。

第二十七条　农药登记试验单位应当每年向农业农村部报送本年度执行农药登记试验质量管理规范的报告。

第二十八条　省级以上农业农村部门应当组织对农药登记试验所封存的农药试验样品的符合性和一致性进行监督检查，并及时将监督检查发现的问题报告农业农村部。

第二十九条　农药登记试验单位出具虚假登记试验报告的，依照《农药管理条例》第五十一条的规定处罚。

第六章　附　　则

第三十条　现有农药登记试验单位无法承担的试验项目，由农业农村部指定的单位承担。

第三十一条　本办法自 2017 年 8 月 1 日起施行。

在本办法施行前农业部公布的农药登记试验单位，在有效期内可继续从事农药登记试验；有效期届满，需要继续从事登记试验的，应当按照本办法的规定申请试验单位认定。

肥料登记管理办法

（2000年6月23日农业部令第32号发布 根据2004年7月1日《农业部关于修订农业行政许可规章和规范性文件的决定》第一次修正 根据2017年11月30日《农业部关于修改和废止部分规章、规范性文件的决定》第二次修正 根据2022年1月7日《农业农村部关于修改和废止部分规章、规范性文件的决定》第三次修正）

第一章 总 则

第一条 为了加强肥料管理，保护生态环境，保障人畜安全，促进农业生产，根据《中华人民共和国农业法》等法律法规，制定本办法。

第二条 在中华人民共和国境内生产、经营、使用和宣传肥料产品，应当遵守本办法。

第三条 本办法所称肥料，是指用于提供、保持或改善植物营养和土壤物理、化学性能以及生物活性，能提高农产品产量，或改善农产品品质，或增强植物抗逆性的有机、无机、微生物及其混合物料。

第四条 国家鼓励研制、生产和使用安全、高效、经济的肥料产品。

第五条 实行肥料产品登记管理制度，未经登记的肥料产品不得进口、生产、销售和使用，不得进行广告宣传。

肥料生产者生产大量元素水溶肥料、中量元素水溶肥料、微量元素水溶肥料、农用氯化钾镁、农用硫酸钾镁的，应当向农业农村部备案。

第六条 农业农村部负责全国肥料登记、备案和监督管理工作。

省、自治区、直辖市人民政府农业农村主管部门协助农业农村部做好本行政区域内的肥料登记、备案工作。

县级以上地方人民政府农业农村主管部门负责本行政区域内的肥料监督管理工作。

第二章 登记申请

第七条 凡经工商注册，具有独立法人资格的肥料生产者均可提出肥料登记申请。

第八条 农业农村部制定并发布《肥料登记资料要求》。

肥料生产者申请肥料登记,应按照《肥料登记资料要求》提供产品化学、肥效、安全性、标签等方面资料和有代表性的肥料样品。

第九条 农业农村部负责办理肥料登记受理手续,并审查登记申请资料是否齐全。

境内生产者申请肥料登记,其申请登记资料应经其所在地省级农业农村主管部门初审后,向农业农村部提出申请。

第十条 生产者申请肥料登记前,须在中国境内进行规范的田间试验。

对有国家标准或行业标准,或肥料登记评审委员会建议经农业农村部认定的产品类型,可相应减免田间试验。

第十一条 生产者可按要求自行开展肥料田间试验,也可委托有关单位开展;生产者和试验单位应当对所出具试验报告的真实性承担法律责任。

第十二条 有下列情形的肥料产品,登记申请不予受理:

(一)没有生产国使用证明(登记注册)的国外产品;

(二)不符合国家产业政策的产品;

(三)知识产权有争议的产品;

(四)不符合国家有关安全、卫生、环保等国家或行业标准要求的产品。

第十三条 对经农田长期使用,有国家或行业标准的下列产品免予登记:

硫酸铵,尿素,硝酸铵,氰氨化钙,磷酸铵(磷酸一铵、二铵),硝酸磷肥,过磷酸钙,氯化钾,硫酸钾,硝酸钾,氯化铵,碳酸氢铵,钙镁磷肥,磷酸二氢钾,单一微量元素肥,高浓度复合肥。

第三章 登记审批

第十四条 农业农村部负责全国肥料的登记审批、登记证发放和公告工作。

第十五条 农业农村部聘请技术专家和管理专家组织成立肥料登记评审委员会,负责对申请登记肥料产品的产品化学、肥效和安全性等资料进行综合评审。

第十六条 农业农村部根据肥料登记评审委员会的综合评审意见,在评审结束后 20 日内作出是否颁发肥料登记证的决定。

肥料登记证使用《中华人民共和国农业农村部肥料审批专用章》。

第十七条 农业农村部对符合下列条件的产品直接审批、发放肥料登记证:

(一)有国家或行业标准,经检验质量合格的产品。

(二)经肥料登记评审委员会建议并由农业农村部认定的产品类型,申请登记资料齐全,经检验质量合格的产品。

第十八条 农业农村部根据具体情况决定召开肥料登记评审委员会全体会议。

第十九条 肥料商品名称的命名应规范,不得有误导作用。

第二十条 肥料登记证有效期为五年。肥料登记证有效期满,需要继续生产、销售该产品的,应当在有效期满六个月前提出续展登记申请,符合条件的经农业农村部批准续展登记。续展有效期为五年。

登记证有效期满没有提出续展登记申请的,视为自动撤销登记。登记证有效期满后提出续展登记申请的,应重新办理登记。

第二十一条 经登记的肥料产品,在登记有效期内改变使用范围、商品名称、企业名称的,应申请变更登记;改变成分、剂型的,应重新申请登记。

第四章 登 记 管 理

第二十二条 肥料产品包装应有标签、说明书和产品质量检验合格证。标签和使用说明书应当使用中文,并符合下列要求:

(一)标明产品名称、生产企业名称和地址;

(二)标明肥料登记证号、产品标准号、有效成分名称和含量、净重、生产日期及质量保证期;

(三)标明产品适用作物、适用区域、使用方法和注意事项;

(四)产品名称和推荐适用作物、区域应与登记批准的一致;

禁止擅自修改经过登记批准的标签内容。

第二十三条 取得登记证的肥料产品,在登记有效期内证实对人、畜、作物有害,经肥料登记评审委员会审议,由农业农村部宣布限制使用或禁止使用。

第二十四条 农业农村主管部门应当按照规定对辖区内的肥料生产、经营和使用单位的肥料进行定期或不定期监督、检查,必要时按照规定抽取样品和索取有关资料,有关单位不得拒绝和隐瞒。对质量不合格的产品,要限期改进。对质量连续不合格的产品,肥料登记证有效期满后不予续展。

第二十五条 肥料登记受理和审批单位及有关人员应为生产者提供的资料和样品保守技术秘密。

第五章　罚　　则

第二十六条　有下列情形之一的，由县级以上农业农村主管部门给予警告，并处违法所得 3 倍以下罚款，但最高不得超过 30000 元；没有违法所得的，处 10000 元以下罚款：

（一）生产、销售未取得登记证的肥料产品；

（二）假冒、伪造肥料登记证、登记证号的；

（三）生产、销售的肥料产品有效成分或含量与登记批准的内容不符的。

第二十七条　有下列情形之一的，由县级以上农业农村主管部门给予警告，并处违法所得 3 倍以下罚款，但最高不得超过 20000 元；没有违法所得的，处 10000 元以下罚款：

（一）转让肥料登记证或登记证号的；

（二）登记证有效期满未经批准续展登记而继续生产该肥料产品的；

（三）生产、销售包装上未附标签、标签残缺不清或者擅自修改标签内容的。

第二十八条　肥料登记管理工作人员滥用职权，玩忽职守、徇私舞弊、索贿受贿，构成犯罪的，依法追究刑事责任；尚不构成犯罪的，依法给予政务处分。

第六章　附　　则

第二十九条　生产者进行田间试验，应按规定提供有代表性的试验样品。试验样品须经法定质量检测机构检测确认样品有效成分及其含量与标明值相符，方可进行试验。

第三十条　省、自治区、直辖市人民政府农业农村主管部门负责本行政区域内的精制有机肥、床土调酸剂的登记审批、登记证发放和公告工作，负责本行政区域内的复混肥、掺混肥备案工作。省、自治区、直辖市人民政府农业农村主管部门不得越权审批登记和备案管理。

省、自治区、直辖市人民政府农业农村主管部门参照本办法制定有关复混肥、掺混肥、精制有机肥、床土调酸剂的具体登记和备案管理办法，并报农业农村部备案。

省、自治区、直辖市人民政府农业农村主管部门可委托所属的土肥机构承担本行政区域内的具体肥料登记工作。

第三十一条　下列产品适用本办法：

（一）在生产、积造有机肥料过程中，添加的用于分解、熟化有机物的生物和化学制剂；

（二）来源于天然物质，经物理或生物发酵过程加工提炼的，具有特定效应的有机或有机无机混合制品，这种效应不仅包括土壤、环境及植物营养元素的供应，还包括对植物生长的促进作用。

第三十二条　下列产品不适用本办法：

（一）肥料和农药的混合物；

（二）农民自制自用的有机肥料；

（三）植物生长调节剂。

第三十三条　本办法下列用语定义为：

（一）配方肥是指利用测土配方技术，根据不同作物的营养需要、土壤养分含量及供肥特点，以各种单质化肥为原料，有针对性地添加适量中、微量元素或特定有机肥料，采用造粒工艺加工而成的，具有很强的针对性和地域性的专用肥料。

（二）叶面肥是指施于植物叶片并能被其吸收利用的肥料。

（三）床土调酸剂是指在农作物育苗期，用于调节育苗床土酸度（或 pH 值）的制剂。

（四）微生物肥料是指应用于农业生产中，能够获得特定肥料效应的含有特定微生物活体的制品，这种效应不仅包括了土壤、环境及植物营养元素的供应，还包括了其所产生的代谢产物对植物的有益作用。

（五）有机肥料是指来源于植物和/或动物，经发酵、腐熟后，施于土壤以提供植物养分为其主要功效的含碳物料。

（六）精制有机肥是指经工厂化生产的，不含特定肥料效应微生物的，商品化的有机肥料。

（七）复混肥是指氮、磷、钾三种养分中，至少有两种养分标明量的肥料，由化学方法和/或物理加工制成。

（八）复合肥是指仅由化学方法制成的复混肥。

第三十四条　本办法所称“违法所得”是指违法生产、经营肥料的销售收入。

第三十五条　本办法由农业农村部负责解释。

第三十六条　本办法自发布之日起施行。农业部 1989 年发布、1997 年修订的《中华人民共和国农业部关于肥料、土壤调理剂及植物生长调节剂检验登记的暂行规定》同时废止。

蚕种管理办法

（2006年6月28日农业部令第68号公布　根据2022年1月7日《农业农村部关于修改和废止部分规章、规范性文件的决定》修正）

第一章　总　　则

第一条　为了保护和合理利用蚕遗传资源，规范蚕种生产经营行为，维护蚕品种选育者和蚕种生产经营者、使用者的合法权益，促进蚕桑业持续健康发展，根据《中华人民共和国畜牧法》，制定本办法。

第二条　从事蚕品种资源保护、新品种选育和推广、蚕种生产经营和管理等活动，适用本办法。

本办法所称蚕种指桑蚕种和柞蚕种，包括原原母种、原原种、原种和一代杂交种；本办法所称蚕种生产包括蚕种繁育、冷藏和浸酸。

第三条　农业农村部负责全国蚕种的管理工作；县级以上地方人民政府农业农村（蚕业）主管部门负责本行政区域内的蚕种管理工作。

第四条　县级以上人民政府农业农村（蚕业）主管部门应当依照《中华人民共和国畜牧法》的规定，安排资金，支持良种繁育，改善生产条件，加强蚕种场建设，促进蚕种生产健康发展。

第五条　蚕种生产、经营者可以依法自愿成立行业协会。行业协会应当为成员提供信息、技术、营销、培训等服务，加强行业自律，维护成员和行业合法权益。

第二章　蚕遗传资源保护、品种选育与审定

第六条　蚕遗传资源保护以国家为主，鼓励和支持有关单位、个人依法发展蚕遗传资源保护事业。

第七条　农业农村部负责组织蚕遗传资源的调查，发布国家蚕遗传资源状况报告，制定全国蚕遗传资源保护和利用规划，公布国家级蚕遗传资源保护名录。

省级人民政府农业农村（蚕业）主管部门制定和公布省级蚕遗传资源保护名录，并报农业农村部备案。

第八条　省级以上人民政府农业农村（蚕业）主管部门确定的蚕遗传资源

保育单位(蚕种质资源库)承担蚕遗传资源保护任务。未经省级以上人民政府农业农村(蚕业)主管部门批准,不得擅自处理受保护的蚕遗传资源。

蚕遗传资源保育单位应当按照省级以上人民政府农业农村(蚕业)主管部门的有关规定,采集新增的蚕遗传材料,有关单位和个人应当提供新增加的蚕遗传材料。

提供新增加的蚕遗传材料,有权获得适当经济补偿。

第九条 禁止除杂交一代蚕品种以外的蚕遗传资源出口。

因交换需要出口蚕遗传资源的,应当向省级人民政府农业农村(蚕业)主管部门提出申请,同时提出国家共享惠益方案。省级人民政府农业农村(蚕业)主管部门应当自受理申请之日起二十个工作日内完成审核,并报农业农村部批准。农业农村部在二十个工作日内做出审批决定,不予批准的,书面通知申请人并说明理由。

引进蚕遗传资源,应当办理检疫手续,并在引进后三十日内向农业农村部备案。

对外合作研究利用蚕遗传资源的,按照国务院规定的畜禽遗传资源对外合作研究利用的审批办法审批。

第十条 国家扶持蚕品种选育和优良品种推广使用,支持企业、院校、科研机构和技术推广单位开展联合育种,建立蚕良种繁育体系,推进蚕种科技进步。

第十一条 新选育的蚕品种在推广应用前应当通过国家级或者省级审定。

未经审定或者审定未通过的蚕品种,不得生产、经营或者发布广告推广。

农业农村部和蚕茧产区省级人民政府农业农村(蚕业)主管部门分别设立由专业人员组成的蚕品种审定委员会,负责蚕遗传资源的鉴定、评估和蚕品种的审定。

第十二条 通过国家级审定的蚕品种,由农业农村部公告,可以在全国适宜的生态区域推广。通过省级审定的蚕品种,由省级人民政府农业农村(蚕业)主管部门公告,可以在本行政区域内推广。相邻省、自治区、直辖市属于同一适宜生态区的地域,经所在地省级人民政府农业农村(蚕业)主管部门同意后可以引进饲养。

审定未通过的蚕品种,申请人有异议的,可以向原蚕品种审定委员会或者上一级蚕品种审定委员会申请复审。

第十三条 利用转基因技术选育的蚕品种和引进的转基因蚕遗传资源,还应当执行国家有关农业转基因生物安全管理的规定。

第十四条　新选育或者引进的蚕品种,需要在申请审定前进行小规模(每季1000张或者1000把蚕种以内)中试的,应当经试验所在地省级人民政府农业农村(蚕业)主管部门同意。

第三章　蚕种生产经营

第十五条　蚕种生产分为三级繁育(原原种、原种、一代杂交种)和四级制种(原原母种、原原种、原种、一代杂交种)。

从事蚕种生产、经营活动的,应当取得蚕种生产、经营许可证。

第十六条　申请蚕种生产许可证,应当具备下列条件:

(一)符合国家与区域蚕业发展规划要求;

(二)有与蚕种生产能力相适应的桑园(柞林)或者稳定安全的原蚕饲育区;

(三)有与蚕种生产相适应的资金和检验等设施;

(四)有与蚕种生产相适应的专业技术人员;

(五)有能够有效控制蚕微粒子病的质量保证措施;

(六)一代杂交种年生产能力5万张以上。

申请蚕种冷藏、浸酸生产许可证,应当具备与冷藏能力相适应的冷藏库房、浸酸设备仪器、场地和相关专业技术人员。

第十七条　申请蚕种经营许可证,应当具备下列条件:

(一)有与蚕种经营规模相适应的场所、资金和保藏、检验等设施;

(二)有与蚕种经营相适应的专业技术人员;

(三)经营的蚕种应当是通过审定的品种。

第十八条　申请蚕种生产、经营许可证应当向所在地县级以上地方人民政府农业农村(蚕业)主管部门提出。受理申请的行政主管部门应当自收到申请之日起二十个工作日内完成审核,并报省级人民政府农业农村(蚕业)主管部门审批。

省级人民政府农业农村(蚕业)主管部门应当自收到申请之日起二十个工作日内做出审批决定。不予批准的,应当书面通知申请者,并说明理由。

蚕种生产、经营许可证证书样式由农业农村部规定。

蚕种生产、经营许可证工本费按照国务院财政、价格部门的规定执行。

第十九条　蚕种生产、经营许可证有效期为三年。期满仍需继续生产、经营的,应当在有效期满前30日按原申请程序办理审批手续。

在许可证有效期内变更许可事项的,应当及时办理变更手续。

禁止伪造、变造、转让、租借蚕种生产、经营许可证。

第二十条　发布蚕种广告的,应当提供蚕种生产、经营许可证复印件。广告内容应当符合有关法律法规的规定,注明蚕品种的审定名称,文字介绍符合该品种的实际性状。

第二十一条　销售的蚕种应当经检疫、检验合格,并附具蚕种检疫合格证明、质量合格证和标签。

蚕种标签应当注明企业(种场)名称、企业(种场)地址、品种名称、期别、批次、执行标准、卵量等内容。

第二十二条　蚕种生产、经营者应当建立蚕种生产、经营档案。

蚕种生产档案应当载明品种名称、亲本来源、繁制地点、生产数量、检疫检验结果、技术与质检负责人、销售去向等内容;蚕种经营档案应当载明蚕种来源、保藏地点、质量状况、销售去向等内容。

蚕种生产、经营档案应当保存二年以上。

第二十三条　禁止销售下列蚕种:

(一)以不合格蚕种冒充合格的蚕种;

(二)冒充其他企业(种场)名称或者品种的蚕种;

(三)未附具本办法第二十一条规定的蚕种检疫证明、蚕种质量合格证和标签的蚕种。

第二十四条　禁止原原母种、原原种、原种出口。出口经过审定的一代杂交种,应当由省级人民政府农业农村(蚕业)主管部门批准,并报农业农村部备案。

《蚕一代杂交种出口审批表》样式,由农业农村部规定。

第四章　蚕种质量

第二十五条　蚕种检疫由省级以上人民政府农业农村(蚕业)主管部门确定的蚕种检验机构承担。检疫按照国家有关规定收取费用。

检疫不合格的蚕种,由县级以上地方人民政府农业农村(蚕业)主管部门监督销毁。

第二十六条　省级以上人民政府农业农村(蚕业)主管部门应当制定蚕种质量监督抽查计划并组织实施。

农业农村部监督抽查的品种,省级农业农村(蚕业)主管部门不得重复抽查。监督抽查不得向被抽查者收取任何费用。

承担蚕种质量检验的机构应当符合国家规定的条件,并经有关部门考核合格。

第二十七条 发生下列情形并严重影响蚕种供应的,蚕种生产者或者经营者应当及时向所在地人民政府农业农村(蚕业)主管部门报告,并采取相应措施:

(一)微粒子病等蚕病虫害爆发;

(二)遭受严重自然灾害;

(三)生产基地受到较大面积污染和农药中毒;

(四)其他可能严重影响蚕种供应的情形。

第二十八条 由于不可抗力原因,需要使用低于国家或行业标准蚕种的,应当由所在地县级以上地方人民政府农业农村(蚕业)主管部门报经同级人民政府批准后方可使用。经营者应当向使用者说明并加强技术服务。

第五章 罚 则

第二十九条 违反本办法第八条规定,擅自处理受保护的蚕遗传资源,造成蚕遗传资源损失的,由省级以上人民政府农业农村(蚕业)主管部门处五万元以上五十万元以下罚款。

第三十条 未经审批开展对外合作研究利用蚕遗传资源的,由省级以上人民政府农业农村(蚕业)主管部门责令停止违法行为,没收蚕遗传资源和违法所得,并处一万元以上五万元以下罚款。

未经审批向境外提供蚕遗传资源的,依照《中华人民共和国海关法》的有关规定追究法律责任。

第三十一条 违反本办法第十一条第二款的规定,销售、推广未经审定蚕种的,由县级以上人民政府农业农村(蚕业)主管部门责令停止违法行为,没收蚕种和违法所得;违法所得在五万元以上的,并处违法所得一倍以上三倍以下罚款;没有违法所得或者违法所得不足五万元的,并处五千元以上五万元以下罚款。

未按照本办法第二十条规定发布蚕种广告宣传的,依照《中华人民共和国广告法》的有关规定追究法律责任。

第三十二条 违反本办法有关规定,无蚕种生产、经营许可证或者违反蚕种生产、经营许可证的规定生产经营蚕种,或者转让、租借蚕种生产、经营许可证的,由县级以上人民政府农业农村(蚕业)主管部门责令停止违法行为,没收违法所得;违法所得在三万元以上的,并处违法所得一倍以上三倍以下罚款;没有违法所得或者违法所得不足三万元的,并处三千元以上三万元以下罚款。

违反蚕种生产、经营许可证的规定生产经营蚕种或者转让、租借蚕种生产、经营许可证，情节严重的，并处吊销蚕种生产、经营许可证。

第三十三条 销售的蚕种未附具蚕种检疫证明、质量合格证的，由县级以上地方人民政府农业农村（蚕业）主管部门责令改正，没收违法所得，可以处二千元以下罚款。

第三十四条 违反本办法第二十三条第一项至第二项规定的，由县级以上地方人民政府农业农村（蚕业）主管部门责令停止销售，没收违法销售的蚕种和违法所得；违法所得在五万元以上的，并处违法所得一倍以上五倍以下罚款；没有违法所得或者违法所得不足五万元的，并处五千元以上五万元以下罚款；情节严重的，并处吊销蚕种生产、经营许可证。

第三十五条 农业农村（蚕业）主管部门的工作人员利用职务上的便利，收受他人财物或者谋取其他利益，对不符合法定条件的单位、个人核发许可证或者有关批准文件，不履行监督职责，或者发现违法行为不予查处的，依法给予处分。

蚕种质量检验机构及其工作人员，不按要求检疫检验或者出具虚假检疫证明、检验报告的，依法给予处分。

第三十六条 蚕种生产、经营许可证被吊销的，农业农村（蚕业）主管部门自吊销许可证之日起十日内通知工商行政管理部门。被吊销许可证的蚕种生产、经营者应当依法办理工商变更登记或者注销手续。

第六章 附 则

第三十七条 本办法下列用语的含义：

（一）原原种是指供生产原种用的蚕种，原种是指供生产一代杂交种用的蚕种，一代杂交种是指用原蚕按规定组合杂交繁育的蚕种。

（二）原蚕是指由原种孵化而来的蚕，原蚕饲育区是指利用桑园与设施专门饲养原蚕的区域。

第三十八条 本办法自二〇〇六年七月一日起施行。

兽药进口管理办法

（2007年7月31日农业部、海关总署令第2号公布　根据2019年4月25日《农业农村部关于修改和废止部分规章、规范性文件的决定》第一次修正　根据2022年1月7日《农业农村部关于修改和废止部分规章、规范性文件的决定》第二次修正）

第一章　总　　则

第一条　为了加强进口兽药的监督管理，规范兽药进口行为，保证进口兽药质量，根据《中华人民共和国海关法》和《兽药管理条例》，制定本办法。

第二条　在中华人民共和国境内从事兽药进口、进口兽药的经营和监督管理，应当遵守本办法。

进口兽药实行目录管理。《进口兽药管理目录》由农业农村部会同海关总署制定、调整并公布。

第三条　农业农村部负责全国进口兽药的监督管理工作。

县级以上地方人民政府兽医主管部门负责本行政区域内进口兽药的监督管理工作。

第四条　兽药应当从具备检验能力的兽药检验机构所在地口岸进口（以下简称兽药进口口岸）。兽药检验机构名单由农业农村部确定并公布。

第二章　兽药进口申请

第五条　兽药进口应当办理《进口兽药通关单》。《进口兽药通关单》由中国境内代理商向兽药进口口岸所在地省级人民政府兽医主管部门申请。申请时，应当提交下列材料：

（一）兽药进口申请表；

（二）代理合同（授权书）和购货合同复印件；

（三）工商营业执照复印件；兽药生产企业申请进口本企业生产所需原料药的，提交工商营业执照复印件；

（四）产品出厂检验报告；

（五）装箱单、提运单和货运发票复印件；

（六）产品中文标签、说明书式样。

申请兽用生物制品《进口兽药通关单》的，还应当向兽药进口口岸所在地省级人民政府兽医主管部门提交生产企业所在国家(地区)兽药管理部门出具的批签发证明。

第六条　兽药进口口岸所在地省级人民政府兽医主管部门应当自收到申请之日起 2 个工作日内完成审查。审查合格的，发给《进口兽药通关单》；不合格的，书面通知申请人，并说明理由。

《进口兽药通关单》主要载明代理商名称、有效期限、兽药进口口岸、海关商品编码、商品名称、生产企业名称、进口数量、包装规格等内容。

兽药进口口岸所在地省级人民政府兽医主管部门应当在每月上旬将上月核发的《进口兽药通关单》报农业农村部备案。

第七条　进口少量科研用兽药，应当向农业农村部申请，并提交兽药进口申请表和科研项目的立项报告、试验方案等材料。

进口注册用兽药样品、对照品、标准品、菌(毒、虫)种、细胞的，应当向农业农村部申请，并提交兽药进口申请表。

农业农村部受理申请后组织风险评估，并自收到评估结论之日起 5 个工作日内完成审查。审查合格的，发给《进口兽药通关单》；不合格的，书面通知申请人，并说明理由。

第八条　国内急需的兽药，由农业农村部指定单位进口，并发给《进口兽药通关单》。

第九条　《进口兽药通关单》实行一单一关，在 30 日有效期内只能一次性使用，内容不得更改，过期应当重新办理。

第三章　进口兽药经营

第十条　境外企业不得在中国境内直接销售兽药。

进口的兽用生物制品，由中国境内的兽药经营企业作为代理商销售，但外商独资、中外合资和合作经营企业不得销售进口的兽用生物制品。

兽用生物制品以外的其他进口兽药，由境外企业依法在中国境内设立的销售机构或者符合条件的中国境内兽药经营企业作为代理商销售。

第十一条　境外企业在中国境内设立的销售机构、委托的代理商及代理商确定的经销商，应当取得《兽药经营许可证》，并遵守农业农村部制定的兽药经营质量管理规范。

销售进口兽用生物制品的《兽药经营许可证》，应当载明委托的境外企业名称及委托销售的产品类别等内容。

第十二条 进口兽药销售代理商由境外企业确定、调整,并报农业农村部备案。

境外企业应当与代理商签订进口兽药销售代理合同,明确代理范围等事项。

第十三条 进口兽用生物制品,除境外企业确定的代理商及代理商确定的经销商外,其他兽药经营企业不得经营。

第十四条 进口的兽药标签和说明书应当用中文标注。

第十五条 养殖户、养殖场、动物诊疗机构等使用者采购的进口兽药只限自用,不得转手销售。

第四章 监督管理

第十六条 进口列入《进口兽药管理目录》的兽药,进口单位进口时,需持《进口兽药通关单》向海关申报,海关按货物进口管理的相关规定办理通关手续。

进口单位办理报关手续时,因企业申报不实或者伪报用途所产生的后果,由进口单位承担相应的法律责任。

第十七条 经批准以加工贸易方式进口兽药的,海关按照有关规定实施监管。进口料件或加工制成品属于兽药且无法出口的,应当按照本办法规定办理《进口兽药通关单》,海关凭《进口兽药通关单》办理内销手续。未取得《进口兽药通关单》的,由加工贸易企业所在地省级人民政府兽医主管部门监督销毁,海关凭有关证明材料办理核销手续。销毁所需费用由加工贸易企业承担。

第十八条 以暂时进口方式进口的不在中国境内销售的兽药,不需要办理《进口兽药通关单》。暂时进口期满后应当全部复运出境,因特殊原因确需进口的,依照本办法和相关规定办理进口手续后方可在境内销售。无法复运出境又无法办理进口手续的,经进口单位所在地省级人民政府兽医主管部门批准,并商进境地直属海关同意,由所在地省级人民政府兽医主管部门监督销毁,海关凭有关证明材料办理核销手续。销毁所需费用由进口单位承担。

第十九条 从境外进入保税区、出口加工区及其他海关特殊监管区域和保税监管场所的兽药及海关特殊监管区域、保税监管场所之间进出的兽药,免予办理《进口兽药通关单》,由海关按照有关规定实施监管。

从保税区、出口加工区及其他海关特殊监管区域和保税监管场所进入境内区外的兽药,应当办理《进口兽药通关单》。

第二十条 兽用生物制品进口后,代理商应当向农业农村部指定的检验机构申请办理审查核对和抽查检验手续。未经审查核对或者抽查检验不合格的,不得销售。

其他兽药进口后,由兽药进口口岸所在地省级人民政府兽医主管部门通知兽药检验机构进行抽查检验。

第二十一条 县级以上地方人民政府兽医主管部门应当将进口兽药纳入兽药监督抽检计划,加强对进口兽药的监督检查,发现违反《兽药管理条例》和本办法规定情形的,应当依法作出处理决定。

第二十二条 禁止进口下列兽药:

(一)经风险评估可能对养殖业、人体健康造成危害或者存在潜在风险的;

(二)疗效不确定、不良反应大的;

(三)来自疫区可能造成疫病在中国境内传播的兽用生物制品;

(四)生产条件不符合规定的;

(五)标签和说明书不符合规定的;

(六)被撤销、吊销《进口兽药注册证书》的;

(七)《进口兽药注册证书》有效期届满的;

(八)未取得《进口兽药通关单》的;

(九)农业农村部禁止生产、经营和使用的。

第二十三条 提供虚假资料或者采取其他欺骗手段取得进口兽药证明文件的,按照《兽药管理条例》第五十七条的规定处罚。

伪造、涂改进口兽药证明文件进口兽药的,按照《兽药管理条例》第四十七条、第五十六条的规定处理。

第二十四条 买卖、出租、出借《进口兽药通关单》的,按照《兽药管理条例》第五十八条的规定处罚。

第二十五条 养殖户、养殖场、动物诊疗机构等使用者将采购的进口兽药转手销售的,或者代理商、经销商超出《兽药经营许可证》范围经营进口兽用生物制品的,属于无证经营,按照《兽药管理条例》第五十六条的规定处罚。

第二十六条 兽药进口构成走私或者违反海关监管规定的,由海关根据《中华人民共和国海关法》及其相关法律、法规的规定处理。

第五章 附 则

第二十七条 兽用麻醉药品、精神药品、毒性药品和放射性药品等特殊药品的进口管理,除遵守本办法的规定外,还应当遵守国家关于麻醉药品、精神药品、毒性药品和放射性药品的管理规定。

第二十八条 本办法所称进口兽药证明文件,是指《进口兽药注册证书》、《进口兽药通关单》等。

第二十九条 兽药进口申请表可以从农业农村部官方网站下载。

第三十条 本办法自2008年1月1日起施行。海关总署发布的《海关总署关于验放进口兽药的通知》(〔88〕署货字第725号)、《海关总署关于明确进口人畜共用兽药有关验放问题的通知》(署法发〔2001〕276号)、中华人民共和国海关总署公告2001年第7号同时废止。

动物病原微生物菌(毒)种保藏管理办法

(2008年11月26日农业部令第16号公布 根据2016年5月30日《农业部关于废止和修改部分规章、规范性文件的决定》第一次修正 根据2022年1月7日《农业农村部关于修改和废止部分规章、规范性文件的决定》第二次修正)

第一章 总 则

第一条 为了加强动物病原微生物菌(毒)种和样本保藏管理,依据《中华人民共和国动物防疫法》、《病原微生物实验室生物安全管理条例》和《兽药管理条例》等法律法规,制定本办法。

第二条 本办法适用于中华人民共和国境内菌(毒)种和样本的保藏活动及其监督管理。

第三条 本办法所称菌(毒)种,是指具有保藏价值的动物细菌、真菌、放线菌、衣原体、支原体、立克次氏体、螺旋体、病毒等微生物。

本办法所称样本,是指人工采集的、经鉴定具有保藏价值的含有动物病原微生物的体液、组织、排泄物、分泌物、污染物等物质。

本办法所称保藏机构,是指承担菌(毒)种和样本保藏任务,并向合法从事动物病原微生物相关活动的实验室或者兽用生物制品企业提供菌(毒)种或者样本的单位。

菌(毒)种和样本的分类按照《动物病原微生物分类名录》的规定执行。

第四条 农业农村部主管全国菌(毒)种和样本保藏管理工作。

县级以上地方人民政府畜牧兽医主管部门负责本行政区域内的菌(毒)种和样本保藏监督管理工作。

第五条 国家对实验活动用菌(毒)种和样本实行集中保藏,保藏机构以外的任何单位和个人不得保藏菌(毒)种或者样本。

第二章 保藏机构

第六条 保藏机构分为国家级保藏中心和省级保藏中心。保藏机构由农业农村部指定。

保藏机构保藏的菌(毒)种和样本的种类由农业农村部核定。

第七条 保藏机构应当具备以下条件:

(一)符合国家关于保藏机构设立的整体布局和实际需要;

(二)有满足菌(毒)种和样本保藏需要的设施设备;保藏高致病性动物病原微生物菌(毒)种或者样本的,应当具有相应级别的高等级生物安全实验室,并依法取得《高致病性动物病原微生物实验室资格证书》;

(三)有满足保藏工作要求的工作人员;

(四)有完善的菌(毒)种和样本保管制度、安全保卫制度;

(五)有满足保藏活动需要的经费。

第八条 保藏机构的职责:

(一)负责菌(毒)种和样本的收集、筛选、分析、鉴定和保藏;

(二)开展菌(毒)种和样本的分类与保藏新方法、新技术研究;

(三)建立菌(毒)种和样本数据库;

(四)向合法从事动物病原微生物实验活动的实验室或者兽用生物制品生产企业提供菌(毒)种或者样本。

第三章 菌(毒)种和样本的收集

第九条 从事动物疫情监测、疫病诊断、检验检疫和疫病研究等活动的单位和个人,应当及时将研究、教学、检测、诊断等实验活动中获得的具有保藏价值的菌(毒)种和样本,送交保藏机构鉴定和保藏,并提交菌(毒)种和样本的背景资料。

保藏机构可以向国内有关单位和个人索取需要保藏的菌(毒)种和样本。

第十条 保藏机构应当向提供菌(毒)种和样本的单位和个人出具接收证明。

第十一条 保藏机构应当在每年年底前将保藏的菌(毒)种和样本的种类、数量报农业农村部。

第四章　菌（毒）种和样本的保藏、供应

第十二条　保藏机构应当设专库保藏一、二类菌（毒）种和样本，设专柜保藏三、四类菌（毒）种和样本。

保藏机构保藏的菌（毒）种和样本应当分类存放，实行双人双锁管理。

第十三条　保藏机构应当建立完善的技术资料档案，详细记录所保藏的菌（毒）种和样本的名称、编号、数量、来源、病原微生物类别、主要特性、保存方法等情况。

技术资料档案应当永久保存。

第十四条　保藏机构应当对保藏的菌（毒）种按时鉴定、复壮，妥善保藏，避免失活。

保藏机构对保藏的菌（毒）种开展鉴定、复壮的，应当按照规定在相应级别的生物安全实验室进行。

第十五条　保藏机构应当制定实验室安全事故处理应急预案。发生保藏的菌（毒）种或者样本被盗、被抢、丢失、泄漏和实验室人员感染的，应当按照《病原微生物实验室生物安全管理条例》的规定及时报告、启动预案，并采取相应的处理措施。

第十六条　实验室和兽用生物制品生产企业需要使用菌（毒）种或者样本的，应当向保藏机构提出申请。

第十七条　保藏机构应当按照以下规定提供菌（毒）种或者样本：

（一）提供高致病性动物病原微生物菌（毒）种或者样本的，查验从事高致病性动物病原微生物相关实验活动的批准文件；

（二）提供兽用生物制品生产和检验用菌（毒）种或者样本的，查验兽药生产批准文号文件；

（三）提供三、四类菌（毒）种或者样本的，查验实验室所在单位出具的证明。

保藏机构应当留存前款规定的证明文件的原件或者复印件。

第十八条　保藏机构提供菌（毒）种或者样本时，应当进行登记，详细记录所提供的菌（毒）种或者样本的名称、数量、时间以及发放人、领取人、使用单位名称等。

第十九条　保藏机构应当对具有知识产权的菌（毒）种承担相应的保密责任。

保藏机构提供具有知识产权的菌（毒）种或者样本的，应当经原提供者或

者持有人的书面同意。

第二十条 保藏机构提供的菌(毒)种或者样本应当附有标签,标明菌(毒)种名称、编号、移植和冻干日期等。

第二十一条 保藏机构保藏菌(毒)种或者样本所需费用由同级财政在单位预算中予以保障。

第五章 菌(毒)种和样本的销毁

第二十二条 有下列情形之一的,保藏机构应当组织专家论证,提出销毁菌(毒)种或者样本的建议:

(一)国家规定应当销毁的;

(二)有证据表明已丧失生物活性或者被污染,已不适于继续使用的;

(三)无继续保藏价值的。

第二十三条 保藏机构销毁一、二类菌(毒)种和样本的,应当经农业农村部批准;销毁三、四类菌(毒)种和样本的,应当经保藏机构负责人批准,并报农业农村部备案。

保藏机构销毁菌(毒)种和样本的,应当在实施销毁30日前书面告知原提供者。

第二十四条 保藏机构销毁菌(毒)种和样本的,应当制定销毁方案,注明销毁的原因、品种、数量,以及销毁方式方法、时间、地点、实施人和监督人等。

第二十五条 保藏机构销毁菌(毒)种和样本时,应当使用可靠的销毁设施和销毁方法,必要时应当组织开展灭活效果验证和风险评估。

第二十六条 保藏机构销毁菌(毒)种和样本的,应当做好销毁记录,经销毁实施人、监督人签字后存档,并将销毁情况报农业农村部。

第二十七条 实验室在相关实验活动结束后,应当按照规定及时将菌(毒)种和样本就地销毁或者送交保藏机构保管。

第六章 菌(毒)种和样本的对外交流

第二十八条 国家对菌(毒)种和样本对外交流实行认定审批制度。

第二十九条 从国外引进和向国外提供菌(毒)种或者样本的,应当报农业农村部批准。

第三十条 从国外引进菌(毒)种或者样本的单位,应当在引进菌(毒)种或者样本后6个月内,将备份及其背景资料,送交保藏机构。

引进单位应当在相关活动结束后,及时将菌(毒)种和样本就地销毁。

第三十一条 出口《生物两用品及相关设备和技术出口管制清单》所列的菌(毒)种或者样本的,还应当按照《生物两用品及相关设备和技术出口管制条例》的规定取得生物两用品及相关设备和技术出口许可证件。

第七章 罚　　则

第三十二条 违反本办法规定,保藏或者提供菌(毒)种或者样本的,由县级以上地方人民政府畜牧兽医主管部门责令其将菌(毒)种或者样本销毁或者送交保藏机构;拒不销毁或者送交的,对单位处一万元以上三万元以下罚款,对个人处五百元以上一千元以下罚款。

第三十三条 违反本办法规定,未及时向保藏机构提供菌(毒)种或者样本的,由县级以上地方人民政府畜牧兽医主管部门责令改正;拒不改正的,对单位处一万元以上三万元以下罚款,对个人处五百元以上一千元以下罚款。

第三十四条 违反本办法规定,未经农业农村部批准,从国外引进或者向国外提供菌(毒)种或者样本的,由县级以上地方人民政府畜牧兽医主管部门责令其将菌(毒)种或者样本销毁或者送交保藏机构,并对单位处一万元以上三万元以下罚款,对个人处五百元以上一千元以下罚款。

第三十五条 保藏机构违反本办法规定的,由农业农村部责令限期改正,并给予警告;造成严重后果的,由其所在单位或者其上级主管部门对主要负责人、直接负责的主管人员和其他直接责任人员依法予以处理。

第八章 附　　则

第三十六条 本办法自 2009 年 1 月 1 日起施行。1980 年 11 月 25 日农业部发布的《兽医微生物菌种保藏管理试行办法》(农〔牧〕字第 181 号)同时废止。

饲料和饲料添加剂生产许可管理办法

（2012年5月2日农业部令2012年第3号发布　根据2013年12月31日《农业部关于修订部分规章的决定》第一次修正　根据2016年5月30日《农业部关于废止和修改部分规章、规范性文件的决定》第二次修正　根据2022年1月7日《农业农村部关于修改和废止部分规章、规范性文件的决定》第三次修正）

第一章　总　　则

第一条　为加强饲料、饲料添加剂生产许可管理，维护饲料、饲料添加剂生产秩序，保障饲料、饲料添加剂质量安全，根据《饲料和饲料添加剂管理条例》，制定本办法。

第二条　在中华人民共和国境内生产饲料、饲料添加剂，应当遵守本办法。

第三条　饲料和饲料添加剂生产许可证由省级人民政府饲料管理部门（以下简称省级饲料管理部门）核发。

省级饲料管理部门可以委托下级饲料管理部门承担单一饲料、浓缩饲料、配合饲料和精料补充料生产许可申请的受理工作。

第四条　农业农村部设立饲料和饲料添加剂生产许可专家委员会，负责饲料和饲料添加剂生产许可的技术支持工作。

省级饲料管理部门设立饲料和饲料添加剂生产许可证专家审核委员会，负责本行政区域内饲料和饲料添加剂生产许可的技术评审工作。

第五条　任何单位和个人有权举报生产许可过程中的违法行为，农业农村部和省级饲料管理部门应当依照权限核实、处理。

第二章　生产许可证核发

第六条　设立饲料、饲料添加剂生产企业，应当符合饲料工业发展规划和产业政策，并具备下列条件：

（一）有与生产饲料、饲料添加剂相适应的厂房、设备和仓储设施；

（二）有与生产饲料、饲料添加剂相适应的专职技术人员；

（三）有必要的产品质量检验机构、人员、设施和质量管理制度；

（四）有符合国家规定的安全、卫生要求的生产环境；

（五）有符合国家环境保护要求的污染防治措施；

（六）农业农村部制定的饲料、饲料添加剂质量安全管理规范规定的其他条件。

第七条 申请从事饲料、饲料添加剂生产的企业，申请人应当向生产地省级饲料管理部门提出申请。省级饲料管理部门应当自受理申请之日起10个工作日内进行书面审查；审查合格的，组织进行现场审核，并根据审核结果在10个工作日内作出是否核发生产许可证的决定。

生产许可证式样由农业农村部统一规定。

第八条 取得饲料添加剂生产许可证的企业，应当向省级饲料管理部门申请核发产品批准文号。

第九条 饲料、饲料添加剂生产企业委托其他饲料、饲料添加剂企业生产的，应当具备下列条件，并向各自所在地省级饲料管理部门备案：

（一）委托产品在双方生产许可范围内；委托生产饲料添加剂的，双方还应当取得委托产品的产品批准文号；

（二）签订委托合同，依法明确双方在委托产品生产技术、质量控制等方面的权利和义务。

受托方应当按照饲料、饲料添加剂质量安全管理规范和饲料添加剂安全使用规范及产品标准组织生产，委托方应当对生产全过程进行指导和监督。委托方和受托方对委托生产的饲料、饲料添加剂质量安全承担连带责任。

委托生产的产品标签应当同时标明委托企业和受托企业的名称、注册地址、许可证编号；委托生产饲料添加剂的，还应当标明受托方取得的生产该产品的批准文号。

第十条 生产许可证有效期为5年。

生产许可证有效期满需继续生产的，应当在有效期届满6个月前向省级饲料管理部门提出续展申请，并提交相关材料。

第三章 生产许可证变更和补发

第十一条 饲料、饲料添加剂生产企业有下列情形之一的，应当按照企业设立程序重新办理生产许可证：

（一）增加、更换生产线的；

（二）增加单一饲料、饲料添加剂产品品种的；

（三）生产场所迁址的；

（四）农业农村部规定的其他情形。

第十二条 饲料、饲料添加剂生产企业有下列情形之一的，应当在15日内向企业所在地省级饲料管理部门提出变更申请并提交相关证明，由发证机关依法办理变更手续，变更后的生产许可证证号、有效期不变：

（一）企业名称变更；

（二）企业法定代表人变更；

（三）企业注册地址或注册地址名称变更；

（四）生产地址名称变更。

第十三条 生产许可证遗失或损毁的，应当在15日内向发证机关申请补发，由发证机关补发生产许可证。

第四章 监督管理

第十四条 饲料、饲料添加剂生产企业应当按照许可条件组织生产。生产条件发生变化，可能影响产品质量安全的，企业应当经所在地县级人民政府饲料管理部门报告发证机关。

第十五条 县级以上人民政府饲料管理部门应当加强对饲料、饲料添加剂生产企业的监督检查，依法查处违法行为，并建立饲料、饲料添加剂监督管理档案，记录日常监督检查、违法行为查处等情况。

第十六条 饲料、饲料添加剂生产企业有下列情形之一的，由发证机关注销生产许可证：

（一）生产许可证依法被撤销、撤回或依法被吊销的；

（二）生产许可证有效期届满未按规定续展的；

（三）企业停产一年以上或依法终止的；

（四）企业申请注销的；

（五）依法应当注销的其他情形。

第五章 罚则

第十七条 县级以上人民政府饲料管理部门工作人员，不履行本办法规定的职责或者滥用职权、玩忽职守、徇私舞弊的，依法给予处分；构成犯罪的，依法追究刑事责任。

第十八条 申请人隐瞒有关情况或者提供虚假材料申请生产许可的，饲料管理部门不予受理或者不予许可，并给予警告；申请人在1年内不得再次申请生产许可。

第十九条 以欺骗、贿赂等不正当手段取得生产许可证的，由发证机关撤销生产许可证，申请人在3年内不得再次申请生产许可；以欺骗方式取得生产许可证的，并处5万元以上10万元以下罚款；涉嫌犯罪的，及时将案件移送司法机关，依法追究刑事责任。

第二十条 饲料、饲料添加剂生产企业有下列情形之一的，依照《饲料和饲料添加剂管理条例》第三十八条处罚：

（一）超出许可范围生产饲料、饲料添加剂的；

（二）生产许可证有效期届满后，未依法续展继续生产饲料、饲料添加剂的。

第二十一条 饲料、饲料添加剂生产企业采购单一饲料、饲料添加剂、药物饲料添加剂、添加剂预混合饲料，未查验相关许可证明文件的，依照《饲料和饲料添加剂管理条例》第四十条处罚。

第二十二条 其他违反本办法的行为，依照《饲料和饲料添加剂管理条例》的有关规定处罚。

第六章　附　　则

第二十三条 本办法所称添加剂预混合饲料，包括复合预混合饲料、微量元素预混合饲料、维生素预混合饲料。

复合预混合饲料，是指以矿物质微量元素、维生素、氨基酸中任何两类或两类以上的营养性饲料添加剂为主，与其他饲料添加剂、载体和（或）稀释剂按一定比例配制的均匀混合物，其中营养性饲料添加剂的含量能够满足其适用动物特定生理阶段的基本营养需求，在配合饲料、精料补充料或动物饮用水中的添加量不低于0.1%且不高于10%。

微量元素预混合饲料，是指两种或两种以上矿物质微量元素与载体和（或）稀释剂按一定比例配制的均匀混合物，其中矿物质微量元素含量能够满足其适用动物特定生理阶段的微量元素需求，在配合饲料、精料补充料或动物饮用水中的添加量不低于0.1%且不高于10%。

维生素预混合饲料，是指两种或两种以上维生素与载体和（或）稀释剂按一定比例配制的均匀混合物，其中维生素含量应当满足其适用动物特定生理阶段的维生素需求，在配合饲料、精料补充料或动物饮用水中的添加量不低于0.01%且不高于10%。

第二十四条 本办法自2012年7月1日起施行。农业部1999年12月9

日发布的《饲料添加剂和添加剂预混合饲料生产许可证管理办法》、2004 年 7 月 14 日发布的《动物源性饲料产品安全卫生管理办法》、2006 年 11 月 24 日发布的《饲料生产企业审查办法》同时废止。

本办法施行前已取得饲料生产企业审查合格证、动物源性饲料产品生产企业安全卫生合格证的饲料生产企业，应当在 2014 年 7 月 1 日前依照本办法规定取得生产许可证。

饲料添加剂产品批准文号管理办法

（2012 年 5 月 2 日农业部令 2012 年第 5 号公布　根据 2022 年 1 月 7 日《农业农村部关于修改和废止部分规章、规范性文件的决定》修正）

第一条　为加强饲料添加剂批准文号管理，根据《饲料和饲料添加剂管理条例》，制定本办法。

第二条　本办法所称饲料添加剂，是指在饲料加工、制作、使用过程中添加的少量或者微量物质，包括营养性饲料添加剂和一般饲料添加剂。

第三条　在中华人民共和国境内生产的饲料添加剂产品，在生产前应当取得相应的产品批准文号。

第四条　饲料添加剂生产企业为其他饲料、饲料添加剂生产企业生产定制产品的，定制产品可以不办理产品批准文号。

定制产品应当附具符合《饲料和饲料添加剂管理条例》第二十一条规定的标签，并标明“定制产品”字样和定制企业的名称、地址及其生产许可证编号。

定制产品仅限于定制企业自用，生产企业和定制企业不得将定制产品提供给其他饲料、饲料添加剂生产企业、经营者和养殖者。

第五条　饲料添加剂生产企业应当向省级人民政府饲料管理部门（以下简称省级饲料管理部门）提出产品批准文号申请，并提交以下资料：

（一）产品批准文号申请表；

（二）生产许可证复印件；

（三）产品配方、产品质量标准和检测方法；

（四）产品标签样式和使用说明；

（五）涵盖产品主成分指标的产品自检报告；

（六）申请饲料添加剂产品批准文号的，还应当提供省级饲料管理部门指定的饲料检验机构出具的产品主成分指标检测方法验证结论，但产品有国家

或行业标准的除外;

(七)申请新饲料添加剂产品批准文号的,还应当提供农业农村部核发的新饲料添加剂证书复印件。

第六条 省级饲料管理部门应当自受理申请之日起10个工作日内对申请资料进行审查,必要时可以进行现场核查。审查合格的,通知企业将产品样品送交指定的饲料质量检验机构进行复核检测,并根据复核检测结果在10个工作日内决定是否核发产品批准文号。

产品复核检测应当涵盖产品质量标准规定的产品主成分指标和卫生指标。

第七条 企业同时申请多个产品批准文号的,提交复核检测的样品应当符合下列要求:

申请饲料添加剂产品批准文号的,每个产品均应当提交样品。

第八条 省级饲料管理部门和饲料质量检验机构的工作人员应当对申请者提供的需要保密的技术资料保密。

第九条 饲料添加剂产品批准文号格式为:

×饲添字(××××)××××××

×:核发产品批准文号省、自治区、直辖市的简称

(××××):年份

××××××:前三位表示本辖区企业的固定编号,后三位表示该产品获得的产品批准文号序号。

第十条 饲料添加剂产品质量复核检测收费,按照国家有关规定执行。

第十一条 有下列情形之一的,应当重新办理产品批准文号:

(一)产品主成分指标改变的;

(二)产品名称改变的。

第十二条 禁止假冒、伪造、买卖产品批准文号。

第十三条 饲料管理部门工作人员不履行本办法规定的职责或者滥用职权、玩忽职守、徇私舞弊的,依法给予处分;构成犯罪的,依法追究刑事责任。

第十四条 申请人隐瞒有关情况或者提供虚假材料申请产品批准文号的,省级饲料管理部门不予受理或者不予许可,并给予警告;申请人在1年内不得再次申请产品批准文号。

以欺骗、贿赂等不正当手段取得产品批准文号的,由发证机关撤销产品批准文号,申请人在3年内不得再次申请产品批准文号;以欺骗方式取得产品批准文号的,并处5万元以上10万元以下罚款;涉嫌犯罪的,及时将案件移送司法机关,依法追究刑事责任。

第十五条 假冒、伪造、买卖产品批准文号的，依照《饲料和饲料添加剂管理条例》第三十七条、第三十八条处罚。

第十六条 有下列情形之一的，由省级饲料管理部门注销其产品批准文号并予以公告：

（一）企业的生产许可证被吊销、撤销、撤回、注销的；

（二）新饲料添加剂产品证书被撤销的。

第十七条 饲料添加剂生产企业违反本办法规定，向定制企业以外的其他饲料、饲料添加剂生产企业、经营者或养殖者销售定制产品的，依照《饲料和饲料添加剂管理条例》第三十八条处罚。

定制企业违反本办法规定，向其他饲料、饲料添加剂生产企业、经营者和养殖者销售定制产品的，依照《饲料和饲料添加剂管理条例》第四十三条处罚。

第十八条 其他违反本办法的行为，依照《饲料和饲料添加剂管理条例》的有关规定处罚。

第十九条 本办法自2012年7月1日起施行。1999年12月14日发布的《饲料添加剂和添加剂预混合饲料产品批准文号管理办法》同时废止。

新饲料和新饲料添加剂管理办法

（2012年5月2日农业部令2012年第4号公布　根据2016年5月30日《农业部关于废止和修改部分规章、规范性文件的决定》第一次修正　根据2022年1月7日《农业农村部关于修改和废止部分规章、规范性文件的决定》第二次修正）

第一条 为加强新饲料、新饲料添加剂管理，保障养殖动物产品质量安全，根据《饲料和饲料添加剂管理条例》，制定本办法。

第二条 本办法所称新饲料，是指我国境内新研制开发的尚未批准使用的单一饲料。

本办法所称新饲料添加剂，是指我国境内新研制开发的尚未批准使用的饲料添加剂。

第三条 有下列情形之一的，应当向农业农村部提出申请，参照本办法规定的新饲料、新饲料添加剂审定程序进行评审，评审通过的，由农业农村部公告作为饲料、饲料添加剂生产和使用，但不发给新饲料、新饲料添加剂证书：

（一）饲料添加剂扩大适用范围的；

（二）饲料添加剂含量规格低于饲料添加剂安全使用规范要求的，但由饲料添加剂与载体或者稀释剂按照一定比例配制的除外；

（三）饲料添加剂生产工艺发生重大变化的；

（四）新饲料、新饲料添加剂自获证之日起超过3年未投入生产，其他企业申请生产的；

（五）农业农村部规定的其他情形。

第四条 研制新饲料、新饲料添加剂，应当遵循科学、安全、有效、环保的原则，保证新饲料、新饲料添加剂的质量安全。

第五条 农业农村部负责新饲料、新饲料添加剂审定。

全国饲料评审委员会（以下简称评审委）组织对新饲料、新饲料添加剂的安全性、有效性及其对环境的影响进行评审。

第六条 新饲料、新饲料添加剂投入生产前，研制者或者生产企业（以下简称申请人）应当向农业农村部提出审定申请，并提交新饲料、新饲料添加剂的申请资料和样品。

第七条 申请资料包括：

（一）新饲料、新饲料添加剂审定申请表；

（二）产品名称及命名依据、产品研制目的；

（三）有效组分、理化性质及有效组分化学结构的鉴定报告，或者动物、植物、微生物的分类（菌种）鉴定报告，微生物发酵制品还应当提供生产所用菌株的菌种鉴定报告；

（四）适用范围、使用方法、在配合饲料或全混合日粮中的推荐用量，必要时提供最高限量值；

（五）生产工艺、制造方法及产品稳定性试验报告；

（六）质量标准草案及其编制说明和产品检测报告；有最高限量要求的，还应提供有效组分在配合饲料、浓缩饲料、精料补充料、添加剂预混合饲料中的检测方法；

（七）农业农村部指定的试验机构出具的产品有效性评价试验报告、安全性评价试验报告（包括靶动物耐受性评价报告、毒理学安全评价报告、代谢和残留评价报告等）；申请新饲料添加剂审定的，还应当提供该新饲料添加剂在养殖产品中的残留可能对人体健康造成影响的分析评价报告；

（八）标签式样、包装要求、贮存条件、保质期和注意事项；

（九）中试生产总结和“三废”处理报告；

（十）对他人的专利不构成侵权的声明。

第八条 产品样品应当符合以下要求：

（一）来自中试或工业化生产线；

（二）每个产品提供连续3个批次的样品，每个批次4份样品，每份样品不少于检测需要量的5倍；

（三）必要时提供相关的标准品或化学对照品。

第九条 有效性评价试验机构和安全性评价试验机构应当按照农业农村部制定的技术指导文件或行业公认的技术标准，科学、客观、公正开展试验，不得与研制者、生产企业存在利害关系。

承担试验的专家不得参与该新饲料、新饲料添加剂的评审工作。

第十条 农业农村部自受理申请之日起5个工作日内，将申请资料和样品交评审委进行评审。

第十一条 新饲料、新饲料添加剂的评审采取评审会议的形式。评审会议应当有9名以上评审委专家参加，根据需要也可以邀请1至2名评审委专家以外的专家参加。参加评审的专家对评审事项具有表决权。

评审会议应当形成评审意见和会议纪要，并由参加评审的专家审核签字；有不同意见的，应当注明。

第十二条 参加评审的专家应当依法履行职责，科学、客观、公正提出评审意见。

评审专家与研制者、生产企业有利害关系的，应当回避。

第十三条 评审会议原则通过的，由评审委将样品交农业农村部指定的饲料质量检验机构进行质量复核。质量复核机构应当自收到样品之日起3个月内完成质量复核，并将质量复核报告和复核意见报评审委，同时送达申请人。需用特殊方法检测的，质量复核时间可以延长1个月。

质量复核包括标准复核和样品检测，有最高限量要求的，还应当对申报产品有效组分在饲料产品中的检测方法进行验证。

申请人对质量复核结果有异议的，可以在收到质量复核报告后15个工作日内申请复检。

第十四条 评审过程中，农业农村部可以组织对申请人的试验或生产条件进行现场核查，或者对试验数据进行核查或验证。

第十五条 评审委应当自收到新饲料、新饲料添加剂申请资料和样品之日起9个月内向农业农村部提交评审结果；但是，评审委决定由申请人进行相关试验的，经农业农村部同意，评审时间可以延长3个月。

第十六条 农业农村部自收到评审结果之日起10个工作日内作出是否核发新饲料、新饲料添加剂证书的决定。

决定核发新饲料、新饲料添加剂证书的，由农业农村部予以公告，同时发布该产品的质量标准。新饲料、新饲料添加剂投入生产后，按照公告中的质量标准进行监测和监督抽查。

决定不予核发的，书面通知申请人并说明理由。

第十七条 新饲料、新饲料添加剂在生产前，生产者应当按照农业农村部有关规定取得生产许可证。生产新饲料添加剂的，还应当取得相应的产品批准文号。

第十八条 新饲料、新饲料添加剂的监测期为 5 年，自新饲料、新饲料添加剂证书核发之日起计算。

监测期内不受理其他就该新饲料、新饲料添加剂提出的生产申请和进口登记申请，但该新饲料、新饲料添加剂超过 3 年未投入生产的除外。

第十九条 新饲料、新饲料添加剂生产企业应当收集处于监测期内的产品质量、靶动物安全和养殖动物产品质量安全等相关信息，并向农业农村部报告。

农业农村部对新饲料、新饲料添加剂的质量安全状况组织跟踪监测，必要时进行再评价，证实其存在安全问题的，撤销新饲料、新饲料添加剂证书并予以公告。

第二十条 从事新饲料、新饲料添加剂审定工作的相关单位和人员，应当对申请人提交的需要保密的技术资料保密。

第二十一条 从事新饲料、新饲料添加剂审定工作的相关人员，不履行本办法规定的职责或者滥用职权、玩忽职守、徇私舞弊的，依法给予处分；构成犯罪的，依法追究刑事责任。

第二十二条 申请人隐瞒有关情况或者提供虚假材料申请新饲料、新饲料添加剂审定的，农业农村部不予受理或者不予许可，并给予警告；申请人在 1 年内不得再次申请新饲料、新饲料添加剂审定。

以欺骗、贿赂等不正当手段取得新饲料、新饲料添加剂证书的，由农业农村部撤销新饲料、新饲料添加剂证书，申请人在 3 年内不得再次申请新饲料、新饲料添加剂审定；以欺骗方式取得新饲料、新饲料添加剂证书的，并处 5 万元以上 10 万元以下罚款；涉嫌犯罪的，及时将案件移送司法机关，依法追究刑事责任。

第二十三条 其他违反本办法规定的，依照《饲料和饲料添加剂管理条例》的有关规定进行处罚。

第二十四条 本办法自 2012 年 7 月 1 日起施行。农业部 2000 年 8 月 17 日发布的《新饲料和新饲料添加剂管理办法》同时废止。

兽药产品批准文号管理办法

（2015年12月3日农业部令2015年第4号公布　根据2019年4月25日《农业农村部关于修改和废止部分规章、规范性文件的决定》第一次修正　根据2022年1月7日《农业农村部关于修改和废止部分规章、规范性文件的决定》第二次修正）

第一章　总　　则

第一条　为加强兽药产品批准文号的管理，根据《兽药管理条例》，制定本办法。

第二条　兽药产品批准文号的申请、核发和监督管理适用本办法。

第三条　兽药生产企业生产兽药，应当取得农业农村部核发的兽药产品批准文号。

兽药产品批准文号是农业农村部根据兽药国家标准、生产工艺和生产条件批准特定兽药生产企业生产特定兽药产品时核发的兽药批准证明文件。

第四条　农业农村部负责全国兽药产品批准文号的核发和监督管理工作。

县级以上地方人民政府兽医主管部门负责本行政区域内的兽药产品批准文号的监督管理工作。

第二章　兽药产品批准文号的申请和核发

第五条　申请兽药产品批准文号的兽药，应当符合以下条件：

（一）在《兽药生产许可证》载明的生产范围内；

（二）申请前三年内无被撤销该产品批准文号的记录。

申请兽药产品批准文号连续2次复核检验结果不符合规定的，1年内不再受理该兽药产品批准文号的申请。

第六条　申请本企业研制的已获得《新兽药注册证书》的兽药产品批准文号，且新兽药注册时的复核样品系申请人生产的，申请人应当向农业农村部提交下列资料：

（一）《兽药产品批准文号申请表》一式一份；

（二）《新兽药注册证书》复印件一式一份；

（三）复核检验报告复印件一式一份；

（四）标签和说明书样本一式二份；

（五）产品的生产工艺、配方等资料一式一份。

农业农村部自受理之日起5个工作日内将申请资料送中国兽医药品监察所进行专家评审，并自收到评审意见之日起15个工作日内作出审批决定。符合规定的，核发兽药产品批准文号，批准标签和说明书；不符合规定的，书面通知申请人，并说明理由。

申请本企业研制的已获得《新兽药注册证书》的兽药产品批准文号，但新兽药注册时的复核样品非申请人生产的，分别按照本办法第七条、第九条规定办理，申请人无需提交知识产权转让合同或授权书复印件。

第七条　申请他人转让的已获得《新兽药注册证书》或《进口兽药注册证书》的生物制品类兽药产品批准文号的，申请人应当向农业农村部提交本企业生产的连续三个批次的样品和下列资料：

（一）《兽药产品批准文号申请表》一式一份；

（二）《新兽药注册证书》复印件一式一份；

（三）标签和说明书样本一式二份；

（四）所提交样品的自检报告一式一份；

（五）产品的生产工艺、配方等资料一式一份；

（六）知识产权转让合同或授权书一式一份（首次申请提供原件，换发申请提供复印件并加盖申请人公章）。

提交的样品应当由省级兽药检验机构现场抽取，并加贴封签。

农业农村部自受理之日起5个工作日内将样品及申请资料送中国兽医药品监察所按规定进行复核检验和专家评审，并自收到检验结论和评审意见之日起15个工作日内作出审批决定。符合规定的，核发兽药产品批准文号，批准标签和说明书；不符合规定的，书面通知申请人，并说明理由。

第八条　申请第六条、第七条规定之外的生物制品类兽药产品批准文号的，申请人应当向农业农村部提交本企业生产的连续三个批次的样品和下列资料：

（一）《兽药产品批准文号申请表》一式一份；

（二）标签和说明书样本一式二份；

（三）所提交样品的自检报告一式一份；

（四）产品的生产工艺、配方等资料一式一份；

（五）菌（毒、虫）种合法来源证明复印件（加盖申请人公章）一式一份。

提交的样品应当由省级兽药检验机构现场抽取，并加贴封签。

农业农村部自受理之日起5个工作日内将样品及申请资料送中国兽医药品监察所按规定进行复核检验和专家评审,并自收到检验结论和评审意见之日起15个工作日内作出审批决定。符合规定的,核发兽药产品批准文号,批准标签和说明书;不符合规定的,书面通知申请人,并说明理由。

第九条 申请他人转让的已获得《新兽药注册证书》或《进口兽药注册证书》的非生物制品类的兽药产品批准文号的,申请人应当向所在地省级人民政府兽医主管部门提交本企业生产的连续三个批次的样品和下列资料:

(一)《兽药产品批准文号申请表》一式二份;

(二)《新兽药注册证书》复印件一式二份;

(三)标签和说明书样本一式二份;

(四)所提交样品的批生产、批检验原始记录复印件及自检报告一式二份;

(五)产品的生产工艺、配方等资料一式二份;

(六)知识产权转让合同或授权书一式二份(首次申请提供原件,换发申请提供复印件并加盖申请人公章)。

省级人民政府兽医主管部门自收到有关资料和样品之日起5个工作日内将样品送省级兽药检验机构进行复核检验,并自收到复核检验结论之日起10个工作日内完成初步审查,将审查意见和复核检验报告及全部申请材料一式一份报送农业农村部。

农业农村部自收到省级人民政府兽医主管部门审查意见之日起5个工作日内送中国兽医药品监察所进行专家评审,并自收到评审意见之日起10个工作日内作出审批决定。符合规定的,核发兽药产品批准文号,批准标签和说明书;不符合规定的,书面通知申请人,并说明理由。

第十条 申请第六条、第九条规定之外的非生物制品类兽药产品批准文号的,农业农村部逐步实行比对试验管理。

实行比对试验管理的兽药品种目录及比对试验的要求由农业农村部制定。开展比对试验的检验机构应当遵守兽药非临床研究质量管理规范和兽药临床试验质量管理规范,其名单由农业农村部公布。

第十一条 第十条规定的兽药尚未列入比对试验品种目录的,申请人应当向所在地省级人民政府兽医主管部门提交下列资料:

(一)《兽药产品批准文号申请表》一式二份;

(二)标签和说明书样本一式二份;

(三)产品的生产工艺、配方等资料一式二份;

(四)《现场核查申请单》一式二份。

省级人民政府兽医主管部门应当自收到有关资料之日起5个工作日内组

织对申请资料进行审查。符合规定的,应当与申请人商定现场核查时间,并自商定的现场核查日期起5个工作日内组织完成现场核查;核查结果符合要求的,当场抽取三批样品,加贴封签后送省级兽药检验机构进行复核检验。

省级人民政府兽医主管部门自资料审查、现场核查或复核检验完成之日起10个工作日内将上述有关审查意见、复核检验报告及全部申请材料一式一份报送农业农村部。

农业农村部自收到省级人民政府兽医主管部门审查意见之日起5个工作日内,将申请资料送中国兽医药品监察所进行专家评审,并自收到评审意见之日起10个工作日内作出审批决定。符合规定的,核发兽药产品批准文号,批准标签和说明书;不符合规定的,书面通知申请人,并说明理由。

第十二条 第十条规定的兽药已列入比对试验品种目录的,按照第十一条规定提交申请资料、进行现场核查、抽样和复核检验,但抽取的三批样品中应当有一批在线抽样。

省级人民政府兽医主管部门自收到复核检验结论之日起10个工作日内完成初步审查。通过初步审查的,通知申请人将相关药学研究资料及加贴封签的在线抽样样品送至其自主选定的比对试验机构。比对试验机构应当严格按照药物比对试验指导原则开展比对试验,并将比对试验报告分送省级人民政府兽医主管部门和申请人。

省级人民政府兽医主管部门将现场核查报告、复核检验报告、比对试验方案、比对试验协议、比对试验报告、相关药学研究资料及全部申请资料一式一份报农业农村部。

农业农村部自收到申请资料之日起5个工作日内送中国兽医药品监察所进行专家评审,并自收到评审意见之日起10个工作日内作出审批决定。符合规定的,核发兽药产品批准文号,批准标签和说明书;不符合规定的,书面通知申请人,并说明理由。

第十三条 资料审查、现场核查、复核检验或比对试验不符合要求的,省级人民政府兽医主管部门可根据申请人意愿将申请资料退回申请人。

第十四条 实行比对试验管理的兽药品种目录发布前已获得兽药产品批准文号的兽药,应当在规定期限内按照本办法第十二条规定补充比对试验并提供相关材料,未在规定期限内通过审查的,依照《兽药管理条例》第六十九条第一款第二项规定撤销该产品批准文号。

第十五条 农业农村部在核发新兽药的兽药产品批准文号时,可以设立不超过5年的监测期。在监测期内,不批准其他企业生产或者进口该新兽药。

生产企业应当在监测期内收集该新兽药的疗效、不良反应等资料,并及时报送农业农村部。

兽药监测期届满后,其他兽药生产企业可根据本办法第七、九或十二条的规定申请兽药产品批准文号,但应当提交与知识产权人签订的转让合同或授权书,或者对他人专利权不构成侵权的声明。

第十六条 有下列情形之一的,兽药生产企业应当按照本办法第八条或第十一条规定重新申请兽药产品批准文号,兽药产品已进行过比对试验且结果符合规定的,不再进行比对试验:

(一)迁址重建的;

(二)异地新建车间的;

(三)其他改变生产场地的情形。

第十七条 兽药产品批准文号有效期届满需要继续生产的,兽药生产企业应当在有效期届满前6个月内按原批准程序申请兽药产品批准文号的换发。

同一兽药生产许可证下同一生产地址原生产车间生产的兽药产品申请批准文号换发,在兽药产品批准文号有效期内,经省级以上人民政府兽医主管部门监督抽检不合格1批次以上的,应当进行复核检验,其他情形不需要进行复核检验。

已进行过比对试验且结果符合规定的兽药产品,兽药产品批准文号换发时不再进行比对试验。

第十八条 对有证据表明存在安全性隐患的兽药产品,农业农村部暂停受理该兽药产品批准文号的申请;已受理的,中止该兽药产品批准文号的核发。

第十九条 对国内突发重大动物疫病防控急需的兽药产品,必要时农业农村部可以核发临时兽药产品批准文号。

临时兽药产品批准文号有效期不超过2年。

第二十条 兽药检验机构应当自收到样品之日起90个工作日内完成检验,对样品应当根据规定留样观察。样品属于生物制品的,检验期限不得超过120个工作日。

中国兽医药品监察所专家评审时限不得超过30个工作日;实行比对试验的,专家评审时限不得超过90个工作日。

第三章 兽药现场核查和抽样

第二十一条 省级人民政府兽医主管部门负责组织现场核查和抽样工

作，应当根据工作需要成立2—4人组成的现场核查抽样组。

第二十二条 现场核查抽样人员进行现场抽样，应当按照兽药抽样相关规定进行，保证抽样的科学性和公正性。

样品应当按检验用量和比对试验方案载明数量的3—5倍抽取，并单独封签。《兽药封签》由抽样人员和被抽样单位有关人员签名，并加盖抽样单位兽药检验抽样专用章和被抽样单位公章。

第二十三条 现场核查应当包括以下内容：

（一）管理制度制定与执行情况；

（二）研制、生产、检验人员相关情况；

（三）原料购进和使用情况；

（四）研制、生产、检验设备和仪器状况是否符合要求；

（五）研制、生产、检验条件是否符合有关要求；

（六）相关生产、检验记录；

（七）其他需要现场核查的内容。

现场核查人员可以对研制、生产、检验现场场地、设备、仪器情况和原料、中间体、成品、研制记录等照相或者复制，作为现场核查报告的附件。

第四章 监督管理

第二十四条 县级以上地方人民政府兽医主管部门应当对辖区内兽药生产企业进行现场检查。

现场检查中，发现兽药生产企业有下列情形之一的，由县级以上地方人民政府兽医主管部门依法作出处理决定，应当撤销、吊销、注销兽药产品批准文号或者兽药生产许可证的，及时报发证机关处理：

（一）生产条件发生重大变化的；

（二）没有按照《兽药生产质量管理规范》的要求组织生产的；

（三）产品质量存在隐患的；

（四）其他违反《兽药管理条例》及本办法规定情形的。

第二十五条 县级以上地方人民政府兽医主管部门应当对上市兽药产品进行监督检查，发现有违反本办法规定情形的，依法作出处理决定，应当撤销、吊销、注销兽药产品批准文号或者兽药生产许可证的，及时报发证机关处理。

第二十六条 买卖、出租、出借兽药产品批准文号的，按照《兽药管理条例》第五十八条规定处罚。

第二十七条 有下列情形之一的，由农业农村部注销兽药产品批准文号，

并予以公告:

(一)兽药生产许可证有效期届满未申请延续或者申请后未获得批准的;

(二)兽药生产企业停止生产超过6个月或者关闭的;

(三)核发兽药产品批准文号所依据的兽药国家质量标准被废止的;

(四)应当注销的其他情形。

第二十八条 生产的兽药有下列情形之一的,按照《兽药管理条例》第六十九条第一款第二项的规定撤销兽药产品批准文号:

(一)改变组方添加其他成分的;

(二)除生物制品以及未规定上限的中药类产品外,主要成分含量在兽药国家标准150%以上,或主要成分含量在兽药国家标准120%以上且累计2批次的;

(三)主要成分含量在兽药国家标准50%以下,或主要成分含量在兽药国家标准80%以下且累计2批次以上的;

(四)其他药效不确定、不良反应大以及可能对养殖业、人体健康造成危害或者存在潜在风险的情形。

第二十九条 申请人隐瞒有关情况或者提供虚假材料、样品申请兽药产品批准文号的,农业农村部不予受理或者不予核发兽药产品批准文号;申请人1年内不得再次申请该兽药产品批准文号。

第三十条 申请人提供虚假资料、样品或者采取其他欺骗手段取得兽药产品批准文号的,根据《兽药管理条例》第五十七条的规定予以处罚,申请人3年内不得再次申请该兽药产品批准文号。

第三十一条 发生兽药知识产权纠纷的,由当事人按照有关知识产权法律法规解决。知识产权管理部门生效决定或人民法院生效判决认定侵权行为成立的,由农业农村部依法注销已核发的兽药产品批准文号。

第五章 附 则

第三十二条 兽药产品批准文号的编制格式为兽药类别简称+企业所在地省(自治区、直辖市)序号+企业序号+兽药品种编号。

格式如下:

(一)兽药类别简称。药物饲料添加剂的类别简称为“兽药添字”;血清制品、疫苗、诊断制品、微生态制品等类别简称为“兽药生字”;中药材、中成药、化学药品、抗生素、生化药品、放射性药品、外用杀虫剂和消毒剂等类别简称为“兽药字”;原料药简称为“兽药原字”;农业农村部核发的临时兽药产品批准文号简称为“兽药临字”。

（二）企业所在地省（自治区、直辖市）序号用2位阿拉伯数字表示，由农业农村部规定并公告。

（三）企业序号按省排序，用3位阿拉伯数字表示，由省级人民政府兽医主管部门发布。

（四）兽药品种编号用4位阿拉伯数字表示，由农业农村部规定并公告。

第三十三条 本办法自2016年5月1日起施行，2004年11月24日农业部公布的《兽药产品批准文号管理办法》（农业部令第45号）同时废止。

渔业行政处罚规定

（1998年1月5日农业部令第36号公布 根据2022年1月7日《农业农村部关于修改和废止部分规章、规范性文件的决定》修正）

第一条 为严格执行渔业法律法规，规范渔业行政处罚，保障渔业生产者的合法权益，根据《中华人民共和国渔业法》（以下简称《渔业法》）《中华人民共和国渔业法实施细则》（以下简称《实施细则》）和《中华人民共和国行政处罚法》等法律法规，制定本规定。

第二条 对渔业违法的行政处罚有以下种类：

（一）罚款；

（二）没收渔获物、违法所得、渔具；

（三）暂扣、吊销捕捞许可证等渔业证照；

（四）法律、法规规定的其他处罚。

第三条 渔业违法行为轻微并及时改正，没有造成危害后果的，不予处罚。初次实施渔业违法行为且危害后果轻微并及时改正的，可以不予处罚。当事人有证据足以证明没有主观过错的，不予行政处罚。对当事人的违法行为依法不予行政处罚的，应当对当事人进行教育。有下列行为之一的，应当从轻或者减轻处罚：

（一）主动消除或减轻渔业违法行为后果；

（二）受他人胁迫或者诱骗实施渔业违法行为的；

（三）主动供述渔业执法部门尚未掌握的违法行为的；

（四）配合渔业执法部门查处渔业违法行为有立功表现的；

（五）依法应当从轻、减轻的其他渔业违法行为。

第四条 有下列行为之一的，从重处罚：

(一)一年内渔业违法三次以上的；
(二)对渔业资源破坏程度较重的；
(三)渔业违法影响较大的；
(四)同一个违法行为违反两项以上规定的；
(五)逃避、抗拒检查的。

第五条　本规定中需要处以罚款的计罚单位如下：
(一)拖网、流刺网、钓钩等用船作业的，以单艘船计罚；
(二)围网作业，以一个作业单位计罚；
(三)定置作业，用船作业的以单艘船计罚，不用船作业的以一个作业单位计罚；
(四)炸鱼、毒鱼、非法电力捕鱼和使用鱼鹰捕鱼的，用船作业的以单艘船计罚，不用船作业的以人计罚；
(五)从事赶海、潜水等不用船作业的，以人计罚。

第六条　依照《渔业法》第三十八条和《实施细则》第二十九条规定，有下列行为之一的，没收渔获物和违法所得，处以罚款；情节严重的，没收渔具、吊销捕捞许可证；情节特别严重的，可以没收渔船。罚款按以下标准执行：
(一)使用炸鱼、毒鱼、电鱼等破坏渔业资源方法进行捕捞的，违反关于禁渔区、禁渔期的规定进行捕捞的，或者使用禁用的渔具、捕捞方法和小于最小网目尺寸的网具进行捕捞或者渔获物中幼鱼超过规定比例的，在内陆水域，处以三万元以下罚款；在海洋水域，处以五万元以下罚款。
(二)敲舟古作业的，处以一千元至五万元罚款。
(三)擅自捕捞国家规定禁止捕捞的珍贵、濒危水生动物，按《中华人民共和国野生动物保护法》和《中华人民共和国水生野生动物保护实施条例》执行。
(四)未经批准使用鱼鹰捕鱼的，处以五十元至二百元罚款。
在长江流域水生生物保护区内从事生产性捕捞，或者在长江干流和重要支流、大型通江湖泊、长江河口规定区域等重点水域禁捕期间从事天然渔业资源的生产性捕捞的，依照《中华人民共和国长江保护法》第八十六条规定进行处罚。

第七条　按照《渔业法》第三十九条规定，对偷捕、抢夺他人养殖的水产品的，或者破坏他人养殖水体、养殖设施的，责令改正，可以处二万元以下的罚款；造成他人损失的，依法承担赔偿责任。

第八条　按照《渔业法》第四十一条规定，对未取得捕捞许可证擅自进行捕捞的，没收渔获物和违法所得，并处罚款；情节严重的，并可以没收渔具和渔船。罚款按下列标准执行：

（一）在内陆水域，处以五万元以下罚款。

（二）在海洋水域，处以十万元以下罚款。

无正当理由不能提供渔业捕捞许可证的，按本条前款规定处罚。

第九条 按照《渔业法》第四十二条规定，对有捕捞许可证的渔船违反许可证关于作业类型、场所、时限和渔具数量的规定进行捕捞的，没收渔获物和违法所得，可以并处罚款；情节严重的，并可以没收渔具，吊销捕捞许可证。罚款按以下标准执行：

（一）在内陆水域，处以二万元以下罚款。

（二）在海洋水域，处以五万元以下罚款。

第十条 按照《渔业法》第四十三条规定，对涂改、买卖、出租或以其他形式非法转让捕捞许可证的，没收违法所得，吊销捕捞许可证，可以并处罚款。罚款按以下标准执行：

（一）买卖、出租或以其他形式非法转让捕捞许可证的，对违法双方各处一万元以下罚款。

（二）涂改捕捞许可证的，处一万元以下罚款。

第十一条 按照《中华人民共和国水污染防治法》第九十四条、《中华人民共和国海洋环境保护法》第九十条规定，造成渔业污染事故的，按以下规定处以罚款：

（一）对造成一般或者较大污染事故，按照直接损失的百分之二十计算罚款。

（二）对造成重大或者特大污染事故的，按照直接损失的百分之三十计算罚款。

第十二条 捕捞国家重点保护的渔业资源品种中未达到采捕标准的幼体超过规定比例的，没收超比例部分幼体，并可处以三万元以下罚款；从重处罚的，可以没收渔获物。

第十三条 违反《渔业法》第三十一条和《实施细则》第二十四条、第二十五条规定，擅自捕捞有重要经济价值的水生动物苗种、怀卵亲体的，没收其苗种或怀卵亲体及违法所得，并可处以三万元以下罚款。

第十四条 外商投资渔业企业的渔船，违反《实施细则》第十六条的规定，未经国务院有关主管部门批准，擅自从事近海捕捞的，依照《实施细则》第三十六条的规定，没收渔获物和违法所得，并可处以三千元至五万元罚款。

第十五条 外国人、外国渔船违反《渔业法》第四十六条规定，擅自进入中华人民共和国管辖水域从事渔业生产或渔业资源调查活动的，责令其离开或将其驱逐，可以没收渔获物、渔具，并处五十万元以下的罚款；情节严重的，可以没收渔船；涉嫌犯罪的，及时将案件移送司法机关，依法追究刑事责任。

第十六条 我国渔船违反我国缔结、参加的国际渔业条约和违反公认的国际关系准则的，可处以罚款。

第十七条 违反《实施细则》第二十六条，在鱼、虾、贝、蟹幼苗的重点产区直接引水、用水的，未采取避开幼苗密集区、密集期或设置网栅等保护措施的，可处以一万元以下罚款。

第十八条 按照《渔业法》第三十八条、第四十一条、第四十二条、第四十三条规定需处以罚款的，除按本规定罚款外，依照《实施细则》规定，对船长或者单位负责人可视情节另处两万元以下罚款。

第十九条 凡无船名号、无船舶证书，无船籍港而从事渔业活动的船舶，可对船主处以船价两倍以下的罚款，并可予以没收。凡未履行审批手续非法建造、改装的渔船，一律予以没收。

第二十条 在海上执法时，对违反禁渔区、禁渔期的规定或者使用禁用的渔具、捕捞方法进行捕捞，以及未取得捕捞许可证进行捕捞的，事实清楚、证据充分，但是当场不能按照法定程序作出和执行行政处罚决定的，可以先暂时扣押捕捞许可证、渔具或者渔船，回港后依法作出和执行行政处罚决定。

第二十一条 本规定由农业农村部负责解释。

中华人民共和国渔业船员管理办法

（2014年5月23日农业部令2014年第4号公布　根据2017年11月30日《农业部关于修改和废止部分规章、规范性文件的决定》第一次修正　根据2022年1月7日《农业农村部关于修改和废止部分规章、规范性文件的决定》第二次修正）

第一章　总　　则

第一条 加强渔业船员管理，维护渔业船员合法权益，保障渔业船舶及船上人员的生命财产安全，根据《中华人民共和国船员条例》，制定本办法。

第二条 本办法适用于在中华人民共和国国籍渔业船舶上工作的渔业船员的管理。

第三条 农业农村部负责全国渔业船员管理工作。

县级以上地方人民政府渔业主管部门及其所属的渔政渔港监督管理机

构，依照各自职责负责渔业船员管理工作。

第二章　渔业船员任职和发证

第四条　渔业船员实行持证上岗制度。渔业船员应当按照本办法的规定接受培训，经考试或考核合格、取得相应的渔业船员证书后，方可在渔业船舶上工作。

在远洋渔业船舶上工作的中国籍船员，还应当按照有关规定取得中华人民共和国海员证。

第五条　渔业船员分为职务船员和普通船员。

职务船员是负责船舶管理的人员，包括以下五类：

（一）驾驶人员，职级包括船长、船副、助理船副；

（二）轮机人员，职级包括轮机长、管轮、助理管轮；

（三）机驾长；

（四）电机员；

（五）无线电操作员。

职务船员证书分为海洋渔业职务船员证书和内陆渔业职务船员证书，具体等级职级划分见附件 1。

普通船员是职务船员以外的其他船员。普通船员证书分为海洋渔业普通船员证书和内陆渔业普通船员证书。

第六条　渔业船员培训包括基本安全培训、职务船员培训和其他培训。

基本安全培训是指渔业船员都应当接受的任职培训，包括水上求生、船舶消防、急救、应急措施、防止水域污染、渔业安全生产操作规程等内容。

职务船员培训是指职务船员应当接受的任职培训，包括拟任岗位所需的专业技术知识、专业技能和法律法规等内容。

其他培训是指远洋渔业专项培训和其他与渔业船舶安全和渔业生产相关的技术、技能、知识、法律法规等培训。

第七条　申请渔业普通船员证书应当具备以下条件：

（一）年满 18 周岁（在船实习、见习人员年满 16 周岁）且初次申请不超过 60 周岁；

（二）符合渔业船员健康标准（见附件 2）；

（三）经过基本安全培训。

符合以上条件的，由申请者向渔政渔港监督管理机构提出书面申请。渔政渔港监督管理机构应当组织考试或考核，对考试或考核合格的，自考试成绩或考核结果公布之日起 10 个工作日内发放渔业普通船员证书。

第八条 申请渔业职务船员证书应当具备以下条件：

（一）持有渔业普通船员证书或下一级相应职务船员证书；

（二）初次申请不超过 60 周岁；

（三）符合任职岗位健康条件要求；

（四）具备相应的任职资历条件（见附件 3），且任职表现和安全记录良好；

（五）完成相应的职务船员培训，在远洋渔业船舶上工作的驾驶和轮机人员，还应当接受远洋渔业专项培训。

符合以上条件的，由申请者向渔政渔港监督管理机构提出书面申请。渔政渔港监督管理机构应当组织考试或考核，对考试或考核合格的，自考试成绩或考核结果公布之日起 10 个工作日内发放相应的渔业职务船员证书。

第九条 航海、海洋渔业、轮机管理、机电、船舶通信等专业的院校毕业生申请渔业职务船员证书，具备本办法第八条规定的健康及任职资历条件的，可申请考核。经考核合格，按以下规定分别发放相应的渔业职务船员证书：

（一）高等院校本科毕业生按其所学专业签发一级船副、一级管轮、电机员、无线电操作员证书；

（二）高等院校专科（含高职）毕业生按其所学专业签发二级船副、二级管轮、电机员、无线电操作员证书；

（三）中等专业学校毕业生按其所学专业签发助理船副、助理管轮、电机员、无线电操作员证书。

内陆渔业船舶接收相应专业毕业生任职的，参照前款规定执行。

第十条 曾在军用船舶、交通运输船舶等非渔业船舶上任职的船员申请渔业船员证书，应当参加考核。经考核合格，由渔政渔港监督管理机构换发相应的渔业普通船员证书或渔业职务船员证书。

第十一条 申请海洋渔业船舶一级驾驶人员、一级轮机人员、电机员、无线电操作员证书以及远洋渔业职务船员证书的，由省级以上渔政渔港监督管理机构组织考试、考核、发证；其他渔业船员证书的考试、考核、发证权限由省级渔政渔港监督管理机构制定并公布，报农业农村部备案。

第十二条 渔业船员考试包括理论考试和实操评估。海洋渔业船员考试大纲由农业农村部统一制定并公布。内陆渔业船员考试大纲由省级渔政渔港监督管理机构根据本辖区的具体情况制定并公布。

渔业船员考核可由渔政渔港监督管理机构根据实际需要和考试大纲，选取适当科目和内容进行。

第十三条 渔业船员证书的有效期不超过 5 年。证书有效期满，持证人需要继续从事相应工作的,应当向有相应管理权限的渔政渔港监督管理机构申请换发证书。渔政渔港监督管理机构可以根据实际需要和职务知识技能更新情况组织考核,对考核合格的,换发相应渔业船员证书。

渔业船员证书期满5年后,持证人需要从事渔业船员工作的,应当重新申请原等级原职级证书。

第十四条 有效期内的渔业船员证书损坏或丢失的,应当凭损坏的证书原件或在原发证机关所在地报纸刊登的遗失声明,向原发证机关申请补发。补发的渔业船员证书有效期应当与原证书有效期一致。

第十五条 渔业船员证书格式由农业农村部统一制定。远洋渔业职务船员证书由农业农村部印制;其他渔业船员证书由省级渔政渔港监督管理机构印制。

第十六条 禁止伪造、变造、转让渔业船员证书。

第三章 渔业船员配员和职责

第十七条 海洋渔业船舶应当满足本办法规定的职务船员最低配员标准(附件4)。内陆渔业船舶船员最低配员标准由各省级人民政府渔业主管部门根据本地情况制定,报农业农村部备案。

持有高等级职级船员证书的船员可以担任低等级职级船员职务。

渔业船舶所有人或经营人可以根据作业安全和管理的需要,增加职务船员的配员。

第十八条 渔业船舶在境外遇有不可抗力或其他持证人不能履行职务的特殊情况,导致无法满足本办法规定的职务船员最低配员标准时,具备以下条件的船员,可以由船舶所有人或经营人向船籍港所在地省级渔政渔港监督管理机构申请临时担任上一职级职务:

(一)持有下一职级相应证书;

(二)申请之日前5年内,具有6个月以上不低于其船员证书所记载船舶、水域、职务的任职资历;

(三)任职表现和安全记录良好。

渔政渔港监督管理机构根据拟担任上一级职务船员的任职情况签发特免证明。特免证明有效期不得超过6个月,不得延期,不得连续申请。渔业船舶抵达中国第一个港口后,特免证明自动失效。失效的特免证明应当及时缴回签发机构。

一艘渔业船舶上同时持有特免证明的船员不得超过2人。

第十九条 中国籍渔业船舶的船长应当由中国籍公民担任。

外国籍公民在中国籍渔业船舶上工作,应当持有所属国政府签发的相关身份证件,在我国依法取得就业许可,并按本办法的规定取得渔业船员证书。持有中华人民共和国缔结或者加入的国际条约的缔约国签发的外国职务船员证书的,应当按照国家有关规定取得承认签证。承认签证的有效期不得超过被承认职务船员证书的有效期,当被承认职务船员证书失效时,相应的承认签证自动失效。

第二十条 渔业船舶所有人或经营人应当为在渔业船舶上工作的渔业船员建立基本信息档案,并报船籍港所在地渔政渔港监督管理机构或渔政渔港监督管理机构委托的服务机构备案。

渔业船员变更的,渔业船舶所有人或经营人应当在出港前 10 个工作日内报船籍港所在地渔政渔港监督管理机构或渔政渔港监督管理机构委托的服务机构备案,并及时变更渔业船员基本信息档案。

第二十一条 渔业船员在船工作期间,应当符合下列要求:

(一)携带有效的渔业船员证书;

(二)遵守法律法规和安全生产管理规定,遵守渔业生产作业及防治船舶污染操作规程;

(三)执行渔业船舶上的管理制度和值班规定;

(四)服从船长及上级职务船员在其职权范围内发布的命令;

(五)参加渔业船舶应急训练、演习,落实各项应急预防措施;

(六)及时报告发现的险情、事故或者影响航行、作业安全的情况;

(七)在不严重危及自身安全的情况下,尽力救助遇险人员;

(八)不得利用渔业船舶私载、超载人员和货物,不得携带违禁物品;

(九)职务船员不得在生产航次中擅自辞职、离职或者中止职务。

第二十二条 渔业船员在船舶航行、作业、锚泊时应当按照规定值班。值班船员应当履行以下职责:

(一)熟悉并掌握船舶的航行与作业环境、航行与导航设施设备的配备和使用、船舶的操控性能、本船及邻近船舶使用的渔具特性,随时核查船舶的航向、船位、船速及作业状态;

(二)按照有关的船舶避碰规则以及航行、作业环境要求保持值班瞭望,并及时采取预防船舶碰撞和污染的相应措施;

(三)如实填写有关船舶法定文书;

(四)在确保航行与作业安全的前提下交接班。

第二十三条 船长是渔业安全生产的直接责任人,在组织开展渔业生产、保障水上人身与财产安全、防治渔业船舶污染水域和处置突发事件方面，具有独立决定权，并履行以下职责：

（一）确保渔业船舶和船员携带符合法定要求的证书、文书以及有关航行资料；

（二）确保渔业船舶和船员在开航时处于适航、适任状态，保证渔业船舶符合最低配员标准，保证渔业船舶的正常值班；

（三）服从渔政渔港监督管理机构依据职责对渔港水域交通安全和渔业生产秩序的管理，执行有关水上交通安全和防治船舶污染等规定；

（四）确保渔业船舶依法进行渔业生产，正确合法使用渔具渔法，在船人员遵守相关资源养护法律法规，按规定填写渔捞日志，并按规定开启和使用安全通导设备；

（五）在渔业船员证书内如实记载渔业船员的履职情况；

（六）按规定办理渔业船舶进出港报告手续；

（七）船舶进港、出港、靠泊、离泊，通过交通密集区、危险航区等区域，或者遇有恶劣天气和海况，或者发生水上交通事故、船舶污染事故、船舶保安事件以及其他紧急情况时，应当在驾驶台值班，必要时应当直接指挥船舶；

（八）发生水上安全交通事故、污染事故、涉外事件、公海登临和港口国检查时，应当立即向渔政渔港监督管理机构报告，并在规定的时间内提交书面报告；

（九）全力保障在船人员安全，发生水上安全事故危及船上人员或财产安全时，应当组织船员尽力施救；

（十）弃船时，船长应当最后离船，并尽力抢救渔捞日志、轮机日志、油类记录簿等文件和物品；

（十一）在不严重危及自身船舶和人员安全的情况下，尽力履行水上救助义务。

第二十四条 船长履行职责时，可以行使下列权力：

（一）当渔业船舶不具备安全航行条件时，拒绝开航或者续航；

（二）对渔业船舶所有人或经营人下达的违法指令，或者可能危及船员、财产或船舶安全，以及造成渔业资源破坏和水域环境污染的指令，可以拒绝执行；

（三）当渔业船舶遇险并严重危及船上人员的生命安全时，决定船上人员撤离渔业船舶；

（四）在渔业船舶的沉没、毁灭不可避免的情况下，报经渔业船舶所有人或经营人同意后弃船，紧急情况除外；

（五）责令不称职的船员离岗。

船长在其职权范围内发布的命令，船舶上所有人员必须执行。

第四章 渔业船员培训和服务

第二十五条 渔业船员培训机构开展培训业务，应当具备开展相应培训所需的场地、设施、设备和教学人员条件。

第二十六条 海洋渔业船员培训机构分为以下三级，应当具备的具体条件由农业农村部另行规定：

一级渔业船员培训机构，可以承担海洋渔业船舶各类各级职务船员培训、远洋渔业专项培训和基本安全培训；

二级渔业船员培训机构，可以承担海洋渔业船舶二级以下驾驶和轮机人员培训、机驾长培训和基本安全培训；

三级渔业船员培训机构，可以承担海洋渔业船舶机驾长培训和基本安全培训。

内陆渔业船员培训机构应当具备的具体条件，由省级人民政府渔业主管部门根据渔业船员管理需要制定。

第二十七条 渔业船员培训机构应当在每期培训班开班前，将学员名册、培训内容和教学计划报所在地渔政渔港监督管理机构备案。

第二十八条 渔业船员培训机构应当建立渔业船员培训档案。学员参加培训课时达到规定培训课时80%的，渔业船员培训机构方可出具渔业船员培训证明。

第二十九条 国家鼓励建立渔业船员服务机构。

渔业船员服务机构可以为渔业船员代理申请考试、申领证书等有关手续，代理船舶所有人或经营人管理渔业船员事务，提供渔业船员船舶配员等服务。

渔业船员服务机构为船员提供服务，应当订立书面合同。

第五章 渔业船员职业管理与保障

第三十条 渔业船舶所有人或经营人应当依法与渔业船员订立劳动合同。

渔业船舶所有人或经营人，不得招用未持有相应有效渔业船员证书的人员上船工作。

第三十一条 渔业船舶所有人或经营人应当依法为渔业船员办理保险。

第三十二条 渔业船舶所有人或经营人应当保障渔业船员的生活和工作场所符合《渔业船舶法定检验规则》对船员生活环境、作业安全和防护的要求，并为船员提供必要的船上生活用品、防护用品、医疗用品，建立船员健康档案，为船员定期进行健康检查和心理辅导，防治职业疾病。

第三十三条 渔业船员在船上工作期间受伤或者患病的，渔业船舶所有人或经营人应当及时给予救治；渔业船员失踪或者死亡的，渔业船舶所有人或经营人应当及时做好善后工作。

第三十四条 渔业船舶所有人或经营人是渔业安全生产的第一责任人，应当保证安全生产所需的资金投入，建立健全安全生产责任制，按照规定配备船员和安全设备，确保渔业船舶符合安全适航条件，并保证船员足够的休息时间。

第六章 监督管理

第三十五条 渔政渔港监督管理机构应当健全渔业船员管理及监督检查制度，建立渔业船员档案，督促渔业船舶所有人或经营人完善船员安全保障制度，落实相应的保障措施。

第三十六条 渔政渔港监督管理机构应当依法对渔业船员持证情况、任职资格和资历、履职情况、安全记录，船员培训机构培训质量，船员服务机构诚实守信情况等进行监督检查，必要时可对船员进行现场考核。

渔政渔港监督管理机构依法实施监督检查时，船员、渔业船舶所有人和经营人、船员培训机构和服务机构应当予以配合，如实提供证书、材料及相关情况。

第三十七条 渔业船员违反有关法律、法规、规章的，除依法给予行政处罚外，各省级人民政府渔业主管部门可根据本地实际情况实行累计记分制度。

第三十八条 渔政渔港监督管理机构应当对渔业船员培训机构的条件、培训情况、培训质量等进行监督检查，检查内容包括教学计划的执行情况、承担本期培训教学任务的师资情况和教学情况、培训设施设备和教材的使用及补充情况、培训规模与师资配备要求的符合情况、学员的出勤情况、培训档案等。

第三十九条 渔政渔港监督管理机构应当公开有关渔业船员管理的事项、办事程序、举报电话号码、通信地址、电子邮件信箱等信息，自觉接受社会的监督。

第七章　罚　　则

第四十条　违反本办法规定，以欺骗、贿赂等不正当手段取得渔业船员证书的，由渔政渔港监督管理机构吊销渔业船员证书，并处2000元以上2万元以下罚款，三年内不再受理申请人渔业船员证书申请。

第四十一条　伪造、变造、转让渔业船员证书的，由渔政渔港监督管理机构收缴有关证书，处2万元以上10万元以下罚款，有违法所得的，还应当没收违法所得。

隐匿、篡改或者销毁有关渔业船舶、渔业船员法定证书、文书的，由渔政渔港监督管理机构处1000元以上1万元以下罚款；情节严重的，并处暂扣渔业船员证书6个月以上2年以下直至吊销渔业船员证书的处罚。

第四十二条　渔业船员违反本办法第二十一条第一项规定，责令改正，可以处2000元以下罚款。

违反本办法第二十一条第三项、第四项、第五项规定的，予以警告，情节严重的，处200元以上2000元以下罚款。

违反本办法第二十一条第九项规定的，处1000元以上2万元以下罚款。

第四十三条　渔业船员违反本办法第二十一条第二项、第六项、第七项、第八项和第二十二条规定的，处1000元以上1万元以下罚款；情节严重的，并处暂扣渔业船员证书6个月以上2年以下直至吊销渔业船员证书的处罚。

第四十四条　渔业船舶的船长违反本办法第二十三条第一项、第二项、第五项、第七项、第十项规定的，由渔政渔港监督管理机构处2000元以上2万元以下罚款；情节严重的，并处暂扣渔业船员证书6个月以上2年以下直至吊销渔业船员证书的处罚。违反第二十三条第三项、第六项规定的，责令改正，并可以处警告、2000元以上2万元以下罚款；情节严重的，并处暂扣渔业船员证书6个月以下，直至吊销渔业船员证书的处罚。违反第二十三条第四项、第八项、第九项、第十一项规定的，由渔政渔港监督管理机构处2000元以上2万元以下罚款。

第四十五条　渔业船员因违规造成责任事故，涉嫌犯罪的，及时将案件移送司法机关，依法追究刑事责任。

第四十六条　渔业船员证书被吊销的，自被吊销之日起2年内，不得申请渔业船员证书。

第四十七条　渔业船舶所有人或经营人有下列行为之一的，由渔政渔港监督管理机构责令改正，处3万元以上15万元以下罚款：

（一）未按规定配齐渔业职务船员，或招用未取得本办法规定证件的人员在渔业船舶上工作的；

（二）渔业船员在渔业船舶上生活和工作的场所不符合相关要求的；

（三）渔业船员在船工作期间患病或者受伤，未及时给予救助的。

第四十八条 渔业船员培训机构有下列情形之一的，由渔政渔港监督管理机构责令改正，并按以下规定处罚：

（一）不具备规定条件开展渔业船员培训的，处 5 万元以上 25 万元以下罚款，有违法所得的，还应当没收违法所得；

（二）未按规定的渔业船员考试大纲和水上交通安全、防治船舶污染等内容要求进行培训的，可以处 2 万元以上 10 万元以下罚款。

未按规定出具培训证明或者出具虚假培训证明的，由渔政渔港监督管理机构给予警告，责令改正；拒不改正或者再次出现同类违法行为的，可处 3 万元以下罚款。

第四十九条 渔业主管部门或渔政渔港监督管理机构工作人员有下列情形之一的，依法给予处分：

（一）违反规定发放渔业船员证书的；

（二）不依法履行监督检查职责的；

（三）滥用职权、玩忽职守的其他行为。

第八章　附　　则

第五十条 本办法中下列用语的含义是：

渔业船员，是指服务于渔业船舶，具有固定工作岗位的人员。

船舶长度，是指公约船长，即《渔业船舶国籍证书》所登记的"船长"。

主机总功率，是指所有用于推进的发动机持续功率总和，即《渔业船舶国籍证书》所登记"主机总功率"。

第五十一条 海洋渔业船舶的所有人、经营人、船长、船员违反《中华人民共和国海上交通安全法》相关规定的处罚，按《中华人民共和国海上交通安全法》执行。

第五十二条 非机动渔业船舶的船员管理办法，由各省级人民政府渔业主管部门根据本地实际情况制定。

第五十三条 渔业船员培训、考试、发证，应当按国家有关规定缴纳相关费用。

第五十四条 本办法自 2015 年 1 月 1 日起施行。农业部 1994 年 8 月 18

日公布的《内河渔业船舶船员考试发证规则》、1998 年 3 月 2 日公布的《中华人民共和国渔业船舶普通船员专业基础训练考核发证办法》、2006 年 3 月 27 日公布的《中华人民共和国海洋渔业船员发证规定》同时废止。

渔业捕捞许可管理规定

(2018 年 12 月 3 日农业农村部令 2018 年第 1 号公布　根据 2020 年 7 月 8 日《农业农村部关于修改和废止部分规章、规范性文件的决定》第一次修正　根据 2022 年 1 月 7 日《农业农村部关于修改和废止部分规章、规范性文件的决定》第二次修正)

第一章　总　　则

第一条　为了保护、合理利用渔业资源,控制捕捞强度,维护渔业生产秩序,保障渔业生产者的合法权益,根据《中华人民共和国渔业法》,制定本规定。

第二条　中华人民共和国的公民、法人和其他组织从事渔业捕捞活动,以及外国人、外国渔业船舶在中华人民共和国领域及管辖的其他水域从事渔业捕捞活动,应当遵守本规定。

中华人民共和国缔结的条约、协定另有规定的,按条约、协定执行。

第三条　国家对捕捞业实行船网工具控制指标管理,实行捕捞许可证制度和捕捞限额制度。

国家根据渔业资源变化与环境状况,确定船网工具控制指标,控制捕捞能力总量和渔业捕捞许可证数量。渔业捕捞许可证的批准发放,应当遵循公开、公平、公正原则,数量不得超过船网工具控制指标范围。

第四条　渔业捕捞许可证、船网工具指标等证书文件的审批实行签发人负责制,相关证书文件经签发人签字并加盖公章后方为有效。

签发人对其审批签发证书文件的真实性及合法性负责。

第五条　农业农村部主管全国渔业捕捞许可管理和捕捞能力总量控制工作。

县级以上地方人民政府渔业主管部门及其所属的渔政监督管理机构负责本行政区域内的渔业捕捞许可管理和捕捞能力总量控制的组织、实施工作。

第六条　县级以上人民政府渔业主管部门应当在其办公场所和网上办理平台,公布船网工具指标、渔业捕捞许可证审批的条件、程序、期限以及需要提交的全部材料目录和申请书示范文本等事项。

县级以上人民政府渔业主管部门应当按照本规定自受理船网工具指标或渔业捕捞许可证申请之日起20个工作日内审查完毕或者作出是否批准的决定。不予受理申请或者不予批准的,应当书面通知申请人并说明理由。

第七条 县级以上人民政府渔业主管部门应当加强渔船和捕捞许可管理信息系统建设,建立健全渔船动态管理数据库。海洋渔船船网工具指标和捕捞许可证的申请、审核审批及制发证书文件等应当通过全国统一的渔船动态管理系统进行。

申请人应当提供的户口簿、营业执照、渔业船舶检验证书、渔业船舶登记证等法定证照、权属证明在全国渔船动态管理系统或者部门间核查能够查询到有效信息的,可以不再提供纸质材料。

第二章 船网工具指标

第八条 海洋渔船按船长分为以下三类:

(一)海洋大型渔船:船长大于或者等于24米;

(二)海洋中型渔船:船长大于或者等于12米且小于24米;

(三)海洋小型渔船:船长小于12米。

内陆渔船的分类标准由各省、自治区、直辖市人民政府渔业主管部门制定。

第九条 国内海洋大中型捕捞渔船的船网工具控制指标由农业农村部确定并报国务院批准后,向有关省、自治区、直辖市下达。国内海洋小型捕捞渔船的船网工具控制指标由省、自治区、直辖市人民政府依据其渔业资源与环境承载能力、资源利用状况、渔民传统作业情况等确定,报农业农村部批准后下达。

县级以上地方人民政府渔业主管部门应当控制本行政区域内海洋捕捞渔船的数量、功率,不得超过国家或省、自治区、直辖市人民政府下达的船网工具控制指标,具体办法由省、自治区、直辖市人民政府规定。

内陆水域捕捞业的船网工具控制指标和管理,按照省、自治区、直辖市人民政府的规定执行。

第十条 制造、更新改造、购置、进口海洋捕捞渔船,应当经有审批权的人民政府渔业主管部门在国家或者省、自治区、直辖市下达的船网工具控制指标内批准,并取得渔业船网工具指标批准书。

第十一条 申请海洋捕捞渔船船网工具指标,应当向户籍所在地、法人或非法人组织登记地县级以上人民政府渔业主管部门提出,提交渔业船网工具指标申请书、申请人户口簿或者营业执照，以及申请人所属渔业组织出具的意见，并按以下情况提供资料：

（一）制造海洋捕捞渔船的，提供经确认符合船机桨匹配要求的渔船建造设计图纸。

国内海洋捕捞渔船淘汰后申请制造渔船的，还应当提供渔船拆解所在地县级以上地方人民政府渔业主管部门出具的渔业船舶拆解、销毁或处理证明和现场监督管理的影像资料，以及原发证机关出具的渔业船舶证书注销证明。

国内海洋捕捞渔船因海损事故造成渔船灭失后申请制造渔船的，还应当提供船籍港登记机关出具的灭失证明和原发证机关出具的渔业船舶证书注销证明。

（二）购置海洋捕捞渔船的提供：

1. 被购置渔船的渔业船舶检验证书、渔业船舶国籍证书和所有权登记证书；

2. 被购置渔船的渔业捕捞许可证注销证明；

3. 渔业船网工具指标转移证明；

4. 渔船交易合同；

5. 出售方户口簿或者营业执照。

（三）更新改造海洋捕捞渔船的提供：

1. 渔业船舶检验证书、渔业船舶国籍证书和所有权登记证书；

2. 渔业捕捞许可证注销证明。

申请增加国内渔船主机功率的，还应当提供用于主机功率增加部分的被淘汰渔船的拆解、销毁或处理证明和现场监督管理的影像资料或者灭失证明，及其原发证机关出具的渔业船舶证书注销证明，并提供经确认符合船机桨匹配要求的渔船建造设计图纸。

（四）进口海洋捕捞渔船的，提供进口理由、旧渔业船舶进口技术评定书。

（五）申请制造、购置、更新改造、进口远洋渔船的，除分别按照第一项、第二项、第三项、第四项规定提供相应资料外，应当提供远洋渔业项目可行性研究报告；到他国管辖海域作业的远洋渔船，还应当提供与外方的合作协议或有关当局同意入渔的证明。但是，申请购置和更新改造的远洋渔船，不需提供渔业捕捞许可证注销证明。

（六）购置并制造、购置并更新改造、进口并更新改造海洋捕捞渔船的，同时按照制造、更新改造和进口海洋捕捞渔船的要求提供相关材料。

第十二条　下列海洋捕捞渔船的船网工具指标，向省级人民政府渔业主管部门申请。省级人民政府渔业主管部门应当按照规定进行审查，并将审查意见和申请人的全部申请材料报农业农村部审批：

（一）远洋渔船；

（二）因特殊需要，超过国家下达的省、自治区、直辖市渔业船网工具控制指标的渔船；

（三）其他依法应由农业农村部审批的渔船。

第十三条 除第十二条规定情况外，制造或者更新改造国内海洋大中型捕捞渔船的船网工具指标，由省级人民政府渔业主管部门审批。

跨省、自治区、直辖市购置国内海洋捕捞渔船的，由买入地省级人民政府渔业主管部门审批。

其他国内渔船的船网工具指标的申请、审批，由省、自治区、直辖市人民政府规定。

第十四条 制造、更新改造国内海洋捕捞渔船的，应当在本省、自治区、直辖市渔业船网工具控制指标范围内，通过淘汰旧捕捞渔船解决，船数和功率数应当分别不超过淘汰渔船的船数和功率数。国内海洋大中型捕捞渔船和小型捕捞渔船的船网工具指标不得相互转换。

购置国内海洋捕捞渔船的船网工具指标随船转移。国内海洋大中型捕捞渔船不得跨海区买卖，国内海洋小型和内陆捕捞渔船不得跨省、自治区、直辖市买卖。

国内现有海洋捕捞渔船经审批转为远洋捕捞作业的，其船网工具指标予以保留。因渔船发生重大改造，导致渔船主尺度、主机功率和作业类型发生变更的除外。

专业远洋渔船不计入省、自治区、直辖市的船网工具控制指标，由农业农村部统一管理，不得在我国管辖水域作业。

第十五条 渔船灭失、拆解、销毁的，原船舶所有人可自渔船灭失、拆解、销毁之日起 12 个月内，按本规定申请办理渔船制造或更新改造手续；逾期未申请的，视为自行放弃，由渔业主管部门收回船网工具指标。渔船灭失依法需要调查处理的，调查处理所需时间不计算在此规定期限内。

专业远洋渔船因特殊原因无法按期申请办理渔船制造手续的，可在前款规定期限内申请延期，但最长不超过相应远洋渔业项目届满之日起 36 个月。

第十六条 申请人应当凭渔业船网工具指标批准书办理渔船制造、更新改造、购置或进口手续，并申请渔船检验、登记，办理渔业捕捞许可证。

制造、更新改造、进口渔船的渔业船网工具指标批准书的有效期为 18 个月，购置渔船的渔业船网工具指标批准书的有效期为 6 个月。因特殊原因在规定期限内无法办理完毕相关手续的，可在有效期届满前 3 个月内申请有效期延展 18 个月。

已开工建造的到特殊渔区作业的专业远洋渔船,在延展期内仍无法办理完毕相关手续的,可在延展期届满前 3 个月内再申请延展 18 个月,且不得再次申请延展。

船网工具指标批准书有效期届满未依法延续的,审批机关应当予以注销并收回船网工具指标。

第十七条 渔业船网工具指标批准书在有效期内遗失或者灭失的,船舶所有人应当在 1 个月内向原审批机关说明遗失或者灭失的时间、地点和原因等情况,由原审批机关在其官方网站上发布声明,自公告声明发布之日起 15 日后,船舶所有人可向原审批机关申请补发渔业船网工具指标批准书。补发的渔业船网工具指标批准书有效期限不变。

第十八条 因继承、赠与、法院判决、拍卖等发生海洋渔船所有权转移的,参照购置海洋捕捞渔船的规定申请办理船网工具指标和渔业捕捞许可证。依法拍卖的,竞买人应当具备规定的条件。

第十九条 有下列情形之一的,不予受理海洋渔船的渔业船网工具指标申请;已经受理的,不予批准:

(一)渔船数量或功率数超过船网工具控制指标的;

(二)从国外或香港、澳门、台湾地区进口,或以合作、合资等方式引进捕捞渔船在我国管辖水域作业的;

(三)除他国政府许可或到特殊渔区作业有特别需求的专业远洋渔船外,制造拖网作业渔船的;

(四)制造单锚张纲张网、单船大型深水有囊围网(三角虎网)作业渔船的;

(五)户籍登记为一户的申请人已有两艘以上小型捕捞渔船,申请制造、购置的;

(六)除专业远洋渔船外,申请人户籍所在地、法人或非法人组织登记地为非沿海县(市)的,或者企业法定代表人户籍所在地与企业登记地不一致的;

(七)违反本规定第十四条第一款、第二款规定,以及不符合有关法律、法规、规章规定和产业发展政策的。

第三章 渔业捕捞许可证

第一节 一般规定

第二十条 在中华人民共和国管辖水域从事渔业捕捞活动,以及中国籍渔船在公海从事渔业捕捞活动,应当经审批机关批准并领取渔业捕捞许可证,按照渔业捕捞许可证核定的作业类型、场所、时限、渔具数量和规格、捕捞品种等作业。对已实行捕捞限额管理的品种或水域,应当按照规定的捕捞限额作业。

禁止在禁渔区、禁渔期、自然保护区从事渔业捕捞活动。

渔业捕捞许可证应当随船携带,徒手作业的应当随身携带,妥善保管,并接受渔业行政执法人员的检查。

第二十一条 渔业捕捞许可证分为下列八类:

(一)海洋渔业捕捞许可证,适用于许可中国籍渔船在我国管辖海域的捕捞作业;

(二)公海渔业捕捞许可证,适用于许可中国籍渔船在公海的捕捞作业。国际或区域渔业管理组织有特别规定的,应当同时遵守有关规定;

(三)内陆渔业捕捞许可证,适用于许可在内陆水域的捕捞作业;

(四)专项(特许)渔业捕捞许可证,适用于许可在特定水域、特定时间或对特定品种的捕捞作业,或者使用特定渔具或捕捞方法的捕捞作业;

(五)临时渔业捕捞许可证,适用于许可临时从事捕捞作业和非专业渔船临时从事捕捞作业;

(六)休闲渔业捕捞许可证,适用于许可从事休闲渔业的捕捞活动;

(七)外国渔业捕捞许可证,适用于许可外国船舶、外国人在我国管辖水域的捕捞作业;

(八)捕捞辅助船许可证,适用于许可为渔业捕捞生产提供服务的渔业捕捞辅助船,从事捕捞辅助活动。

第二十二条 渔业捕捞许可证核定的作业类型分为刺网、围网、拖网、张网、钓具、耙刺、陷阱、笼壶、地拉网、敷网、抄网、掩罩等共12种。核定作业类型最多不得超过两种,并应当符合渔具准用目录和技术标准,明确每种作业类型中的具体作业方式。拖网、张网不得互换且不得与其他作业类型兼作,其他作业类型不得改为拖网、张网作业。

捕捞辅助船不得从事捕捞生产作业,其携带的渔具应当捆绑、覆盖。

第二十三条 渔业捕捞许可证核定的海洋捕捞作业场所分为以下四类:

A类渔区:黄海、渤海、东海和南海等海域机动渔船底拖网禁渔区线向陆地一侧海域;

B类渔区:我国与有关国家缔结的协定确定的共同管理渔区、南沙海域、黄岩岛海域及其他特定渔业资源渔场和水产种质资源保护区;

C类渔区:渤海、黄海、东海、南海及其他我国管辖海域中除A类、B类渔

区之外的海域。其中,黄渤海区为C1、东海区为C2、南海区为C3;

D类渔区:公海。

内陆水域捕捞作业场所按具体水域核定,跨行政区域的按该水域在不同行政区域的范围进行核定。

海洋捕捞作业场所要明确核定渔区的类别和范围,其中B类渔区要明确核定渔区、渔场或保护区的具体名称。公海要明确海域的名称。内陆水域作业场所要明确具体的水域名称及其范围。

第二十四条 渔业捕捞许可证的作业场所核定权限如下:

(一)农业农村部:A类、B类、C类、D类渔区和内陆水域;

(二)省级人民政府渔业主管部门:在海洋为本省、自治区、直辖市范围内的A类渔区,农业农村部授权的B类渔区、C类渔区。在内陆水域为本省、自治区、直辖市行政管辖水域;

(三)市、县级人民政府渔业主管部门:由省级人民政府渔业主管部门在其权限内规定并授权。

第二十五条 国内海洋大中型渔船捕捞许可证的作业场所应当核定在海洋B类、C类渔区,国内海洋小型渔船捕捞许可证的作业场所应当核定在海洋A类渔区。因传统作业习惯需要,经作业水域所在地审批机关批准,海洋大中型渔船捕捞许可证的作业场所可核定在海洋A类渔区。

作业场所核定在B类、C类渔区的渔船,不得跨海区界限作业,但我国与有关国家缔结的协定确定的共同管理渔区跨越海区界限的除外。作业场所核定在A类渔区或内陆水域的渔船,不得跨省、自治区、直辖市管辖水域界限作业。

第二十六条 专项(特许)渔业捕捞许可证应当与海洋渔业捕捞许可证或内陆渔业捕捞许可证同时使用,但因教学、科研等特殊需要,可单独使用专项(特许)渔业捕捞许可证。在B类渔区捕捞作业的,应当申请核发专项(特许)渔业捕捞许可证。

第二节 申请与核发

第二十七条 渔业捕捞许可证的申请人应当是船舶所有人。

徒手作业的,渔业捕捞许可证的申请人应当是作业人本人。

第二十八条 申请渔业捕捞许可证,申请人应当向户籍所在地、法人或非法人组织登记地县级以上人民政府渔业主管部门提出申请,并提交下列资料:

(一)渔业捕捞许可证申请书;

(二)船舶所有人户口簿或者营业执照;

（三）渔业船舶检验证书、渔业船舶国籍证书和所有权登记证书，徒手作业的除外；

（四）渔具和捕捞方法符合渔具准用目录和技术标准的说明。

申请海洋渔业捕捞许可证，除提供第一款规定的资料外，还应提供：

（一）申请人所属渔业组织出具的意见；

（二）首次申请和重新申请捕捞许可证的，提供渔业船网工具指标批准书；

（三）申请换发捕捞许可证的，提供原捕捞许可证。

申请公海渔业捕捞许可证，除提供第一款规定的资料外，还需提供：

（一）农业农村部远洋渔业项目批准文件；

（二）首次申请和重新申请的，提供渔业船网工具指标批准书；

（三）非专业远洋渔船需提供海洋渔业捕捞许可证暂存的凭据。

申请专项（特许）渔业捕捞许可证，除提供第一款规定的资料外，还应提供海洋渔业捕捞许可证或内陆渔业捕捞许可证。其中，申请到 B 类渔区作业的专项（特许）渔业捕捞许可证的，还应当依据有关管理规定提供申请材料；申请在禁渔区或者禁渔期作业的，还应当提供作业事由和计划；承担教学、科研等项目租用渔船的，还应提供项目计划、租用协议。

科研、教学单位的专业科研调查船、教学实习船申请专项（特许）渔业捕捞许可证，除提供第一款规定的资料外，还应提供科研调查、教学实习任务书或项目可行性报告。

第二十九条　下列作业渔船的渔业捕捞许可证，向船籍港所在地省级人民政府渔业主管部门申请。省级人民政府渔业主管部门应当审核并报农业农村部批准发放：

（一）到公海作业的；

（二）到我国与有关国家缔结的协定确定的共同管理渔区及南沙海域、黄岩岛海域作业的；

（三）到特定渔业资源渔场、水产种质资源保护区作业的；

（四）科研、教学单位的专业科研调查船、教学实习船从事渔业科研、教学实习活动的；

（五）其他依法应当由农业农村部批准发放的。

第三十条　下列作业的捕捞许可证，由省级人民政府渔业主管部门批准发放：

（一）海洋大型拖网、围网渔船作业的；

（二）因养殖或者其他特殊需要，捕捞农业农村部颁布的有重要经济价值的苗种或者禁捕的怀卵亲体的；

(三)因教学、科研等特殊需要,在禁渔区、禁渔期从事捕捞作业的。

第三十一条 因传统作业习惯或科研、教学及其他特殊情况,需要跨越本规定第二十五条第二款规定的界限从事捕捞作业的,由申请人所在地县级以上地方人民政府渔业主管部门审核同意后,报作业水域所在地审批机关批准发放。

在相邻交界水域作业的渔业捕捞许可证,由交界水域有关的县级以上地方人民政府渔业主管部门协商发放,或由其共同的上级人民政府渔业主管部门批准发放。

第三十二条 除本规定第二十九条、第三十条、第三十一条情况外,其他作业的渔业捕捞许可证由县级以上地方人民政府渔业主管部门审批发放。

县级以上地方人民政府渔业主管部门审批发放渔业捕捞许可证,应当优先安排当地专业渔民和渔业企业。

第三十三条 除专业远洋渔船外,申请渔业捕捞许可证,企业法定代表人户籍所在地与企业登记地不一致的;申请海洋渔业捕捞许可证,申请人户籍所在地、法人或非法人组织登记地为非沿海县(市)的,不予受理;已经受理的,不予批准。

第三节 证书使用

第三十四条 从事钓具、灯光围网作业渔船的子船与其主船(母船)使用同一本渔业捕捞许可证。

第三十五条 海洋渔业捕捞许可证和内陆渔业捕捞许可证的使用期限为5年。其他种类渔业捕捞许可证的使用期限根据实际需要确定,但最长不超过3年。

使用达到农业农村部规定的老旧渔业船舶船龄的渔船从事捕捞作业的,发证机关核发其渔业捕捞许可证时,证书使用期限不得超过渔业船舶检验证书记载的有效期限。

第三十六条 渔业捕捞许可证使用期届满,或者在有效期内有下列情形之一的,应当按规定申请换发渔业捕捞许可证:

(一)因行政区划调整导致船名变更、船籍港变更的;

(二)作业场所、作业方式变更的;

(三)船舶所有人姓名、名称或地址变更的,但渔船所有权发生转移的除外;

(四)渔业捕捞许可证污损不能使用的。

渔业捕捞许可证使用期届满的,船舶所有人应当在使用期届满前3个月内,向原发证机关申请换发捕捞许可证。发证机关批准换发渔业捕捞许可证时,应当收回原渔业捕捞许可证,并予以注销。

第三十七条 在渔业捕捞许可证有效期内有下列情形之一的,应当重新申请渔业捕捞许可证:

(一)渔船作业类型变更的;

(二)渔船主机、主尺度、总吨位变更的;

(三)因购置渔船发生所有人变更的;

(四)国内现有捕捞渔船经审批转为远洋捕捞作业的。

有前款第一项、第二项、第三项情形的,还应当办理原渔业捕捞许可证注销手续。

第三十八条 渔业捕捞许可证遗失或者灭失的,船舶所有人应当在 1 个月内向原发证机关说明遗失或者灭失的时间、地点和原因等情况,由原发证机关在其官方网站上发布声明,自公告声明发布之日起 15 日后,船舶所有人可向原发证机关申请补发渔业捕捞许可证。补发的渔业捕捞许可证使用期限不变。

第三十九条 有下列情形之一的,渔业捕捞许可证失效,发证机关应当予以注销:

(一)渔业捕捞许可证、渔业船舶检验证书或者渔业船舶国籍证书有效期届满未依法延续的;

(二)渔船灭失、拆解或销毁的,或者因渔船损毁且渔业捕捞许可证灭失的;

(三)不再从事渔业捕捞作业的;

(四)渔业捕捞许可证依法被撤销、撤回或者吊销的;

(五)以贿赂、欺骗等不正当手段取得渔业捕捞许可证的;

(六)依法应当注销的其他情形。

有前款第一项、第三项规定情形的,发证机关应当事先告知当事人。有前款第二项规定情形的,应当由船舶所有人提供相关证明。

渔业捕捞许可证注销后 12 个月内未按规定重新申请办理的,视为自行放弃,由渔业主管部门收回船网工具指标,更新改造渔船注销捕捞许可证的除外。

第四十条 使用期一年以上的渔业捕捞许可证实行年审制度,每年审验一次。

渔业捕捞许可证的年审工作由发证机关负责,也可由发证机关委托申请人户籍所在地、法人或非法人组织登记地的县级以上地方人民政府渔业主管部门负责。

第四十一条 同时符合下列条件的,为年审合格,由审验人签字,注明日期,加盖公章:

(一)具有有效的渔业船舶检验证书和渔业船舶国籍证书,船舶所有人和渔船主尺度、主机功率、总吨位未发生变更,且与渔业船舶证书载明的一致;

(二)渔船作业类型、场所、时限、渔具数量与许可内容一致;

(三)按规定填写和提交渔捞日志,未超出捕捞限额指标(对实行捕捞限额管理的渔船);

(四)按规定缴纳渔业资源增殖保护费;

(五)按规定履行行政处罚决定;

(六)其他条件符合有关规定。

年审不合格的,由渔业主管部门责令船舶所有人限期改正,可以再审验一次。再次审验合格的,渔业捕捞许可证继续有效。

第四章 监督管理

第四十二条 渔业船网工具指标批准书、渔业船网工具指标申请不予许可决定书、渔业捕捞许可证、渔业捕捞许可证注销证明、渔业船舶拆解销毁或处理证明、渔业船舶灭失证明、渔业船网工具指标转移证明等证书文件,由农业农村部规定样式并统一印制。

渔业船网工具指标申请书、渔业船网工具指标申请审核变更说明、渔业捕捞许可证申请书、渔业捕捞许可证注销申请表、渔捞日志等,由县级以上人民政府渔业主管部门按照农业农村部规定的统一格式印制。

第四十三条 县级以上人民政府渔业主管部门应当逐船建立渔业船网工具指标审批和渔业捕捞许可证核发档案。

渔业船网工具指标批准书使用和渔业捕捞许可证被注销后,其核发档案应当保存至少5年。

第四十四条 签发人实行农业农村部和省级人民政府渔业主管部门报备制度,县级以上人民政府渔业主管部门应推荐一至两人为签发人。

省级人民政府渔业主管部门负责备案公布本省、自治区、直辖市县级以上地方人民政府渔业主管部门的签发人,农业农村部负责备案公布省、自治区、直辖市渔业主管部门的签发人。

第四十五条 签发人越权、违规签发,或擅自更改渔业船网工具指标和渔业捕捞许可证书证件,或有其他玩忽职守、徇私舞弊等行为的,视情节对有关签发人给予警告、通报批评、暂停或取消签发人资格等处分；签发人及其所在单位应依法承担相应责任。

越权、违规签发或擅自更改的证书证件由其签发人所在单位的上级机关撤销，由原发证机关注销。

第四十六条 禁止涂改、伪造、变造、买卖、出租、出借或以其他形式转让渔业船网工具指标批准书和渔业捕捞许可证。

第四十七条 有下列情形之一的，为无效渔业捕捞许可证：

（一）逾期未年审或年审不合格的；

（二）证书载明的渔船主机功率与实际功率不符的；

（三）以欺骗或者涂改、伪造、变造、买卖、出租、出借等非法方式取得的；

（四）被撤销、注销的。

使用无效的渔业捕捞许可证或者无正当理由不能提供渔业捕捞许可证的，视为无证捕捞。

涂改、伪造、变造、买卖、出租、出借或以其他形式转让的渔业船网工具指标批准书，为无效渔业船网工具指标批准书，由批准机关予以注销，并核销相应船网工具指标。

第四十八条 依法被没收渔船的，海洋大中型捕捞渔船的船网工具指标由农业农村部核销，其他渔船的船网工具指标由省、自治区、直辖市人民政府渔业主管部门核销。

第四十九条 依法被列入失信被执行人的，县级以上人民政府渔业主管部门应当对其渔业船网工具指标、捕捞许可证的申请按规定予以限制，并冻结失信被执行人及其渔船在全国渔船动态管理系统中的相关数据。

第五十条 海洋大中型渔船从事捕捞活动应当填写渔捞日志，渔捞日志应当记载渔船捕捞作业、进港卸载渔获物、水上收购或转运渔获物等情况。其他渔船渔捞日志的管理由省、自治区、直辖市人民政府规定。

第五十一条 国内海洋大中型渔船应当在返港后向港口所在地县级人民政府渔业主管部门或其指定的机构或渔业组织提交渔捞日志。公海捕捞作业渔船应当每月向农业农村部或其指定机构提交渔捞日志。使用电子渔捞日志的，应当每日提交。

第五十二条 船长应当对渔捞日志记录内容的真实性、正确性负责。

禁止在 A 类渔区转载渔获物。

第五十三条 未按规定提交渔捞日志或者渔捞日志填写不真实、不规范的，由县级以上人民政府渔业主管部门或其所属的渔政监督管理机构给予警告，责令改正；逾期不改正的，可以处 1000 元以上 1 万元以下罚款。

第五十四条　违反本规定的其他行为，依照《中华人民共和国渔业法》或其他有关法律法规规章进行处罚。

第五章　附　　则

第五十五条　本规定有关用语的定义如下：

渔业捕捞活动：捕捞或准备捕捞水生生物资源的行为，以及为这种行为提供支持和服务的各种活动。在尚未管理的滩涂或水域手工零星采集水产品的除外。

渔船：《中华人民共和国渔港水域交通安全管理条例》规定的渔业船舶。

船长：《渔业船舶国籍证书》中所载明的船长。

捕捞渔船：从事捕捞活动的生产船。

捕捞辅助船：渔获物运销船、冷藏加工船、渔用物资和燃料补给船等为渔业捕捞生产提供服务的船舶。

非专业渔船：从事捕捞活动的教学、科研调查船，特殊用途渔船，用于休闲捕捞活动的专业旅游观光船等船舶。

远洋渔船：在公海或他国管辖海域作业的捕捞渔船和捕捞辅助船，包括专业远洋渔船和非专业远洋渔船。专业远洋渔船，指专门用于在公海或他国管辖海域作业的捕捞渔船和捕捞辅助船；非专业远洋渔船，指具有国内有效的渔业捕捞许可证，转产到公海或他国管辖海域作业的捕捞渔船和捕捞辅助船。

船网工具控制指标：渔船的数量及其主机功率数值、网具或其他渔具的数量的最高限额。

船网工具指标：渔船的主机功率数值、网具或其他渔具的数额。

制造渔船：新建造渔船，包括旧船淘汰后再建造渔船。

更新改造渔船：通过更新主机或对船体和结构进行改造改变渔船主机功率、作业类型、主尺度或总吨位。

购置渔船：从国内买入渔船。

进口渔船：从国外和香港、澳门、台湾地区买入渔船，包括以各种方式引进渔船。

渔业组织：渔业合作组织、渔业社团（协会）、村集体经济组织、村民委员会等法人或非法人组织。

渔业船舶证书：渔业船舶检验证书、渔业船舶国籍证书、渔业捕捞许可证。

第五十六条　香港、澳门特别行政区持有广东省户籍的流动渔船的船网工具指标和捕捞许可证管理，按照农业农村部有关港澳流动渔船管理的规定执行。

第五十七条 国内捕捞辅助船的总量控制应当与本行政区域内捕捞渔船数量和规模相匹配，其船网工具指标和捕捞许可证审批按照捕捞渔船进行管理。

国内捕捞辅助船、休闲渔船和徒手作业捕捞许可管理的具体办法，由省、自治区、直辖市人民政府渔业主管部门规定。

第五十八条 我国渔船到他国管辖水域作业，应当经农业农村部批准。

中国籍渔业船舶以光船条件出租到境外申请办理光船租赁登记和非专业远洋渔船申请办理远洋渔业项目前，应当将海洋渔业捕捞许可证交回原发证机关暂存，原发证机关应当出具暂存凭据。渔业捕捞许可证暂存期不计入渔业捕捞许可证核定的使用期限，暂存期间不需要办理年审手续。渔船回国终止光船租赁和远洋渔业项目后，凭暂存凭据领回渔业捕捞许可证。

第五十九条 本规定自2019年1月1日起施行。原农业部2002年8月23日发布，2004年7月1日、2007年11月8日和2013年12月31日修订的《渔业捕捞许可管理规定》同时废止。

中华人民共和国管辖海域外国人、外国船舶渔业活动管理暂行规定

（1999年6月24日农业部令第18号公布　根据2004年7月1日《农业部关于修订农业行政许可规章和规范性文件的决定》第一次修正　根据2022年1月7日《农业农村部关于修改和废止部分规章、规范性文件的决定》第二次修正）

第一条 为加强中华人民共和国管辖海域内渔业活动的管理，维护国家海洋权益，根据《中华人民共和国渔业法》、《中华人民共和国专属经济区和大陆架法》、《中华人民共和国领海及毗连区法》等法律、法规，制定本规定。

第二条 本规定适用于外国人、外国船舶在中华人民共和国管辖海域内从事渔业生产、生物资源调查等涉及渔业的有关活动。

第三条 任何外国人、外国船舶在中华人民共和国管辖海域内从事渔业生产、生物资源调查等活动的，必须经中华人民共和国渔政渔港监督管理局批准，并遵守中华人民共和国的法律、法规以及中华人民共和国缔结或参加的国际条约与协定。

第四条　中华人民共和国内水、领海内禁止外国人、外国船舶从事渔业生产活动；经批准从事生物资源调查活动必须采用与中方合作的方式进行。

第五条　中华人民共和国渔政渔港监督管理局根据以下条件对外国人的入渔申请进行审批：

1. 申请的活动，不危害中华人民共和国国家安全，不妨碍中华人民共和国缔结或参加的国际条约与协定的执行；

2. 申请的活动，不对中华人民共和国实施的海洋生物资源养护措施和海洋环境造成不利影响；

3. 申请的船舶数量、作业类型和渔获量等符合中华人民共和国管辖海域内的资源状况。

第六条　外国渔业船舶申请在中华人民共和国管辖水域从事渔业生产的，应当向中华人民共和国渔政渔港监督管理局提出。中华人民共和国渔政渔港监督管理局应当自申请受理之日起 20 日内作出是否发放捕捞许可证的决定。

外国人、外国渔业船舶申请在中华人民共和国管辖水域从事渔业资源调查活动的，应当向农业农村部提出。农业农村部应当自申请受理之日起 20 日内作出是否批准其从事渔业活动的决定。

第七条　外国人、外国船舶入渔申请获得批准后，应当向中华人民共和国渔政渔港监督管理局缴纳入渔费并领取许可证。如有特殊情况，经批准机关同意，入渔费可予以减免。

经批准进入中华人民共和国渔港的，应按规定缴纳港口费用。

第八条　经批准作业的外国人、外国船舶领取许可证后，按许可证确定的作业船舶、作业区域、作业时间、作业类型、渔获数量等有关事项作业，并按照中华人民共和国渔政渔港监督管理局的有关规定填写捕捞日志、悬挂标志和执行报告制度。

第九条　在中华人民共和国管辖海域内的外国人、外国船舶，未经中华人民共和国渔政渔港监督管理局批准，不得在船舶间转载渔获物及其制品或补给物品。

第十条　经批准转载的外国鱼货运输船、补给船，必须按规定向中华人民共和国有关海区渔政渔港监督管理机构申报进入中华人民共和国管辖海域过驳鱼货或补给的时间、地点，被驳鱼货或补给的船舶船名、鱼种、驳运量，或主要补给物品和数量。过驳或补给结束，应申报确切过驳数量。

第十一条　外国人、外国船舶在中华人民共和国管辖海域内从事渔业生产、生物资源调查等活动以及进入中华人民共和国渔港的，应当接受中华人民共和国渔政渔港监督管理机构的监督检查和管理。

中华人民共和国渔政渔港监督管理机构及其检查人员在必要时，可以对外国船舶采取登临、检查、驱逐、扣留等必要措施，并可行使紧追权。

第十二条 外国人、外国船舶在中华人民共和国内水、领海内有下列行为之一的，责令其离开或者将其驱逐，可处以没收渔获物、渔具、并处以罚款；情节严重的，可以没收渔船。罚款按下列数额执行：

1. 从事捕捞、补给或转载渔获等渔业生产活动的，可处 50 万元以下罚款；
2. 未经批准从事生物资源调查活动的，可处 40 万元以下罚款。

第十三条 外国人、外国船舶在中华人民共和国专属经济区和大陆架有下列行为之一的，责令其离开或者将其驱逐，可处以没收渔获物、渔具，并处以罚款；情节严重的，可以没收渔船。罚款按下列数额执行：

1. 从事捕捞、补给或转载渔获等渔业生产活动的，可处 40 万元以下罚款；
2. 未经批准从事生物资源调查活动的，可处 30 万元以下罚款。

第十四条 外国人、外国船舶经批准在中华人民共和国专属经济区和大陆架从事渔业生产、生物资源调查活动，有下列行为之一的，可处以没收渔获物、没收渔具和 30 万元以下罚款的处罚：

1. 未按许可的作业区域、时间、类型、船舶功率或吨位作业的；
2. 超过核定捕捞配额的。

第十五条 外国人、外国船舶经批准在中华人民共和国专属经济区和大陆架从事渔业生产、生物资源调查活动，有下列行为之一的，没收渔获物和违法所得，可以并处 5 万元以下的罚款；情节严重的，并可以没收渔具，吊销捕捞许可证：

1. 未按规定填写渔捞日志的；
2. 未按规定向指定的监督机构报告船位、渔捞情况等信息的；
3. 未按规定标识作业船舶的；
4. 未按规定的网具规格和网目尺寸作业的。

第十六条 未取得入渔许可进入中华人民共和国管辖水域，或取得入渔许可但航行于许可作业区域以外的外国船舶，未将渔具收入舱内或未按规定捆扎、覆盖的，中华人民共和国渔政渔港监督管理机构可处以 3 万元以下罚款的处罚。

第十七条 外国船舶进出中华人民共和国渔港，有下列行为之一的，中华人民共和国渔政渔港监督管理机构有权禁止其进、离港口，或者令其停航、改航、停止作业，并可处以 3 万元以下罚款的处罚：

1. 未经批准进出中华人民共和国渔港的；

2. 违反船舶装运、装卸危险品规定的；

3. 拒不服从渔政渔港监督管理机构指挥调度的；

4. 拒不执行渔政渔港监督管理机构作出的离港、停航、改航、停止作业和禁止进、离港等决定的。

第十八条 外国人、外国船舶对中华人民共和国渔港及渔港水域造成污染的，中华人民共和国渔政渔港监督管理机构可视情节及危害程度，处以警告或10万元以下的罚款。对造成渔港水域环境污染损害的，可责令其支付消除污染费用，赔偿损失。

第十九条 中华人民共和国渔政渔港监督管理局和各海区渔政渔港监督管理局可决定50万元以下罚款的处罚。

省（自治区、直辖市）渔政渔港监督管理机构可决定20万元以下罚款的处罚。

市、县渔政渔港监督管理机构可决定5万元以下罚款的处罚。

作出超过本级机构权限的行政处罚决定的，必须事先报经具有相应处罚权的上级渔政渔港监督管理机构批准。

第二十条 受到罚款处罚的外国船舶及其人员，必须在离港或开航前缴清罚款。不能在离港或开航前缴清罚款的，应当提交相当于罚款额的保证金或处罚决定机关认可的其他担保，否则不得离港。

第二十一条 外国人、外国船舶违反本规定和中华人民共和国有关法律、法规，情节严重的，除依法给予行政处罚或移送有关部门追究法律责任外，中华人民共和国渔政渔港监督管理局并可取消其入渔资格。

第二十二条 外国人、外国船舶对渔业行政处罚不服的，可依据中华人民共和国法律、法规的有关规定申请复议或提起诉讼。

第二十三条 本规定与我国缔结或参加的有关国际渔业条约有不同规定的，适用国际条约的规定，但我国声明保留的除外。

第二十四条 本规定未尽事项，按照中华人民共和国有关法律、法规的规定办理。

第二十五条 本规定由农业农村部负责解释。

第二十六条 本规定自发布之日起施行。

中日渔业协定暂定措施水域管理暂行办法

（1999 年 3 月 5 日农业部令第 8 号发布　根据 2004 年 7 月 1 日《农业部关于修订农业行政许可规章和规范性文件的决定》第一次修正　根据 2022 年 1 月 7 日《农业农村部关于修改和废止部分规章、规范性文件的决定》第二次修正）

第一条　为了养护和合理利用海洋渔业资源，维护《中华人民共和国和日本国渔业协定》（以下称《中日渔业协定》）规定的暂定措施水域的正常渔业生产秩序，根据《中华人民共和国渔业法》的规定，制定本办法。

第二条　本办法运用于在《中日渔业协定》第七条第一款规定的暂定措施水域从事渔业活动的我国渔船。

暂定措施水域为下列各点顺次用直线连结而围成的水域：

1. 北纬 30 度 40 分、东经 124 度 10.1 分；
2. 北纬 30 度、东经 123 度 56.4 分；
3. 北纬 29 度、东经 123 度 25.5 分；
4. 北纬 28 度、东经 122 度 47.9 分；
5. 北纬 27 度、东经 121 度 57.4 分；
6. 北纬 27 度、东经 125 度 58.3 分；
7. 北纬 28 度、东经 127 度 15.1 分；
8. 北纬 29 度、东经 128 度 0.9 分；
9. 北纬 30 度、东经 128 度 32.2 分；
10. 北纬 30 度 40 分、东经 128 度 26.1 分；
11. 北纬 30 度 40 分、东经 124 度 10.1 分。

第三条　中华人民共和国渔政渔港监督管理局是实施《中日渔业协定》的主管机关。负责对暂定措施水域的渔业活动进行管理。

农业农村部东海区渔政渔港监督管理局负责暂定措施水域渔船生产情况的汇总、统计和分析，对暂定措施水域的渔业活动进行现场指导和监督检查。

第四条　中华人民共和国渔政渔港监督管理局根据中日渔业联合委员会每年商定的作业规模，确定当年我国渔船进入暂定措施水域作业的船数和类型，并下达给东海区、黄渤海区渔政渔港监督管理局，由其分配各有关省、市。

第五条　申请到暂定措施水域从事渔业活动的申请人或渔船，必须具备以下条件：

(一)持有有效的渔业捕捞许可证。

(二)船舶处于适航状态,并持有与作业航区相适应的船舶检验证书、船舶登记证书(或船舶国籍证书),航行签证簿。主机额定功率在300千瓦以上的渔船,还应备有油类记录簿。

(三)按规定配齐船员,职务船员应持有有效的职务船员证书(或适任证书)。

(四)按规定填写和上交上一年度的捕捞日志。

(五)渔船按规定进行标记。

第六条 申请进入中日渔业协定暂定措施水域作业的渔业捕捞许可证,应当于每年4月10日前向所在地省、自治区、直辖市人民政府渔业主管部门提出。省、自治区、直辖市人民政府渔业主管部门应当自受理申请之日起20日内完成审核,并报农业农村部审批。

农业农村部自收到省、自治区、直辖市人民政府渔业主管部门报送的材料之日起20日内作出是否发放捕捞许可证的决定。申请表由农业农村部统一印制。

第七条 经批准在暂定措施水域从事渔业活动的渔船,必须按规定填写"《中日渔业协定》暂定措施水域捕捞日志"(附件二),并在申请下一年度作业资格时,连同作业申请表一并交送船籍港所在地的县级渔业主管部门。

各级渔业主管部门在向申请人递交特许证时,必须同时发给申请人空白捕捞日志,并就捕捞日志的填写对申请人进行必要的培训和指导。

第八条 县级渔业主管部门负责本辖区渔船捕捞日志的收集、统计工作,并逐级上报地(市)、省(直辖市)渔业主管部门和海区渔政渔港监督管理局汇总。黄渤海区渔船在暂定措施水域的生产情况由黄渤海区渔政渔港监督管理局交东海区渔政渔港监督管理局汇总。

捕捞日志的数据处理方法,由中华人民共和国渔政渔港监督管理局另行规定。

第九条 经批准在暂定措施水域从事渔业活动的渔船,必须按规定进行标记。具体标记方式由中华人民共和国渔政渔港监督管理局另行规定。

第十条 经批准在暂定措施水域从事渔业活动的渔船,必须遵守《中华人民共和国渔业法》和国家在暂定措施水域内实施的各项渔业资源养护的规定。

第十一条 在暂定措施水域从事渔业活动的渔船发生渔事纠纷的,按现行的有关规定处理。

第十二条 违反本办法的,按《中华人民共和国渔业法实施细则》和国家有关规定予以处罚。

第十三条 本办法由农业农村部负责解释。

第十四条 本办法自《中日渔业协定》正式生效之日起实施。

中韩渔业协定暂定措施水域和过渡水域管理办法

（2001 年 2 月 16 日农业部令第 47 号公布 根据 2004 年 7 月 1 日《农业部关于修订农业行政许可规章和规范性文件的决定》第一次修正 根据 2019 年 4 月 25 日《农业农村部关于修改和废止部分规章、规范性文件的决定》第二次修正 根据 2022 年 1 月 7 日《农业农村部关于修改和废止部分规章、规范性文件的决定》第三次修正）

第一条 为了养护和合理利用海洋渔业资源，维护《中华人民共和国政府和大韩民国政府渔业协定》（以下称《中韩渔业协定》）规定的“暂定措施水域”和“过渡水域”的正常渔业秩序，根据《中华人民共和国渔业法》等法律、法规，制定本办法。

第二条 本办法适用于在《中韩渔业协定》第七条第一款规定的“暂定措施水域”和第八条第一款规定的“韩方一侧过渡水域”（以下称“过渡水域”）从事渔业活动的我国渔船。

第三条 中华人民共和国农业农村部是实施《中韩渔业协定》的主管机关，中华人民共和国渔政渔港监督管理局负责对暂定措施水域和过渡水域的渔业活动进行管理。

农业农村部黄渤海区渔政渔港监督管理局负责暂定措施水域和过渡水域管理的组织实施、现场指导和监督检查，并对我国渔船的生产情况进行汇总、统计和分析，东海区渔政渔港监督管理局协助。

沿渤海、黄海、东海各省（直辖市）、地（市）、县级渔业主管部门负责对在暂定措施水域和过渡水域作业的本辖区渔船进行必要的指导和管理。

第四条 中华人民共和国渔政渔港监督管理局每年根据中韩渔业联合委员会商定的作业规模（作业类型、船数、渔获量等），确定下一年度我国渔船进入暂定措施水域和过渡水域的作业规模，并下达给黄渤海区、东海区渔政渔港监督管理局，由其分配给本海区有关省（市）。

第五条 申请进入中韩渔业协定暂定措施水域和过渡水域作业的渔业捕捞许可证，应当于每年 4 月 10 日前向所在地省、自治区、直辖市人民政府渔业主管部门提出。省、自治区、直辖市人民政府渔业主管部门应当自受理申请之日起20日内完成审核，并报农业农村部审批。

农业农村部自收到省、自治区、直辖市人民政府渔业主管部门报送的材料之日起20日内作出是否发放捕捞许可证的决定。

第六条 申请进入暂定措施水域和过渡水域从事渔业活动的渔船必须具备下列条件：

1、持有有效的渔业捕捞许可证书、船舶检验证书、船舶登记证书（或船舶国籍证书）及其他必备证书。

2、适航航区在Ⅱ类以上，并处于适航状态，装备有全球卫星定位仪（GPS）。

3、按规定配齐船员，职务船员应持有有效的职务船员证书。

第七条 经审查符合条件的渔船，黄渤海区、东海区渔政渔港监督管理局发给有效期为1年的专项（特许）渔业捕捞许可证（以下称《专项证》）。《专项证》由受理申请的县级渔业主管部门向申请人转交。转交《专项证》时，须同时发给申请人空白《中华人民共和国渔捞日志》（以下称《渔捞日志》，格式见附件二），并就《渔捞日志》的填写、收集、管理等对申请人进行必要的培训和指导。

第八条 黄渤海区、东海区渔政渔港监督管理局每年编制暂定措施水域和过渡水域许可渔船名录，报中华人民共和国渔政渔港监督管理局备案。

第九条 经批准在暂定措施水域和过渡水域从事渔业活动的渔船，必须认真、如实填写《渔捞日志》。申请人在申请下一年度作业资格时，须将《申请表》和上一年度的《渔捞日志》同时交送受理申请的县级渔业主管部门。

第十条 受理申请的县级渔业主管部门负责申请渔船《渔捞日志》的收集、统计工作，并逐级上报地（市）、省（直辖市）渔业主管部门，由省（直辖市）渔业主管部门统一报所在海区渔政渔港监督管理局。东海区渔船的《渔捞日志》和生产情况由东海区渔政渔港监督管理局交黄渤海区渔政渔港监督管理局汇总。

《渔捞日志》数据的处理方法，由中华人民共和国渔政渔港监督管理局另行规定。

第十一条 经批准在暂定措施水域和过渡水域从事渔业活动的渔船必须按规定标记。具体标记方式由中华人民共和国渔政渔港监督管理局另行规定。

第十二条 经批准在暂定措施水域和过渡水域从事渔业活动的渔船，必须遵守我国渔业法律、法规，遵守中韩双方商定的暂定措施水域、过渡水域资源养护和管理规定。

第十三条 在暂定措施水域和过渡水域从事渔业活动的我国渔船与韩国渔船发生渔事纠纷,或需到韩国港口紧急避难的,应按照《中韩渔业协定》及两国有关规定处理。

第十四条 《申请表》和《渔捞日志》由黄渤海区渔政渔港监督管理局根据本办法规定的格式统一印制。

第十五条 本办法自《中韩渔业协定》生效之日起实施。有关过渡水域的规定,有效期为自协定生效之日起至满四年之日止。

第十六条 本规定由农业农村部负责解释。

进出口农作物种子(苗)管理暂行办法

(1997年3月28日农业部令第14号公布 根据2022年1月7日《农业农村部关于修改和废止部分规章、规范性文件的决定》修正)

第一章 总 则

第一条 为了进一步贯彻有关种子管理法规,加强种质资源管理,促进我国农作物种子(苗)的对外贸易与合作交流,特制定本办法。

第二条 本办法中进出口农作物种子(苗)(以下简称农作物种子)包括从国(境)外引进和与国(境)外交流研究用种质资源(以下简称进出口种质资源)、进出口生产用种子。

进出口生产用种子包括试验用种子、大田用商品种子和对外制种用种子。

第三条 从事进出口生产用种子业务和向国(境)外提供种质资源的单位应当具备中国法人资格。禁止个人从事进出口生产用种子业务和向国(境)外提供种质资源。

进出口大田用商品种子,应当具有与其进出口种子类别相符的种子生产、经营权及进出口权;没有进出口权的,由农业农村部指定的具有农作物种子进出口权的单位代理。

第二章 进出口生产用种子的管理

第四条 进出口生产用种子,由所在地省级农业农村主管部门审核,农业农村部审批。

第五条 进口试验用种子应坚持少而精的原则。每个进口品种,种子以10亩播量,苗木以100株为限。

第六条 进口试验用种子应在国家或省农作物品种审定委员会的统一安排指导下进行种植试验。

第七条 申请进口大田用商品种子,应符合下列条件:

(一)品种应当经国家或省级农作物品种审定委员会审定通过,国内暂时没有开展审定工作而生产上又急需的作物种类品种,应当提交至少2个生育周期的引种试验报告。

(二)种子质量应当达到国家标准或行业标准;对没有国家标准或行业标准的,可以在合同中约定或参考有关国际标准。

第八条 进口对外制种用种子,不受本办法第九条限制,但繁殖的种子不得在国内销售。

第九条 从事进口大田用商品种子业务的单位应当在每年8月底以前将下一年度进口种子计划上报所在省级农业农村主管部门,由省级农业农村主管部门汇总后于10月底前报农业农村部。

第十条 国家鼓励种子出口,但列入种质资源"不对外交换的"和未列入目录的品种及杂交作物亲本种子原则上不允许出口。特殊情况,报经农业农村部批准。

第十一条 进出口生产用种子的申请和审批:

(一)进出口单位向审核机关提出申请,按规定的格式及要求填写《进(出)口农作物种子(苗)审批表》(见附件三),提交进出口种子品种说明;办理进出口对外制种用种子,应提交对外制种合同(或协议书);办理进出口大田用商品种子,应提交有关《种子经营许可证》、《营业执照》和种子进出口权的有关证明文件。审核机关同意后,再转报审批机关审批。

(二)经审批机关审批同意,加盖"中华人民共和国农业农村部进出口农作物种子审批专用章"。种子进出口单位,持有效《进出口农作物种子(苗)审批表》批件到植物检疫机关办理检疫审批手续。办理进口农作物种子的,由农业农村部出具《动植物苗种进口免税审批证明》作为海关免税放行的依据。

第三章 进出口农作物种子管理的监督

第十二条 品资所应当在每季度开始的第一个月10日前,将上一季度进出口种质资源审批情况报农业农村部;每年1月10日前向农业农村部报上一年度工作总结。

第十三条 农业农村主管部门和有关部门工作人员违反本办法规定办理进出口审批或检疫审批的，由本单位或上级机关给予行政处分；涉嫌犯罪的，及时将案件移送司法机关，依法追究刑事责任。

第四章 附 则

第十四条 《进出口农作物种子（苗）审批表》由农业农村部统一印制；《对外交流农作物种质资源申请表》、《对外提供农作物种质资源准许证》由农业农村部委托品资所统一印制。

第十五条 《进出口农作物种子（苗）审批表》的有效期为6个月，《动植物苗种进口免税审批证明》、《对外交流农作物种质资源准许证》的有效期为3个月。超过有效期限或需要改变进出口种子的品种、数量、进出口国家或地区的，均需重新办理审批手续。

第十六条 进出口农作物种子应办理植物检疫手续，具体办法按《中华人民共和国进出境动植物检疫法》、《中华人民共和国植物检疫条例》及有关植物检疫规章规定办理。

第十七条 本办法由农业农村部负责解释。

第十八条 本办法自发布之日起施行。

农作物种子质量检验机构考核管理办法

（2019年8月27日农业农村部令2019年第3号公布 根据2022年1月7日《农业农村部关于修改和废止部分规章、规范性文件的决定》修正）

第一章 总 则

第一条 为了加强农作物种子质量检验机构（以下简称“种子检验机构”）管理，规范种子检验机构考核工作，保证检验能力，根据《中华人民共和国种子法》，制定本办法。

第二条 本办法所称考核，是指省级人民政府农业农村主管部门（以下简称“考核机关”）依据有关法律、法规、标准和技术规范的规定，对种子检验机构的检测条件、能力等资质进行考评和核准的活动。

第三条 从事下列活动的种子检验机构，应当经过考核合格：

（一）为行政机关作出的行政决定、司法机关作出的裁判、仲裁机构作出的仲裁裁决等出具有证明作用的数据、结果的；

（二）为社会经济活动出具有证明作用的数据、结果的；

（三）其他依法应当经过考核合格的。

第四条 省级人民政府农业农村主管部门负责本行政区域内种子检验机构的考核、监管、技术指导等工作。

农业农村部负责制定种子检验机构考核相关标准，监督、指导考核工作。具体工作由全国农业技术推广服务中心承担。

第五条 种子检验机构考核应当遵循统一规范、客观公正、科学准确、公开透明的原则，采取文件审查、现场评审和能力验证相结合的方式，实行考核要求、考核程序、证书标志、监督管理统一的制度。

种子检验机构考核的申请、受理、公示、证书打印等通过中国种业大数据平台办理。

第二章 申请与受理

第六条 申请考核的种子检验机构应当具备下列条件：

（一）依法成立并能够承担相应法律责任的法人或者其他组织；

（二）具有与其从事检验活动相适应的检验技术人员和管理人员；

（三）具有不少于100平方米的固定工作场所，工作环境满足检验要求；

（四）具备与申请检验活动相匹配的检验设备设施；

（五）具有有效运行且保证其检验活动独立、公正、科学、诚信的管理体系；

（六）符合有关法律法规或者标准、技术规范规定的特殊要求。

第七条 申请种子检验机构考核的，应当向考核机关提交下列材料，并对所提交材料的真实性负责：

（一）申请书（按附录A格式填写）；

（二）满足检验能力所需办公场所、仪器设备等说明材料；

（三）检验技术人员和管理人员数量与基本情况说明材料；

（四）质量管理体系文件，包括质量手册、程序文件、作业指导书等材料；

（五）检验报告2份（按附录B要求制作）。

第八条 办公场所、仪器说明材料包括场所面积、结构，仪器名称、数量、型号、功能等。

人员说明材料主要包括人员数量、姓名及接受教育程度和工作经历。

第九条 质量手册包括以下内容：

（一）种子检验机构负责人对手册发布的声明及签名；

（二）公正性声明、质量方针声明；

（三）种子检验机构概况、范围、术语定义、组织机构；

（四）资源管理、检验实施和质量管理及其支持性程序等。

第十条 程序文件是质量手册的支持性文件，包括以下内容：

（一）公正性和保密程序；

（二）人员培训管理程序；

（三）仪器设备管理维护程序；

（四）仪器设备和标准物质检定校准确认程序；

（五）合同评审、外部服务和供应管理程序；

（六）样品管理程序；

（七）数据保护程序、检验报告和CASL（中国合格种子检验机构，China Accredited Seed Laboratory）标志使用管理程序；

（八）文件控制程序；

（九）记录控制和质量控制程序；

（十）内部审核、申诉投诉处理、不符合工作控制、纠正和预防措施控制、管理评审等程序。

第十一条 作业指导书包括扦取和制备样品的工作规范、使用仪器设备的操作规程、指导检验过程及数据处理的方法细则等。

第十二条 考核机关对申请人提出的申请材料，应当根据下列情况分别作出处理：

（一）申请材料不齐全或者不符合法定形式的，当场或在5个工作日内一次告知申请人需要补正的全部内容，逾期不告知的，自收到申请材料之日起即为受理，业务办理系统中将自动显示为受理状态；

（二）申请材料存在可以更正的错误的，允许申请人即时更正；

（三）申请材料齐全、符合法定形式，或者申请人按照要求提交全部补正材料的，予以受理。

第三章 考　　核

第十三条 考核机关受理申请后应当组织考核，进行能力验证和现场考评。

能力验证时间由考核机关和申请人商定。能力验证合格后，考核机关应当及时组织现场考评。

第十四条 能力验证采取比对试验法,应根据申请检验项目的范围设计。

能力验证的样品由考核机关组织制备,制备应按照已实施标准或规范性文件要求执行。

申请人应当在规定时间内完成项目检验,并报送检验结果。

第十五条 考核机关应当建立考评专家库。

考评专家可以从全国范围内遴选,应当具备副高以上专业技术职称或四级主任科员以上职级,从事种子检验或管理工作 5 年以上,熟悉考核程序和技术规范。

第十六条 考核机关应当从考评专家库中抽取不少于 3 名专家组成专家组,并指定考评组组长。

考评专家组实行组长负责制,对种子检验机构开展现场考评,制作考评报告。

第十七条 现场考评应当包括以下内容:

(一)质量管理体系文件、能力验证结果、检验报告的规范性和准确性;

(二)办公场所、检验场所和仪器设备设施条件;

(三)废弃物处理情况;

(四)检验操作情况。

第十八条 质量管理体系文件、检验报告应当完整、真实、有效、适宜,符合相关标准或规程。

检验报告和能力验证的结果应当准确。

第十九条 办公场所应满足开展检测工作的基本需求。

检验场所应当有预防超常温度、湿度、灰尘、电磁干扰或其它超常情况发生的保护措施;有关规定对环境控制条件有要求的,应当安装适宜的设备进行监测、控制和记录。

第二十条 仪器设备、电气线路和管道布局应当合理,符合安全要求。

互有影响或者互不相容的区域应当进行有效隔离。需要限制活动的区域应明确标示。

第二十一条 仪器设备应当满足扦样、样品制备、检验、贮存、数据处理与分析等工作需要,有完善的管理程序和档案,重要设备由专人管理;用于检验的仪器设备,还应当达到规定的准确度和规范要求。

仪器设备档案应当包括以下内容:

(一)仪器设备名称,制造商名称、型号和编号或者其他唯一性标识、放置地点;

(二)接收、启用日期和验收记录;

（三）制造商提供的资料或者使用说明书；

（四）历次检定、校准报告和确认记录；

（五）使用和维护记录；

（六）仪器设备损坏、故障、改装或者修理记录。

第二十二条 标准样品、标准溶液等标准物质的质量应当稳定，有安全运输、存放、使用、处置的规范程序和防止污染、损坏的措施。

危害性废弃物管理、处理应当符合国家有关规定。

第二十三条 检验操作程序、数据处理应当符合有关国家标准、行业标准或规范性文件规定。

第二十四条 考评专家组在现场考评中发现有不符合考评要求的，应当书面通知申请人限期整改，整改期限不得超过 30 个工作日。逾期未按要求整改，或整改后仍不符合要求的，相应的考评项目应当判定为不合格。

第二十五条 考评专家组应当在考核结束后 2 个工作日内出具考核报告。考核报告经专家组成员半数以上通过并由专家组全体成员签字后生效。对考核报告有不同意见的，应当予以注明。

第二十六条 考核机关应当自受理申请之日起 20 个工作日内完成考核，申请人整改和能力验证时间不计算在内。能力验证时间不得超过 45 个工作日。

第四章　审查与决定

第二十七条 考核机关根据考核报告结论作出考核决定。对符合要求的，考核机关应当在中国种业大数据平台公示考核结果，公示时间不得少于 7 个工作日；经公示无异议的或异议已得到妥善处理的，考核机关应颁发种子检验机构合格证书。对不符合要求的，书面通知申请人并说明理由。

第二十八条 合格证书有效期为 6 年。合格证书应当载明机构名称、证书编号、检验范围、有效期限、考核机关。

证书编号格式为“X 中种检字 XXXX 第 XXX 号”，其中“X”为省、自治区、直辖市简称，“XXXX”为年号，“XXX”为证书序号。

检验范围应当包括检验项目、检验内容、适用范围等内容。

第二十九条 考核合格的种子检验机构，由考核机关予以公告。

第五章　变更与延续

第三十条 有下列情形之一的，种子检验机构应当向考核机关申请办理变更手续：

（一）机构名称或地址发生变更的；

（二）检验范围发生变化的；

（三）依法需要办理变更的其他事项。

机构名称或地址发生变更的，当场办理变更手续。

第三十一条 种子检验机构新增检验项目或者变更检验内容的，应当按照本办法规定申请考核。考核机关应当简化程序，对新增项目或变更检验内容所需仪器、场所及检验能力进行考核。

第三十二条 合格证书有效期届满后需要继续从事本办法第三条规定活动内容的，应当在有效期届满6个月前向考核机关提出延续申请。

第六章 监督管理

第三十三条 种子检验机构从事本办法第三条第一项、第二项检验服务，应当在其出具的检验报告上标注CASL标志。

第三十四条 省级以上农业农村主管部门根据需要对考核通过的种子检验机构进行现场检查或能力验证，种子检验机构应当予以配合，不得拒绝。

第三十五条 在合格证书有效期内，种子检验机构不再从事检验范围内的种子检验服务或者自愿申请终止的，应当向考核机关申请办理合格证书注销手续。

第三十六条 合格证书有效期届满，未申请延续或依法不予延续批准的，考核机关应当予以注销。

第三十七条 考评专家在考核活动中，有下列情形之一的，考核机关可以根据情节轻重，作出告诫、暂停或者取消其从事考核活动的处理：

（一）未按照规定的要求和时间开展考核的；

（二）与所考核的种子检验机构有利害关系或者可能对公正性产生影响，未进行回避的；

（三）透露工作中所知悉的国家秘密、商业秘密或者技术秘密的；

（四）向所考核的种子检验机构谋取不正当利益的；

（五）出具虚假或者不实的考核结论的。

第三十八条 种子检验机构以欺骗、贿赂等不正当手段骗取合格证书的，由考核机关撤销其合格证书。

种子检验机构伪造测试、试验、检验数据或者出具虚假证明，情节严重的，由考核机关取消其种子检验机构合格证书。

第七章 附　　则

第三十九条 种子检验机构合格证书和 CASL 标志的格式由农业农村部统一规定(按附录 C 格式和附录 D 格式制作)。

第四十条 本办法自 2019 年 10 月 1 日起施行。原农业部 2008 年 1 月 2 日发布,2013 年 12 月 31 日修订的《农作物种子质量检验机构考核管理办法》和《农业部关于印发〈农作物种子质量检验机构考核准则〉等文件的通知》(农农发〔2008〕16 号)同时废止。

农作物种子生产经营许可管理办法

(2016 年 7 月 8 日农业部令 2016 年第 5 号公布　根据 2017 年 11 月 30 日《农业部关于修改和废止部分规章、规范性文件的决定》第一次修正　根据 2019 年 4 月 25 日《农业农村部关于修改和废止部分规章、规范性文件的决定》第二次修正　根据 2020 年 7 月 8 日《农业农村部关于修改和废止部分规章、规范性文件的决定》第三次修正　根据 2022 年 1 月 7 日《农业农村部关于修改和废止部分规章、规范性文件的决定》第四次修正)

第一章 总　　则

第一条 为加强农作物种子生产经营许可管理,规范农作物种子生产经营秩序,根据《中华人民共和国种子法》,制定本办法。

第二条 农作物种子生产经营许可证的申请、审核、核发和监管,适用本办法。

第三条 县级以上人民政府农业农村主管部门按照职责分工,负责农作物种子生产经营许可证的受理、审核、核发和监管工作。

第四条 负责审核、核发农作物种子生产经营许可证的农业农村主管部门,应当将农作物种子生产经营许可证的办理条件、程序等在办公场所公开。

第五条 农业农村主管部门应当按照保障农业生产安全、提升农作物品种选育和种子生产经营水平、促进公平竞争、强化事中事后监管的原则,依法加强农作物种子生产经营许可管理。

第二章 申请条件

第六条 申请领取种子生产经营许可证的企业,应当具有与种子生产经营相适应的设施、设备、品种及人员,符合本办法规定的条件。

第七条 申请领取主要农作物常规种子或非主要农作物种子生产经营许可证的企业,应当具备以下条件:

(一)基本设施。生产经营主要农作物常规种子的,具有办公场所 150 平方米以上、检验室 100 平方米以上、加工厂房 500 平方米以上、仓库 500 平方米以上;生产经营非主要农作物种子的,具有办公场所 100 平方米以上、检验室 50 平方米以上、加工厂房 100 平方米以上、仓库 100 平方米以上;

(二)检验仪器。具有净度分析台、电子秤、样品粉碎机、烘箱、生物显微镜、电子天平、扦样器、分样器、发芽箱等检验仪器,满足种子质量常规检测需要;

(三)加工设备。具有与其规模相适应的种子加工、包装等设备。其中,生产经营主要农作物常规种子的,应当具有种子加工成套设备,生产经营常规小麦种子的,成套设备总加工能力 10 吨/小时以上;生产经营常规稻种子的,成套设备总加工能力 5 吨/小时以上;生产经营常规大豆种子的,成套设备总加工能力 3 吨/小时以上;生产经营常规棉花种子的,成套设备总加工能力 1 吨/小时以上;

(四)人员。具有种子生产、加工贮藏和检验专业技术人员各 2 名以上;

(五)品种。生产经营主要农作物常规种子的,生产经营的品种应当通过审定,并具有 1 个以上与申请作物类别相应的审定品种;生产经营登记作物种子的,应当具有 1 个以上的登记品种。生产经营授权品种种子的,应当征得品种权人的书面同意;

(六)生产环境。生产地点无检疫性有害生物,并具有种子生产的隔离和培育条件;

(七)农业农村部规定的其他条件。

第八条 申请领取主要农作物杂交种子及其亲本种子生产经营许可证的企业,应当具备以下条件:

(一)基本设施。具有办公场所 200 平方米以上、检验室 150 平方米以上、加工厂房 500 平方米以上、仓库 500 平方米以上;

(二)检验仪器。除具备本办法第七条第二项规定的条件外,还应当具有 PCR 扩增仪及产物检测配套设备、酸度计、高压灭菌锅、磁力搅拌器、恒温水浴

锅、高速冷冻离心机、成套移液器等仪器设备,能够开展种子水分、净度、纯度、发芽率四项指标检测及品种分子鉴定;

(三)加工设备。具有种子加工成套设备,生产经营杂交玉米种子的,成套设备总加工能力10吨/小时以上;生产经营杂交稻种子的,成套设备总加工能力5吨/小时以上;生产经营其他主要农作物杂交种子的,成套设备总加工能力1吨/小时以上;

(四)人员。具有种子生产、加工贮藏和检验专业技术人员各5名以上;

(五)品种。生产经营的品种应当通过审定,并具有自育品种或作为第一选育人的审定品种1个以上,或者合作选育的审定品种2个以上,或者受让品种权的品种3个以上。生产经营授权品种种子的,应当征得品种权人的书面同意;

(六)具有本办法第七条第六项规定的条件;

(七)农业农村部规定的其他条件。

第九条 申请领取实行选育生产经营相结合、有效区域为全国的种子生产经营许可证的企业,应当具备以下条件:

(一)基本设施。具有办公场所500平方米以上,冷藏库200平方米以上。生产经营主要农作物种子或马铃薯种薯的,具有检验室300平方米以上;生产经营其他农作物种子的,具有检验室200平方米以上。生产经营杂交玉米、杂交稻、小麦种子或马铃薯种薯的,具有加工厂房1000平方米以上、仓库2000平方米以上;生产经营棉花、大豆种子的,具有加工厂房500平方米以上、仓库500平方米以上;生产经营其他农作物种子的,具有加工厂房200平方米以上、仓库500平方米以上;

(二)育种机构及测试网络。具有专门的育种机构和相应的育种材料,建有完整的科研育种档案。生产经营杂交玉米、杂交稻种子的,在全国不同生态区有测试点30个以上和相应的播种、收获、考种设施设备;生产经营其他农作物种子的,在全国不同生态区有测试点10个以上和相应的播种、收获、考种设施设备;

(三)育种基地。具有自有或租用(租期不少于5年)的科研育种基地。生产经营杂交玉米、杂交稻种子的,具有分布在不同生态区的育种基地5处以上、总面积200亩以上;生产经营其他农作物种子的,具有分布在不同生态区的育种基地3处以上、总面积100亩以上;

(四)品种。生产经营主要农作物种子的,生产经营的品种应当通过审定,并具有相应作物的作为第一育种者的国家级审定品种3个以上,或者省级审定品种6个以上(至少包含3个省份审定通过),或者国家级审定品种2个和省级审定品种3个以上,或者国家级审定品种1个和省级审定品种5个以上。生产经营杂交稻种子同时生产经营常规稻种子的,除具有杂交稻要求的品种条件外,还应当具有常规稻的作为第一育种者的国家级审定品种1个以上或者省级审定品种3个以上。生产经营非主要农作物种子的,应当具有相应作物的以本企业名义单独申请获得植物新品种权的品种5个以上。生产经营授权品种种子的,应当征得品种权人的书面同意;

(五)生产规模。生产经营杂交玉米种子的,近3年年均种子生产面积2万亩以上;生产经营杂交稻种子的,近3年年均种子生产面积1万亩以上;生产经营其他农作物种子的,近3年年均种子生产的数量不低于该类作物100万亩的大田用种量;

(六)种子经营。具有健全的销售网络和售后服务体系。生产经营杂交玉米种子的,在申请之日前3年内至少有1年,杂交玉米种子销售额2亿元以上或占该类种子全国市场份额的1%以上;生产经营杂交稻种子的,在申请之日前3年内至少有1年,杂交稻种子销售额1.2亿元以上或占该类种子全国市场份额的1%以上;生产经营蔬菜种子的,在申请之日前3年内至少有1年,蔬菜种子销售额8000万元以上或占该类种子全国市场份额的1%以上;生产经营其他农作物种子的,在申请之日前3年内至少有1年,其种子销售额占该类种子全国市场份额的1%以上;

(七)种子加工。具有种子加工成套设备,生产经营杂交玉米、小麦种子的,总加工能力20吨/小时以上;生产经营杂交稻种子的,总加工能力10吨/小时以上(含窝眼清选设备);生产经营大豆种子的,总加工能力5吨/小时以上;生产经营其他农作物种子的,总加工能力1吨/小时以上。生产经营杂交玉米、杂交稻、小麦种子的,还应当具有相应的干燥设备;

(八)人员。生产经营杂交玉米、杂交稻种子的,具有本科以上学历或中级以上职称的专业育种人员10人以上;生产经营其他农作物种子的,具有本科以上学历或中级以上职称的专业育种人员6人以上。生产经营主要农作物种子的,具有专职的种子生产、加工贮藏和检验专业技术人员各5名以上;生产经营非主要农作物种子的,具有专职的种子生产、加工贮藏和检验专业技术人员各3名以上;

(九)具有本办法第七条第六项、第八条第二项规定的条件;

(十)农业农村部规定的其他条件。

第十条 从事种子进出口业务的企业和外商投资企业申请领取种子生产经营许可证,除具备本办法规定的相应农作物种子生产经营许可证核发的条件外,还应当符合有关法律、行政法规规定的其他条件。

第十一条 申请领取种子生产经营许可证,应当提交以下材料:

(一)种子生产经营许可证申请表(式样见附件1);

(二)单位性质、股权结构等基本情况,公司章程、营业执照复印件,设立分支机构、委托生产种子、委托代销种子以及以购销方式销售种子等情况说明;

(三)种子生产、加工贮藏、检验专业技术人员的基本情况及其企业缴纳的社保证明复印件,企业法定代表人和高级管理人员名单及其种业从业简历;

(四)种子检验室、加工厂房、仓库和其他设施的自有产权或自有资产的证明材料;办公场所自有产权证明复印件或租赁合同;种子检验、加工等设备清单和购置发票复印件;相关设施设备的情况说明及实景照片;

(五)品种审定证书复印件;生产经营授权品种种子的,提交植物新品种权证书复印件及品种权人的书面同意证明;

(六)委托种子生产合同复印件或自行组织种子生产的情况说明和证明材料;

(七)种子生产地点检疫证明;

(八)农业农村部规定的其他材料。

第十二条 申请领取选育生产经营相结合、有效区域为全国的种子生产经营许可证,除提交本办法第十一条所规定的材料外,还应当提交以下材料:

(一)自有科研育种基地证明或租用科研育种基地的合同复印件;

(二)品种试验测试网络和测试点情况说明,以及相应的播种、收获、烘干等设备设施的自有产权证明复印件及实景照片;

(三)育种机构、科研投入及育种材料、科研活动等情况说明和证明材料,育种人员基本情况及其企业缴纳的社保证明复印件;

(四)近三年种子生产地点、面积和基地联系人等情况说明和证明材料;

(五)种子经营量、经营额及其市场份额的情况说明和证明材料;

(六)销售网络和售后服务体系的建设情况。

第三章 受理、审核与核发

第十三条 种子生产经营许可证实行分级审核、核发。

(一)从事主要农作物常规种子生产经营及非主要农作物种子经营的,其种子生产经营许可证由企业所在地县级以上地方农业农村主管部门核发;

(二)从事主要农作物杂交种子及其亲本种子生产经营以及实行选育生产经营相结合、有效区域为全国的种子企业,其种子生产经营许可证由企业所在地县级农业农村主管部门审核,省、自治区、直辖市农业农村主管部门核发;

（三）从事农作物种子进出口业务的，其种子生产经营许可证由企业所在地省、自治区、直辖市农业农村主管部门审核，农业农村部核发。

第十四条 农业农村主管部门对申请人提出的种子生产经营许可申请，应当根据下列情况分别作出处理：

（一）不需要取得种子生产经营许可的，应当即时告知申请人不受理；

（二）不属于本部门职权范围的，应当即时作出不予受理的决定，并告知申请人向有关部门申请；

（三）申请材料存在可以当场更正的错误的，应当允许申请人当场更正；

（四）申请材料不齐全或者不符合法定形式的，应当当场或者在五个工作日内一次告知申请人需要补正的全部内容，逾期不告知的，自收到申请材料之日起即为受理；

（五）申请材料齐全、符合法定形式，或者申请人按照要求提交全部补正申请材料的，应当予以受理。

第十五条 审核机关应当对申请人提交的材料进行审查，并对申请人的办公场所和种子加工、检验、仓储等设施设备进行实地考察，查验相关申请材料原件。

审核机关应当自受理申请之日起二十个工作日内完成审核工作。具备本办法规定条件的，签署审核意见，上报核发机关；审核不予通过的，书面通知申请人并说明理由。

第十六条 核发机关应当自受理申请或收到审核意见之日起二十个工作日内完成核发工作。核发机关认为有必要的，可以进行实地考察并查验原件。符合条件的，发给种子生产经营许可证并予公告；不符合条件的，书面通知申请人并说明理由。

选育生产经营相结合、有效区域为全国的种子生产经营许可证，核发机关应当在核发前在中国种业信息网公示五个工作日。

第四章 许可证管理

第十七条 种子生产经营许可证设主证、副证（式样见附件2）。主证注明许可证编号、企业名称、统一社会信用代码、住所、法定代表人、生产经营范围、生产经营方式、有效区域、有效期至、发证机关、发证日期；副证注明生产种子的作物种类、种子类别、品种名称及审定（登记）编号、种子生产地点等内容。

（一）许可证编号为“____（××××）农种许字（××××）第××××号”。“____”上标注生产经营类型，A为实行选育生产经营相结合，B为主要农作物杂交种子及其亲本种子,C 为其他主要农作物种子,D 为非主要农作物种子,E 为种子进出口,F 为外商投资企业;第一个括号内为发证机关所在地简称,格式为“省地县”;第二个括号内为首次发证时的年号;“第××××号”为四位顺序号;

(二)生产经营范围按生产经营种子的作物名称填写,蔬菜、花卉、麻类按作物类别填写;

(三)生产经营方式按生产、加工、包装、批发、零售或进出口填写;

(四)有效区域。实行选育生产经营相结合的种子生产经营许可证的有效区域为全国。其他种子生产经营许可证的有效区域由发证机关在其管辖范围内确定;

(五)生产地点为种子生产所在地,主要农作物杂交种子标注至县级行政区域,其他作物标注至省级行政区域。

种子生产经营许可证加注许可信息代码。许可信息代码应当包括种子生产经营许可相关内容,由发证机关打印许可证书时自动生成。

第十八条 种子生产经营许可证载明的有效区域是指企业设立分支机构的区域。

种子生产地点不受种子生产经营许可证载明的有效区域限制,由发证机关根据申请人提交的种子生产合同复印件及无检疫性有害生物证明确定。

种子销售活动不受种子生产经营许可证载明的有效区域限制,但种子的终端销售地应当在品种审定、品种登记或标签标注的适宜区域内。

第十九条 种子生产经营许可证有效期为五年。

在有效期内变更主证载明事项的,应当向原发证机关申请变更并提交相应材料,原发证机关应当依法进行审查,办理变更手续。

在有效期内变更副证载明的生产种子的品种、地点等事项的,应当在播种三十日前向原发证机关申请变更并提交相应材料,申请材料齐全且符合法定形式的,原发证机关应当当场予以变更登记。

种子生产经营许可证期满后继续从事种子生产经营的,企业应当在期满六个月前重新提出申请。

第二十条 在种子生产经营许可证有效期内,有下列情形之一的,发证机关应当注销许可证,并予以公告:

(一)企业停止生产经营活动一年以上的;

(二)企业不再具备本办法规定的许可条件,经限期整改仍达不到要求的。

第五章 监督检查

第二十一条 有下列情形之一的,不需要办理种子生产经营许可证:

（一）农民个人自繁自用常规种子有剩余，在当地集贸市场上出售、串换的；

（二）在种子生产经营许可证载明的有效区域设立分支机构的；

（三）专门经营不再分装的包装种子的；

（四）受具有种子生产经营许可证的企业书面委托生产、代销其种子的。

前款第一项所称农民，是指以家庭联产承包责任制的形式签订农村土地承包合同的农民；所称当地集贸市场，是指农民所在的乡（镇）区域。农民个人出售、串换的种子数量不应超过其家庭联产承包土地的年度用种量。违反本款规定出售、串换种子的，视为无证生产经营种子。

第二十二条 种子生产经营者在种子生产经营许可证载明有效区域设立的分支机构，应当在取得或变更分支机构营业执照后十五个工作日内向当地县级农业农村主管部门备案。备案时应当提交分支机构的营业执照复印件、设立企业的种子生产经营许可证复印件以及分支机构名称、住所、负责人、联系方式等材料（式样见附件3）。

第二十三条 专门经营不再分装的包装种子或者受具有种子生产经营许可证的企业书面委托代销其种子的，应当在种子销售前向当地县级农业农村主管部门备案，并建立种子销售台账。备案时应当提交种子销售者的营业执照复印件、种子购销凭证或委托代销合同复印件，以及种子销售者名称、住所、经营方式、负责人、联系方式、销售地点、品种名称、种子数量等材料（式样见附件4）。种子销售台账应当如实记录销售种子的品种名称、种子数量、种子来源和种子去向。

第二十四条 受具有种子生产经营许可证的企业书面委托生产其种子的，应当在种子播种前向当地县级农业农村主管部门备案。备案时应当提交委托企业的种子生产经营许可证复印件、委托生产合同，以及种子生产者名称、住所、负责人、联系方式、品种名称、生产地点、生产面积等材料（式样见附件5）。受托生产杂交玉米、杂交稻种子的，还应当提交与生产所在地农户、农民合作组织或村委会的生产协议。

第二十五条 种子生产经营者应当建立包括种子田间生产、加工包装、销售流通等环节形成的原始记载或凭证的种子生产经营档案，具体内容如下：

（一）田间生产方面：技术负责人，作物类别、品种名称、亲本（原种）名称、亲本（原种）来源，生产地点、生产面积、播种日期、隔离措施、产地检疫、收获日期、种子产量等。委托种子生产的，还应当包括种子委托生产合同。

（二）加工包装方面：技术负责人，品种名称、生产地点，加工时间、加工地点、包装规格、种子批次、标签标注，入库时间、种子数量、质量检验报告等。

（三）流通销售方面：经办人，种子销售对象姓名及地址、品种名称、包装规格、销售数量、销售时间、销售票据。批量购销的，还应包括种子购销合同。

种子生产经营者应当至少保存种子生产经营档案五年，确保档案记载信息连续、完整、真实，保证可追溯。档案材料含有复印件的，应当注明复印时间并经相关责任人签章。

第二十六条 种子生产经营者应当按批次保存所生产经营的种子样品，样品至少保存该类作物两个生产周期。

第二十七条 申请人故意隐瞒有关情况或者提供虚假材料申请种子生产经营许可证的，农业农村主管部门应当不予许可，并将申请人的不良行为记录在案，纳入征信系统。申请人在一年内不得再次申请种子生产经营许可证。

申请人以欺骗、贿赂等不正当手段取得种子生产经营许可证的，农业农村主管部门应当撤销种子生产经营许可证，并将申请人的不良行为记录在案，纳入征信系统。申请人在三年内不得再次申请种子生产经营许可证。

第二十八条 农业农村主管部门应当对种子生产经营行为进行监督检查，发现不符合本办法的违法行为，按照《中华人民共和国种子法》有关规定进行处理。

核发、撤销、吊销、注销种子生产经营许可证的有关信息，农业农村主管部门应当依法予以公布，并在中国种业信息网上及时更新信息。

对管理过程中获知的种子生产经营者的商业秘密，农业农村主管部门及其工作人员应当依法保密。

第二十九条 上级农业农村主管部门应当对下级农业农村主管部门的种子生产经营许可行为进行监督检查。有下列情形的，责令改正，对直接负责的主管人员和其他直接责任人依法给予行政处分；涉嫌犯罪的，及时将案件移送司法机关，依法追究刑事责任：

（一）未按核发权限发放种子生产经营许可证的；

（二）擅自降低核发标准发放种子生产经营许可证的；

（三）其他未依法核发种子生产经营许可证的。

第六章　附　　则

第三十条 本办法所称种子生产经营，是指种植、采收、干燥、清选、分级、包衣、包装、标识、贮藏、销售及进出口种子的活动；种子生产是指繁（制）种的种植、采收的田间活动。

第三十一条 本办法所称种子加工成套设备，是指主机和配套系统相互匹配并固定安装在加工厂房内,实现种子精选、包衣、计量和包装基本功能的加工系统。主机主要包括风筛清选机(风选部分应具有前后吸风道,双沉降室;筛选部分应具有三层以上筛片)、比重式清选机和电脑计量包装设备;配套系统主要包括输送系统、储存系统、除尘系统、除杂系统和电控系统。

第三十二条 本办法规定的科研育种、生产、加工、检验、贮藏等设施设备,应为申请企业自有产权或自有资产,或者为其绝对控股子公司的自有产权或自有资产。办公场所应在种子生产经营许可证核发机关所辖行政区域,可以租赁。对申请企业绝对控股子公司的自有品种可以视为申请企业的自有品种。申请企业的绝对控股子公司不可重复利用上述办证条件申请办理种子生产经营许可证。

第三十三条 本办法所称不再分装的包装种子,是指按有关规定和标准包装的、不再分拆的最小包装种子。分装种子的,应当取得种子生产经营许可证,保证种子包装的完整性,并对其所分装种子负责。

有性繁殖作物的籽粒、果实,包括颖果、荚果、蒴果、核果等以及马铃薯微型脱毒种薯应当包装。无性繁殖的器官和组织、种苗以及不宜包装的非籽粒种子可以不包装。

种子包装应当符合有关国家标准或者行业标准。

第三十四条 转基因农作物种子生产经营许可管理规定,由农业农村部另行制定。

第三十五条 申请领取鲜食、爆裂玉米的种子生产经营许可证的,按非主要农作物种子的许可条件办理。

第三十六条 生产经营无性繁殖的器官和组织、种苗、种薯以及不宜包装的非籽粒种子的,应当具有相适应的设施、设备、品种及人员,具体办法由省级农业农村主管部门制定,报农业农村部备案。

第三十七条 没有设立农业农村主管部门的行政区域,种子生产经营许可证由上级行政区域农业农村主管部门审核、核发。

第三十八条 种子生产经营许可证由农业农村部统一印制,相关表格格式由农业农村部统一制定。种子生产经营许可证的申请、受理、审核、核发和打印,以及种子生产经营备案管理,在中国种业信息网统一进行。

第三十九条 本办法自2016年8月15日起施行。农业部2011年8月22日公布、2015年4月29日修订的《农作物种子生产经营许可管理办法》(农业部令2011年第3号)和2001年2月26日公布的《农作物商品种子加工包装规定》(农业部令第50号)同时废止。

本办法施行之日前已取得的农作物种子生产、经营许可证有效期不变,有效期在本办法发布之日至 2016 年 8 月 15 日届满的企业,其原有种子生产、经营许可证的有效期自动延展至 2016 年 12 月 31 日。

本办法施行之日前已取得农作物种子生产、经营许可证且在有效期内,申请变更许可证载明事项的,按本办法第十三条规定程序办理。

农作物种质资源管理办法

(2003 年 7 月 8 日农业部令第 30 号公布　根据 2004 年 7 月 1 日《农业部关于修订农业行政许可规章和规范性文件的决定》第一次修正　根据 2022 年 1 月 7 日《农业农村部关于修改和废止部分规章、规范性文件的决定》第二次修正)

第一章　总　　则

第一条　为了加强农作物种质资源的保护,促进农作物种质资源的交流和利用,根据《中华人民共和国种子法》(以下简称《种子法》)的规定,制定本办法。

第二条　在中华人民共和国境内从事农作物种质资源收集、整理、鉴定、登记、保存、交流、利用和管理等活动,适用本办法。

第三条　本办法所称农作物种质资源,是指选育农作物新品种的基础材料,包括农作物的栽培种、野生种和濒危稀有种的繁殖材料,以及利用上述繁殖材料人工创造的各种遗传材料,其形态包括果实、籽粒、苗、根、茎、叶、芽、花、组织、细胞和 DNA、DNA 片段及基因等有生命的物质材料。

第四条　农业农村部设立国家农作物种质资源委员会,研究提出国家农作物种质资源发展战略和方针政策,协调全国农作物种质资源的管理工作。委员会办公室设在农业农村部种植业管理司,负责委员会的日常工作。

各省、自治区、直辖市农业农村主管部门可根据需要,确定相应的农作物种质资源管理单位。

第五条　农作物种质资源工作属于公益性事业,国家及地方政府有关部门应当采取措施,保障农作物种质资源工作的稳定和经费来源。

第六条　国家对在农作物种质资源收集、整理、鉴定、登记、保存、交流、引进、利用和管理过程中成绩显著的单位和个人,给予表彰和奖励。

第二章　农作物种质资源收集

第七条　国家有计划地组织农作物种质资源普查、重点考察和收集工作。因工程建设、环境变化等情况可能造成农作物种质资源灭绝的，应当及时组织抢救收集。

第八条　禁止采集或者采伐列入国家重点保护野生植物名录的野生种、野生近缘种、濒危稀有种和保护区、保护地、种质圃内的农作物种质资源。

因科研等特殊情况需要采集或者采伐列入国家重点保护野生植物名录的野生种、野生近缘种、濒危稀有种种质资源的，应当按照国务院及农业农村部有关野生植物管理的规定，办理审批手续；需要采集或者采伐保护区、保护地、种质圃内种质资源的，应当经建立该保护区、保护地、种质圃的农业农村主管部门批准。

第九条　农作物种质资源的采集数量应当以不影响原始居群的遗传完整性及其正常生长为标准。

第十条　未经批准，境外人员不得在中国境内采集农作物种质资源。中外科学家联合考察我国农作物种质资源的，应当提前6个月报经农业农村部批准。

采集的农作物种质资源需要带出境外的，应当按照本办法的规定办理对外提供农作物种质资源审批手续。

第十一条　收集种质资源应当建立原始档案，详细记载材料名称、基本特征特性、采集地点和时间、采集数量、采集人等。

第十二条　收集的所有农作物种质资源及其原始档案应当送交国家种质库登记保存。

第十三条　申请品种审定的单位和个人，应当将适量繁殖材料（包括杂交亲本繁殖材料）交国家种质库登记保存。

第十四条　单位和个人持有国家尚未登记保存的种质资源的，有义务送交国家种质库登记保存。

当事人可以将种质资源送交当地农业农村主管部门或者农业科研机构，地方农业农村主管部门或者农业科研机构应当及时将收到的种质资源送交国家种质库登记保存。

第三章　农作物种质资源鉴定、登记和保存

第十五条　对收集的所有农作物种质资源应当进行植物学类别和主要农

艺性状鉴定。

农作物种质资源的鉴定实行国家统一标准制度，具体标准由农业农村部根据国家农作物种质资源委员会的建议制定和公布。

农作物种质资源的登记实行统一编号制度，任何单位和个人不得更改国家统一编号和名称。

第十六条 农作物种质资源保存实行原生境保存和非原生境保存相结合的制度。原生境保存包括建立农作物种质资源保护区和保护地，非原生境保存包括建立各种类型的种质库、种质圃及试管苗库。

第十七条 农业农村部在农业植物多样性中心、重要农作物野生种及野生近缘植物原生地以及其他农业野生资源富集区，建立农作物种质资源保护区或者保护地。

第十八条 农业农村部建立国家农作物种质库，包括长期种质库及其复份库、中期种质库、种质圃及试管苗库。

长期种质库负责全国农作物种质资源的长期保存；复份库负责长期种质库贮存种质的备份保存；中期种质库负责种质的中期保存、特性鉴定、繁殖和分发；种质圃及试管苗库负责无性繁殖作物及多年生作物种质的保存、特性鉴定、繁殖和分发。

国家和地方有关部门应当采取措施，保障国家种质库的正常运转和种质资源安全。

第十九条 各省、自治区、直辖市农业农村主管部门根据需要建立本地区的农作物种质资源保护区、保护地、种质圃和中期种质库。

第四章 农作物种质资源繁殖和利用

第二十条 国家鼓励单位和个人从事农作物种质资源研究和创新。

第二十一条 国家长期种质库保存的种质资源属国家战略资源，未经农业农村部批准，任何单位和个人不得动用。

因国家中期种质库保存的种质资源绝种，需要从国家长期种质库取种繁殖的，应当报农业农村部审批。

国家长期种质库应当定期检测库存种质资源，当库存种质资源活力降低或数量减少影响种质资源安全时，应当及时繁殖补充。

第二十二条 国家中期种质库应当定期繁殖更新库存种质资源，保证库存种质资源活力和数量；国家种质圃应当定期更新复壮圃存种质资源，保证圃存种质资源的生长势。国家有关部门应保障其繁殖更新费用。

第二十三条 农业农村部根据国家农作物种质资源委员会的建议，定期公布可供利用的农作物种质资源目录，并评选推荐优异种质资源。

因科研和育种需要目录中农作物种质资源的单位和个人，可以向国家中期种质库、种质圃提出申请。对符合国家中期种质库、种质圃提供种质资源条件的，国家中期种质库、种质圃应当迅速、免费向申请者提供适量种质材料。如需收费，不得超过繁种等所需的最低费用。

第二十四条 从国家获取的种质资源不得直接申请新品种保护及其他知识产权。

第二十五条 从国家中期种质库、种质圃获取种质资源的单位和个人应当及时向国家中期种质库、种质圃反馈种质资源利用信息，对不反馈信息者，国家中期种质库、种质圃有权不再向其提供种质资源。

国家中期种质库、种质圃应当定期向国家农作物种质资源委员会办公室上报种质资源发放和利用情况。

第二十六条 各省、自治区、直辖市农业农村主管部门可以根据本办法和本地区实际情况，制定本地区的农作物种质资源发放和利用办法。

第五章 农作物种质资源国际交流

第二十七条 国家对农作物种质资源享有主权，任何单位和个人向境外提供种质资源，应当经所在地省、自治区、直辖市农业农村主管部门审核，报农业农村部审批。

第二十八条 对外提供农作物种质资源实行分类管理制度，农业农村部定期修订分类管理目录。

第二十九条 对外提供农作物种质资源按以下程序办理：

（一）对外提供种质资源的单位和个人按规定的格式及要求填写《对外提供农作物种质资源申请表》（见附件一），提交对外提供种质资源说明，向农业农村部提出申请。

（二）农业农村部应当在收到审核意见之日起20日内作出审批决定。审批通过的，开具《对外提供农作物种质资源准许证》（见附件二），加盖“农业农村部对外提供农作物种质资源审批专用章”。

（三）对外提供种质资源的单位和个人持《对外提供农作物种质资源准许证》到检疫机关办理检疫审批手续。

（四）《对外提供农作物种质资源准许证》和检疫通关证明作为海关放行依据。

第三十条 对外合作项目中包括农作物种质资源交流的，应当在签订合作协议前，办理对外提供农作物种质资源审批手续。

第三十一条 国家鼓励单位和个人从境外引进农作物种质资源。

第三十二条 从境外引进新物种的，应当进行科学论证，采取有效措施，防止可能造成的生态危害和环境危害。引进前，报经农业农村部批准，引进后隔离种植1个以上生育周期，经评估，证明确实安全和有利用价值的，方可分散种植。

第三十三条 单位和个人从境外引进种质资源，应当依照有关植物检疫法律、行政法规的规定，办理植物检疫手续。引进的种质资源，应当隔离试种，经植物检疫机构检疫，证明确实不带危险性病、虫及杂草的，方可分散种植。

第三十四条 国家实行引种统一登记制度。引种单位和个人应当在引进种质资源入境之日起一年之内向国家农作物种质资源委员会办公室申报备案，并附适量种质材料供国家种质库保存。

当事人可以将引种信息和种质资源送交当地农业农村主管部门或者农业科研机构，地方农业农村主管部门或者农业科研机构应当及时向国家农作物种质资源委员会办公室申报备案，并将收到的种质资源送交国家种质库保存。

第三十五条 引进的种质资源，由国家农作物种质资源委员会统一编号和译名，任何单位和个人不得更改国家引种编号和译名。

第六章 农作物种质资源信息管理

第三十六条 国家农作物种质资源委员会办公室应当加强农作物种质资源的信息管理工作，包括种质资源收集、鉴定、保存、利用、国际交流等动态信息，为有关部门提供信息服务，保护国家种质资源信息安全。

第三十七条 负责农作物种质资源收集、鉴定、保存、登记等工作的单位，有义务向国家农作物种质资源委员会办公室提供相关信息，保障种质资源信息共享。

第七章 罚　　则

第三十八条 违反本办法规定，未经批准私自采集或者采伐国家重点保护的天然种质资源的，按照《种子法》第八十一条的规定予以处罚。

第三十九条 违反本办法规定，未经批准动用国家长期种质库贮存的种质资源的，对直接负责的主管人员和其他直接责任人员，依法给予行政处分。

第四十条 违反本办法规定，未经批准向境外提供或者从境外引进种质资源的，按照《种子法》第八十二条的规定予以处罚。

第四十一条 违反本办法规定，农业农村主管部门或者农业科研机构未及时将收到的单位或者个人送交的国家未登记的种质资源及境外引种种质资源送交国家种质库保存的，或者引进境外种质资源未申报备案的，由本单位或者上级主管部门责令改正，对直接负责的主管人员和其他直接责任人员，可以依法给予行政处分。

第八章　附　　则

第四十二条 中外科学家联合考察的农作物种质资源，对外提供的农作物种质资源，以及从境外引进的农作物种质资源，属于列入国家重点保护野生植物名录的野生种、野生近缘种、濒危稀有种的，除按本办法办理审批手续外，还应按照《野生植物保护条例》、《农业野生植物保护办法》的规定，办理相关审批手续。

第四十三条 本办法自2003年10月1日起施行。1997年3月28日农业部发布的《进出口农作物种子（苗）管理暂行办法》有关种质资源进出口管理的内容同时废止。

农业机械事故处理办法

（2011年1月12日农业部令2011年第2号公布　根据2022年1月7日《农业农村部关于修改和废止部分规章、规范性文件的决定》修正）

第一章　总　　则

第一条 为规范农业机械事故处理工作，维护农业机械安全生产秩序，保护农业机械事故当事人的合法权益，根据《农业机械安全监督管理条例》等法律、法规，制定本办法。

第二条 本办法所称农业机械事故（以下简称农机事故），是指农业机械在作业或转移等过程中造成人身伤亡、财产损失的事件。

农机事故分为特别重大农机事故、重大农机事故、较大农机事故和一般农机事故：

（一）特别重大农机事故，是指造成30人以上死亡，或者100人以上重伤的事故，或者1亿元以上直接经济损失的事故；

（二）重大农机事故，是指造成10人以上30人以下死亡，或者50人以上100人以下重伤的事故，或者5000万元以上1亿元以下直接经济损失的事故；

（三）较大农机事故，是指造成3人以上10人以下死亡，或者10人以上50人以下重伤的事故，或者1000万元以上5000万元以下直接经济损失的事故；

（四）一般农机事故，是指造成3人以下死亡，或者10人以下重伤，或者1000万元以下直接经济损失的事故。

第三条 县级以上地方人民政府农业机械化主管部门负责农业机械事故责任的认定和调解处理。

县级以上地方人民政府农业机械化主管部门所属的农业机械安全监督管理机构（以下简称农机安全监理机构）承担本辖区农机事故处理的具体工作。

法律、行政法规对农机事故的处理部门另有规定的，从其规定。

第四条 对特别重大、重大、较大农机事故，农业农村部、省级人民政府农业机械化主管部门和地（市）级人民政府农业机械化主管部门应当分别派员参与调查处理。

第五条 农机事故处理应当遵循公正、公开、便民、效率的原则。

第六条 农机安全监理机构应当按照农机事故处理规范化建设要求，配备必需的人员和事故勘查车辆、现场勘查设备、警示标志、取像设备、现场标划用具等装备。

县级以上地方人民政府农业机械化主管部门应当将农机事故处理装备建设和工作经费纳入本部门财政预算。

第七条 农机安全监理机构应当建立24小时值班制度，向社会公布值班电话，保持通讯畅通。

第八条 农机安全监理机构应当做好本辖区农机事故的报告工作，将农机事故情况及时、准确、完整地报送同级农业机械化主管部门和上级农机安全监理机构。

农业机械化主管部门应当定期将农业机械事故统计情况及说明材料报送上级农业机械化主管部门，并抄送同级安全生产监督管理部门。

任何单位和个人不得迟报、漏报、谎报或者瞒报农机事故。

第九条 农机安全监理机构应当建立健全农机事故档案管理制度，指定专人负责农机事故档案管理。

第二章　报案和受理

第十条　发生农机事故后,农机操作人员和现场其他人员应当立即停止农业机械作业或转移,保护现场,并向事故发生地县级农机安全监理机构报案;造成人身伤害的,还应当立即采取措施,抢救受伤人员;造成人员死亡的,还应当向事故发生地公安机关报案。因抢救受伤人员变动现场的,应当标明事故发生时机具和人员的位置。

发生农机事故,未造成人身伤亡,当事人对事实及成因无争议的,可以在就有关事项达成协议后即行撤离现场。

第十一条　发生农机事故后当事人逃逸的,农机事故现场目击者和其他知情人应当向事故发生地县级农机安全监理机构或公安机关举报。接到举报的农机安全监理机构应当协助公安机关开展追查工作。

第十二条　农机安全监理机构接到事故报案,应当记录下列内容:

(一)报案方式、报案时间、报案人姓名、联系方式,电话报案的还应当记录报案电话;

(二)农机事故发生的时间、地点;

(三)人员伤亡和财产损失情况;

(四)农业机械类型、号牌号码、装载物品等情况;

(五)是否存在肇事嫌疑人逃逸等情况。

第十三条　接到事故现场报案的,县级农机安全监理机构应当立即派人勘查现场,并自勘查现场之时起24小时内决定是否立案。

当事人未在事故现场报案,事故发生后请求农机安全监理机构处理的,农机安全监理机构应当按照本办法第十二条的规定予以记录,并在3日内作出是否立案的决定。

第十四条　经核查农机事故事实存在且在管辖范围内的,农机安全监理机构应当立案,并告知当事人。经核查无法证明农机事故事实存在,或不在管辖范围内的,不予立案,书面告知当事人并说明理由。

第十五条　农机安全监理机构对农机事故管辖权有争议的,应当报请共同的上级农机安全监理机构指定管辖。上级农机安全监理机构应当在24小时内作出决定,并通知争议各方。

第三章　勘查处理

第十六条　农机事故应当由2名以上农机事故处理员共同处理。农机事故处理员处理农机事故,应当佩戴统一标志,出示行政执法证件。

第十七条 农机事故处理员与事故当事人有利害关系、可能影响案件公正处理的,应当回避。

第十八条 农机事故处理员到达现场后,应当立即开展下列工作:

(一)组织抢救受伤人员;

(二)保护、勘查事故现场,拍摄现场照片,绘制现场图,采集、提取痕迹、物证,并制作现场勘查笔录;

(三)对涉及易燃、易爆、剧毒、易腐蚀等危险物品的农机事故,应当立即报告当地人民政府,并协助做好相关工作;

(四)对造成供电、通讯等设施损毁的农机事故,应当立即通知有关部门处理;

(五)确定农机事故当事人、肇事嫌疑人,查找证人,并制作询问笔录;

(六)登记和保护遗留物品。

第十九条 参加勘查的农机事故处理员、当事人或者见证人应当在现场图、勘查笔录和询问笔录上签名或捺印。当事人拒绝或者无法签名、捺印以及无见证人的,应当记录在案。

当事人应当如实陈述事故发生的经过,不得隐瞒。

第二十条 调查事故过程中,农机安全监理机构发现当事人涉嫌犯罪的,应当依法移送公安机关处理;对事故农业机械可以依照《中华人民共和国行政处罚法》的规定,先行登记保存。

发生农机事故后企图逃逸、拒不停止存在重大事故隐患农业机械的作业或者转移的,县级以上地方人民政府农业机械化主管部门可以依法扣押有关农业机械及证书、牌照、操作证件。

第二十一条 农机安全监理机构可以对事故农业机械进行检验,需要对事故当事人的生理、精神状况、人体损伤和事故农业机械行驶速度、痕迹等进行鉴定的,农机安全监理机构应当自现场勘查结束之日起 3 日内委托具有资质的鉴定机构进行鉴定。

当事人要求自行检验、鉴定的,农机安全监理机构应当向当事人介绍具有资质的检验、鉴定机构,由当事人自行选择。

第二十二条 农机事故处理员在现场勘查过程中,可以使用呼气式酒精测试仪或者唾液试纸,对农业机械操作人员进行酒精含量检测,检测结果应当在现场勘查笔录中载明。

发现当事人有饮酒或者服用国家管制的精神药品、麻醉药品嫌疑的,应当委托有资质的专门机构对当事人提取血样或者尿样,进行相关检测鉴定。检测鉴定结果应当书面告知当事人。

第二十三条 农机安全监理机构应当与检验、鉴定机构约定检验、鉴定的项目和完成的期限,约定的期限不得超过20日。超过20日的,应当报上一级农机安全监理机构批准,但最长不得超过60日。

第二十四条 农机安全监理机构应当自收到书面鉴定报告之日起2日内,将检验、鉴定报告复印件送达当事人。当事人对检验、鉴定报告有异议的,可以在收到检验、鉴定报告之日起3日内申请重新检验、鉴定。县级农机安全监理机构批准重新检验、鉴定的,应当另行委托检验、鉴定机构或者由原检验、鉴定机构另行指派鉴定人。重新检验、鉴定以一次为限。

第二十五条 发生农机事故,需要抢救治疗受伤人员的,抢救治疗费用由肇事嫌疑人和肇事农业机械所有人先行预付。

投保机动车交通事故责任强制保险的拖拉机发生事故,因抢救受伤人员需要保险公司依法支付抢救费用的,事故发生地农业机械化主管部门应当书面通知保险公司。抢救受伤人员需要道路交通事故社会救助基金垫付费用的,事故发生地农业机械化主管部门应当通知道路交通事故社会救助基金管理机构,并协助救助基金管理机构向事故责任人追偿。

第二十六条 农机事故造成人员死亡的,由急救、医疗机构或者法医出具死亡证明。尸体应当存放在殡葬服务单位或者有停尸条件的医疗机构。

对农机事故死者尸体进行检验的,应当通知死者家属或代理人到场。需解剖鉴定的,应当征得死者家属或所在单位的同意。

无法确定死亡人身份的,移交公安机关处理。

第四章　事故认定及复核

第二十七条 农机安全监理机构应当依据以下情况确定当事人的责任:

(一)因一方当事人的过错导致农机事故的,该方当事人承担全部责任;

(二)因两方或者两方以上当事人的过错发生农机事故的,根据其行为对事故发生的作用以及过错的严重程度,分别承担主要责任、同等责任和次要责任;

(三)各方均无导致农机事故的过错,属于意外事故的,各方均无责任;

(四)一方当事人故意造成事故的,他方无责任。

第二十八条 农机安全监理机构在进行事故认定前,应当对证据进行审查:

(一)证据是否是原件、原物,复印件、复制品与原件、原物是否相符;

（二）证据的形式、取证程序是否符合法律规定；

（三）证据的内容是否真实；

（四）证人或者提供证据的人与当事人有无利害关系。

符合规定的证据，可以作为农机事故认定的依据，不符合规定的，不予采信。

第二十九条 农机安全监理机构应当自现场勘查之日起 10 日内，作出农机事故认定，并制作农机事故认定书。对肇事逃逸案件，应当自查获肇事机械和操作人后 10 日内制作农机事故认定书。对需要进行鉴定的，应当自收到鉴定结论之日起 5 日内，制作农机事故认定书。

第三十条 农机事故认定书应当载明以下内容：

（一）事故当事人、农业机械、作业场所的基本情况；

（二）事故发生的基本事实；

（三）事故证据及事故成因分析；

（四）当事人的过错及责任或意外原因；

（五）当事人向农机安全监理机构申请复核、调解和直接向人民法院提起民事诉讼的权利、期限；

（六）作出农机事故认定的农机安全监理机构名称和农机事故认定日期。

农机事故认定书应当由事故处理员签名或盖章，加盖农机事故处理专用章，并在制作完成之日起 3 日内送达当事人。

第三十一条 逃逸农机事故肇事者未查获，农机事故受害一方当事人要求出具农机事故认定书的，农机安全监理机构应当在接到当事人的书面申请后 10 日内制作农机事故认定书，并送达当事人。农机事故认定书应当载明农机事故发生的时间、地点、受害人情况及调查得到的事实，有证据证明受害人有过错的，确定受害人的责任；无证据证明受害人有过错的，确定受害人无责任。

第三十二条 农机事故成因无法查清的，农机安全监理机构应当出具农机事故证明，载明农机事故发生的时间、地点、当事人情况及调查得到的事实，分别送达当事人。

第三十三条 当事人对农机事故认定有异议的，可以自农机事故认定书送达之日起 3 日内，向上一级农机安全监理机构提出书面复核申请。

复核申请应当载明复核请求及其理由和主要证据。

第三十四条 上一级农机安全监理机构应当自收到当事人书面复核申请后 5 日内，作出是否受理决定。任何一方当事人向人民法院提起诉讼并经法院受理的或案件已进入刑事诉讼程序的，复核申请不予受理，并书面通知当事人。

上一级农机安全监理机构受理复核申请的，应当书面通知各方当事人，并通知原办案单位5日内提交案件材料。

第三十五条 上一级农机安全监理机构自受理复核申请之日起30日内，对下列内容进行审查，并作出复核结论：

（一）农机事故事实是否清楚，证据是否确实充分，适用法律是否正确；

（二）农机事故责任划分是否公正；

（三）农机事故调查及认定程序是否合法。

复核原则上采取书面审查的办法，但是当事人提出要求或者农机安全监理机构认为有必要时，可以召集各方当事人到场听取意见。

复核期间，任何一方当事人就该事故向人民法院提起诉讼并经法院受理或案件已进入刑事诉讼程序的，农机安全监理机构应当终止复核。

第三十六条 上一级农机安全监理机构经复核认为农机事故认定符合规定的，应当作出维持农机事故认定的复核结论；经复核认为不符合规定的，应当作出撤销农机事故认定的复核结论，责令原办案单位重新调查、认定。

复核结论应当自作出之日起3日内送达当事人。

上一级农机安全监理机构复核以1次为限。

第三十七条 上一级农机安全监理机构作出责令重新认定的复核结论后，原办案单位应当在10日内依照本办法重新调查，重新制作编号不同的农机事故认定书，送达各方当事人，并报上一级农机安全监理机构备案。

第五章 赔偿调解

第三十八条 当事人对农机事故损害赔偿有争议的，可以在收到农机事故认定书或者上一级农机安全监理机构维持原农机事故认定的复核结论之日起10日内，共同向农机安全监理机构提出书面调解申请。

第三十九条 农机安全监理机构应当按照合法、公正、自愿、及时的原则，采取公开方式进行农机事故损害赔偿调解，但当事人一方要求不予公开的除外。

农机安全监理机构调解农机事故损害赔偿的期限为10日。对农机事故致死的，调解自办理丧葬事宜结束之日起开始；对农机事故致伤、致残的，调解自治疗终结或者定残之日起开始；对农机事故造成财产损失的，调解从确定损失之日起开始。

调解涉及保险赔偿的，农机安全监理机构应当提前3日将调解的时间、地点通报相关保险机构，保险机构可以派员以第三人的身份参加调解。经农机安全监理机构主持达成的调解协议,可以作为保险理赔的依据,被保险人据此申请赔偿保险金的,保险人应当按照法律规定和合同约定进行赔偿。

第四十条 事故调解参加人员包括:

(一)事故当事人及其代理人或损害赔偿的权利人、义务人;

(二)农业机械所有人或者管理人;

(三)农机安全监理机构认为有必要参加的其他人员。

委托代理人应当出具由委托人签名或者盖章的授权委托书。授权委托书应当载明委托事项和权限。

参加调解的当事人一方不得超过3人。

第四十一条 调解农机事故损害赔偿争议,按下列程序进行:

(一)告知各方当事人的权利、义务;

(二)听取各方当事人的请求;

(三)根据农机事故认定书的事实以及相关法律法规,调解达成损害赔偿协议。

第四十二条 调解达成协议的,农机安全监理机构应当制作农机事故损害赔偿调解书送达各方当事人,农机事故损害赔偿调解书经各方当事人共同签字后生效。调解达成协议后当事人反悔的,可以依法向人民法院提起民事诉讼。

农机事故损害赔偿调解书应当载明以下内容:

(一)调解的依据;

(二)农机事故简况和损失情况;

(三)各方的损害赔偿责任及比例;

(四)损害赔偿的项目和数额;

(五)当事人自愿协商达成一致的意见;

(六)赔偿方式和期限;

(七)调解终结日期。

赔付款由当事人自行交接,当事人要求农机安全监理机构转交的,农机安全监理机构可以转交,并在农机事故损害赔偿调解书上附记。

第四十三条 调解不能达成协议的,农机安全监理机构应当终止调解,并制作农机事故损害赔偿调解终结书送达各方当事人。农机事故损害赔偿调解终结书应当载明未达成协议的原因。

第四十四条 调解期间,当事人向人民法院提起民事诉讼、无正当理由不参加调解或者放弃调解的,农机安全监理机构应当终结调解。

第四十五条 农机事故损害赔偿费原则上应当一次性结算付清。对不明身份死者的人身损害赔偿,农机安全监理机构应当将赔偿费交付有关部门保存,待损害赔偿权利人确认后,通知有关部门交付损害赔偿权利人。

第六章　事 故 报 告

第四十六条　省级农机安全监理机构应当按照农业机械化管理统计报表制度按月报送农机事故。农机事故月报的内容包括农机事故起数、伤亡情况、直接经济损失和事故发生的原因等情况。

第四十七条　发生较大以上的农机事故,事故发生地农机安全监理机构应当立即向农业机械化主管部门报告,并逐级上报至农业农村部农机监理总站。每级上报时间不得超过 2 小时。必要时,农机安全监理机构可以越级上报事故情况。

农机事故快报应当包括下列内容:

(一)事故发生的时间、地点、天气以及事故现场情况;

(二)操作人姓名、住址、持证等情况;

(三)事故造成的伤亡人数(包括下落不明的人数)及伤亡人员的基本情况、初步估计的直接经济损失;

(四)发生事故的农业机械机型、牌证号、是否载有危险物品及危险物品的种类等;

(五)事故发生的简要经过;

(六)已经采取的措施;

(七)其他应当报告的情况。

农机事故发生之日起 7 日内,事故造成的伤亡人数发生变化的,应当及时补报。

第四十八条　农机安全监理机构应当每月对农机事故情况进行分析评估,向农业机械化主管部门提交事故情况和分析评估报告。

农业农村部每半年发布一次相关信息,通报典型的较大以上农机事故。省级农业机械化主管部门每季度发布一次相关信息,通报典型农机事故。

第七章　罚　　则

第四十九条　农业机械化主管部门及其农机安全监理机构有下列行为之一的,对直接负责的主管人员和其他直接责任人员依法给予行政处分;涉嫌犯罪的,及时将案件移送司法机关,依法追究刑事责任:

（一）不依法处理农机事故或者不依法出具农机事故认定书等有关材料的；

（二）迟报、漏报、谎报或者瞒报事故的；

（三）阻碍、干涉事故调查工作的；

（四）其他依法应当追究责任的行为。

第五十条 农机事故处理员有下列行为之一的，依法给予行政处分；涉嫌犯罪的，及时将案件移送司法机关，依法追究刑事责任：

（一）不立即实施事故抢救的；

（二）在事故调查处理期间擅离职守的；

（三）利用职务之便，非法占有他人财产的；

（四）索取、收受贿赂的；

（五）故意或者过失造成认定事实错误、违反法定程序的；

（六）应当回避而未回避影响事故公正处理的；

（七）其他影响公正处理事故的。

第五十一条 当事人有农机安全违法行为的，农机安全监理机构应当在作出农机事故认定之日起5日内，依照《农业机械安全监督管理条例》作出处罚。

农机事故肇事人构成犯罪的，农机安全监理机构应当在人民法院作出的有罪判决生效后，依法吊销其操作证件；拖拉机驾驶人有逃逸情形的，应当同时依法作出终生不得重新取得拖拉机驾驶证的决定。

第八章 附 则

第五十二条 农机事故处理文书表格格式、农机事故处理专用印章式样由农业农村部统一制定。

第五十三条 涉外农机事故应当按照本办法处理，并通知外事部门派员协助。国家另有规定的，从其规定。

第五十四条 本办法规定的“日”是指工作日，不含法定节假日。

第五十五条 本办法自2011年3月1日起施行。

银行保险机构关联交易管理办法

（2022年1月10日中国银行保险监督管理委员会令〔2022〕第1号公布　自2022年3月1日起施行　国司备字［2022005884］）

第一章　总　　则

第一条　为加强审慎监管，规范银行保险机构关联交易行为，防范关联交易风险，促进银行保险机构安全、独立、稳健运行，根据《中华人民共和国公司法》《中华人民共和国银行业监督管理法》《中华人民共和国商业银行法》《中华人民共和国保险法》《中华人民共和国信托法》等法律法规，制定本办法。

第二条　本办法所称银行保险机构包括银行机构、保险机构和在中华人民共和国境内依法设立的信托公司、金融资产管理公司、金融租赁公司、汽车金融公司、消费金融公司。

银行机构是指在中华人民共和国境内依法设立的商业银行、政策性银行、村镇银行、农村信用合作社、农村合作银行。

保险机构是指在中华人民共和国境内依法设立的保险集团（控股）公司、保险公司、保险资产管理公司。

第三条　银行保险机构开展关联交易应当遵守法律法规和有关监管规定，健全公司治理架构，完善内部控制和风险管理，遵循诚实信用、公开公允、穿透识别、结构清晰的原则。

银行保险机构不得通过关联交易进行利益输送或监管套利，应当采取有效措施，防止关联方利用其特殊地位，通过关联交易侵害银行保险机构利益。

银行保险机构应当维护经营独立性，提高市场竞争力，控制关联交易的数量和规模，避免多层嵌套等复杂安排，重点防范向股东及其关联方进行利益输送的风险。

第四条　银保监会及其派出机构依法对银行保险机构的关联交易实施监督管理。

第二章　关 联 方

第五条　银行保险机构的关联方，是指与银行保险机构存在一方控制另一方，或对另一方施加重大影响，以及与银行保险机构同受一方控制或重大影响的自然人、法人或非法人组织。

第六条 银行保险机构的关联自然人包括：

（一）银行保险机构的自然人控股股东、实际控制人，及其一致行动人、最终受益人；

（二）持有或控制银行保险机构5%以上股权的，或持股不足5%但对银行保险机构经营管理有重大影响的自然人；

（三）银行保险机构的董事、监事、总行（总公司）和重要分行（分公司）的高级管理人员，以及具有大额授信、资产转移、保险资金运用等核心业务审批或决策权的人员；

（四）本条第（一）至（三）项所列关联方的配偶、父母、成年子女及兄弟姐妹；

（五）本办法第七条第（一）（二）项所列关联方的董事、监事、高级管理人员。

第七条 银行保险机构的关联法人或非法人组织包括：

（一）银行保险机构的法人控股股东、实际控制人，及其一致行动人、最终受益人；

（二）持有或控制银行保险机构5%以上股权的，或者持股不足5%但对银行保险机构经营管理有重大影响的法人或非法人组织，及其控股股东、实际控制人、一致行动人、最终受益人；

（三）本条第（一）项所列关联方控制或施加重大影响的法人或非法人组织，本条第（二）项所列关联方控制的法人或非法人组织；

（四）银行保险机构控制或施加重大影响的法人或非法人组织；

（五）本办法第六条第（一）项所列关联方控制或施加重大影响的法人或非法人组织，第六条第（二）至（四）项所列关联方控制的法人或非法人组织。

第八条 银行保险机构按照实质重于形式和穿透的原则，可以认定以下自然人、法人或非法人组织为关联方：

（一）在过去十二个月内或者根据相关协议安排在未来十二个月内存在本办法第六条、第七条规定情形之一的；

（二）本办法第六条第（一）至（三）项所列关联方的其他关系密切的家庭成员；

（三）银行保险机构内部工作人员及其控制的法人或其他组织；

（四）本办法第六条第（二）（三）项，以及第七条第（二）项所列关联方可施加重大影响的法人或非法人组织；

（五）对银行保险机构有影响，与银行保险机构发生或可能发生未遵守商业原则、有失公允的交易行为，并可据以从交易中获取利益的自然人、法人或非法人组织。

第九条 银保监会或其派出机构可以根据实质重于形式和穿透的原则，认定可能导致银行保险机构利益转移的自然人、法人或非法人组织为关联方。

第三章 关联交易

第十条 银行保险机构关联交易是指银行保险机构与关联方之间发生的利益转移事项。

第十一条 银行保险机构应当按照实质重于形式和穿透原则，识别、认定、管理关联交易及计算关联交易金额。

计算关联自然人与银行保险机构的关联交易余额时，其配偶、父母、成年子女、兄弟姐妹等与该银行保险机构的关联交易应当合并计算；计算关联法人或非法人组织与银行保险机构的关联交易余额时，与其存在控制关系的法人或非法人组织与该银行保险机构的关联交易应当合并计算。

第十二条 银保监会或其派出机构可以根据实质重于形式和穿透监管原则认定关联交易。

银保监会可以根据银行保险机构的公司治理状况、关联交易风险状况、机构类型特点等对银行保险机构适用的关联交易监管比例进行设定或调整。

第一节 银行机构关联交易

第十三条 银行机构的关联交易包括以下类型：

（一）授信类关联交易：指银行机构向关联方提供资金支持、或者对关联方在有关经济活动中可能产生的赔偿、支付责任作出保证，包括贷款（含贸易融资）、票据承兑和贴现、透支、债券投资、特定目的载体投资、开立信用证、保理、担保、保函、贷款承诺、证券回购、拆借以及其他实质上由银行机构承担信用风险的表内外业务等；

（二）资产转移类关联交易：包括银行机构与关联方之间发生的自用动产与不动产买卖，信贷资产及其收（受）益权买卖，抵债资产的接收和处置等；

（三）服务类关联交易：包括信用评估、资产评估、法律服务、咨询服务、信息服务、审计服务、技术和基础设施服务、财产租赁以及委托或受托销售等；

（四）存款和其他类型关联交易，以及根据实质重于形式原则认定的可能引致银行机构利益转移的事项。

第十四条 银行机构关联交易分为重大关联交易和一般关联交易。

银行机构重大关联交易是指银行机构与单个关联方之间单笔交易金额达到银行机构上季末资本净额1%以上，或累计达到银行机构上季末资本净额5%以上的交易。

银行机构与单个关联方的交易金额累计达到前款标准后，其后发生的关联交易，每累计达到上季末资本净额1%以上，则应当重新认定为重大关联交易。

一般关联交易是指除重大关联交易以外的其他关联交易。

第十五条 银行机构关联交易金额计算方式如下：

（一）授信类关联交易原则上以签订协议的金额计算交易金额；

（二）资产转移类关联交易以交易价格或公允价值计算交易金额；

（三）服务类关联交易以业务收入或支出金额计算交易金额；

（四）银保监会确定的其他计算口径。

第十六条 银行机构对单个关联方的授信余额不得超过银行机构上季末资本净额的10%。银行机构对单个关联法人或非法人组织所在集团客户的合计授信余额不得超过银行机构上季末资本净额的15%。银行机构对全部关联方的授信余额不得超过银行机构上季末资本净额的50%。

计算授信余额时，可以扣除授信时关联方提供的保证金存款以及质押的银行存单和国债金额。

银行机构与关联方开展同业业务应当同时遵守关于同业业务的相关规定。银行机构与境内外关联方银行之间开展的同业业务、外资银行与母行集团内银行之间开展的业务可不适用本条第一款所列比例规定和本办法第十四条重大关联交易标准。

被银保监会或其派出机构采取风险处置或接管等措施的银行机构，经银保监会批准可不适用本条所列比例规定。

第二节　保险机构关联交易

第十七条 保险机构的关联交易包括以下类型：

（一）资金运用类关联交易：包括在关联方办理银行存款；直接或间接买卖债券、股票等有价证券，投资关联方的股权、不动产及其他资产；直接或间接投资关联方发行的金融产品，或投资基础资产包含关联方资产的金融产品等。

（二）服务类关联交易：包括审计服务、精算服务、法律服务、咨询顾问服务、资产评估、技术和基础设施服务、委托或受托管理资产、租赁资产等。

（三）利益转移类关联交易：包括赠与、给予或接受财务资助，权利转让，担保，债权债务转移，放弃优先受让权、同比例增资权或其他权利等。

（四）保险业务和其他类型关联交易，以及根据实质重于形式原则认定的可能引致保险机构利益转移的事项。

第十八条 保险机构关联交易金额以交易对价或转移的利益计算。具体计算方式如下：

（一）资金运用类关联交易以保险资金投资金额计算交易金额。其中，投资于关联方发行的金融产品且基础资产涉及其他关联方的，以投资金额计算交易金额；投资于关联方发行的金融产品且基础资产不涉及其他关联方的，以发行费或投资管理费计算交易金额；买入资产的，以交易价格计算交易金额。

（二）服务类关联交易以业务收入或支出金额计算交易金额。

（三）利益转移类关联交易以资助金额、交易价格、担保金额、标的市场价值等计算交易金额。

（四）银保监会确定的其他计算口径。

第十九条 保险机构关联交易分为重大关联交易和一般关联交易。

保险机构重大关联交易是指保险机构与单个关联方之间单笔或年度累计交易金额达到3000万元以上，且占保险机构上一年度末经审计的净资产的1%以上的交易。

一个年度内保险机构与单个关联方的累计交易金额达到前款标准后，其后发生的关联交易再次累计达到前款标准，应当重新认定为重大关联交易。

保险机构一般关联交易是指除重大关联交易以外的其他关联交易。

第二十条 保险机构资金运用关联交易应符合以下比例要求：

（一）保险机构投资全部关联方的账面余额，合计不得超过保险机构上一年度末总资产的25%与上一年度末净资产二者中的金额较低者；

（二）保险机构投资权益类资产、不动产类资产、其他金融资产和境外投资的账面余额中，对关联方的投资金额不得超过上述各类资产投资限额的30%；

（三）保险机构投资单一关联方的账面余额，合计不得超过保险机构上一年度末净资产的30%；

（四）保险机构投资金融产品，若底层基础资产涉及控股股东、实际控制人或控股股东、实际控制人的关联方，保险机构购买该金融产品的份额不得超过该产品发行总额的50%。

保险机构与其控股的非金融子公司投资关联方的账面余额及购买份额应当合并计算并符合前述比例要求。

保险机构与其控股子公司之间，以及控股子公司之间发生的关联交易，不适用前述规定。

第三节 信托公司及其他非银行金融机构关联交易

第二十一条 信托公司应当按照穿透原则和实质重于形式原则，加强关联交易认定和关联交易资金来源与运用的双向核查。

信托公司关联交易分为重大关联交易和一般关联交易。重大关联交易是指信托公司固有财产与单个关联方之间、信托公司信托财产与单个关联方之间单笔交易金额占信托公司注册资本5%以上，或信托公司与单个关联方发生交易后，信托公司与该关联方的交易余额占信托公司注册资本20%以上的交易。一般关联交易是指除重大关联交易以外的其他关联交易。

第二十二条 金融资产管理公司、金融租赁公司、汽车金融公司、消费金融公司（下称其他非银行金融机构）的关联交易包括以下类型：

（一）以资产为基础的关联交易：包括资产买卖与委托（代理）处置、资产重组（置换）、资产租赁等；

（二）以资金为基础的关联交易：包括投资、贷款、融资租赁、借款、拆借、存款、担保等；

（三）以中间服务为基础的关联交易：包括评级服务、评估服务、审计服务、法律服务、拍卖服务、咨询服务、业务代理、中介服务等；

（四）其他类型关联交易以及根据实质重于形式原则认定的可能引致其他非银行金融机构利益转移的事项。

第二十三条 其他非银行金融机构的关联交易分为重大关联交易和一般关联交易。

其他非银行金融机构重大关联交易是指其他非银行金融机构与单个关联方之间单笔交易金额达到其他非银行金融机构上季末资本净额1%以上，或累计达到其他非银行金融机构上季末资本净额5%以上的交易。金融租赁公司除外。

金融租赁公司重大关联交易是指金融租赁公司与单个关联方之间单笔交易金额达到金融租赁公司上季末资本净额5%以上，或累计达到金融租赁公司上季末资本净额10%以上的交易。

其他非银行金融机构与单个关联方的交易金额累计达到前款标准后，其后发生的关联交易，每累计达到上季末资本净额1%以上，应当重新认定为重大关联交易。金融租赁公司除外。

金融租赁公司与单个关联方的交易金额累计达到前款标准后，其后发生的关联交易，每累计达到上季末资本净额5%以上，应当重新认定为重大关联交易。

一般关联交易是指除重大关联交易以外的其他关联交易。

第二十四条 其他非银行金融机构的关联交易金额以交易对价或转移的利益计算,具体计算方式如下:

(一)以资产为基础的关联交易以交易价格计算交易金额;

(二)以资金为基础的关联交易以签订协议的金额计算交易金额;

(三)以中间服务为基础的关联交易以业务收入或支出金额计算交易金额;

(四)银保监会确定的其他计算口径。

第二十五条 金融资产管理公司及其非金融控股子公司与关联方之间发生的以资金、资产为基础的交易余额应当合并计算,参照适用本办法第十六条相关监管要求,金融资产管理公司与其控股子公司之间、以及控股子公司之间发生的关联交易除外。

金融资产管理公司应当参照本办法第二章规定,将控股子公司的关联方纳入集团关联方范围。

第二十六条 金融租赁公司对单个关联方的融资余额不得超过上季末资本净额的30%。

金融租赁公司对全部关联方的全部融资余额不得超过上季末资本净额的50%。

金融租赁公司对单个股东及其全部关联方的融资余额不得超过该股东在金融租赁公司的出资额,且应同时满足本条第一款的规定。

金融租赁公司及其设立的控股子公司、项目公司之间的关联交易不适用本条规定。

汽车金融公司对单个股东及其关联方的授信余额不得超过该股东在汽车金融公司的出资额。

第四节 禁止性规定

第二十七条 银行保险机构不得通过掩盖关联关系、拆分交易等各种隐蔽方式规避重大关联交易审批或监管要求。

银行保险机构不得利用各种嵌套交易拉长融资链条、模糊业务实质、规避监管规定,不得为股东及其关联方违规融资、腾挪资产、空转套利、隐匿风险等。

第二十八条 银行机构不得直接通过或借道同业、理财、表外等业务,突破比例限制或违反规定向关联方提供资金。

银行机构不得接受本行的股权作为质押提供授信。银行机构不得为关联方的融资行为提供担保(含等同于担保的或有事项),但关联方以银行存单、国债提供足额反担保的除外。

银行机构向关联方提供授信发生损失的,自发现损失之日起二年内不得再向该关联方提供授信,但为减少该授信的损失,经银行机构董事会批准的除外。

第二十九条 保险机构不得借道不动产项目、非保险子公司、信托计划、资管产品投资,或其他通道、嵌套方式等变相突破监管限制,为关联方违规提供融资。

第三十条 金融资产管理公司参照执行本办法第二十八条规定,且不得与关联方开展无担保的以资金为基础的关联交易,同业拆借、股东流动性支持以及金融监管机构另有规定的除外。非金融子公司负债依存度不得超过30%,确有必要救助的,原则上不得超过70%,并于作出救助决定后3个工作日内向董事会、监事会和银保监会报告。

金融资产管理公司及其子公司将自身形成的不良资产在集团内部转让的,应当由集团母公司董事会审批,金融子公司按规定批量转让的除外。

第三十一条 金融租赁公司与关联方开展以资产、资金为基础的关联交易发生损失的,自发现损失之日起二年内不得与该关联方新增以资产、资金为基础的关联交易。但为减少损失,经金融租赁公司董事会批准的除外。

第三十二条 信托公司开展固有业务,不得向关联方融出资金或转移财产,不得为关联方提供担保。

信托公司开展结构化信托业务不得以利益相关人作为劣后受益人,利益相关人包括但不限于信托公司及其全体员工、信托公司股东等。

信托公司管理集合资金信托计划,不得将信托资金直接或间接运用于信托公司的股东及其关联方,但信托资金全部来源于股东或其关联方的除外。

第三十三条 公司治理监管评估结果为E级的银行保险机构,不得开展授信类、资金运用类、以资金为基础的关联交易。经银保监会或其派出机构认可的除外。

第三十四条 银行保险机构违反本办法规定的,银保监会或其派出机构予以责令改正,包括以下措施:

(一)责令禁止与特定关联方开展交易;

(二)要求对特定的交易出具审计报告;

(三)根据银行保险机构关联交易风险状况,要求银行保险机构缩减对单个或全部关联方交易金额的比例要求,直至停止关联交易;

(四)责令更换会计师事务所、专业评估机构、律师事务所等服务机构;

（五）银保监会或其派出机构可依法采取的其他措施。

第三十五条 银行保险机构董事、监事、高级管理人员或其他有关从业人员违反本办法规定的，银保监会或其派出机构可以对相关责任人员采取以下措施：

（一）责令改正；

（二）记入履职记录并进行行业通报；

（三）责令银行保险机构予以问责；

（四）银保监会或其派出机构可依法采取的其他措施。

银行保险机构的关联方违反本办法规定的，银保监会或其派出机构可以采取公开谴责等措施。

第三十六条 持有银行保险机构5%以上股权的股东质押股权数量超过其持有该银行保险机构股权总量50%的，银保监会或其派出机构可以限制其与银行保险机构开展关联交易。

第四章 关联交易的内部管理

第三十七条 银行保险机构应当制定关联交易管理制度。

关联交易管理制度包括关联交易的管理架构和相应职责分工，关联方的识别、报告、信息收集与管理，关联交易的定价、审查、回避、报告、披露、审计和责任追究等内容。

第三十八条 银行保险机构应对其控股子公司与银行保险机构关联方发生的关联交易事项进行管理，明确管理机制，加强风险管控。

第三十九条 银行保险机构董事会应当设立关联交易控制委员会，负责关联交易管理、审查和风险控制。银保监会对设立董事会下设专业委员会另有规定的，从其规定。

董事会对关联交易管理承担最终责任，关联交易控制委员会、涉及业务部门、风险审批及合规审查的部门负责人对关联交易的合规性承担相应责任。

关联交易控制委员会由三名以上董事组成，由独立董事担任负责人。关联交易控制委员会应重点关注关联交易的合规性、公允性和必要性。

银行保险机构应当在管理层面设立跨部门的关联交易管理办公室，成员应当包括合规、业务、风控、财务等相关部门人员，并明确牵头部门、设置专岗，负责关联方识别维护、关联交易管理等日常事务。

第四十条 银行保险机构应当建立关联方信息档案，确定重要分行、分公司标准或名单，明确具有大额授信、资产转移、保险资金运用等核心业务审批或决策权的人员范围。

银行保险机构应当通过关联交易监管相关信息系统及时向银保监会或其派出机构报送关联方、重大关联交易、季度关联交易情况等信息，保证数据的真实性、准确性，不得瞒报、漏报。

银行保险机构应当提高关联方和关联交易管理的信息化和智能化水平，强化大数据管理能力。

第四十一条 银行保险机构董事、监事、高级管理人员及具有大额授信、资产转移、保险资金运用等核心业务审批或决策权的人员，应当自任职之日起15个工作日内，按本办法有关规定向银行保险机构报告其关联方情况。

持有银行保险机构5%以上股权，或持股不足5%但是对银行保险机构经营管理有重大影响的自然人、法人或非法人组织，应当在持股达到5%之日或能够施加重大影响之日起15个工作日内，按本办法有关规定向银行保险机构报告其关联方情况。

前款报告事项如发生变动，应当在变动后的15个工作日内向银行保险机构报告并更新关联方情况。

第四十二条 银行保险机构关联方不得通过隐瞒关联关系等不当手段规避关联交易的内部审查、外部监管以及报告披露义务。

第四十三条 银行保险机构应当主动穿透识别关联交易，动态监测交易资金来源和流向，及时掌握基础资产状况，动态评估对风险暴露和资本占用的影响程度，建立有效的关联交易风险控制机制，及时调整经营行为以符合本办法的有关规定。

第四十四条 关联交易应当订立书面协议，按照商业原则，以不优于对非关联方同类交易的条件进行。必要时关联交易控制委员会可以聘请财务顾问等独立第三方出具报告，作为判断的依据。

第四十五条 银行保险机构应当完善关联交易内控机制，优化关联交易管理流程，关键环节的审查意见以及关联交易控制委员会等会议决议、记录应当清晰可查。

一般关联交易按照公司内部管理制度和授权程序审查，报关联交易控制委员会备案。重大关联交易经由关联交易控制委员会审查后，提交董事会批准。董事会会议所作决议须经非关联董事2/3以上通过。出席董事会会议的非关联董事人数不足三人的，应当提交股东（大）会审议。

第四十六条 银行保险机构关联交易控制委员会、董事会及股东（大）会对关联交易进行表决或决策时，与该关联交易有利害关系的人员应当回避。

如银行保险机构未设立股东（大）会，或者因回避原则而无法召开股东

(大)会的,仍由董事会审议且不适用本条第一款关于回避的规定,但关联董事应出具不存在利益输送的声明。

第四十七条 银行保险机构与同一关联方之间长期持续发生的,需要反复签订交易协议的提供服务类、保险业务类及其他经银保监会认可的关联交易,可以签订统一交易协议,协议期限一般不超过三年。

第四十八条 统一交易协议的签订、续签、实质性变更,应按照重大关联交易进行内部审查、报告和信息披露。统一交易协议下发生的关联交易无需逐笔进行审查、报告和披露,但应当在季度报告中说明执行情况。统一交易协议应当明确或预估关联交易金额。

第四十九条 独立董事应当逐笔对重大关联交易的公允性、合规性以及内部审批程序履行情况发表书面意见。独立董事认为有必要的,可以聘请中介机构等独立第三方提供意见,费用由银行保险机构承担。

第五十条 对于未按照规定报告关联方、违规开展关联交易等情形,银行保险机构应当按照内部问责制度对相关人员进行问责,并将问责情况报关联交易控制委员会。

第五十一条 银行保险机构应当每年至少对关联交易进行一次专项审计,并将审计结果报董事会和监事会。

银行保险机构不得聘用关联方控制的会计师事务所、专业评估机构、律师事务所为其提供审计、评估等服务。

第五章 关联交易的报告和披露

第五十二条 银行保险机构及其关联方应当按照本办法有关规定,真实、准确、完整、及时地报告、披露关联交易信息,不得存在任何虚假记载、误导性陈述或重大遗漏。

第五十三条 银行保险机构应当在签订以下交易协议后15个工作日内逐笔向银保监会或其派出机构报告:

(一)重大关联交易;

(二)统一交易协议的签订、续签或实质性变更;

(三)银保监会要求报告的其他交易。

信托公司关联交易逐笔报告另有规定的,从其规定。

第五十四条 银行保险机构应当按照本办法有关规定统计季度全部关联交易金额及比例,并于每季度结束后30日内通过关联交易监管相关信息系统向银保监会或其派出机构报送关联交易有关情况。

第五十五条　银行保险机构董事会应当每年向股东(大)会就关联交易整体情况做出专项报告,并向银保监会或其派出机构报送。

第五十六条　银行保险机构应当在公司网站中披露关联交易信息,在公司年报中披露当年关联交易的总体情况。按照本办法第五十三条规定需逐笔报告的关联交易应当在签订交易协议后15个工作日内逐笔披露,一般关联交易应在每季度结束后30日内按交易类型合并披露。

逐笔披露内容包括:

(一)关联交易概述及交易标的情况。

(二)交易对手情况。包括关联自然人基本情况,关联法人或非法人组织的名称、经济性质或类型、主营业务或经营范围、法定代表人、注册地、注册资本及其变化,与银行保险机构存在的关联关系。

(三)定价政策。

(四)关联交易金额及相应比例。

(五)股东(大)会、董事会决议,关联交易控制委员会的意见或决议情况。

(六)独立董事发表意见情况。

(七)银保监会认为需要披露的其他事项。

合并披露内容应当包括关联交易类型、交易金额及相应监管比例执行情况。

第五十七条　银行保险机构进行的下列关联交易,可以免予按照关联交易的方式进行审议和披露:

(一)与关联自然人单笔交易额在50万元以下或与关联法人单笔交易额在500万元以下的关联交易,且交易后累计未达到重大关联交易标准的;

(二)一方以现金认购另一方公开发行的股票、公司债券或企业债券、可转换债券或其他衍生品种;

(三)活期存款业务;

(四)同一自然人同时担任银行保险机构和其他法人的独立董事且不存在其他构成关联方情形的,该法人与银行保险机构进行的交易;

(五)交易的定价为国家规定的;

(六)银保监会认可的其他情形。

第五十八条　银行保险机构关联交易信息涉及国家秘密、商业秘密或者银保监会认可的其他情形,银行保险机构可以向银保监会申请豁免按照本办法披露或履行相关义务。

第六章 关联交易的监督管理

第五十九条 银行机构、信托公司、其他非银行金融机构的股东或其控股股东、实际控制人,通过向机构施加影响,迫使机构从事下列行为的,银保监会或其派出机构应当责令限期改正;逾期未改正的,可以限制该股东的权利;对情节严重的控股股东,可以责令其转让股权。

(一)违反本办法第二十七条规定进行关联交易的;

(二)未按本办法第四十四条规定的商业原则进行关联交易的;

(三)未按本办法第四十五条规定审查关联交易的;

(四)违反本办法规定为关联方融资行为提供担保的;

(五)接受本公司的股权作为质押提供授信的;

(六)聘用关联方控制的会计师事务所等为其提供服务的;

(七)对关联方授信余额或融资余额等超过本办法规定比例的;

(八)未按照本办法规定披露信息的。

第六十条 银行机构、信托公司、其他非银行金融机构董事、高级管理人员有下列情形之一的,银保监会或其派出机构可以责令其限期改正;逾期未改正或者情节严重的,银保监会或其派出机构可以责令机构调整董事、高级管理人员或者限制其权利。

(一)未按本办法第四十一条规定报告的;

(二)做出虚假或有重大遗漏报告的;

(三)未按本办法第四十六条规定回避的;

(四)独立董事未按本办法第四十九条规定发表书面意见的。

第六十一条 银行机构、信托公司、其他非银行金融机构有下列情形之一的,银保监会或其派出机构可依照法律法规采取相关监管措施或进行处罚:

(一)违反本办法第二十七条规定进行关联交易的;

(二)未按本办法第四十四条规定的商业原则进行关联交易的;

(三)未按本办法第四十五条规定审查关联交易的;

(四)违反本办法规定为关联方融资行为提供担保的;

(五)接受本行的股权作为质押提供授信的;

(六)聘用关联方控制的会计师事务所等为其提供服务的;

(七)对关联方授信余额或融资余额等超过本办法规定比例的;

(八)未按照本办法规定披露信息的;

(九)未按要求执行本办法第五十九条和第六十条规定的监督管理措施

的；

（十）其他违反本办法规定的情形。

第六十二条 银行机构、信托公司、其他非银行金融机构未按照本办法规定向银保监会或其派出机构报告重大关联交易或报送关联交易情况报告的，银保监会或其派出机构可依照法律法规采取相关监管措施或进行处罚。

第六十三条 银行机构、信托公司、其他非银行金融机构有本办法第六十一条所列情形之一的，银保监会或其派出机构可以区别不同情形，依据《中华人民共和国银行业监督管理法》等法律法规对董事、高级管理人员和其他直接责任人员采取相应处罚措施。

第六十四条 保险机构及其股东、控股股东，保险机构的董事、监事或高级管理人员违反本办法相关规定的，银保监会或其派出机构可依照法律法规采取相关监管措施或进行处罚。涉嫌犯罪的，依法移送司法机关追究刑事责任。

第七章 附 则

第六十五条 本办法中下列用语的含义：

本办法所称"以上"含本数，"以下"不含本数。年度为会计年度。

控制，包括直接控制、间接控制，是指有权决定一个企业的财务和经营决策，并能据以从该企业的经营活动中获取利益。

持有，包括直接持有与间接持有。

重大影响，是指对法人或组织的财务和经营政策有参与决策的权力，但不能够控制或者与其他方共同控制这些政策的制定。包括但不限于派驻董事、监事或高级管理人员、通过协议或其他方式影响法人或组织的财务和经营管理决策，以及银保监会或其派出机构认定的其他情形。

共同控制，指按照合同约定对某项经济活动所共有的控制，仅在与该项经济活动相关的重要财务和经营决策需要分享控制权的投资方一致同意时存在。

控股股东，是指持股比例达到50%以上的股东；或持股比例虽不足50%，但依享有的表决权已足以对股东（大）会的决议产生控制性影响的股东。

控股子公司，是指对该子公司的持股比例达到50%以上；或者持股比例虽不足50%，但通过表决权、协议等安排能够对其施加控制性影响。控股子公司包括直接、间接或共同控制的子公司或非法人组织。

实际控制人，是指虽不是公司的股东，但通过投资关系、协议或者其他安排，能够实际支配公司行为的自然人或其他最终控制人。

集团客户，是指存在控制关系的一组企事业法人客户或同业单一客户。

一致行动人，是指通过协议、合作或其他途径，在行使表决权或参与其他经济活动时采取相同意思表示的自然人、法人或非法人组织。

最终受益人，是指实际享有银行保险机构股权收益、金融产品收益的人。

其他关系密切的家庭成员，是指除配偶、父母、成年子女及兄弟姐妹以外的包括配偶的父母、子女的配偶、兄弟姐妹的配偶、配偶的兄弟姐妹以及其他可能产生利益转移的家庭成员。

内部工作人员，是指与银行保险机构签订劳动合同的人员。

关联关系，是指银行保险机构控股股东、实际控制人、董事、监事、高级管理人员等与其直接或者间接控制的企业之间的关系，以及可能导致利益转移的其他关系。

关联董事、关联股东，是指交易的一方，或者在审议关联交易时可能影响该交易公允性的董事、股东。

书面协议的书面形式包括合同书、信件和数据电文（包括电报、电传、传真、电子数据交换和电子邮件）等法律认可的有形的表现所载内容的形式。

本办法所称关联法人或非法人组织不包括国家行政机关、政府部门，中央汇金投资有限责任公司，全国社保基金理事会，梧桐树投资平台有限责任公司，存款保险基金管理有限责任公司，以及经银保监会批准豁免认定的关联方。上述机构派出同一自然人同时担任两家或以上银行保险机构董事或监事，且不存在其他关联关系的，所任职机构之间不构成关联方。

国家控股的企业之间不仅因为同受国家控股而构成关联方。

第六十六条 银保监会批准设立的外国银行分行、其他金融机构参照适用本办法，法律、行政法规及银保监会另有规定的从其规定。

自保公司的自保业务、企业集团财务公司的成员单位业务不适用本办法。

银行保险机构为上市公司的，应同时遵守上市公司有关规定。

第六十七条 本办法由银保监会负责解释。

第六十八条 本办法自 2022 年 3 月 1 日起施行。《商业银行与内部人和股东关联交易管理办法》（中国银行业监督管理委员会令 2004 年第 3 号）、《保险公司关联交易管理办法》（银保监发〔2019〕35 号）同时废止。本办法施行前，银保监会有关银行保险机构关联交易管理的规定与本办法不一致的，按照本办法执行。

保险公司非现场监管暂行办法

(2022年1月18日中国银行保险监督管理委员会令第3号公布 自2022年3月1日起施行 国司备字[2022005885])

第一章 总 则

第一条 为建立健全保险公司非现场监管体系,明确非现场监管职责分工,规范非现场监管工作流程,提高非现场监管工作效率,依据《中华人民共和国保险法》《保险公司管理规定》等有关法律法规,制定本办法。

第二条 保险公司非现场监管是指监管机构通过收集保险公司和保险行业的公司治理、偿付能力、经营管理以及业务、财务数据等各类信息,持续监测分析保险公司业务运营、提供风险保障和服务实体经济情况,对保险公司和保险行业的整体风险状况进行评估,并采取针对性监管措施的持续性监管过程。

非现场监管是保险监管的重要手段,监管机构要充分发挥其在提升监管效能方面的核心作用。

第三条 本办法所称监管机构是指银保监会及其派出机构。

本办法所称保险公司包括保险公司法人机构及其分支机构。其中保险公司法人机构是指经国务院保险监督管理机构批准设立,并依法登记注册的商业保险公司。保险公司分支机构是指保险公司法人机构依法设立的省级(含直辖市、计划单列市)分公司和地市级中心支公司,不包括支公司、营业部、营销服务部和各类专属机构。

第四条 监管机构对保险公司开展非现场监管,应遵循以下原则:

(一)全面风险监管原则。开展非现场监管应以风险为核心,全面识别、监测和评估保险公司的风险状况,及时进行风险预警,并采取相应的监管措施,推动保险公司持续健康发展。

(二)协调监管原则。机构监管部门和其他相关监管部门应当建立非现场监管联动工作机制,加强信息共享和工作协调,充分整合监管力量。

(三)分类监管原则。开展非现场监管应根据保险公司的业务类型、经营模式、风险状况、系统重要性程度等因素,合理配置监管资源,分类施策,及时审慎采取监管措施。

(四)监管标准统一原则。开展非现场监管应设定统一的非现场监管目标,建立统一的工作流程和工作标准,指导监管人员有序高效地履行非现场监管职责。

第二章　职责分工和工作要求

第五条　机构监管部门负责研究制定非现场监管的制度规定、工作流程和工作标准;对直接监管的保险公司法人机构和保险行业的系统性风险开展非现场监管,并指导派出机构开展非现场监管。

第六条　其他相关监管部门要加强与机构监管部门的协调配合,为构建完善非现场监管制度体系,开展非现场监管提供数据资料、政策解读等相关支持。

第七条　派出机构负责对属地保险公司法人机构、辖内保险公司分支机构以及保险行业的区域性风险开展非现场监管。

第八条　机构监管部门和其他相关监管部门与派出机构之间应当建立非现场监管联动工作机制,加强横向和纵向的监管联动,积极推动实现监管信息的有效共享。

第九条　非现场监管应当与行政审批、现场检查等监管手段形成有效衔接,与公司治理、偿付能力、资金运用和消费者权益保护等重点监管领域实现合作互补,共同构建高效、稳健的保险监管体系,为监管政策的制定实施提供有力支持。

第十条　非现场监管的工作流程分为信息收集和整理、日常监测和监管评估、评估结果运用、信息归档等四个阶段。

第十一条　监管机构应当根据监管人员配置情况和履职回避要求,明确专人负责单家保险公司的非现场监管工作,确保非现场监管分工到位、职责到人,定期对非现场监管人员进行培训、轮岗。

第三章　信息收集和整理

第十二条　监管机构应根据非现场监管的需要,从监管机构、保险公司、行业组织、行业信息基础设施等方面收集反映保险公司经营管理情况和风险状况的各类信息。

第十三条　监管机构应充分利用各类保险监管信息系统采集的报表和报告,整理形成可用于非现场监管的信息。

监管机构应定期收集日常监管工作中形成的现场检查、行政处罚、调研、信访举报投诉、行政审批、涉刑案件等方面信息,整理后用于非现场监管。

第十四条 监管机构应充分利用保险公司已报送的各类信息；对于非现场监管需要保险公司补充报送的信息，可以通过致函问询、约见访谈、走访等方式从保险公司补充收集。

监管机构认为必要时可要求保险公司提供经会计师事务所、律师事务所、税务师事务所、精算咨询机构、信用评级机构和资产评估机构等中介服务机构审计或鉴证的相关资料。

第十五条 监管机构应加强与保险业协会、保险学会、保险资管业协会等行业组织，以及保险保障基金公司、银保信公司、中保投资公司和上海保交所等行业机构的沟通协作，充分利用其工作成果，整理形成可用于非现场监管的信息。

监管机构应充分利用保单登记平台等行业信息基础设施，为非现场监管提供大数据分析支持。

第十六条 监管机构应当不断完善非现场监管信息收集和整理流程，加强各保险监管信息系统整合，提高信息收集、整理和分析效率。

第十七条 监管机构应督促保险公司贯彻落实监管要求，切实加强信息报送管理，确保报送信息的真实、准确、及时和完整；对于未按照非现场监管工作要求报送信息的，可视情节严重程度，依法对保险公司及责任人实施行政处罚。

第四章 日常监测和监管评估

第十八条 监管机构应当根据保险公司的业务类型、经营模式识别各业务领域和经营环节的风险点，编制建立风险监测指标体系，用于对保险公司经营发展情况进行日常动态监测和风险预警。

第十九条 监管机构应坚持定性分析与定量分析相结合的方法，通过综合分析收集的各类信息，结合风险监测指标预警情况，对保险公司的潜在风险进行有效识别，并确定特定业务领域、经营环节以及整体风险的非现场监管评估结果。

第二十条 监管机构原则上每年至少对保险公司法人机构和分支机构的整体风险状况进行一次非现场监管评估。

监管机构应综合考虑监管资源的配置情况、保险行业发展情况、保险公司经营特点和系统重要性程度等因素，确定合适的风险监测频次，对特定业务领域和经营环节进行专项非现场监管评估。

第二十一条 监管机构开展非现场监管评估，其内容包括但不限于：

（一）保险公司基本情况、评估期内业务发展情况及重大事项；

（二）本次非现场监管评估发现的主要问题、风险和评估结果，以及变化趋势；

（三）关于监管措施和监管意见的建议；

（四）非现场监管人员认为应当提示或讨论的问题和事项；

（五）针对上次非现场监管评估发现的问题和风险，公司贯彻落实监管要求、实施整改和处置风险的情况。

第二十二条 监管机构应在单体保险公司非现场监管的基础上，关注宏观经济和金融体系对保险行业的影响，以及保险行业内部同质风险的产生和传递，开展系统性区域性非现场监管。

第二十三条 机构监管部门应建立非现场监管评估结果的共享机制。机构监管部门和派出机构应根据各自的监管职责，及时在监管机构内部通报非现场监管评估结果、拟采取的监管措施等信息。

第二十四条 机构监管部门根据保险公司的业务范围和机构层级，制定适用于财产保险公司、人身保险公司和再保险公司的风险监测和非现场监管评估指引，明确风险监测指标的定义和非现场监管评估的方法，并根据保险行业和金融市场的变化发展等情况及时进行修订。

第五章 评估结果运用

第二十五条 监管机构应依据有关法律法规，针对风险监测和非现场监管评估发现的问题和风险，及时采取相应的监管措施；并根据风险监管的需要，要求保险公司开展压力测试、制定应急处置预案，指导和督促保险公司及其股东有效防范化解风险隐患。

第二十六条 监管机构发现保险公司违反法律法规或有关监管规定的，应当责令限期改正，并依法采取监管措施和实施行政处罚。

第二十七条 监管机构可以通过监管谈话、监管通报，以及下发风险提示函、监管意见书等形式向保险公司反馈非现场监管评估结果，并提出监管要求。

监管机构可以视情况选择非现场监管评估结果和监管要求的部分或全部内容向社会公布，发挥公众和舆论的监督约束作用，推动保险公司及时认真整改。

第二十八条 监管机构根据非现场监管评估结果，对需要开展现场检查的重点机构、重点业务、重点风险领域和主要风险点向现场检查部门提出立项建议；在项目立项后提供非现场监管的相关数据资料，及时跟踪检查进展和结果，并与非现场监管评估结果进行比对。

第二十九条 监管机构在开展市场准入、产品审批等行政审批工作时，应将非现场监管评估结果作为重要考虑因素。

第三十条 监管机构在开展非现场监管过程中，分析认为监管法规、监管政策等方面存在需要关注的事项的，应当及时在监管机构内部通报相关情况。

第六章 信息归档

第三十一条 监管机构应将非现场监管过程中收集的信息资料、形成的工作材料以及风险监测和非现场监管评估报告等及时归档管理。

第三十二条 监管机构应加强非现场监管的信息档案管理，明确档案保管、查询和保密的相关权限。

第三十三条 从事非现场监管的工作人员对非现场监管信息负有保密义务，未经必要决策程序，不得擅自对外披露。非现场监管信息主要包括：

（一）保险公司根据非现场监管要求报送的数据和信息资料；

（二）开展非现场监管所使用的各类监管工作信息；

（三）开展非现场监管形成的风险监测指标数值、监管评估结果和相关报告等；

（四）其他不宜对外披露的信息。

第七章 附则

第三十四条 监管机构应开展非现场监管后评价，对非现场监管组织开展情况和监管效果进行客观评价，发现问题，分析原因，不断完善非现场监管制度规定和工作流程。监管后评价的具体规则另行制定。

第三十五条 财产保险公司、人身保险公司和再保险公司的风险监测和非现场监管评估指引由相应的机构监管部门另行制定下发。

第三十六条 本办法所称机构监管部门是指银保监会负责各类保险公司监管工作的内设部门。其他相关监管部门是指银保监会负责保险公司现场检查、偿付能力监管、公司治理监管、保险资金运用监管、消费者权益保护、重大风险事件与案件处置、法规、统计信息与风险监测等的内设部门。

第三十七条 相互保险组织、政策性保险公司、保险集团（控股）公司和保险资产管理公司的非现场监管参照适用本办法。

第三十八条 本办法由银保监会负责解释和修订。

第三十九条 本办法自2022年3月1日起施行。

特种设备事故报告和调查处理规定

（2022年1月20日国家市场监督管理总局令第50号公布 自2022年3月1日起施行 国司备字[2022005887]）

第一章 总 则

第一条 为了规范特种设备事故报告和调查处理工作，及时准确查清事故原因，明确事故责任，预防和减少事故发生，根据《中华人民共和国特种设备安全法》《特种设备安全监察条例》等有关法律、行政法规的规定，制定本规定。

第二条 本规定所称特种设备事故，是指列入特种设备目录的特种设备因其本体原因及其安全装置或者附件损坏、失效，或者特种设备相关人员违反特种设备法律法规规章、安全技术规范造成的事故。

第三条 以下情形不属于本规定所称特种设备事故：

（一）《中华人民共和国特种设备安全法》第一百条规定的特种设备造成的事故；

（二）自然灾害等不可抗力或者交通事故、火灾事故等外部因素引发的事故；

（三）人为破坏或者利用特种设备实施违法犯罪导致的事故；

（四）特种设备具备使用功能前或者在拆卸、报废、转移等非作业状态下发生的事故；

（五）特种设备作业、检验、检测人员因劳动保护措施不当或者缺失而发生的事故；

（六）场（厂）内专用机动车辆驶出规定的工厂厂区、旅游景区、游乐场所等特定区域发生的事故。

第四条 国家市场监督管理总局负责监督指导全国特种设备事故报告、调查和处理工作。

各级市场监督管理部门在本级人民政府的领导和上级市场监督管理部门指导下，依法开展特种设备事故报告、调查和处理工作。

第五条 特种设备事故报告应当及时、准确、完整，任何单位和个人不得迟报、漏报、谎报或者瞒报。

特种设备事故调查处理应当实事求是、客观公正、尊重科学,及时、准确地查清事故经过、事故原因和事故损失,查明事故性质,认定事故责任,提出处理建议和整改措施。

第六条 任何单位和个人不得阻挠和干涉特种设备事故报告、调查和处理工作。

对特种设备事故报告、调查和处理中的违法行为,任何单位和个人有权向市场监督管理部门和其他有关部门举报,接到举报的部门应当依法及时处理。

第二章 事故报告

第七条 特种设备发生事故后,事故现场有关人员应当立即向事故发生单位负责人报告;事故发生单位的负责人接到报告后,应当于1小时内向事故发生地的县级以上市场监督管理部门和有关部门报告。

情况紧急时,事故现场有关人员可以直接向事故发生地的县级以上市场监督管理部门报告。

第八条 市场监督管理部门接到有关特种设备事故报告后,应当立即组织查证核实。属于特种设备事故的,应当向本级人民政府报告,并逐级报告上级市场监督管理部门直至国家市场监督管理总局。每级上报的时间不得超过2小时。必要时,可以越级上报事故情况。

对于一般事故、较大事故,接到事故报告的市场监督管理部门应当及时通报同级有关部门。对于重大事故、特别重大事故,国家市场监督管理总局应当立即报告国务院并及时通报国务院有关部门。

事故发生地与事故发生单位所在地不在同一行政区域的,事故发生地市场监督管理部门应当及时通知事故发生单位所在地市场监督管理部门。事故发生单位所在地市场监督管理部门应当配合做好事故调查处理相关工作。

第九条 市场监督管理部门逐级上报事故信息,应当采用快捷便利的通讯方式进行上报,同时通过特种设备事故管理系统进行上报。现场无法通过特种设备事故管理系统上报的,应当在接到事故报告后24小时内通过系统进行补报。

第十条 事故报告应当包括以下内容:

(一)事故发生的时间、地点、单位概况以及特种设备种类;

(二)事故发生简要经过、现场破坏情况、已经造成或者可能造成的伤亡和涉险人数、初步估计的直接经济损失;

(三)已经采取的措施;

（四）报告人姓名、联系电话；

（五）其他有必要报告的情况。

第十一条 事故报告后出现新情况的，以及对情况尚未报告清楚的，应当及时逐级续报。

自事故发生之日起30日内，事故伤亡人数发生变化的，应当在发生变化的24小时内及时续报。

第十二条 事故发生地县级市场监督管理部门接到事故报告后，应当及时派员赶赴事故现场，并按照特种设备应急预案的分工，在当地人民政府的领导下积极组织开展事故应急救援工作。

上级市场监督管理部门认为有必要时，可以派员赶赴事故现场进行指导，事故发生地县级以上市场监督管理部门应当积极配合。

第十三条 各级市场监督管理部门应当依法组织制定特种设备事故应急预案，建立应急值班制度，并向社会公布值班电话，接收特种设备事故报告信息。

第三章 事故调查

第十四条 发生特种设备事故后，事故发生单位及其人员应当妥善保护事故现场以及相关证据，及时收集、整理有关资料，为事故调查做好准备；必要时，应当对设备、场地、资料进行封存，由专人看管。

第十五条 特种设备事故调查依据特种设备安全法律、行政法规的相关规定，实行分级负责。

市场监督管理部门接到事故报告后，经过现场初步判断，因客观原因暂时无法确定是否为特种设备事故的，应当及时报告本级人民政府，并按照本级人民政府的意见开展相关工作。

第十六条 对于跨区域发生、事故调查处理情形复杂、舆论关注和群众反响强烈的特种设备事故等情况，上级市场监督管理部门可以对事故调查进行督办，必要时可以直接进行调查。

自事故发生之日起30日内事故等级发生变化，依法应当由上级市场监督管理部门组织事故调查的，上级市场监督管理部门可以会同本级有关部门进行事故调查，也可以经本级人民政府批准，委托下级市场监督管理部门继续组织进行事故调查。

自事故发生之日起超过30日，事故造成的伤亡人数或者直接经济损失发生变化的，按照原事故等级组织事故调查。

第十七条　对无重大社会影响、无人员死亡且事故原因明晰的特种设备一般事故和较大事故，负责组织事故调查的市场监督管理部门，报本级人民政府批准后，可以由市场监督管理部门独立开展事故调查工作。必要时，经本级人民政府批准，可以委托下级市场监督管理部门组织事故调查。

第十八条　负责组织事故调查的市场监督管理部门应当报请本级人民政府批准成立事故调查组。

根据事故的具体情况，事故调查组一般应当由市场监督管理部门会同有关部门组成。

事故调查组组长由负责事故调查的市场监督管理部门负责人或者指定的人员担任。

第十九条　事故调查组应当履行下列职责：

（一）查清事故发生前的特种设备状况；

（二）查明事故经过、人员伤亡、特种设备损坏、直接经济损失情况及其它后果；

（三）分析事故原因；

（四）认定事故性质和事故责任；

（五）提出对事故责任单位和责任人员的处理建议；

（六）总结事故教训，提出防范类似事故发生和整改措施的建议；

（七）提交事故调查报告；

（八）整理并移交有关事故调查资料。

第二十条　事故调查组成员应当具有特种设备事故调查工作所需要的知识和专长，与事故发生单位及相关人员不存在直接利害关系。

事故调查组成员应当服从调查组组长领导，在事故调查工作中正确履行职责，诚信公正，遵守事故调查组的纪律，不得泄露有关事故调查信息。

第二十一条　根据事故调查工作需要，事故调查组可以聘请有关专家参与事故调查；所聘请的专家应当具备特种设备安全监督管理、生产、检验检测或者科研教学等相关工作经验。设区的市级以上市场监督管理部门可以根据事故调查工作需要，组建特种设备事故调查专家库。

第二十二条　事故调查组有权向有关单位和个人了解与事故有关的情况，并要求其提供相关文件、资料。有关单位和个人不得拒绝，并对所提供情况和文件、资料的真实性负责。

事故发生单位的负责人和有关人员在事故调查期间不得擅离职守，并应当随时接受事故调查组的询问。

第二十三条　事故调查组应当依法严格开展事故现场保护、勘察、询问及调查取证等相关工作。

事故调查期间未经事故调查组同意,任何单位和个人不得擅自移动事故相关设备,不得隐匿、毁灭有关资料、物品,不得伪造或者故意破坏事故现场。

第二十四条 事故调查中需要进行技术鉴定的,事故调查组应当委托相关单位进行技术鉴定,接受委托的单位应当出具技术鉴定报告,并对其结论负责。

第二十五条 事故调查组认为需要对特种设备事故进行直接经济损失评估的,可以委托依法成立的评估机构进行。接受委托的评估机构应当出具评估报告,并对其结论负责。

第二十六条 事故调查组应当在全面审查证据的基础上查明引发事故的原因,认定事故性质。

第二十七条 事故调查组应当根据事故的主要原因和次要原因,认定事故责任。

事故调查组应当根据责任单位和责任人员行为与特种设备事故发生及其后果之间的因果关系,以及在特种设备事故中的影响程度,认定责任单位和责任人员所负的责任。责任单位和责任人员所负的责任分为全部责任、主要责任和次要责任。

责任单位或者责任人员伪造或者故意破坏事故现场,毁灭、伪造或者隐匿证据,瞒报或者谎报事故等,致使事故责任无法认定的,应当承担全部责任。

第二十八条 事故调查组应当向组织事故调查的市场监督管理部门提交事故调查报告。事故调查报告应当包括下列内容:

(一)事故发生单位情况和发生事故设备情况;

(二)事故发生经过和事故救援情况;

(三)事故造成的人员伤亡、设备损坏程度和直接经济损失;

(四)事故发生的原因和事故性质;

(五)事故责任的认定以及对事故责任单位和责任人员的处理建议;

(六)事故防范和整改措施;

(七)技术鉴定报告等有关证据材料。

事故调查报告应当由事故调查组集体会审,并经事故调查组全体成员签名。事故调查组成员有不同意见的,可以提交个人签名的书面材料,附在事故调查报告内。

第二十九条 组织事故调查的市场监督管理部门应当按照规定程序对事故调查报告以及资料进行完整性审核。必要时,可以向事故调查组提出追加调查的要求。

第三十条 特种设备事故调查应当自事故调查组成立之日起 60 日内结束。特殊情况下,经组织调查的市场监督管理部门批准,事故调查期限可以适当延长,但延长的期限最长不超过 60 日。

经济损失评估时间与技术鉴定时间不计入事故调查期限。

因无法进行事故现场勘察的,事故调查期限从具备现场勘察条件之日起计算。

第四章 事故处理

第三十一条 事故调查结束后,组织事故调查的市场监督管理部门应当将事故调查报告报本级人民政府批复,并报上一级市场监督管理部门备案。

第三十二条 组织事故调查的市场监督管理部门应当在接到批复之日起 15 日内,将事故调查报告及批复意见送达有关地方人民政府及有关部门,并抄送事故发生单位、责任单位和责任人员。

第三十三条 市场监督管理部门及有关部门应当根据批复后的事故调查报告,依照法定权限和程序,对负有事故责任的相关单位和人员实施行政处罚,对负有事故责任的公职人员进行处分。

市场监督管理部门及其工作人员在特种设备事故调查和处理中存在违纪违法行为的,由纪检监察机关依法给予党纪政务处分。

涉嫌犯罪的,依法移送监察机关、司法机关处理。

第三十四条 事故发生单位及事故责任相关单位应当落实事故防范和整改措施。防范和整改措施的落实情况应当接受工会和职工的监督。

事故责任单位应当及时将防范和整改措施的落实情况报事故发生地的市级市场监督管理部门。

第三十五条 事故调查处理情况由组织调查的市场监督管理部门按照《中华人民共和国政府信息公开条例》的有关规定,依法向社会公开。

第三十六条 事故调查的有关资料应当由组织事故调查的市场监督管理部门归档保存。

归档保存的材料包括现场勘察笔录、技术鉴定报告、事故调查报告、事故批复文件等。

第三十七条 组织事故调查的市场监督管理部门应当在接到事故调查报告批复之日起 30 日内将事故调查报告和批复意见逐级上报至国家市场监督管理总局。

第三十八条 组织事故调查的市场监督管理部门对事故调查中发现的需

要制定或者修订的有关法律法规、安全技术规范和标准，应当及时报告上级市场监督管理部门，提出制定或者修订建议。

第三十九条 各级市场监督管理部门应当定期对本行政区域特种设备事故的情况、特点、原因进行统计分析，根据特种设备的管理和技术特点、事故情况，研究制定有针对性的工作措施，防止和减少类似事故的发生。

第五章 附 则

第四十条 本规定所涉及的事故报告、调查协调、统计分析、报送等具体工作，由负责组织事故调查的市场监督管理部门负责，也可以委托相关特种设备事故调查处理机构承担。

第四十一条 与特种设备相关的其他安全事故，相关人民政府指定由市场监督管理部门组织事故调查的，可以参照本规定进行。

第四十二条 本规定自2022年3月1日起施行。2009年7月3日原国家质量监督检验检疫总局令第115号公布的《特种设备事故报告和调查处理规定》同时废止。

烈士纪念设施保护管理办法

（2013年6月27日民政部令第47号公布　2022年1月24日退役军人事务部令第6号修订　自2022年3月1日起施行　国司备字[2022005886]）

第一章 总 则

第一条 为加强烈士纪念设施保护管理，传承弘扬英烈精神和爱国主义精神，更好发挥烈士纪念设施褒扬英烈、教育后人的红色资源作用，根据《中华人民共和国英雄烈士保护法》、《烈士褒扬条例》和国家有关规定，制定本办法。

第二条 本办法所称烈士纪念设施，是指在中华人民共和国境内按照国家有关规定为纪念缅怀英烈专门修建的烈士陵园、烈士墓、烈士骨灰堂、烈士英名墙、纪念堂馆、纪念碑亭、纪念塔祠、纪念塑像、纪念广场等设施。

第三条 烈士纪念设施应当按照基础设施完备、保护状况优良、机构制度健全、服务管理规范、功能发挥显著的要求，加强保护管理工作。

第四条 国务院退役军人工作主管部门负责指导全国烈士纪念设施的保

护管理工作。县级以上地方人民政府退役军人工作主管部门负责本行政区域烈士纪念设施的保护管理工作。

第五条 烈士纪念设施应当由县级以上人民政府退役军人工作主管部门报请同级人民政府确定保护单位,具体负责烈士纪念设施保护管理工作,加强工作力量,明确管理责任。不能确定保护单位的,应当由县级以上人民政府退役军人工作主管部门报请同级人民政府明确管理单位进行保护管理。

第六条 县级以上人民政府退役军人工作主管部门会同财政、发展改革等部门安排烈士纪念设施保护管理和维修改造经费,用于烈士纪念设施维修改造、设备更新、环境整治、展陈宣传和祭扫纪念活动等工作,接受财政、审计部门和社会监督。

第二章 分级保护

第七条 国家对烈士纪念设施实行分级保护,根据其纪念意义、建设规模、保护状况等可分别确定为:

(一)国家级烈士纪念设施;

(二)省级烈士纪念设施;

(三)设区的市级烈士纪念设施;

(四)县级烈士纪念设施。

未确定保护级别的烈士纪念设施由所在地县级人民政府退役军人工作主管部门进行保护管理或者委托有关单位、组织或者个人进行保护管理。对于零散烈士墓应当集中迁移保护,确不具备集中保护条件的,应当明确保护力量和管理责任。

第八条 符合下列基本条件之一的烈士纪念设施,可以申报国家级烈士纪念设施:

(一)为纪念在中国革命、建设、改革等各个历史时期的重大事件、重要战役和主要革命根据地斗争中牺牲的烈士而修建的烈士纪念设施;

(二)为纪念在全国有重要影响的著名烈士而修建的烈士纪念设施;

(三)位于革命老区、民族地区的规模较大的烈士纪念设施;

(四)为纪念为中国革命斗争牺牲的知名国际友人而修建的纪念设施;

(五)规模较大、基础设施完备、规划建设特色明显,具有全国性知名度或较强区域影响力的其他烈士纪念设施。

地方各级烈士纪念设施的申报条件,由同级人民政府退役军人工作主管部门制定,报上一级人民政府退役军人工作主管部门备案。

第九条 申报国家级烈士纪念设施,由省级人民政府退役军人工作主管部门提出申请,经国务院退役军人工作主管部门审核,报国务院批准后公布。

申报地方各级烈士纪念设施,由拟核定其保护级别的县级以上人民政府退役军人工作主管部门向本级人民政府提出申请,经本级人民政府批准后公布,并在公布后二十个工作日内报上一级人民政府退役军人工作主管部门备案。

第十条 申报烈士纪念设施保护级别,应提供以下材料:

(一)烈士纪念设施基本情况;

(二)烈士纪念设施保护单位或者管理单位情况;

(三)烈士纪念设施建设批准相关材料;

(四)烈士纪念设施建设规划平面图;

(五)土地使用权属(不动产权属)和保护范围证明;

(六)主要纪念设施的现状照片;

(七)需要提供的其他资料。

第十一条 烈士纪念设施应当设立保护标志,由公布其保护级别的县级以上人民政府退役军人工作主管部门负责设立。

烈士纪念设施保护标志式样,由国务院退役军人工作主管部门统一制定。

第三章　规划建设

第十二条 烈士纪念设施应当纳入当地国民经济和社会发展规划等相关规划,发挥好爱国主义教育基地、国防教育基地作用。

第十三条 烈士纪念设施保护单位和管理单位应当向所在地不动产登记机构申请办理不动产登记,确认烈士纪念设施不动产权属。

第十四条 烈士纪念设施保护或管理单位的上级主管部门应当根据烈士纪念设施的类别、规模、保护级别以及周边环境等情况,提出划定烈士纪念设施保护范围的方案,报同级人民政府批准后公布,并报上一级人民政府退役军人工作主管部门备案。

第十五条 新建、迁建、改扩建烈士纪念设施应当从严控制,未经批准不得建设。对于反映同一历史人物、同一历史事件,已建烈士纪念设施的,原则上不得重复建设。

涉及重大革命历史题材、已故领导同志、已故著名党史人物、已故著名党外人士、已故近代名人的烈士纪念设施的新建、迁建、改扩建,应当按规定逐级上报,经党中央、国务院批准后实施。

不涉及以上内容的,应当由所在地县级以上人民政府退役军人工作主管部门提出申请,经核定其保护级别的县级以上人民政府退役军人工作主管部门审核并报同级人民政府批准后实施。

第十六条 新建、迁建、改扩建烈士纪念设施应当提出书面申请,申请材料包括项目名称、建设理由、建设内容、展陈内容、占地面积、建筑面积、用地性质、投资估算、资金来源等内容,并依法依规办理相关审批手续。新建烈士纪念设施的,应当同时提交申报保护级别文件。

第十七条 烈士纪念设施名称应当严格按照核定保护级别时确定名称规范表述。

地方各级烈士纪念设施确需更名的,应由省级人民政府退役军人工作主管部门批准后公布,并报同级人民政府和国务院退役军人工作主管部门备案。

国家级烈士纪念设施确需更名的,由省级人民政府退役军人工作主管部门提出申请,经国务院退役军人工作主管部门批准后公布,并报国务院备案。

第四章　维护利用

第十八条 烈士纪念设施保护单位和管理单位应当保证设施设备外观完整、题词碑文字迹清晰,保持庄严、肃穆、清净的环境和氛围,为社会公众提供良好的瞻仰和教育场所。

第十九条 烈士纪念设施应当免费向社会开放。

第二十条 烈士纪念设施保护单位和管理单位应当按照国家有关规定,加强对烈士纪念设施中文物和历史建筑物的保护管理。

对属于不可移动文物的烈士纪念设施,依据文物保护法律法规划定保护范围和建设控制地带,并按照文物保护标准做好相关防护措施;对可移动文物,应当设立专门库房,分级建档,妥善保管。

第二十一条 烈士纪念设施保护单位和管理单位应当开展英烈史料的收集整理、事迹编纂和陈列展示工作,挖掘研究英烈事迹和精神。

第二十二条 烈士纪念设施保护单位和管理单位应当及时更新优化展陈,在保持基本陈列相对稳定的前提下,及时补充完善体现时代精神和新史料新成果的展陈内容,经审批可每 5 年进行一次局部改陈布展,每 10 年进行一次全面改陈布展。

地方各级烈士纪念设施改陈布展,由县级以上人民政府退役军人工作主管部门提出申请,基本陈列改陈布展大纲和版式稿经核定其保护级别的县级以上人民政府退役军人工作主管部门商有关部门审定。

国家级烈士纪念设施改陈布展，由省级人民政府退役军人工作主管部门报国务院退役军人工作主管部门审定。

第二十三条 县级以上人民政府退役军人工作主管部门应当会同相关部门建立解说词研究审查制度，切实把好政治关、史实关，增强讲解的准确性、完整性和权威性。

第二十四条 烈士纪念设施保护单位和管理单位应当协助配合机关、团体、乡村、社区、学校、企事业单位和军队有关单位开展烈士纪念日公祭活动和其他纪念活动，维护活动秩序，提高服务水平。

第二十五条 烈士纪念设施保护单位和管理单位应当为烈士亲属和社会公众日常祭扫和瞻仰活动提供便利，创新服务方式，做好保障工作，推行文明绿色生态祭扫。

烈士纪念设施保护单位和管理单位应当配合接待异地祭扫的县级以上人民政府退役军人工作主管部门妥善安排祭扫活动，按照国家有关规定为自行前往异地祭扫的烈士亲属提供服务保障。

第二十六条 县级以上人民政府退役军人工作主管部门应当指导烈士纪念设施保护单位和管理单位充分发挥红色资源优势，拓展宣传教育功能，扩大社会影响力。

烈士纪念设施保护单位和管理单位应当加强网络宣传教育，通过开设网站和利用新媒体平台，为社会公众提供网上祭扫和学习教育平台，宣传英烈事迹，弘扬英烈精神。

第五章　组织管理

第二十七条 烈士纪念设施保护单位和管理单位应当健全服务和管理工作规范，完善内部规章制度，提高管理和服务水平。

第二十八条 县级以上人民政府退役军人工作主管部门应当加强对烈士纪念设施保护管理工作的监督考核。

省级人民政府退役军人工作主管部门应当会同有关部门每 4 年对本地区烈士纪念设施进行一次排查，建立排查档案。对保护不力、管理不善、作用发挥不充分的烈士纪念设施保护单位或管理单位进行通报批评，限期整改；情节严重的，依法依规追究责任。

第二十九条 烈士纪念设施保护单位和管理单位应当根据事业发展和实际工作需要科学合理设置岗位，明确岗位职责，定期组织业务培训和学习交流。

烈士纪念设施保护单位应当配备研究馆员和英烈讲解员，并注重提高其专业素养，也可采取利用志愿者力量、购买服务等方式组织具有相关专业知识的人员和机构提供研究和讲解服务。

第三十条 鼓励支持自然人、法人和非法人组织以捐赠财产等方式，参与烈士纪念设施保护管理工作。自然人、法人和非法人组织捐赠财产用于烈士纪念设施保护管理活动的，依法享受税收优惠。

县级以上人民政府退役军人工作主管部门应当会同文物部门指导烈士纪念设施保护单位和管理单位妥善保管捐赠的革命文物、烈士遗物等物品，建立健全捐赠档案，对捐赠的单位和个人按照国家有关规定给予精神鼓励或者物质奖励。

第三十一条 县级以上人民政府退役军人工作主管部门可通过政府购买服务等方式加强烈士纪念设施保护管理工作力量。

烈士纪念设施保护单位和管理单位可以设立志愿服务站点，招募志愿者开展志愿服务，鼓励退役军人、烈士亲属、机关干部、专家学者和青年学生到烈士纪念设施担任义务讲解员、红色宣讲员、文明引导员，参与设施保护、讲解宣讲和秩序维护等工作。

第六章 责任追究

第三十二条 烈士纪念设施保护范围内的土地和设施受法律保护，任何组织和个人不得在烈士纪念设施保护范围内从事与纪念英烈无关或者有损纪念英烈环境和氛围的活动，不得侵占烈士纪念设施保护范围内的土地和设施，不得破坏、污损烈士纪念设施。

第三十三条 在烈士纪念设施保护范围内从事有损纪念英烈环境和氛围活动的，烈士纪念设施保护单位和管理单位应当及时劝阻；不听劝阻的，由县级以上人民政府退役军人工作主管部门会同有关部门按照职责规定给予批评教育，责令改正。

第三十四条 非法侵占烈士纪念设施保护范围内的土地、设施，破坏、污损烈士纪念设施，或者在烈士纪念设施保护范围内为不符合安葬条件的人员修建纪念设施、安葬或安放骨灰或者遗体的，由所在地县级以上人民政府退役军人工作主管部门责令改正，恢复原状、原貌；造成损失的，依法承担民事责任。

第三十五条 烈士纪念设施保护单位和管理单位及其主管部门工作人员有下列行为之一的，由上级人民政府退役军人工作主管部门对其直接负责的

责任人和其他主管人员进行批评教育,责令改正;情节严重的,依法依规追究责任:

(一)滥用职权、玩忽职守、徇私舞弊,造成烈士纪念设施、史料遗物遭受损失的;

(二)贪污、挪用烈士纪念设施保护管理经费的;

(三)未经批准擅自新建、迁建、改扩建烈士纪念设施的;

(四)其他违反相关法律法规行为的。

第三十六条 违反本办法规定,构成违反治安管理行为的,依法给予治安管理处罚;构成犯罪的,依法追究刑事责任。

第七章 附 则

第三十七条 本办法自 2022 年 3 月 1 日起施行。

医疗保障基金使用监督管理举报处理暂行办法

(2021 年 1 月 29 日国家医疗保障局令第 5 号公布 自 2022 年 3 月 1 日起施行 国司备字[2022005893])

第一条 为规范医疗保障基金使用监督管理举报处理工作,确保及时、有效处理举报,切实维护医疗保障基金安全,保护自然人、法人或者其他组织合法权益,根据《中华人民共和国社会保险法》《医疗保障基金使用监督管理条例》等有关法律、行政法规,制定本办法。

第二条 违法违规使用基本医疗保险(含生育保险)基金、医疗救助基金等医疗保障基金的举报处理,适用本办法。

本办法所称举报,是指自然人、法人或者其他组织(以下简称举报人)向医疗保障行政部门反映被举报人涉嫌违反医疗保障基金使用监督管理法律、法规、规章的行为。

第三条 国务院医疗保障行政部门主管全国举报处理工作,指导地方医疗保障行政部门举报处理工作。各级医疗保障行政部门建立健全举报处理工作机制。

县级以上医疗保障行政部门负责本行政区域内的举报处理工作。法律、行政法规、部门规章另有规定的，依照其规定。

第四条 医疗保障行政部门处理举报，应当遵循统一领导、属地管理、分级负责、公正高效的原则，做到适用依据正确、程序合法。

第五条 鼓励社会公众和新闻媒体对涉嫌违反医疗保障基金使用监督管理的违法违规行为依法进行社会监督和舆论监督。

第六条 向医疗保障行政部门提出举报的，应当通过医疗保障行政部门公布的接收举报的互联网、电话、传真、邮寄地址等渠道进行。医疗保障经办机构等部门接收的举报线索，依法应当由医疗保障行政部门处理的，移交医疗保障行政部门处理。

各级医疗保障行政部门应当畅通举报渠道，加强举报渠道专业化、一体化建设。

第七条 举报人应当提供涉嫌违反医疗保障基金使用监督管理法律、法规、规章的具体线索。举报人采取非书面方式进行举报的，医疗保障行政部门工作人员应当记录。

第八条 举报人可以实名举报或者匿名举报。举报人实名举报的，举报时应提供本人真实身份信息和真实有效的联系方式。鼓励举报人实名举报，医疗保障行政部门按本办法要求，履行相关告知程序，对实名举报人的信息予以严格保密。

医疗保障行政部门对接收的举报进行登记。

第九条 举报由被举报行为发生地的县级以上医疗保障行政部门处理。法律、行政法规、部门规章另有规定的，依照其规定。

接到举报的医疗保障行政部门不具备处理权限的，应当告知举报人直接向有处理权限的医疗保障等行政部门提出。

下级医疗保障行政部门认为需要由上级医疗保障行政部门处理的举报，可以报请上级医疗保障行政部门决定；上级医疗保障行政部门认为有必要的，可以处理下级医疗保障行政部门接收的举报。

第十条 两个以上医疗保障行政部门因处理权限发生争议的，应当自发生争议之日起 7 个工作日内协商解决；协商不成的，报请共同的上一级医疗保障行政部门指定处理部门。

第十一条 县级以上医疗保障行政部门统一接收举报的工作机构，应当及时将举报分送有处理权限的下级医疗保障行政部门或者同级医疗保障行政部门相关机构处理。

同级医疗保障行政部门相关机构收到分送的举报，应当按照本办法有关规定及时处理。不具备处理权限的，应当及时反馈统一接收举报的工作机构，不得自行移送。

第十二条 医疗保障行政部门应当按照医疗保障行政处罚等有关规定处理举报。

举报人实名举报的,有处理权限的医疗保障行政部门应当自作出是否立案决定之日起5个工作日内告知举报人。

第十三条 法律、法规、规章规定医疗保障行政部门应当将举报处理结果告知举报人的,医疗保障行政部门应当予以告知。

第十四条 对于已经立案的举报事项,医疗保障行政部门作出处理决定前,举报人主动撤回举报的,不影响医疗保障行政部门的调查处理;医疗保障行政部门不再将处理结果告知举报人。

第十五条 被举报人应当依法配合医疗保障行政部门调查。

第十六条 医疗保障行政部门应当对举报人的信息予以保密,不得将举报人个人信息、举报办理情况等泄露给被举报人或者与办理举报工作无关的人员。

对举报处理工作中获悉的国家秘密以及公开后可能危及国家安全、公共安全、经济安全、社会稳定的信息,医疗保障行政部门应当严格保密。

涉及商业秘密、个人隐私等信息,依照《中华人民共和国政府信息公开条例》等有关规定执行。

第十七条 医疗保障行政部门应当加强对本行政区域举报信息的统计、分析、应用,定期公布举报统计分析报告。

第十八条 举报人应当对举报内容及其所提供材料的真实性负责。捏造、歪曲事实,诬告陷害他人的,依法承担相关法律责任。

第十九条 国务院医疗保障行政部门建立举报处理工作年度报告制度,各省级医疗保障行政部门应当于每年4月30日前,向国务院医疗保障行政部门报告上一年度举报处理工作情况。如遇重大事项,各省级医疗保障行政部门应当按规定及时向国务院医疗保障行政部门报告。

第二十条 医疗保障行政部门对经查实且具有重大社会影响的典型案例,应当向社会公布;但涉及国家秘密、工作秘密、商业秘密和个人隐私的,依照《中华人民共和国政府信息公开条例》等有关规定执行。

第二十一条 经查实符合举报奖励条件的举报,医疗保障行政部门应当按规定予以奖励。

第二十二条 医疗保障行政部门应当在办结后5个工作日内,依据相关档案管理规定,对举报处理过程中涉及的相关资料立卷归档,留档备查。

第二十三条 各级医疗保障行政部门应当配备专业人员,提供必要的办公场所、办公设备等，保障举报接收、处理工作顺利进行。

第二十四条 违法违规使用居民大病保险、职工大额医疗费用补助、公务员医疗补助等医疗保障资金的举报处理，参照本办法执行。

第二十五条 以举报形式进行咨询、政府信息公开申请、行政复议申请、信访等活动的，不适用本办法，医疗保障行政部门可以告知通过相应途径提出。

第二十六条 本办法自 2022 年 3 月 1 日起施行。

司法解释

最高人民法院关于审理涉执行司法赔偿案件适用法律若干问题的解释

（2021 年 12 月 20 日最高人民法院审判委员会第 1857 次会议通过 2022 年 2 月 8 日最高人民法院公布 自 2022 年 3 月 1 日起施行 法释〔2022〕3 号）

为正确审理涉执行司法赔偿案件，保障公民、法人和其他组织的合法权益，根据《中华人民共和国国家赔偿法》等法律规定，结合人民法院国家赔偿审判和执行工作实际，制定本解释。

第一条 人民法院在执行判决、裁定及其他生效法律文书过程中，错误采取财产调查、控制、处置、交付、分配等执行措施或者罚款、拘留等强制措施，侵犯公民、法人和其他组织合法权益并造成损害，受害人依照国家赔偿法第三十八条规定申请赔偿的，适用本解释。

第二条 公民、法人和其他组织认为有下列错误执行行为造成损害申请赔偿的，人民法院应当依法受理：

（一）执行未生效法律文书，或者明显超出生效法律文书确定的数额和范围执行的；

（二）发现被执行人有可供执行的财产，但故意拖延执行、不执行，或者应当依法恢复执行而不恢复的；

（三）违法执行案外人财产，或者违法将案件执行款物交付给其他当事人、案外人的；

（四）对抵押、质押、留置、保留所有权等财产采取执行措施，未依法保护上述权利人优先受偿权等合法权益的；

（五）对其他人民法院已经依法采取保全或者执行措施的财产违法执行的；

（六）对执行中查封、扣押、冻结的财产故意不履行或者怠于履行监管职责的；

（七）对不宜长期保存或者易贬值的财产采取执行措施，未及时处理或者违法处理的；

（八）违法拍卖、变卖、以物抵债，或者依法应当评估而未评估，依法应当拍卖而未拍卖的；

（九）违法撤销拍卖、变卖或者以物抵债的；

（十）违法采取纳入失信被执行人名单、限制消费、限制出境等措施的；

（十一）因违法或者过错采取执行措施或者强制措施的其他行为。

第三条 原债权人转让债权的，其基于债权申请国家赔偿的权利随之转移，但根据债权性质、当事人约定或者法律规定不得转让的除外。

第四条 人民法院将查封、扣押、冻结等事项委托其他人民法院执行的，公民、法人和其他组织认为错误执行行为造成损害申请赔偿的，委托法院为赔偿义务机关。

第五条 公民、法人和其他组织申请错误执行赔偿，应当在执行程序终结后提出，终结前提出的不予受理。但有下列情形之一，且无法在相关诉讼或者执行程序中予以补救的除外：

（一）罚款、拘留等强制措施已被依法撤销，或者实施过程中造成人身损害的；

（二）被执行的财产经诉讼程序依法确认不属于被执行人，或者人民法院生效法律文书已确认执行行为违法的；

（三）自立案执行之日起超过五年，且已裁定终结本次执行程序，被执行人已无可供执行财产的；

（四）在执行程序终结前可以申请赔偿的其他情形。

赔偿请求人依据前款规定，在执行程序终结后申请赔偿的，该执行程序期间不计入赔偿请求时效。

第六条 公民、法人和其他组织在执行异议、复议或者执行监督程序审查期间，就相关执行措施或者强制措施申请赔偿的，人民法院不予受理，已经受理的予以驳回，并告知其在上述程序终结后可以依照本解释第五条的规定依法提出赔偿申请。

公民、法人和其他组织在执行程序中未就相关执行措施、强制措施提出异议、申请复议或者申请执行监督，不影响其依法申请赔偿的权利。

第七条 经执行异议、复议或者执行监督程序作出的生效法律文书，对执行行为是否合法已有认定的，该生效法律文书可以作为人民法院赔偿委员会认定执行行为合法性的根据。

赔偿请求人对执行行为的合法性提出相反主张，且提供相应证据予以证明的，人民法院赔偿委员会应当对执行行为进行合法性审查并作出认定。

第八条 根据当时有效的执行依据或者依法认定的基本事实作出的执行行为，不因下列情形而认定为错误执行：

（一）采取执行措施或者强制措施后，据以执行的判决、裁定及其他生效法律文书被撤销或者变更的；

（二）被执行人足以对抗执行的实体事由，系在执行措施完成后发生或者被依法确认的；

（三）案外人对执行标的享有足以排除执行的实体权利，系在执行措施完成后经法定程序确认的；

（四）人民法院作出准予执行行政行为的裁定并实施后，该行政行为被依法变更、撤销、确认违法或者确认无效的；

（五）根据财产登记采取执行措施后，该登记被依法确认错误的；

（六）执行依据或者基本事实嗣后改变的其他情形。

第九条 赔偿请求人应当对其主张的损害负举证责任。但因人民法院未列清单、列举不详等过错致使赔偿请求人无法就损害举证的，应当由人民法院对上述事实承担举证责任。

双方主张损害的价值无法认定的，应当由负有举证责任的一方申请鉴定。负有举证责任的一方拒绝申请鉴定的，由其承担不利的法律后果；无法鉴定的，人民法院赔偿委员会应当结合双方的主张和在案证据，运用逻辑推理、日常生活经验等进行判断。

第十条 被执行人因财产权被侵犯依照本解释第五条第一款规定申请赔偿，其债务尚未清偿的，获得的赔偿金应当首先用于清偿其债务。

第十一条 因错误执行取得不当利益且无法返还的，人民法院承担赔偿责任后，可以依据赔偿决定向取得不当利益的人追偿。

因错误执行致使生效法律文书无法执行，申请执行人获得国家赔偿后申请继续执行的，不予支持。人民法院承担赔偿责任后，可以依据赔偿决定向被执行人追偿。

第十二条 在执行过程中，因保管人或者第三人的行为侵犯公民、法人和其他组织合法权益并造成损害的，应当由保管人或者第三人承担责任。但人民法院未尽监管职责的，应当在其能够防止或者制止损害发生、扩大的范围内承担相应的赔偿责任，并可以依据赔偿决定向保管人或者第三人追偿。

第十三条 属于下列情形之一的，人民法院不承担赔偿责任：

（一）申请执行人提供财产线索错误的；

（二）执行措施系根据依法提供的担保而采取或者解除的；

（三）人民法院工作人员实施与行使职权无关的个人行为的；

（四）评估或者拍卖机构实施违法行为造成损害的；

（五）因不可抗力、正当防卫或者紧急避险造成损害的；

（六）依法不应由人民法院承担赔偿责任的其他情形。

前款情形中，人民法院有错误执行行为的，应当根据其在损害发生过程和结果中所起的作用承担相应的赔偿责任。

第十四条　错误执行造成公民、法人和其他组织利息、租金等实际损失的，适用国家赔偿法第三十六条第八项的规定予以赔偿。

第十五条　侵犯公民、法人和其他组织的财产权，按照错误执行行为发生时的市场价格不足以弥补受害人损失或者该价格无法确定的，可以采用下列方式计算损失：

（一）按照错误执行行为发生时的市场价格计算财产损失并支付利息，利息计算期间从错误执行行为实施之日起至赔偿决定作出之日止；

（二）错误执行行为发生时的市场价格无法确定，或者因时间跨度长、市场价格波动大等因素按照错误执行行为发生时的市场价格计算显失公平的，可以参照赔偿决定作出时同类财产市场价格计算；

（三）其他合理方式。

第十六条　错误执行造成受害人停产停业的，下列损失属于停产停业期间必要的经常性费用开支：

（一）必要留守职工工资；

（二）必须缴纳的税款、社会保险费；

（三）应当缴纳的水电费、保管费、仓储费、承包费；

（四）合理的房屋场地租金、设备租金、设备折旧费；

（五）维系停产停业期间运营所需的其他基本开支。

错误执行生产设备、用于营运的运输工具，致使受害人丧失唯一生活来源的，按照其实际损失予以赔偿。

第十七条　错误执行侵犯债权的，赔偿范围一般应当以债权标的额为限。债权受让人申请赔偿的，赔偿范围以其受让债权时支付的对价为限。

第十八条　违法采取保全措施的案件进入执行程序后，公民、法人和其他组织申请赔偿的，应当作为错误执行案件予以立案审查。

第十九条　审理违法采取妨害诉讼的强制措施、保全、先予执行赔偿案件，可以参照适用本解释。

第二十条 本解释自2022年3月1日起施行。施行前本院公布的司法解释与本解释不一致的,以本解释为准。

最高人民法院关于内地与香港特别行政区法院相互认可和执行婚姻家庭民事案件判决的安排

(2017年5月22日由最高人民法院审判委员会第1718次会议通过 2022年2月14日最高人民法院公告公布 自2022年2月15日起施行 法释〔2022〕4号)

根据《中华人民共和国香港特别行政区基本法》第九十五条的规定,最高人民法院与香港特别行政区政府经协商,现就婚姻家庭民事案件判决的认可和执行问题作出如下安排。

第一条 当事人向香港特别行政区法院申请认可和执行内地人民法院就婚姻家庭民事案件作出的生效判决,或者向内地人民法院申请认可和执行香港特别行政区法院就婚姻家庭民事案件作出的生效判决的,适用本安排。

当事人向香港特别行政区法院申请认可内地民政部门所发的离婚证,或者向内地人民法院申请认可依据《婚姻制度改革条例》(香港法例第178章)第V部、第VA部规定解除婚姻的协议书、备忘录的,参照适用本安排。

第二条 本安排所称生效判决:

(一)在内地,是指第二审判决,依法不准上诉或者超过法定期限没有上诉的第一审判决,以及依照审判监督程序作出的上述判决;

(二)在香港特别行政区,是指终审法院、高等法院上诉法庭及原讼法庭和区域法院作出的已经发生法律效力的判决,包括依据香港法律可以在生效后作出更改的命令。

前款所称判决,在内地包括判决、裁定、调解书,在香港特别行政区包括判决、命令、判令、讼费评定证明书、定额讼费证明书,但不包括双方依据其法律承认的其他国家和地区法院作出的判决。

第三条 本安排所称婚姻家庭民事案件:

(一)在内地是指:

1. 婚内夫妻财产分割纠纷案件;

2. 离婚纠纷案件;

3. 离婚后财产纠纷案件；

4. 婚姻无效纠纷案件；

5. 撤销婚姻纠纷案件；

6. 夫妻财产约定纠纷案件；

7. 同居关系子女抚养纠纷案件；

8. 亲子关系确认纠纷案件；

9. 抚养纠纷案件；

10. 扶养纠纷案件(限于夫妻之间扶养纠纷)；

11. 确认收养关系纠纷案件；

12. 监护权纠纷案件(限于未成年子女监护权纠纷)；

13. 探望权纠纷案件；

14. 申请人身安全保护令案件。

(二)在香港特别行政区是指：

1. 依据香港法例第179章《婚姻诉讼条例》第Ⅲ部作出的离婚绝对判令；

2. 依据香港法例第179章《婚姻诉讼条例》第Ⅳ部作出的婚姻无效绝对判令；

3. 依据香港法例第192章《婚姻法律程序与财产条例》作出的在讼案待决期间提供赡养费令；

4. 依据香港法例第13章《未成年人监护条例》、第16章《分居令及赡养令条例》、第192章《婚姻法律程序与财产条例》第Ⅱ部、第ⅡA部作出的赡养令；

5. 依据香港法例第13章《未成年人监护条例》、第192章《婚姻法律程序与财产条例》第Ⅱ部、第ⅡA部作出的财产转让及出售财产令；

6. 依据香港法例第182章《已婚者地位条例》作出的有关财产的命令；

7. 依据香港法例第192章《婚姻法律程序与财产条例》在双方在生时作出的修改赡养协议的命令；

8. 依据香港法例第290章《领养条例》作出的领养令；

9. 依据香港法例第179章《婚姻诉讼条例》、第429章《父母与子女条例》作出的父母身份、婚生地位或者确立婚生地位的宣告；

10. 依据香港法例第13章《未成年人监护条例》、第16章《分居令及赡养令条例》、第192章《婚姻法律程序与财产条例》作出的管养令；

11. 就受香港法院监护的未成年子女作出的管养令；

12. 依据香港法例第189章《家庭及同居关系暴力条例》作出的禁制骚扰令、驱逐令、重返令或者更改、暂停执行就未成年子女的管养令、探视令。

第四条 申请认可和执行本安排规定的判决：

（一）在内地向申请人住所地、经常居住地或者被申请人住所地、经常居住地、财产所在地的中级人民法院提出；

（二）在香港特别行政区向区域法院提出。

申请人应当向符合前款第一项规定的其中一个人民法院提出申请。向两个以上有管辖权的人民法院提出申请的，由最先立案的人民法院管辖。

第五条 申请认可和执行本安排第一条第一款规定的判决的，应当提交下列材料：

（一）申请书；

（二）经作出生效判决的法院盖章的判决副本；

（三）作出生效判决的法院出具的证明书，证明该判决属于本安排规定的婚姻家庭民事案件生效判决；

（四）判决为缺席判决的，应当提交法院已经合法传唤当事人的证明文件，但判决已经对此予以明确说明或者缺席方提出申请的除外；

（五）经公证的身份证件复印件。

申请认可本安排第一条第二款规定的离婚证或者协议书、备忘录的，应当提交下列材料：

（一）申请书；

（二）经公证的离婚证复印件，或者经公证的协议书、备忘录复印件；

（三）经公证的身份证件复印件。

向内地人民法院提交的文件没有中文文本的，应当提交准确的中文译本。

第六条 申请书应当载明下列事项：

（一）当事人的基本情况，包括姓名、住所、身份证件信息、通讯方式等；

（二）请求事项和理由，申请执行的，还需提供被申请人的财产状况和财产所在地；

（三）判决是否已在其他法院申请执行和执行情况。

第七条 申请认可和执行判决的期间、程序和方式，应当依据被请求方法律的规定。

第八条 法院应当尽快审查认可和执行的请求，并作出裁定或者命令。

第九条 申请认可和执行的判决，被申请人提供证据证明有下列情形之一的，法院审查核实后，不予认可和执行：

（一）根据原审法院地法律，被申请人未经合法传唤，或者虽经合法传唤但未获得合理的陈述、辩论机会的；

（二）判决是以欺诈方法取得的；

（三）被请求方法院受理相关诉讼后，请求方法院又受理就同一争议提起

的诉讼并作出判决的;

(四)被请求方法院已经就同一争议作出判决,或者已经认可和执行其他国家和地区法院就同一争议所作出的判决的。

内地人民法院认为认可和执行香港特别行政区法院判决明显违反内地法律的基本原则或者社会公共利益,香港特别行政区法院认为认可和执行内地人民法院判决明显违反香港特别行政区法律的基本原则或者公共政策的,不予认可和执行。

申请认可和执行的判决涉及未成年子女的,在根据前款规定审查决定是否认可和执行时,应当充分考虑未成年子女的最佳利益。

第十条 被请求方法院不能对判决的全部判项予以认可和执行时,可以认可和执行其中的部分判项。

第十一条 对于香港特别行政区法院作出的判决,一方当事人已经提出上诉,内地人民法院审查核实后,可以中止认可和执行程序。经上诉,维持全部或者部分原判决的,恢复认可和执行程序;完全改变原判决的,终止认可和执行程序。

内地人民法院就已经作出的判决裁定再审的,香港特别行政区法院审查核实后,可以中止认可和执行程序。经再审,维持全部或者部分原判决的,恢复认可和执行程序;完全改变原判决的,终止认可和执行程序。

第十二条 在本安排下,内地人民法院作出的有关财产归一方所有的判项,在香港特别行政区将被视为命令一方向另一方转让该财产。

第十三条 被申请人在内地和香港特别行政区均有可供执行财产的,申请人可以分别向两地法院申请执行。

两地法院执行财产的总额不得超过判决确定的数额。应对方法院要求,两地法院应当相互提供本院执行判决的情况。

第十四条 内地与香港特别行政区法院相互认可和执行的财产给付范围,包括判决确定的给付财产和相应的利息、迟延履行金、诉讼费,不包括税收、罚款。

前款所称诉讼费,在香港特别行政区是指讼费评定证明书、定额讼费证明书核定或者命令支付的费用。

第十五条 被请求方法院就认可和执行的申请作出裁定或者命令后,当事人不服的,在内地可以于裁定送达之日起十日内向上一级人民法院申请复议,在香港特别行政区可以依据其法律规定提出上诉。

第十六条 在审理婚姻家庭民事案件期间,当事人申请认可和执行另一地法院就同一争议作出的判决的,应当受理。受理后,有关诉讼应当中止,待就认可和执行的申请作出裁定或者命令后,再视情终止或者恢复诉讼。

第十七条 审查认可和执行判决申请期间,当事人就同一争议提起诉讼的,不予受理;已经受理的,驳回起诉。

判决获得认可和执行后,当事人又就同一争议提起诉讼的,不予受理。

判决未获认可和执行的,申请人不得再次申请认可和执行,但可以就同一争议向被请求方法院提起诉讼。

第十八条 被请求方法院在受理认可和执行判决的申请之前或者之后,可以依据其法律规定采取保全或者强制措施。

第十九条 申请认可和执行判决的,应当依据被请求方有关诉讼收费的法律和规定交纳费用。

第二十条 内地与香港特别行政区法院自本安排生效之日起作出的判决,适用本安排。

第二十一条 本安排在执行过程中遇有问题或者需要修改的,由最高人民法院和香港特别行政区政府协商解决。

第二十二条 本安排自 2022 年 2 月 15 日起施行。

最高人民法院关于修改《最高人民法院关于审理非法集资刑事案件具体应用法律若干问题的解释》的决定

(2021 年 12 月 30 日最高人民法院审判委员会第 1860 次会议通过　2022 年 2 月 23 日最高人民法院公告公布　自 2022 年 3 月 1 日起施行　法释〔2022〕5 号)

根据刑法修改和司法实践,现决定对《最高人民法院关于审理非法集资刑事案件具体应用法律若干问题的解释》(法释〔2010〕18 号,以下简称《解释》)作如下修改:

一、将第一条第一款第一项修改为:"未经有关部门依法许可或者借用合法经营的形式吸收资金",第二项修改为:"通过网络、媒体、推介会、传单、手机信息等途径向社会公开宣传"。

二、将第二条第八项修改为:"以网络借贷、投资入股、虚拟币交易等方式非法吸收资金的",第九项修改为:"以委托理财、融资租赁等方式非法吸收资金的",增加一项作为第十项:"以提供'养老服务'、投资'养老项目'、销售'老年产品’等方式非法吸收资金的”，原第十项、第十一项改为第十一项、第十二项。

三、将第三条修改为：“非法吸收或者变相吸收公众存款，具有下列情形之一的，应当依法追究刑事责任：

“（一）非法吸收或者变相吸收公众存款数额在100万元以上的；

“（二）非法吸收或者变相吸收公众存款对象150人以上的；

“（三）非法吸收或者变相吸收公众存款，给存款人造成直接经济损失数额在50万元以上的。

“非法吸收或者变相吸收公众存款数额在50万元以上或者给存款人造成直接经济损失数额在25万元以上，同时具有下列情节之一的，应当依法追究刑事责任：

“（一）曾因非法集资受过刑事追究的；

“（二）二年内曾因非法集资受过行政处罚的；

“（三）造成恶劣社会影响或者其他严重后果的。”

四、增加一条，作为第四条：“非法吸收或者变相吸收公众存款，具有下列情形之一的，应当认定为刑法第一百七十六条规定的‘数额巨大或者有其他严重情节’：

“（一）非法吸收或者变相吸收公众存款数额在500万元以上的；

“（二）非法吸收或者变相吸收公众存款对象500人以上的；

“（三）非法吸收或者变相吸收公众存款，给存款人造成直接经济损失数额在250万元以上的。

“非法吸收或者变相吸收公众存款数额在250万元以上或者给存款人造成直接经济损失数额在150万元以上，同时具有本解释第三条第二款第三项情节的，应当认定为‘其他严重情节’。”

五、增加一条，作为第五条：“非法吸收或者变相吸收公众存款，具有下列情形之一的，应当认定为刑法第一百七十六条规定的‘数额特别巨大或者有其他特别严重情节’：

“（一）非法吸收或者变相吸收公众存款数额在5000万元以上的；

“（二）非法吸收或者变相吸收公众存款对象5000人以上的；

“（三）非法吸收或者变相吸收公众存款，给存款人造成直接经济损失数额在2500万元以上的。

“非法吸收或者变相吸收公众存款数额在2500万元以上或者给存款人造成直接经济损失数额在1500万元以上，同时具有本解释第三条第二款第三项情节的，应当认定为‘其他特别严重情节’。”

六、增加一条,作为第六条:"非法吸收或者变相吸收公众存款的数额,以行为人所吸收的资金全额计算。在提起公诉前积极退赃退赔,减少损害结果发生的,可以从轻或者减轻处罚;在提起公诉后退赃退赔的,可以作为量刑情节酌情考虑。

"非法吸收或者变相吸收公众存款,主要用于正常的生产经营活动,能够在提起公诉前清退所吸收资金,可以免予刑事处罚;情节显著轻微危害不大的,不作为犯罪处理。

"对依法不需要追究刑事责任或者免予刑事处罚的,应当依法将案件移送有关行政机关。"

七、将原第四条改为第七条。

八、将原第五条改为第八条,修改为:"集资诈骗数额在10万元以上的,应当认定为'数额较大';数额在100万元以上的,应当认定为'数额巨大'。

"集资诈骗数额在50万元以上,同时具有本解释第三条第二款第三项情节的,应当认定为刑法第一百九十二条规定的'其他严重情节'。

"集资诈骗的数额以行为人实际骗取的数额计算,在案发前已归还的数额应予扣除。行为人为实施集资诈骗活动而支付的广告费、中介费、手续费、回扣,或者用于行贿、赠与等费用,不予扣除。行为人为实施集资诈骗活动而支付的利息,除本金未归还可予折抵本金以外,应当计入诈骗数额。"

九、增加一条,作为第九条:"犯非法吸收公众存款罪,判处三年以下有期徒刑或者拘役,并处或者单处罚金的,处五万元以上一百万元以下罚金;判处三年以上十年以下有期徒刑的,并处十万元以上五百万元以下罚金;判处十年以上有期徒刑的,并处五十万元以上罚金。

"犯集资诈骗罪,判处三年以上七年以下有期徒刑的,并处十万元以上五百万元以下罚金;判处七年以上有期徒刑或者无期徒刑的,并处五十万元以上罚金或者没收财产。"

十、将原第六条改为第十条。

十一、将原第七条改为第十一条。

十二、将原第八条改为第十二条,并将原第八条第二款修改为:"明知他人从事欺诈发行证券,非法吸收公众存款,擅自发行股票、公司、企业债券,集资诈骗或者组织、领导传销活动等集资犯罪活动,为其提供广告等宣传的,以相关犯罪的共犯论处。"

十三、增加一条,作为第十三条:"通过传销手段向社会公众非法吸收资金,构成非法吸收公众存款罪或者集资诈骗罪,同时又构成组织、领导传销活动罪的,依照处罚较重的规定定罪处罚。"

十四、增加一条,作为第十四条:"单位实施非法吸收公众存款、集资诈骗犯罪的,依照本解释规定的相应自然人犯罪的定罪量刑标准,对单位判处罚金,并对其直接负责的主管人员和其他直接责任人员定罪处罚。"

十五、将原第九条改为第十五条。

本决定自2022年3月1日起施行。

根据本决定,对《解释》作相应修改并调整条文顺序后,重新公布。

最高人民法院关于审理非法集资刑事案件具体应用法律若干问题的解释

(2010年11月22日最高人民法院审判委员会第1502次会议通过　根据2022年2月23日《最高人民法院关于修改〈最高人民法院关于审理非法集资刑事案件具体应用法律若干问题的解释〉的决定》修正)

为依法惩治非法吸收公众存款、集资诈骗等非法集资犯罪活动,根据《中华人民共和国刑法》的规定,现就审理此类刑事案件具体应用法律的若干问题解释如下:

第一条　违反国家金融管理法律规定,向社会公众(包括单位和个人)吸收资金的行为,同时具备下列四个条件的,除刑法另有规定的以外,应当认定为刑法第一百七十六条规定的"非法吸收公众存款或者变相吸收公众存款":

(一)未经有关部门依法许可或者借用合法经营的形式吸收资金;

(二)通过网络、媒体、推介会、传单、手机信息等途径向社会公开宣传;

(三)承诺在一定期限内以货币、实物、股权等方式还本付息或者给付回报;

(四)向社会公众即社会不特定对象吸收资金。

未向社会公开宣传,在亲友或者单位内部针对特定对象吸收资金的,不属于非法吸收或者变相吸收公众存款。

第二条　实施下列行为之一,符合本解释第一条第一款规定的条件的,应当依照刑法第一百七十六条的规定,以非法吸收公众存款罪定罪处罚:

(一)不具有房产销售的真实内容或者不以房产销售为主要目的,以返本销售、售后包租、约定回购、销售房产份额等方式非法吸收资金的;

(二)以转让林权并代为管护等方式非法吸收资金的;

（三）以代种植（养殖）、租种植（养殖）、联合种植（养殖）等方式非法吸收资金的；

（四）不具有销售商品、提供服务的真实内容或者不以销售商品、提供服务为主要目的，以商品回购、寄存代售等方式非法吸收资金的；

（五）不具有发行股票、债券的真实内容，以虚假转让股权、发售虚构债券等方式非法吸收资金的；

（六）不具有募集基金的真实内容，以假借境外基金、发售虚构基金等方式非法吸收资金的；

（七）不具有销售保险的真实内容，以假冒保险公司、伪造保险单据等方式非法吸收资金的；

（八）以网络借贷、投资入股、虚拟币交易等方式非法吸收资金的；

（九）以委托理财、融资租赁等方式非法吸收资金的；

（十）以提供"养老服务"、投资"养老项目"、销售"老年产品"等方式非法吸收资金的；

（十一）利用民间"会""社"等组织非法吸收资金的；

（十二）其他非法吸收资金的行为。

第三条 非法吸收或者变相吸收公众存款，具有下列情形之一的，应当依法追究刑事责任：

（一）非法吸收或者变相吸收公众存款数额在100万元以上的；

（二）非法吸收或者变相吸收公众存款对象150人以上的；

（三）非法吸收或者变相吸收公众存款，给存款人造成直接经济损失数额在50万元以上的。

非法吸收或者变相吸收公众存款数额在50万元以上或者给存款人造成直接经济损失数额在25万元以上，同时具有下列情节之一的，应当依法追究刑事责任：

（一）曾因非法集资受过刑事追究的；

（二）二年内曾因非法集资受过行政处罚的；

（三）造成恶劣社会影响或者其他严重后果的。

第四条 非法吸收或者变相吸收公众存款，具有下列情形之一的，应当认定为刑法第一百七十六条规定的"数额巨大或者有其他严重情节"：

（一）非法吸收或者变相吸收公众存款数额在500万元以上的；

（二）非法吸收或者变相吸收公众存款对象500人以上的；

（三）非法吸收或者变相吸收公众存款，给存款人造成直接经济损失数额在250万元以上的。

非法吸收或者变相吸收公众存款数额在 250 万元以上或者给存款人造成直接经济损失数额在 150 万元以上,同时具有本解释第三条第二款第三项情节的,应当认定为“其他严重情节”。

第五条 非法吸收或者变相吸收公众存款,具有下列情形之一的,应当认定为刑法第一百七十六条规定的“数额特别巨大或者有其他特别严重情节”:

(一)非法吸收或者变相吸收公众存款数额在 5000 万元以上的;

(二)非法吸收或者变相吸收公众存款对象 5000 人以上的;

(三)非法吸收或者变相吸收公众存款,给存款人造成直接经济损失数额在 2500 万元以上的。

非法吸收或者变相吸收公众存款数额在 2500 万元以上或者给存款人造成直接经济损失数额在 1500 万元以上,同时具有本解释第三条第二款第三项情节的,应当认定为“其他特别严重情节”。

第六条 非法吸收或者变相吸收公众存款的数额,以行为人所吸收的资金全额计算。在提起公诉前积极退赃退赔,减少损害结果发生的,可以从轻或者减轻处罚;在提起公诉后退赃退赔的,可以作为量刑情节酌情考虑。

非法吸收或者变相吸收公众存款,主要用于正常的生产经营活动,能够在提起公诉前清退所吸收资金,可以免予刑事处罚;情节显著轻微危害不大的,不作为犯罪处理。

对依法不需要追究刑事责任或者免予刑事处罚的,应当依法将案件移送有关行政机关。

第七条 以非法占有为目的,使用诈骗方法实施本解释第二条规定所列行为的,应当依照刑法第一百九十二条的规定,以集资诈骗罪定罪处罚。

使用诈骗方法非法集资,具有下列情形之一的,可以认定为“以非法占有为目的”:

(一)集资后不用于生产经营活动或者用于生产经营活动与筹集资金规模明显不成比例,致使集资款不能返还的;

(二)肆意挥霍集资款,致使集资款不能返还的;

(三)携带集资款逃匿的;

(四)将集资款用于违法犯罪活动的;

(五)抽逃、转移资金、隐匿财产,逃避返还资金的;

(六)隐匿、销毁账目,或者搞假破产、假倒闭,逃避返还资金的;

(七)拒不交代资金去向,逃避返还资金的;

(八)其他可以认定非法占有目的的情形。

集资诈骗罪中的非法占有目的,应当区分情形进行具体认定。行为人部分非法集资行为具有非法占有目的的,对该部分非法集资行为所涉集资款以集资诈骗罪定罪处罚;非法集资共同犯罪中部分行为人具有非法占有目的,其他行为人没有非法占有集资款的共同故意和行为的,对具有非法占有目的的行为人以集资诈骗罪定罪处罚。

第八条 集资诈骗数额在 10 万元以上的,应当认定为“数额较大”;数额在 100 万元以上的,应当认定为“数额巨大”。

集资诈骗数额在 50 万元以上,同时具有本解释第三条第二款第三项情节的,应当认定为刑法第一百九十二条规定的“其他严重情节”。

集资诈骗的数额以行为人实际骗取的数额计算,在案发前已归还的数额应予扣除。行为人为实施集资诈骗活动而支付的广告费、中介费、手续费、回扣,或者用于行贿、赠与等费用,不予扣除。行为人为实施集资诈骗活动而支付的利息,除本金未归还可予折抵本金以外,应当计入诈骗数额。

第九条 犯非法吸收公众存款罪,判处三年以下有期徒刑或者拘役,并处或者单处罚金的,处五万元以上一百万元以下罚金;判处三年以上十年以下有期徒刑的,并处十万元以上五百万元以下罚金;判处十年以上有期徒刑的,并处五十万元以上罚金。

犯集资诈骗罪,判处三年以上七年以下有期徒刑的,并处十万元以上五百万元以下罚金;判处七年以上有期徒刑或者无期徒刑的,并处五十万元以上罚金或者没收财产。

第十条 未经国家有关主管部门批准,向社会不特定对象发行、以转让股权等方式变相发行股票或者公司、企业债券,或者向特定对象发行、变相发行股票或者公司、企业债券累计超过 200 人的,应当认定为刑法第一百七十九条规定的“擅自发行股票或者公司、企业债券”。构成犯罪的,以擅自发行股票、公司、企业债券罪定罪处罚。

第十一条 违反国家规定,未经依法核准擅自发行基金份额募集基金,情节严重的,依照刑法第二百二十五条的规定,以非法经营罪定罪处罚。

第十二条 广告经营者、广告发布者违反国家规定,利用广告为非法集资活动相关的商品或者服务作虚假宣传,具有下列情形之一的,依照刑法第二百二十二条的规定,以虚假广告罪定罪处罚:

(一)违法所得数额在 10 万元以上的;

(二)造成严重危害后果或者恶劣社会影响的;

(三)二年内利用广告作虚假宣传,受过行政处罚二次以上的;

(四)其他情节严重的情形。

明知他人从事欺诈发行证券,非法吸收公众存款,擅自发行股票、公司、企业债券,集资诈骗或者组织、领导传销活动等集资犯罪活动,为其提供广告等宣传的,以相关犯罪的共犯论处。

第十三条 通过传销手段向社会公众非法吸收资金,构成非法吸收公众存款罪或者集资诈骗罪,同时又构成组织、领导传销活动罪的,依照处罚较重的规定定罪处罚。

第十四条 单位实施非法吸收公众存款、集资诈骗犯罪的,依照本解释规定的相应自然人犯罪的定罪量刑标准,对单位判处罚金,并对其直接负责的主管人员和其他直接责任人员定罪处罚。

第十五条 此前发布的司法解释与本解释不一致的,以本解释为准。

最高人民法院关于内地与澳门特别行政区就仲裁程序相互协助保全的安排

(2022 年 2 月 15 日最高人民法院审判委员会第 1864 次会议通过 2022 年 2 月 23 日最高人民法院公告公布 自 2022 年 3 月 25 日起施行 法释〔2022〕7 号)

根据《中华人民共和国澳门特别行政区基本法》第九十三条的规定,经最高人民法院与澳门特别行政区协商,现就内地与澳门特别行政区关于仲裁程序相互协助保全作出如下安排。

第一条 本安排所称"保全",在内地包括财产保全、证据保全、行为保全;在澳门特别行政区包括为确保受威胁的权利得以实现而采取的保存或者预行措施。

第二条 按照澳门特别行政区仲裁法规向澳门特别行政区仲裁机构提起民商事仲裁程序的当事人,在仲裁裁决作出前,可以参照《中华人民共和国民事诉讼法》《中华人民共和国仲裁法》以及相关司法解释的规定,向被申请人住所地、财产所在地或者证据所在地的内地中级人民法院申请保全。被申请人住所地、财产所在地或者证据所在地在不同人民法院辖区的,应当选择向其中一个人民法院提出申请,不得分别向两个或者两个以上人民法院提出申请。

在仲裁机构受理仲裁案件前申请保全,内地人民法院采取保全措施后三十日内未收到仲裁机构已受理仲裁案件的证明函件的,内地人民法院应当解除保全。

第三条 向内地人民法院申请保全的,应当提交下列材料:

(一)保全申请书;

(二)仲裁协议;

(三)身份证明材料:申请人为自然人的,应当提交身份证件复印件;申请人为法人或者非法人组织的,应当提交注册登记证书的复印件以及法定代表人或者负责人的身份证件复印件;

(四)在仲裁机构受理仲裁案件后申请保全的,应当提交包含主要仲裁请求和所根据的事实与理由的仲裁申请文件以及相关证据材料、仲裁机构出具的已受理有关仲裁案件的证明函件;

(五)内地人民法院要求的其他材料。

身份证明材料系在内地以外形成的,应当依据内地相关法律规定办理证明手续。

向内地人民法院提交的文件没有中文文本的,应当提交中文译本。

第四条 向内地人民法院提交的保全申请书应当载明下列事项:

(一)当事人的基本情况:当事人为自然人的,包括姓名、住所、身份证件信息、通讯方式等;当事人为法人或者非法人组织的,包括法人或者非法人组织的名称、住所以及法定代表人或者主要负责人的姓名、职务、住所、身份证件信息、通讯方式等;

(二)请求事项,包括申请保全财产的数额、申请行为保全的内容和期限等;

(三)请求所依据的事实、理由和相关证据,包括关于情况紧急,如不立即保全将会使申请人合法权益受到难以弥补的损害或者将使仲裁裁决难以执行的说明等;

(四)申请保全的财产、证据的明确信息或者具体线索;

(五)用于提供担保的内地财产信息或者资信证明;

(六)是否已提出其他保全申请以及保全情况;

(七)其他需要载明的事项。

第五条 依据《中华人民共和国仲裁法》向内地仲裁机构提起民商事仲裁程序的当事人,在仲裁裁决作出前,可以根据澳门特别行政区法律规定,向澳门特别行政区初级法院申请保全。

在仲裁机构受理仲裁案件前申请保全的,申请人应当在澳门特别行政区法律规定的期间内,采取开展仲裁程序的必要措施,否则该保全措施失效。申请人应当将已作出必要措施及作出日期的证明送交澳门特别行政区法院。

第六条 向澳门特别行政区法院申请保全的,须附同下列资料:

（一）仲裁协议；

（二）申请人或者被申请人为自然人的，应当载明其姓名以及住所；为法人或者非法人组织的，应当载明其名称、住所以及法定代表人或者主要负责人的姓名、职务和住所；

（三）请求的详细资料，尤其包括请求所依据的事实和法律理由、申请标的的情况、财产的详细资料、须保全的金额、申请行为保全的详细内容和期限以及附同相关证据，证明权利受威胁以及解释恐防受侵害的理由；

（四）在仲裁机构受理仲裁案件后申请保全的，应当提交该仲裁机构出具的已受理有关仲裁案件的证明；

（五）是否已提出其他保全申请以及保全情况；

（六）法院要求的其他资料。

如向法院提交的文件并非使用澳门特别行政区的其中一种正式语文，则申请人应当提交其中一种正式语文的译本。

第七条 被请求方法院应当尽快审查当事人的保全申请，可以按照被请求方法律规定要求申请人提供担保。

经审查，当事人的保全申请符合被请求方法律规定的，被请求方法院应当作出保全裁定。

第八条 当事人对被请求方法院的裁定不服的，按被请求方相关法律规定处理。

第九条 当事人申请保全的，应当根据被请求方法律的规定交纳费用。

第十条 本安排不减损内地和澳门特别行政区的仲裁机构、仲裁庭、仲裁员、当事人依据对方法律享有的权利。

第十一条 本安排在执行过程中遇有问题或者需要修改的，由最高人民法院和澳门特别行政区协商解决。

第十二条 本安排自 2022 年 3 月 25 日起施行。

最高人民法院关于适用《中华人民共和国民法典》总则编若干问题的解释

（2021年12月30日最高人民法院审判委员会第1861次会议通过　2022年2月24日最高人民法院公告公布　自2022年3月1日起施行　法释〔2022〕6号）

为正确审理民事案件，依法保护民事主体的合法权益，维护社会和经济秩序，根据《中华人民共和国民法典》《中华人民共和国民事诉讼法》等相关法律规定，结合审判实践，制定本解释。

一、一般规定

第一条　民法典第二编至第七编对民事关系有规定的，人民法院直接适用该规定；民法典第二编至第七编没有规定的，适用民法典第一编的规定，但是根据其性质不能适用的除外。

就同一民事关系，其他民事法律的规定属于对民法典相应规定的细化的，应当适用该民事法律的规定。民法典规定适用其他法律的，适用该法律的规定。

民法典及其他法律对民事关系没有具体规定的，可以遵循民法典关于基本原则的规定。

第二条　在一定地域、行业范围内长期为一般人从事民事活动时普遍遵守的民间习俗、惯常做法等，可以认定为民法典第十条规定的习惯。

当事人主张适用习惯的，应当就习惯及其具体内容提供相应证据；必要时，人民法院可以依职权查明。

适用习惯，不得违背社会主义核心价值观，不得违背公序良俗。

第三条　对于民法典第一百三十二条所称的滥用民事权利，人民法院可以根据权利行使的对象、目的、时间、方式、造成当事人之间利益失衡的程度等因素作出认定。

行为人以损害国家利益、社会公共利益、他人合法权益为主要目的行使民事权利的，人民法院应当认定构成滥用民事权利。

构成滥用民事权利的，人民法院应当认定该滥用行为不发生相应的法律效力。滥用民事权利造成损害的，依照民法典第七编等有关规定处理。

二、民事权利能力和民事行为能力

第四条 涉及遗产继承、接受赠与等胎儿利益保护，父母在胎儿娩出前作为法定代理人主张相应权利的，人民法院依法予以支持。

第五条 限制民事行为能力人实施的民事法律行为是否与其年龄、智力、精神健康状况相适应，人民法院可以从行为与本人生活相关联的程度，本人的智力、精神健康状况能否理解其行为并预见相应的后果，以及标的、数量、价款或者报酬等方面认定。

三、监护

第六条 人民法院认定自然人的监护能力，应当根据其年龄、身心健康状况、经济条件等因素确定；认定有关组织的监护能力，应当根据其资质、信用、财产状况等因素确定。

第七条 担任监护人的被监护人父母通过遗嘱指定监护人，遗嘱生效时被指定的人不同意担任监护人的，人民法院应当适用民法典第二十七条、第二十八条的规定确定监护人。

未成年人由父母担任监护人，父母中的一方通过遗嘱指定监护人，另一方在遗嘱生效时有监护能力，有关当事人对监护人的确定有争议的，人民法院应当适用民法典第二十七条第一款的规定确定监护人。

第八条 未成年人的父母与其他依法具有监护资格的人订立协议，约定免除具有监护能力的父母的监护职责的，人民法院不予支持。协议约定在未成年人的父母丧失监护能力时由该具有监护资格的人担任监护人的，人民法院依法予以支持。

依法具有监护资格的人之间依据民法典第三十条的规定，约定由民法典第二十七条第二款、第二十八条规定的不同顺序的人共同担任监护人，或者由顺序在后的人担任监护人的，人民法院依法予以支持。

第九条 人民法院依据民法典第三十一条第二款、第三十六条第一款的规定指定监护人时，应当尊重被监护人的真实意愿，按照最有利于被监护人的原则指定，具体参考以下因素：

（一）与被监护人生活、情感联系的密切程度；

（二）依法具有监护资格的人的监护顺序；

（三）是否有不利于履行监护职责的违法犯罪等情形；

（四）依法具有监护资格的人的监护能力、意愿、品行等。

人民法院依法指定的监护人一般应当是一人，由数人共同担任监护人更有利于保护被监护人利益的，也可以是数人。

第十条 有关当事人不服居民委员会、村民委员会或者民政部门的指定，在接到指定通知之日起三十日内向人民法院申请指定监护人的,人民法院经审理认为指定并无不当,依法裁定驳回申请;认为指定不当,依法判决撤销指定并另行指定监护人。

有关当事人在接到指定通知之日起三十日后提出申请的,人民法院应当按照变更监护关系处理。

第十一条 具有完全民事行为能力的成年人与他人依据民法典第三十三条的规定订立书面协议事先确定自己的监护人后,协议的任何一方在该成年人丧失或者部分丧失民事行为能力前请求解除协议的,人民法院依法予以支持。该成年人丧失或者部分丧失民事行为能力后,协议确定的监护人无正当理由请求解除协议的,人民法院不予支持。

该成年人丧失或者部分丧失民事行为能力后,协议确定的监护人有民法典第三十六条第一款规定的情形之一,该条第二款规定的有关个人、组织申请撤销其监护人资格的,人民法院依法予以支持。

第十二条 监护人、其他依法具有监护资格的人之间就监护人是否有民法典第三十九条第一款第二项、第四项规定的应当终止监护关系的情形发生争议,申请变更监护人的,人民法院应当依法受理。经审理认为理由成立的,人民法院依法予以支持。

被依法指定的监护人与其他具有监护资格的人之间协议变更监护人的,人民法院应当尊重被监护人的真实意愿,按照最有利于被监护人的原则作出裁判。

第十三条 监护人因患病、外出务工等原因在一定期限内不能完全履行监护职责,将全部或者部分监护职责委托给他人,当事人主张受托人因此成为监护人的,人民法院不予支持。

四、宣告失踪和宣告死亡

第十四条 人民法院审理宣告失踪案件时,下列人员应当认定为民法典第四十条规定的利害关系人:

(一)被申请人的近亲属;

(二)依据民法典第一千一百二十八条、第一千一百二十九条规定对被申请人有继承权的亲属;

(三)债权人、债务人、合伙人等与被申请人有民事权利义务关系的民事主体,但是不申请宣告失踪不影响其权利行使、义务履行的除外。

第十五条 失踪人的财产代管人向失踪人的债务人请求偿还债务的,人民法院应当将财产代管人列为原告。

债权人提起诉讼,请求失踪人的财产代管人支付失踪人所欠的债务和其他费用的，人民法院应当将财产代管人列为被告。经审理认为债权人的诉讼请求成立的，人民法院应当判决财产代管人从失踪人的财产中支付失踪人所欠的债务和其他费用。

第十六条 人民法院审理宣告死亡案件时，被申请人的配偶、父母、子女，以及依据民法典第一千一百二十九条规定对被申请人有继承权的亲属应当认定为民法典第四十六条规定的利害关系人。

符合下列情形之一的，被申请人的其他近亲属，以及依据民法典第一千一百二十八条规定对被申请人有继承权的亲属应当认定为民法典第四十六条规定的利害关系人：

（一）被申请人的配偶、父母、子女均已死亡或者下落不明的；

（二）不申请宣告死亡不能保护其相应合法权益的。

被申请人的债权人、债务人、合伙人等民事主体不能认定为民法典第四十六条规定的利害关系人，但是不申请宣告死亡不能保护其相应合法权益的除外。

第十七条 自然人在战争期间下落不明的，利害关系人申请宣告死亡的期间适用民法典第四十六条第一款第一项的规定，自战争结束之日或者有关机关确定的下落不明之日起计算。

五、民事法律行为

第十八条 当事人未采用书面形式或者口头形式，但是实施的行为本身表明已经作出相应意思表示，并符合民事法律行为成立条件的，人民法院可以认定为民法典第一百三十五条规定的采用其他形式实施的民事法律行为。

第十九条 行为人对行为的性质、对方当事人或者标的物的品种、质量、规格、价格、数量等产生错误认识，按照通常理解如果不发生该错误认识行为人就不会作出相应意思表示的，人民法院可以认定为民法典第一百四十七条规定的重大误解。

行为人能够证明自己实施民事法律行为时存在重大误解，并请求撤销该民事法律行为的，人民法院依法予以支持；但是，根据交易习惯等认定行为人无权请求撤销的除外。

第二十条 行为人以其意思表示存在第三人转达错误为由请求撤销民事法律行为的，适用本解释第十九条的规定。

第二十一条 故意告知虚假情况，或者负有告知义务的人故意隐瞒真实情况，致使当事人基于错误认识作出意思表示的，人民法院可以认定为民法典第一百四十八条、第一百四十九条规定的欺诈。

第二十二条 以给自然人及其近亲属等的人身权利、财产权利以及其他合法权益造成损害或者以给法人、非法人组织的名誉、荣誉、财产权益等造成损害为要挟，迫使其基于恐惧心理作出意思表示的，人民法院可以认定为民法典第一百五十条规定的胁迫。

第二十三条 民事法律行为不成立，当事人请求返还财产、折价补偿或者赔偿损失的，参照适用民法典第一百五十七条的规定。

第二十四条 民事法律行为所附条件不可能发生，当事人约定为生效条件的，人民法院应当认定民事法律行为不发生效力；当事人约定为解除条件的，应当认定未附条件，民事法律行为是否失效，依照民法典和相关法律、行政法规的规定认定。

六、代理

第二十五条 数个委托代理人共同行使代理权，其中一人或者数人未与其他委托代理人协商，擅自行使代理权的，依据民法典第一百七十一条、第一百七十二条等规定处理。

第二十六条 由于急病、通讯联络中断、疫情防控等特殊原因，委托代理人自己不能办理代理事项，又不能与被代理人及时取得联系，如不及时转委托第三人代理，会给被代理人的利益造成损失或者扩大损失的，人民法院应当认定为民法典第一百六十九条规定的紧急情况。

第二十七条 无权代理行为未被追认，相对人请求行为人履行债务或者赔偿损失的，由行为人就相对人知道或者应当知道行为人无权代理承担举证责任。行为人不能证明的，人民法院依法支持相对人的相应诉讼请求；行为人能够证明的，人民法院应当按照各自的过错认定行为人与相对人的责任。

第二十八条 同时符合下列条件的，人民法院可以认定为民法典第一百七十二条规定的相对人有理由相信行为人有代理权：

（一）存在代理权的外观；

（二）相对人不知道行为人行为时没有代理权，且无过失。

因是否构成表见代理发生争议的，相对人应当就无权代理符合前款第一项规定的条件承担举证责任；被代理人应当就相对人不符合前款第二项规定的条件承担举证责任。

第二十九条 法定代理人、被代理人依据民法典第一百四十五条、第一百七十一条的规定向相对人作出追认的意思表示的，人民法院应当依据民法典第一百三十七条的规定确认其追认意思表示的生效时间。

七、民事责任

第三十条 为了使国家利益、社会公共利益、本人或者他人的人身权利、财产权利以及其他合法权益免受正在进行的不法侵害，而针对实施侵害行为的人采取的制止不法侵害的行为,应当认定为民法典第一百八十一条规定的正当防卫。

第三十一条 对于正当防卫是否超过必要的限度,人民法院应当综合不法侵害的性质、手段、强度、危害程度和防卫的时机、手段、强度、损害后果等因素判断。

经审理,正当防卫没有超过必要限度的,人民法院应当认定正当防卫人不承担责任。正当防卫超过必要限度的,人民法院应当认定正当防卫人在造成不应有的损害范围内承担部分责任;实施侵害行为的人请求正当防卫人承担全部责任的,人民法院不予支持。

实施侵害行为的人不能证明防卫行为造成不应有的损害,仅以正当防卫人采取的反击方式和强度与不法侵害不相当为由主张防卫过当的,人民法院不予支持。

第三十二条 为了使国家利益、社会公共利益、本人或者他人的人身权利、财产权利以及其他合法权益免受正在发生的急迫危险,不得已而采取紧急措施的,应当认定为民法典第一百八十二条规定的紧急避险。

第三十三条 对于紧急避险是否采取措施不当或者超过必要的限度,人民法院应当综合危险的性质、急迫程度、避险行为所保护的权益以及造成的损害后果等因素判断。

经审理,紧急避险采取措施并无不当且没有超过必要限度的,人民法院应当认定紧急避险人不承担责任。紧急避险采取措施不当或者超过必要限度的,人民法院应当根据紧急避险人的过错程度、避险措施造成不应有的损害的原因力大小、紧急避险人是否为受益人等因素认定紧急避险人在造成的不应有的损害范围内承担相应的责任。

第三十四条 因保护他人民事权益使自己受到损害,受害人依据民法典第一百八十三条的规定请求受益人适当补偿的,人民法院可以根据受害人所受损失和已获赔偿的情况、受益人受益的多少及其经济条件等因素确定受益人承担的补偿数额。

八、诉讼时效

第三十五条 民法典第一百八十八条第一款规定的三年诉讼时效期间,可以适用民法典有关诉讼时效中止、中断的规定,不适用延长的规定。该条第二款规定的二十年期间不适用中止、中断的规定。

第三十六条 无民事行为能力人或者限制民事行为能力人的权利受到损害的,诉讼时效期间自其法定代理人知道或者应当知道权利受到损害以及义务人之日起计算,但是法律另有规定的除外。

第三十七条　无民事行为能力人、限制民事行为能力人的权利受到原法定代理人损害，且在取得、恢复完全民事行为能力或者在原法定代理终止并确定新的法定代理人后，相应民事主体才知道或者应当知道权利受到损害的，有关请求权诉讼时效期间的计算适用民法典第一百八十八条第二款、本解释第三十六条的规定。

第三十八条　诉讼时效依据民法典第一百九十五条的规定中断后，在新的诉讼时效期间内，再次出现第一百九十五条规定的中断事由，可以认定为诉讼时效再次中断。

权利人向义务人的代理人、财产代管人或者遗产管理人等提出履行请求的，可以认定为民法典第一百九十五条规定的诉讼时效中断。

九、附则

第三十九条　本解释自2022年3月1日起施行。

民法典施行后的法律事实引起的民事案件，本解释施行后尚未终审的，适用本解释；本解释施行前已经终审，当事人申请再审或者按照审判监督程序决定再审的，不适用本解释。

附：

2022年2月份报国务院备案并予以登记的地方性法规、自治条例、单行条例和地方政府规章目录

地方性法规

法规名称	公布日期	备案登记编号
长春市国有土地上房屋征收与补偿条例	2021年6月3日	国司备字[2022005913]
延边朝鲜族自治州旅游条例(修订)	2021年8月12日	国司备字[2022005914]
延边朝鲜族自治州蜂业条例(修订)	2021年8月12日	国司备字[2022005915]
长白朝鲜族自治县市容和环境卫生管理条例	2021年8月11日	国司备字[2022005917]
长白朝鲜族自治县旅游条例	2021年8月11日	国司备字[2022005918]
安徽省引江济淮工程管理和保护条例	2021年12月22日	国司备字[2022005811]
安徽省人力资源市场条例	2021年12月22日	国司备字[2022005812]
淮南市消防安全管理规定	2021年12月29日	国司备字[2022005813]
蚌埠市停车管理条例	2021年12月30日	国司备字[2022005814]
安庆市黄梅戏保护传承条例	2021年12月24日	国司备字[2022005815]
安庆市养犬管理条例	2021年12月24日	国司备字[2022005816]

续表

法规名称	公布日期	备案登记编号
马鞍山市养老服务促进条例	2021 年 12 月 27 日	国司备字［2022005817］
衡阳市农作物秸秆露天禁烧和综合利用管理条例	2021 年 12 月 21 日	国司备字［2022005912］
广州市不动产登记办法	2021 年 12 月 9 日	国司备字［2022005818］
广州市宗教事务管理条例	2021 年 12 月 9 日	国司备字［2022005819］
广州市平安建设条例	2021 年 12 月 16 日	国司备字［2022005820］
深圳市人民代表大会常务委员会关于废止《深圳市无障碍环境建设条例》的决定	2021 年 12 月 7 日	国司备字［2022005821］
深圳市人民代表大会常务委员会关于修改《深圳市节约用水条例》的决定	2021 年 12 月 7 日	国司备字［2022005822］
深圳市人民代表大会常务委员会关于修改《深圳市实施〈中华人民共和国人民防空法〉办法》的决定	2021 年 12 月 7 日	国司备字［2022005823］
深圳市人民代表大会常务委员会关于修改《深圳市建设工程质量管理条例》的决定	2021 年 12 月 7 日	国司备字［2022005824］
珠海市人民代表大会常务委员会关于修改《珠海市妇女权益保障条例》的决定	2021 年 12 月 8 日	国司备字［2022005825］
汕头市潮剧保护传承条例	2021 年 12 月 8 日	国司备字［2022005826］
佛山市河涌水污染防治条例	2021 年 12 月 10 日	国司备字［2022005827］
韶关市农村饮用水水源保护条例	2021 年 12 月 17 日	国司备字［2022005828］
东莞市电动自行车管理条例	2021 年 12 月 9 日	国司备字［2022005829］
江门市扬尘污染防治条例	2021 年 12 月 9 日	国司备字［2022005830］

续表

法规名称	公布日期	备案登记编号
湛江市人民代表大会常务委员会关于修改《湛江市城区市容和环境卫生管理条例》的决定	2021年12月8日	国司备字［2022005831］
潮州市潮剧保护传承条例	2021年12月16日	国司备字［2022005832］
潮州市工艺美术保护与促进条例	2021年12月16日	国司备字［2022005833］
潮州市红色文化资源保护利用条例	2021年12月16日	国司备字［2022005834］
河源市扬尘污染防治条例	2021年12月20日	国司备字［2022005835］
揭阳市潮剧保护传承条例	2021年12月6日	国司备字［2022005836］
汕尾市文明行为促进条例	2021年12月6日	国司备字［2022005837］
重庆市人民代表大会常务委员会关于废止和修改部分地方性法规的决定	2021年5月27日	国司备字［2022005720］
重庆市科技创新促进条例	2021年11月25日	国司备字［2022005726］
四川省乡村振兴促进条例	2021年11月29日	国司备字［2022005880］
四川省反不正当竞争条例	2021年11月29日	国司备字［2022005883］
四川省嘉陵江流域生态环境保护条例	2021年11月30日	国司备字［2022005894］
四川省河湖长制条例	2021年11月25日	国司备字［2022005895］
四川省人民代表大会常务委员会关于修改《四川省〈中华人民共和国道路交通安全法〉实施办法》的决定	2021年11月25日	国司备字［2022005896］

续表

法规名称	公布日期	备案登记编号
四川省人民代表大会常务委员会关于废止《四川省公路路政管理条例》的决定	2021年11月25日	国司备字［2022005897］
德阳市华强沟水库饮用水水源保护条例	2021年12月3日	国司备字［2022005898］
遂宁市海绵城市建设管理条例	2021年11月29日	国司备字［2022005899］
南充市传统地方戏剧保护条例	2021年11月29日	国司备字［2022005900］
广安市西溪河岸线保护条例	2021年12月2日	国司备字［2022005901］
巴中市烟花爆竹燃放管理条例	2021年12月6日	国司备字［2022005902］
乐山市城市管理条例	2021年11月25日	国司备字［2022005903］
凉山彝族自治州城市市容和环境卫生管理条例	2021年12月2日	国司备字［2022005904］
阿坝藏族羌族自治州人民代表大会关于修改《阿坝藏族羌族自治州实施〈中华人民共和国婚姻法〉的补充规定》的决定	2021年4月8日	国司备字［2022005907］
甘孜藏族自治州人民代表大会关于修改《甘孜藏族自治州实施〈中华人民共和婚姻法〉的补充规定》的决定	2021年4月7日	国司备字［2022005908］
峨边彝族自治县人民代表大会关于修改《峨边彝族自治县实施〈中华人民共和国婚姻法〉的补充规定》的决定	2021年4月7日	国司备字［2022005909］
贵州省赤水河流域保护条例	2021年5月30日	国司备字［2022005627］
贵州省政务服务条例	2021年5月27日	国司备字［2022005628］
贵州省禁毒条例修正案	2021年5月27日	国司备字［2022005630］

续表

法规名称	公布日期	备案登记编号
贵州省人民代表大会常务委员会关于加强赤水河流域共同保护的决定	2021年5月30日	国司备字[2022005636]
贵州省养老服务条例	2021年7月29日	国司备字[2022005838]
贵州省未成年人保护条例	2021年7月29日	国司备字[2022005839]
贵州省地方金融监督管理条例	2021年9月29日	国司备字[2022005840]
贵州省优化营商环境条例	2021年11月26日	国司备字[2022005841]
贵州省华侨权益保护条例	2021年11月26日	国司备字[2022005842]
贵州省文明行为促进条例修正案	2021年11月26日	国司备字[2022005843]
贵阳市推进文明城市建设规定	2021年8月5日	国司备字[2022005849]
贵阳市道路交通安全条例	2021年10月14日	国司备字[2022005856]
贵阳市地下空间开发利用条例	2021年10月15日	国司备字[2022005858]
遵义历史文化名城保护条例	2021年12月7日	国司备字[2022005861]
六盘水市文明行为促进条例	2021年11月29日	国司备字[2022005868]
安顺市文明行为促进条例	2021年12月6日	国司备字[2022005869]
毕节市献血条例	2021年12月9日	国司备字[2022005870]
铜仁古城保护条例	2021年11月29日	国司备字[2022005871]

续表

法规名称	公布日期	备案登记编号
黔南布依族苗族自治州幼儿园规划建设条例	2021 年 10 月 29 日	国司备字［2022005872］
黔东南苗族侗族自治州乡村清洁条例	2021 年 8 月 12 日	国司备字［2022005873］
黔西南布依族苗族自治州第八届人民代表大会第七次会议关于修改《黔西南布依族苗族自治州教育条例》部分条款的决定	2021 年 6 月 18 日	国司备字［2022005874］
黔西南布依族苗族自治州自治条例	2021 年 10 月 27 日	国司备字［2022005875］
关岭布依族苗族自治县古生物化石资源保护条例	2021 年 6 月 15 日	国司备字［2022005876］
印江土家族苗族自治县印江河流域保护条例	2021 年 6 月 9 日	国司备字［2022005877］
镇宁布依族苗族自治县自治条例	2021 年 10 月 15 日	国司备字［2022005878］
昆明市养老服务促进条例	2021 年 12 月 9 日	国司备字［2022005553］
曲靖市养老服务促进条例	2021 年 11 月 26 日	国司备字［2022005554］
拉萨市人民代表大会常务委员会议事规则	2021 年 4 月 2 日	国司备字［2022005810］
昌都市人民代表大会常务委员会关于修改《昌都市市容环境卫生管理条例》的决定	2021 年 4 月 2 日	国司备字［2022005879］
甘肃省废旧农膜回收利用条例	2021 年 3 月 31 日	国司备字［2022005740］
兰州市人民代表大会常务委员会关于修改《兰州市城市市容和环境卫生管理办法》等七部法规的决定	2021 年 12 月 2 日	国司备字［2022005476］
青海省人民代表大会常务委员会关于修改《青海省人口与计划生育条例》的决定	2021 年 11 月 24 日	国司备字［2022005497］

续表

法规名称	公布日期	备案登记编号
青海省预算审查监督条例	2021 年 11 月 24 日	国司备字［2022005498］
青海省循环经济促进条例	2021 年 11 月 24 日	国司备字［2022005499］
西宁市人民代表大会常务委员会关于废止和修改部分地方性法规的决定	2021 年 5 月 12 日	国司备字［2022005657］
大通回族土族自治县自治条例	2021 年 12 月 15 日	国司备字［2022005500］
门源回族自治县自治条例	2021 年 12 月 15 日	国司备字［2022005501］
宁夏回族自治区长城保护条例	2021 年 11 月 30 日	国司备字［2022005493］
宁夏回族自治区人民代表大会常务委员会关于修改《宁夏回族自治区行政执法监督条例》等四件地方性法规的决定	2021 年 11 月 30 日	国司备字［2022005494］
宁夏回族自治区人民代表大会常务委员会关于修改《宁夏回族自治区人口与计划生育条例》的决定	2021 年 11 月 30 日	国司备字［2022005495］
银川市生活垃圾分类管理条例	2021 年 12 月 2 日	国司备字［2022005529］
固原市人民代表大会常务委员会关于修改《固原市城市环境卫生管理条例》的决定	2021 年 12 月 3 日	国司备字［2022005496］
新疆维吾尔自治区平安建设条例	2021 年 9 月 28 日	国司备字［2022005477］
新疆维吾尔自治区警务辅助人员管理条例	2021 年 9 月 28 日	国司备字［2022005478］
新疆维吾尔自治区促进政务服务便利化条例	2021 年 9 月 28 日	国司备字［2022005479］
克拉玛依市养犬管理条例	2021 年 12 月 13 日	国司备字［2022005502］

续表

法规名称	公布日期	备案登记编号
吐鲁番市城乡环境卫生管理条例	2021 年 12 月 20 日	国司备字［2022005503］
塔什库尔干塔吉克自治县旅游促进条例	2021 年 12 月 10 日	国司备字［2022005596］

地方政府规章

规章名称	公布日期	备案登记编号
北京市教育督导规定	2022 年 1 月 24 日	国司备字［2022005850］
天津市人民政府关于修改部分规章的决定	2021 年 12 月 31 日	国司备字［2022005784］
邯郸市地下空间开发利用管理办法	2022 年 1 月 13 日	国司备字［2022005792］
营口市人民政府关于修改《营口市再生资源回收管理办法》的决定	2022 年 1 月 26 日	国司备字［2022005791］
长春市规章制定公众参与办法	2022 年 1 月 21 日	国司备字［2022005851］
四平市烟花爆竹经营燃放管理办法	2022 年 1 月 20 日	国司备字［2022005928］
齐齐哈尔市人民政府关于修改《齐齐哈尔市人民政府关于调整一批行政权力事项的决定》的决定	2022 年 1 月 28 日	国司备字［2022005853］
上海市人民政府关于修改《上海市轨道交通运营安全管理办法》的决定	2022 年 1 月 24 日	国司备字［2022005845］
上海市公共法律服务办法	2022 年 1 月 30 日	国司备字［2022005866］
上海市石油天然气管道保护办法	2022 年 1 月 30 日	国司备字［2022005867］

续表

规章名称	公布日期	备案登记编号
无锡市房屋租赁管理办法	2021 年 12 月 30 日	国司备字［2022005794］
无锡市建设工程文明施工管理办法	2021 年 12 月 31 日	国司备字［2022005795］
无锡市行政规范性文件制定和备案审查管理办法	2022 年 1 月 21 日	国司备字［2022005906］
徐州市人民政府关于废止《徐州市财政监督办法》《徐州市基本医疗保险违规行为处理和举报奖励办法》的决定	2022 年 1 月 14 日	国司备字［2022005846］
镇江市养犬管理规定	2022 年 1 月 13 日	国司备字［2022005916］
镇江市人民政府关于修改《镇江市城市绿化管理办法》的决定	2022 年 2 月 10 日	国司备字［2022005929］
宿迁市城市排水管理办法	2021 年 12 月 31 日	国司备字［2022005800］
浙江省人民防空工程管理办法	2022 年 1 月 15 日	国司备字［2022005852］
浙江省内部审计工作规定	2022 年 1 月 7 日	国司备字［2022005905］
宁波市公路超限运输管理实施规定	2022 年 1 月 28 日	国司备字［2022005844］
绍兴市柴油动力移动源排气污染防治办法	2022 年 1 月 15 日	国司备字［2022005799］
安徽省医疗保障基金监督管理办法	2021 年 12 月 31 日	国司备字［2022005847］
安徽省人民政府关于废止部分规章的决定	2022 年 1 月 5 日	国司备字［2022005848］
滁州市城市建筑垃圾管理办法	2021 年 12 月 28 日	国司备字［2022005930］
亳州市城市生活垃圾分类管理办法	2022 年 1 月 28 日	国司备字［2022005924］

续表

规章名称	公布日期	备案登记编号
马鞍山市城市公厕管理办法	2022 年 1 月 16 日	国司备字［2022005864］
厦门市商品房预售管理规定	2022 年 1 月 17 日	国司备字［2022005790］
厦门市排水管理办法	2022 年 1 月 28 日	国司备字［2022005923］
莆田市城市道路挖掘管理办法	2022 年 1 月 14 日	国司备字［2022005857］
莆田市生活垃圾分类管理办法	2022 年 1 月 14 日	国司备字［2022005859］
江西省公共数据管理办法	2022 年 1 月 12 日	国司备字［2022005798］
山东省公共数据开放办法	2022 年 1 月 31 日	国司备字［2022005922］
济南市人民政府关于废止和修改部分政府规章的决定	2022 年 1 月 21 日	国司备字［2022005789］
青岛市人民政府关于废止和修改部分市政府规章的决定	2022 年 1 月 14 日	国司备字［2022005804］
淄博市公园管理办法	2022 年 1 月 17 日	国司备字［2022005787］
淄博市突发公共卫生事件应急办法	2022 年 1 月 12 日	国司备字［2022005788］
烟台市扬尘污染防治管理办法	2021 年 12 月 31 日	国司备字［2022005801］
烟台市无偿献血管理办法	2022 年 1 月 5 日	国司备字［2022005802］
烟台市入海排污口管理办法	2022 年 1 月 5 日	国司备字［2022005803］
河南省城市生活垃圾分类管理办法	2022 年 1 月 5 日	国司备字［2022005793］

续表

规章名称	公布日期	备案登记编号
郑州市消防安全责任制实施办法	2022 年 1 月 19 日	国司备字［2022005860］
湖南省人民政府关于废止部分省人民政府规章的决定	2022 年 1 月 18 日	国司备字［2022005865］
株洲市城市绿化管理办法	2022 年 1 月 1 日	国司备字［2022005806］
株洲市城市建筑垃圾管理办法	2022 年 1 月 1 日	国司备字［2022005807］
佛山市人民防空工程维护管理办法	2022 年 1 月 25 日	国司备字［2022005809］
惠州市人民政府拟定地方性法规草案和制定政府规章程序规定	2022 年 1 月 6 日	国司备字［2022005805］
梧州市病媒生物预防控制管理办法	2021 年 12 月 31 日	国司备字［2022005931］
海南省公安机关警务辅助人员管理规定	2021 年 10 月 26 日	国司备字［2022005925］
重庆市消防设施管理规定	2022 年 1 月 17 日	国司备字［2022005862］
重庆市智能网联汽车道路测试与应用管理试行办法	2022 年 1 月 26 日	国司备字［2022005863］
泸州市停车场管理办法	2022 年 1 月 23 日	国司备字［2022005785］
贵州省公共机构节能管理办法	2021 年 12 月 31 日	国司备字［2022005910］
昆明市牛羊屠宰管理办法	2021 年 12 月 24 日	国司备字［2022005786］
宝鸡市城市生活饮用水二次供水管理办法	2022 年 1 月 17 日	国司备字［2022005919］
宝鸡市测绘地理信息管理办法	2022 年 1 月 18 日	国司备字［2022005920］

续表

规章名称	公布日期	备案登记编号
甘肃省消防安全责任制实施办法	2021 年 12 月 25 日	国司备字[2022005808]
甘肃省政务服务事项告知承诺制实施办法	2022 年 1 月 18 日	国司备字[2022005882]
武威市烟花爆竹燃放管理办法	2022 年 1 月 14 日	国司备字[2022005855]
海东市促进拉面产业发展办法(试行)	2022 年 1 月 7 日	国司备字[2022005921]
宁夏回族自治区实施《医疗保障基金使用监督管理条例》办法	2022 年 1 月 8 日	国司备字[2022005881]
克拉玛依市行政执法监督办法	2022 年 2 月 9 日	国司备字[2022005854]

图书在版编目（CIP）数据

中华人民共和国新法规汇编. 2022年. 第3辑：总第301辑/司法部编. —北京：中国法制出版社，2022.11

ISBN 978-7-5216-3089-3

Ⅰ.①中… Ⅱ.①司… Ⅲ.①法规-汇编-中国-2022 Ⅳ.①D920.9

中国版本图书馆CIP数据核字（2022）第209779号

中华人民共和国新法规汇编

ZHONGHUA RENMIN GONGHEGUO XIN FAGUI HUIBIAN

（2022年第3辑）

编者/司法部

经销/新华书店

印刷/三河市紫恒印装有限公司

开本/850毫米×1168毫米 32开　　印张/23.25 字数/627千

版次/2022年11月第1版　　2022年11月第1次印刷

中国法制出版社出版

书号 ISBN 978-7-5216-3089-3　　定价：18.00元

北京市西城区西便门西里甲16号西便门办公区

邮政编码：100053　　传真：010-63141600

网址：http：//www.zgfzs.com　　编辑部电话：010-63141663

市场营销部电话：010-63141612　　印务部电话：010-63141606

（如有印装质量问题，请与本社印务部联系。）